中国能源统计年鉴

CHINA ENERGY STATISTICAL YEARBOOK

1997-1999

国家统计局工业交通统计司　编

Compiled by

Department of Industry and Transport Statistics,

National Bureau of Statistics, P. R. China

中国统计出版社
China Statistics Press

(京)新登字 041 号

©中国统计出版社
版权所有。未经许可，本书的任何部分不准以任何形式在世界任何地区以任何形式重印、拷贝、仿制或转载本书图版和文字之一部分或全部。
Copyright © China Statistics Press.
All rights reserved. No part of the publication may be reproduced or transmitted in any form or by any means, electronic or mechanical, including photocopying,recording, or any information storage and retrieval system, without written permission from the publisher.

图书在版编目（CIP）数据

中国能源统计年鉴：1997～1999/国家统计局工业交通统计司编．－北京：中国统计出版社，2001.6

ISBN 7-5037-3557-0

I.中…

II.国…

III.能源经济－统计资料－中国－1997～1999－年鉴－汉、英

IV.F426.2-54

中国版本图书馆 CIP 数据核字（2001）第 032222 号

责任编辑／叶礼奇
封面设计／张　冰
出版发行／中国统计出版社
通信地址／北京市三里河月坛南街 75 号　邮政编码／100826
办公地址／北京市丰台区西三环南路甲 6 号
E-mail／yearbook@stats.gov.cn
电　　话／(010)63459084、63266600-22500（发行部）
印　　刷／科伦克三莱印务（北京）有限公司
经　　销／新华书店
开　　本／890 × 1240mm　1/16
字　　数／900 千字
印　　张／35.625
印　　数／1—1500 册
版　　别／2001 年 7 月第 1 版
版　　次／2001 年 7 月北京第 1 次印刷
书　　号／ISBN7-5037-3557-0/F · 1259
定　　价／150.00 元

中国统计版图书，版权所有，侵权必究。
中国统计版图书，如有印装错误，本社发行部负责调换。

《中国能源统计年鉴(1997-1999)》
编辑人员

主　　编：林贤郁

副　主　编：任才方　周大地　刘富江　许剑毅

编委会成员：(以姓氏笔划为序)

任才方　许剑毅　刘富江　林贤郁　周大地　戴彦德

总　编　辑：许剑毅

编辑工作人员：(以姓氏笔划为序)

王庆一　王春兰　朱　虹　刘志平　刘静茹

孟合合

Editorial Staff

Chairman: Lin Xianyu

Vice-chairman: Ren Caifang　Zhou Dadi　Liu Fujiang　Xu Jianyi

Editorial board: (in order of strokes of Chinese surname)

Ren Caifang　Xu Jianyi　Liu Fujiang　Lin Xianyu

Zhou Dadi　Dai Yande

Editor-in-chief: Xu Jianyi

Editorial staff: (in order of strokes of Chinese surname)

Wang Qingyi　Wang Chunlan　Zhu Hong　Liu Jingru

Liu Zhiping　Meng Hehe

编 辑 说 明

为满足宏观经济决策部门、广大经济工作者和研究人员研究中国能源问题的需要，我们再次组织人力编辑了《中国能源统计年鉴（1997–1999）》一书。

本书与1986、1989、1991和1998年出版的中国能源统计年鉴相接续，内容有所扩充，是各级领导、经济工作者、能源研究人员了解我国能源及其社会经济发展情况必备的参考书。

全书分为7个部分：1.综合；2.能源建设；3.能源生产；4.全国能源平衡表；5.能源消费；6.地区能源平衡表；7.香港、澳门特别行政区能源数据，另外附有部分台湾能源数据、国外能源数据和主要统计指标解释及各种能源折标准煤参考系数。

本书大部分资料来源于国家统计局年度统计报表及中国统计年鉴。全国性统计数字均未包括香港、澳门特别行政区和台湾省。能源平衡表均未包括非商品能源数据。

本书编辑过程中得到了北京能源效率中心、中国能源研究会和各省市统计局的大力支持；本书的出版受到大卫与露西·派克德基金会和能源基金会合盟的资助，在此一并表示感谢。

编写说明

[illegible]

PREFACE

To satisfy the needs of economists and researchers to study the energy issues of China, we have again organized the resources to compile *China Energy Statistical Yearbook 1997-1999*.

This book extends the scope of the previous energy statistical yearbooks, being published in 1986, 1989, 1991, and 1998 separately, and is an essential reference for decision-makers at all levels, economists and energy researchers. By studying this book, they will be able to understand the energy situation in China as well as the relationship between energy and social economic development.

The book consists of seven chapters: 1. General Survey; 2. Construction of Energy Industry; 3. Energy Production; 4. Energy Balance Table of China; 5. Energy Consumption ; 6. Energy Balance Table by Region; 7. Energy data for the Hong Kong and Macao Special Administrative Region. Additional information provided in the appendices include major energy data for Taiwan province, energy data for other countries and explanatory notes of main statistical indicators and conversion factors from physical units to coal equivalent.

Annual statistical reports from the State Statistical Bureau and the China Statistical Yearbook are the main data sources of this document. However, the national data in this book does not include that of the Hong Kong and Macao Special Administrative Region, the Taiwan province. Also, the data in the energy balance tables does not cover non-commercial energy.

We would like to express our sincere thanks to those organizations that have provided supports to us, especially Beijing Energy Efficiency Center, China Energy Research Society and each provincial statistical bureau for supporting the data compilation. The David and Lucile Packard Foundation in partnership with The Energy Foundation is also acknowledged for providing financial support to publish the book.

目　　录
CONTENTS

一、综合
Chapter 1 General Survey

二、能源建设
Chapter 2 Construction of Energy Industry

三、能源生产
Chapter 3 Energy Production

四、全国能源平衡表
Chapter 4 Energy Balance Table of China

五、能源消费
Chapter 5 Energy Consumption

六、地区能源平衡表
Chapter 6 Energy Balance Table by Region

七、香港、澳门特别行政区能源数据
Chapter 7 Energy Data for Hong Kong and Macao Special Administrative Region

附录1 台湾省能源数据
Appendix I Energy Data for Taiwan Province

附录2 国外能源数据
Appendix II Energy Data for Other Countries

一、综　合

Chapter 1　General　Survery

1-1 能源生产、消费与国民经济增长速度

GROWTH RATE OF ENERGY PRODUCTION AND CONSUMPTION COMPARED WITH GROWTH RATE OF GDP

	1991	1995	1996	1997	1998	1999
国内生产总值增长速度（%） Growth Rate of GDP (%)	9.2	10.5	9.6	8.8	7.8	7.1
能源生产增长速度（%） Growth Rate of Energy Production	0.9	8.7	2.8	-0.2	-6.2	-12.2
电力生产增长速度（%） Growth Rate of Electricity Production	9.1	8.6	7.2	5.0	2.9	6.3
能源消费增长速度（%） Growth Rate of Energy Consumption	5.1	6.9	5.9	-0.8	-4.1	-1.6
电力消费增长速度（%） Growth Rate of Electricity Consumption	9.2	8.2	7.4	4.8	2.8	6.1
能源生产弹性系数 Elasticity of Energy Production	0.10	0.83	0.29	.	.	.
电力生产弹性系数 Elasticity of Electricity Production	0.99	0.82	0.75	0.57	0.37	0.89
能源消费弹性系数 Elasticity of Energy Consumption	0.55	0.66	0.62	.	.	.
电力消费弹性系数 Elasticity of Electricity Consumption	1.00	0.78	0.77	0.55	0.36	0.86

注：国内生产总值增长速度按可比价格计算。
GDP growth rate is calculated at comparable prices.

1-2 国民经济和能源主要指标

MAIN INDICATORS OF NATIONAL ECONOMY AND ENERGY

指　标	Item	单位 unit	1991	1995	1996	1997	1998	1999
年底人口总数	Year-end Population	万人 10000 person	115823	121121	122389	123629	124810	125909
城镇	Urban	万人 10000 person	30543	35174	35950	36989	37942	38892
乡村	Rural	万人 10000 person	85280	85947	86439	86637	86868	87017
国内生产总值	Gross Domestic Products	亿元 10^8 yuan	21618	58478	68594	74463	78345	81911
第一产业	Primary Industry	亿元 10^8 yuan	5289	11993	13884	14211	14552	14457
第二产业	Secondary Industry	亿元 10^8 yuan	9102	28538	33613	37223	38619	40418
工业	Industry	亿元 10^8 yuan	8087	24718	29083	32412	33388	34975
建筑业	Construction	亿元 10^8 yuan	1015	3820	4530	4811	5231	5443
第三产业	Tertiary Industry	亿元 10^8 yuan	7227	17947	21097	23029	25174	27036
全社会固定资产投资总额	Investment in fixed Assets	亿元 10^8 yuan	5509	20019	22974	24941	28406	29855
能源工业(国有)	Energy Industry (State-owned)	亿元 10^8 yuan	957	2025	2419	2914	2862	2963
煤炭采选业	Coal Mining and Processing	亿元 10^8 yuan	177	282	319	364	263	213
石油和天然气开采业	Petroleum and Natural Gas Extraction	亿元 10^8 yuan	273	500	565	697	726	706
电力、蒸汽、热水生产和供应业	Electricity, Steam Production and Supply	亿元 10^8 yuan	410	1043	1293	1535	1601	1833
石油加工及炼焦业	Petroleum Processing and Coking	亿元 10^8 yuan	96	162	186	258	200	146
煤气生产和供应业	Gas Production and Supply	亿元 10^8 yuan		39	55	60	72	65
进出口总额	Total Value of Exports and Imports	亿元 10^8 yuan	7226	23500	24134	26967	26858	29896
出口总额	Exports	亿元 10^8 yuan	3827	12452	12576	15161	15232	16160
进口总额	Imports	亿元 10^8 yuan	3399	11048	11557	11807	11626	13737
煤炭保有储量	Coal Ensured Reserves	亿吨 10^8tn	9668	10087	10009	10025	10071	10071
水利资源蕴藏量	Hydropower Resource	亿千瓦 10^8kw	6.76	6.76	6.76	6.76	6.76	6.76
可开发量	Developable Resources	亿千瓦 10^8kw	3.78	3.79	3.79	3.79	3.79	3.79
海洋能源理论蕴藏量	Theoretical Sea-energy Reserves	亿千瓦 10^8kw	6.30	6.30	6.30	6.30	6.30	6.30
一次能源生产总量(发电煤耗计算法)(*)	Primary Energy Production (coal equivalent calculation)(*)	万吨标准煤 10^4tce	104844	129034	132616	132410	124250	109126
一次能源生产总量(电热当量计算法)(**)	Primary Energy Production (calorific value calculation)(**)	万吨标准煤 10^4tce	101490	123519	127404	126380	118124	103542
能源消费总量(发电煤耗计算法)	Total Energy Consumption (*) (coal equivalent calculation)(*)	万吨标准煤 10^4tce	103783	131176	138948	137799	132214	130119
能源消费总量(电热当量计算法)	Total Energy Consumption (**) (calorific value calculation)(**)	万吨标准煤 10^4tce	100413	125763	133829	131971	126284	124759

注 (*) 发电煤耗计算法是指电力按当年平均火力发电煤耗换算成标准煤（下表同）。
(**) 电热当量计算法是指电力按自身的热功当量换算成标准煤。采用的折标系数为1万千瓦时=1.229吨标准煤（下表同）。
(*) Electricity is converted to TCE by average quantity of fuel used for power generation. (the same as in the following tables).
(**) Electricity is converted to TCE by 104kwh=1.229 TCE (The same as in the following tables).

1-3 平均每万元国内生产总值能源消费量
ENERGY INTENSITY BY GDP

年份 year	能源消费总量（吨标准煤／万元） Total Energy Consumption (tce/10^4yuan)	煤炭（吨／万元） Coal (tn/10^4yuan)	焦炭（吨／万元） Coke (tn/10^4yuan)	石油（吨／万元） Petroleum (tn/10^4yuan)	原油（吨／万元） Crude Oil (tn/10^4yuan)	燃料油（吨／万元） Fuel Oil (tn/10^4yuan)	电力（万千瓦小时／万元） Electricity (10^4kwh/10^4yuan)
1991	5.12	5.46	0.35	0.61	0.61	0.17	0.34
1992	4.72	4.94	0.34	0.58	0.57	0.15	0.33
1993	4.42	4.61	0.34	0.56	0.53	0.14	0.32
1994	4.18	4.38	0.31	0.51	0.48	0.12	0.32
1995	4.01	4.21	0.33	0.49	0.46	0.11	0.31
1996	3.88	4.04	0.30	0.49	0.44	0.10	0.30
1997	3.53	3.57	0.28	0.50	0.45	0.10	0.29
1998	3.15	3.08	0.26	0.47	0.41	0.09	0.28
1999	2.89	2.81	0.23	0.47	0.42	0.09	0.27

1-4 能源加工转换效率
EFFICIENCY OF ENERGY TRANSFORMATION

单位：%　　(%)

年份 year	总效率 Total Efficiency	发电及电站供热 Power Generation and Heating by Power Station	炼焦 Coking	炼油 Petroleum Refinery
1991	65.90	37.60	89.90	98.10
1992	66.00	37.80	92.70	96.80
1993	67.32	39.90	98.05	98.49
1994	65.20	39.35	89.62	97.48
1995	71.05	37.31	91.99	97.67
1996	71.50	38.30	94.07	97.46
1997	69.23	35.89	92.08	97.37
1998	69.44	37.06	94.97	97.42
1999	70.45	38.99	95.80	97.51

1-5 人均能源生产量和消费量

ENERGY PRODUCTION AND CONSUMPTION PER CAPITA

年 份 year	人均能源生产量 Per-Capita Energy Production				人均能源消费量 Per-Capita Energy Consumption			
	能源总量 Total Energy （千克标准煤） (kgce)	原 煤 Raw Coal （千克） (kg)	原 油 Crude Oil （千克） (kg)	电 力 Electricity （千瓦小时） (kwh)	能源总量 Total Energy （千克标准煤） (kgtce)	煤 炭 Coal （千克） (kg)	石 油 Oil （千克） (kg)	电 力 Electricity （千瓦小时） (kwh)
1965	263.2	324.4	15.8	94.5	264.3	320.0	19.0	94.5
1970	378.7	432.6	37.5	141.6	357.9	405.5	36.8	141.6
1975	532.0	526.0	84.1	213.7	495.7	498.8	73.1	213.7
1980	649.5	631.9	108.0	306.4	614.4	621.8	89.2	306.4
1985	818.9	834.8	119.6	393.2	734.1	781.2	87.8	394.2
1990	915.5	951.4	121.8	547.2	869.5	929.6	101.2	548.8
1991	905.2	944.0	122.5	588.8	901.8	959.6	107.6	591.3
1992	915.4	958.0	122.0	647.2	937.1	979.3	114.6	651.5
1993	937.1	975.9	123.2	712.3	984.3	1021.7	124.9	715.1
1994	990.6	1040.4	122.6	778.6	1029.8	1078.4	125.5	777.0
1995	1065.3	1129.6	124.5	835.8	1088.7	1142.7	133.3	831.9
1996	1089.2	1147.0	129.2	888.1	1141.2	1188.7	143.2	884.1
1997	1056.2	1116.1	130.7	922.3	1123.3	1132.0	160.1	917.3
1998	991.1	1006.3	129.6	938.8	1064.4	1042.5	159.5	933.7
1999	870.5	833.6	127.6	988.6	1038.0	1008.0	168.1	981.6

注：本表按年平均人口数计算。
This table is calculed by anaual average population.

1-6 人均生活用能量

RESIDENTIAL ENERGY CONSUMPTION PER CAPITA

年 份 year	人均生活用能量 Annual Average Residential Energy Consumption Per Capita						
	能源总量 Total Energy （千克标准煤） (kgce)	煤 炭 Coal （千克） (kg)	电 力 Electricity （千瓦小时） (kwh)	煤 油 Kerosene （千克） (kg)	液化石油气 LPG （千克） (kg)	天然气 Natural Gas （立方米） (cu.m)	煤 气 Gas （立方米） (cu.m)
1980	97.7	118.0	10.7	1.0	0.4	0.2	1.4
1985	126.7	148.7	21.2	1.2	0.9	0.4	1.2
1990	139.2	147.1	42.4	0.9	1.4	1.6	2.5
1991	138.1	142.0	46.9	0.8	1.7	1.6	3.1
1992	133.4	126.1	54.6	0.7	2.0	1.8	4.4
1993	130.6	120.5	61.2	0.6	2.5	1.4	4.5
1994	129.3	109.5	72.7	0.6	3.2	1.7	6.3
1995	130.8	112.3	83.5	0.5	4.4	1.6	4.7
1996	145.5	118.3	93.1	0.5	5.8	1.6	3.9
1997	133.1	99.5	101.8	0.5	6.0	1.7	4.9
1998	115.9	71.5	106.6	0.5	6.2	1.9	6.0
1999	115.3	66.6	159.4	0.6	7.0	2.0	6.5

1-7 重点工业企业主要技术经济指标

MAIN TECHNIQUE INDICATORS OF MAJOR INDUSTRIAL ENTERPRISES

指　标		Item	1985	1990	1995	1997	1998	1999
煤炭工业		**Coal Industry**						
综合电力单耗	千瓦·时/吨	Electricity Consumption Coal (kwh/tn)	37.29	43.98	52.63	54.88	56.19	
电力工业		**Electricity Industry**						
发电标准煤耗	克/千瓦·时	Coal Consumption for Power Generation (gce/kwh)	398	392	369	375	373	369
供电标准煤耗	克/千瓦·时	Coal Consumption for Power Supply (gce/kwh)	431	427	403	408	404	399
发电厂用电率	%	Rate of Electricity Used by Power Plant(%)	6.42	6.90	6.78	6.80	6.66	6.50
水电厂用电率	%	Rate of Electricity Used by Hydropower Plant (%)	0.28	0.30	0.37	0.50	0.47	0.55
火电厂用电率	%	Rate of Electricity Used by Thermalpower Plant (%)	7.78	8.22	7.95	7.81	7.71	7.51
线路损失率	%	Rate of Distribution Loss (%)	8.18	8.06	8.77	8.20	8.13	8.10
石油工业		**Petroleum Industry**						
油田原油生产自用率	%	Rate of Own Used Oil for Crude Oil Production in Oil Feild (%)	1.52	2.01	1.77	1.97	1.92	2.03
油田原油损耗率	%	Proportion of Crude Oil Loss in Oil Feild (%)	1.65	1.80	1.82	1.90	1.85	1.88
原油（气）生产用电单耗	千瓦·时/吨	Electricity Consumption for Crude Oil (Gas) Production (kwh/tn)	51.58	87.97	135.47	143.06	143.92	141.69
原油加工损失率	%	Rate of Loss for Crude Oil Processing (%)	0.80	1.37	1.54	1.46	1.38	1.32
加工一吨原油耗电	千瓦·时/吨	Electricity Consumption for Crude Oil Processing (kwh/tn)	41.86	49.33	59.64	64.60	68.21	66.74
加工一吨原油耗燃料油	千克/吨	Fuel Oil Consumption for Crude Oil Processing (kg/tn)	18.73	20.95	21.01	17.51	16.70	14.61
加工一吨原油综合能耗（标油）	千克/吨	Fully Energy Consumption for Crude Oil Processing (kgoe/tn)	143.04	148.94	82.99	82.84	91.17	89.88
钢铁工业		**Iron and Steel Industry**						
入炉焦比	千克/吨	Coke Ratio of Iron-smelting (kg/tn)	565	577	553	475	495.82	465.70
电炉钢冶炼耗电	千瓦·时/吨	Electricity Consumption for steel Smelting in Electric Furance (kwh/tn)	626	689	617	603	551.69	487.72
有色金属工业		**Nonferrous Metals Industry**						
铜冶炼综合能耗（折标准煤）	千克/吨	Fully Energy Consumption for Copper-smelting (kgce/tn)	2031	1705	1184	1352.02	1046.07	1152.29
铅冶炼综合能耗（折标准煤）	千克/吨	Fully Energy Consumption for Lead-smelting (kgce/tn)	818	920	728	688.20	705.51	900.85
电锌综合能耗（折标准煤）	千克/吨	Fully Energy Consumption for Electrolytic-zinc (kgce/tn)			1776	2313.79	2182.06	2246.28
氧化铝综合能耗（折标准煤）	千克/吨	Fully Energy Consumption for Alumina (kgce/tn)	1622	1916		1465.63	1382.05	1301.96
化学工业		**Chemical Industry**						
硫酸耗电	千瓦·时/吨	Chemical Industry Electricity Consumption for Sulphuric Acid (kwh/tn)	88	98	118	115.12	114.07	107.72

续表 continued

指　标		Item	1985	1990	1995	1997	1998	1999
浓硝酸耗电（直接法）	千瓦·时/吨	Electricity Consumption for Nitricacid (direct reaction)(kwh/tn)	487	473	444	450.00	439.00	452.30
隔膜液碱耗直流电(实耗)	千瓦·时/吨	Direct Current Consumption for Liquid Soda (actual process) (kwh/tn)	2359	2413	2442	2396.00	2372.00	2362.82
水银液碱耗直流电(实耗)	千瓦·时/吨	Direct Current Consumption for mercury Liquid Soda(actual process)(kwh/tn)	3307	3337	3367	3312.00	3342.86	
纯碱耗电（联碱法）	千瓦·时/吨	Electricity Consumption for Sodium (nonammonia soda process) (kwh/tn)			356	324.00	284.37	262.56
纯碱耗电（氨碱法）	千瓦·时/吨	Electricity Consumption for Sodium (ammonia soda process)(kwh/tn)	122	138	128	126.00	125.82	113.90
合成氨耗天然气（大型）	立方米/吨	Natural Gas Consumption for Sythetic Ammonia(large-sized) (cu.m/tn)	1043	1053	682	1050.00	1061.42	932.82
合成氨耗天然气（中型）	立方米/吨	Natural Gas Consumption for Sythetic Ammonia(medium-sized)(cu.m/tn)			943	1062.00	1000.25	953.46
合成氨耗电（中型）	千瓦·时/吨	Electricity Consumption for Calcium Carbide in Electric Furnace(kwh/tn)			1465	1263.00	1309.02	1279.22
电石耗电炉电	千瓦·时/吨	Electricity Consumption for Sythetic Ammonia(medium-sized)(kwh/tn)	1385	1385	3597	3529.00	3497.88	3398.35
建筑材料工业		**Buiding Materials Industry**						
熟料烧成耗标准煤	千克/吨	Coal Consumption for Clinker (kgce/tn)	201.1	185.4	158.6	169.0	160.75	156.35
水泥综合电力消耗	千瓦·时/吨	Fully Electricity Consumption for Cement (kwh/tn)	103.9	109.9	98.9	107.2	100.37	97.29
水泥综合能耗	千克标煤/吨	Fully Energy Consumption for Cement (kgce/tn)	210.4	201.0	168.4	181.3	172.46	161.81
平板玻璃综合能耗	千克/重量箱	Fully Energy Consumption for Plate Glass(kgce/wt.case)	37.05	34.79	27.74	25.70	24.88	24.35
平板玻璃消耗电力	千瓦.时/重量箱	Electricity Consumption for Plate Glass (kgce/wt.case)	5.26	7.32	7.46	8.15	9.47	9.40
化学纤维工业		**Chemical Fibre Induestry**						
粘胶短纤维用标煤	千克标煤/吨	Coal Consumption for Viscose Staple Fibre (kgce/tn)	2342	2280	2015	2052	1881.0	1672.0
粘胶短纤维用电量	千瓦·时/吨	Electricity Consumption for Viscose Staple Fibre (kwh/tn)				1937	1791.8	1561.6
粘胶长丝用标准煤量	千克标煤/吨	Coal Consumption for Viscose Filament Fibre (kgce/tn)	9228	9165	6425	6566	5982.0	5344.0
粘胶长丝用电量	千瓦·时/吨	Electricity Consumption for Viscose Filament Fibre (kwh/tn)				8979	8425.0	7669.0
锦纶用标准煤量	千克标煤/吨	Coal Consumption for Polyamide Fibre (kgce/tn)	2638	1468	1013	1123	1058.0	966.0
涤纶短纤维用标煤	千克标煤/吨	Coal Consumption for Polyster Staple Fibre (kgce/tn)	757	723	554	444	412.0	393.0
涤纶长丝用标准煤量	千克标煤/吨	Coal Consumption for Polyster Filament Yarn (kgec/tn)	970	630	454	624	451.0	397.0
腈纶用标准煤量	千克标煤/吨	Coal Consumption for Acrylic Fibre(kgce/tn)	6338	4990	6137	2261	2435.0	2207.0
维纶用标准煤量	千克标煤/吨	Coal Consumption for Winylon Fibre (kgce/tn)	2385	2345	1705	3866	3618.2	1987.3
纺织工业		**Textile Industry**						
纱用电量（混合数）	千瓦·时/吨	Electricity Consumption for Yran (composite amount) (kwh/tn)	1983	2129	2229	2349	2335.0	2246.0
丝织品用标准煤量	千克/百米	Coal Consumption for Silk Fabrics (kgce/100m)			21.01	19.90	18.0	16.1

1-8 年末交通运输设备拥有量

NUMBER OF TRANSPORTATION EQUIPMENT(YEAR END)

指　　标　　　Item	1991	1995	1996	1997	1998	1999
铁路机车合计(辆) Total Railway Locomotives(unit)	14295	15535	15792	15747	15562	14841
蒸汽机车 Steam Locomotives	6250	4607	4041	3213	2292	1215
内燃机车 Diesel Locomotives	6236	8411	9073	9713	10159	10282
电力机车 Electric Locomotives	1809	2517	2678	2821	3111	3344
铁路客车（辆） Railway Passenger Coaches(unit)	27612	32404	33778	34346	34246	34535
铁路货车（辆） Railway Freight Cars(unit)	370054	432731	443893	437686	439326	436236
民用汽车合计（10^4 辆） Total Civil Motor Vehicles(104unit)	606.11	1040.00	1100.08	1219.09	1319.30	1452.94
载客汽车 Passenger Vehicles	185.24	417.90	488.02	580.56	654.83	740.23
载货汽车 Trucks	398.62	585.43	575.03	601.23	627.89	676.95
其它机动车（10^4 辆） Others(10^4unit)	557.02	1494.62	1773.13	2214.83	2770.72	3456.96
公路部门营运车辆（10^4 辆） Motor Vehicles Owned by Highway Department(10^4unit)	31.67	27.49	28.81	29.89	31.88	501.77
私人汽车（10^4 辆） Private Vehicles(10^4unit)	96.04	249.96	289.67	358.36	423.65	533.88
民航飞机合计（架） Total Civil Aircraft(unit)	438	720	750	770	801	795
民用运输船舶合计（艘） Total Civil Transport Vessels(unit)	400594	364968	330953	271856	263576	242043
机动船 Motor Vessels	307127	299717	269879	215814	212093	194590
驳船 Barges	78410	57998	56128	49983	48115	47453
帆船 Sailing Boats	15057	7253	4946	6059	3368	
私人运输船舶（艘） Private Transport Vessels(unit)	224224	196736	168459	160576	137354	120621

1-9 主要能源品种进、出口量

IMPORTS AND EXPORTS OF MAJOR ENERGY PRODUCTS

	1991	1995	1996	1997	1998	1999
进口量 Import						
煤（万吨） Coal(10^4tn)	136.80	163.51	321.66	201.29	158.62	167.28
焦炭（万吨） Coke(10^4tn)		0.12	0.14	0.13		
原油（万吨） Crude Oil(10^4tn)	597.30	3400.63	2261.69	3546.57	2732.00	3661.37
汽油（万吨） Gasoline(10^4tn)	11.20	15.88	7.92	8.43	1.49	0.04
柴油（万吨） Diesel Oil(10^4tn)	319.60	612.26	465.14	742.79	310.81	30.86
煤油（万吨） Kerosene(10^4tn)	2.60	76.13	65.92	138.07	129.08	211.19
燃料油（万吨） Fuel Oil(10^4tn)	126.40	659.14	942.59	1371.06	1627.16	1756.99
液化石油气（万吨） LPG(10^4tn)		232.55	355.03	358.24	476.59	322.31
其它石油制品（万吨） Other Petroleum Products(10^4tn)	11.50	95.68	106.50	176.14	190.58	208.12
天然气（亿立方米） Natural Gas(10^8cu.m)						
电力（亿千瓦小时） Electricity(10^8kwh)	31.10	6.39	1.24	0.89	0.17	3.66
出口量 Export						
煤（万吨） Coal(10^4tn)	2000.10	2861.70	3648.41	3073.02	3229.71	3743.86
焦炭（万吨） Coke(10^4tn)	108.30	886.12	768.55	1058.07	1146.40	997.42
原油（万吨） Crude Oil(10^4tn)	2259.80	1822.70	2040.25	1982.89	1560.00	716.73
汽油（万吨） Gasoline(10^4tn)	250.20	185.53	131.40	178.24	181.96	413.83
柴油（万吨） Diesel Oil(10^4tn)	121.00	130.63	157.44	232.13	98.48	60.47
煤油（万吨） Kerosene(10^4tn)	32.10	37.44	74.36	72.3	91.64	124.97
燃料油（万吨） Fuel Oil(10^4tn)	69.50	27.79	36.62	51.73	57.48	25.46
液化石油气（万吨） LPG(10^4tn)	1.10	7.08	33.33	39.22	50.23	7.50
其它石油制品（万吨） Other Petroleum Products(10^4tn)	148.80	131.05	117.33	155.66	202.54	220.98
天然气（亿立方米） Natural Gas(10^8cu.m)						
电力（亿千瓦小时） Electricity(10^8kwh)	2.60	60.25	37.12	72.04	71.74	91.46

1-10 主要耗能产品的进、出口量

IMPORTS AND EXPORTS OF ENERGY INTENSIVE PRODUCTS

	1991	1995	1996	1997	1998	1999
进口量 Import						
钢材（万吨） Steel Products(10^4tn)	356	1377	1584	1323	1242	1486
钢铁丝（吨） Iron and Steel Wire(tn)	21749	321531	155041	158970	166979	192984
铜及铜合金（吨） Copper and Copper Alloys(tn)	113966	187504	290945	210877	268399	547736
铝及铝合金（吨） Aluminum and Aluminum Alloys(tn)	43711	387925	366733	288891	306988	534004
锌及锌合金（吨） Zinc and Zinc Alloys(tn)	11705	66703	69512	71970	87475	107439
烧碱（吨） Caustic Soda(tn)	3631	8768	15954	31379	26394	24123
纯碱（吨） Soda Ash(tn)	54220	1793	62734	110730	84238	35705
化学肥料 Chemical Fertilizers(10^4tn)	1818	1991	1857	1649	1387	1335
纸浆（万吨） Paper Pulp(10^4tn)	129	82	147	154	220	310
纺织用合成纤维（万吨） Synthetic Fiber Suitable for Spinning(10^4tn)	50	76	97	104	94	83
出口量 Export						
水泥（万吨） Cement(10^4tn)	1074	819	1180	1168	820	636
平板玻璃(万平方米) Plate Glass(10^4sq.m)	4194	5645	4131	3984	3644	4418
钢材（万吨） Steel Products(10^4tn)	214	567	408	462	357	368
钢铁丝（吨） Iron and Steel Wire(tn)	231439	209275	138292	132168	115154	176013
铜材（吨） Copper Products	33655	87344	80705	99500	93122	101974
铝材（吨） Aluminum Products(tn)	27300	65436	59118	100326	109354	94796
锌及锌合金（吨） Zinc and Zinc Alloys(tn)	6284	191535	226777	556931	382894	527142
纸及纸板（万吨） Paper and Paperboard(10^4tn)	23	49	17	23	25	21

1-11 分地区工业废气排放量

EMISSION OF INDUSTRIAL WASTE GAS BY REGION

地区 Region		工业废气排放总量（亿标准立方米）Total Volume of Industrial Waste Gas Emissions (10^8cu.m)			燃料燃烧工业废气排放量 Waste Gas from Fuel (10^8cu.m)		
		1997	1998	1999	1997	1998	1999
全国总计	**National**	**113375**	**121203**	**126807**	**70918**	**72985**	**75919**
北京	Beijing	3342	3227	3083	1966	1795	1777
天津	Tianjin	1729	1644	1570	1353	1232	1132
河北	Hebei	8314	9506	9032	4507	5115	4577
山西	Shanxi	5192	6316	6287	3542	4005	3899
内蒙	Inner Mongolia	4277	4504	5023	2819	3103	3629
辽宁	Liaoning	9318	8963	8880	5788	5590	5586
吉林	Jilin	3266	3008	3008	2307	2064	2107
黑龙江	Heilongjiang	4107	4053	4059	3384	3324	3287
上海	Shanghai	4680	4912	4947	2694	2748	2821
江苏	Jiangsu	6563	7318	8343	5103	5473	6373
浙江	Zhejiang	3809	5016	5417	2590	3044	3570
安徽	Anhui	3676	3647	3682	2265	2164	2089
福建	Fujian	1636	2007	2321	848	1007	1118
江西	Jiangxi	1694	1743	1934	1090	991	1124
山东	Shandong	8504	9089	9841	6011	5975	6443
河南	Henan	6595	6618	6943	4220	4119	4136
湖北	Hubei	4236	5105	5566	2111	2342	2492
湖南	Hunan	3212	3452	3787	1715	1705	1870
广东	Guangdong	5248	6344	7165	3375	3784	4312
广西	Guangxi	3885	4152	4397	1377	1514	1651
海南	Hainan	313	327	341	216	209	210
重庆	Chongqing	2235	1713	1839	1128	1090	1047
四川	Sichuan	4812	4606	4671	2563	2507	2244
贵州	Guizhou	2288	3347	3845	1414	1880	2312
云南	Yunnan	1877	1887	2268	1015	909	1125
西藏	Tibet	10	12	16	10	1	9
陕西	Shaanxi	2547	2497	2337	1798	1537	1476
甘肃	Gansu	2634	2772	2659	1466	1529	1344
青海	Qinghai	505	589	606	193	213	183
宁夏	Ningxia	1090	1041	1102	823	769	766
新疆	Xinjiang	1691	1790	1839	1227	1248	1210

资料来源：《中国统计年鉴》。

Source:《CHINA STATISTICAL YEARBOOK》.

续表 continued

地区 Region		# 经过消烟除尘的废气排放量 Soot and Dust Removed (10^8cu.m)			工业二氧化硫排放量 (吨) Industrial Sulphur Dioxide Discharged (tn)		
		1997	1998	1999	1997	1998	1999
全国总计	**National**	**64135**	**65231**	**67026**	**13626293**	**15930213**	**14600949**
北　京	Beijing	1723	1571	1586	210827	192917	161674
天　津	Tianjin	1256	1153	1031	234943	200307	151769
河　北	Hebei	4140	4698	4221	1008922	1211946	1116566
山　西	Shanxi	3355	3596	3407	689285	1100349	932251
内　蒙	Inner Mongolia	2526	2852	2919	631603	568503	521816
辽　宁	Liaoning	5068	4759	4616	837627	751648	723645
吉　林	Jilin	2154	1923	2000	193184	211655	210021
黑龙江	Heilongjiang	3064	3148	3172	224417	221736	214774
上　海	Shanghai	2401	2435	2417	400947	390874	310865
江　苏	Jiangsu	4832	5136	6049	998173	1215742	934906
浙　江	Zhejiang	2412	2663	3244	410868	610347	608138
安　徽	Anhui	1969	1883	1863	332287	379063	364298
福　建	Fujian	781	894	1054	117244	154935	169564
江　西	Jiangxi	817	767	907	216527	243817	236745
山　东	Shandong	5463	5461	6008	1496739	1760057	1451547
河　南	Henan	3937	3829	3603	680624	767865	678391
湖　北	Hubei	1920	2156	2308	386835	491604	503788
湖　南	Hunan	1556	1508	1674	468257	618784	606373
广　东	Guangdong	3006	3355	3730	476337	643086	669396
广　西	Guangxi	1268	1354	1497	498182	643485	548499
海　南	Hainan	190	205	199	16891	20137	22148
重　庆	Chongqing	988	959	897	396626	363784	758755
四　川	Sichuan	2013	1892	1552	641198	717650	526157
贵　州	Guizhou	1294	1319	1521	609250	851546	678810
云　南	Yunnan	823	764	861	270427	306644	276596
西　藏	Tibet			3	838	1435	892
陕　西	Shaanxi	1725	1453	1380	548012	561252	572642
甘　肃	Gansu	1359	1413	1243	357872	332082	257282
青　海	Qinghai	181	191	167	25290	19555	18992
宁　夏	Ningxia	807	757	753	185703	186005	175741
新　疆	Xinjiang	1107	1138	1141	160358	191402	197909

1-12 分地区工业废气治理情况

TREATMENT OF INDUSTRIAL WASTE GAS BY REGION

单位：%

地区 Region		燃料燃烧消烟除尘率 Rate of Soot and Dust Removed			工艺废气净化处理率 Rate of Industrial Gas Purified		
		1997	1998	1999	1997	1998	1999
全国总计	**National**	**90.44**	**89.38**	**88.29**	**79.38**	**77.14**	**80.26**
北　京	Beijing	87.64	87.52	89.25	88.01	89.66	92.04
天　津	Tianjin	92.83	93.59	91.08	76.33	75.97	88.81
河　北	Hebei	91.86	91.85	92.22	88.23	85.42	86.76
山　西	Shanxi	94.72	89.79	87.38	71.52	48.40	58.50
内　蒙	Inner Mongolia	89.61	91.91	80.44	70.44	74.47	78.97
辽　宁	Liaoning	87.56	85.13	82.64	79.94	79.63	83.55
吉　林	Jilin	93.37	93.17	94.92	52.24	51.06	56.27
黑龙江	Heilongjiang	90.54	94.71	96.50	80.64	82.03	85.86
上　海	Shanghai	89.12	88.61	85.68	90.43	89.88	89.18
江　苏	Jiangsu	94.69	93.84	94.92	80.21	79.40	79.24
浙　江	Zhejiang	93.13	87.48	90.87	67.02	77.90	81.81
安　徽	Anhui	86.93	87.01	89.18	84.26	81.05	85.25
福　建	Fujian	92.21	88.78	94.28	79.82	78.00	75.73
江　西	Jiangxi	74.95	77.40	80.69	83.28	81.12	80.10
山　东	Shandong	90.88	91.40	93.25	81.27	79.83	85.43
河　南	Henan	93.29	92.96	87.11	73.06	78.55	79.69
湖　北	Hubei	90.95	92.06	92.62	79.64	73.80	79.48
湖　南	Hunan	90.73	88.45	89.52	83.30	80.31	85.97
广　东	Guangdong	89.07	88.66	86.50	88.68	90.35	91.34
广　西	Guangxi	92.08	89.43	90.67	88.12	90.50	90.93
海　南	Hainan	87.96	98.09	94.76	90.97	96.61	98.47
重　庆	Chongqing	87.59	87.98	85.67	91.69	72.99	81.57
四　川	Sichuan	78.54	75.47	69.16	70.83	62.51	69.10
贵　州	Guizhou	91.51	70.16	65.79	71.74	47.17	55.25
云　南	Yunnan	81.08	84.05	76.53	77.96	78.94	76.12
西　藏	Tibet			33.33			42.86
陕　西	Shaanxi	95.94	94.53	93.50	64.71	75.21	72.91
甘　肃	Gansu	92.70	92.41	92.49	75.68	75.06	76.50
青　海	Qinghai	9.08	89.67	91.26	83.71	66.49	62.65
宁　夏	Ningxia	98.06	98.44	98.30	20.60	44.12	36.31
新　疆	Xinjiang	90.22	91.19	94.30	65.95	77.26	88.39

资料来源：《中国统计年鉴》。
Source:《CHINA STATISTICAL YEARBOOK》.

1-13 分地区工业废水排放及处理情况

DISCHARGE AND TREATMENT OF INDUSTRIAL WASTE WATER BY REGION

单位：万吨 (10 000 tn)

地区 Region		工业废水排放总量 Total Volume of Industrial Waste Water Discharged			工业废水排放达标量 Volume of Industrial Waste Water up to the Discharge Standards		
		1997	1998	1999	1997	1998	1999
全国总计	**National**	**1883296**	**2006331**	**1973036**	**1164623**	**1232203**	**1316042**
北 京	Beijing	36478	34047	28085	25116	27036	23493
天 津	Tianjin	20188	19328	14185	17333	15315	11568
河 北	Hebei	75555	106431	97420	56707	64640	61549
山 西	Shanxi	42072	47325	42588	24865	20823	21280
内 蒙	Inner Mongolia	25243	24005	22954	11958	10091	11000
辽 宁	Liaoning	121775	121941	116040	84546	83690	83280
吉 林	Jilin	41017	38189	38795	26894	22754	24241
黑龙江	Heilongjiang	65038	60750	53736	39350	36422	36608
上 海	Shanghai	96544	90020	85280	85465	79356	76664
江 苏	Jiangsu	175457	198423	201039	122354	149806	175983
浙 江	Zhejiang	81074	114690	117071	57004	76288	94166
安 徽	Anhui	73346	61713	63616	45439	45511	50407
福 建	Fujian	51490	52482	53620	27754	29026	35980
江 西	Jiangxi	53048	45716	42493	29713	26587	26222
山 东	Shandong	96076	117172	107975	51268	74570	84116
河 南	Henan	91613	91311	94952	53442	62793	67413
湖 北	Hubei	116435	124177	115985	75134	75597	69385
湖 南	Hunan	129659	131225	126146	77113	74381	73510
广 东	Guangdong	98513	117737	114844	56531	67135	70062
广 西	Guangxi	78532	86887	87542	38269	40349	42536
海 南	Hainan	7354	7515	7114	3592	3602	3823
重 庆	Chongqing	38494	33794	90220	22124	20703	58380
四 川	Sichuan	107436	102850	94536	60059	51282	46696
贵 州	Guizhou	27031	31113	26067	10622	9098	7768
云 南	Yunnan	39547	43317	37123	12806	13032	11592
西 藏	Tibet	2386	2392	2398	3	293	12
陕 西	Shaanxi	27812	34462	31569	16644	19823	18900
甘 肃	Gansu	33867	34026	29576	18818	17743	16395
青 海	Qinghai	4544	4098	4093	2969	2895	2862
宁 夏	Ningxia	8296	9823	8954	3048	3227	2801
新 疆	Xinjiang	17376	19473	16919	7683	8332	7348

资料来源：《中国统计年鉴》。
Source:《CHINA STATISTICAL YEARBOOK》.

续表 continued

地区 Region		工业废水处理量 Volume of Industrial Waste Water Treated			工业废水处理排放达标量 Volume of Treated Industrial Waste Water up to the Discharge Standards		
		1997	1998	1999	1997	1998	1999
全国总计	**National**	**2510913**	**2772706**	**3032373**	**536311**	**627918**	**719927**
北　京	Beijing	84337	84280	105493	11217	12236	12417
天　津	Tianjin	33533	31037	29039	5656	5306	4570
河　北	Hebei	224724	249835	282681	29518	36450	37068
山　西	Shanxi	81594	95484	98648	10676	11369	11379
内　蒙	Inner Mongolia	45181	42854	42921	4028	4354	4307
辽　宁	Liaoning	164670	167269	180902	40675	39664	46922
吉　林	Jilin	41211	36689	38384	14914	10179	13261
黑龙江	Heilongjiang	81962	90171	96305	14478	13509	15072
上　海	Shanghai	134119	138925	122495	38391	36752	36958
江　苏	Jiangsu	144186	167305	193051	44047	58772	79317
浙　江	Zhejiang	53711	78569	95476	19664	37470	52311
安　徽	Anhui	121248	133789	127526	22205	25525	26423
福　建	Fujian	47271	51115	58834	16988	18530	22241
江　西	Jiangxi	59629	58311	55626	16500	16193	15932
山　东	Shandong	232044	268262	303303	28566	50719	62120
河　南	Henan	187762	204674	228477	24066	36263	42575
湖　北	Hubei	114367	137542	160710	28511	30268	30346
湖　南	Hunan	142203	142231	141629	43561	46304	43625
广　东	Guangdong	110384	137164	128068	33976	44517	49930
广　西	Guangxi	83452	86276	97538	18651	17747	21570
海　南	Hainan	4445	4188	5024	2451	2468	2938
重　庆	Chongqing	37689	30041	107366	8110	9679	32901
四　川	Sichuan	88674	122091	100936	23952	24998	19574
贵　州	Guizhou	34112	37305	39970	4974	4149	3991
云　南	Yunnan	49101	62300	77292	5948	5926	5277
西　藏	Tibet	1236	1230	1509	3	91	
陕　西	Shaanxi	40456	46659	39582	7210	11894	11094
甘　肃	Gansu	35913	35865	40172	9502	8656	8623
青　海	Qinghai	2964	2874	2989	1318	1258	1501
宁　夏	Ningxia	13212	11289	11112	1268	1842	1192
新　疆	Xinjiang	15523	17081	19314	5287	4829	4492

资料来源：《中国统计年鉴》。
Source:《CHINA STATISTICAL YEARBOOK》.

二、能源建设

Chapter 2 Construction on Energy Industry

2-1 国有经济能源工业分行业固定资产投资

INVESTMENT IN FIXED ASSETS OF STATE-OWNED UNITS IN ENERGY INDUSTRY

单位：亿元 (100 million yuan)

	1991	1995	1996	1997	1998	1999
能源工业 Energy Industry	**956.75**	**2025.28**	**2419.26**	**2914.00**	**2862.10**	**2963.21**
煤炭采选业 Coal Mining and Processing	177.07	282.26	319.44	363.96	262.78	213.22
石油和天然气开采业 Petroleum and Natural Gas Extraction	273.43	499.68	565.46	697.39	726.30	706.32
电力、蒸汽、热水生产和供应业 Electricity, Steam, Hot Water Producing and Supply	410.19	1042.71	1293.06	1534.97	1601.15	1833.16
石油加工及炼焦业 Petroleum Processing and Coking	96.05	161.64	186.05	257.89	199.82	145.76
煤气生产和供应业 Coal Gas and Coal Products		38.99	55.25	59.79	72.04	64.75

2-2 国有经济能源工业分行业固定资产投资构成

PROPORTIONS OF INVESTMENT IN FIXED ASSETS OF STATE-OWNED UNITS IN ENERGY INDUSTRY

单位：% %

	1991	1995	1996	1997	1998	1999
能源工业 Energy Industry	**100.00**	**100.00**	**100.00**	**100.00**	**100.00**	**100.00**
煤炭采选业 Coal Mining and Processing	18.51	13.94	13.20	12.49	9.18	7.20
石油和天然气开采业 Petroleum and Natural Gas Extraction	28.58	24.67	23.37	23.93	25.38	23.84
电力、蒸汽、热水生产和供应业 Electricity, Steam, Hot Water Producing and Supply	42.87	51.48	53.45	52.68	55.94	61.86
石油加工及炼焦业 Petroleum Processing and Coking	10.04	7.98	7.69	8.85	6.98	4.92
煤气生产和供应业 Coal Gas and Coal Products		1.93	2.28	2.05	2.52	2.19

2-3 分地区国有经济能源工业固定资产投资

INVESTMENT IN FIXED ASSETS OF STATE-OWNED UNITS IN ENERGY INDUSTRY BY REGION

单位：亿元 (100 million yuan)

地 区	Region	1991	1995	1996	1997	1998	1999
全国总计	**National**	**956.75**	**2025.28**	**2419.26**	**2914.00**	**2862.10**	**2963.21**
北 京	Beijing	12.08	48.33	52.73	75.45	84.34	98.90
天 津	Tianjin	32.32	120.62	83.83	90.48	93.02	109.04
河 北	Hebei	35.94	108.93	94.80	134.44	136.65	109.79
山 西	Shanxi	59.53	70.05	88.40	110.34	117.13	90.52
内 蒙	Inner Mongolia	28.43	73.62	73.37	71.73	47.66	29.04
辽 宁	Liaoning	68.10	133.08	145.89	156.99	147.20	160.79
吉 林	Jilin	25.71	44.26	49.07	55.52	51.56	58.01
黑龙江	Heilongjiang	78.58	163.08	199.83	256.81	221.51	204.34
上 海	Shanghai	26.74	75.72	99.06	124.02	127.41	154.86
江 苏	Jiangsu	33.64	49.28	80.16	100.11	113.97	149.73
浙 江	Zhejiang	19.60	56.44	82.16	98.69	80.68	91.97
安 徽	Anhui	23.75	76.87	78.86	57.62	56.75	51.76
福 建	Fujian	20.36	38.19	32.88	50.45	55.81	40.03
江 西	Jiangxi	8.93	18.65	31.98	33.08	28.63	38.34
山 东	Shandong	77.35	180.99	213.85	234.14	250.62	268.77
河 南	Henan	54.60	99.65	118.03	130.89	149.92	160.31
湖 北	Hubei	18.04	138.42	141.40	154.25	163.43	193.36
湖 南	Hunan	17.67	57.75	58.76	68.83	44.68	72.92
广 东	Guangdong	68.89	84.91	89.49	132.11	103.68	115.25
广 西	Guangxi	8.41	21.36	22.74	23.26	22.74	39.57
海 南	Hainan	2.21	1.53	4.27	2.95	2.19	5.83
重 庆	Chongqing				30.57	44.87	43.11
四 川	Sichuan	52.42	110.55	126.66	167.16	124.56	109.33
贵 州	Guizhou	10.47	26.83	36.32	40.42	25.59	37.79
云 南	Yunnan	11.85	22.63	24.91	23.44	40.03	48.61
西 藏	Tibet	2.11	9.01	4.72	7.66	6.53	6.33
陕 西	Shaanxi	21.68	40.35	45.27	54.37	59.97	75.44
甘 肃	Gansu	15.10	33.99	39.98	43.72	52.92	50.49
青 海	Qinghai	10.45	22.24	36.07	35.22	35.63	35.88
宁 夏	Ningxia	8.89	11.57	19.04	21.92	12.55	13.50
新 疆	Xinjiang	48.70	106.91	128.45	149.85	161.34	169.58

2-4 分地区国有经济煤炭采选业固定资产投资

INVESTMENT IN FIXED ASSETS OF STATE-OWNED UNITS IN COAL MINING AND PROCESSING BY REGION

单位：亿元 (100 million yuan)

地 区	Region	1991	1995	1996	1997	1998	1999
全国总计	**National**	**177.07**	**282.26**	**319.44**	**363.96**	**262.78**	**213.22**
北 京	Beijing	0.59	0.62	0.63	0.92	0.52	0.41
天 津	Tianjin						
河 北	Hebei	10.84	16.80	19.62	21.91	19.56	19.90
山 西	Shanxi	37.16	46.59	58.70	66.08	47.28	39.87
内 蒙	Inner Mongolia	21.18	35.26	36.25	45.16	11.78	5.43
辽 宁	Liaoning	10.20	6.09	10.93	17.80	10.03	6.45
吉 林	Jilin	2.90	2.86	2.27	2.53	2.19	1.09
黑龙江	Heilongjiang	14.18	14.12	16.19	21.38	9.32	6.26
上 海	Shanghai	0.02					
江 苏	Jiangsu	5.76	6.16	8.68	11.68	6.62	4.78
浙 江	Zhejiang	0.36	0.12	0.12	0.10	0.04	0.04
安 徽	Anhui	12.80	34.64	35.83	30.47	24.34	15.66
福 建	Fujian	0.94	1.48	1.59	1.49	1.53	1.53
江 西	Jiangxi	1.70	1.72	3.39	1.97	1.97	1.34
山 东	Shandong	11.11	24.62	26.05	39.51	47.25	49.02
河 南	Henan	13.48	22.83	23.99	33.16	27.92	17.38
湖 北	Hubei	0.26	0.56	0.42	0.34	0.38	0.52
湖 南	Hunan	1.87	3.38	3.62	2.43	1.66	1.47
广 东	Guangdong	0.96	0.99	0.55	0.43	0.28	0.29
广 西	Guangxi	0.57	0.93	0.61	0.62	0.59	0.47
海 南	Hainan	0.01	0.01	0.01			
重 庆	Chongqing				3.35	2.95	2.80
四 川	Sichuan	6.65	6.61	7.50	3.46	6.14	4.26
贵 州	Guizhou	2.53	6.65	10.75	5.28	6.02	5.26
云 南	Yunnan	2.12	3.59	3.92	4.34	4.24	2.37
西 藏	Tibet		0.09	0.06	0.19		
陕 西	Shaanxi	5.82	8.38	8.96	12.04	6.14	3.57
甘 肃	Gansu	2.48	4.07	5.77	8.49	8.58	5.77
青 海	Qinghai	0.30	0.24	0.19	0.38	0.20	0.05
宁 夏	Ningxia	3.17	5.21	6.67	6.80	5.55	2.61
新 疆	Xinjiang	2.93	3.34	2.70	3.08	1.70	1.26

2-5 分地区国有经济石油和天然气开采业固定资产投资

INVESTMENT IN FIXED ASSETS OF STATE-OWNED UNITS IN PETROLEUM AND NATURAL GAS EXTRACTION BY REGION

单位：亿元 (100 million yuan)

地 区	Region	1991	1995	1996	1997	1998	1999
全国总计	**National**	**273.43**	**499.68**	**565.46**	**697.39**	**726.30**	**706.32**
北 京	Beijing	0.02					
天 津	Tianjin	19.81	30.77	41.16	43.69	45.06	57.12
河 北	Hebei	3.29	3.06	3.51	5.12	4.82	3.48
山 西	Shanxi						
内 蒙	Inner Mongolia						0.30
辽 宁	Liaoning	25.09	54.91	56.76	67.76	66.69	82.10
吉 林	Jilin	10.02	17.39	20.94	20.74	16.33	24.99
黑龙江	Heilongjiang	41.55	103.85	113.13	137.86	150.36	134.41
上 海	Shanghai	0.11	0.07	0.12	17.22	16.02	4.16
江 苏	Jiangsu	2.62	6.28	6.21	7.08	7.70	8.85
浙 江	Zhejiang				0.02		
安 徽	Anhui						0.02
福 建	Fujian						
江 西	Jiangxi						
山 东	Shandong	42.31	79.97	74.00	94.58	102.50	104.09
河 南	Henan	23.39	26.10	31.55	34.52	39.70	30.73
湖 北	Hubei	2.73	3.77	4.73	6.65	8.07	8.82
湖 南	Hunan						
广 东	Guangdong	3.11	6.28	7.48	10.86	24.40	11.95
广 西	Guangxi		0.04	0.09	1.76	3.50	2.62
海 南	Hainan						
重 庆	Chongqing				1.96	0.40	8.27
四 川	Sichuan	12.78	24.11	26.05	21.33	27.38	29.86
贵 州	Guizhou	0.01			0.52	0.45	0.55
云 南	Yunnan			0.16	0.01	0.23	
西 藏	Tibet						
陕 西	Shaanxi	1.48	2.76	6.99	11.45	11.59	17.91
甘 肃	Gansu	1.28	4.29	5.83	6.80	6.81	5.87
青 海	Qinghai	5.64	6.00	10.00	13.25	15.48	17.18
宁 夏	Ningxia						
新 疆	Xinjiang	39.75	85.85	105.99	116.65	114.64	121.53

2-6 分地区国有经济电力、蒸汽、热水生产和供应业固定资产投资

INVESTMENT IN FIXED ASSETS OF STATE-OWNED UNITS IN ELECTRICITY, STEAM, HOT WATER PRODUCTION AND SUPPLY BY REGION

单位：亿元 (100 million yuan)

地 区	Region	1991	1995	1996	1997	1998	1999
全国总计	**National**	**410.19**	**1042.71**	**1293.06**	**1534.97**	**1601.15**	**1833.16**
北 京	Beijing	7.93	36.72	35.68	46.29	60.37	77.77
天 津	Tianjin	10.61	23.28	32.62	34.31	37.50	42.58
河 北	Hebei	17.58	37.82	56.91	80.66	98.86	80.98
山 西	Shanxi	20.60	21.33	25.76	39.22	65.41	44.16
内 蒙	Inner Mongolia	6.93	32.63	36.57	25.03	34.25	21.50
辽 宁	Liaoning	20.04	41.63	40.06	43.95	41.58	51.16
吉 林	Jilin	10.88	19.95	23.59	29.35	29.71	27.77
黑龙江	Heilongjiang	13.04	25.76	43.96	71.13	47.62	32.51
上 海	Shanghai	18.37	57.17	75.60	79.60	91.37	137.67
江 苏	Jiangsu	18.64	29.18	54.78	70.37	88.37	122.68
浙 江	Zhejiang	14.65	53.58	80.21	96.22	78.66	89.90
安 徽	Anhui	9.42	26.96	30.62	22.80	27.94	32.62
福 建	Fujian	11.48	32.89	30.40	40.21	53.37	37.21
江 西	Jiangxi	6.67	14.28	23.48	23.33	21.49	35.05
山 东	Shandong	16.42	60.82	96.61	80.31	74.68	98.56
河 南	Henan	14.82	46.00	57.02	53.78	73.98	107.06
湖 北	Hubei	13.25	126.00	129.41	135.84	145.36	176.72
湖 南	Hunan	14.46	51.30	50.62	51.50	33.75	62.68
广 东	Guangdong	56.99	64.11	70.88	96.76	51.33	90.74
广 西	Guangxi	7.61	20.19	20.95	19.98	18.07	36.24
海 南	Hainan	1.54	1.51	2.06	1.97	1.12	4.12
重 庆	Chongqing				24.76	39.88	30.83
四 川	Sichuan	32.27	77.03	89.89	140.59	88.85	72.38
贵 州	Guizhou	6.60	19.98	25.27	34.38	18.68	31.79
云 南	Yunnan	9.22	18.58	20.55	18.48	35.22	46.01
西 藏	Tibet	2.11	8.92	4.65	7.47	6.53	6.33
陕 西	Shaanxi	13.07	25.12	22.22	18.37	27.08	49.00
甘 肃	Gansu	8.32	18.47	17.29	16.31	30.69	34.55
青 海	Qinghai	4.51	16.00	25.87	21.57	19.96	18.53
宁 夏	Ningxia	5.19	6.02	12.06	14.09	5.57	6.82
新 疆	Xinjiang	5.43	12.11	15.40	14.90	27.56	42.10

2-7 分地区国有经济石油加工及炼焦业固定资产投资
INVESTMENT IN FIXED ASSETS OF STATE-OWNED UNITS IN PETROLEUM PROCESSING AND COKING BY REGION

单位：亿元 (100 million yuan)

地 区	Region	1991	1995	1996	1997	1998	1999
全国总计	**National**	**96.05**	**161.64**	**186.05**	**257.89**	**199.82**	**145.76**
北 京	Beijing	3.55	6.95	12.27	20.53	16.24	10.55
天 津	Tianjin	1.90	5.17	6.74	7.26	3.28	1.40
河 北	Hebei	4.24	4.66	14.06	25.30	11.62	4.16
山 西	Shanxi	1.77	1.06	1.57	3.71	1.88	3.67
内 蒙	Inner Mongolia	0.32	5.59	0.41	1.21	0.63	0.37
辽 宁	Liaoning	12.76	28.90	35.73	24.11	26.26	19.06
吉 林	Jilin	1.92	3.15	0.99	0.55	2.02	3.42
黑龙江	Heilongjiang	9.81	16.74	25.00	24.57	13.28	30.20
上 海	Shanghai	8.23	10.05	9.28	17.17	6.99	3.14
江 苏	Jiangsu	6.62	6.80	8.19	8.70	7.99	9.61
浙 江	Zhejiang	4.60	1.36	0.66	1.21	0.92	1.13
安 徽	Anhui	1.54	14.39	11.43	3.36	2.40	2.31
福 建	Fujian	7.94	3.56	0.66	8.13	0.31	0.43
江 西	Jiangxi	0.56	1.87	2.64	6.75	4.47	1.33
山 东	Shandong	7.51	13.21	13.18	13.47	21.47	13.68
河 南	Henan	2.91	1.48	4.24	6.58	1.35	0.84
湖 北	Hubei	1.80	6.80	5.16	9.95	8.04	6.80
湖 南	Hunan	1.35	2.02	3.77	14.53	8.70	7.98
广 东	Guangdong	7.83	11.70	9.63	22.61	25.87	10.89
广 西	Guangxi	0.23	0.09	1.03	0.84	0.43	0.09
海 南	Hainan	0.68					0.90
重 庆	Chongqing				0.01	0.52	0.06
四 川	Sichuan	0.72	0.53	0.47	0.01	0.01	
贵 州	Guizhou	1.33				0.03	0.02
云 南	Yunnan	0.51	0.05	0.12	0.17	0.03	
西 藏	Tibet						
陕 西	Shaanxi	1.31	3.31	4.60	9.89	11.39	2.15
甘 肃	Gansu	3.02	6.64	10.44	11.45	6.23	3.66
青 海	Qinghai						0.11
宁 夏	Ningxia	0.53	0.25	0.28	1.00	0.98	3.79
新 疆	Xinjiang	0.59	5.32	3.62	14.85	16.35	4.00

2-8 分地区国有经济煤气生产和供应业固定资产投资

INVESTMENT IN FIXED ASSETS OF STATE-OWNED UNITS IN GAS PRODUCTION AND SUPPLY BY REGION

单位：亿元 (100 million yuan)

地 区	Region	1995	1996	1997	1998	1999
全国总计	**National**	**38.99**	**55.25**	**59.79**	**72.04**	**64.75**
北 京	Beijing	4.04	4.14	7.71	7.22	10.17
天 津	Tianjin	1.10	3.31	5.21	7.19	7.95
河 北	Hebei	0.53	0.71	1.45	1.78	1.27
山 西	Shanxi	1.07	2.37	1.33	2.56	2.83
内 蒙	Inner Mongolia	0.14	0.15	0.33	1.00	1.44
辽 宁	Liaoning	1.55	2.41	3.36	2.64	2.01
吉 林	Jilin	0.91	1.27	2.36	1.32	0.74
黑龙江	Heilongjiang	2.61	1.55	1.86	0.93	1.00
上 海	Shanghai	8.43	14.06	10.03	13.04	9.90
江 苏	Jiangsu	0.86	2.30	2.28	3.29	3.82
浙 江	Zhejiang	1.38	1.18	1.14	1.06	0.90
安 徽	Anhui	0.88	0.98	0.99	2.06	1.16
福 建	Fujian	0.26	0.23	0.62	0.60	0.86
江 西	Jiangxi	0.78	2.48	1.01	0.70	0.63
山 东	Shandong	2.37	4.03	6.27	4.72	3.42
河 南	Henan	3.24	1.22	2.84	6.97	4.29
湖 北	Hubei	1.29	1.68	1.46	1.58	0.49
湖 南	Hunan	1.05	0.74	0.35	0.57	0.79
广 东	Guangdong	1.83	0.94	1.47	1.79	1.38
广 西	Guangxi	0.11	0.07	0.05	0.14	0.14
海 南	Hainan	0.01	2.20	0.98	1.07	0.81
重 庆	Chongqing			0.49	1.11	1.16
四 川	Sichuan	2.27	2.75	1.76	2.18	2.82
贵 州	Guizhou	0.20	0.30	0.24	0.42	0.17
云 南	Yunnan	0.41	0.28	0.48	0.17	0.20
西 藏	Tibet					
陕 西	Shaanxi	0.78	2.49	2.62	3.78	2.80
甘 肃	Gansu	0.52	0.64	0.66	0.61	0.64
青 海	Qinghai		0.01	0.02	0.01	
宁 夏	Ningxia	0.09	0.02	0.03	0.45	0.28
新 疆	Xinjiang	0.29	0.74	0.37	1.09	0.68

2-9 能源工业分行业基本建设投资

CAPITAL CONSTRUCTION INVESTMENT IN ENERGY INDUSTRY

单位：亿元 (100 million yuan)

	1991	1995	1996	1997	1998	1999
能源工业 Energy Industry	**646.14**	**1650.10**	**1980.79**	**2569.41**	**2633.13**	**2564.28**
煤炭采选业 Coal Mining and Processing	116.58	189.39	216.53	266.03	182.01	124.88
石油和天然气开采业 Petroleum and Natural Gas Extraction	88.34	190.60	221.09	338.18	310.13	315.60
电力、蒸汽、热水生产和供应业 Electricity, Steam, Hot Water Producing and Supply	377.75	1124.15	1374.19	1757.34	1938.53	1989.96
石油加工及炼焦业 Petroleum Processing and Coking	63.47	109.23	122.51	151.61	137.84	75.82
煤气生产和供应业 Coal Gas and Coal Products		36.73	46.46	56.25	64.62	58.02

2-10 能源工业分行业基本建设投资构成

PROPORTIONS OF CAPITAL CONSTRUCTION INVESTMENT IN ENERGY INDUSTRY

单位：% %

	1991	1995	1996	1997	1998	1999
能源工业 Energy Industry	**100.00**	**100.00**	**100.00**	**100.00**	**100.00**	**100.00**
煤炭采选业 Coal Mining and Processing	18.04	11.48	10.93	10.35	6.91	4.87
石油和天然气开采业 Petroleum and Natural Gas Extraction	13.67	11.55	11.16	13.16	11.78	12.31
电力、蒸汽、热水生产和供应业 Electricity, Steam, Hot Water Producing and Supply	58.46	68.13	69.38	68.39	73.62	77.60
石油加工及炼焦业 Petroleum Processing and Coking	9.82	6.62	6.18	5.90	5.23	2.96
煤气生产和供应业 Coal Gas and Coal Products			2.35	2.19	2.45	2.26

2-11 分地区能源工业基本建设投资

CAPITAL CONSTRUCTION INVESTMENT IN ENERGY INDUSTRY BY REGION

单位：万元 (10 000 yuan)

地 区	Region	1991	1995	1996	1997	1998	1999
全国总计	**National**	**6461426**	**16501001**	**19807871**	**25694082**	**26331267**	**25642805**
北 京	Beijing	94400	501146	614761	671502	705200	933310
天 津	Tianjin	195637	410926	588419	685251	706715	909983
河 北	Hebei	269892	536619	899791	1384617	1336778	1064350
山 西	Shanxi	444243	452036	569299	929825	1090000	1071348
内 蒙	Inner Mongolia	245014	596071	664538	766218	618899	271135
辽 宁	Liaoning	393495	800526	897028	1130906	1028841	912405
吉 林	Jilin	135358	275088	271712	343992	410320	411555
黑龙江	Heilongjiang	318600	747829	947296	1696433	858090	672620
上 海	Shanghai	200925	550887	546285	952353	1008609	1417018
江 苏	Jiangsu	242841	592214	901970	1031108	1051460	1138172
浙 江	Zhejiang	172627	503271	1010462	1338905	1601506	1612320
安 徽	Anhui	188573	562895	572120	648331	596914	641519
福 建	Fujian	182257	510106	332929	521682	759561	609549
江 西	Jiangxi	77626	204835	240588	274705	276805	336353
山 东	Shandong	346899	1098600	1394178	1572377	1659203	1695200
河 南	Henan	289768	955605	1146670	1358301	1246356	1081316
湖 北	Hubei	132786	1246538	1262831	1571624	1798251	1791299
湖 南	Hunan	159863	527831	528606	598734	433773	592234
广 东	Guangdong	621626	1408194	1343197	1530202	1863077	1757026
广 西	Guangxi	70774	234424	208670	210690	372939	511519
海 南	Hainan	22070	238033	85139	40851	57607	116009
重 庆	Chongqing				247394	401281	307835
四 川	Sichuan	340591	840198	1080387	1520819	1329920	1074690
贵 州	Guizhou	83123	190182	269541	325150	254960	213559
云 南	Yunnan	101740	311244	364792	423073	424608	506021
西 藏	Tibet	21124	75807	47167	72635	58172	55114
陕 西	Shaanxi	157260	306175	340417	504043	555036	535699
甘 肃	Gansu	108573	202712	369953	388650	438998	462684
青 海	Qinghai	71152	172596	298522	294061	329546	282786
宁 夏	Ningxia	70065	80402	151553	167131	84026	115462
新 疆	Xinjiang	305608	725916	838646	957974	1159729	1320478

2-12 分地区煤炭采选业基本建设投资
CAPITAL CONSTRUCTION INVESTMENT IN COAL MINING AND PROCESSING BY REGION

单位：万元 (10 000 yuan)

地 区	Region	1991	1995	1996	1997	1998	1999
全国总计	**National**	**1165801**	**1893896**	**2165399**	**2660289**	**1820086**	**1248813**
北 京	Beijing	2669					
天 津	Tianjin			19542		2800	
河 北	Hebei	58274	57451	69703	94364	85266	90706
山 西	Shanxi	238288	234971	313493	411064	275667	223931
内 蒙	Inner Mongolia	184758	314099	321468	416797	283132	82244
辽 宁	Liaoning	57518	27907	77173	132757	57340	10073
吉 林	Jilin	19208	18570	17517	19303	14486	5005
黑龙江	Heilongjiang	86821	88583	105193	142143	40750	18703
上 海	Shanghai	189					
江 苏	Jiangsu	37236	39351	55456	69037	35965	18515
浙 江	Zhejiang	1145	1039	1206	781	413	1047
安 徽	Anhui	91172	237579	269600	290993	167517	54088
福 建	Fujian	4257	6806	5291	4648	5244	4781
江 西	Jiangxi	11585	9096	6447	5325	7483	3358
山 东	Shandong	103080	210794	210195	304458	341626	359836
河 南	Henan	77912	145383	153480	233822	192387	109318
湖 北	Hubei	1527	2821	766	1440	2116	1616
湖 南	Hunan	9809	17128	21745	10312	6479	4909
广 东	Guangdong	3036	1501	2725	1770	661	2380
广 西	Guangxi	3163	6542	3754	4220	3376	2531
海 南	Hainan	27					330
重 庆	Chongqing				2075	371	7103
四 川	Sichuan	20581	20387	10802	2447	32280	28826
贵 州	Guizhou	11268	41648	78803	88826	38814	33700
云 南	Yunnan	14537	19546	22812	29302	19277	12509
西 藏	Tibet		900	648	1886	900	
陕 西	Shaanxi	35810	61977	56172	88268	41397	8700
甘 肃	Gansu	15545	30155	44789	60198	49167	30538
青 海	Qinghai	529	625	533	2266	297	115
宁 夏	Ningxia	18880	30447	38526	34760	24577	
新 疆	Xinjiang	14930	25345	22991	21567	11242	6542

2-13 分地区石油和天然气开采业基本建设投资

CAPITAL CONSTRUCTION INVESTMENT IN PETROLEUM AND NATURAL GAS EXTRACTION BY REGION

单位：万元 (10 000 yuan)

地区	Region	1991	1995	1996	1997	1998	1999
全国总计	**National**	**883391**	**1905965**	**2210850**	**3381783**	**3101273**	**3156019**
北京	Beijing	166					
天津	Tianjin	89296	169493	199339	264035	273154	396415
河北	Hebei	32869	30600	35115	49070	48200	34772
山西	Shanxi						
内蒙	Inner Mongolia						
辽宁	Liaoning	66400	127731	120648	122354	166220	298993
吉林	Jilin	7600	43390	24500	17500	42103	137364
黑龙江	Heilongjiang	30543	279419	249283	780200	126909	147081
上海	Shanghai	1006	654	20593	172003	160169	41598
江苏	Jiangsu	3001	25297	22188	32182	32994	38311
浙江	Zhejiang				229		
安徽	Anhui					50	160
福建	Fujian						
江西	Jiangxi						
山东	Shandong	54671	175736	179888	2218321	256000	302754
河南	Henan	46194	75164	106532	144475	162359	92363
湖北	Hubei	9085	12290	15780	22381	31360	40797
湖南	Hunan						
广东	Guangdong	19639	60477	71133	103940	237449	114928
广西	Guangxi		420	866	17645	34970	26188
海南	Hainan		36213				
重庆	Chongqing				6742	5119	65284
四川	Sichuan	17163	58061	51147	59151	108370	104934
贵州	Guizhou	50			5226	3977	5069
云南	Yunnan			1600	136	1219	
西藏	Tibet						
陕西	Shaanxi	1398	5345	26412	40417	46293	66564
甘肃	Gansu		1000	14071	13000	36395	8358
青海	Qinghai	25700	18000	44918	68947	90700	99144
宁夏	Ningxia						
新疆	Xinjiang	239230	562818	691772	699413	766419	897547

2-14 分地区电力、蒸汽、热水生产和供应业基本建设投资

CAPITAL CONSTRUCTION INVESTMENT IN ELECTRICITY, STEAM, HOT WATER PRODUCTION AND SUPPLY BY REGION

单位：万元

(10 000 yuan)

地 区 Region	1991	1995	1996	1997	1998	1999
全国总计 National	**3777515**	**11241548**	**13741901**	**17573362**	**19385331**	**19899618**
北 京 Beijing	70114	433909	492217	526481	547654	767882
天 津 Tianjin	96947	195867	286701	311256	329787	427000
河 北 Hebei	156286	438247	676096	981668	1080434	890649
山 西 Shanxi	188910	197956	227723	486638	792696	810209
内 蒙 Inner Mongolia	59138	279667	341943	345439	324622	174342
辽 宁 Liaoning	181296	374203	425880	763873	675048	513473
吉 林 Jilin	103835	187063	220160	286906	339038	254754
黑龙江 Heilongjiang	124029	240813	408730	651599	602312	440867
上 海 Shanghai	168917	395425	385137	579792	719137	1331393
江 苏 Jiangsu	175181	469634	746647	839985	929409	1016580
浙 江 Zhejiang	131627	442847	919155	1209743	1361636	1418138
安 徽 Anhui	87336	203240	209433	341269	405148	570704
福 建 Fujian	99163	467062	311186	435751	748264	591920
江 西 Jiangxi	63641	187260	208657	228755	228033	326102
山 东 Shandong	154411	638250	917016	923849	915866	966564
河 南 Henan	139176	702686	871106	944507	822348	831445
湖 北 Hubei	111773	1198907	1212724	1470811	1703043	1705707
湖 南 Hunan	136961	496196	483833	531913	397280	562240
广 东 Guangdong	537526	1217521	1167120	1291210	1388183	1544440
广 西 Guangxi	65354	225904	197348	181294	322747	476889
海 南 Hainan	15303	138245	58037	24766	12369	83790
重 庆 Chongqing				236140	386793	231893
四 川 Sichuan	299439	735149	988311	1443902	1165156	911101
贵 州 Guizhou	58502	146487	188520	229387	209059	172806
云 南 Yunnan	83187	287169	337247	387230	401652	488641
西 藏 Tibet	21124	74907	46519	70749	58172	55114
陕 西 Shaanxi	119134	231033	225179	349550	427708	430577
甘 肃 Gansu	72827	166473	277585	238185	310462	407261
青 海 Qinghai	44912	153971	253009	222604	238549	182409
宁 夏 Ningxia	47480	47538	111455	131648	53200	81548
新 疆 Xinjiang	48497	92926	96457	91795	226239	381745

2-15 分地区石油加工及炼焦业基本建设投资

CAPITAL CONSTRUCTION INVESTMENT IN PETROLEUM PROCESSING AND COKING BY REGION

单位：万元 (10 000 yuan)

地 区	Region	1991	1995	1996	1997	1998	1999
全国总计	**National**	**634719**	**1092338**	**1225120**	**1516135**	**1378376**	**758186**
北 京	Beijing	21451	47830	99051	83575	122301	89841
天 津	Tianjin	9394	37650	57908	63796	32674	14896
河 北	Hebei	22463	5360	111607	239897	101527	25034
山 西	Shanxi	17045	11458	16740	22546	3832	3603
内 蒙	Inner Mongolia	1118	1452	546	982	1152	150
辽 宁	Liaoning	88281	255970	250368	79203	105263	71510
吉 林	Jilin	4715	18508	3288	1100	492	5652
黑龙江	Heilongjiang	77207	113314	168619	103845	80928	55648
上 海	Shanghai	30813	77227	67471	151145	50764	12231
江 苏	Jiangsu	27423	48706	54330	65142	24588	19232
浙 江	Zhejiang	39855	42992	71668	115999	230672	183491
安 徽	Anhui	10065	113091	84425	5198	9466	6387
福 建	Fujian	78837	35438	6520	72642	48	4250
江 西	Jiangxi	2400	3200	706	31153	33500	1500
山 东	Shandong	34737	53398	48621	53157	101423	39876
河 南	Henan	26486	987	3657	8052	1827	1798
湖 北	Hubei	10401	20149	17133	61393	45016	32183
湖 南	Hunan	13093	4760	15184	52710	24266	15914
广 东	Guangdong	61425	95203	76143	77303	194233	77338
广 西	Guangxi	2257	479	6030	7021	154	565
海 南	Hainan	6740	55993	4602	4892	27563	23277
重 庆	Chongqing				792		250
四 川	Sichuan	3408	4385	2099	128	600	134
贵 州	Guizhou	13303				300	100
云 南	Yunnan	4016	458		1200		3411
西 藏	Tibet						
陕 西	Shaanxi	918	726	8618	640	2110	2000
甘 肃	Gansu	20201		28470	70624	36823	10085
青 海	Qinghai	11					1118
宁 夏	Ningxia	3705	1491	1328	468	1799	30331
新 疆	Xinjiang	2951	42113	19988	141532	145055	26381

2-16 分地区煤气生产和供应业基本建设投资

CAPITAL CONSTRUCTION INVESTMENT IN GAS PRODUCTION AND SUPPLY BY REGION

单位：万元　　　　(10 000 yuan)

地 区	Region	1995	1996	1997	1998	1999
全国总计	**National**	**367254**	**464601**	**562513**	**646201**	**580169**
北 京	Beijing	19407	23493	61446	35246	75587
天 津	Tianjin	7916	24929	46164	68300	71672
河 北	Hebei	4961	7270	19618	21351	23189
山 西	Shanxi	7651	11343	9577	17805	33605
内 蒙	Inner Mongolia	853	581	3000	9993	14399
辽 宁	Liaoning	14715	22959	32719	24970	18356
吉 林	Jilin	7557	6247	19183	14201	8780
黑龙江	Heilongjiang	25700	15471	18646	7191	10321
上 海	Shanghai	77581	73084	49413	78539	31796
江 苏	Jiangsu	9226	23349	24762	28504	45534
浙 江	Zhejiang	16393	18433	12153	8785	9644
安 徽	Anhui	8985	8662	10871	14733	10180
福 建	Fujian	800	9932	8641	6005	8598
江 西	Jiangxi	5279	24778	9472	7789	5393
山 东	Shandong	20422	38458	62592	44288	26170
河 南	Henan	31385	11895	27445	67435	46392
湖 北	Hubei	12371	16428	15599	16716	10996
湖 南	Hunan	9747	7844	3799	5748	9171
广 东	Guangdong	33492	26076	55979	42551	17940
广 西	Guangxi	1079	672	510	11692	5346
海 南	Hainan	7582	22500	11193	17675	8612
重 庆	Chongqing			1647	8998	3303
四 川	Sichuan	22216	28028	15191	23514	35695
贵 州	Guizhou	2047	2218	1711	2810	1884
云 南	Yunnan	4071	3133	5205	2460	1460
西 藏	Tibet					
陕 西	Shaanxi	7094	24036	25168	37528	27858
甘 肃	Gansu	5084	5038	6643	6151	6442
青 海	Qinghai		62	244		
宁 夏	Ningxia	926	244	255	4450	3583
新 疆	Xinjiang	2714	7438	3667	10774	8263

2-17 能源工业分行业更新改造投资

INVESTMENT IN TECHNICAL UPDATES AND TRANSFORMATION BY ENERGY INDUSTRY

单位：万元 (100 million yuan)

	1991	1995	1996	1997	1998	1999
能源工业 Energy Industry	**136.59**	**452.39**	**527.92**	**600.84**	**688.50**	**755.65**
煤炭采选业 Coal Mining and Processing	52.11	83.99	94.46	99.70	93.99	84.21
石油和天然气开采业 Petroleum and Natural Gas Extraction	19.47	93.72	100.53	113.01	180.76	138.02
电力、蒸汽、热水生产和供应业 Electricity, Steam, Hot Water Producing and Supply	32.43	181.82	218.70	234.78	294.26	414.74
石油加工及炼焦业 Petroleum Processing and Coking	32.59	82.50	100.05	142.42	105.03	102.29
煤气生产和供应业 Coal Gas and Coal Products		10.36	14.18	10.93	14.46	16.39

2-18 能源工业分行业更新改造投资构成

PROPORTION OF INVESTMENT IN TECHNICAL UPDATES AND TRANSFORMATION BY ENERGY INDUSTRY

单位：% (%)

	1991	1995	1996	1997	1998	1999
能源工业 Energy Industry	**100.00**	**100.00**	**100.00**	**100.00**	**100.00**	**100.00**
煤炭采选业 Coal Mining and Processing	38.15	18.57	17.89	16.59	13.65	11.14
石油和天然气开采业 Petroleum and Natural Gas Extraction	14.25	20.72	19.04	18.81	26.25	18.27
电力、蒸汽、热水生产和供应业 Electricity, Steam, Hot Water Producing and Supply	23.74	40.19	41.43	39.08	42.74	54.89
石油加工及炼焦业 Petroleum Processing and Coking	23.86	18.24	18.95	23.70	15.25	13.54
煤气生产和供应业 Coal Gas and Coal Products		2.29	2.69	1.82	2.10	2.17

2-19 分地区能源工业更新改造投资

INVESTMENT IN TECHNICAL UPDATES TRANSFORMATION IN ENERGY INDUSTRY BY REGIO

单位：万元 (10 000 yuan)

地 区	Region	1991	1995	1996	1997	1998	1999
全国总计	**National**	**1365929**	**4523897**	**5279229**	**6008413**	**6884998**	**7556492**
北 京	Beijing	25546	78275	82742	261039	255882	151150
天 津	Tianjin	37838	108009	171571	109242	139362	138324
河 北	Hebei	86806	258313	315262	418717	527511	564742
山 西	Shanxi	141961	248863	339214	314784	279528	243537
内 蒙	Inner Mongolia	35549	138223	69342	64931	63789	78494
辽 宁	Liaoning	115994	375106	489231	659180	651778	627691
吉 林	Jilin	31022	42941	59798	47354	87920	136002
黑龙江	Heilongjiang	106380	290756	342710	261113	795931	724407
上 海	Shanghai	66429	262957	495851	373010	323242	218172
江 苏	Jiangsu	68813	199958	224037	256459	342249	463460
浙 江	Zhejiang	23028	155864	185850	178261	158791	242107
安 徽	Anhui	43191	196407	210249	177708	213464	282594
福 建	Fujian	18191	115203	128242	167406	189191	172297
江 西	Jiangxi	10293	45703	80723	61835	31953	66839
山 东	Shandong	73123	429361	414027	412786	529732	714601
河 南	Henan	76736	220965	266699	352134	354248	490529
湖 北	Hubei	33823	195787	182812	164112	221059	340223
湖 南	Hunan	15284	61408	64770	139243	167754	193553
广 东	Guangdong	66058	198030	98796	255164	190924	316031
广 西	Guangxi	11823	27172	60484	56589	79235	107898
海 南	Hainan	78	632	1128	417	572	17854
重 庆	Chongqing				74477	88226	121132
四 川	Sichuan	84191	243996	267409	199789	227213	211695
贵 州	Guizhou	18210	75782	93804	138271	83928	162909
云 南	Yunnan	15562	28080	38435	58495	87870	43380
西 藏	Tibet	14	14203		3882	7088	7500
陕 西	Shaanxi	41250	88178	110862	181369	261270	317826
甘 肃	Gansu	31442	101862	168011	195113	214155	180531
青 海	Qinghai	4544	16571	28264	23426	24015	35024
宁 夏	Ningxia	18794	35325	39508	51483	51194	39982
新 疆	Xinjiang	39839	171320	176831	225534	219120	98482

2-20 分地区煤炭采选业更新改造投资

INVESTMENT IN TECHNICAL UPDATES AND TRANSFORMATION IN COAL MINING AND PROCESSING BY REGION

单位：万元 (10 000 yuan)

地 区	Region	1991	1995	1996	1997	1998	1999
全国总计	**National**	**521089**	**839861**	**944639**	**997011**	**939942**	**842120**
北 京	Beijing	2368	5501	5591	8402	4347	3373
天 津	Tianjin					67	3564
河 北	Hebei	47418	110525	126496	124818	116342	109932
山 西	Shanxi	124204	223743	276012	246040	196688	158082
内 蒙	Inner Mongolia	23256	36337	38324	38133	32956	27902
辽 宁	Liaoning	41527	30315	28825	39985	33926	45237
吉 林	Jilin	5759	9308	4889	5409	11054	5650
黑龙江	Heilongjiang	49738	46710	43392	58659	27153	28730
上 海	Shanghai						
江 苏	Jiangsu	16845	22200	31593	27768	27226	22263
浙 江	Zhejiang	2039	114		243		
安 徽	Anhui	31065	92373	77243	76343	85825	92032
福 建	Fujian	2013	3847	6027	7984	8589	9475
江 西	Jiangxi	4010	7315	23078	8876	8214	7237
山 东	Shandong	677	8229	14513	50389	100301	105379
河 南	Henan	49070	75430	71535	88413	81521	57085
湖 北	Hubei	959	2725	3422	2696	1801	3156
湖 南	Hunan	7362	16603	13581	138789	11248	9972
广 东	Guangdong	5339	6969	1869	2543	1617	542
广 西	Guangxi	1068	465	840	657	1566	790
海 南	Hainan	28	110	120	10	12	
重 庆	Chongqing				30138	27209	19354
四 川	Sichuan	39409	40368	58446	30480	28384	21207
贵 州	Guizhou	10664	21503	27374	23200	18074	17087
云 南	Yunnan	5485	15812	15741	17404	24488	11493
西 藏	Tibet						
陕 西	Shaanxi	17401	22939	30582	30120	19412	25566
甘 肃	Gansu	8288	9890	12187	20995	34758	25622
青 海	Qinghai	1249	915	787	1445	1256	398
宁 夏	Ningxia	12818	21643	28342	32716	30335	24448
新 疆	Xinjiang	11030	7972	3830	9256	5573	6544

2-21 分地区石油和天然气开采业更新改造投资

INVESTMENT IN TECHNICAL UPDATES AND TRANSFORMATION IN PETROLEUM AND NATURAL GAS EXTRACTION BY REGION

单位：万元　　(10 000 yuan)

地　区	Region	1991	1995	1996	1997	1998	1999
全国总计	**National**	**194651**	**937208**	**1005314**	**1130125**	**1807585**	**1380224**
北　京	Beijing						
天　津	Tianjin	19110	54040	112896	61745	59680	60592
河　北	Hebei				2165		
山　西	Shanxi						
内　蒙	Inner Mongolia						3000
辽　宁	Liaoning	16000	86418	112530	348100	400086	330059
吉　林	Jilin	5823	6611	26062	10211	1732	12854
黑龙江	Heilongjiang	29372	171100	184192		694100	411094
上　海	Shanghai	53			226		
江　苏	Jiangsu	2000	15018	12492	13081	12818	15739
浙　江	Zhejiang						
安　徽	Anhui						
福　建	Fujian						
江　西	Jiangxi						
山　东	Shandong	22270	245599	185752	161648	161893	175498
河　南	Henan	16100	48858	66873	100251	124785	88126
湖　北	Hubei	4535	10600	14128	24659	35562	33834
湖　南	Hunan						
广　东	Guangdong	11494	2367	3666	4695	6580	4569
广　西	Guangxi						
海　南	Hainan						
重　庆	Chongqing				2404	345	1935
四　川	Sichuan	17702	51537	60225	42095	52974	34212
贵　州	Guizhou	18				548	387
云　南	Yunnan						
西　藏	Tibet						
陕　西	Shaanxi	122	5039	2265	22307	16567	83309
甘　肃	Gansu	2800	7202	31413	46420	25000	32343
青　海	Qinghai	3100	9604	20495	18705	18220	26858
宁　夏	Ningxia						
新　疆	Xinjiang	20035	124568	99758	146323	134891	18289

2-22 分地区电力、蒸汽、热水生产和供应业更新改造投资

INVESTMENT IN TECHNICAL UPDATES AND TRANSFORMATION IN ELECTRICITY, STEAM, HOT WATER PRODUCTION AND SUPPLY BY REGION

单位：万元 (10 000 yuan)

地区	Region	1991	1995	1996	1997	1998	1999
全国总计	**National**	**324343**	**1818209**	**2186981**	**2347841**	**2942611**	**4147408**
北京	Beijing	9147	30125	35509	115255	174396	102779
天津	Tianjin	9115	36924	39508	31821	63263	62600
河北	Hebei	19500	103612	147585	231010	352316	424510
山西	Shanxi	17093	20587	41948	41400	45249	35715
内蒙	Inner Mongolia	10191	46920	26351	15364	25498	42947
辽宁	Liaoning	19131	97857	102678	74363	47844	109210
吉林	Jilin	4994	12475	15720	22932	54940	88474
黑龙江	Heilongjiang	6419	16957	32060	59701	21933	34681
上海	Shanghai	14804	187449	342327	216245	207647	90909
江苏	Jiangsu	11231	139467	149065	188913	242396	343737
浙江	Zhejiang	14830	115706	126270	145367	138485	218946
安徽	Anhui	6877	66337	101226	69886	107200	170161
福建	Fujian	15648	109398	121706	131711	177354	162472
江西	Jiangxi	3037	20284	31963	15924	12063	46562
山东	Shandong	9765	91853	114531	105601	140207	316431
河南	Henan	9042	81916	87988	103368	132573	336243
湖北	Hubei	20727	103515	126186	96179	131178	259612
湖南	Hunan	7601	28577	28627	32623	93800	115840
广东	Guangdong	32334	161916	70326	90240	101006	276352
广西	Guangxi	10714	26334	55418	49931	74137	107023
海南	Hainan	50	522	1008	407	560	17854
重庆	Chongqing				38572	51709	90156
四川	Sichuan	23270	148977	141772	123912	142224	151439
贵州	Guizhou	7522	54279	65630	114409	63758	145307
云南	Yunnan	9019	12268	22694	41090	61713	31342
西藏	Tibet	14	14203		3882	7088	7500
陕西	Shaanxi	11524	25419	38597	28520	65993	186750
甘肃	Gansu	10353	18160	47085	83797	128551	96083
青海	Qinghai	195	6052	6982	3211	4539	7768
宁夏	Ningxia	4373	12637	9176	9251	12887	7959
新疆	Xinjiang	5823	27483	57045	62956	60104	60046

2-23 分地区石油加工及炼焦业更新改造投资

INVESTMENT IN TECHNICAL UPDATES AND TRANSFORMATION IN PETROLEUM PROCESSING AND COKING BY REGION

单位：万元 (10 000 yuan)

地 区	Region	1991	1995	1996	1997	1998	1999
全国总计	**National**	**325846**	**825044**	**1000477**	**1424175**	**1050312**	**1022910**
北 京	Beijing	14031	21626	23694	121755	40184	18867
天 津	Tianjin	9613	14010	11043	9716	12741	3666
河 北	Hebei	19888	43423	38889	59449	51408	26631
山 西	Shanxi	664	1481	6904	22039	28097	41275
内 蒙	Inner Mongolia	2102	54467	3758	11130	5335	4645
辽 宁	Liaoning	39336	159738	244083	195830	168497	140425
吉 林	Jilin	14446	12975	6649	4361	19794	28524
黑龙江	Heilongjiang	20851	55572	83066	142623	52745	249902
上 海	Shanghai	51572	23283	80457	105687	63224	60105
江 苏	Jiangsu	38737	19465	28823	23973	55294	79227
浙 江	Zhejiang	6159	39414	59380	32082	18786	22267
安 徽	Anhui	5249	37397	30099	28580	14575	16757
福 建	Fujian	530	200	30	27331	3248	350
江 西	Jiangxi	3246	15537	25682	36385	11676	11802
山 东	Shandong	40411	80378	97294	91026	121045	105719
河 南	Henan	2524	13837	39485	58836	13074	7387
湖 北	Hubei	7602	78426	38581	40458	51972	39621
湖 南	Hunan	321	15431	22562	92670	62706	63899
广 东	Guangdong	16891	23308	20205	153841	78790	31576
广 西	Guangxi	41	373	4226	6001	3532	
海 南	Hainan						
重 庆	Chongqing				61	5207	300
四 川	Sichuan	3810	1981	2913	427	340	185
贵 州	Guizhou	6				178	98
云 南	Yunnan	1058			1	1669	
西 藏	Tibet						
陕 西	Shaanxi	12203	34092	38558	99432	114061	22021
甘 肃	Gansu	10001	66450	75918	43901	25730	26483
青 海	Qinghai				65		
宁 夏	Ningxia	1603	1045	1990	9516	7972	7575
新 疆	Xinjiang	2951	11135	16188	6999	18432	13603

2-24 分地区煤气生产和供应业更新改造投资

INVESTMENT IN TECHNICAL UPDATES AND TRANSFORMATION IN GAS PRODUCTION AND SUPPLY BY REGION

单位：万元 (10 000 yuan)

地 区	Region	1995	1996	1997	1998	1999
全国总计	**National**	103575	141818	109261	144548	163830
北 京	Beijing	21023	17948	15627	36955	26131
天 津	Tianjin	3035	8124	5960	3611	7902
河 北	Hebei	753	2292	1275	7445	3669
山 西	Shanxi	3052	14350	5305	9494	8465
内 蒙	Inner Mongolia	499	909	304		
辽 宁	Liaoning	778	1115	902	1425	2760
吉 林	Jilin	1572	6478	4441	400	500
黑龙江	Heilongjiang	417		130		
上 海	Shanghai	52225	73067	50852	52371	67158
江 苏	Jiangsu	3808	2064	2724	4515	2494
浙 江	Zhejiang	630	200	569	1520	894
安 徽	Anhui	300	1681	2899	5864	3644
福 建	Fujian	1758	479	380		
江 西	Jiangxi	2567		650		1238
山 东	Shandong	3302	1937	4122	6286	11574
河 南	Henan	924	818	1266	2295	1688
湖 北	Hubei	521	495	120	546	4000
湖 南	Hunan	797		61		3842
广 东	Guangdong	3470	2730	3845	2931	2992
广 西	Guangxi					85
海 南	Hainan					
重 庆	Chongqing			3302	3756	9387
四 川	Sichuan	1133	4053	2875	3291	4652
贵 州	Guizhou		800	662	1370	30
云 南	Yunnan					545
西 藏	Tibet					
陕 西	Shaanxi	689	860	990	237	180
甘 肃	Gansu	160	1408		116	
青 海	Qinghai					
宁 夏	Ningxia					
新 疆	Xinjiang	162	10		120	

2-25 国有经济能源工业分行业新增固定资产

NEWLY INCREASED FIXED ASSETS OF STATE-OWNED UNITS BY ENERGY INDUSTRY

单位：亿元 (100 million yuan)

	1991	1995	1996	1997	1998	1999
能源工业 Energy Industry	**812.39**	**1378.08**	**1643.13**	**2116.55**	**2349.66**	**2450.73**
煤炭采选业 Coal Mining and Processing	126.55	174.58	179.92	291.26	149.29	166.95
石油和天然气开采业 Petroleum and Natural Gas Extraction	216.84	388.13	424.23	537.60	539.48	503.85
电力、蒸汽、热水生产和供应业 Electricity, Steam, Hot Water Producing and Supply	321.84	659.27	820.10	1100.87	1378.16	1548.79
石油加工及炼焦业 Petroleum Processing and Coking	147.16	131.32	175.79	164.71	219.83	191.15
煤气生产和供应业 Coal Gas and Coal Products		24.77	43.08	22.11	62.90	39.99

2-26 国有经济能源工业分行业新增固定资产构成

PROPORTION OF NEWLY INCREASED FIXED ASSETS OF STATE-OWNED UNITS BY ENERGY INDUSTRY

单位：% (%)

	1991	1995	1996	1997	1998	1999
能源工业 Energy Industry	**100.00**	**100.00**	**100.00**	**100.00**	**100.00**	**100.00**
煤炭采选业 Coal Mining and Processing	15.58	12.67	10.95	13.76	6.35	6.81
石油和天然气开采业 Petroleum and Natural Gas Extraction	26.69	28.16	25.82	25.40	22.96	20.56
电力、蒸汽、热水生产和供应业 Electricity, Steam, Hot Water Producing and Supply	39.62	47.84	49.91	52.01	58.65	63.20
石油加工及炼焦业 Petroleum Processing and Coking	18.11	9.53	10.70	7.78	9.36	7.80
煤气生产和供应业 Coal Gas and Coal Products		1.80	2.62	1.04	2.68	1.63

三、能源生产

Chapter 3 Energy Production

3-1 一次能源生产量和构成

PRIMARY ENERGY PRODUCTION AND COMPOSITION

地　区　Region	1991	1995	1996	1997	1998	1999
一次能源生产量(万吨标煤)(电热当量计算法) Primary Energy Production (10^4 tce) (calorific value calculation)	101490	123519	127404	126380	118124	103542
一次能源生产量(万吨标煤)(发电煤耗计算法) Primary Energy Production (10^4 tce) (coal equivalent calculation)	104844	129034	132616	132410	124250	109126
原煤(万吨)　Raw Coal (10^4 tn)	108741	136073	139670	137282	125000	104500
原油(万吨)　Crude Oil (10^4 tn)	14099	15004	15733	16074	16100	16000
天然气(亿立方米) Natural Gas (10^8 cu.m)	161	179	201	227	233	252
水电(亿千瓦时)　Hydro Power (10^8 kwh)	1251	1906	1880	1960	2080	2038
核电(亿千瓦时)　Nuclear Power (10^8 kwh)		128	143	144	141	149
构成(电热当量计算法) (%) As Percentage of Primary Energy Production(%) (calorific value calculation)						
原煤　Raw Coal	76.53	78.69	78.31	77.59	75.59	72.09
原油　Crude Oil	19.85	17.35	17.64	18.17	19.47	22.08
天然气　Natural Gas	2.11	1.93	2.10	2.18	2.62	3.24
水电　Hydro Power	1.51	1.90	1.81	1.91	2.16	2.42
核电　Nuclear Power		0.13	0.14	0.14	0.15	0.18
构成(发电煤耗计算法) (%) As percentage of primary energy production(%) (coal equivalent calculation)						
原煤　Raw Coal	74.10	75.30	75.20	74.06	71.86	68.40
原油　Crude Oil	19.20	16.60	17.00	17.34	18.51	20.95
天然气　Natural Gas	2.00	1.90	2.00	2.08	2.49	3.07
水电　Hydro Power	4.70	5.85	5.39	6.04	6.66	7.06
核电　Nuclear Power		0.39	0.41	0.44	0.45	0.52

3-2 分地区原煤生产量

COAL PRODUCTION BY REGION

单位：万吨 (10 000 tn)

地 区	Region	1991	1995	1996	1997	1998	1999
全国总计	**National**	**108741**	**136073**	**139670**	**137282**	**125000**	**104500**
北 京	Beijing	997	995	1014	1012	989	792
天 津	Tianjin						
河 北	Hebei	6143	8101	8169	7879	5802	5511
山 西	Shanxi	29162	34731	34881	33843	31482	24894
内 蒙	Inner Mongolia	4923	7055	7317	8303	7769	7071
辽 宁	Liaoning	5235	5626	6041	5884	5786	4779
吉 林	Jilin	2559	2644	2600	2677	2130	1628
黑龙江	Heilongjiang	8514	7938	8198	8518	7092	6230
上 海	Shanghai						
江 苏	Jiangsu	2471	2651	2607	2506	2379	2292
浙 江	Zhejiang	139	125	123	115	92	83
安 徽	Anhui	3084	4444	5086	4897	4502	4522
福 建	Fujian	857	1134	1168	776	727	459
江 西	Jiangxi	2123	2878	2438	2064	2108	1731
山 东	Shandong	6054	8827	8949	9094	8977	8995
河 南	Henan	8973	10334	10781	10520	9407	10520
湖 北	Hubei	810	1533	1521	1517	1326	1517
湖 南	Hunan	3314	5565	5989	4410	4352	4410
广 东	Guangdong	933	1069	962	840	300	840
广 西	Guangxi	993	1391	1252	1114	1015	1114
海 南	Hainan	2	1	2	2	2	2
重 庆	Chongqing				2931	2574	2931
四 川	Sichuan	6904	9561	9625	6223	5697	6223
贵 州	Guizhou	3723	5472	6143	6597	6561	6597
云 南	Yunnan	2194	2803	3072	3297	3091	3297
西 藏	Tibet	1			1		1
陕 西	Shaanxi	3290	4248	4614	4949	2278	4949
甘 肃	Gansu	1543	2466	2221	2293	2316	2293
青 海	Qinghai	287	278	297	329	321	329
宁 夏	Ningxia	1403	1480	1616	1670	1583	1670
新 疆	Xinjiang	2112	2721	2986	3021	2900	3021

3-3 分地区焦炭生产量

COKE PRODUCTION BY REGION

单位：万吨 (10 000 tn)

地 区	Region	1991	1995	1996	1997	1998	1999
全国总计	**National**	**7351.59**	**13510.05**	**13643.10**	**13731.17**	**12805.99**	**12073.74**
北 京	Beijing	338.14	400.87	399.66	399.39	405.65	395.93
天 津	Tianjin	141.22	174.78	183.53	170.38	161.93	156.72
河 北	Hebei	462.27	937.54	1096.49	1239.00	603.88	695.35
山 西	Shanxi	1455.42	5297.62	5396.86	5279.13	5703.12	4959.85
内 蒙	Inner Mongolia	275.33	394.50	378.39	423.54	446.05	412.58
辽 宁	Liaoning	823.18	820.15	831.18	807.36	801.89	746.89
吉 林	Jilin	117.04	135.79	143.79	154.02	168.41	153.85
黑龙江	Heilongjiang	154.16	189.55	169.99	175.45	153.33	139.85
上 海	Shanghai	514.33	651.20	637.70	665.02	692.44	718.43
江 苏	Jiangsu	132.26	191.25	212.52	216.25	234.06	238.08
浙 江	Zhejiang	37.06	57.34	57.53	53.84	52.00	59.92
安 徽	Anhui	260.57	293.45	295.59	299.90	292.44	304.18
福 建	Fujian	31.36	38.89	42.97	43.53	44.52	44.61
江 西	Jiangxi	145.31	166.53	167.02	170.58	177.87	182.11
山 东	Shandong	271.89	464.75	343.41	319.08	320.40	339.66
河 南	Henan	219.16	488.74	418.52	345.62	370.79	395.96
湖 北	Hubei	323.16	398.44	394.31	394.44	393.38	401.74
湖 南	Hunan	195.22	214.66	236.44	243.84	238.85	211.43
广 东	Guangdong	53.35	54.47	55.07	54.70	54.10	54.16
广 西	Guangxi	48.54	63.69	65.08	69.46	71.10	64.30
海 南	Hainan						
重 庆	Chongqing				132.84	125.67	135.30
四 川	Sichuan	536.15	707.76	749.88	563.10	366.05	373.33
贵 州	Guizhou	250.80	426.18	478.87	536.54	115.48	111.76
云 南	Yunnan	249.07	370.27	388.87	424.28	405.84	387.76
西 藏	Tibet						
陕 西	Shaanxi	128.35	340.78	272.07	304.09	189.51	151.55
甘 肃	Gansu	82.93	94.62	87.10	102.27	101.94	120.03
青 海	Qinghai	1.12	1.47	3.46	4.27	4.64	2.97
宁 夏	Ningxia	38.93	42.96	38.82	33.27	28.73	23.76
新 疆	Xinjiang	65.27	91.78	97.99	105.99	81.90	91.70

3-4 分地区原油生产量

CRUDE OIL PRODUCTION BY REGION

单位：万吨 (10 000 tn)

地 区	Region	1991	1995	1996	1997	1998	1999
全国总计	**National**	**14099.20**	**15004.94**	**15733.39**	**16074.14**	**16100.00**	**16000.00**
北 京	Beijing						
天 津	Tianjin	474.90	620.82	646.60	645.90	691.28	687.05
河 北	Hebei	537.73	517.02	524.05	415.16	536.82	531.31
山 西	Shanxi						
内 蒙	Inner Mongolia	100.06			131.51		
辽 宁	Liaoning	1374.22	1552.68	1504.31	1504.08	1452.08	1430.35
吉 林	Jilin	342.30	342.73	373.60	405.10	397.07	358.02
黑龙江	Heilongjiang	5562.33	5601.49	5601.67	5609.16	5593.81	5450.54
上 海	Shanghai						54.71
江 苏	Jiangsu	92.50	101.41	122.04	135.23	125.82	145.27
浙 江	Zhejiang						
安 徽	Anhui	3.00		8.03	9.01		
福 建	Fujian						
江 西	Jiangxi						
山 东	Shandong	3355.19	3006.27	2911.64	2801.34	2731.00	2665.23
河 南	Henan	848.32	601.96	587.19	587.13	587.60	565.40
湖 北	Hubei	73.35	85.03	86.52	82.06	75.71	78.51
湖 南	Hunan						
广 东	Guangdong	153.63	650.97	1288.50	1418.07	1361.43	1284.22
广 西	Guangxi	13.00	3.65	10.61	8.64	3.15	3.50
海 南	Hainan		0.11	0.07	0.06		
重 庆	Chongqing						
四 川	Sichuan	13.78	17.23	21.28	23.25	22.38	20.88
贵 州	Guizhou						
云 南	Yunnan		10.21		0.16	5.04	3.44
西 藏	Tibet						
陕 西	Shaanxi	85.06	166.95	221.47	242.77	321.07	643.17
甘 肃	Gansu	161.81	267.83	172.79	185.86	201.47	42.75
青 海	Qinghai	102.00	121.72	140.12	160.24	176.13	189.59
宁 夏	Ningxia	23.02	39.04	55.79	80.18	111.00	128.29
新 疆	Xinjiang	783.00	1297.83	1457.10	1629.25	1626.54	1739.31

3-5 分地区燃料油生产量

FUEL OIL PRODUCTION BY REGION

单位：万吨 (10 000 tn)

地 区	Region	1991	1995	1996	1997	1998	1999
全国总计	**National**	**3243.98**	**2960.75**	**2504.53**	**2311.24**	**2100.43**	**1959.39**
北 京	Beijing	242.89	220.31	175.33	162.40	120.76	80.87
天 津	Tianjin	143.56	142.38	124.24	97.00	59.18	36.64
河 北	Hebei	52.05	44.26	43.83	42.54	43.89	56.29
山 西	Shanxi			0.10	0.05		
内 蒙	Inner Mongolia		18.85	12.31	17.70	19.77	20.41
辽 宁	Liaoning	708.35	610.43	505.91	411.03	357.44	402.26
吉 林	Jilin	93.97	85.11	96.34	113.25	100.24	97.36
黑龙江	Heilongjiang	249.80	181.28	143.77	162.59	165.32	162.84
上 海	Shanghai	299.54	290.40	240.79	180.23	141.28	153.89
江 苏	Jiangsu	290.79	162.04	108.08	99.26	123.73	135.53
浙 江	Zhejiang	76.63	78.33	79.79	77.07	75.02	63.59
安 徽	Anhui	58.64	48.48	32.70	38.35	22.66	13.61
福 建	Fujian		10.44	12.67	13.70	28.55	6.07
江 西	Jiangxi	40.56	43.27	34.42	52.12	44.44	55.27
山 东	Shandong	307.92	334.33	327.82	299.73	331.59	302.74
河 南	Henan	13.65	19.56	23.36	24.68	25.10	23.38
湖 北	Hubei	130.88	95.49	67.91	63.50	60.98	39.77
湖 南	Hunan	60.42	55.29	50.90	39.69	38.21	28.94
广 东	Guangdong	251.80	214.73	143.84	106.89	81.11	92.83
广 西	Guangxi	1.01	3.60	3.67	4.29	4.55	3.93
海 南	Hainan						3.47
重 庆	Chongqing						
四 川	Sichuan	2.36	3.58	3.38	3.27	3.86	4.72
贵 州	Guizhou						
云 南	Yunnan		0.58		0.20	2.28	2.61
西 藏	Tibet						
陕 西	Shaanxi	19.61	55.64	39.83	72.13	55.73	23.75
甘 肃	Gansu	90.86	101.21	93.75	99.10	87.27	80.38
青 海	Qinghai	7.82	19.72	11.31	7.13	5.33	1.74
宁 夏	Ningxia	5.05	10.24	8.49	13.71	11.19	9.75
新 疆	Xinjiang	95.82	111.22	118.98	109.63	90.95	56.74

3-6 分地区汽油生产量

GASOLINE PRODUCTION BY REGION

单位：万吨 (10 000 tn)

地 区	Region	1991	1995	1996	1997	1998	1999
全国总计	**National**	**2403.72**	**3051.56**	**3280.60**	**3517.82**	**3465.40**	**3741.27**
北 京	Beijing	134.71	101.95	122.19	127.06	118.06	124.27
天 津	Tianjin	70.84	94.02	95.86	127.24	117.04	122.49
河 北	Hebei	92.69	135.11	145.24	154.46	155.01	158.99
山 西	Shanxi				2.35		
内 蒙	Inner Mongolia		23.43	30.34	30.28	28.49	30.32
辽 宁	Liaoning	432.82	398.22	433.83	534.69	517.06	595.45
吉 林	Jilin	131.78	147.88	163.70	157.47	156.22	155.83
黑龙江	Heilongjiang	159.74	261.72	257.78	272.93	284.25	307.11
上 海	Shanghai	112.98	111.00	140.51	153.90	185.03	217.23
江 苏	Jiangsu	102.73	108.07	117.04	122.00	91.64	142.86
浙 江	Zhejiang	112.30	124.15	138.27	128.41	137.14	144.94
安 徽	Anhui	58.47	74.11	79.27	74.47	56.77	69.82
福 建	Fujian						
江 西	Jiangxi		81.49	83.59	63.71	66.11	86.69
山 东	Shandong	56.91	64.56	56.28	57.08	54.94	74.55
河 南	Henan	165.65	214.88	227.14	253.19	235.41	244.58
湖 北	Hubei	85.79	138.68	143.53	145.61	134.06	119.06
湖 南	Hunan	119.31	126.32	154.24	157.28	114.47	118.98
广 东	Guangdong	86.87	90.38	90.39	94.41	98.36	107.41
广 西	Guangxi	214.07	286.47	298.72	312.82	315.98	312.93
海 南	Hainan	1.10	15.09	17.66	14.93	16.16	15.33
重 庆	Chongqing				0.01		
四 川	Sichuan	4.71	5.92	4.95	6.20	7.13	6.42
贵 州	Guizhou						
云 南	Yunnan				0.19	14.70	13.87
西 藏	Tibet						
陕 西	Shaanxi	18.70	49.68	59.50	73.14	94.33	180.07
甘 肃	Gansu	90.90	166.84	178.12	195.52	191.23	137.56
青 海	Qinghai	3.24	29.48	18.49	21.54	22.00	20.77
宁 夏	Ningxia	6.75	23.57	25.66	28.51	27.94	26.82
新 疆	Xinjiang	140.66	178.53	198.32	208.43	225.86	206.90

3-7 分地区煤油生产量

KEROSENE PRODUCTION BY REGION

单位：万吨 (10 000 tn)

地 区	Region	1991	1995	1996	1997	1998	1999
全国总计	**National**	**406.24**	**445.80**	**535.97**	**577.01**	**574.89**	**719.46**
北 京	Beijing	2.91	0.26	0.18	0.65	0.02	0.03
天 津	Tianjin	10.24	8.85	7.89	12.44	9.76	15.36
河 北	Hebei	4.85	4.83	7.86	13.08	11.32	12.95
山 西	Shanxi						
内 蒙	Inner Mongolia		0.02				
辽 宁	Liaoning	112.54	84.34	90.55	98.26	115.56	140.23
吉 林	Jilin	0.12	1.96	0.14	0.07	0.12	2.06
黑龙江	Heilongjiang	23.52	22.27	23.95	23.96	21.21	26.65
上 海	Shanghai	36.42	35.84	40.43	42.39	42.37	54.53
江 苏	Jiangsu	42.91	50.64	58.87	55.77	51.88	72.16
浙 江	Zhejiang	3.29	32.31	45.41	58.00	63.70	82.93
安 徽	Anhui						
福 建	Fujian		3.49	6.09	4.61	5.44	7.36
江 西	Jiangxi	4.80	2.14	4.01	3.18	4.08	3.96
山 东	Shandong	15.99	24.89	35.98	42.54	53.77	41.66
河 南	Henan	5.74	21.10	23.21	30.78	26.82	25.57
湖 北	Hubei	18.11	13.64	19.52	14.20	23.89	20.33
湖 南	Hunan	10.77	7.49	8.70	9.11	9.48	12.02
广 东	Guangdong	69.50	72.28	98.11	102.06	102.42	122.91
广 西	Guangxi		0.55	0.26	0.48	0.76	0.10
海 南	Hainan						
重 庆	Chongqing				0.06	0.04	
四 川	Sichuan	1.03	2.76	2.77	2.29	3.31	4.38
贵 州	Guizhou						
云 南	Yunnan					0.69	
西 藏	Tibet						
陕 西	Shaanxi	0.34	1.65	1.31	1.11	0.63	1.41
甘 肃	Gansu	31.95	38.64	43.79	43.80	4.12	44.05
青 海	Qinghai						
宁 夏	Ningxia				0.11	0.48	0.06
新 疆	Xinjiang	11.21	15.80	16.95	18.02	23.04	28.74

3-8 分地区柴油生产量

DIESEL OIL PRODUCTION BY REGION

单位：万吨 (10 000 tn)

地 区	Region	1991	1995	1996	1997	1998	1999
全国总计	**National**	**2853.29**	**3972.60**	**4419.25**	**4924.45**	**4884.11**	**6302.68**
北 京	Beijing	88.65	79.20	96.07	109.19	117.13	170.07
天 津	Tianjin	83.33	119.44	131.13	167.85	168.70	215.08
河 北	Hebei	83.83	165.81	181.30	192.93	204.23	240.49
山 西	Shanxi	0.06	0.16	0.10	2.51		
内 蒙	Inner Mongolia	0.14	20.46	25.75	29.68	31.61	38.54
辽 宁	Liaoning	622.45	677.68	768.77	916.26	888.43	1128.89
吉 林	Jilin	82.72	99.83	123.26	140.09	139.85	172.78
黑龙江	Heilongjiang	285.37	379.68	418.61	425.95	437.78	502.25
上 海	Shanghai	112.35	129.13	150.60	182.51	196.04	315.38
江 苏	Jiangsu	168.63	207.31	230.73	228.11	226.14	349.30
浙 江	Zhejiang	115.15	201.52	200.49	220.31	239.80	282.53
安 徽	Anhui	84.14	98.87	120.06	114.03	115.62	129.93
福 建	Fujian		85.15	96.60	122.74	96.63	138.61
江 西	Jiangxi	59.58	83.17	89.50	90.64	94.57	111.11
山 东	Shandong	237.32	328.63	359.63	423.41	384.49	455.49
河 南	Henan	73.86	121.69	137.24	148.67	152.23	188.65
湖 北	Hubei	122.14	153.05	173.56	192.95	129.10	214.93
湖 南	Hunan	90.94	104.36	108.16	105.59	101.81	196.21
广 东	Guangdong	249.29	377.36	409.54	412.56	400.84	530.01
广 西	Guangxi	1.69	14.98	17.60	17.81	20.36	22.92
海 南	Hainan			6.80			
重 庆	Chongqing				0.01	0.02	
四 川	Sichuan	3.14	5.78		5.71	5.22	5.76
贵 州	Guizhou						
云 南	Yunnan				0.16	18.22	20.84
西 藏	Tibet						
陕 西	Shaanxi	22.26	52.93	67.16	96.22	104.05	212.28
甘 肃	Gansu	98.99	188.59	203.73	231.44	227.71	247.92
青 海	Qinghai	4.72	20.99	13.30	13.54	16.87	21.93
宁 夏	Ningxia	6.40	24.92	25.22	29.20	31.17	33.37
新 疆	Xinjiang	156.14	231.88	264.34	304.42	335.48	356.69

3-9 分地区天然气生产量

NATURAL GAS PRODUCTION BY REGION

单位：万立方米 (10 000 cu.m)

地区 Region		1991	1995	1996	1997	1998	1999
全国总计	**National**	**1607000**	**1794715**	**2011425**	**2270299**	**2327900**	**2519752**
北 京	Beijing						
天 津	Tianjin	36100	75723	75775	75829	75941	85440
河 北	Hebei	29000	34943	36457	36529	37261	41666
山 西	Shanxi	5900	4687	4882	9199	10361	10884
内 蒙	Inner Mongolia				1000		
辽 宁	Liaoning	205500	211213	196185	191379	155524	142776
吉 林	Jilin	12600	18329	20981	29538	21171	23966
黑龙江	Heilongjiang	227300	259114	233264	234882	232953	223539
上 海	Shanghai						
江 苏	Jiangsu	3300	1866	1458	1231	1718	2234
浙 江	Zhejiang						
安 徽	Anhui						
福 建	Fujian						
江 西	Jiangxi						
山 东	Shandong	143800	128524	119085	100220	91836	73286
河 南	Henan	130200	113776	113773	118963	131967	140770
湖 北	Hubei	6400	7581	7095	6646	8155	9161
湖 南	Hunan						
广 东	Guangdong		10252	222733	367993	345855	375070
广 西	Guangxi				132		
海 南	Hainan						50581
重 庆	Chongqing				24381	29288	29405
四 川	Sichuan	673000	766445	803699	800268	856600	821463
贵 州	Guizhou	3400		12054	9455	8052	7398
云 南	Yunnan		18057	18	321	8882	8838
西 藏	Tibet						
陕 西	Shaanxi	2700	2173	1531	21668	43235	125710
甘 肃	Gansu	6800	11251	2971	3047	2847	1078
青 海	Qinghai	7500	6449	12666	22034	26801	34744
宁 夏	Ningxia	400	6211	6189	2576	1066	1176
新 疆	Xinjiang	55400	118121	140609	213006	238373	310565

3-10 分地区发电量

POWER GENERATION BY REGION

单位：亿千瓦小时 (100 million kwh)

地 区	Region	1991	1995	1996	1997	1998	1999
全国总计	**National**	**6775.47**	**10070.30**	**10813.10**	**11355.53**	**11670.00**	**12393.00**
北 京	Beijing	131.78	132.21	141.56	146.43	144.53	143.18
天 津	Tianjin	90.27	133.65	146.04	178.19	165.30	181.29
河 北	Hebei	410.66	607.17	651.41	694.12	687.11	769.64
山 西	Shanxi	341.38	505.97	526.89	546.02	554.03	569.83
内 蒙	Inner Mongolia	189.04	278.54	323.78	342.23	350.41	380.61
辽 宁	Liaoning	446.51	540.08	583.96	615.23	608.08	610.48
吉 林	Jilin	199.80	284.60	293.98	280.03	281.28	299.57
黑龙江	Heilongjiang	316.34	388.01	410.25	432.90	423.82	411.53
上 海	Shanghai	304.82	403.42	428.64	458.48	483.23	498.01
江 苏	Jiangsu	441.20	700.41	756.87	777.00	754.27	787.06
浙 江	Zhejiang	242.32	401.48	448.36	485.77	492.11	528.53
安 徽	Anhui	215.52	310.32	325.82	329.33	308.82	308.16
福 建	Fujian	151.76	261.55	284.10	310.18	321.92	356.00
江 西	Jiangxi	129.96	176.48	183.29	179.82	181.06	187.80
山 东	Shandong	496.40	739.24	793.03	840.30	823.79	910.51
河 南	Henan	356.49	547.71	593.99	630.83	631.05	658.97
湖 北	Hubei	349.49	452.74	476.04	490.45	506.14	508.00
湖 南	Hunan	221.25	332.94	339.09	345.96	345.69	332.51
广 东	Guangdong	394.93	821.06	908.66	981.15	1004.37	1104.38
广 西	Guangxi	135.55	217.29	226.14	237.26	245.00	253.42
海 南	Hainan	16.47	31.53	32.81	34.60	35.52	36.98
重 庆	Chongqing				148.16	158.67	158.27
四 川	Sichuan	379.58	575.97	618.00	491.97	475.55	443.86
贵 州	Guizhou	116.03	231.55	248.76	255.75	291.76	334.46
云 南	Yunnan	140.85	228.42	253.65	253.14	264.62	298.20
西 藏	Tibet	3.45	4.83	4.26	5.78		6.33
陕 西	Shaanxi	164.31	236.77	268.68	269.78	245.97	255.05
甘 肃	Gansu	188.05	237.75	235.65	246.42	250.00	262.42
青 海	Qinghai	59.81	60.42	61.75	84.26	100.49	114.36
宁 夏	Ningxia	63.11	107.77	111.63	113.42	110.63	112.28
新 疆	Xinjiang	78.34	120.43	136.03	150.58	158.25	167.07

3-11 分地区水力发电量

HYDRO POWER GENERATION BY REGION

单位：亿千瓦小时 (100 million kwh)

地区	Region	1991	1995	1996	1997	1998	1999
全国总计	**National**	**1246.68**	**1905.77**	**1879.66**	**1959.83**	**1988.90**	**1965.80**
北京	Beijing	2.21	3.18	8.03	9.19	9.23	8.74
天津	Tianjin	0.20	0.21				0.19
河北	Hebei	6.32	12.63	15.35	10.62	7.76	2.42
山西	Shanxi	5.81	7.11	7.37	5.76	6.01	11.39
内蒙	Inner Mongolia	1.24	1.43	1.25	1.09	1.84	1.65
辽宁	Liaoning	40.35	41.71	45.15	28.83	21.56	25.54
吉林	Jilin	64.30	83.16	60.91	40.67	39.31	44.89
黑龙江	Heilongjiang	5.82	6.69	5.11	10.85	12.65	9.23
上海	Shanghai						
江苏	Jiangsu	0.50	0.35	0.49	0.46	0.29	0.04
浙江	Zhejiang	58.83	78.25	52.25	61.39	75.90	81.24
安徽	Anhui	15.11	11.39	11.64	9.69	9.91	9.61
福建	Fujian	62.72	154.91	150.87	194.13	184.81	183.83
江西	Jiangxi	31.93	55.13	46.98	60.52	60.40	53.08
山东	Shandong	0.79	0.40	0.80	0.46	0.07	0.06
河南	Henan	15.28	15.64	16.80	12.33	13.70	15.83
湖北	Hubei	225.48	258.82	270.70	245.26	262.21	225.01
湖南	Hunan	107.63	157.97	166.02	192.99	193.69	165.38
广东	Guangdong	59.17	131.10	127.56	153.84	125.32	84.71
广西	Guangxi	63.72	138.30	138.79	156.58	146.80	153.95
海南	Hainan	7.02	11.32	12.15	14.85	8.58	8.20
重庆	Chongqing				31.38	40.14	32.29
四川	Sichuan	155.06	259.79	268.80	246.84	252.68	260.40
贵州	Guizhou	44.31	114.90	103.71	110.84	119.89	133.54
云南	Yunnan	93.12	162.05	182.45	167.63	169.98	184.91
西藏	Tibet	2.50	3.04	2.92	4.51		5.22
陕西	Shaanxi	16.52	25.43	32.88	22.47	31.20	19.68
甘肃	Gansu	93.69	96.18	84.32	82.48	92.57	117.47
青海	Qinghai	44.00	42.57	33.54	50.20	66.55	87.48
宁夏	Ningxia	8.38	9.30	8.33	7.01	8.03	9.82
新疆	Xinjiang	14.67	22.82	24.49	26.97	27.84	30.04

3-12 分地区火力发电量

THERMAL POWER GENERATION BY REGION

单位：亿千瓦小时 (100 million kwh)

地 区	Region	1991	1995	1996	1997	1998	1999
全国总计	**National**	**5524.62**	**8023.62**	**8777.32**	**9240.67**	**9266.62**	**9868.31**
北 京	Beijing	129.36	128.18	133.22	136.29	135.31	134.44
天 津	Tianjin	88.86	131.58	145.82	178.19	165.30	181.10
河 北	Hebei	404.34	593.72	636.06	683.50	679.35	767.01
山 西	Shanxi	335.57	498.85	519.52	540.26	548.02	558.45
内 蒙	Inner Mongolia	187.59	277.11	322.53	340.85	347.94	378.18
辽 宁	Liaoning	406.08	496.63	537.89	585.18	581.05	584.94
吉 林	Jilin	135.50	201.45	233.07	239.37	241.96	254.64
黑龙江	Heilongjiang	310.52	381.30	405.14	422.02	411.17	402.31
上 海	Shanghai	303.83	401.93	423.11	452.96	483.23	498.01
江 苏	Jiangsu	440.70	698.42	756.39	776.54	753.97	787.03
浙 江	Zhejiang	183.32	300.67	373.50	404.18	404.51	439.90
安 徽	Anhui	200.31	297.94	314.18	319.63	298.91	298.54
福 建	Fujian	89.03	106.60	133.22	116.05	137.11	172.17
江 西	Jiangxi	98.03	121.35	136.31	119.30	120.66	134.72
山 东	Shandong	495.61	738.83	792.33	839.85	823.72	910.45
河 南	Henan	341.03	532.01	577.19	618.50	617.36	642.14
湖 北	Hubei	124.01	193.71	204.89	244.61	243.93	283.00
湖 南	Hunan	113.62	174.86	173.07	152.96	152.01	167.14
广 东	Guangdong	335.73	583.62	659.63	702.98	748.91	877.22
广 西	Guangxi	71.83	78.99	87.35	80.68	98.20	99.47
海 南	Hainan	9.45	20.21	20.66	19.75	26.93	28.78
重 庆	Chongqing				116.77	118.54	125.99
四 川	Sichuan	224.52	316.18	349.20	245.10	222.87	183.46
贵 州	Guizhou	71.72	116.64	141.94	144.91	171.88	200.92
云 南	Yunnan	47.73	66.37	71.20	85.51	94.64	113.29
西 藏	Tibet	0.08	0.25	0.24	0.21		0.04
陕 西	Shaanxi	147.74	211.34	235.79	247.12	214.77	235.37
甘 肃	Gansu	94.36	141.56	151.33	163.91	157.41	144.92
青 海	Qinghai	15.81	17.85	28.21	34.06	33.93	26.88
宁 夏	Ningxia	54.73	98.48	103.30	106.41	102.60	102.46
新 疆	Xinjiang	63.61	97.27	111.15	123.02	130.41	135.33

3-13 分地区城市天然气供应情况

BASIC STATISTICS ON SUPPLY OF NATURAL GAS IN CITIES BY REGION

地 区 Region		供气总量（万立方米） Total Gas Supply (10^4cu.m)			用气人口(万人) Population with Access		
		1997	1998	1999	1997	1998	1999
全国总计	**National**	**663001**	**688255**	**800556**	**1656.18**	**1908.09**	**2225.13**
北 京	Beijing	16565	32620	64833	133.15	194.00	242.07
天 津	Tianjin	13253	14002	17882	175.30	239.42	273.64
河 北	Hebei	2768	3111	4581	16.52	18.72	24.66
山 西	Shanxi	1550	1952	4762	4.50	12.89	34.06
内 蒙	Inner Mongolia						
辽 宁	Liaoning	33355	25547	24440	340.13	344.10	378.19
吉 林	Jilin	6856	8726	10194	35.73	37.96	61.72
黑龙江	Heilongjiang	3126	3608	3907	33.34	39.35	41.83
上 海	Shanghai			9813			32.70
江 苏	Jiangsu						
浙 江	Zhejiang						
安 徽	Anhui	56			0.33		
福 建	Fujian						
江 西	Jiangxi						
山 东	Shandong	78012	78350	79970	29.54	31.45	40.33
河 南	Henan	48849	53941	55326	138.18	154.92	169.15
湖 北	Hubei			2360			9.00
湖 南	Hunan						
广 东	Guangdong	205	363	453	4.00	4.91	6.59
广 西	Guangxi						
海 南	Hainan						
重 庆	Chongqing	90664	103817	111001	273.26	278.67	290.47
四 川	Sichuan	361709	354787	395711	451.97	478.16	516.74
贵 州	Guizhou	372	372	418	1.80	1.80	2.20
云 南	Yunnan		217	33		8.72	1.60
西 藏	Tibet						
陕 西	Shaanxi	74	2924	9853	16.37	60.10	84.67
甘 肃	Gansu						
青 海	Qinghai	3137	1468	1560	2.00	2.86	3.10
宁 夏	Ningxia			6			0.35
新 疆	Xinjiang	2450	2450	3453	0.06	0.06	12.06

3-14 分地区城市人工煤气供应情况

BASIC STATISTICS ON SUPPLY OF COAL GAS IN CITIES BY REGION

地 区 Region	供气总量（万立方米） Total Gas Supply (10^4cu.m)			用气人口(万人) Population with Access		
	1997	1998	1999	1997	1998	1999
全国总计 National	**1268944**	**1675571**	**1320925**	**3735.05**	**3746.26**	**3918.32**
北 京 Beijing	75221	68604	61549	174.46	132.34	109.81
天 津 Tianjin	21190	15780	10085	138.30	84.77	72.20
河 北 Hebei	41573	43062	43730	210.65	228.01	250.99
山 西 Shanxi	69383	51785	50469	268.94	245.98	277.40
内 蒙 Inner Mongolia	6976	7192	7238	60.25	63.56	67.80
辽 宁 Liaoning	83663	80614	80116	374.58	407.54	423.52
吉 林 Jilin	16299	17565	16009	144.32	157.40	158.26
黑龙江 Heilongjiang	18777	24409	24842	166.39	182.84	198.28
上 海 Shanghai	193619	191016	207056	633.10	554.55	561.70
江 苏 Jiangsu	274853	331580	350299	244.10	271.07	323.88
浙 江 Zhejiang	26386	24893	25766	50.18	42.04	44.74
安 徽 Anhui	32186	30934	27773	148.67	159.20	166.61
福 建 Fujian	4258	4151	3683	25.64	24.09	11.39
江 西 Jiangxi	37611	38248	38746	107.89	113.51	116.68
山 东 Shandong	37891	41394	40665	278.62	300.25	328.43
河 南 Henan	55124	442844	77831	86.43	105.87	106.60
湖 北 Hubei	23062	23858	24720	138.84	152.45	178.83
湖 南 Hunan	94860	73520	74550	60.70	66.90	72.82
广 东 Guangdong	9389	10087	10956	125.74	135.77	139.55
广 西 Guangxi	2356	2553	2764	12.94	14.21	14.43
海 南 Hainan	634	540		16.65	16.65	
重 庆 Chongqing			2			0.16
四 川 Sichuan	110463		105868	29.06	29.62	29.29
贵 州 Guizhou	4340	5887	6815	48.50	64.50	64.29
云 南 Yunnan	12637	13114	14588		84.89	89.56
西 藏 Tibet						
陕 西 Shaanxi	7745	10324	6313	40.82	41.77	44.28
甘 肃 Gansu	5641	5685	5685	54.51	55.01	55.01
青 海 Qinghai	24	24	24	2.50	2.50	2.50
宁 夏 Ningxia	2783	2843	2783	8.97	8.97	9.31
新 疆 Xinjiang						

3-15 分地区城市液化石油气供应情况

BASIC STATISTICS ON SUPPLY OF LPG IN CITIES BY REGION

地 区	Region	供气总量（万立方米） Total Gas Supply (10^4cu.m)			用气人口(万人) Population with Access		
		1997	1998	1999	1997	1998	1999
全国总计	**National**	**5786023**	**7972547**	**7612684**	**9349.55**	**9992.39**	**10336.26**
北 京	Beijing	177483	168514	173042	266.80	263.08	256.30
天 津	Tianjin	66743	62283	53342	123.82	119.57	109.52
河 北	Hebei	168434	187065	181860	441.05	447.98	460.23
山 西	Shanxi	20756	24898	29932	88.80	124.31	106.01
内 蒙	Inner Mongolia	35144	41197	49320	162.86	163.27	178.09
辽 宁	Liaoning	354517	388558	336906	601.87	599.95	574.93
吉 林	Jilin	155989	151205	154205	293.59	313.39	340.52
黑龙江	Heilongjiang	247343	443863	507414	521.61	537.72	541.72
上 海	Shanghai	167647	178589	192951	190.51	330.18	328.70
江 苏	Jiangsu	468106	620344	695826	746.16	798.32	814.09
浙 江	Zhejiang	517437	577797	614278	466.16	503.72	525.34
安 徽	Anhui	310566	352694	374899	287.98	308.41	352.35
福 建	Fujian	250704	267729	269246	281.96	307.26	343.09
江 西	Jiangxi	58642	60876	75533	161.55	176.08	200.04
山 东	Shandong	214789	247450	281750	738.07	796.18	853.41
河 南	Henan	106909	120327	151220	273.19	315.43	423.63
湖 北	Hubei	219689	228296	272579	761.92	791.94	798.54
湖 南	Hunan	149902	194932	189579	357.79	400.93	432.45
广 东	Guangdong	434092	2843608	2183087	1253.87	1268.77	1206.17
广 西	Guangxi	163999	174073	186693	328.39	344.25	361.95
海 南	Hainan	71458	74936	74922	89.04	100.40	114.80
重 庆	Chongqing	25226	62188	49576	19.24	27.25	28.81
四 川	Sichuan	51726	58809	66137	77.68	89.58	83.79
贵 州	Guizhou	20715	24858	26275	69.84	79.41	82.93
云 南	Yunnan	44771	64886	72425	101.57	117.96	138.35
西 藏	Tibet	960	1070	15680	8.70	9.95	10.46
陕 西	Shaanxi	53406	49490	61353	184.92	183.90	179.17
甘 肃	Gansu	30953	32245	34945	66.90	75.42	83.43
青 海	Qinghai	9778	9961	11025	30.11	30.55	31.10
宁 夏	Ningxia	19370	20958	22340	59.13	61.84	66.13
新 疆	Xinjiang	168769	238848	204344	294.47	305.39	310.21

3-16 分地区城市集中供热情况

BASIC STATISTICS ON HEATING SUPPLY IN CITIES BY REGION

地 区 Region		蒸汽供热总量（吨／年） Total Supply of Steam (tn/year)			热水供热总量(万百万千焦) Total Supply of Hot Water (10^6 joule/year)		
		1997	1998	1999	1997	1998	1999
全国总计	**National**	**20604**	**17463**	**22169**	**62661**	**64684**	**69771**
北 京	Beijing	1673	1674	1715	8100	8102	8206
天 津	Tianjin	2771		177	1415	3400	4648
河 北	Hebei	815	1705	5829	3309	4218	4673
山 西	Shanxi	798	728	907	3033	3937	4452
内 蒙	Inner Mongolia	108	83	122	3399	3796	4132
辽 宁	Liaoning	3478	3325	3191	7974	8374	8390
吉 林	Jilin	406	367	426	6236	7068	7006
黑龙江	Heilongjiang	1781	1472	1509	10363	11761	12178
上 海	Shanghai						
江 苏	Jiangsu	582	487	573			
浙 江	Zhejiang	565	381	396	54		
安 徽	Anhui	352	391	484	8	20	20
福 建	Fujian				69	61	61
江 西	Jiangxi						
山 东	Shandong	2853	2885	2375	9328	5760	6180
河 南	Henan	615	934	914	787	811	928
湖 北	Hubei	567	533	409	32	26	24
湖 南	Hunan	582	587	577	1	1	1
广 东	Guangdong						
广 西	Guangxi						
海 南	Hainan						
重 庆	Chongqing						
四 川	Sichuan						
贵 州	Guizhou						
云 南	Yunnan						
西 藏	Tibet						
陕 西	Shaanxi	294	295	261	523	540	292
甘 肃	Gansu	1762	2026	1588	2440	2409	2522
青 海	Qinghai				34	34	34
宁 夏	Ningxia	241	244	244	2338	1808	2204
新 疆	Xinjiang	361	346	472	3218	2558	3820

续表 continued

地区 Region	蒸汽供应能力（吨/小时） Capacity of Steam Supply (tn/hr)			热水供应能力（兆瓦） Capacity of Hot Water Supply (10^6 w/hr)		
	1997	1998	1999	1997	1998	1999
全国总计 National	**65207**	**66427**	**70146**	**69539**	**71720**	**80591**
北 京 Beijing	2908	2908	3408	3052	3052	4255
天 津 Tianjin	10932	10932	7878	2150	3309	3917
河 北 Hebei	3373	3660	6155	6020	6552	7669
山 西 Shanxi	3508	3177	3519	4632	4863	5289
内 蒙 Inner Mongolia	1217	1097	1222	4149	4644	5001
辽 宁 Liaoning	11407	11653	11850	14105	13317	13949
吉 林 Jilin	3141	3025	3355	6045	7316	8622
黑龙江 Heilongjiang	5629	4615	4696	10193	11681	13472
上 海 Shanghai						
江 苏 Jiangsu	2250	2259	2581			
浙 江 Zhejiang	920	1222	1334			
安 徽 Anhui	1807	1915	1915	28	380	380
福 建 Fujian				46	25	25
江 西 Jiangxi						
山 东 Shandong	8946	9865	11640	9691	6830	7421
河 南 Henan	1952	2343	2899	857	857	1211
湖 北 Hubei	750	750	750	12	12	12
湖 南 Hunan	733	733	733	49	49	49
广 东 Guangdong						
广 西 Guangxi						
海 南 Hainan						
重 庆 Chongqing						
四 川 Sichuan						
贵 州 Guizhou						
云 南 Yunnan						
西 藏 Tibet						
陕 西 Shaanxi	2184	2203	1843	956	1077	543
甘 肃 Gansu	1762	2301	2310	2242	2495	2531
青 海 Qinghai	8	8		51	51	54
宁 夏 Ningxia	638	666	670	2213	1878	2213
新 疆 Xinjiang	1142	1086	1388	3048	3332	3978

四、全国能源平衡表

Chapter 4 Energy Blance Table of China

4-1 中国能源平衡表(标准量) -1997

(万吨标准煤)

		能源合计 Energy Total	
		(发电煤耗计算法) (coal equivalent calculation)	(电热当量计算法) (calorific value calculation)
一. 可供本地区消费的能源量	**Total Primary Energy Supply**	**133492.99**	**127665.72**
1. 一次能源生产量	Indigenous Production	132410.20	126380.03
水　电	Hydro Power	7996.78	2408.63
核　电	Nuclear Power	588.31	177.20
2. 回 收 能	Recovery of Energy	466.80	466.80
3. 进 口 量	Import	9351.50	9348.97
4. 我轮. 机在外国加油量	China Airplanes&ships Refueling in Abroad	380.77	380.77
5. 出 口 量(-)	Export (-)	-7513.48	-7308.06
6. 外轮. 机在我国加油量(-)	Foreign Airplanes&ships Refueling in China	-149.50	-149.50
7. 库存增(-)、减(+)量	Stock Change	-1453.30	-1453.30
二. 加工转换投入(-)产出(+)量	**Input(-) & Output(+) of Transformation**	**-3915.39**	**-31367.32**
1. 火力发电	Thermal Power	0.40	-26348.03
2. 供　　热	Heating Supply		-1103.90
3. 洗 选 煤	Coal Washing	-1771.06	-1771.06
4. 炼　　焦	Coking	-1296.63	-1296.63
5. 炼　　油	Petroleum Refineries	-626.42	-626.42
6. 制　　气	Gas Works	-124.76	-124.76
# 焦炭再投入量(-)	Coke Input (-)	-75.87	-75.87
7. 煤制品加工	Briquettes	-20.65	-20.65
三. 损 失 量	**Loss**	**3672.32**	**1380.23**
四. 终端消费量	**Total Final Consumption**	**130211.24**	**99223.70**
1. 农. 林. 牧. 渔. 水利业	Farming, Forestry, Animal Husbandry, Fishery & Water Conservancy	5905.40	4080.69
2. 工　　业	Industry	92375.29	69823.12
# 用作原料. 材料	Non-Energy Use	7581.55	7500.77
3. 建 筑 业	Construction	1178.99	842.26
4. 交通运输. 仓储及邮电通迅业	Transport, Storage, Postal & Telecommunications Services	7286.34	6550.95
5. 批发和零售贸易业. 餐饮业	Wholesale, Retail Trade and Catering Service	2394.43	1630.31
6. 生活消费	Residential Consumption	16368.01	12640.56
城　镇	Urban	9094.07	6845.89
乡　村	Rural	7273.97	5794.68
7. 其　　他	Other	4702.78	3655.81
五. 平衡差额	**Statistical Difference**	**-4305.96**	**-4305.53**
六. 能源消费总量	**Total Energy Consumption**	**137798.95**	**131971.25**

FENERGY BALANCE OF CHINA -1997 (STANDARD QUANTITY)

(10 000 tce)

煤合计 Coal Total	原煤 Raw Coal	洗精煤 Cleaned Coal	其他洗煤 Other Washed Coal	型煤 Briquettes	焦炭 Coke	焦炉煤气 Coke Oven Gas	其他煤气 Other Gas	其他焦化产品 Other Coking Products	油品合计 Petroleum Products Total
95009.89	**95475.88**	**-483.98**	**14.71**	**3.28**	**-992.66**			**5.97**	**27910.94**
98060.53	98060.53								22963.52
151.17	115.35	35.82			0.13			34.97	9161.61
									380.77
-2280.49	-1866.42	-414.07			-1027.81			-29.00	-3878.46
									-149.50
-921.32	-833.58	-105.73	14.71	3.28	35.02				-567.00
-57966.57	**-62150.54**	**346.91**	**3228.85**	**608.21**	**13186.72**	**1324.05**	**438.86**	**330.42**	**-3534.77**
-34756.55	-33959.52	-97.48	-699.55			-74.73	-88.72		-2398.43
-4449.80	-4253.07	-106.59	-90.14			-60.64	-37.33		-517.43
-1771.06	-17592.58	11762.79	4058.73						
-16366.87	-5527.11	-10821.44	-18.32			1428.21	244.18	305.18	
									-548.69
-601.64	-205.13	-390.37	-6.14			31.21	320.73	25.24	-70.22
-20.65	-613.13		-15.73	608.21					
2.82			**2.82**						**272.04**
42101.30	**39053.50**	**1133.26**	**1303.24**	**611.30**	**10538.60**	**1330.02**	**1794.19**	**336.39**	**24022.86**
1319.04	1286.68	18.09	14.27		140.52				1833.03
30287.19	28351.66	1113.38	819.64	2.51	10205.72	1054.94	1604.91	336.39	11784.59
886.64	874.55	10.19	1.90		858.14				5035.82
260.61	254.71	0.63	5.27		12.13				418.04
978.66	973.52	0.75	4.39		6.28	0.48	0.06		5227.44
589.10	579.49	0.22	4.62	4.77	34.19	15.16	3.45		620.95
8185.51	7200.25		382.70	602.56	121.16	239.21	176.28		1560.26
3387.18	2812.70		199.85	374.63	60.31	239.21	173.71		1264.96
4798.33	4387.55		182.85	227.93	60.85		2.57		295.30
481.19	407.19	0.19	72.35	1.46	18.60	20.23	9.49		2578.55
-5060.80	**-5728.16**	**-1270.33**	**1937.50**	**0.19**	**1655.46**	**-5.97**	**-1355.33**		**81.27**

续表（1997）

（万吨标准煤）

		原油 Crude Oil	汽油 Gasoline
一.可供本地区消费的能源量	**Total Primary Energy Supply**	**24999.91**	**-344.06**
1.一次能源生产量	Indigenous Production	22963.52	
水　电	Hydro Power		
核　电	Nuclear Power		
2.回 收 能	Recovery of Energy		
3.进 口 量	Import	5067.20	12.40
4.我轮.机在外国加油量	China Airplanes&ships Refueling in Abroad		
5.出 口 量(−)	Export (-)	-2832.76	-262.26
6.外轮.机在我国加油量(−)	Foreign Airplanes&ships Refueling in China		-11.27
7.库存增(−)、减(+)量	Stock Change	-198.05	-82.93
二.加工转换投入(−)产出(+)量	**Input(-) & Output(+) of Transformation**	**-23838.24**	**5174.90**
1.火力发电	Thermal Power	-91.86	-1.22
2.供　　热	Heating Supply	-21.23	
3.洗 选 煤	Coal Washing		
4.炼　　焦	Coking		
5.炼　　油	Petroleum Refineries	-23725.15	5176.12
6.制　　气	Gas Works		
＃焦炭再投入量(−)	Coke Input (-)		
7.煤制品加工	Briquettes		
三.损 失 量	**Loss**	**269.09**	
四.终端消费量	**Total Final Consumption**	**703.43**	**4871.99**
1.农.林.牧.渔.水利业	Farming, Forestry, Animal Husbandry, Fishery & Water Conservancy		259.50
2.工　　业	Industry	672.86	1062.67
＃用作原料.材料	Non-Energy Use	68.83	10.31
3.建 筑 业	Construction	4.26	158.44
4.交通运输.仓储及邮电通迅业	Transport, Storage, Postal & Telecommunications Services	23.81	1740.90
5.批发和零售贸易业.餐饮业	Wholesale, Retail Trade and Catering Service	0.49	311.48
6.生活消费	Residential Consumption		138.63
城　镇	Urban		106.04
乡　村	Rural		32.59
7.其　　他	Other	2.01	1200.37
五.平衡差额	**Statistical Difference**	**189.15**	**-41.15**
六.能源消费总量	**Total Energy Consumption**		

Continued (1997)

(10 000 tce)

煤油 Kerosene	柴油 Diesel Oil	燃料油 Fuel Oil	液化石油气 PLG	炼厂干气 Refinery Gas	其他石油制品 Other Petroleum Products	天然气 Natural Gas	热力 Heat	电力 Electricity	其他能源 Other Energy
154.06	**505.26**	**2014.18**	**555.58**		**26.01**	**2753.07**		**2511.71**	**466.80**
						2756.83		2599.15	
								2408.63	
								177.20	
									466.80
203.16	1082.32	1958.70	614.13		223.70			1.09	
117.73	69.12	193.92							
-106.38	-338.24	-73.90	-67.23		-197.69	-3.76		-88.54	
-38.98	-42.81	-56.44							
-21.47	-265.13	-8.10	8.68						
849.01	**6094.26**	**1630.02**	**1143.04**	**722.47**	**4689.77**	**-266.05**	**4009.12**	**11356.82**	**-245.92**
	-1076.88	-1198.81	-1.99	-27.67		-258.40		11356.82	-128.02
	-4.28	-402.79		-89.13		-7.65	4009.12		-40.17
849.01	7175.42	3301.84	1145.03	839.27	4689.77				-77.73
		-70.22							
			2.95			**67.39**	**56.77**	**981.21**	
1003.07	**6628.67**	**3644.43**	**1726.03**	**729.46**	**4715.78**	**2039.79**	**3952.35**	**12887.32**	**220.88**
2.03	1567.39	4.11					1.82	786.28	
68.64	1440.17	2751.26	343.75	729.46	4715.78	1760.26	3231.18	9337.06	220.88
1.54	9.68	151.35	16.51	61.82	4715.78	464.47		34.82	220.88
6.22	212.75	27.44	8.93			0.12	7.06	144.30	
618.14	2010.12	831.78	2.69			2.55	21.00	314.48	
13.21	213.35	8.91	73.51			12.02	29.60	325.84	
92.20	57.09		1272.34			257.68	560.34	1540.12	
7.34	31.20		1120.38			257.68	560.32	902.52	
84.86	25.89		151.96				0.02	637.61	
202.63	1127.80	20.93	24.81			7.16	101.35	439.24	
	-29.15	**-0.23**	**-30.36**	**-6.99**		**379.84**			

4-1 中国能源平衡表(实物量) -1997

		煤合计 Coal Total 万吨 10^4 tn	原煤 Raw Coal 万吨 10^4 tn
一.可供本地区消费的能源量	**Total Primary Energy Supply**	**133159.21**	**133663.56**
1.一次能源生产量	Indigenous Production	137282.00	137282.00
水 电	Hydro Power		
核 电	Nuclear Power		
2.回 收 能	Recovery of Energy		
3.进 口 量	Import	201.29	161.49
4.我轮.机在外国加油量	China Airplanes&ships Refueling in Abroad		
5.出 口 量(-)	Export (-)	-3073.02	-2612.94
6.外轮.机在我国加油量(-)	Foreign Airplanes&ships Refueling in China		
7.库存增(-)、减(+)量	Stock Change	-1251.06	-1166.99
二.加工转换投入(-)产出(+)量	**Input(-) & Output(+) of Transformation**	**-77450.95**	**-84985.92**
1.火力发电	Thermal Power	-48979.20	-47538.92
2.供 热	Heating Supply	-6244.68	-5954.62
3.洗 选 煤	Coal Washing	-2310.86	-23108.60
4.炼 焦	Coking	-19296.93	-7238.23
5.炼 油	Petroleum Refineries		
6.制 气	Gas Works	-732.62	-287.18
# 焦炭再投入量(-)	Coke Input (-)		
7.煤制品加工	Briquettes	113.34	-858.37
三.损 失 量	**Loss**	**5.37**	
四.终端消费量	**Total Final Consumption**	**61791.94**	**57044.65**
1.农.林.牧.渔.水利业	Farming, Forestry, Animal Husbandry, Fishery & Water Conservancy	1926.70	1879.42
2.工 业	Industry	44214.47	41412.69
# 用作原料.材料	Non-Energy Use	1292.38	1277.44
3.建 筑 业	Construction	382.79	372.05
4.交通运输.仓储及邮电通迅业	Transport, Storage, Postal & Telecommunications Services	1431.19	1422.00
5.批发和零售贸易业.餐饮业	Wholesale, Retail Trade and Catering Service	863.34	846.45
6.生活消费	Residential Consumption	12238.30	10517.27
城 镇	Urban	5105.95	4108.46
乡 村	Rural	7132.35	6408.81
7.其 他	Other	735.15	594.77
五.平衡差额	**Statistical Difference**	**-6089.05**	**-8367.01**

ENERGY BANLANCE OF CHINA -1997 (PHYSICAL QUANTITY)

洗精煤 Cleaned Coal 万吨 10^4 tn	其他洗煤 Other Washed Coal 万吨 10^4 tn	型煤 Briquettes 万吨 10^4 tn	焦炭 Coke 万吨 10^4 tn	焦炉煤气 Coke Oven Gas 亿立方米 10^8 cu.m	其他煤气 Other Gas 亿立方米 10^8 cu.m	其他焦化产品 Other Coking Products 万吨 10^4 tn	油品合计 Petroleum Products Total 万吨 10^4 tn	原油 Crude Oil 万吨 10^4 tn
-537.76	**28.01**	**5.40**	**-1021.89**			**5.17**	**19471.67**	**17499.59**
							16074.14	16074.14
39.80			0.13			30.30	6341.70	3546.97
							263.19	
-460.08			-1058.07			-25.13	-2712.17	-1982.89
							-103.04	
-117.48	28.01	5.40	36.05				-392.15	-138.63
385.47	**6147.84**	**1001.66**	**13574.97**	**221.90**	**148.83**	**286.32**	**-2449.73**	**-16686.43**
-108.31	-1331.97			-12.57	-30.85		-1662.11	-64.30
-118.43	-171.63			-10.20	-12.98		-356.47	-14.86
13069.77	7727.97							
-12023.82	-34.88		13478.15	239.42	84.91	264.45		
							-382.00	-16607.27
-433.74	-11.70		174.92	5.25	107.75	21.87	-49.15	
			-78.10					
	-29.95	1001.66						
	5.37						**190.08**	**188.36**
1259.09	**2481.45**	**1006.75**	**10848.90**	**222.90**	**608.46**	**291.49**	**16769.76**	**492.40**
20.10	27.18		144.66				1256.31	
1237.01	1560.63	4.14	10506.20	176.80	544.27	291.49	8532.03	471.00
11.32	3.62		883.41				3931.00	48.18
0.70	10.04		12.49				285.32	2.98
0.83	8.36		6.47	0.08	0.02		3583.26	16.67
0.24	8.80	7.85	35.20	2.54	1.17		416.55	0.34
	728.68	992.35	124.73	40.09	59.78		938.25	
	380.52	616.97	62.09	40.09	58.91		752.02	
	348.16	375.38	62.64		0.87		186.23	
0.21	137.76	2.41	19.15	3.39	3.22		1758.04	1.41
-1411.38	**3689.03**	**0.31**	**1704.18**	**-1.00**	**-459.63**		**62.10**	**132.40**

续表（1997）

		汽油 Gasoline 万吨 10^4tn	煤油 Kerosene 万吨 10^4tn
一．可供本地区消费的能源量	**Total Primary Energy Supply**	**-233.83**	**104.70**
1．一次能源生产量	Indigenous Production	360.29	87.85
水　电	Hydro Power		
核　电	Nuclear Power		
2．回 收 能	Recovery of Energy		
3．进 口 量	Import	8.43	138.07
4．我轮．机在外国加油量	China Airplanes&ships Refueling in Abroad		80.01
5．出 口 量(－)	Export (-)	-178.24	-72.30
6．外轮．机在我国加油量(－)	Foreign Airplanes&ships Refueling in China	-7.66	-26.49
7．库存增(－)、减(＋)量	Stock Change	-56.36	-14.59
二．加工转换投入(－)产出(＋)量	**Input(-) & Output(+) of Transformation**	**3516.99**	**577.01**
1．火力发电	Thermal Power	-0.83	
2．供　　热	Heating Supply		
3．洗 选 煤	Coal Washing		
4．炼　　焦	Coking		
5．炼　　油	Petroleum Refineries	3517.82	577.01
6．制　　气	Gas Works		
＃焦炭再投入量(－)	Coke Input (-)		
7．煤制品加工	Briquettes		
三．损 失 量	**Loss**		
四．终端消费量	**Total Final Consumption**	**3311.13**	**681.71**
1．农．林．牧．渔．水利业	Farming, Forestry, Animal Husbandry, Fishery & Water Conservancy	176.36	1.38
2．工　　业	Industry	722.22	46.65
＃用作原料．材料	Non-Energy Use	7.01	1.05
3．建 筑 业	Construction	107.68	4.23
4．交通运输．仓储及邮电通迅业	Transport, Storage, Postal & Telecommunications Services	1183.16	420.10
5．批发和零售贸易业．餐饮业	Wholesale, Retail Trade and Catering Service	211.69	8.98
6．生活消费	Residential Consumption	94.22	62.66
城　镇	Urban	72.07	4.99
乡　村	Rural	22.15	57.67
7．其　　他	Other	815.80	137.71
五．平衡差额	**Statistical Difference**	**-27.97**	

Continued (1997)

柴油 Diesel Oil 万吨 10^4tn	燃料油 Fuel Oil 万吨 10^4tn	液化石油气 PLG 万吨 10^4tn	炼厂干气 Refinery Gas 万吨 10^4tn	其他石油制品 Other Petroleum Products 万吨 10^4tn	天然气 Natural Gas 亿立方米 10^8 cu.m	热力 Heat 万百万千焦 10^{10} kj	电力 Electricity 亿千瓦小时 10^8kwh	其他能源 Other Energy 万吨标煤 10^4tce
346.76	**1409.89**	**324.08**		**20.48**	**226.72**		**2043.70**	**466.80**
389.01	287.29	16.98			227.03		2114.85	
							1959.83	
							144.18	
								466.80
742.79	1371.06	358.24		176.14			0.89	
47.44	135.74							
-232.13	-51.73	-39.22		-155.66	-0.31		-72.04	
-29.38	-39.51							
-181.96	-5.67	5.06						
4182.45	**1140.99**	**666.77**	**459.76**	**3692.73**	**-21.91**	**117569.51**	**9240.70**	**-245.92**
-739.06	-839.15	-1.16	-17.61		-21.28		9240.70	-128.02
-2.94	-281.95		-56.72		-0.63	117569.51		-40.17
4924.45	2311.24	667.93	534.09	3692.73				-77.73
	-49.15							
		1.72			**5.55**	**1664.70**	**798.38**	
4549.21	**2551.05**	**1006.84**	**464.21**	**3713.21**	**167.98**	**115904.81**	**10486.02**	**220.88**
1075.69	2.88					53.26	639.77	
988.38	1925.84	200.52	464.21	3713.21	144.96	94756.13	7597.28	220.88
6.64	105.94	9.63	39.34	3713.21	38.25		28.33	220.88
146.01	19.21	5.21			0.01	207.13	117.41	
1379.53	582.23	1.57			0.21	615.83	255.88	
146.42	6.24	42.88			0.99	868.06	265.13	
39.18		742.19			21.22	16432.15	1253.15	
21.41		653.55			21.22	16431.58	734.35	
17.77		88.64				0.57	518.80	
774.00	14.65	14.47			0.59	2972.25	357.40	
-20.00	**-0.17**	**-17.71**	**-4.45**		**31.28**			

4-2 中国能源平衡表(标准量) -1998

(万吨标准煤)

		能源合计 Energy Total	
		(发电煤耗计算法) (coal equivalent calculation)	(电热当量计算法) (calorific value calculation)
一.可供本地区消费的能源量	**Total Primary Energy Supply**	**128368.34**	**122438.98**
1.一次能源生产量	Indigenous Production	124249.57	118123.51
水 电	Hydro Power	8272.88	2556.32
核 电	Nuclear Power	560.81	173.29
2.回 收 能	Recovery of Energy	1919.72	1919.72
3.进 口 量	Import	8083.94	8083.47
4.我轮.机在外国加油量	China Airplanes&ships Refueling in Abroad	390.21	390.21
5.出 口 量(-)	Export (-)	-7030.60	-6833.43
6.外轮.机在我国加油量(-)	Foreign Airplanes&ships Refueling in China	-122.84	-122.84
7.库存增(-)、减(+)量	Stock Change	878.34	878.34
二.加工转换投入(-)产出(+)量	**Input(-) & Output(+) of Transformation**	**-2629.15**	**-29691.63**
1.火力发电	Thermal Power	-0.08	-25947.22
2.供 热	Heating Supply	0.17	-1115.09
3.洗 选 煤	Coal Washing	-1117.41	-1117.41
4.炼 焦	Coking	-684.24	-684.24
5.炼 油	Petroleum Refineries	-616.19	-616.19
6.制 气	Gas Works	-136.07	-136.07
# 焦炭再投入量(-)	Coke Input (-)	-67.70	-67.70
7.煤制品加工	Briquettes	-7.71	-7.71
三.损 失 量	**Loss**	**3546.11**	**1362.95**
四.终端消费量	**Total Final Consumption**	**126038.66**	**95230.05**
1.农.林.牧.渔.水利业	Farming, Forestry, Animal Husbandry, Fishery & Water Conservancy	5790.32	4076.28
2.工 业	Industry	88521.91	66687.98
# 用作原料.材料	Non-Energy Use	7793.67	7793.67
3.建 筑 业	Construction	1612.09	1091.69
4.交通运输.仓储及邮电通迅业	Transport, Storage, Postal & Telecommunications Services	7957.01	7249.47
5.批发和零售贸易业.餐饮业	Wholesale, Retail Trade and Catering Service	2552.08	1738.90
6.生活消费	Residential Consumption	14392.70	10588.29
城 镇	Urban	8402.54	6076.74
乡 村	Rural	5990.16	4511.55
7.其 他	Other	5212.56	3797.45
五.平衡差额	**Statistical Difference**	**-3845.58**	**-3845.65**
六.能源消费总量	**Total Energy Consumption**	**132213.92**	**126284.63**

FENERGY BALANCE OF CHINA -1998 (STANDARD QUANTITY)

(10 000 tce)

煤合计 Coal Total	原煤 Raw Coal	洗精煤 Cleaned Coal	其他洗煤 Other Washed Coal	型煤 Briquettes	焦炭 Coke	焦炉煤气 Coke Oven Gas	其他煤气 Other Gas	其他焦化产品 Other Coking Products	油品合计 Petroleum Products Total
87642.29	**88119.51**	**-447.01**	**-30.45**	**0.24**	**-1132.29**		**1404.86**	**2.14**	**28267.12**
89287.50	89287.50								23000.46
							1404.86		13.71
115.22	105.93	9.29						36.48	7931.56
									390.21
-2397.15	-1960.16	-436.99			-1113.61			-34.34	-3200.16
									-122.84
636.72	686.24	-19.31	-30.45	0.24	-18.68				254.18
-54905.99	**-58486.49**	**1251.65**	**1768.13**	**560.72**	**11420.07**	**1277.55**	**60.41**	**193.10**	**-3037.85**
-35124.62	-34241.84	-162.96	-719.82			-76.30	-144.88		-1874.80
-4480.84	-4335.79	-33.11	-111.94			-43.31	-122.37		-663.34
-1117.41	-15445.10	11702.86	2624.83						
-13601.46	-3709.57	-9886.99	-4.90		11397.33	1321.42	31.10	167.37	
									-449.12
-573.95	-196.32	-368.15	-9.48		90.44	75.74	296.56	25.73	-50.59
					-67.70				
-7.71	-557.87		-10.56	560.72					
									282.24
37373.06	**34858.77**	**805.73**	**1204.95**	**503.61**	**9709.85**	**1277.55**	**1482.44**	**195.24**	**25124.71**
1285.69	1260.93	9.61	14.88	0.27	133.53				1888.97
27794.59	26235.75	795.20	761.17	2.47	9385.35	1027.79	1259.07	195.24	12029.67
847.03	837.66	7.87	1.50		601.40			339.21	5205.74
408.80	403.19	0.06	5.55		12.88	0.06			430.78
930.84	922.76	0.50	7.58		9.08	0.12			5972.47
633.53	622.84	0.10	6.42	4.17	34.21	10.49	5.63		633.88
5816.05	4988.26	0.25	332.32	495.22	123.51	216.41	212.66		1633.00
2332.56	1909.52	0.25	164.99	257.80	60.50	216.41	210.16		1331.65
3483.49	3078.74		167.33	237.42	63.01		2.50		301.35
503.56	425.04	0.01	77.03	1.48	11.29	22.68	5.08		2535.94
-4636.76	**-5225.75**	**-1.09**	**532.73**	**57.35**	**577.93**		**-17.17**		**-177.68**

续表 (1998)

(万吨标准煤)

		原油 Crude Oil	汽油 Gasoline
一. 可供本地区消费的能源量	**Total Primary Energy Supply**	**24738.95**	**-284.69**
1. 一次能源生产量	Indigenous Production	23000.46	
水 电	Hydro Power		
核 电	Nuclear Power		
2. 回 收 能	Recovery of Energy		
3. 进 口 量	Import	3902.94	2.19
4. 我轮. 机在外国加油量	China Airplanes&ships Refueling in Abroad		
5. 出 口 量(-)	Export (-)	-2228.62	-267.74
6. 外轮. 机在我国加油量(-)	Foreign Airplanes&ships Refueling in China		-18.47
7. 库存增(-)、减(+)量	Stock Change	64.17	-0.67
二. 加工转换投入(-)产出(+)量	**Input(-) & Output(+) of Transformation**	**-23830.02**	**5150.32**
1. 火力发电	Thermal Power	-106.24	-1.10
2. 供 热	Heating Supply	-34.99	
3. 洗 选 煤	Coal Washing		
4. 炼 焦	Coking		
5. 炼 油	Petroleum Refineries	-23688.79	5151.42
6. 制 气	Gas Works		
# 焦炭再投入量(-)	Coke Input (-)		
7. 煤制品加工	Briquettes		
三. 损 失 量	**Loss**	**279.98**	
四. 终端消费量	**Total Final Consumption**	**740.94**	**4896.61**
1. 农. 林. 牧. 渔. 水利业	Farming, Forestry, Animal Husbandry, Fishery & Water Conservancy		253.91
2. 工 业	Industry	707.73	995.79
# 用作原料. 材料	Non-Energy Use	95.93	9.81
3. 建 筑 业	Construction	3.16	165.67
4. 交通运输. 仓储及邮电通迅业	Transport, Storage, Postal & Telecommunications Services	27.61	1790.12
5. 批发和零售贸易业. 餐饮业	Wholesale, Retail Trade and Catering Service	0.34	318.60
6. 生活消费	Residential Consumption		157.54
城 镇	Urban		120.73
乡 村	Rural		36.81
7. 其 他	Other	2.10	1214.98
五. 平衡差额	**Statistical Difference**	**-111.99**	**-30.98**
六. 能源消费总量	**Total Energy Consumption**		

Continued (1998)

(10 000 tce)

煤油 Kerosene	柴油 Diesel Oil	燃料油 Fuel Oil	液化石油气 PLG	炼厂干气 Refinery Gas	其他石油制品 Other Petroleum Products	天然气 Natural Gas	热力 Heat	电力 Electricity	其他能源 Other Energy
123.22	**484.00**	**2468.99**	**751.84**		**-15.19**	**3102.23**		**2651.48**	**501.15**
						3096.11		2739.44	
								2556.32	
								173.29	
			13.71						501.15
189.93	452.88	2324.56	817.02		242.04			0.21	
86.75	30.44	273.02							
-134.84	-143.50	-82.12	-86.11		-257.23			-88.17	
-52.85	-29.55	-21.97							
34.23	173.73	-24.50	7.22			6.12			
906.59	**6839.31**	**1040.33**	**1276.14**	**672.50**	**4906.98**	**-283.83**	**4333.01**	**11602.99**	**-351.09**
	-297.07	-1419.73	-5.14	-45.52		-213.47		11602.99	-116.14
		-490.02		-138.33		-70.36	4333.01		-67.88
906.59	7136.38	3000.67	1281.28	856.35	4906.98				-167.07
		-50.59							
			2.26			**72.09**	**36.57**	**972.05**	
987.93	**7400.43**	**3509.18**	**2025.72**	**672.11**	**4891.79**	**2338.28**	**4296.44**	**13282.42**	**150.06**
2.37	1632.23	0.46					1.82	766.27	
91.51	1664.26	2635.95	370.53	672.11	4891.79	1970.39	3516.96	9358.86	150.06
0.21	10.21	130.56	13.41	53.82	4891.79	650.24			150.05
5.08	223.46	23.67	9.74			1.60	5.49	232.08	
574.57	2771.30	807.96	0.91			3.46	19.33	314.17	
13.23	223.39	10.61	67.71			33.65	26.98	360.53	
92.80	63.97		1318.69			320.80	638.05	1627.81	
15.79	35.61		1159.52			320.80	638.05	966.61	
77.01	28.36		159.17					661.20	
208.37	821.82	30.53	258.14			8.38	87.82	622.70	
41.88	**-77.12**	**0.14**		**0.39**		**408.03**			

4-2 中国能源平衡表(实物量) -1998

		煤合计 Coal Total 万吨 10^4 tn	原煤 Raw Coal 万吨 10^4 tn
一. 可供本地区消费的能源量	**Total Primary Energy Supply**	**122810.58**	**123364.85**
1. 一次能源生产量	Indigenous Production	125000.00	125000.00
水 电	Hydro Power		
核 电	Nuclear Power		
2. 回 收 能	Recovery of Energy		
3. 进 口 量	Import	158.62	148.30
4. 我轮. 机在外国加油量	China Airplanes&ships Refueling in Abroad		
5. 出 口 量(−)	Export (-)	-3229.71	-2744.17
6. 外轮. 机在我国加油量(−)	Foreign Airplanes&ships Refueling in China		
7. 库存增(−)、减(+)量	Stock Change	881.67	960.72
二. 加工转换投入(−)产出(+)量	**Input(-) & Output(+) of Transformation**	**-73145.06**	**-79196.69**
1. 火力发电	Thermal Power	-49489.26	-47937.62
2. 供 热	Heating Supply	-6319.91	-6069.99
3. 洗 选 煤	Coal Washing	-1159.32	-19306.37
4. 炼 焦	Coking	-15628.11	-4858.00
5. 炼 油	Petroleum Refineries		
6. 制 气	Gas Works	-685.09	-257.98
# 焦炭再投入量(−)	Coke Input (-)		
7. 煤制品加工	Briquettes	136.63	-766.73
三. 损 失 量	**Loss**		
四. 终端消费量	**Total Final Consumption**	**56347.11**	**51957.15**
1. 农. 林. 牧. 渔. 水利业	Farming, Forestry, Animal Husbandry, Fishery & Water Conservancy	1923.31	1879.42
2. 工 业	Industry	41807.31	39104.51
# 用作原料. 材料	Non-Energy Use	1263.75	1248.53
3. 建 筑 业	Construction	611.63	600.96
4. 交通运输. 仓储及邮电通迅业	Transport, Storage, Postal & Telecommunications Services	1390.60	1375.38
5. 批发和零售贸易业. 餐饮业	Wholesale, Retail Trade and Catering Service	947.59	928.34
6. 生活消费	Residential Consumption	8884.00	7435.02
城 镇	Urban	3585.39	2846.15
乡 村	Rural	5298.61	4588.87
7. 其 他	Other	782.67	633.52
五. 平衡差额	**Statistical Difference**	**-6681.59**	**-7788.99**

ENERGY BANLANCE OF CHINA -1998 (PHYSICAL QUANTITY)

洗精煤 Cleaned Coal 万吨 10^4 tn	其他洗煤 Other Washed Coal 万吨 10^4 tn	型煤 Briquettes 万吨 10^4 tn	焦炭 Coke 万吨 10^4 tn	焦炉煤气 Coke Oven Gas 亿立方米 10^8 cu.m	其他煤气 Other Gas 亿立方米 10^8 cu.m	其他焦化产品 Other Coking Products 万吨 10^4 tn	油品合计 Petroleum Products Total 万吨 10^4 tn	原油 Crude Oil 万吨 10^4 tn
-496.68	**-57.99**	**0.40**	**-1165.63**		**488.51**	**1.85**	**19694.22**	**17316.92**
							16100.00	16100.00
					488.51		8.00	
10.32						31.61	5467.71	2732.00
							270.96	
-485.54			-1146.40			-29.76	-2242.33	-1560.00
							-84.13	
-21.46	-57.99	0.40	-19.23				174.01	44.92
1760.42	**3367.75**	**923.46**	**12829.40**	**216.83**	**21.92**	**174.45**	**-2106.13**	**-16680.68**
-181.07	-1370.57			-12.42	-50.38		-1304.76	-74.37
-36.79	-213.13			-7.05	-42.55		-455.53	-24.49
13149.28	4997.77							
-10761.94	-8.17		12805.99	223.97	11.52	152.15		
							-310.43	-16581.82
-409.06	-18.05		93.10	12.33	103.33	22.30	-35.41	
			-69.69					
	-20.10	923.46						
							197.30	**195.98**
1265.45	**2295.09**	**829.42**	**11008.55**	**216.83**	**516.41**	**176.30**	**17514.33**	**518.65**
15.10	28.34	0.45	151.39				1294.68	
1248.92	1449.81	4.07	10640.64	174.44	438.60	176.30	8717.30	495.40
12.36	2.86		681.84			306.30	4066.23	67.15
0.09	10.58		14.60	0.01			293.86	2.21
0.78	14.44		10.30	0.02			4094.45	19.33
0.15	12.23	6.87	38.79	1.78	1.96		426.00	0.24
0.40	632.98	815.60	140.03	36.73	74.08		983.27	
0.40	314.26	424.58	68.59	36.73	73.21		793.60	
	318.72	391.02	71.44		0.87		189.67	
0.01	146.71	2.43	12.80	3.85	1.77		1704.77	1.47
-1.71	**1014.67**	**94.44**	**655.22**		**-5.98**		**-123.54**	**-78.39**

续表（1998）

		汽油 Gasoline 万吨 10^4tn	煤油 Kerosene 万吨 10^4tn
一．可供本地区消费的能源量	**Total Primary Energy Supply**	**-193.48**	**83.74**
1.一次能源生产量	Indigenous Production		
水　电	Hydro Power		
核　电	Nuclear Power		
2.回 收 能	Recovery of Energy		
3.进 口 量	Import	1.49	129.08
4.我轮．机在外国加油量	China Airplanes&ships Refueling in Abroad		58.96
5.出 口 量(−)	Export (-)	-181.96	-91.64
6.外轮．机在我国加油量(−)	Foreign Airplanes&ships Refueling in China	-12.55	-35.92
7.库存增(−)、减(+)量	Stock Change	-0.46	23.26
二．加工转换投入(−)产出(+)量	**Input(-) & Output(+) of Transformation**	**3500.28**	**616.14**
1.火力发电	Thermal Power	-0.75	
2.供　热	Heating Supply		
3.洗 选 煤	Coal Washing		
4.炼　焦	Coking		
5.炼　油	Petroleum Refineries	3501.03	616.14
6.制　气	Gas Works		
# 焦炭再投入量(−)	Coke Input (-)		
7.煤制品加工	Briquettes		
三．损 失 量	**Loss**		
四．终端消费量	**Total Final Consumption**	**3327.85**	**671.41**
1.农．林．牧．渔．水利业	Farming, Forestry, Animal Husbandry, Fishery & Water Conservancy	172.56	1.61
2.工　业	Industry	676.76	62.19
# 用作原料．材料	Non-Energy Use	6.67	0.14
3.建 筑 业	Construction	112.59	3.45
4.交通运输．仓储及邮电通迅业	Transport, Storage, Postal & Telecommunications Services	1216.61	390.49
5.批发和零售贸易业．餐饮业	Wholesale, Retail Trade and Catering Service	216.53	8.99
6.生活消费	Residential Consumption	107.07	63.07
城 镇	Urban	82.05	10.73
乡 村	Rural	25.02	52.34
7.其　他	Other	825.73	141.61
五．平衡差额	**Statistical Difference**	**-21.05**	**28.47**

Continued (1998)

柴油 Diesel Oil 万吨 10^4tn	燃料油 Fuel Oil 万吨 10^4tn	液化石油气 PLG 万吨 10^4tn	炼厂干气 Refinery Gas 万吨 10^4tn	其他石油制品 Other Petroleum Products 万吨 10^4tn	天然气 Natural Gas 亿立方米 10^8 cu.m	热力 Heat 万百万千焦 10^{10} kj	电力 Electricity 亿千瓦小时 10^8kwh	其他能源 Other Energy 万吨标煤 10^4tce
332.17	**1728.26**	**438.57**		**-11.96**	**233.25**		**2157.43**	**501.15**
					232.79		2229.00	
							2080.00	
							141.00	
		8.00						501.15
310.81	1627.16	476.59		190.58			0.17	
20.89	191.11							
-98.48	-57.48	-50.23		-202.54			-71.74	
-20.28	-15.38							
119.23	-17.15	4.21						
4693.78	**728.22**	**744.41**	**427.96**	**3863.76**	**-21.34**	**127067.73**	**9441.00**	**-351.09**
-203.88	-993.79	-3.00	-28.97		-16.05		9441.00	-116.14
	-343.01		-88.03		-5.29	127067.73		-67.88
4897.66	2100.43	747.41	544.96	3863.76				-167.07
	-35.41							
		1.32			**5.42**	**1072.33**	**790.93**	
5078.87	**2456.38**	**1181.66**	**427.71**	**3851.80**	**175.81**	**125995.40**	**10807.50**	**150.06**
1120.19	0.32					53.28	623.49	
1142.17	1845.13	216.14	427.71	3851.80	148.15	103136.73	7615.02	150.06
7.01	91.39	7.82	34.25	3851.80	48.89			150.05
153.36	16.57	5.68			0.12	160.90	188.84	
1901.93	565.56	0.53			0.26	566.77	255.63	
153.31	7.43	39.50			2.53	791.28	293.35	
43.90		769.23			24.12	18711.10	1324.50	
24.44		676.38			24.12	18711.10	786.50	
19.46		92.85					538.00	
564.01	21.37	150.58			0.63	2575.34	506.67	
-52.92	**0.10**		**0.25**		**30.68**			

4-3 中国能源平衡表(标准量) -1999

(万吨标准煤)

		能源合计 Energy Total	
		(发电煤耗计算法)(coal equivalent calculation)	(电热当量计算法)(calorific value calculation)
一. 可供本地区消费的能源量	**Total Primary Energy Supply**	**115829.27**	**110469.54**
1. 一次能源生产量	Indigenous Production	109125.62	103541.79
水　电	Hydro Power	7707.05	2504.79
核　电	Nuclear Power	565.29	183.72
2. 回 收 能	Recovery of Energy	1693.52	1693.52
3. 进 口 量	Import	9092.17	9082.82
4. 我轮．机在外国加油量	China Airplanes&ships Refueling in Abroad	421.13	421.13
5. 出 口 量(-)	Export (-)	-6369.63	-6136.18
6. 外轮．机在我国加油量(-)	Foreign Airplanes&ships Refueling in China	-107.54	-107.54
7. 库存增(-)、减(+)量	Stock Change	1974.00	1974.00
二. 加工转换投入(-)产出(+)量	**Input(-) & Output(+) of Transformation**	**-2335.75**	**-29303.34**
1. 火力发电	Thermal Power		-26049.79
2. 供　热	Heating Supply		-917.80
3. 洗 选 煤	Coal Washing	-916.21	-916.21
4. 炼　焦	Coking	-543.95	-543.95
5. 炼　油	Petroleum Refineries	-647.68	-647.68
6. 制　气	Gas Works	-71.25	-71.25
# 焦炭再投入量(-)	Coke Input (-)	-153.32	-153.32
7. 煤制品加工	Briquettes	-3.34	-3.34
三. 损 失 量	**Loss**	**3687.64**	**1476.07**
四. 终端消费量	**Total Final Consumption**	**124095.67**	**93979.64**
1. 农．林．牧．渔．水利业	Farming, Forestry, Animal Husbandry, Fishery & Water Conservancy	5831.75	4145.81
2. 工　业	Industry	85095.32	64012.41
# 用作原料．材料	Non-Energy Use	7140.20	7140.20
3. 建 筑 业	Construction	1381.44	1017.20
4. 交通运输．仓储及邮电通迅业	Transport, Storage, Postal & Telecommunications Services	8921.39	8266.67
5. 批发和零售贸易业．餐饮业	Wholesale, Retail Trade and Catering Service	2811.77	1929.21
6. 生活消费	Residential Consumption	14552.18	10635.03
城　镇	Urban	8595.82	6259.02
乡　村	Rural	5956.36	4376.01
7. 其　他	Other	5501.85	3973.32
五. 平衡差额	**Statistical Difference**	**-14289.79**	**-14289.51**
六. 能源消费总量	**Total Energy Consumption**	**130119.06**	**124759.05**

ENERGY BALANCE OF CHINA-1999 (STANDARD QUANTITY)

(10 000 tce)

煤合计 Coal Total	原煤 Raw Coal	洗精煤 Cleaned Coal	其他洗煤 Other Washed Coal	型煤 Briquettes	焦炭 Coke	焦炉煤气 Coke Oven Gas	其他煤气 Other Gas	其他焦化产品 Other Coking Products	油品合计 Petroleum Products Total
73885.93	**74223.59**	**-379.32**	**47.51**	**-5.85**	**-1071.54**		**1080.73**	**-1.07**	**30059.65**
74644.35	74644.35								22857.60
							1080.67		28.95
124.69	100.72	23.97						31.85	8921.78
									421.13
-2778.26	-2299.38	-478.79		-0.09	-968.89			-32.92	-2243.71
									-107.54
1895.15	1777.90	75.50	47.51	-5.76	-102.65		0.06		181.44
-55493.85	**-58616.58**	**866.92**	**1716.57**	**539.24**	**10906.26**	**1240.86**	**203.80**	**209.16**	**-2923.09**
-36316.22	-35370.79	-173.33	-772.10			-57.01	-188.74		-1765.25
-4583.34	-4430.71	-25.32	-127.31			-47.36	-96.97		-575.14
-917.60	-14609.52	11032.69	2659.23						
-12963.46	-3369.95	-9565.12	-28.39		10851.20	1330.20	42.15	194.86	
									-536.27
-709.89	-301.43	-402.00	-6.46		208.38	15.03	447.36	14.30	-46.43
					-153.32				
-3.34	-534.18		-8.40	539.24					
						15.24			**266.20**
33444.69	**30614.63**	**951.63**	**1334.77**	**543.66**	**9370.75**	**1265.19**	**1283.16**	**215.12**	**27017.23**
1125.02	1110.65		14.10	0.27	132.62				2074.73
24758.29	22995.18	944.02	814.53	4.56	9038.19	1025.97	1036.84	215.12	12077.78
606.31	592.08	9.62	4.61		594.92			44.54	4952.71
339.35	329.33	3.95	6.07		15.55				473.80
839.37	822.88	3.47	12.87	0.15	9.22	0.12	0.58		7071.81
580.98	569.56	0.09	5.37	5.96	33.22	10.82	8.40		797.93
5333.12	4402.42		400.14	530.56	130.14	209.63	234.21		1879.64
2160.46	1637.96		187.82	334.68	63.67	209.63	231.82		1506.06
3172.66	2764.46		212.32	195.88	66.47		2.39		373.58
468.56	384.61	0.10	81.69	2.16	11.81	18.65	3.13		2641.54
-15052.61	**-15007.62**	**-464.03**	**429.31**	**-10.27**	**463.97**	**-39.57**	**1.37**	**-7.03**	**-146.87**

续表（1999）

（万吨标准煤）

		原油 Crude Oil	汽油 Gasoline
一．可供本地区消费的能源量	**Total Primary Energy Supply**	**27068.03**	**-531.89**
1．一次能源生产量	Indigenous Production	22857.60	
水　电	Hydro Power		
核　电	Nuclear Power		
2．回 收 能	Recovery of Energy		
3．进 口 量	Import	5230.63	0.06
4．我轮．机在外国加油量	China Airplanes&ships Refueling in Abroad		
5．出 口 量(−)	Export (-)	-1023.92	-608.91
6．外轮．机在我国加油量(−)	Foreign Airplanes&ships Refueling in China		-17.66
7．库存增(−)、减(+)量	Stock Change	3.72	94.62
二．加工转换投入(−)产出(+)量	**Input(-) & Output(+) of Transformation**	**-26065.75**	**5503.28**
1．火力发电	Thermal Power	-114.52	-1.34
2．供　热	Heating Supply	-18.40	-0.28
3．洗 选 煤	Coal Washing		
4．炼　焦	Coking		
5．炼　油	Petroleum Refineries	-25932.83	5504.90
6．制　气	Gas Works		
#焦炭再投入量(−)	Coke Input (-)		
7．煤制品加工	Briquettes		
三．损 失 量	**Loss**	**263.41**	
四．终端消费量	**Total Final Consumption**	**742.03**	**4972.77**
1．农．林．牧．渔．水利业	Farming, Forestry, Animal Husbandry, Fishery & Water Conservancy		262.11
2．工　业	Industry	707.73	949.64
#用作原料．材料	Non-Energy Use	113.02	12.79
3．建 筑 业	Construction	4.56	167.40
4．交通运输．仓储及邮电通迅业	Transport, Storage, Postal & Telecommunications Services	27.54	1862.08
5．批发和零售贸易业．餐饮业	Wholesale, Retail Trade and Catering Service	0.24	303.58
6．生活消费	Residential Consumption		178.23
城 镇	Urban		133.56
乡 村	Rural		44.67
7．其　他	Other	1.96	1249.73
五．平衡差额	**Statistical Difference**	**-3.16**	**-1.38**
六．能源消费总量	**Total Energy Consumption**		

Continued (1999)

(10 000 tce)

煤油 Kerosene	柴油 Diesel Oil	燃料油 Fuel Oil	液化石油气 PLG	炼厂干气 Refinery Gas	其他石油制品 Other Petroleum Products	天然气 Natural Gas	热力 Heat	电力 Electricity	其他能源 Other Energy
154.20	**46.14**	**2773.89**	**566.14**		**-16.86**	**3351.33**		**2580.61**	**583.90**
						3351.33		2688.51	
								2504.79	
								183.72	
			28.95						583.90
310.74	44.97	2510.04	552.54		272.80			4.50	
89.81	36.66	294.66							
-183.88	-88.11	-36.37	-12.86		-289.66			-112.40	
-55.66	-15.18	-19.04							
-6.81	67.80	24.60	-2.49						
1094.35	**8680.12**	**1027.56**	**1396.76**	**807.75**	**4632.84**	**-293.26**	**4584.62**	**12542.49**	**-280.33**
	-313.98	-1294.80	-3.19	-37.42		-168.64		12542.49	-96.42
		-430.39		-126.07		-124.62	4584.62		-74.99
									1.39
									1.10
1094.35	8994.10	2799.18	1399.95	971.24	4632.84				-111.41
		-46.43							
			2.79			**78.07**	**57.25**	**1059.31**	
1212.73	**8766.14**	**3848.65**	**2065.69**	**793.21**	**4616.01**	**2487.37**	**4528.75**	**14063.79**	**303.59**
2.10	1809.49	0.50	0.53				1.87	811.57	
115.28	1881.66	2582.30	431.95	793.21	4616.01	2078.26	3682.27	9796.10	303.59
0.22	2.20	140.23	12.14	56.10	4616.01	638.13			303.59
5.69	259.45	23.11	13.59			9.04	4.52	174.94	
743.97	3237.15	1200.02	1.05			10.51	21.94	313.12	
16.85	380.17	15.06	82.03			39.10	37.43	421.33	
104.19	91.30		1505.92			342.08	686.33	1819.88	
9.24	58.68		1304.58			342.08	686.33	1058.97	
94.95	32.62		201.34					760.91	
224.65	1106.92	27.66	30.62			8.38	94.39	726.86	
35.82	**-39.88**	**-47.20**	**-105.58**	**14.54**	**-0.03**	**492.63**	**-1.38**		**-0.02**

4-3 中国能源平衡表(实物量) -1999

		煤合计 Coal Total 万吨 10^4 tn	原煤 Raw Coal 万吨 10^4 tn
一. 可供本地区消费的能源量	**Total Primary Energy Supply**	**103576.12**	**103910.95**
1. 一次能源生产量	Indigenous Production	104500.00	104500.00
水 电	Hydro Power		
核 电	Nuclear Power		
2. 回 收 能	Recovery of Energy		
3. 进 口 量	Import	167.28	141.01
4. 我轮. 机在外国加油量	China Airplanes&ships Refueling in Abroad		
5. 出 口 量(-)	Export (-)	-3743.86	-3219.07
6. 外轮. 机在我国加油量(-)	Foreign Airplanes&ships Refueling in China		
7. 库存增(-)、减(+)量	Stock Change	2652.70	2489.01
二. 加工转换投入(-)产出(+)量	**Input(-) & Output(+) of Transformation**	**-74793.09**	**-79906.25**
1. 火力发电	Thermal Power	-51163.52	-49503.49
2. 供 热	Heating Supply	-6472.98	-6202.83
3. 洗 选 煤	Coal Washing	-1491.53	-18644.10
4. 炼 焦	Coking	-14941.74	-4413.24
5. 炼 油	Petroleum Refineries		
6. 制 气	Gas Works	-847.55	-394.75
# 焦炭再投入量(-)	Coke Input (-)		
7. 煤制品加工	Briquettes	124.23	-747.84
三. 损 失 量	**Loss**		
四. 终端消费量	**Total Final Consumption**	**51572.22**	**47087.52**
1. 农. 林. 牧. 渔. 水利业	Farming, Forestry, Animal Husbandry, Fishery & Water Conservancy	1735.61	1708.26
2. 工 业	Industry	37964.19	35368.24
# 用作原料. 材料	Non-Energy Use	930.00	910.66
3. 建 筑 业	Construction	522.46	506.54
4. 交通运输. 仓储及邮电通讯业	Transport, Storage, Postal & Telecommunications Services	1294.26	1265.65
5. 批发和零售贸易业. 餐饮业	Wholesale, Retail Trade and Catering Service	896.20	876.03
6. 生活消费	Residential Consumption	8408.42	6771.24
城 镇	Urban	3428.81	2519.30
乡 村	Rural	4979.61	4251.94
7. 其 他	Other	751.08	591.56
五. 平衡差额	**Statistical Difference**	**-22789.19**	**-23082.82**

ENERGY BANLANCE OF CHINA -1999 (PHYSICAL QUANTITY)

洗精煤 Cleaned Coal 万吨 10^4 tn	其他洗煤 Other Washed Coal 万吨 10^4 tn	型煤 Briquettes 万吨 10^4 tn	焦炭 Coke 万吨 10^4 tn	焦炉煤气 Coke Oven Gas 亿立方米 10^8 cu.m	其他煤气 Other Gas 亿立方米 10^8 cu.m	其他焦化产品 Other Coking Products 万吨 10^4 tn	油品合计 Petroleum Products Total 万吨 10^4 tn	原油 Crude Oil 万吨 10^4 tn
-415.64	**90.45**	**-9.64**	**-1103.10**		**375.80**	**-0.93**	**20981.29**	**18947.24**
							16000.00	16000.00
					375.78		16.89	
26.27						27.60	6190.88	3661.37
							292.46	
-524.64		-0.15	-997.42			-28.53	-1569.94	-716.73
							-73.58	
-82.73	90.45	-9.49	-105.68		0.02		124.58	2.60
949.94	**3275.15**	**888.07**	**11915.91**	**207.59**	**70.87**	**181.25**	**-2222.18**	**-18245.66**
-189.93	-1470.10			-9.28	-65.63		-1228.56	-80.16
-27.74	-242.41			-7.71	-33.72		-394.57	-12.88
12089.29	5063.28							
-10481.18	-47.32		11859.23	222.07	14.66	168.86		
							-566.55	-18152.62
-440.50	-12.30		214.51	2.51	155.56	12.39	-32.50	
			-157.83					
	-16.00	888.07						
				2.55			**186.01**	**184.38**
1042.77	**2546.57**	**895.36**	**10302.69**	**211.66**	**446.19**	**186.41**	**18664.68**	**519.41**
	26.90	0.45	145.81				1422.07	
1034.43	1554.01	7.51	9937.06	171.64	360.54	186.41	8596.36	495.40
10.54	8.80		654.09			38.60	3751.92	79.11
4.33	11.59		17.10				323.00	3.19
3.80	24.56	0.25	10.14	0.02	0.20		4852.67	19.28
0.10	10.25	9.82	36.52	1.81	2.92		537.24	0.17
	763.41	873.77	143.08	35.07	81.44		1133.05	
	358.33	551.18	70.00	35.07	80.61		898.32	
	405.08	322.59	73.08		0.83		234.73	
0.11	155.85	3.56	12.98	3.12	1.09		1800.29	1.37
-508.47	**819.03**	**-16.93**	**510.12**	**-6.62**	**0.48**	**-6.09**	**-91.58**	**-2.21**

续表（1999）

		汽油 Gasoline 万吨 10^4tn	煤油 Kerosene 万吨 10^4tn
一．可供本地区消费的能源量	**Total Primary Energy Supply**	**-361.48**	**104.80**
1．一次能源生产量	Indigenous Production		
水 电	Hydro Power		
核 电	Nuclear Power		
2．回 收 能	Recovery of Energy		
3．进 口 量	Import	0.04	211.19
4．我轮．机在外国加油量	China Airplanes&ships Refueling in Abroad		61.04
5．出 口 量(−)	Export (-)	-413.83	-124.97
6．外轮．机在我国加油量(−)	Foreign Airplanes&ships Refueling in China	-12.00	-37.83
7．库存增(−)、减(+)量	Stock Change	64.31	-4.63
二．加工转换投入(−)产出(+)量	**Input(-) & Output(+) of Transformation**	**3740.17**	**743.75**
1．火力发电	Thermal Power	-0.91	
2．供 热	Heating Supply	-0.19	
3．洗 选 煤	Coal Washing		
4．炼 焦	Coking		
5．炼 油	Petroleum Refineries	3741.27	743.75
6．制 气	Gas Works		
＃焦炭再投入量(−)	Coke Input (-)		
7．煤制品加工	Briquettes		
三．损 失 量	**Loss**		
四．终端消费量	**Total Final Consumption**	**3379.63**	**824.21**
1．农．林．牧．渔．水利业	Farming, Forestry, Animal Husbandry, Fishery & Water Conservancy	178.14	1.43
2．工 业	Industry	645.40	78.35
＃用作原料．材料	Non-Energy Use	8.69	0.15
3．建 筑 业	Construction	113.77	3.87
4．交通运输．仓储及邮电通迅业	Transport, Storage, Postal & Telecommunications Services	1265.52	505.62
5．批发和零售贸易业．餐饮业	Wholesale, Retail Trade and Catering Service	206.32	11.45
6．生活消费	Residential Consumption	121.13	70.81
城 镇	Urban	90.77	6.28
乡 村	Rural	30.36	64.53
7．其 他	Other	849.35	152.68
五．平衡差额	**Statistical Difference**	**-0.94**	**24.34**

Continued (1999)

柴油 Diesel Oil 万吨 10^4tn	燃料油 Fuel Oil 万吨 10^4tn	液化石油气 PLG 万吨 10^4tn	炼厂干气 Refinery Gas 万吨 10^4tn	其他石油制品 Other Petroleum Products 万吨 10^4tn	天然气 Natural Gas 亿立方米 10^8 cu.m	热力 Heat 万百万千焦 10^{10} kj	电力 Electricity 亿千瓦小时 10^8kwh	其他能源 Other Energy 万吨标煤 10^4tce
31.66	**1941.68**	**330.25**		**-12.86**	**251.98**		**2099.76**	**583.90**
					251.98		2187.56	
							2038.07	
							149.49	
		16.89						583.90
30.86	1756.99	322.31		208.12			3.66	
25.16	206.26							
-60.47	-25.46	-7.50		-220.98			-91.46	
-10.42	-13.33							
46.53	17.22	-1.45						
5957.12	**719.28**	**814.77**	**514.03**	**3534.36**	**-22.05**	**134446.33**	**10205.44**	**-280.33**
-215.48	-906.34	-1.86	-23.81		-12.68		10205.44	-96.42
	-301.27		-80.23		-9.37	134446.33		-74.99
								1.39
								1.10
6172.60	1959.39	816.63	618.07	3534.36				-111.41
	-32.50							
		1.63			**5.87**	**1678.81**	**861.93**	
6016.15	**2694.00**	**1204.98**	**504.78**	**3521.52**	**187.02**	**132808.04**	**11443.28**	**303.59**
1241.84	0.35	0.31				54.90	660.35	
1291.37	1807.57	251.97	504.78	3521.52	156.26	107984.44	7970.79	303.59
1.51	98.16	7.08	35.70	3521.52	47.98			303.59
178.06	16.18	7.93			0.68	132.65	142.34	
2221.64	840.00	0.61			0.79	643.39	254.78	
260.91	10.54	47.85			2.94	1097.74	342.82	
62.66		878.45			25.72	20126.84	1480.78	
40.27		761.00			25.72	20126.84	861.65	
22.39		117.45					619.13	
759.67	19.36	17.86			0.63	2768.08	591.42	
-27.37	**-33.04**	**-61.59**	**9.25**	**-0.02**	**37.04**	**-40.52**	**-0.01**	**-0.02**

4-4 综合能源平衡表

单位：万吨标准煤

项　目	Item	1980	1985
可供消费的能源总量	**Total Energy Available for Consumption**	**61557**	**77603**
一次能源生产量	Primary Energy Output	63735	85546
回收能	Recovery of Energy		
进口量	Imports	261	340
出口量(-)	Exports (-)	3058	5774
年初年末库存差额	Stock Changes in the Year	619	-2509
能源消费总量	**Total Energy Consumption**	**60275**	**76682**
在总量中：	Consumption by Sector		
1.农、林、牧、渔、水利业	Farming,Forestry,Animal Husbandry, Fishery and Water Conservancy	4692	4045
2.工　业	Industry	38986	51068
3.建筑业	Construction	957	1302
4.交通运输和邮电通讯业	Transportation,Post and Telecommunications Services	2902	3713
5.商业、饮食、物资供销和仓储业	Commerce,Catering Services,Materials Supply, Marketing and Storage	518	766
6.其他	Others	1205	2470
7.生活消费	Residential Consumption	11015	13318
在总量中：	Consumption by Usage		
（一）终端消费	(I)Final Consumption	57508	73586
# 工业	Industry	38293	48021
（二）加工转换损失量	(II)Losses in Processing and Transformation	1358	1491
# 炼焦	Coking	644	572
炼油	Petroleum Refining	113	110
（三）损失量	(III)Other Losses	1409	1605
平衡差额	**Balance**	**1282**	**921**

注：1.村办工业包括在工业中(下同)。
2.电力、热力按等价热值折算，因此加工转换损失量中不包括发电、供热损失量。
3.进口量包括我国飞机、轮船在国外加油量；出口量包括外国飞机、轮船在我国加油量。

OVERALL ENERGY BALANCE

(10 000 ton)

1990	1991	1992	1993	1994	1995	1996	1997	1998	1999
96138	**100195**	**104880**	**111620**	**117967**	**129535**	**134433**	**133493**	**128368**	**115829**
103922	104844	107256	111059	118729	129034	132616	132410	124250	109126
					2312	1891	467	1920	1694
1310	2022	3334	5492	4342	5456	6837	9732	8474	9513
5875	5819	5633	5341	5772	6776	7529	7663	7153	6477
-3219	-852	-77	410	668	-491	618	-1453	878	1974
98703	**103783**	**109170**	**115993**	**122737**	**131176**	**138948**	**137798**	**132214**	**130119**
4852	5099	5020	4781	5105	5505	5717	5905	5790	5832
67578	71413	76279	81223	87855	96191	100322	99706	94409	90797
1213	1278	1392	1317	1349	1335	1449	1179	1612	1381
4541	4756	5058	5587	5625	5863	5994	7543	8245	9243
1247	1269	1424	1910	1847	2018	2268	2394	2552	2812
3473	3975	4361	5444	5543	4519	5484	4703	5213	5502
15799	15993	15636	15731	15413	15745	17714	16368	14393	14552
94289	98748	104087	111517	116770	124252	132731	130211	126039	124096
63239	66441	71269	77094	82264	89473	94342	92375	88522	85095
2264	2690	2533	1264	2761	3634	2903	3915	2629	2336
905	946	716	205	1259		919	1297	684	544
326	314	580	282	478		549	626	616	648
2150	2345	2550	3212	3206	3289	3314	3672	3546	3688
-2565	**-3588**	**-4290**	**-4373**	**-4770**	**-1641**	**-4515**	**-4306**	**-3846**	**-14290**

a)Data on industry include the data of village-run industry.(The sane as in the following tables).

b)Electric power and heat are converted on the basic of equal caloric value. Therefore, losses in processing and transformation exclude losses in power generation and heating.

c)Data on imports include the petroleum consumed by the Chinese airplanes and ships in refueling abroad. Data on exports include the petroleum consumed by the foreign airplanes and ships in refueling in China.

4-5 煤炭平衡表

单位：万吨

项　　目	Item	1980	1985
可供量	**Total Energy Available for Consumption**	**62601.0**	**82776.6**
生产量	Output	62015.0	87228.4
进口量	Imports	199.0	230.7
出口量(-)	Exports (-)	632.0	777.0
年初年末库存差额	Stock Changes in the Year	1019.0	-3905.5
消费量	**Total Energy Consumption**	**61009.5**	**81603.0**
在消费量中：	Consumption by Sector		
1．农、林、牧、渔、水利业	Farming,Forestry,Animal Husbandry, Fishery and Water Conservancy	1550.3	2208.6
2．工　业	Industry	43848.4	58613.3
3．建筑业	Construction	556.0	531.9
4．交通运输和邮电通讯业	Transportation,Postal and Telecommunications Services	1934.4	2307.1
5．商业、饮食、物资供销和仓储业	Commerce,Catering Services,Materials Supply, Marketing and Storage	455.2	738.2
6．其他	Other	1091.2	1579.5
7．生活消费	Residential Consumption	11574.0	15624.4
在消费量中：	Consumption by Usage		
(一) 终端消费	(I)Final Consumption	38804.2	52704.4
＃工　业	Industry	21643.1	29715.0
(二) 中间消费	(2)Intermediate Consumption		
(用于加工转换)	(Consumed in Transformation)	19461.6	25397.4
发　电	Power Generation	12648.4	16440.7
供　热	Heating		1462.3
炼　焦	Coking	6682.2	7303.8
制　气	Gas Production	131.0	190.6
(三) 洗选损耗	(3) Losses in Coal Washing and Dressing	2743.7	3501.2
平衡差额	**Balance**	**1591.5**	**1173.6**

注:生产量为原煤产量。

COAL BALANCE TABLE

(10 000 ton)

1990	1991	1992	1993	1994	1995	1996	1997	1998	1999
102221.0	**105820.8**	**109498.7**	**115360.5**	**123192.8**	**133461.7**	**137211.9**	**133159.0**	**122810.6**	**103576.1**
107988.3	108740.6	111638.0	115067.0	123990.1	136073.1	139669.9	137282.0	125000.0	104500.0
200.3	136.8	123.0	142.8	120.9	163.5	321.7	201.0	158.6	167.3
1729.0	2000.1	1966.3	1981.5	2419.4	2861.7	3648.4	3073.0	3229.7	3743.9
-4238.5	-1057.0	-296.0	3132.1	1501.2	86.8	868.7	-1251.0	881.7	2652.7
105523.0	**110432.0**	**114084.8**	**120919.5**	**128532.2**	**137676.5**	**144734.4**	**139248.0**	**129492.2**	**126365.3**
2095.2	2124.9	1768.3	1601.7	1783.0	1856.7	1917.3	1927.0	1923.3	1735.6
81090.9	86358.7	92250.5	99310.2	107769.9	117570.7	123885.9	121671.0	114952.4	112757.3
437.6	432.3	466.4	499.8	504.5	439.8	446.4	383.0	611.6	522.5
2160.9	2024.8	1875.9	1750.5	1873.4	1315.1	1175.9	1431.0	1390.6	1294.3
1058.3	995.0	958.2	1027.0	1020.4	977.4	1074.3	863.0	947.6	896.2
1980.4	2044.1	1984.8	2215.5	2534.0	1986.7	1835.3	735.0	782.7	751.1
16699.7	16452.2	14780.6	14514.8	13047.0	13530.1	14399.3	12238.0	8884.0	8408.4
60205.9	60969.5	60667.0	62676.5	63900.3	66156.1	68453.5	61792.0	56347.1	51572.2
35773.8	36896.2	38832.8	40553.4	42885.8	46050.3	67604.9	44214.0	41807.3	37964.2
41257.8	44791.1	49059.8	54102.2	60321.6	69487.6	74212.1	77451.0	73145.1	74793.1
27204.3	30119.1	33459.4	36831.3	40053.1	44440.2	48808.6	48979.0	49489.3	51163.5
2995.5	3438.5	3851.2	4684.7	5532.7	5887.3	6365.7	6245.0	6319.9	6473.0
10697.6	10860.8	11281.9	12092.9	13947.9	18396.4	18455.8	19297.0	15628.1	14941.7
360.4	372.7	467.3	493.3	788.0	763.7	582.0	733.0	685.1	847.6
4059.3	4671.4	4358.0	4140.8	4310.3	2032.8	2068.8	2311.0	1159.3	1491.5
-3302.0	**-4611.2**	**-4586.1**	**-5559.0**	**-5339.5**	**-4214.8**	**-7522.5**	**-6089.0**	**-6681.6**	**-22789.2**

a)Data on output refer to the output of raw coal.

4-6 焦炭平衡表

单位：万吨

项　　目	Item	1980	1985
可供量	**Total Energy Available for Consumption**	**4315.3**	**4689.7**
生产量	Output	4343.0	4802.1
进口量	Imports		2.1
出口量(-)	Exports (-)	27.1	36.9
年初年末库存差额	Stock Changes in the Year	-0.6	-77.6
消费量	**Total Energy Consumption**	**4303.0**	**4689.7**
在消费量中：	Consumption by Sector		
1．农、林、牧、渔、水利业	Farming,Forestry,Animal Husbandry, Fishery and Water Conservancy	10.6	20.8
2．工　业	Industry	4266.7	4627.7
3．建筑业	Construction	11.9	7.8
4．交通运输和邮电通讯业	Transportation,Postal and Telecommunications Services	8.2	5.7
5．商业、饮食、物资供销和仓储业	Commerce,Catering Services,Materi-als Supply, Marketing and Storage	0.9	2.7
6．其他	Other	4.7	2.0
7．生活消费	Residential Consumption		23.0
在消费量中：	Consumption by Usage		
(一) 终端消费	(1)Final Consumption	4294.7	4677.9
＃工　业	Industry	4258.4	4615.9
(二) 中间消费	(2)Intermediate Consumption		
(用于加工转换)	(Consumed in Transformation)	8.3	11.8
制　气	Gas Production	8.3	11.8
(三) 损失量	(3) Losses in Coal Washing and Dressing		
平衡差额	**Balance**	**12.3**	

COKE BALANCE TABLE

(10 000 ton)

1990	1991	1992	1993	1994	1995	1996	1997	1998	1999
7085.8	**7206.1**	**7899.9**	**8919.2**	**9338.4**	**12207.1**	**12726.8**	**12631.2**	**11733.5**	**10970.6**
7328.3	7351.6	7983.9	9282.5	9780.7	13424.5	13595.6	13653.1	12899.1	12073.7
			0.1	0.3	0.1	0.1	0.1		
129.0	108.3	135.0	261.0	403.8	886.1	768.6	1058.1	1146.4	997.4
-113.5	-37.2	51.0	-102.4	-38.7	-331.4	-100.3	36.1	-19.2	-105.7
6914.7	**7118.0**	**7839.1**	**8814.3**	**9094.3**	**10725.3**	**10797.9**	**10927.0**	**11078.2**	**10460.5**
60.1	34.0	52.3	133.9	111.2	128.6	119.8	144.7	151.4	145.8
6808.8	7034.8	7610.4	8502.8	8802.1	10412.0	10491.1	10584.3	10710.3	10100.9
5.2	5.8	14.1	11.6	11.8	10.8	13.9	12.5	14.6	17.1
4.1	4.4	6.1	7.6	7.3	10.1	6.6	6.5	10.3	10.1
7.7	8.9	15.1	21.8	24.9	25.7	28.3	35.2	38.8	36.5
1.9	6.1	8.0	7.9	5.3	6.4	12.0	19.2	12.8	13.0
26.9	24.0	132.8	128.7	131.7	131.6	126.2	124.7	140.0	143.1
6846.3	7056.5	7790.6	8746.6	9006.9	10648.0	10750.4	10848.9	11008.6	10302.7
6740.4	6973.3	7561.9	8435.1	8714.7	10334.7	10443.5	10506.2	10640.6	9937.1
68.4	61.5	48.5	67.7	87.4	77.3	47.6	78.1	69.7	157.8
68.4	61.5	48.5	67.7	87.4	77.3	47.6	78.1	69.7	157.8
171.1	**88.1**	**60.8**	**104.9**	**244.1**	**1481.8**	**1928.9**	**1704.2**	**655.2**	**510.1**

4-7 石油平衡表

单位：万吨

项 目	Item	1980	1985
可供量	**Total Energy Available for Consumption**	**8794.5**	**9193.7**
生产量	Output	10594.6	12489.5
进口量	Imports	82.7	90.0
出口量(-)	Exports (-)	1806.2	3630.4
年初年末库存差额	Stock Changes in the Year	-76.6	244.6
消费量	**Total Energy Consumption**	**8757.4**	**9168.8**
在消费量中：	Consumption by Sector		
1．农、林、牧、渔、水利业	Farming,Forestry,Animal Husbandry, Fishery and Water Conservancy	814..9	758.7
2．工 业	Industry	6203.2	6171.4
3．建筑业	Construction	175.2	292.2
4．交通运输和邮电通讯业	Transportation,Postal and Telecommunications Services	911.5	1176.4
5．商业、饮食、物资供销和仓储业	Commerce,Catering Services,Materi-als Supply, Marketing and Storage	29.0	38.1
6．其他	Other	481.7	506.1
7．生活消费	Residential Consumption	141.9	225.9
在消费量中：	Consumption by Usage		
(一) 终端消费	(I)Final Consumption	6311.0	7063.3
＃工 业	Industry	3780.3	4462.0
(二) 中间消费	(II)Intermediate Consumption		
(用于加工转换)	(Consumed in Transformation)	2102.1	1745.6
发 电	Power Generation	2065.4	1425.5
供 热	Heating		285.6
制 气	Gas Production	36.7	34.5
(三) 炼油损失量	(III)Losses in Petroleum Refining	81.5	112.9
(四) 损失量	Other Losses	262.8	247.0
平衡差额	**Balance**	**37.1**	**24.9**

注 1.生产量为原油产量。
2.进口量包括我国飞机、轮船在国外加油量；出口量包括外国飞机、轮船在我国加油量。

PETROLEUM BALANCE TABLE

(10 000 ton)

1990	1991	1992	1993	1994	1995	1996	1997	1998	1999
11435.0	**12365.2**	**13553.1**	**14927.4**	**14878.9**	**16072.7**	**17656.1**	**19653.8**	**19686.1**	**20964.4**
13830.6	14099.2	14209.7	14517.4	14608.2	15005.0	15733.4	16074.1	16100.0	16000.0
755.6	1249.5	2124.7	3615.7	2903.3	3673.2	4536.9	6787.0	5738.7	6483.3
3110.4	2930.7	2859.6	2506.5	2380.2	2454.5	2696.0	2815.2	2326.5	1643.5
-40.8	-52.8	78.3	-699.2	-252.4	-151.0	81.8	-392.2	174.0	124.6
11485.6	**12383.5**	**13353.7**	**14721.3**	**14956.0**	**16064.9**	**17436.2**	**19691.7**	**19817.8**	**21072.9**
1033.6	1068.2	1072.5	1063.5	1089.1	1203.2	1223.7	1256.3	1294.7	1422.1
7321.6	7630.5	8154.8	8616.9	9181.7	9349.3	10020.2	11304.2	10870.8	10852.8
327.3	361.4	395.6	257.0	241.6	242.8	257.8	285.3	293.9	323.0
1683.2	1871.2	2084.8	2496.0	2350.3	2863.6	2937.7	3733.0	4245.3	5004.3
77.6	86.6	139.7	326.4	227.2	333.9	367.9	416.6	426.0	537.2
757.8	963.6	1167.9	1540.9	1341.4	1390.3	1752.3	1758.0	1704.8	1800.3
284.5	322.9	360.8	420.6	524.7	682.0	876.6	938.3	983.3	1133.1
9304.7	10183.4	10897.5	11974.3	12466.2	13676.3	15302.3	17051.9	17514.3	18664.7
5180.4	5546.7	5720.8	6114.2	6691.9	7095.5	8022.5	8532.1	8718.2	8596.4
1630.4	1653.2	1682.8	2156.9	1807.5	2230.0	1701.4	2449.7	2106.1	2222.2
1234.4	1270.5	1299.7	1601.2	1178.4	1358.5	1238.6	1662.1	1304.8	1228.6
356.3	337.4	334.8	506.6	560.0	399.9	404.8	356.5	455.5	394.6
39.7	45.3	48.3	49.1	69.1	51.6	58.2	49.2	35.4	32.5
295.8	290.5	514.7	245.9	445.6	420.1	271.1	382.0	310.4	566.6
254.7	256.4	258.7	244.2	236.7	158.6	161.4	190.1	197.3	186.0
-50.6	**-18.3**	**199.4**	**206.1**	**-77.1**	**7.8**	**219.9**	**-37.9**	**-131.5**	**-108.5**

a)Data on output refer to the output of crude oil.

b)Data on imports include the petroleum consumed by the Chinese airplanes and ships in refueling abroad. Data on exports include the petroleum consumed by the foreign airplanes and ships in refueling in China.

4-8 原油平衡表

单位：万吨

项　　目	Item	1980	1985
可供量	**Total Energy Available for Consumption**	**9222.9**	**9516.5**
生产量	Output	10594.6	12489.5
进口量	Imports	36.6	
出口量(-)	Exports (-)	1330.9	3003.0
年初年末库存差额	Stock Changes in the Year	-77.4	30.0
消费量	**Total Energy Consumption**	**9205.0**	**9509.5**
在消费量中：	Consumption by Sector		
1．农、林、牧、渔、水利业	Farming,Forestry,Animal Husbandry, Fishery and Water Conservancy	8.0	0.8
2．工　业	Industry	9112.0	9389.9
3．建筑业	Construction	28.8	74.0
4．交通运输和邮电通讯业	Transportation,Postal and Telecommunications Services	50.1	44.3
5．商业、饮食、物资供销和仓储业	Commerce,Catering Services,Materials Supply, Marketing and Storage		0.1
6．其他	Other	6.1	0.4
7．生活消费	Residential Consumption		
在消费量中：	Consumption by Usage		
（一）终端消费	(I)Final Consumption	499.6	350.4
＃工　业	Industry	429.7	254.9
（二）中间消费（用于加工转换）	(II)Intermediate Consumption (Consumed in Transformation)	8443.0	8929.7
发　电	Power Generation	574.0	279.5
供　热	Heating		61.3
炼　油	Petroleum Refineries	7869.0	8588.9
（三）油田原油损失量	(III)Losses in Oil Field for Crude Oil	262.4	229.4
平衡差额	**Balance**	**17.9**	**7.0**

CRUDE OIL BALANCE TABLE

(10 000 ton)

1990	1991	1992	1993	1994	1995	1996	1997	1998	1999
11770.6	**12364.9**	**13156.5**	**13978.5**	**13994.2**	**14794.9**	**15920.7**	**17499.6**	**17316.9**	**18947.2**
13830.6	14099.2	14209.7	14517.4	14608.2	15004.4	15733.4	16074.1	16100.0	16000.0
292.3	597.3	1136.0	1567.1	1234.6	1709.0	2261.7	3547.0	2732.0	3661.4
2399.0	2259.8	2151.0	1943.5	1849.1	1822.7	2040.3	1982.9	1560.0	716.7
46.7	-71.8	-38.2	-162.6	0.5	-95.8	-34.1	-138.6	44.9	2.6
11762.2	**12356.1**	**13225.8**	**13832.5**	**14024.6**	**14886.4**	**15865.0**	**17367.2**	**17395.3**	**18949.5**
0.2					10.1	11.0			
11653.8	12255.1	13115.3	13555.0	13760.1	14716.3	15690.9	17197.8	17222.5	18775.2
55.2	51.5	54.4	12.7	4.5	2.7	2.6	3.0	2.2	3.2
52.1	49.1	55.9	21.0	24.1	156.8	159.0	164.7	168.9	169.5
0.3	0.4	0.2	0.5	0.0	0.5	0.4	0.3	0.2	0.2
0.6			0.2	0.1	1390.3	1.2	1.4	1.5	1.4
402.1	353.9	317.3	289.7	433.2	309.9	492.2	492.4	518.7	519.4
333.4	290.1	250.8	355.5	404.4	274.7	452.9	471.0	495.4	495.4
11106.9	11746.4	12650.5	13199.6	13355.7	14419.4	15212.9	16686.4	16680.7	18245.7
124.6	96.8	95.4	94.6	64.8	61.6	68.2	64.3	74.4	80.2
21.1	10.2	13.9	4.6	7.2	4.4	10.8	14.9	24.5	12.9
10961.2	11639.4	12541.2	13100.4	13283.7	14353.4	15133.9	16607.3	16581.8	18152.6
253.2	255.8	258.0	243.1	235.7	157.1	159.9	188.4	196.0	184.4
8.4	**8.8**	**-69.3**	**146.0**	**-30.4**	**-91.5**	**55.7**	**132.4**	**-78.4**	**-2.2**

4-9 燃料油平衡表

单位：万吨

项　　目	Item	1980	1985
可供量	**Total Energy Available for Consumption**	**3096.1**	**2848.0**
生产量	Output	3142.0	2835.8
进口量	Imports	39.0	70.0
出口量(-)	Exports (-)	45.4	64.9
年初年末库存差额	Stock Changes in the Year	-39.5	7.1
消费量	**Total Energy Consumption**	**3073.7**	**2837.4**
在消费量中：	Consumption by Sector		
1．农、林、牧、渔、水利业	Farming,Forestry,Animal Husbandry, Fishery and Water Conservancy	2.3	3.1
2．工　业	Industry	2937.4	2662.2
3．建筑业	Construction	15.0	18.9
4．交通运输和邮电通讯业	Transportation,Postal and Telecommunications Services	109.0	144.1
5．商业、饮食、物资供销和仓储业	Commerce,Catering Services,Materials Supply, Marketing and Storage	2.9	3.1
6．其他	Other	7.1	6.0
7．生活消费	Residential Consumption		
在消费量中：	Consumption by Usage		
(一) 终端消费	(I)Final Consumption	1617.9	1538.8
#工　业	Industry	1481.6	1363.5
(二) 中间消费	(II)Intermediate Consumption		
(用于加工转换)	(Consumed in Transformation)	1455.8	1296.1
发　电	Power Generation	1419.1	1042.3
供　热	Heating		219.3
制　气	Gas Production	36.7	34.5
(三) 损失量	(III)Other Losses		2.5
平衡差额	**Balance**	**22.4**	**10.6**

FUEL OIL BALANCE TABLE

(10 000 ton)

1990	1991	1992	1993	1994	1995	1996	1997	1998	1999
3320.7	**3447.2**	**3454.5**	**3729.5**	**3556.6**	**3717.3**	**3632.3**	**3721.1**	**3828.7**	**3901.1**
3267.9	3244.0	3232.2	3195.2	3049.0	2960.8	2504.5	2311.2	2100.4	1959.4
167.3	274.5	353.5	628.4	606.0	859.1	1192.6	1506.8	1818.3	1963.3
97.2	74.0	121.8	52.9	31.0	68.6	70.8	91.2	72.9	38.8
-17.3	2.7	-9.4	-41.2	-67.3	-34.0	6.0	-5.7	-17.2	17.2
3367.8	**3509.1**	**3421.9**	**3803.1**	**3594.9**	**3693.7**	**3564.5**	**3848.2**	**3828.6**	**3934.1**
2.9	3.2	4.4	2.0	1.0	8.4	2.5	2.9	0.3	0.4
3091.7	3201.6	3111.8	3550.6	3330.0	3406.2	3305.5	3223.0	3217.3	3047.7
47.3	59.9	61.0	11.0	17.0	14.2	14.0	19.2	16.6	16.2
208.2	226.4	227.8	214.5	227.6	227.5	224.5	582.2	565.6	840.0
1.6	2.2	2.1	3.6	3.5	6.6	4.3	6.2	7.4	10.5
16.1	15.8	14.8	21.3	15.8	30.8	14.5	14.7	21.4	19.4
2042.6	2214.0	2201.4	2149.8	2196.5	2262.8	2320.6	2651.1	2456.4	2694.0
1766.5	1906.5	1891.3	1897.3	1931.6	1975.3	1961.8	1925.9	1845.1	1807.6
1325.2	1295.1	1220.5	1653.3	1398.4	1430.9	1243.9	1170.3	1372.2	1240.1
977.3	946.6	853.3	1203.4	892.7	1071.5	888.8	839.2	993.8	906.3
308.3	303.3	319.1	400.8	436.6	307.8	297.1	282.0	343.0	301.3
39.6	45.2	48.1	49.1	69.1	51.6	58.1	49.2	35.4	32.5
-47.1	**-61.9**	**32.6**	**-73.6**	**-38.3**	**23.6**	**67.8**	**-127.1**	**0.1**	**-33.0**

4-10 汽油平衡表

单位：万吨

项　　目	Item	1980	1985
可供量	**Total Energy Available for Consumption**	**999.4**	**1399.6**
生产量	Output	1079.0	1471.9
进口量	Imports		0.3
出口量(-)	Exports (-)	117.8	129.9
年初年末库存差额	Stock Changes in the Year	38.2	57.3
消费量	**Total Energy Consumption**	**998.6**	**1396.3**
在消费量中：	Consumption by Sector		
1．农、林、牧、渔、水利业	Farming,Forestry,Animal Husbandry, Fishery and Water Conservancy	53.3	122.3
2．工　业	Industry	273.2	451.3
3．建筑业	Construction	54.1	73.0
4．交通运输和邮电通讯业	Transportation,Postal and Telecommunications Services	404.9	477.4
5．商业、饮食、物资供销和仓储业	Commerce,Catering Services,Materials Supply, Marketing and Storage	19.4	23.4
6．其他	Other	193.7	238.3
7．生活消费	Residential Consumption		10.6
平衡差额	**Balance**	**0.8**	**3.3**

4-11 煤油平衡表

单位：万吨

项　　目	Item	1980	1985
可供量	**Total Energy Available for Consumption**	**359.0**	**383.2**
生产量	Output	398.5	405.3
进口量	Imports		15.2
出口量(-)	Exports (-)	46.8	46.0
年初年末库存差额	Stock Changes in the Year	2.3	8.7
消费量	**Total Energy Consumption**	**365.9**	**385.5**
在消费量中：	Consumption by Sector		
1．农、林、牧、渔、水利业	Farming,Forestry,Animal Husbandry, Fishery and Water Conservancy	2.3	3.3
2．工　业	Industry	15.7	20.1
3．建筑业	Construction	0.8	1.3
4．交通运输和邮电通讯业	Transportation,Postal and Telecommunications Services	31.4	56.2
5．商业、饮食、物资供销和仓储业	Commerce,Catering Services,Materials Supply, Marketing and Storage	0.2	0.1
6．其他	Other	216.7	182.9
7．生活消费	Residential Consumption	98.8	121.6
平衡差额	**Balance**	**-6.9**	**-2.3**

GASOLINE BALANCE TABLE

(10 000 ton)

1990	1991	1992	1993	1994	1995	1996	1997	1998	1999
1884.1	**2209.5**	**2575.3**	**2977.0**	**2685.7**	**2902.0**	**2172.3**	**3284.0**	**3307.6**	**3379.8**
2173.4	2403.7	2726.1	3160.4	2854.1	3051.6	3274.6	3517.8	3501.0	3741.3
16.9	11.2	33.1	218.4	105.3	15.9	7.9	8.4	1.5	
233.8	254.9	275.1	184.6	210.1	193.1	139.5	185.9	194.5	425.8
-72.4	49.5	91.2	-211.6	-55.7	27.6	29.3	-56.4	-0.5	64.3
1899.5	**2209.5**	**2509.8**	**2887.9**	**2696.7**	**2909.6**	**3182.4**	**3312.0**	**3328.6**	**3380.7**
145.9	168.3	178.8	139.5	151.3	179.7	180.2	176.4	172.6	178.1
589.3	648.0	684.3	790.7	749.6	812.4	895.7	723.1	677.5	646.5
89.5	96.0	108.0	125.7	105.0	103.6	106.2	107.7	112.6	113.8
620.1	703.8	807.6	837.4	900.2	982.3	991.3	1183.2	1216.6	1265.5
46.0	50.7	48.4	155.8	124.1	197.2	195.8	211.7	216.5	206.3
390.7	520.2	654.9	795.1	610.0	570.7	726.8	815.8	825.7	849.4
18.0	22.5	27.8	43.7	56.5	63.7	86.4	94.2	107.1	121.1
-15.4		**65.5**	**89.1**	**-11.1**	**-7.6**	**-10.1**	**-28.0**	**-21.1**	**-0.9**

KEROSENE BALANCE TABLE

(10 000 ton)

1990	1991	1992	1993	1994	1995	1996	1997	1998	1999
350.9	**383.2**	**416.4**	**439.9**	**443.7**	**486.4**	**542.1**	**681.7**	**699.9**	**848.6**
392.5	406.2	394.5	382.5	407.2	445.8	538.4	577.0	616.1	743.8
26.1	23.7	40.9	88.1	65.3	115.7	101.1	218.1	188.0	272.2
55.5	43.9	31.3	24.1	31.4	62.4	102.4	98.8	127.6	162.8
-12.2	-2.8	133.5	-6.6	2.6	-12.7	5.0	-14.6	23.3	-4.6
350.9	**384.8**	**417.9**	**426.1**	**452.3**	**512.1**	**555.5**	**681.7**	**671.4**	**824.2**
3.1	3.3	3.8	2.7	2.5	3.6	1.7	1.4	1.6	1.4
20.6	23.0	24.8	27.8	28.7	44.9	43.1	46.7	62.2	78.4
1.3	1.1	1.3	2.3	2.0	3.5	5.0	4.2	3.5	3.9
93.4	132.2	165.0	176.1	200.0	250.0	298.9	420.1	390.5	505.6
0.6	0.2	1.2	2.7	3.7	8.5	8.3	9.0	9.0	11.5
127.3	131.2	134.6	144.8	146.6	137.3	133.9	137.7	141.6	152.7
104.6	93.8	87.2	69.7	68.9	64.3	64.7	62.7	63.1	70.8
	-1.6	**-1.5**	**13.8**	**-8.7**	**-25.7**	**-13.4**		**28.5**	**24.3**

4-12 柴油平衡表

单位：万吨

项　　目	Item	1980	1985
可供量	**Total Energy Available for Consumption**	**1663.2**	**1944.1**
生产量	Output	1827.8	2023.2
进口量	Imports	2.1	4.5
出口量(－)	Exports (-)	166.5	225.6
年初年末库存差额	Stock Changes in the Year	-0.2	142.0
消费量	**Total Energy Consumption**	**1663.2**	**1939.4**
在消费量中：	Consumption by Sector		
1．农、林、牧、渔、水利业	Farming,Forestry,Animal Husbandry, Fishery and Water Conservancy	749.0	629.2
2．工　业	Industry	457.4	644.1
3．建筑业	Construction	76.5	125.0
4．交通运输和邮电通讯业	Transportation,Postal and Telecommunications Services	316.1	454.4
5．商业、饮食、物资供销和仓储业	Commerce,Catering Services,Materials Supply, Marketing and Storage	6.5	10.9
6．其他	Other	57.7	74.0
7．生活消费	Residential Consumption		
在消费量中：	Consumption by Usage		
(一) 终端消费	(I)Final Consumption	1590.9	1827.4
#工　业	Industry	385.1	532.1
(二) 中间消费	(II)Intermediate Consumption		
(用于加工转换)	(Consumed in Transformation)	72.3	108.6
发　电	Power Generation	72.3	103.6
供　热	Heating		5.0
(三) 损失量	Other Losses		3.4
平衡差额	**Balance**		**4.7**

DIESEL OIL BALANCE TABLE

(10 000 ton)

1990	1991	1992	1993	1994	1995	1996	1997	1998	1999
2689.4	**2995.7**	**3529.0**	**4050.0**	**3849.1**	**4404.2**	**4818.7**	**5271.2**	**5229.8**	**6204.3**
2609.0	2853.3	3170.9	3542.8	3479.5	3972.6	4419.0	4924.5	4897.7	6172.6
233.8	331.3	548.6	974.4	656.1	645.3	512.1	790.2	331.7	56.0
169.8	157.6	212.7	186.9	160.5	169.5	192.4	261.5	118.8	70.9
16.4	-31.3	22.2	-280.9	-126.0	-44.2	80.0	-182.0	119.2	46.5
2691.7	**2975.0**	**3373.0**	**3948.2**	**3803.0**	**4321.4**	**4691.7**	**5291.2**	**5282.8**	**6231.6**
881.5	893.4	885.5	919.3	934.3	1001.4	1028.4	1075.7	1120.2	1241.8
728.1	772.5	1044.8	1212.2	1099.5	1189.9	1357.2	1730.4	1346.1	1506.8
133.0	151.3	169.9	102.8	112.4	118.2	129.6	146.0	153.5	178.1
709.4	759.7	827.7	1002.4	997.9	1246.6	1261.1	1379.5	1901.9	2221.7
22.5	25.7	83.5	131.9	83.4	103.6	125.3	146.4	153.3	260.9
217.0	292.9	359.6	572.1	565.4	645.7	768.1	774.0	564.0	759.7
	0.4	2.0	7.7	10.1	16.1	22.1	39.2	43.9	62.7
2564.8	2758.2	3031.4	3589.3	3534.5	4070.0	4408.5	4549.2	5078.9	6016.2
601.2	634.8	703.2	853.1	831.0	938.5	1074.1	988.4	1142.2	1291.4
126.9	216.8	341.6	359.1	268.6	251.4	283.1	742.0	203.9	215.5
124.5	214.3	339.8	291.1	201.2	204.9	253.3	739.1	203.9	215.5
2.4	2.5	1.8	67.9	67.4	46.6	29.9	2.9		
-2.3	**20.7**	**156.0**	**101.8**	**46.1**	**82.7**	**127.0**	**-20.0**	**-52.9**	**-27.4**

4-13 液化石油气平衡表

单位：万吨

项　目	Item	1980	1985
可供量	**Total Energy Available for Consumption**	**122.5**	**157.3**
生产量	Output	122.5	159.7
进口量	Imports		
出口量(-)	Exports (-)		1.9
年初年末库存差额	Stock Changes in the Year		-0.5
消费量	**Total Energy Consumption**	**119.6**	**155.7**
在消费量中：	Consumption by Sector		
1．农、林、牧、渔、水利业	Farming,Forestry,Animal Husbandry, Fishery and Water Conservancy		
2．工　业	Industry	76.1	59.9
3．建筑业	Construction		
4．交通运输和邮电通讯业	Transportation,Postal and Telecommunications Services		
5．商业、饮食、物资供销和仓储业	Commerce,Catering Services,Materials Supply, Marketing and Storage		0.5
6．其他	Other	0.4	4.5
7．生活消费	Residential Consumption	43.1	90.8
平衡差额	**Balance**	**2.9**	**1.6**

4-14 天然气平衡表

单位：亿立方米

项　目	Item	1980	1985
可供量	**Total Energy Available for Consumption**	**142.7**	**129.3**
生产量	Output	142.7	129.3
进口量	Imports		
出口量(-)	Exports (-)		
年初年末库存差额	Stock Changes in the Year		
消费量	**Total Energy Consumption**	**140.6**	**129.3**
在消费量中：	Consumption by Sector		
1．农、林、牧、渔、水利业	Farming,Forestry,Animal Husbandry, Fishery and Water Conservancy		
2．工　业	Industry	131.4	109.6
3．建筑业	Construction	6.0	14.1
4．交通运输和邮电通讯业	Transportation,Postal and Telecommunications Services	0.7	0.8
5．商业、饮食、物资供销和仓储业	Commerce,Catering Services,Materials Supply, Marketing and Storage		
6．其他	Other	0.5	0.5
7．生活消费	Residential Consumption	2.0	4.3
平衡差额	**Balance**	**2.1**	

LPG BALANCE TABLE

(10 000 ton)

1990	1991	1992	1993	1994	1995	1996	1997	1998	1999
258.5	**306.9**	**350.8**	**483.3**	**533.5**	**774.3**	**923.1**	**992.1**	**1178.0**	**1146.6**
261.6	307.1	350.1	412.6	444.5	540.8	605.9	667.9	747.4	816.6
		1.9	68.1	96.7	232.6	355.0	358.2	476.6	322.3
1.1	1.1	1.4	1.0	1.2	7.1	33.3	39.2	50.2	7.5
-2.0	0.9	0.2	3.7	-6.5	8.0	-4.5	5.1	4.2	-1.5
254.2	**301.5**	**358.3**	**500.7**	**570.9**	**750.6**	**931.3**	**1009.7**	**1186.0**	**1208.5**
			0.1		0.1				
82.0	86.6	110.4	158.4	167.8	192.5	183.0	203.4	220.5	252.0
1.0	1.6	1.0	2.4	0.6	0.5	0.4	5.2	5.7	7.9
		0.8	0.5	0.5	0.5	1.6	1.6	0.5	0.6
6.6	7.4	4.3	31.9	12.4	17.4	33.9	42.9	39.5	47.9
6.1	3.5	4.0	7.4	3.5	5.7	8.8	14.5	150.6	17.9
158.5	202.4	239.2	299.0	385.0	534.0	703.5	742.2	769.2	878.5
4.3	**5.4**	**-7.5**	**-17.4**	**-37.4**	**23.7**	**-8.2**	**-17.7**	**-8.0**	**-61.6**

NATURAL GAS BALANCE TABLE

(100 million cu.m)

1990	1991	1992	1993	1994	1995	1996	1997	1998	1999
153.0	**160.7**	**157.9**	**167.7**	**175.6**	**179.5**	**201.1**	**226.7**	**232.8**	**252.0**
153.0	160.7	157.9	167.7	175.6	179.5	201.1	227.0	232.8	252.0
							0.3		
152.5	**158.9**	**158.8**	**167.6**	**173.4**	**177.4**	**184.9**	**195.4**	**202.6**	**214.9**
			0.4	0.4	0.0	0.2			
120.2	129.2	126.7	135.5	149.5	154.4	157.2	168.9	171.5	180.2
10.6	9.4	8.6	2.7	0.4	0.3	1.5		0.1	0.7
1.9	1.2	1.1	0.8	1.3	1.6	4.0	3.7	3.7	4.8
			4.9	0.3	0.6	1.0	1.0	2.5	2.9
1.2	1.0	0.9	4.4	1.5	1.2	1.3	0.6	0.6	0.6
18.6	18.1	21.5	17.3	19.9	19.4	19.7	21.2	24.1	25.7
0.5	**1.8**	**-0.9**	**0.1**	**2.2**	**2.1**	**16.2**	**31.3**	**30.2**	**37.0**

4-15 电力平衡表

单位：亿千瓦小时

项　　目	Item	1980	1985
可供量	**Total Energy Available for Consumption**	**3006.3**	**4117.6**
生产量	Output	3006.3	4106.9
水　电	Hydropower	582.1	923.7
火　电	Thermal Power	2424.2	3183.2
核　电	Nuclear Power		
进口量	Imports		11.1
出口量(-)	Exports (-)		0.4
消费量	**Total Energy Consumption**	**3006.3**	**4117.6**
在消费量中：	Consumption by Sector		
1．农、林、牧、渔、水利业	Farming,Forestry,Animal Husbandry, Fishery and Water Conservancy	270	317.4
2．工　业	Industry	2471.9	3283.4
3．建筑业	Construction	47.1	71.2
4．交通运输和邮电通讯业	Transportation,Postal and Telecommunications Services	26.5	63.4
5．商业、饮食、物资供销和仓储业	Commerce,Catering Services,Materials Supply, Marketing and Storage	16.8	38.0
6．其他	Others	68.8	121.7
7．生活消费	Residential Consumption	105.2	222.5
在消费量中：	Consumption by Usage		
(一) 终端消费	(I)Final Consumption	2763.4	3813.3
＃工　业	Industry	2229.0	2979.1
(二) 输配电损失量	(II)Losses in Transmission	242.9	304.3

ELECTRICITY BALANCE TABLE

(100 million kwh)

1990	1991	1992	1993	1994	1995	1996	1997	1998	1999
6230.4	**6804.0**	**7589.2**	**84226.5**	**9260.4**	**10023.4**	**10764.3**	**11273.6**	**11590.4**	**12305.2**
6212.0	6775.5	7539.4	8382.6	9280.8	10077.3	10800.2	11344.7	11662.0	12393.0
1267.2	1250.9	1324.7	1543.8	1821.6	1905.8	1879.7	1959.8	2080.0	2038.1
4944.8	5524.6	6214.7	6838.8	7459.2	8043.2	8777.1	9240.7	9441.0	10205.4
					128.3	143.4	144.2	141.0	149.5
19.3	31.1	49.8	45.1	18.5	6.4	1.2	0.9	0.2	3.7
0.9	2.6		1.2	38.9	60.3	37.1	72.0	71.7	91.5
6230.4	**6804.0**	**7589.2**	**8426.5**	**9260.4**	**10023.4**	**10764.3**	**11284.4**	**11598.4**	**12305.2**
426.8	479.8	522.4	480.9	530.6	582.4	618.3	639.8	623.5	660.4
4873.3	5260.2	5830.4	6461.3	6983.0	7659.8	8044.7	8395.7	8406.0	8832.7
65.0	74.2	82.5	129.2	149.7	159.6	181.8	117.4	188.8	142.3
105.9	117.2	136.1	146.2	164.0	182.3	197.9	255.9	255.6	254.8
76.2	90.0	111.3	135.7	179.2	199.5	223.1	265.1	293.4	342.8
202.4	239.0	266.5	336.0	386.9	234.2	365.4	357.4	506.7	591.4
480.8	543.6	640.0	737.1	867.0	1005.6	1133.1	1253.2	1324.5	1480.8
5795.8	6316.5	7043.2	7807.4	8664.3	9278.9	9994.8	10486.0	10807.5	11443.3
4438.7	4772.7	5284.4	5842.2	6386.9	6915.3	7275.2	7597.3	7615.0	7970.8
434.6	487.5	546.0	619.1	596.1	744.5	769.5	798.4	790.9	861.9

五、能源消费

Chapter 5 Energy Consumption

5-1 能源消费总量和构成

TOTAL CONSUMPTION OF ENERGY AND ITS COMPOSITION

	1991	1995	1996	1997	1998	1999
能源消费总量(万吨标煤)(电热当量计算法) Total Energy Consumption (10^4 tce) (calorific value calculation)	100413	123471	129919	131971	126285	124759
能源消费总量(万吨标煤)(发电煤耗计算法) Total Energy Consumption (10^4 tce) (coal equivalent calculation)	103783	131176	138948	137798	132214	130119
煤炭（万吨） Coal (10^4 tn)	110432	137677	144734	139248	129492	126365
石油（万吨） Petroleum (10^4 tn)	12384	16065	17436	19692	19818	21073
天然气（亿立方米） Natural Gas (10^8 cu.m)	159	177	185	195	203	215
水电（亿千瓦时） Hydro Power (10^8 kwh)	1251	1906	1880	1960	2080	2038
核电（亿千瓦时） Nuclear Power (10^8 kwh)		128	143	144	141	149
构成(电热当量计算法)（%） As Percentage of Primary Energy Production (%) (calorific value calculation)						
煤炭 Coal	78.70	76.97	76.80	74.86	72.85	70.96
石油 Petroleum	17.70	18.64	19.24	21.09	22.52	24.21
天然气 Natural Gas	2.10	1.91	1.89	1.80	2.13	2.29
水电 Hydro Power	1.50	2.35	1.93	2.11	2.35	2.36
核电 Nuclear Power		0.13	0.14	0.14	0.15	0.18
构成(发电煤耗计算法)（%） As percentage of primary energy production (%) (coal equivalent calculation)						
煤炭 Coal	76.10	74.60	74.70	71.50	69.60	68.00
石油 Petroleum	17.10	17.50	18.00	20.40	21.50	23.20
天然气 Natural Gas	2.00	1.80	1.80	1.70	2.20	2.20
水电 Hydro Power	4.80	5.71	5.09	5.76	6.25	6.08
核电 Nuclear Power		0.39	0.41	0.44	0.45	0.52

5-2 工业分行业终端能源消费量(实物量)-1997

		煤合计 Coal Total 万吨 10^4 tn L1	原煤 Raw Coal 万吨 10^4 tn L2
工业合计	**Industry Total**	**44214.47**	**41412.69**
(一)采 掘 业	**Mining and Quarrying**	**3434.19**	**2964.08**
煤炭采选业	Coal Mining and Dressing	2459.23	2005.69
石油和天然气开采业	Petroleum and Naturl Gas Extraction	321.06	320.99
黑色金属矿采选业	Ferrous Metals Mining and Dressing	69.32	50.84
有色金属矿采选业	Nonferrous Metals Mining and Dressing	117.65	113.85
非金属矿采选业	Nonmetal Minerals Mining and Dressing	301.05	306.87
其他矿采选业	Other Minerals Mining and Dressing	13.52	13.50
木材及竹材采运业	Logging and Transport of Wood and Bamboo	152.36	152.34
(二)制 造 业	**Manufacturing**	**37287.87**	**35287.60**
食品加工业	Food Processing	1372.42	1284.82
食品制造业	Food Production	800.71	733.90
饮料制造业	Beverage Production	670.22	661.52
烟草加工业	Tobacco Processing	179.36	178.62
纺织业	Textile Industry	1814.25	1803.31
服装及其他纤维制品制造业	Garments and Other Fiber Products	132.26	130.40
皮革.毛皮.羽绒及其制品业	Leather, Furs, Down and Related Products	85.84	85.80
木材加工及竹.藤.棕.草制品业	Timber Processing, Bamboo, Cane, Palm & Straw Products	277.42	277.01
家具制造业	Furniture Manufacturing	49.92	40.02
造纸及纸制品业	Papermaking and Paper Products	1481.66	1471.01
印刷业，记录媒介的复制	Printing and Record Medium Reproduction	64.91	64.58
文教体育用品制造业	Cultural, Educational and Sports Articles	20.75	19.30
石油加工及炼焦业	Petroleum Processing and Coking	671.45	532.37
化学原料及化学品制造业	Raw Chemical Materials and Chemical Products	7095.38	6974.48
医药制造业	Medical and Pharmaceutical Products	539.60	532.85
化学纤维制造业	Chemical Fiber	351.19	325.94
橡胶制品业	Rubber Products	373.66	373.55
塑料制品业	Plastic Products	248.37	247.95
非金属矿物制品业	Nonmetal Mineral Products	12732.98	12011.59
黑色金属冶炼及压延加工业	Smelting and Pressing of Ferrous Metals	4057.36	3546.67
有色金属冶炼及压延加工业	Smelting and Pressing of Nonferrous Metals	898.73	767.14
金属制品业	Metal Products	374.84	368.67
普通机械制造业	Ordinary Machinery	778.74	706.64
专用设备制造业	Equipment for Special Purpose	488.77	452.61
交通运输设备制造业	Transportation Equipment	635.40	620.06
电气机械及器材制造业	Electric Equipment and Machinery	281.41	272.67
电子及通信设备制造业	Electronic and Telecommunications Equipment	101.57	100.09
仪器仪表.文化办公用机械制造业	Instruments, Meters Cultural and Office Machinery	52.94	52.30
其他制造业	Other Manufacturing Industry	655.76	651.73
(三)电力.煤气及水生产和供应业	**Electric Power, Gas and Water Production and Supply**	**3492.41**	**3161.01**
电力.蒸汽.热水的生产和供应业	Electric Power, Steam and Hot Water Production and Supply	3334.38	3058.75
煤气生产和供应业	Gas Production and Supply	137.44	81.71
自来水的生产和供应业	Tap Water Production and Supply	20.59	20.55

FINAL ENERGY CONSUMPTION BY INDUSTRIAL SECTOR-1997 (PHYSICAL QUANTITY)

洗精煤 Cleaned Coal Coal 万吨 10^4 tn	其他洗煤 Other Washed 万吨 10^4 tn	焦炭 Coke 万吨 10^4 tn	焦炉煤气 Coke Oven Gas 亿立方米 10^8 cu.m	其他煤气 Other Gas Products 亿立方米 10^8 cu.m	其他焦化产品 Other Coking Total 万吨 10^4 tn	油品合计 Petroleum Products 万吨 10^4 tn	原油 Crude Oil 万吨 10^4 tn
L3	L4	L6	L7	L8	L9	L10	L11
1237.01	**1560.63**	**10506.20**	**176.80**	**544.27**	**291.49**	**8532.06**	**471.00**
263.89	**206.19**	**183.34**	**0.14**			**981.14**	**330.28**
254.38	187.51	52.47	0.14			77.34	1.31
0.03	0.04	2.59				789.24	316.51
0.14	18.31	69.51				24.23	12.39
3.50	0.30	21.35				27.15	
5.83	0.01	33.29				30.31	
0.01	0.01	3.96				5.15	
0.01	0.01	0.17				27.72	0.07
861.38	**1134.78**	**10256.41**	**173.06**	**535.85**	**288.37**	**7308.68**	**140.61**
4.47	82.52	12.72	0.01	0.01		76.48	0.48
64.34	1.73	12.29	0.04	0.06		34.61	0.91
2.58	6.12	4.01				27.45	0.02
0.61	0.13	1.60	0.02	0.01	12.99	20.25	
5.11	5.62	8.13	0.13	0.15		95.39	0.06
0.08	1.76	1.70	0.01	0.01		22.79	0.39
0.01	0.02	1.66				13.18	
0.12	0.23	1.20			0.60	12.94	
0.00	9.90	2.55				5.85	
0.42	9.99	6.96				40.99	0.05
0.10	0.21	0.98	0.01			10.76	
0.12	1.27	1.69		0.88		8.30	
91.01	48.06	33.43	14.22	7.07	50.63	2983.51	63.60
88.95	31.94	1319.23	8.38	4.27	50.96	1927.10	53.32
2.00	4.75	1.38	0.01	0.01		25.81	0.01
25.25		27.44				321.95	6.74
0.03	0.08	0.62		0.02		19.29	0.09
0.11	0.11	6.99		0.01		49.40	
96.05	625.33	269.03	2.14	7.56	8.06	533.72	10.52
317.62	193.07	7835.81	146.27	490.56	164.42	438.51	2.37
55.55	76.03	212.58	0.16	7.77	0.47	118.19	1.12
3.27	2.86	113.43	0.19	0.65		59.09	0.01
68.78	2.18	206.92	0.19	1.55		108.40	0.01
25.64	10.49	84.88	0.16	10.21	0.22	47.47	0.08
3.30	11.90	36.72	0.09	2.78		87.32	0.09
2.46	6.26	17.03	0.42	0.23	0.02	62.56	0.73
0.42	1.06	1.72	0.59	0.98		72.38	0.01
0.56	0.07	1.78	0.01	0.05		7.69	
2.42	1.09	31.93	0.01	1.01		77.30	
111.74	**219.66**	**66.45**	**3.60**	**8.42**	**3.12**	**242.24**	**0.11**
56.01	219.62	7.25	0.04	7.49	0.01	208.43	0.11
55.73		59.11	3.56	0.93	3.11	27.52	
	0.04	0.09				6.29	

续表（1997）

		汽油 Gasoline 万吨 10^4tn	煤油 Kerosene 万吨 10^4tn
		L12	L13
工业合计	**Industry Total**	**722.22**	**46.65**
(一)采 掘 业	**Mining and Quarrying**	**124.24**	**4.73**
煤炭采选业	Coal Mining and Dressing	33.11	3.42
石油和天然气开采业	Petroleum and Naturl Gas Extraction	49.27	0.66
黑色金属矿采选业	Ferrous Metals Mining and Dressing	5.50	0.04
有色金属矿采选业	Nonferrous Metals Mining and Dressing	6.64	0.43
非金属矿采选业	Nonmetal Minerals Mining and Dressing	10.76	0.15
其他矿采选业	Other Minerals Mining and Dressing	1.88	0.01
木材及竹材采运业	Logging and Transport of Wood and Bamboo	17.08	0.02
(二)制 造 业	**Manufacturing**	**568.89**	**41.05**
食品加工业	Food Processing	27.62	0.62
食品制造业	Food Production	13.73	0.19
饮料制造业	Beverage Production	14.25	0.16
烟草加工业	Tobacco Processing	17.70	0.09
纺织业	Textile Industry	31.48	2.01
服装及其他纤维制品制造业	Garments and Other Fiber Products	9.29	0.19
皮革．毛皮．羽绒及其制品业	Leather, Furs, Down and Related Products	5.38	0.15
木材加工及竹．藤．棕．草制品业	Timber Processing, Bamboo, Cane, Palm & Straw Products	5.28	0.61
家具制造业	Furniture Manufacturing	3.60	0.05
造纸及纸制品业	Papermaking and Paper Products	11.13	1.61
印刷业，记录媒介的复制	Printing and Record Medium Reproduction	4.52	3.06
文教体育用品制造业	Cultural, Educational and Sports Articles	2.74	0.08
石油加工及炼焦业	Petroleum Processing and Coking	18.97	10.56
化学原料及化学品制造业	Raw Chemical Materials and Chemical Products	62.91	6.59
医药制造业	Medical and Pharmaceutical Products	11.04	0.15
化学纤维制造业	Chemical Fiber	3.43	0.21
橡胶制品业	Rubber Products	8.90	0.09
塑料制品业	Plastic Products	15.24	0.36
非金属矿物制品业	Nonmetal Mineral Products	63.04	2.01
黑色金属冶炼及压延加工业	Smelting and Pressing of Ferrous Metals	35.02	0.75
有色金属冶炼及压延加工业	Smelting and Pressing of Nonferrous Metals	13.91	0.76
金属制品业	Metal Products	17.63	2.48
普通机械制造业	Ordinary Machinery	62.53	2.76
专用设备制造业	Equipment for Special Purpose	17.47	0.98
交通运输设备制造业	Transportation Equipment	36.48	3.49
电气机械及器材制造业	Electric Equipment and Machinery	26.40	0.46
电子及通信设备制造业	Electronic and Telecommunications Equipment	8.77	0.14
仪器仪表．文化办公用机械制造业	Instruments, Meters Cultural and Office Machinery	3.91	0.13
其他制造业	Other Manufacturing Industry	16.52	0.31
(三)电力．煤气及水生产和供应业	**Electric Power, Gas and Water Production and Supply**	**29.09**	**0.87**
电力．蒸汽．热水的生产和供应业	Electric Power, Steam and Hot Water Production and Supply	22.26	0.65
煤气生产和供应业	Gas Production and Supply	2.99	0.06
自来水的生产和供应业	Tap Water Production and Supply	3.84	0.16

Continued (1997)

柴油 Diesel Oil 万吨 10^4tn	燃料油 Fuel Oil 万吨 10^4tn	液化石油气 PLG 万吨 10^4tn	炼厂干气 Refinery Gas 万吨 10^4tn	其他石油制品 Other Petroleum Products 万吨 10^4tn	天然气 Nature Gas 亿立方米 10^8cu.m	热力 Heat 万百万千焦 10^{10}kj	电力 Electricity 亿千瓦小时 10^8kwh
L14	L15	L16	L17	L18	L19	L20	L21
988.38	**1925.86**	**200.52**	**464.21**	**3713.22**	**144.96**	**94756.13**	**7597.28**
252.60	**159.21**	**14.17**	**35.18**	**60.73**	**41.80**	**1863.58**	**900.83**
34.74	4.68	0.06		0.02		152.20	380.97
164.59	152.81	14.06	35.18	56.16	41.62	1049.78	314.68
6.28		0.01		0.01	0.10		49.31
14.89	0.64	0.04		4.51		11.40	79.88
18.30	1.08			0.02	0.08	459.77	56.00
3.25				0.01			5.36
10.55						190.43	14.63
666.97	**1634.84**	**175.08**	**429.03**	**3652.21**	**101.78**	**88160.52**	**5590.74**
33.29	12.64	0.55		1.28	0.45	1252.81	162.63
12.91	5.89	0.98			0.06	1713.16	68.59
7.87	5.03	0.08		0.04	0.01	1637.18	48.53
1.71	0.70	0.02		0.03	0.07	216.53	19.09
26.43	32.29	0.56		2.56	0.89	6036.26	344.05
7.76	5.10	0.06				114.35	35.93
6.84	0.80			0.01		137.01	18.09
3.84	1.50			1.71		292.01	28.40
2.16	0.01	0.02		0.01		165.59	27.22
17.97	7.37	0.06		2.80	0.09	4106.04	167.70
2.06	1.01	0.08		0.03		38.20	27.76
5.37	0.05	0.06				55.09	11.38
36.48	356.70	112.61	361.04	2023.55	9.92	17885.68	182.41
89.66	388.99	37.61	29.34	1258.68	74.65	21626.89	1147.76
6.53	7.76	0.19		0.13	0.17	2275.83	79.83
5.31	37.60	5.09	38.01	225.56	3.74	4609.53	111.38
4.75	5.34			0.12	0.01	1171.10	70.54
21.01	3.49	0.27		9.03	0.01	897.65	97.32
135.71	284.83	10.01	0.62	26.98	3.06	1524.84	608.08
60.13	339.17	0.28		0.79	2.43	11904.86	934.16
24.53	55.50	0.54		21.83	0.61	4193.21	513.52
21.29	13.04	1.22		3.42	0.31	217.44	140.98
27.11	13.85	0.47		1.67	0.21	734.47	149.74
16.49	11.99	0.23		0.23	0.88	1358.19	73.93
35.23	10.79	0.47	0.02	0.75	0.45	1898.54	201.23
20.71	12.34	1.48		0.44	1.07	577.43	74.55
12.31	12.09	1.95		37.11	1.35	270.07	69.72
3.12	0.05			0.48	0.00	141.97	16.74
18.39	8.92	0.19		32.97	1.34	1108.59	159.48
68.81	**131.81**	**11.27**		**0.28**	**1.38**	**4732.03**	**1105.71**
65.62	118.96	0.58		0.25	1.27	4303.15	961.82
1.49	12.37	10.60		0.01	0.10	411.30	13.22
1.70	0.48	0.09		0.02	0.01	17.58	130.67

5-2 工业分行业终端能源消费量(标准量)-1997

(万吨标准煤)

		终端消费合计 Final Consumption Total	
		(发电煤耗计算法) (coal equivalent calculation)	(电热当量计算法) (calorific value calculation)
工业合计	**Industry Total**	**92375.34**	**69823.17**
(一)采 掘 业	**Mining and Quarrying**	**8274.22**	**5688.14**
煤炭采选业	Coal Mining and Dressing	3448.41	2360.71
石油和天然气开采业	Petroleum and Naturl Gas Extraction	3222.48	2315.37
黑色金属矿采选业	Ferrous Metals Mining and Dressing	349.54	208.94
有色金属矿采选业	Nonferrous Metals Mining and Dressing	467.23	239.36
非金属矿采选业	Nonmetal Minerals Mining and Dressing	530.92	366.94
其他矿采选业	Other Minerals Mining and Dressing	42.52	27.23
木材及竹材采运业	Logging and Transport of Wood and Bamboo	213.08	169.58
(二)制 造 业	**Manufacturing**	**76519.98**	**59751.08**
食品加工业	Food Processing	1832.10	1356.63
食品制造业	Food Production	979.87	768.20
饮料制造业	Beverage Production	771.74	618.00
烟草加工业	Tobacco Processing	257.48	201.02
纺织业	Textile Industry	3075.88	2038.19
服装及其他纤维制品制造业	Garments and Other Fiber Products	276.81	173.28
皮革．毛皮．羽绒及其制品业	Leather, Furs, Down and Related Products	159.40	106.54
木材加工及竹．藤．棕．草制品业	Timber Processing, Bamboo, Cane, Palm & Straw Products	338.92	255.21
家具制造业	Furniture Manufacturing	161.91	82.75
造纸及纸制品业	Papermaking and Paper Products	1942.73	1426.01
印刷业，记录媒介的复制	Printing and Record Medium Reproduction	176.14	96.62
文教体育用品制造业	Cultural, Educational and Sports Articles	79.25	46.27
石油加工及炼焦业	Petroleum Processing and Coking	6380.61	5692.57
化学原料及化学品制造业	Raw Chemical Materials and Chemical Products	15379.04	11903.31
医药制造业	Medical and Pharmaceutical Products	834.86	585.87
化学纤维制造业	Chemical Fiber	1404.26	1043.39
橡胶制品业	Rubber Products	623.39	411.27
塑料制品业	Plastic Products	683.60	397.67
非金属矿物制品业	Nonmetal Mineral Products	12296.31	10548.15
黑色金属冶炼及压延加工业	Smelting and Pressing of Ferrous Metals	17994.30	15218.91
有色金属冶炼及压延加工业	Smelting and Pressing of Nonferrous Metals	3298.02	1794.42
金属制品业	Metal Products	1044.22	640.21
普通机械制造业	Ordinary Machinery	1558.00	1124.14
专用设备制造业	Equipment for Special Purpose	892.74	669.19
交通运输设备制造业	Transportation Equipment	1514.81	923.21
电气机械及器材制造业	Electric Equipment and Machinery	645.68	427.70
电子及通信设备制造业	Electronic and Telecommunications Equipment	488.97	287.63
仪器仪表．文化办公用机械制造业	Instruments, Meters Cultural and Office Machinery	123.94	74.88
其他制造业	Other Manufacturing Industry	1305.03	839.89
(三)电力．煤气及水生产和供应业	**Electric Power, Gas and Water Production and Supply**	**7581.19**	**4383.99**
电力．蒸汽．热水的生产和供应业	Electric Power, Steam and Hot Water Production and Supply	6717.07	3934.18
煤气生产和供应业	Gas Production and Supply	306.65	265.09
自来水的生产和供应业	Tap Water Production and Supply	557.47	184.73

FINAL ENERGY CONSUMPTION BY INDUSTRIAL SECTOR-1997
(STANDARD QUANTITY)

(10 000 tce)

煤合计 Coal Total	原煤 Raw Coal	洗精煤 Cleaned Coal	其他洗煤 Other Washed Coal	焦炭 Coke	焦炉煤气 Coke Oven Gas	其他煤气 Other Gas	其他焦化产品 Other Coking Products	油品合计 Petroleum Products Total
L1	L2	L3	L4	L6	L7	L8	L9	L10
30287.20	**28351.67**	**1113.38**	**819.64**	**10205.72**	**1054.94**	**1604.91**	**336.39**	**11784.63**
2375.08	**2029.25**	**237.52**	**108.29**	**178.10**	**0.84**			**1413.81**
1711.04	1373.12	228.95	98.48	50.97	0.84			113.06
219.80	219.75	0.03	0.02	2.52				1134.46
44.58	34.81	0.13	9.62	67.52				35.03
81.25	77.94	3.15	0.16	20.74				38.81
204.85	210.09	5.25	0.01	32.34				44.28
9.26	9.24	0.01	0.01	3.85				7.53
104.31	104.29	0.01	0.01	0.17				40.63
25532.13	**24158.35**	**775.29**	**595.99**	**9963.08**	**1032.63**	**1580.08**	**332.79**	**10018.34**
927.33	879.60	4.02	43.34	12.36	0.06	0.03		111.38
561.71	502.44	57.91	0.91	11.94	0.24	0.18		50.68
458.42	452.89	2.32	3.21	3.90				40.09
122.91	122.29	0.55	0.07	1.55	0.12	0.03	14.99	29.73
1242.25	1234.57	4.60	2.95	7.90	0.78	0.44		138.22
90.27	89.27	0.07	0.92	1.65	0.06	0.03		33.21
58.77	58.74	0.01	0.01	1.61				19.26
189.91	189.64	0.11	0.12	1.17			0.69	18.58
32.60	27.40		5.20	2.48				8.57
1012.85	1007.07	0.38	5.25	6.76				59.19
44.42	44.21	0.09	0.11	0.95	0.06			15.77
14.03	13.21	0.11	0.67	1.64		2.59		12.14
471.63	364.47	81.91	25.24	32.47	84.85	20.85	58.43	4027.35
4871.66	4774.82	80.06	16.77	1281.50	50.00	12.59	58.81	2573.90
369.09	364.80	1.80	2.49	1.34	0.06	0.03		37.57
245.87	223.14	22.73		26.66				431.37
255.81	255.74	0.03	0.04	0.60		0.06		28.06
170.03	169.75	0.10	0.06	6.79		0.03		70.48
8638.17	8223.29	86.45	328.42	261.34	12.77	22.29	9.30	767.79
2815.38	2428.10	285.88	101.40	7611.71	872.78	1446.53	189.75	629.66
615.13	525.19	50.00	39.93	206.50	0.95	22.91	0.54	166.87
256.86	252.40	2.94	1.50	110.19	1.13	1.92		85.68
547.51	483.77	61.91	1.14	201.00	1.13	4.57		158.30
338.47	309.86	23.08	5.51	82.45	0.95	30.11	0.25	69.10
433.81	424.50	2.97	6.25	35.67	0.54	8.20		127.48
192.18	186.67	2.21	3.29	16.54	2.51	0.68	0.02	91.47
69.46	68.52	0.38	0.56	1.67	3.52	2.89		98.80
36.36	35.81	0.50	0.04	1.73	0.06	0.15		11.17
449.25	446.18	2.18	0.57	31.02	0.06	2.98		106.50
2380.01	**2164.07**	**100.57**	**115.37**	**64.55**	**21.48**	**24.83**	**3.60**	**352.48**
2259.81	2094.06	50.41	115.34	7.04	0.24	22.09	0.01	300.75
106.10	55.94	50.16		57.42	21.24	2.74	3.59	42.51
14.09	14.07		0.02	0.09				9.24

续表 (1997)

		原油 Crude Oil L11	汽油 Gasoline L12
工业合计	**Industry Total**	**672.86**	**1062.67**
(一)采 掘 业	**Mining and Quarrying**	**471.83**	**182.81**
煤炭采选业	Coal Mining and Dressing	1.87	48.72
石油和天然气开采业	Petroleum and Naturl Gas Extraction	452.16	72.50
黑色金属矿采选业	Ferrous Metals Mining and Dressing	17.70	8.09
有色金属矿采选业	Nonferrous Metals Mining and Dressing		9.77
非金属矿采选业	Nonmetal Minerals Mining and Dressing		15.83
其他矿采选业	Other Minerals Mining and Dressing		2.77
木材及竹材采运业	Logging and Transport of Wood and Bamboo	0.10	25.13
(二)制 造 业	**Manufacturing**	**200.87**	**837.06**
食品加工业	Food Processing	0.69	40.64
食品制造业	Food Production	1.30	20.20
饮料制造业	Beverage Production	0.03	20.97
烟草加工业	Tobacco Processing		26.04
纺织业	Textile Industry	0.09	46.32
服装及其他纤维制品制造业	Garments and Other Fiber Products	0.56	13.67
皮革．毛皮．羽绒及其制品业	Leather, Furs, Down and Related Products		7.92
木材加工及竹．藤．棕．草制品业	Timber Processing, Bamboo, Cane, Palm & Straw Products		7.77
家具制造业	Furniture Manufacturing		5.30
造纸及纸制品业	Papermaking and Paper Products	0.07	16.38
印刷业，记录媒介的复制	Printing and Record Medium Reproduction		6.65
文教体育用品制造业	Cultural, Educational and Sports Articles		4.03
石油加工及炼焦业	Petroleum Processing and Coking	90.86	27.91
化学原料及化学品制造业	Raw Chemical Materials and Chemical Products	76.17	92.57
医药制造业	Medical and Pharmaceutical Products	0.01	16.24
化学纤维制造业	Chemical Fiber	9.63	5.05
橡胶制品业	Rubber Products	0.13	13.10
塑料制品业	Plastic Products		22.42
非金属矿物制品业	Nonmetal Mineral Products	15.03	92.76
黑色金属冶炼及压延加工业	Smelting and Pressing of Ferrous Metals	3.39	51.53
有色金属冶炼及压延加工业	Smelting and Pressing of Nonferrous Metals	1.60	20.47
金属制品业	Metal Products	0.01	25.94
普通机械制造业	Ordinary Machinery	0.01	92.01
专用设备制造业	Equipment for Special Purpose	0.11	25.71
交通运输设备制造业	Transportation Equipment	0.13	53.68
电气机械及器材制造业	Electric Equipment and Machinery	1.04	38.84
电子及通信设备制造业	Electronic and Telecommunications Equipment	0.01	12.90
仪器仪表．文化办公用机械制造业	Instruments, Meters Cultural and Office Machinery		5.75
其他制造业	Other Manufacturing Industry		24.31
(三)电力．煤气及水生产和供应业	**Electric Power, Gas and Water Production and Supply**	**0.16**	**42.80**
电力．蒸汽．热水的生产和供应业	Electric Power, Steam and Hot Water Production and Supply	0.16	32.75
煤气生产和供应业	Gas Production and Supply		4.40
自来水的生产和供应业	Tap Water Production and Supply		5.65

Continued (1997)

(10 000 tce)

煤油 Kerosene	柴油 Diesel Oil	燃料油 Fuel Oil	液化石油气 PLG	炼厂干气 Refinery Gas	其他石油制品 Other Petroleum Products	天然气 Nature Gas	热力 Heat	电力 Electricity
L13	L14	L15	L16	L17	L18	L19	L20	L21
68.64	**1440.17**	**2751.29**	**343.75**	**729.46**	**4715.79**	**1760.26**	**3231.18**	**9337.06**
6.96	**368.06**	**227.45**	**24.29**	**55.28**	**77.13**	**507.58**	**63.55**	**1107.12**
5.03	50.62	6.69	0.10		0.03		5.19	468.21
0.97	239.82	218.31	24.10	55.28	71.32	505.39	35.80	386.74
0.06	9.15		0.02		0.01	1.21		60.60
0.63	21.70	0.91	0.07		5.73		0.39	98.17
0.22	26.66	1.54			0.03	0.97	15.68	68.82
0.01	4.74				0.01			6.59
0.03	15.37						6.49	17.98
60.40	**971.84**	**2335.54**	**300.14**	**674.18**	**4638.31**	**1235.92**	**3006.27**	**6871.02**
0.91	48.51	18.06	0.94		1.63	5.46	42.72	199.87
0.28	18.81	8.41	1.68			0.73	58.42	84.30
0.24	11.47	7.19	0.14		0.05	0.12	55.83	59.64
0.13	2.49	1.00	0.03		0.04	0.85	7.38	23.46
2.96	38.51	46.13	0.96		3.25	10.81	205.84	422.84
0.28	11.31	7.29	0.10				3.90	44.16
0.22	9.97	1.14			0.01		4.67	22.23
0.90	5.60	2.14			2.17		9.96	34.90
0.07	3.15	0.01	0.03		0.01		5.65	33.45
2.37	26.18	10.53	0.10		3.56	1.09	140.02	206.10
4.50	3.00	1.44	0.14		0.04		1.30	34.12
0.12	7.82	0.07	0.10				1.88	13.99
15.54	53.16	509.58	193.05	567.34	2569.91	120.46	609.90	224.18
9.70	130.64	555.71	64.48	46.11	1598.52	906.48	737.48	1410.60
0.22	9.51	11.09	0.33		0.17	2.06	77.61	98.11
0.31	7.74	53.72	8.73	59.73	286.46	45.42	157.18	136.89
0.13	6.92	7.63			0.15	0.12	39.93	86.69
0.53	30.61	4.99	0.46		11.47	0.12	30.61	119.61
2.96	197.74	406.91	17.16	0.97	34.26	37.16	52.00	747.33
1.10	87.62	484.54	0.48		1.00	29.51	405.96	1148.08
1.12	35.74	79.29	0.93		27.72	7.41	142.99	631.12
3.65	31.02	18.63	2.09		4.34	3.76	7.41	173.26
4.06	39.50	19.79	0.81		2.12	2.55	25.05	184.03
1.44	24.03	17.13	0.39		0.29	10.69	46.31	90.86
5.14	51.33	15.41	0.81	0.03	0.95	5.46	64.74	247.31
0.68	30.18	17.63	2.54		0.56	12.99	19.69	91.62
0.21	17.94	17.27	3.34		47.13	16.39	9.21	85.69
0.19	4.55	0.07			0.61		4.84	20.57
0.45	26.79	12.74	0.33		41.88	16.27	37.81	196.00
1.28	**100.26**	**188.30**	**19.32**		**0.36**	**16.76**	**161.36**	**1358.92**
0.96	95.62	169.95	0.99		0.32	15.42	146.74	1182.08
0.09	2.17	17.67	18.17		0.01	1.21	14.03	16.25
0.24	2.48	0.69	0.15		0.03	0.12	0.60	160.59

5-3 工业分行业终端能源消费量(实物量)-1998

		煤合计 Coal Total 万吨 10^4 tn	原煤 Raw Coal 万吨 10^4 tn
		L1	L2
工业合计	**Industry Total**	**41807.32**	**39104.52**
(一)采 掘 业	**Mining and Quarrying**	**3508.83**	**3145.19**
煤炭采选业	Coal Mining and Dressing	2692.80	2352.74
石油和天然气开采业	Petroleum and Naturl Gas Extraction	199.21	195.50
黑色金属矿采选业	Ferrous Metals Mining and Dressing	72.80	53.98
有色金属矿采选业	Nonferrous Metals Mining and Dressing	105.06	103.67
非金属矿采选业	Nonmetal Minerals Mining and Dressing	280.69	281.05
其他矿采选业	Other Minerals Mining and Dressing	9.45	9.45
木材及竹材采运业	Logging and Transport of Wood and Bamboo	148.82	148.80
(二)制 造 业	**Manufacturing**	**34802.26**	**32876.81**
食品加工业	Food Processing	1266.60	1190.16
食品制造业	Food Production	729.33	665.23
饮料制造业	Beverage Production	742.76	736.07
烟草加工业	Tobacco Processing	157.21	156.65
纺织业	Textile Industry	1553.06	1543.98
服装及其他纤维制品制造业	Garments and Other Fiber Products	144.67	142.25
皮革.毛皮.羽绒及其制品业	Leather, Furs, Down and Related Products	95.65	95.30
木材加工及竹.藤.棕.草制品业	Timber Processing, Bamboo, Cane, Palm & Straw Products	273.97	272.07
家具制造业	Furniture Manufacturing	47.85	47.84
造纸及纸制品业	Papermaking and Paper Products	1363.16	1345.59
印刷业,记录媒介的复制	Printing and Record Medium Reproduction	63.56	63.28
文教体育用品制造业	Cultural, Educational and Sports Articles	21.13	21.04
石油加工及炼焦业	Petroleum Processing and Coking	843.02	657.97
化学原料及化学品制造业	Raw Chemical Materials and Chemical Products	6493.05	6359.10
医药制造业	Medical and Pharmaceutical Products	526.82	522.45
化学纤维制造业	Chemical Fiber	437.71	393.56
橡胶制品业	Rubber Products	376.47	375.47
塑料制品业	Plastic Products	189.65	189.11
非金属矿物制品业	Nonmetal Mineral Products	11546.39	10996.55
黑色金属冶炼及压延加工业	Smelting and Pressing of Ferrous Metals	4213.21	3572.72
有色金属冶炼及压延加工业	Smelting and Pressing of Nonferrous Metals	923.50	845.30
金属制品业	Metal Products	343.78	338.00
普通机械制造业	Ordinary Machinery	605.87	558.56
专用设备制造业	Equipment for Special Purpose	393.45	361.97
交通运输设备制造业	Transportation Equipment	571.52	566.67
电气机械及器材制造业	Electric Equipment and Machinery	250.41	238.73
电子及通信设备制造业	Electronic and Telecommunications Equipment	97.17	95.70
仪器仪表.文化办公用机械制造业	Instruments, Meters Cultural and Office Machinery	44.32	43.41
其他制造业	Other Manufacturing Industry	486.97	482.08
(三)电力.煤气及水生产和供应业	**Electric Power, Gas and Water Production and Supply**	**3496.23**	**3082.52**
电力.蒸汽.热水的生产和供应业	Electric Power, Steam and Hot Water Production and Supply	3328.67	2943.32
煤气生产和供应业	Gas Production and Supply	138.03	110.25
自来水的生产和供应业	Tap Water Production and Supply	29.53	28.95

FINAL ENERGY CONSUMPTION BY INDUSTRIAL SECTOR-1998

(PHYSICAL QUANTITY)

洗精煤 Cleaned Coal 万吨 10^4 tn	其他洗煤 Other Washed Coal 万吨 10^4 tn	焦炭 Coke 万吨 10^4 tn	焦炉煤气 Coke Oven Gas 亿立方米 10^8 cu.m	其他煤气 Other Gas Products 亿立方米 10^8 cu.m	其他焦化产品 Other Coking Total 万吨 10^4 tn	油品合计 Petroleum Products 万吨 10^4 tn	原油 Crude Oil 万吨 10^4 tn
L3	L4	L6	L7	L8	L9	L10	L11
1248.92	**1449.81**	**10640.64**	**174.44**	**438.60**	**176.32**	**8718.19**	**495.40**
118.13	**245.51**	**177.24**	**0.39**		**3.39**	**915.36**	**341.23**
109.76	216.85	45.02	0.39		3.39	81.95	1.26
0.05	3.66	4.79				741.06	339.97
0.37	18.45	76.81				14.41	
1.22	0.17	19.38				16.10	
6.73	6.37	28.42				32.43	
		2.67				4.69	
0.01	0.01	0.15				24.72	
1072.79	**848.59**	**10432.44**	**170.41**	**430.97**	**171.27**	**7592.88**	**152.88**
5.15	70.96	14.61	0.08	0.01		74.36	0.61
62.61	1.39	12.98	0.05	0.13		37.64	0.26
2.60	4.09	2.88		0.01		30.39	0.07
0.55	0.01	1.47		0.01		27.01	
3.24	5.31	12.16	0.10	0.12		127.13	1.62
0.55	1.75	2.03				31.09	0.32
0.01	0.34	4.02				21.92	
0.13	1.77	1.80			0.23	13.37	
	0.01	1.17		0.07	0.01	6.29	0.02
2.22	15.34	3.39		0.01		52.50	0.24
0.21	0.07	0.26	0.01	0.01		18.24	
0.07		1.89				39.64	
159.25	25.80	52.13	9.07	4.53	10.58	3256.97	85.46
74.12	59.59	1207.24	9.78	3.70	36.08	1662.21	34.37
1.86	1.66	1.06	1.57	0.05	3.25	23.84	
43.72	0.43	31.32				315.08	6.36
0.80	0.20	7.11	0.01	0.01		30.09	1.67
0.49	0.04	6.98	0.52	0.02		65.80	0.63
111.96	436.71	302.28	2.17	7.31	13.69	710.12	11.91
475.29	165.20	8030.41	145.64	392.34	95.77	434.61	6.83
44.30	33.51	208.35	0.03	7.35	10.63	130.53	0.90
5.32	0.40	142.12	0.07	0.36	0.01	65.85	0.01
45.22	1.97	218.62	0.26	1.82	0.76	73.89	0.03
25.73	5.66	77.97	0.15	8.37	0.16	68.85	0.05
2.24	2.60	39.35	0.07	2.53	0.10	84.50	0.13
2.06	9.61	14.09	0.48	0.61		56.58	1.36
0.91	0.56	2.57	0.35	0.50		48.98	
0.82	0.09	1.96		0.04		14.93	
1.36	3.52	30.22		1.06		70.47	0.03
58.00	**355.71**	**30.96**	**3.64**	**7.63**	**1.66**	**209.95**	**1.29**
29.68	355.67	8.89	0.01	6.31	0.09	188.70	1.16
27.74	0.04	19.19	3.63	1.32	1.57	16.55	
0.58		2.88				4.70	0.13

续表（1998）

		汽油 Gasoline 万吨 10^4 tn	煤油 Kerosene 万吨 10^4 tn
		L12	L13
工业合计	**Industry Total**	**676.76**	**62.19**
(一)采 掘 业	**Mining and Quarrying**	**111.92**	**4.21**
煤炭采选业	Coal Mining and Dressing	33.60	3.03
石油和天然气开采业	Petroleum and Naturl Gas Extraction	38.59	0.64
黑色金属矿采选业	Ferrous Metals Mining and Dressing	6.48	0.05
有色金属矿采选业	Nonferrous Metals Mining and Dressing	6.17	0.21
非金属矿采选业	Nonmetal Minerals Mining and Dressing	9.27	0.27
其他矿采选业	Other Minerals Mining and Dressing	1.47	
木材及竹材采运业	Logging and Transport of Wood and Bamboo	16.34	0.01
(二)制 造 业	**Manufacturing**	**539.29**	**57.61**
食品加工业	Food Processing	31.85	0.26
食品制造业	Food Production	14.00	0.05
饮料制造业	Beverage Production	12.25	0.04
烟草加工业	Tobacco Processing	21.52	0.04
纺织业	Textile Industry	37.67	2.95
服装及其他纤维制品制造业	Garments and Other Fiber Products	8.40	0.10
皮革．毛皮．羽绒及其制品业	Leather, Furs, Down and Related Products	6.15	0.11
木材加工及竹．藤．棕．草制品业	Timber Processing, Bamboo, Cane, Palm & Straw Products	4.10	0.58
家具制造业	Furniture Manufacturing	3.10	0.05
造纸及纸制品业	Papermaking and Paper Products	14.03	2.85
印刷业，记录媒介的复制	Printing and Record Medium Reproduction	6.28	3.96
文教体育用品制造业	Cultural, Educational and Sports Articles	2.72	1.51
石油加工及炼焦业	Petroleum Processing and Coking	14.82	10.56
化学原料及化学品制造业	Raw Chemical Materials and Chemical Products	46.99	7.24
医药制造业	Medical and Pharmaceutical Products	11.25	0.10
化学纤维制造业	Chemical Fiber	5.61	0.32
橡胶制品业	Rubber Products	9.50	0.16
塑料制品业	Plastic Products	13.72	0.40
非金属矿物制品业	Nonmetal Mineral Products	50.24	1.91
黑色金属冶炼及压延加工业	Smelting and Pressing of Ferrous Metals	55.96	3.28
有色金属冶炼及压延加工业	Smelting and Pressing of Nonferrous Metals	11.18	0.50
金属制品业	Metal Products	18.98	2.25
普通机械制造业	Ordinary Machinery	28.34	2.74
专用设备制造业	Equipment for Special Purpose	34.80	1.50
交通运输设备制造业	Transportation Equipment	25.36	4.25
电气机械及器材制造业	Electric Equipment and Machinery	20.16	0.30
电子及通信设备制造业	Electronic and Telecommunications Equipment	9.21	0.33
仪器仪表．文化办公用机械制造业	Instruments, Meters Cultural and Office Machinery	2.96	0.74
其他制造业	Other Manufacturing Industry	18.14	8.53
(三)电力．煤气及水生产和供应业	**Electric Power, Gas and Water Production and Supply**	**25.55**	**0.37**
电力．蒸汽．热水的生产和供应业	Electric Power, Steam and Hot Water Production and Supply	20.33	0.35
煤气生产和供应业	Gas Production and Supply	2.23	0.01
自来水的生产和供应业	Tap Water Production and Supply	2.99	0.01

Continued (1998)

柴油 Diesel Oil 万吨 10^4 tn	燃料油 Fuel Oil 万吨 10^4 tn	液化石油气 PLG 万吨 10^4 tn	炼厂干气 Refinery Gas 万吨 10^4 tn	其他石油制品 Other Petroleum Products 万吨 10^4 tn	天然气 Nature Gas 亿立方米 10^8 cu.m	热力 Heat 万百万千焦 10^{10} kj	电力 Electricity 亿千瓦小时 10^8 kwh
L14	L15	L16	L17	L18	L19	L20	L21
1143.07	**1845.13**	**216.14**	**427.71**	**3851.79**	**148.15**	**103136.73**	**7615.02**
207.64	**159.13**	**14.74**	**43.75**	**32.74**	**39.50**	**5112.51**	**920.09**
39.02	4.93	0.02		0.09	0.01	900.28	423.58
117.12	153.68	14.71	43.75	32.60	39.37	3287.00	294.98
7.82	0.06				0.12	0.99	57.25
9.36	0.35	0.01				11.47	65.76
22.73	0.11				0.05	743.81	60.01
3.22							7.39
8.37						168.96	11.12
868.68	**1577.22**	**197.52**	**383.96**	**3815.72**	**107.27**	**92089.45**	**5684.31**
34.71	5.13	1.25		0.55	0.28	2628.75	190.95
11.24	10.33	1.28		0.48	0.11	1777.62	86.38
8.71	7.17	0.05		2.10	0.04	1368.99	58.36
2.43	2.88	0.03		0.11	0.06	241.79	21.97
28.72	48.63	5.36	0.10	2.08	0.75	6502.60	330.69
11.96	9.48	0.15		0.68		743.42	40.09
10.43	2.48	0.01		2.74		143.47	24.31
6.25	2.09	0.01		0.34		193.01	24.39
2.33	0.56	0.21		0.02		12.02	9.29
19.64	12.99	0.38	0.32	2.05	0.08	4489.14	183.73
5.82	1.24	0.14		0.80	0.04	123.54	24.31
9.44	25.74	0.19		0.04		26.27	16.43
35.17	340.37	79.16	305.50	2385.93	11.33	21085.33	192.32
112.64	303.99	44.44	33.54	1079.00	77.65	20599.22	1053.29
4.98	5.84	0.57		1.10	0.12	2753.72	76.75
6.87	41.63	4.55	40.01	209.73	3.15	4793.77	150.11
7.25	10.30	0.02		1.19		817.94	81.42
34.62	7.23	1.96		7.24		158.45	97.84
227.82	311.79	42.36	3.84	60.25	3.52	810.92	649.10
58.99	307.33	0.39		1.83	2.82	11762.89	936.63
49.04	56.59	0.40		11.92	0.71	5270.90	538.60
30.77	8.87	4.21		0.76	0.24	256.14	142.89
26.76	9.68	0.79		5.55	0.22	760.06	156.25
16.38	8.51	1.21		6.40	0.84	1137.30	78.71
38.58	8.62	0.77		6.79	1.42	1648.29	201.55
20.46	10.52	3.09		0.69	0.84	584.39	79.07
24.53	11.35	2.91	0.65		1.53	263.15	85.24
6.94	0.30	0.25		3.74	0.02	151.15	18.40
15.20	5.58	1.38		21.61	1.50	985.21	135.24
66.75	**108.78**	**3.88**		**3.33**	**1.38**	**5934.77**	**1010.62**
57.30	106.27			3.29	0.76	5575.53	855.53
7.93	2.49	3.87		0.02	0.62	352.70	26.31
1.52	0.02	0.01		0.02		6.54	128.78

5-3 工业分行业终端能源消费量(标准量)-1998

(万吨标准煤)

		终端消费合计 Final Consumption Total	
		(发电煤耗计算法) (coal equivalent calculation)	(电热当量计算法) (calorific value calculation)
工业合计	**Industry Total**	**88521.91**	**66700.38**
(一)采 掘 业	**Mining and Quarrying**	**8088.50**	**5597.35**
煤炭采选业	Coal Mining and Dressing	3583.23	2466.15
石油和天然气开采业	Petroleum and Naturl Gas Extraction	3005.95	2193.88
黑色金属矿采选业	Ferrous Metals Mining and Dressing	362.92	205.57
有色金属矿采选业	Nonferrous Metals Mining and Dressing	373.10	192.27
非金属矿采选业	Nonmetal Minerals Mining and Dressing	530.63	359.18
其他矿采选业	Other Minerals Mining and Dressing	44.94	24.63
木材及竹材采运业	Logging and Transport of Wood and Bamboo	187.71	155.66
(二)制 造 业	**Manufacturing**	**73101.48**	**56863.15**
食品加工业	Food Processing	1844.86	1324.47
食品制造业	Food Production	975.38	722.38
饮料制造业	Beverage Production	835.44	663.04
烟草加工业	Tobacco Processing	244.90	182.40
纺织业	Textile Industry	2767.03	1856.07
服装及其他纤维制品制造业	Garments and Other Fiber Products	334.95	218.25
皮革.毛皮.羽绒及其制品业	Leather, Furs, Down and Related Products	201.98	133.90
木材加工及竹.藤.棕.草制品业	Timber Processing, Bamboo, Cane, Palm & Straw Products	310.14	241.40
家具制造业	Furniture Manufacturing	80.07	54.43
造纸及纸制品业	Papermaking and Paper Products	1876.20	1359.34
印刷业，记录媒介的复制	Printing and Record Medium Reproduction	172.05	104.15
文教体育用品制造业	Cultural, Educational and Sports Articles	139.44	94.06
石油加工及炼焦业	Petroleum Processing and Coking	6840.05	6153.91
化学原料及化学品制造业	Raw Chemical Materials and Chemical Products	13783.11	10762.48
医药制造业	Medical and Pharmaceutical Products	826.63	591.52
化学纤维制造业	Chemical Fiber	1588.60	1133.96
橡胶制品业	Rubber Products	661.31	430.35
塑料制品业	Plastic Products	627.46	357.16
非金属矿物制品业	Nonmetal Mineral Products	11692.64	9901.58
黑色金属冶炼及压延加工业	Smelting and Pressing of Ferrous Metals	16909.79	14232.36
有色金属冶炼及压延加工业	Smelting and Pressing of Nonferrous Metals	3396.86	1870.34
金属制品业	Metal Products	1036.65	641.70
普通机械制造业	Ordinary Machinery	1369.25	933.15
专用设备制造业	Equipment for Special Purpose	829.07	602.78
交通运输设备制造业	Transportation Equipment	1438.90	870.51
电气机械及器材制造业	Electric Equipment and Machinery	617.37	394.92
电子及通信设备制造业	Electronic and Telecommunications Equipment	513.51	276.93
仪器仪表.文化办公用机械制造业	Instruments, Meters Cultural and Office Machinery	132.62	80.73
其他制造业	Other Manufacturing Industry	1090.84	674.92
(三)电力.煤气及水生产和供应业	**Electric Power, Gas and Water Production and Supply**	**7296.31**	**4239.85**
电力.蒸汽.热水的生产和供应业	Electric Power, Steam and Hot Water Production and Supply	6466.03	3838.95
煤气生产和供应业	Gas Production and Supply	288.56	213.17
自来水的生产和供应业	Tap Water Production and Supply	541.73	187.74

FINAL ENERGY CONSUMPTION BY INDUSTRIAL SECTOR-1998 (STANDARD QUANTITY)

(10 000 tce)

煤合计 Coal Total	原煤 Raw Coal	洗精煤 Cleaned Coal	其他洗煤 Other Washed Coal	焦炭 Coke	焦炉煤气 Coke Oven Gas	其他煤气 Other Gas	其他焦化产品 Other Coking Products	油品合计 Petroleum Products Total
L1	L2	L3	L4	L6	L7	L8	L9	L10
27794.61	**26235.77**	**795.20**	**761.17**	**9385.35**	**1027.79**	**1259.07**	**195.26**	**12063.50**
2314.26	**2110.15**	**75.21**	**128.90**	**156.33**	**2.30**		**3.75**	**1326.93**
1770.79	1578.49	69.87	113.85	39.71	2.30		3.75	122.68
133.11	131.16	0.03	1.92	4.22				1070.60
46.15	36.22	0.24	9.69	67.75				19.61
70.42	69.55	0.78	0.09	17.09				23.55
187.61	188.56	4.29	3.34	25.07				47.38
6.34	6.34			2.36				6.85
99.85	99.83	0.01	0.01	0.13				36.25
23188.56	**22057.51**	**683.06**	**445.52**	**9201.71**	**1004.05**	**1237.17**	**189.67**	**10433.01**
839.24	798.50	3.28	37.26	12.89	0.47	0.03		111.81
486.96	446.31	39.86	0.73	11.45	0.29	0.37		54.98
497.65	493.84	1.66	2.15	2.54		0.03		43.87
105.46	105.10	0.35	0.01	1.30		0.03		39.56
1041.05	1035.88	2.06	2.79	10.73	0.59	0.34		189.80
96.78	95.44	0.35	0.92	1.79				45.06
64.13	63.94	0.01	0.18	3.55				31.45
183.55	182.54	0.08	0.93	1.59			0.25	19.43
32.11	32.10		0.01	1.03		0.20	0.01	9.25
912.25	902.78	1.41	8.05	2.99		0.03		76.10
42.63	42.46	0.13	0.04	0.23	0.06	0.03		26.58
14.17	14.12	0.04		1.67				57.13
556.39	441.44	101.40	13.55	45.98	53.44	13.00	11.72	4342.84
4345.04	4266.41	47.19	31.29	1064.82	57.62	10.62	39.96	2233.88
353.09	350.52	1.18	0.87	0.93	9.25	0.14	3.60	34.68
292.11	264.04	27.84	0.23	27.63				424.32
252.53	251.91	0.51	0.11	6.27	0.06	0.03		43.42
127.22	126.88	0.31	0.02	6.16	3.06	0.06		95.00
7679.02	7377.74	71.29	229.28	266.62	12.79	20.98	15.16	1032.18
2786.34	2396.99	302.62	86.73	7083.05	858.10	1126.27	106.06	633.75
613.16	567.12	28.21	17.59	183.77	0.18	21.10	11.77	186.61
230.41	226.77	3.39	0.21	125.35	0.41	1.03	0.01	96.94
404.64	374.75	28.79	1.03	192.83	1.53	5.22	0.84	106.99
262.25	242.85	16.38	2.97	68.77	0.88	24.03	0.18	99.71
383.00	380.19	1.43	1.37	34.71	0.41	7.26	0.11	122.21
166.54	160.17	1.31	5.05	12.43	2.83	1.75		83.06
65.08	64.21	0.58	0.29	2.27	2.06	1.44		72.00
29.69	29.12	0.52	0.05	1.73		0.11		21.17
326.17	323.44	0.87	1.85	26.66		3.04		99.21
2291.79	**2068.11**	**36.93**	**186.75**	**27.31**	**21.45**	**21.90**	**1.84**	**303.51**
2180.34	1974.71	18.90	186.73	7.84	0.06	18.11	0.10	271.57
91.65	73.97	17.66	0.02	16.93	21.39	3.79	1.74	25.06
19.79	19.42	0.37		2.54				6.89

续表 (1998)

(万吨标准煤)

		原油 Crude Oil L11	汽油 Gasoline L12
工业合计	**Industry Total**	**707.73**	**995.79**
(一)采 掘 业	**Mining and Quarrying**	**487.48**	**169.09**
煤炭采选业	Coal Mining and Dressing	1.80	52.38
石油和天然气开采业	Petroleum and Naturl Gas Extraction	485.68	59.72
黑色金属矿采选业	Ferrous Metals Mining and Dressing		8.06
有色金属矿采选业	Nonferrous Metals Mining and Dressing		9.08
非金属矿采选业	Nonmetal Minerals Mining and Dressing		13.64
其他矿采选业	Other Minerals Mining and Dressing		2.16
木材及竹材采运业	Logging and Transport of Wood and Bamboo		24.04
(二)制 造 业	**Manufacturing**	**218.40**	**789.1**
食品加工业	Food Processing	0.87	49.81
食品制造业	Food Production	0.37	20.60
饮料制造业	Beverage Production	0.10	18.02
烟草加工业	Tobacco Processing		31.66
纺织业	Textile Industry	2.31	59.84
服装及其他纤维制品制造业	Garments and Other Fiber Products	0.46	12.36
皮革．毛皮．羽绒及其制品业	Leather, Furs, Down and Related Products		9.05
木材加工及竹．藤．棕．草制品业	Timber Processing, Bamboo, Cane, Palm & Straw Products		6.03
家具制造业	Furniture Manufacturing	0.03	4.56
造纸及纸制品业	Papermaking and Paper Products	0.34	20.64
印刷业，记录媒介的复制	Printing and Record Medium Reproduction		9.24
文教体育用品制造业	Cultural, Educational and Sports Articles		4.00
石油加工及炼焦业	Petroleum Processing and Coking	122.09	21.81
化学原料及化学品制造业	Raw Chemical Materials and Chemical Products	49.10	76.50
医药制造业	Medical and Pharmaceutical Products		16.55
化学纤维制造业	Chemical Fiber	9.09	8.25
橡胶制品业	Rubber Products	2.39	13.98
塑料制品业	Plastic Products	0.90	20.19
非金属矿物制品业	Nonmetal Mineral Products	17.01	79.81
黑色金属冶炼及压延加工业	Smelting and Pressing of Ferrous Metals	9.76	57.33
有色金属冶炼及压延加工业	Smelting and Pressing of Nonferrous Metals	1.29	16.45
金属制品业	Metal Products	0.01	27.93
普通机械制造业	Ordinary Machinery	0.04	41.70
专用设备制造业	Equipment for Special Purpose	0.07	51.20
交通运输设备制造业	Transportation Equipment	0.19	37.31
电气机械及器材制造业	Electric Equipment and Machinery	1.94	29.66
电子及通信设备制造业	Electronic and Telecommunications Equipment		13.55
仪器仪表．文化办公用机械制造业	Instruments, Meters Cultural and Office Machinery		4.36
其他制造业	Other Manufacturing Industry	0.04	26.69
(三)电力．煤气及水生产和供应业	**Electric Power, Gas and Water Production and Supply**	**1.84**	**37.59**
电力．蒸汽．热水的生产和供应业	Electric Power, Steam and Hot Water Production and Supply	1.66	29.91
煤气生产和供应业	Gas Production and Supply		3.28
自来水的生产和供应业	Tap Water Production and Supply	0.19	4.40

Continued (1998)

(10 000 tce)

煤油 Kerosene	柴油 Diesel Oil	燃料油 Fuel Oil	液化石油气 PLG	炼厂干气 Refinery Gas	其他石油制品 Other Petroleum Products	天然气 Nature Gas	热力 Heat	电力 Electricity
L13	L14	L15	L16	L17	L18	L19	L20	L21
91.51	**1664.26**	**2635.95**	**370.53**	**672.11**	**4891.78**	**1970.39**	**3516.96**	**9358.86**
6.19	**301.24**	**227.33**	**25.27**	**68.75**	**41.58**	**525.35**	**174.34**	**1093.92**
4.46	56.86	7.04	0.03		0.11	0.13	30.70	496.00
0.94	169.34	219.55	25.22	68.75	41.40	523.62	112.09	350.24
0.07	11.39	0.09				1.60	0.03	70.36
0.31	13.64	0.50	0.02				0.39	80.82
0.40	33.12	0.16			0.06		25.36	73.75
	4.69							9.08
0.01	12.20						5.76	13.67
84.77	**1265.75**	**2253.21**	**338.61**	**603.36**	**4845.97**	**1426.69**	**3140.25**	**6921.45**
0.38	50.58	7.33	2.14		0.70	3.72	89.64	222.39
0.07	16.38	14.76	2.19		0.61	1.46	60.62	106.16
0.06	12.69	10.24	0.09		2.67	0.53	46.68	71.72
0.06	3.54	4.11	0.05		0.14	0.80	8.25	27.00
4.34	41.85	69.47	9.19	0.16	2.64	9.97	221.74	381.84
0.15	17.43	13.54	0.26		0.86		25.35	49.27
0.16	15.20	3.54	0.02		3.48		4.89	29.88
0.85	9.11	2.99	0.02		0.43		6.58	29.98
0.07	3.40	0.80	0.36		0.03		0.41	11.42
4.19	28.62	18.56	0.65	0.50	2.60	1.06	153.08	213.51
5.83	8.48	1.77	0.24		1.02	0.53	4.21	29.88
2.22	13.76	36.77	0.33		0.05		0.90	20.19
15.54	51.25	486.25	135.70	480.07	3030.13	150.69	719.01	224.07
10.65	164.13	434.28	76.18	52.71	1370.33	1032.74	702.43	1269.91
0.15	7.26	8.34	0.98		1.40	1.60	93.90	94.33
0.47	10.01	59.47	7.80	62.87	266.36	41.89	163.47	184.49
0.24	10.56	14.71	0.03		1.51		27.89	100.07
0.59	50.44	10.33	3.36		9.19		5.40	120.25
2.81	331.96	445.42	72.62	6.03	76.52	46.82	27.65	797.74
4.83	85.95	439.05	0.67		2.32	37.51	401.11	1151.12
0.74	71.46	80.84	0.69		15.14	9.44	179.74	661.94
3.31	44.83	12.67	7.22		0.97	3.19	8.73	175.61
4.03	38.99	13.83	1.35		7.05	2.93	25.92	192.03
2.21	23.87	12.16	2.07		8.13	11.17	38.78	96.73
6.25	56.21	12.31	1.32		8.62	18.89	56.21	247.70
0.44	29.81	15.03	5.30		0.88	11.17	19.93	97.18
0.49	35.74	16.21	4.99	1.02		20.35	8.97	104.76
1.09	10.11	0.43	0.43		4.75	0.27	5.15	22.61
12.55	22.15	7.97	2.37		27.44	19.95	33.60	187.67
0.54	**97.26**	**155.40**	**6.65**		**4.23**	**18.35**	**202.38**	**1343.49**
0.51	83.49	151.82			4.18	10.11	190.13	1152.89
0.01	11.55	3.56	6.63		0.03	8.25	12.03	32.33
0.01	2.21	0.03	0.02		0.03		0.22	158.27

5-4 工业分行业终端能源消费量(实物量)-1999

		煤合计 Coal Total 万吨 10^4 tn	原煤 Raw Coal 万吨 10^4 tn
		L1	L2
工业合计	**Industry Total**	**37964.19**	**35368.24**
(一)采 掘 业	**Mining and Quarrying**	**3003.73**	**2637.88**
煤炭采选业	Coal Mining and Dressing	2300.00	1964.42
石油和天然气开采业	Petroleum and Naturl Gas Extraction	195.91	191.42
黑色金属矿采选业	Ferrous Metals Mining and Dressing	71.52	49.88
有色金属矿采选业	Nonferrous Metals Mining and Dressing	83.09	82.30
非金属矿采选业	Nonmetal Minerals Mining and Dressing	239.99	236.66
其他矿采选业	Other Minerals Mining and Dressing	7.76	7.76
木材及竹材采运业	Logging and Transport of Wood and Bamboo	105.46	105.44
(二)制 造 业	**Manufacturing**	**31689.80**	**29735.51**
食品加工业	Food Processing	1169.52	1068.46
食品制造业	Food Production	698.85	630.95
饮料制造业	Beverage Production	613.88	610.01
烟草加工业	Tobacco Processing	174.65	172.82
纺织业	Textile Industry	1293.46	1281.86
服装及其他纤维制品制造业	Garments and Other Fiber Products	128.99	128.44
皮革．毛皮．羽绒及其制品业	Leather, Furs, Down and Related Products	84.74	84.66
木材加工及竹．藤．棕．草制品业	Timber Processing, Bamboo, Cane, Palm & Straw Products	230.24	229.93
家具制造业	Furniture Manufacturing	51.39	51.36
造纸及纸制品业	Papermaking and Paper Products	1164.58	1110.74
印刷业，记录媒介的复制	Printing and Record Medium Reproduction	52.97	52.27
文教体育用品制造业	Cultural, Educational and Sports Articles	20.14	20.07
石油加工及炼焦业	Petroleum Processing and Coking	811.09	681.21
化学原料及化学品制造业	Raw Chemical Materials and Chemical Products	5620.65	5419.83
医药制造业	Medical and Pharmaceutical Products	517.03	501.65
化学纤维制造业	Chemical Fiber	313.54	310.85
橡胶制品业	Rubber Products	340.04	338.46
塑料制品业	Plastic Products	164.54	162.18
非金属矿物制品业	Nonmetal Mineral Products	10876.33	10406.93
黑色金属冶炼及压延加工业	Smelting and Pressing of Ferrous Metals	4099.62	3441.25
有色金属冶炼及压延加工业	Smelting and Pressing of Nonferrous Metals	897.71	776.94
金属制品业	Metal Products	287.15	279.66
普通机械制造业	Ordinary Machinery	454.83	410.31
专用设备制造业	Equipment for Special Purpose	361.20	321.76
交通运输设备制造业	Transportation Equipment	571.30	565.55
电气机械及器材制造业	Electric Equipment and Machinery	215.35	211.30
电子及通信设备制造业	Electronic and Telecommunications Equipment	77.89	76.57
仪器仪表．文化办公用机械制造业	Instruments, Meters Cultural and Office Machinery	42.38	42.27
其他制造业	Other Manufacturing Industry	355.74	347.22
(三)电力．煤气及水生产和供应业	**Electric Power, Gas and Water Production and Supply**	**3270.66**	**2994.85**
电力．蒸汽．热水的生产和供应业	Electric Power, Steam and Hot Water Production and Supply	2887.63	2637.60
煤气生产和供应业	Gas Production and Supply	346.66	321.98
自来水的生产和供应业	Tap Water Production and Supply	36.37	35.27

FINAL ENERGY CONSUMPTION BY INDUSTRIAL SECTOR-1999 (PHYSICAL QUANTITY)

洗精煤 Cleaned Coal Coal 万吨 10^4 tn	其他洗煤 Other Washed 万吨 10^4 tn	焦炭 Coke 万吨 10^4 tn	焦炉煤气 Coke Oven Gas 亿立方米 10^8 cu.m	其他煤气 Other Gas Products 亿立方米 10^8 cu.m	其他焦化产品 Other Coking Total 万吨 10^4 tn	油品合计 Petroleum Products 万吨 10^4 tn	原油 Crude Oil 万吨 10^4 tn
L3	L4	L6	L7	L8	L9	L10	L11
1034.43	**1554.01**	**9937.06**	**171.64**	**360.54**	**186.41**	**8596.36**	**495.40**
129.24	**236.22**	**131.11**	**0.70**	**0.70**	**5.72**	**960.73**	**332.40**
127.11	208.46	45.64	0.70	0.70	4.39	97.07	1.88
0.11	4.38	5.24				765.60	330.52
0.29	21.04	38.10				17.70	
0.07	0.65	19.11				17.79	
1.65	1.68	22.72			1.33	34.88	
		0.15				1.43	
0.01	0.01	0.15				26.26	
859.53	**1087.64**	**9778.55**	**165.15**	**358.82**	**178.96**	**7407.40**	**161.71**
4.58	96.47	14.41		0.01		81.90	0.38
62.90	4.97	15.95	0.23	0.06		39.72	0.44
2.06	1.81	3.24			0.09	29.82	0.48
0.07	1.76	1.15		0.01		41.32	
2.72	8.83	3.83	0.23	0.14		168.67	0.04
0.48	0.02	1.56		0.01		36.33	0.12
0.06	0.02	1.58				25.16	
0.25	0.06	1.37			0.25	11.65	
	0.03	1.05				6.92	
13.71	40.11	1.48				54.41	0.53
0.47	0.23	0.27	0.03	0.01		22.62	
0.07		1.57		0.01		15.47	0.09
103.63	26.25	38.36	10.31	2.56	15.99	3130.03	79.22
89.69	109.62	994.03	8.45	1.98	41.52	1507.93	53.84
1.34	13.98	0.67	0.18	0.01	4.39	23.92	
0.09	2.60	25.14	0.01			364.98	6.73
0.83	0.75	2.48	0.02	0.01		30.29	0.04
0.71	1.65	6.26		0.01		61.71	0.33
94.27	374.97	286.92	2.66	5.52	12.34	697.92	8.25
342.20	311.08	7690.39	141.36	332.23	94.18	394.16	9.10
55.50	65.24	201.48	0.18	7.64	9.56	128.20	0.67
6.24	1.24	130.31	0.10	0.26	0.09	70.50	0.03
39.95	4.53	205.41	0.33	1.15	0.27	71.54	0.10
30.64	8.79	68.56	0.09	5.13	0.08	65.10	0.25
3.51	2.23	37.81	0.12	1.13	0.20	93.12	0.05
1.92	2.12	11.42	0.37	0.41		60.55	0.45
1.19	0.13	0.33	0.48	0.07		59.63	
0.09	0.02	4.83		0.03		14.50	
0.36	8.13	26.69		0.43		99.33	0.57
45.66	**230.15**	**27.40**	**5.79**	**1.02**	**1.73**	**228.23**	**1.29**
20.05	229.98	9.15			0.13	204.78	1.29
24.51	0.17	11.54	5.79	1.02	1.60	17.28	
1.10		6.71				6.17	

续表（1999）

		汽油 Gasoline 万吨 10^4tn	煤油 Keosene 万吨 10^4tn
		L12	L13
工业合计	**Industry Total**	**645.40**	**78.35**
(一)采 掘 业	**Mining and Quarrying**	**117.63**	**6.97**
煤炭采选业	Coal Mining and Dressing	36.88	5.01
石油和天然气开采业	Petroleum and Naturl Gas Extraction	43.14	0.41
黑色金属矿采选业	Ferrous Metals Mining and Dressing	6.90	0.04
有色金属矿采选业	Nonferrous Metals Mining and Dressing	5.08	1.19
非金属矿采选业	Nonmetal Minerals Mining and Dressing	8.46	0.31
其他矿采选业	Other Minerals Mining and Dressing	0.27	
木材及竹材采运业	Logging and Transport of Wood and Bamboo	16.90	0.01
(二)制 造 业	**Manufacturing**	**498.76**	**70.98**
食品加工业	Food Processing	33.59	0.26
食品制造业	Food Production	13.06	0.08
饮料制造业	Beverage Production	11.82	0.09
烟草加工业	Tobacco Processing	34.34	0.09
纺织业	Textile Industry	40.76	3.52
服装及其他纤维制品制造业	Garments and Other Fiber Products	8.75	0.38
皮革．毛皮．羽绒及其制品业	Leather, Furs, Down and Related Products	4.63	0.17
木材加工及竹．藤．棕．草制品业	Timber Processing, Bamboo, Cane, Palm & Straw Products	2.95	0.10
家具制造业	Furniture Manufacturing	3.29	0.04
造纸及纸制品业	Papermaking and Paper Products	11.08	3.39
印刷业，记录媒介的复制	Printing and Record Medium Reproduction	6.43	5.34
文教体育用品制造业	Cultural, Educational and Sports Articles	2.55	1.21
石油加工及炼焦业	Petroleum Processing and Coking	14.11	16.79
化学原料及化学品制造业	Raw Chemical Materials and Chemical Products	44.89	8.12
医药制造业	Medical and Pharmaceutical Products	10.34	0.13
化学纤维制造业	Chemical Fiber	3.73	0.41
橡胶制品业	Rubber Products	9.14	0.06
塑料制品业	Plastic Products	12.78	0.43
非金属矿物制品业	Nonmetal Mineral Products	48.65	2.24
黑色金属冶炼及压延加工业	Smelting and Pressing of Ferrous Metals	29.21	5.03
有色金属冶炼及压延加工业	Smelting and Pressing of Nonferrous Metals	11.51	0.57
金属制品业	Metal Products	17.68	1.54
普通机械制造业	Ordinary Machinery	22.61	3.04
专用设备制造业	Equipment for Special Purpose	32.11	1.24
交通运输设备制造业	Transportation Equipment	23.48	5.84
电气机械及器材制造业	Electric Equipment and Machinery	17.55	0.25
电子及通信设备制造业	Electronic and Telecommunications Equipment	9.90	0.17
仪器仪表．文化办公用机械制造业	Instruments, Meters Cultural and Office Machinery	3.14	0.13
其他制造业	Other Manufacturing Industry	14.68	10.32
(三)电力．煤气及水生产和供应业	**Electric Power, Gas and Water Production and Supply**	**29.01**	**0.40**
电力．蒸汽．热水的生产和供应业	Electric Power, Steam and Hot Water Production and Supply	24.14	0.36
煤气生产和供应业	Gas Production and Supply	1.82	0.01
自来水的生产和供应业	Tap Water Production and Supply	3.05	0.03

Continued (1999)

柴油 Diesel Oil 万吨 10^4tn	燃料油 Fuel Oil 万吨 10^4tn	液化石油气 PLG 万吨 10^4tn	炼厂干气 Refinery Gas 万吨 10^4tn	其他石油制品 Other Petroleum Products 万吨 10^4tn	天然气 Nature Gas 亿立方米 10^8 cu.m	热力 Heat 万百万千焦 10^{10} kj	电力 Electricity 亿千瓦小时 10^8kwh
L14	L15	L16	L17	L18	L19	L20	L21
1291.37	**1807.57**	**251.97**	**504.78**	**3521.52**	**156.26**	**107984.43**	**7970.81**
243.76	**155.72**	**16.70**	**56.22**	**31.33**	**46.63**	**7051.54**	**912.67**
45.35	5.51	0.08		2.36	0.11	842.31	395.24
140.94	148.81	16.59	56.22	28.97	46.48	4781.19	299.86
10.76						2.52	58.86
11.30	0.21	0.01				11.09	68.94
24.92	1.19				0.04	1234.01	69.46
1.16							6.20
9.33		0.02				180.42	14.11
970.05	**1543.37**	**227.39**	**448.37**	**3486.77**	**107.97**	**94754.44**	**5875.12**
30.83	7.36	1.63	0.11	7.74	0.14	1622.17	150.90
16.04	8.58	1.36		0.16	0.06	1735.31	96.31
9.62	7.55	0.06		0.20	0.02	970.99	55.42
3.91	2.78	0.02		0.18	0.07	217.28	29.72
34.67	77.59	4.17	0.23	7.69	0.93	5933.82	305.94
13.46	11.93	0.87		0.82		199.61	43.68
15.63	3.59	0.15		0.99		93.75	24.07
5.97	2.60	0.01		0.02		778.48	27.99
2.69	0.67	0.21		0.02		145.35	10.86
18.84	16.13	0.56	0.38	3.50	0.26	4215.46	192.88
6.18	2.60	0.28		1.79	0.07	124.49	26.89
10.37	1.03	0.18		0.04		27.93	17.28
61.02	282.00	95.01	345.20	2236.68	9.40	24195.32	207.46
99.78	321.24	57.33	38.35	884.38	83.91	20687.00	1058.15
6.19	5.78	0.22		1.26	0.57	2986.48	76.88
8.31	50.15	4.32	59.50	231.83	0.04	5343.46	158.75
6.54	11.15	0.01		3.35		705.70	76.75
33.43	9.52	2.20		3.02	0.09	139.27	93.90
268.97	308.15	38.81	4.15	18.70	2.21	971.73	660.71
62.29	287.24	0.50		0.79	1.14	11356.61	1004.72
38.08	51.74	1.00		24.63	0.45	5732.59	608.07
33.66	10.04	6.54		1.01	0.57	228.10	160.61
32.69	8.05	0.60		4.45	0.19	771.74	137.27
15.17	11.90	1.72		2.71	1.22	1149.23	80.67
47.21	11.98	0.88		3.68	1.20	2037.43	170.74
24.82	12.14	4.23	0.10	1.01	0.78	563.89	78.10
34.95	10.74	3.28	0.19	0.40	2.91	249.71	105.66
10.38	0.14	0.07		0.64	0.02	149.63	21.30
18.35	9.00	1.17	0.16	45.08	1.72	1421.91	193.44
77.56	**108.48**	**7.88**	**0.19**	**3.42**	**1.66**	**6178.45**	**1183.02**
69.11	107.42	0.86	0.12	1.48	0.18	5780.03	1012.65
5.94	1.05	7.02	0.07	1.37	1.46	372.45	28.03
2.51	0.01			0.57	0.02	25.97	142.34

5-4 工业分行业终端能源消费量(标准量)-1999

（万吨标准煤）

		终端消费合计 Final Consumption Total	
		（发电煤耗计算法）(coal equivalent calculation)	（电热当量计算法）(calorific value calculation)
工业合计	**Industry Total**	**85095.40**	**64012.43**
(一)采 掘 业	**Mining and Quarrying**	**7855.73**	**5477.97**
煤炭采选业	Coal Mining and Dressing	3239.19	2224.58
石油和天然气开采业	Petroleum and Naturl Gas Extraction	3188.41	2390.36
黑色金属矿采选业	Ferrous Metals Mining and Dressing	327.74	177.48
有色金属矿采选业	Nonferrous Metals Mining and Dressing	358.53	182.48
非金属矿采选业	Nonmetal Minerals Mining and Dressing	543.12	357.39
其他矿采选业	Other Minerals Mining and Dressing	30.73	14.90
木材及竹材采运业	Logging and Transport of Wood and Bamboo	168.03	130.78
(二)制 造 业	**Manufacturing**	**69966.76**	**54323.45**
食品加工业	Food Processing	1611.12	1214.86
食品制造业	Food Production	980.53	722.86
饮料制造业	Beverage Production	695.50	547.41
烟草加工业	Tobacco Processing	297.24	219.89
纺织业	Textile Industry	2502.79	1681.36
服装及其他纤维制品制造业	Garments and Other Fiber Products	311.73	198.88
皮革．毛皮．羽绒及其制品业	Leather, Furs, Down and Related Products	187.96	125.88
木材加工及竹．藤．棕．草制品业	Timber Processing, Bamboo, Cane, Palm & Straw Products	306.17	229.41
家具制造业	Furniture Manufacturing	91.57	62.85
造纸及纸制品业	Papermaking and Paper Products	1741.12	1220.01
印刷业，记录媒介的复制	Printing and Record Medium Reproduction	175.66	106.17
文教体育用品制造业	Cultural, Educational and Sports Articles	103.72	59.42
石油加工及炼焦业	Petroleum Processing and Coking	6881.99	6187.27
化学原料及化学品制造业	Raw Chemical Materials and Chemical Products	12774.20	9932.00
医药制造业	Medical and Pharmaceutical Products	796.81	580.17
化学纤维制造业	Chemical Fiber	1552.54	1110.86
橡胶制品业	Rubber Products	586.36	385.63
塑料制品业	Plastic Products	564.62	323.99
非金属矿物制品业	Nonmetal Mineral Products	10946.22	9253.10
黑色金属冶炼及压延加工业	Smelting and Pressing of Ferrous Metals	16541.55	13899.44
有色金属冶炼及压延加工业	Smelting and Pressing of Nonferrous Metals	3538.83	1947.57
金属制品业	Metal Products	1036.67	625.15
普通机械制造业	Ordinary Machinery	1155.23	799.58
专用设备制造业	Equipment for Special Purpose	783.19	569.44
交通运输设备制造业	Transportation Equipment	1293.17	843.44
电气机械及器材制造业	Electric Equipment and Machinery	571.88	368.69
电子及通信设备制造业	Electronic and Telecommunications Equipment	590.62	319.21
仪器仪表．文化办公用机械制造业	Instruments, Meters Cultural and Office Machinery	140.08	84.69
其他制造业	Other Manufacturing Industry	1207.66	704.19
(三)电力．煤气及水生产和供应业	**Electric Power, Gas and Water Production and Supply**	**7272.87**	**4210.99**
电力．蒸汽．热水的生产和供应业	Electric Power, Steam and Hot Water Production and Supply	6241.14	3616.85
煤气生产和供应业	Gas Production and Supply	453.15	379.06
自来水的生产和供应业	Tap Water Production and Supply	578.61	215.09

FINAL ENERGY CONSUMPTION BY INDUSTRIAL SECTOR-1999
(STANDARD QUANTITY)

(10 000 tce)

煤合计 Coal Total	原煤 Raw Coal	洗精煤 Cleaned Coal	其他洗煤 Other Washed Coal	焦炭 Coke	焦炉煤气 Coke Oven Gas	其他煤气 Other Gas	其他焦化产品 Other Coking Products	油品合计 Petroleum Products Total
L1	L2	L3	L4	L6	L7	L8	L9	L10
24758.30	**22995.19**	**944.02**	**814.53**	**9038.18**	**1025.97**	**1036.84**	**215.12**	**12077.77**
1957.05	**1715.06**	**117.94**	**123.81**	**119.25**	**4.18**	**2.01**	**6.60**	**1393.89**
1502.47	1277.20	116.00	109.26	41.51	4.18	2.01	5.07	141.51
126.85	124.45	0.10	2.30	4.77				1108.96
43.91	32.43	0.26	11.03	34.65				25.89
53.95	53.51	0.06	0.34	17.38				26.01
156.26	153.87	1.51	0.88	20.66			1.53	50.92
5.05	5.05			0.14				2.09
68.57	68.55	0.01	0.01	0.14				38.50
20691.80	**19332.99**	**784.40**	**570.09**	**8894.01**	**987.18**	**1031.89**	**206.52**	**10352.48**
749.43	694.68	4.18	50.56	13.11		0.03		118.88
470.25	410.22	57.40	2.61	14.51	1.37	0.17		58.14
399.44	396.61	1.88	0.95	2.95			0.10	43.38
113.34	112.36	0.06	0.92	1.05		0.03		60.60
840.56	833.42	2.48	4.63	3.48	1.37	0.40		244.17
83.99	83.51	0.44	0.01	1.42		0.03		52.81
55.10	55.04	0.05	0.01	1.44				36.52
149.75	149.49	0.23	0.03	1.25			0.29	16.95
33.41	33.39		0.02	0.96				10.17
755.70	722.16	12.51	21.02	1.35				78.69
34.53	33.98	0.43	0.12	0.25	0.18	0.03		32.86
13.11	13.05	0.06		1.43		0.03		22.60
551.23	442.90	94.57	13.76	34.89	61.63	7.36	18.45	4287.57
3664.01	3523.78	81.85	57.46	904.11	50.51	5.69	47.91	2077.01
334.75	326.16	1.22	7.33	0.61	1.08	0.03	5.07	34.71
203.54	202.10	0.08	1.36	22.87	0.06			504.24
221.20	220.05	0.76	0.39	2.26	0.12	0.03		43.47
106.95	105.44	0.65	0.86	5.69		0.03		89.94
7048.89	6766.22	86.03	196.54	260.97	15.90	15.87	14.24	1016.37
2715.81	2237.38	312.29	163.05	6994.74	844.97	955.42	108.68	566.39
590.01	505.14	50.65	34.20	183.25	1.08	21.97	11.03	182.14
188.18	181.83	5.69	0.65	118.52	0.60	0.75	0.10	104.24
305.62	266.77	36.46	2.37	186.83	1.97	3.31	0.31	103.87
241.78	209.20	27.96	4.61	62.36	0.54	14.75	0.09	95.03
372.08	367.70	3.20	1.17	34.39	0.72	3.25	0.23	135.44
140.25	137.38	1.75	1.11	10.39	2.21	1.18		89.07
50.94	49.78	1.09	0.07	0.30	2.87	0.20		87.53
27.57	27.48	0.08	0.01	4.39		0.09		21.09
230.36	225.75	0.33	4.26	24.27		1.24		138.54
2109.45	**1947.15**	**41.67**	**120.63**	**24.92**	**34.61**	**2.93**	**2.00**	**331.39**
1853.72	1714.88	18.30	120.54	8.32			0.15	295.65
231.80	209.34	22.37	0.09	10.50	34.61	2.93	1.85	26.79
23.93	22.93	1.00		6.10				8.95

续表（1999）

（万吨标准煤）

		原油 Crude Oil L11	汽油 Gasoline L12
工业合计	**Industry Total**	**707.73**	**949.64**
(一)采 掘 业	**Mining and Quarrying**	**474.87**	**173.08**
煤炭采选业	Coal Mining and Dressing	2.69	54.27
石油和天然气开采业	Petroleum and Naturl Gas Extraction	472.18	63.48
黑色金属矿采选业	Ferrous Metals Mining and Dressing		10.15
有色金属矿采选业	Nonferrous Metals Mining and Dressing		7.47
非金属矿采选业	Nonmetal Minerals Mining and Dressing		12.45
其他矿采选业	Other Minerals Mining and Dressing		0.40
木材及竹材采运业	Logging and Transport of Wood and Bamboo		24.87
(二)制 造 业	**Manufacturing**	**231.02**	**733.87**
食品加工业	Food Processing	0.54	49.42
食品制造业	Food Production	0.63	19.22
饮料制造业	Beverage Production	0.69	17.39
烟草加工业	Tobacco Processing		50.53
纺织业	Textile Industry	0.06	59.97
服装及其他纤维制品制造业	Garments and Other Fiber Products	0.17	12.87
皮革．毛皮．羽绒及其制品业	Leather, Furs, Down and Related Products		6.81
木材加工及竹．藤．棕．草制品业	Timber Processing, Bamboo, Cane, Palm & Straw Products		4.34
家具制造业	Furniture Manufacturing		4.84
造纸及纸制品业	Papermaking and Paper Products	0.76	16.30
印刷业，记录媒介的复制	Printing and Record Medium Reproduction		9.46
文教体育用品制造业	Cultural, Educational and Sports Articles	0.13	3.75
石油加工及炼焦业	Petroleum Processing and Coking	113.17	20.76
化学原料及化学品制造业	Raw Chemical Materials and Chemical Products	76.92	66.05
医药制造业	Medical and Pharmaceutical Products		15.21
化学纤维制造业	Chemical Fiber	9.61	5.49
橡胶制品业	Rubber Products	0.06	13.45
塑料制品业	Plastic Products	0.47	18.80
非金属矿物制品业	Nonmetal Mineral Products	11.79	71.58
黑色金属冶炼及压延加工业	Smelting and Pressing of Ferrous Metals	13.00	42.98
有色金属冶炼及压延加工业	Smelting and Pressing of Nonferrous Metals	0.96	16.94
金属制品业	Metal Products	0.04	26.01
普通机械制造业	Ordinary Machinery	0.14	33.27
专用设备制造业	Equipment for Special Purpose	0.36	47.25
交通运输设备制造业	Transportation Equipment	0.07	34.55
电气机械及器材制造业	Electric Equipment and Machinery	0.64	25.82
电子及通信设备制造业	Electronic and Telecommunications Equipment		14.57
仪器仪表．文化办公用机械制造业	Instruments, Meters Cultural and Office Machinery		4.62
其他制造业	Other Manufacturing Industry	0.81	21.60
(三)电力．煤气及水生产和供应业	**Electric Power, Gas and Water Production and Supply**	**1.84**	**42.69**
电力．蒸汽．热水的生产和供应业	Electric Power, Steam and Hot Water Production and Supply	1.84	35.52
煤气生产和供应业	Gas Production and Supply		2.68
自来水的生产和供应业	Tap Water Production and Supply		4.49

Continued (1999)

(10 000 tn)

煤油 Kerosene	柴油 Diesel Oil	燃料油 Fuel Oil	液化石油气 PLG	炼厂干气 Refinery Gas	其他石油制品 Other Petroleum Products	天然气 Nature Gas	热力 Heat	电力 Electricity
L13	L14	L15	L16	L17	L18	L19	L20	L21
115.28	**1881.66**	**2582.30**	**431.95**	**793.21**	**4616.00**	**2078.26**	**3682.27**	**9796.13**
10.26	**355.18**	**222.46**	**28.63**	**88.34**	**41.07**	**620.18**	**240.46**	**1121.67**
7.37	66.08	7.87	0.14		3.09	1.46	28.72	485.75
0.60	205.36	212.59	28.44	88.34	37.97	618.18	163.04	368.53
0.06	15.68						0.09	72.34
1.75	16.47	0.30	0.02				0.38	84.73
0.46	36.31	1.70				0.53	42.08	85.37
	1.69							7.62
0.01	13.59		0.03				6.15	17.34
104.44	**1413.46**	**2204.86**	**389.81**	**704.57**	**4570.45**	**1436.00**	**3231.13**	**7220.52**
0.38	44.92	10.51	2.79	0.17	10.15	1.86	55.32	185.46
0.12	23.37	12.26	2.33		0.21	0.80	59.17	118.36
0.13	14.02	10.79	0.10		0.26	0.27	33.11	68.11
0.13	5.70	3.97	0.03		0.24	0.93	7.41	36.53
5.18	50.52	110.85	7.15	0.36	10.08	12.37	202.34	376.00
0.56	19.61	17.04	1.49		1.07		6.81	53.68
0.25	22.77	5.13	0.26		1.30		3.20	29.58
0.15	8.70	3.71	0.02		0.03		26.55	34.40
0.06	3.92	0.96	0.36		0.03		4.96	13.35
4.99	27.45	23.04	0.96	0.60	4.59	3.46	143.75	237.05
7.86	9.00	3.71	0.48		2.35	0.93	4.25	33.05
1.78	15.11	1.47	0.31		0.05		0.95	21.24
24.70	88.91	402.87	162.87	542.45	2931.84	125.02	825.06	254.97
11.95	145.39	458.92	98.28	60.26	1159.24	1116.00	705.43	1300.47
0.19	9.02	8.26	0.38		1.65	7.58	101.84	94.49
0.60	12.11	71.64	7.41	93.50	303.88	0.53	182.21	195.10
0.09	9.53	15.93	0.02		4.39		24.06	94.33
0.63	48.71	13.60	3.77		3.96	1.20	4.75	115.40
3.30	391.92	440.22	66.53	6.52	24.51	29.39	33.14	812.01
7.40	90.76	410.35	0.86		1.04	15.16	387.26	1234.80
0.84	55.49	73.92	1.71		32.28	5.99	195.48	747.32
2.27	49.05	14.34	11.21		1.32	7.58	7.78	197.39
4.47	47.63	11.50	1.03		5.83	2.53	26.32	168.70
1.82	22.10	17.00	2.95		3.55	16.23	39.19	99.14
8.59	68.79	17.11	1.51		4.82	15.96	69.48	209.84
0.37	36.17	17.34	7.25	0.16	1.32	10.37	19.23	95.98
0.25	50.93	15.34	5.62	0.30	0.52	38.70	8.52	129.86
0.19	15.12	0.20	0.12		0.84	0.27	5.10	26.18
15.19	26.74	12.85	2.01	0.25	59.09	22.88	48.48	237.74
0.59	**113.01**	**154.97**	**13.51**	**0.30**	**4.48**	**22.08**	**210.69**	**1453.93**
0.53	100.70	153.46	1.47	0.19	1.94	2.39	197.10	1244.55
0.01	8.66	1.50	12.03	0.11	1.80	19.42	12.70	34.45
0.04	3.66	0.01			0.75	0.27	0.89	174.94

5-5 分行业能源消费总量

CONSUMPTION OF TOTAL ENERGY AND ITS MAIN VARIETIES BY SECTOR

单位：万吨标准煤 (10 000 tce)

行　业	Sector	1994	1995	1996	1997	1998	1999
消费总量	**Total Consumption**	**122736.85**	**131175.6**	**138948.42**	**137798.97**	**132213.92**	**130119.09**
农、林、牧、渔业	**Farming, Forestry, Animal Husbandry, Fishery and Water Conservancy**	**5104.98**	**5505.1**	**5717.09**	**5905.40**	**5790.32**	**5831.75**
工业	**Industry**	**87853.4**	**96191.3**	**100322.29**	**99706.23**	**94409.15**	**90797.48**
采掘业	**Miningand Quarrying**	**9521.76**	**9940.9**	**9889.66**	**10949.73**	**10401.60**	**9287.51**
煤炭采选业	Coal Mining and Dressing	4779.73	5499.8	5366.81	5794.73	5545.45	4324.25
石油和天然气开采业	Petroleum and Natural Gas Extraction	3150.4	2812.6	2731.12	3546.22	3352.96	3535.11
黑色金属矿采选业	Ferrous Metals Mining and Dressing	282.63	268.2	322.41	349.54	364.39	327.74
有色金属矿采选业	Nonferrous Metals Mining and Dressing	487.33	557.2	614.88	467.64	375.36	358.53
非金属矿采选业	Nonmetal Minerals Mining and Dressing	553.61	553.4	578.43	536	530.79	543.12
其他矿采选业	Other Minerals Mining and Dressing	25.24	30.3	42.43	42.52	44.94	30.73
木材及竹材采运业	Logging and Transport of Wood and Bamboo	242.82	219.5	233.55	213.08	187.71	168.03
制造业	**Manufacturing**	**71733.4**	**78367.7**	**81159.14**	**77705.32**	**73608.79**	**70720.09**
食品加工业	Food Processing	1620.36	1972.5	1906.73	1832.1	1888.84	1611.22
食品制造业	Food Production	1154.81	1208	1180.95	979.87	975.38	982.81
饮料制造业	Beverage Production	999.7	1000.3	988.18	771.74	835.44	695.5
烟草加工业	Tobacco Processing	204.7	223.8	329.76	257.48	244.90	297.24
纺织业	Textile Industry	3439.32	3531.3	3332.29	3077.15	2842.17	2502.79
服装及其他纤维制品制造	Garments and Other Fiber Products	276.23	329.2	306.25	277.35	334.95	311.73
皮革毛皮羽绒及其制品业	Leather, Furs, Down and Related Products	261.02	289.9	187.64	159.4	201.98	187.96
木材加工及竹藤棕草制品业	Timber Processing,Bamboo,Cane, Palm Fiber & Straw Products	350.97	380	360.08	338.92	310.14	306.17
家具制造业	Furniture Manufacturing	105.91	105.8	164.68	161.91	80.07	91.57
造纸及纸制品业	Papermaking and Paper Products	1981.1	2138.4	2200	1942.73	1915.98	1741.12
印刷业记录媒介的复制	Printing and Record Medium Reproduction	195.39	203.4	194.2	176.15	172.10	175.74
文教体育用品制造业	Cultural, Educational and Sports Articles	60.8	62	86.11	79.25	139.44	103.72
石油加工及炼焦业	Petroleum Processing and Coking	3590.94	5567.3	3665.22	7236.01	6868.20	7085.07
化学原料及制品制造业	Raw Chemical Materials and Chemical Products	16196.26	15821.6	20118.41	15594.85	14044.78	12884.61
医药制造业	Medical and Pharmaceutical Products	1060.67	1201.3	1008.38	834.86	826.63	796.81
化学纤维制造业	Chemical Fiber	993.13	1278	1079.82	1417.69	1600.07	1538.2
橡胶制品业	Rubber Products	630.43	644.1	701.92	623.39	661.31	586.36
塑料制品业	Plastic Products	541.16	541.9	643.65	683.6	627.46	564.62
非金属矿物制品业	Nonmetal Mineral Products	12556.14	13058	13747.25	12294.64	11634.78	10962.31
黑色金属冶炼及压延加工业	Smelting and Pressing of Ferrous Metals	15338.62	18532.8	18213.55	18130.31	17012.31	16960.67
有色金属冶炼及压延加工业	Smelting and Pressing of Nonferrous Metals	2555.12	2841.7	3040.24	3286.86	3385.34	3540.27
金属制品业	Metal Products	926.86	993.9	1104.79	1044.22	1036.65	1036.67
普通机械制造业	Ordinary Machinery	1768.31	1650.5	1761.5	1557.43	1369.29	1156.09
专用设备制造业	Equipment for Special Purposes	1103.31	1089.3	1011	888.51	826.24	788.32
交通运输设备制造业	Transportation Equipment	1214.62	1376.3	1430.56	1518.4	1442.31	1299.2
电气机械及器材制造业	Electric Equipment and Machinery	619.4	629.2	635.08	645.75	617.58	573.4
电子及通信设备制造业	Electronic and Telecommunications Equipment	371.38	321.4	343.67	489.31	514.00	590.99
仪器仪表文化办公用机械	Instruments, Meters,Cultural and Office Machinery	148.5	142.6	150.08	83.13	132.62	140.08
其他制造业	Other Manufacturing Industry	1468.24	1233.7	991.39	1322.31	1067.83	1208.85
电力煤气及水生产供应业	**Electric Power, Gasand Water Production and Supply**	**6598.24**	**7882.8**	**9273.48**	**11051.18**	**10398.76**	**10789.88**
电力蒸汽热水生产供应业	Production and Supply of Electric Power, Steam and Hot Water	5789.62	7052.7	8431.46	10067.56	9346.14	9536.65
煤气的生产和供应业	Production and Supply of Gas	370.61	341.3	369.72	426.15	510.89	671.95
自来水的生产和供应业	Production and Supply of Tap Water	438.01	488.7	472.33	557.47	541.73	581.28
建筑业	**Construction**	**1349.3**	**1334.5**	**1448.63**	**1178.99**	**1612.09**	**1381.44**
交通运输、仓储及邮电通信业	**Transportation, Storage, Postal & Telecommunications Services**	**5625.58**	**5862.9**	**5994.45**	**7543.13**	**8245.02**	**9242.62**
批发和零售贸易餐饮业	**Wholesale, Retail Trade and Catering**	**1846.75**	**2017.8**	**2267.88**	**2394.43**	**2552.08**	**2811.77**
其他行业	**Services Others**	**5543.31**	**4519**	**5484.03**	**4702.78**	**5212.56**	**5501.85**
生活消费	**Residential Consumption**	**15413.53**	**15744.8**	**17714.05**	**16368.01**	**14392.70**	**14552.18**

注 1.工业能源消费量中包括村办工业。
2.工业分行业数字中不包括其他石油制品和其他焦化产品，但工业合计中包括。
a)The energy consumption by the industrial sector includes the consumption by village-run industry.
b)The consumption of other petroleum products and other coking products(such as benzene etc.) is included in the total consumption of the industrial sector, but not included in consumption of the various industrial branches.

5-6 分行业煤炭消费总量

CONSUMPTION OF COAL AND ITS MAIN VARIETIES BY SECTOR

单位：万吨 (10 000 tn)

行业	Sector	1994	1995	1996	1997	1998	1999
消费总量	**Total Consumption**	**128532.27**	**137676.50**	**144734.46**	**139248.26**	**129492.18**	**126365.35**
农、林、牧、渔业	**Farming, Forestry, Animal Husbandry, Fishery and Water Conservancy**	**1783.02**	**1856.70**	**1917.33**	**1926.70**	**1923.31**	**1735.61**
工业	**Industry**	**107770.00**	**117570.70**	**123885.89**	**121670.79**	**114952.38**	**112757.32**
采掘业	**Miningand Quarrying**	**10994.34**	**9861.00**	**11014.11**	**11280.03**	**9596.58**	**8641.15**
煤炭采选业	Coal Mining and Dressing	9437.85	8290.70	9360.02	9582.83	8054.33	7084.91
石油和天然气开采业	Petroleum and Natural Gas Extraction	579.82	637.20	744.02	836.93	746.86	783.78
黑色金属矿采选业	Ferrous Metals Mining and Dressing	86.57	94.90	81.22	69.65	74.17	73.00
有色金属矿采选业	Nonferrous Metals Mining and Dressing	270.11	174.70	155.35	143.11	126.40	98.13
非金属矿采选业	Nonmetal Minerals Mining and Dressing	387.55	434.40	449.28	449.11	417.55	447.45
其他矿采选业	Other Minerals Mining and Dressing	12.61	17.00	11.40	13.52	13.85	7.76
木材及竹材采运业	Logging and Transport of Wood and Bamboo	219.83	212.10	212.82	184.88	163.42	146.12
制造业	**Manufacturing**	**56465.92**	**63109.40**	**62414.37**	**58801.55**	**53545.11**	**50926.85**
食品加工业	Food Processing	1518.49	1753.90	1747.69	1813.93	1664.48	1609.15
食品制造业	Food Production	1119.61	1214.50	1100.07	913.73	772.22	733.16
饮料制造业	Beverage Production	977.73	983.30	940.98	744.62	801.86	699.48
烟草加工业	Tobacco Processing	172.38	190.70	187.83	179.36	157.99	175.90
纺织业	Textile Industry	2532.54	2536.90	2171.75	2011.59	1724.43	1446.14
服装及其他纤维制品制造	Garments and Other Fiber Products	116.94	117.30	151.94	134.50	144.74	143.27
皮革毛皮羽绒及其制品业	Leather, Furs, Down and Related Products	143.95	239.00	108.52	85.84	96.16	85.76
木材加工及竹藤棕草制品业	Timber Processing,Bamboo,Cane, Palm Fiber & Straw Products	319.11	363.00	320.83	297.92	290.08	236.01
家具制造业	Furniture Manufacturing	60.10	62.70	59.02	50.68	48.44	51.82
造纸及纸制品业	Papermaking and Paper Products	2013.77	2132.20	2108.79	1934.13	1849.44	1628.48
印刷业记录媒介的复制	Printing and Record Medium Reproduction	82.45	86.80	63.42	65.23	63.89	54.10
文教体育用品制造业	Cultural, Educational and Sports Articles	34.76	33.20	37.78	51.96	21.13	20.14
石油加工及炼焦业	Petroleum Processing and Coking	5477.61	8025.10	7757.30	8488.34	7563.45	7730.35
化学原料及制品制造业	Raw Chemical Materials and Chemical Products	9643.96	10803.50	11172.63	9470.85	9028.81	8004.76
医药制造业	Medical and Pharmaceutical Products	768.45	915.10	691.13	614.86	591.96	572.84
化学纤维制造业	Chemical Fiber	775.49	823.10	765.15	836.75	917.21	799.30
橡胶制品业	Rubber Products	491.79	566.40	484.76	388.80	376.48	342.48
塑料制品业	Plastic Products	278.76	311.50	286.12	268.89	204.65	177.05
非金属矿物制品业	Nonmetal Mineral Products	12218.90	13424.20	13588.50	12792.07	11663.08	11005.85
黑色金属冶炼及压延加工业	Smelting and Pressing of Ferrous Metals	11548.99	12920.70	13130.12	12673.31	11261.45	11432.85
有色金属冶炼及压延加工业	Smelting and Pressing of Nonferrous Metals	1509.61	1348.60	1377.37	1378.30	1309.41	1360.42
金属制品业	Metal Products	416.91	462.10	438.37	392.55	348.02	300.48
普通机械制造业	Ordinary Machinery	931.46	821.10	996.87	793.13	625.64	477.69
专用设备制造业	Equipment for Special Purposes	634.65	652.50	623.93	546.34	434.86	397.28
交通运输设备制造业	Transportation Equipment	802.21	860.20	895.16	819.28	744.04	770.71
电气机械及器材制造业	Electric Equipment and Machinery	370.93	343.60	324.85	285.07	252.78	241.47
电子及通信设备制造业	Electronic and Telecommunications Equipment	210.02	141.50	120.59	114.71	103.71	82.38
仪器仪表文化办公用机械	Instruments,Meters,Cultural and Office Machinery	67.88	70.90	66.01	52.94	44.32	42.38
其他制造业	Other Manufacturing Industry	1226.47	905.90	548.95	601.87	440.38	305.15
电力煤气及水生产供应业	**Electric Power, Gasand Water Production and Supply**	**40309.74**	**44600.30**	**50457.41**	**51589.21**	**51810.69**	**53189.32**
电力蒸汽热水生产供应业	Production and Supply of Electric Power, Steam and Hot Water	39345.69	43799.60	49596.45	50706.59	50955.88	51966.90
煤气的生产和供应业	Production and Supply of Gas	938.68	763.10	833.63	862.03	825.28	1170.82
自来水的生产和供应业	Production and Supply of Tap Water	25.37	37.60	27.33	20.59	29.53	51.60
建筑业	**Construction**	**504.45**	**439.80**	**446.40**	**382.79**	**611.63**	**522.46**
交通运输、仓储及邮电通信业	**Transportation, Storage, Postal & Telecommunications Services**	**1873.44**	**1315.10**	**1175.94**	**1431.19**	**1390.60**	**1294.26**
批发和零售贸易餐饮业	**Wholesale, Retail Trade and Catering Services**	**1020.44**	**977.40**	**1074.33**	**863.34**	**947.59**	**896.20**
其他行业	**Others**	**2533.97**	**1986.70**	**1835.29**	**735.15**	**782.67**	**751.08**
生活消费	**Residential Consumption**	**13046.96**	**13530.10**	**14399.28**	**12238.30**	**8884.00**	**8408.42**

5-7 分行业焦炭消费总量

CONSUMPTION OF COKE AND ITS MAIN VARIETIES BY SECTOR

单位：万吨 (10 000 tn)

行业	Sector	1994	1995	1996	1997	1998	1999
消费总量	**Total Consumption**	**9094.29**	**10725.28**	**10797.93**	**10927.00**	**11078.24**	**10456.94**
农、林、牧、渔业	**Farming,Forestry,Animal Husbandry, Fishery and Water Conservancy**	**111.18**	**128.62**	**119.84**	**144.66**	**151.39**	**145.81**
工业	**Industry**	**8802.10**	**10412.04**	**10491.09**	**10584.30**	**10710.33**	**10091.31**
采掘业	**Miningand Quarrying**	**135.31**	**151.42**	**223.21**	**183.34**	**180.63**	**131.11**
煤炭采选业	Coal Mining and Dressing	35.74	41.97	42.26	52.47	45.02	45.64
石油和天然气开采业	Petroleum and Natural Gas Extraction	0.92	1.21	1.65	2.59	4.79	5.24
黑色金属矿采选业	Ferrous Metals Mining and Dressing	60.45	56.76	84.89	69.51	76.81	38.10
有色金属矿采选业	Nonferrous Metals Mining and Dressing	17.38	24.53	50.72	21.35	22.77	19.11
非金属矿采选业	Nonmetal Minerals Mining and Dressing	18.94	26.14	40.87	33.29	28.42	22.72
其他矿采选业	Other Minerals Mining and Dressing	0.06	0.21	2.70	3.96	2.67	0.15
木材及竹材采运业	Logging and Transport of Wood and Bamboo	1.82	0.60	0.12	0.17	0.15	0.15
制造业	**Manufacturing**	**8550.96**	**10243.83**	**10163.22**	**10297.57**	**10478.49**	**9893.09**
食品加工业	Food Processing	12.54	15.37	17.73	12.72	14.61	14.41
食品制造业	Food Production	7.54	10.43	13.25	12.29	12.98	15.95
饮料制造业	Beverage Production	2.67	4.98	8.56	4.01	2.88	3.24
烟草加工业	Tobacco Processing	0.08	1.59	1.61	1.60	1.47	1.15
纺织业	Textile Industry	4.72	5.78	6.60	8.13	12.16	3.83
服装及其他纤维制品制造	Garments and Other Fiber Products	0.26	1.12	1.82	1.70	2.03	1.56
皮革毛皮羽绒及其制品业	Leather, Furs, Down and Related Products	3.78	0.80	0.62	1.66	4.02	1.58
木材加工及竹藤棕草制品业	Timber Processing,Bamboo,Cane, Palm Fiber & Straw Products	0.71	1.13	0.71	1.20	1.80	1.37
家具制造业	Furniture Manufacturing	1.58	1.29	1.30	2.55	1.17	1.05
造纸及纸制品业	Papermaking and Paper Products	3.25	3.84	1.68	6.96	3.39	1.48
印刷业记录媒介的复制	Printing and Record Medium Reproduction	0.71	0.53	0.81	0.98	0.26	0.27
文教体育用品制造业	Cultural, Educational and Sports Articles	0.62	1.52	1.66	1.69	1.89	1.57
石油加工及炼焦业	Petroleum Processing and Coking	5.64	31.56	27.01	54.39	70.70	60.99
化学原料及制品制造业	Raw Chemical Materials and Chemical Products	1035.91	1298.71	1441.40	1326.53	1215.22	1001.89
医药制造业	Medical and Pharmaceutical Products	1.19	2.64	3.24	1.38	1.06	0.67
化学纤维制造业	Chemical Fiber	20.54	23.53	25.96	27.44	31.32	25.14
橡胶制品业	Rubber Products	1.57	1.56	1.11	0.62	7.11	2.48
塑料制品业	Plastic Products	1.67	1.52	4.48	6.99	6.98	6.26
非金属矿物制品业	Nonmetal Mineral Products	212.42	276.66	280.25	269.03	302.28	286.92
黑色金属冶炼及压延加工业	Smelting and Pressing of Ferrous Metals	6536.75	7810.76	7465.84	7848.71	8041.17	7763.80
有色金属冶炼及压延加工业	Smelting and Pressing of Nonferrous Metals	138.84	195.09	250.04	212.58	215.69	212.12
金属制品业	Metal Products	103.75	123.24	157.67	113.43	142.12	130.31
普通机械制造业	Ordinary Machinery	196.79	237.13	268.97	206.92	218.62	205.41
专用设备制造业	Equipment for Special Purposes	135.88	101.25	95.22	84.88	77.97	68.56
交通运输设备制造业	Transportation Equipment	37.56	41.42	37.23	36.72	39.35	37.81
电气机械及器材制造业	Electric Equipment and Machinery	15.53	15.59	13.19	17.03	14.09	11.42
电子及通信设备制造业	Electronic and Telecommunications Equipment	1.05	1.05	1.56	1.72	2.57	0.33
仪器仪表文化办公用机械	Instruments,Meters,Cultural and Office Machinery	1.69	3.42	1.68	1.78	1.96	4.83
其他制造业	Other Manufacturing Industry	65.72	30.32	30.33	31.93	31.62	26.69
电力煤气及水生产供应业	**Electric Power, Gasand Water Production and Supply**	**115.83**	**16.79**	**104.66**	**103.39**	**51.21**	**67.11**
电力蒸汽热水生产供应业	Production and Supply of Electric Power, Steam and Hot Water	8.35	3.80	2.75	7.25	8.89	9.15
煤气的生产和供应业	Production and Supply of Gas	107.20	12.88	101.84	96.05	39.44	51.25
自来水的生产和供应业	Production and Supply of Tap Water	0.28	0.11	0.07	0.09	2.88	6.71
建筑业	**Construction**	**11.82**	**10.76**	**13.88**	**12.49**	**14.60**	**17.10**
交通运输、仓储及邮电通信业	**Transportation, Storage, Postal & Telecommunications Services**	**7.31**	**10.10**	**6.64**	**6.47**	**10.30**	**10.14**
批发和零售贸易餐饮业	**Wholesale, Retail Trade and Catering Services**	**24.88**	**25.71**	**28.30**	**35.20**	**38.79**	**36.52**
其他行业	**Others**	**5.28**	**6.44**	**11.99**	**19.15**	**12.80**	**12.98**
生活消费	**Residential Consumption**	**131.72**	**131.61**	**126.19**	**124.73**	**140.03**	**143.08**

5-8 分行业原油消费总量

CONSUMPTION OF CRUDE OIL AND ITS MAIN VARIETIES BY SECTOR

单位：万吨 (10 000 tn)

行　业	Sector	1994	1995	1996	1997	1998	1999
消费总量	**Total Consumption**	**14024.62**	**14886.39**	**15865.01**	**17367.19**	**17395.31**	**18949.38**
农、林、牧、渔业	**Farming, Forestry, Animal Husbandry, Fishery and Water Conservancy**		**10.11**	**10.98**			
工业	**Industry**	**13966.96**	**14716.30**	**15690.85**	**17197.77**	**17222.54**	**18775.16**
采掘业	**Mining and Quarrying**	**1697.78**	**1686.21**	**1817.31**	**2465.15**	**2567.24**	**2822.98**
煤炭采选业	Coal Mining and Dressing			1.35	1.31	1.26	1.88
石油和天然气开采业	Petroleum and Natural Gas Extraction	1697.43	1686.16	1815.72	2451.38	2565.98	2821.10
黑色金属矿采选业	Ferrous Metals Mining and Dressing				12.39		
有色金属矿采选业	Nonferrous Metals Mining and Dressing		0.05	0.24			
非金属矿采选业	Nonmetal Minerals Mining and Dressing	0.35					
其他矿采选业	Other Minerals Mining and Dressing						
木材及竹材采运业	Logging and Transport of Wood and Bamboo				0.07		
制造业	**Manufacturing**	**12197.11**	**12963.62**	**13788.30**	**14673.97**	**14579.72**	**15877.31**
食品加工业	Food Processing	0.27	0.53	0.47	0.48	0.61	0.38
食品制造业	Food Production	0.29	0.72	0.02	0.91	0.26	0.44
饮料制造业	Beverage Production	0.13	0.72	0.02	0.02	0.07	0.48
烟草加工业	Tobacco Processing						
纺织业	Textile Industry	1.57	1.29	0.07	0.06	1.62	0.04
服装及其他纤维制品制造	Garments and Other Fiber Products	0.24	0.04	0.25	0.39	0.32	0.12
皮革毛皮羽绒及其制品业	Leather, Furs, Down and Related Products		0.04				
木材加工及竹藤棕草制品业	Timber Processing,Bamboo,Cane, Palm Fiber & Straw Products						
家具制造业	Furniture Manufacturing					0.02	
造纸及纸制品业	Papermaking and Paper Products	0.21	0.26	0.60	0.08	0.24	0.53
印刷业记录媒介的复制	Printing and Record Medium Reproduction	0.06	0.10				
文教体育用品制造业	Cultural, Educational and Sports Articles	0.01					0.09
石油加工及炼焦业	Petroleum Processing and Coking	10585.86	11338.36	11897.88	11229.46	12452.37	13670.78
化学原料及制品制造业	Raw Chemical Materials and Chemical Products	942.09	1078.84	1336.13	1525.42	1573.16	1613.17
医药制造业	Medical and Pharmaceutical Products	0.11	0.12	1.53	0.01		
化学纤维制造业	Chemical Fiber	476.80	478.22	491.33	489.77	485.47	531.85
橡胶制品业	Rubber Products	1.82	1.22	0.20	0.09	1.67	0.04
塑料制品业	Plastic Products	0.03	0.02	0.05		0.63	0.33
非金属矿物制品业	Nonmetal Mineral Products	11.46	56.32	50.88	55.36	53.94	47.84
黑色金属冶炼及压延加工业	Smelting and Pressing of Ferrous Metals	170.47	3.17	7.32	2.37	6.83	9.10
有色金属冶炼及压延加工业	Smelting and Pressing of Nonferrous Metals	0.88	0.35	0.50	1.12	0.90	0.67
金属制品业	Metal Products	0.63	0.17	0.03	0.01	0.01	0.03
普通机械制造业	Ordinary Machinery	0.98	0.28	0.07	0.01	0.03	0.10
专用设备制造业	Equipment for Special Purposes	1.02	0.20	0.04	0.08	0.05	0.25
交通运输设备制造业	Transportation Equipment	0.22	0.57	0.08	0.09	0.13	0.05
电气机械及器材制造业	Electric Equipment and Machinery	1.05	0.85	0.67	0.73	1.36	0.45
电子及通信设备制造业	Electronic and Telecommunications Equipment	0.54			0.01		
仪器仪表文化办公用机械	Instruments,Meters,Cultural and Office Machinery	0.30			1367.50		
其他制造业	Other Manufacturing Industry	0.07	1.23	0.16		0.03	0.57
电力煤气及水生产供应业	**Electric Power, Gas and Water Production and Supply**	**72.07**	**66.47**	**85.24**	**58.65**	**75.58**	**74.87**
电力蒸汽热水生产供应业	Production and Supply of Electric Power, Steam and Hot Water	72.07	66.47	85.24	58.65	75.45	74.87
煤气的生产和供应业	Production and Supply of Gas					0.13	
自来水的生产和供应业	Production and Supply of Tap Water						
建筑业	**Construction**	**4.53**	**2.71**	**2.56**	**2.98**	**2.21**	**3.19**
交通运输、仓储及邮电通信业	**Transportation, Storage, Postal & Telecommunications Services**	**52.97**	**156.77**	**159.00**	**164.69**	**168.85**	**169.49**
批发和零售贸易餐饮业	**Wholesale, Retail Trade and Catering Services**	**0.03**	**0.50**	**0.42**	**0.34**	**0.24**	**0.17**
其他行业	**Others**	**0.13**		**1.20**	**1.41**	**1.47**	**1.37**
生活消费	**Residential Consumption**						

5-9 分行业汽油消费总量

CONSUMPTION OF GASOLINE AND ITS MAIN VARIETIES BY SECTOR

单位：万吨　　(10 000 tn)

行　业	Sector	1994	1995	1996	1997	1998	1999
消费总量	**Total Consumption**	**2696.73**	**2909.59**	**3182.38**	**3311.96**	**3328.60**	**3380.73**
农、林、牧、渔业	**Farming, Forestry, Animal Husbandry, Fishery and Water Conservancy**	**151.34**	**179.66**	**180.20**	**176.36**	**172.56**	**178.14**
工业	**Industry**	**749.64**	**812.43**	**895.69**	**723.05**	**677.51**	**646.50**
采掘业	**Mining and Quarrying**	**132.32**	**135.90**	**144.44**	**124.26**	**111.92**	**117.63**
煤炭采选业	Coal Mining and Dressing	38.85	37.87	46.80	33.13	33.60	36.88
石油和天然气开采业	Petroleum and Natural Gas Extraction	51.73	58.99	52.77	49.27	38.59	43.14
黑色金属矿采选业	Ferrous Metals Mining and Dressing	3.43	4.74	5.10	5.50	6.48	6.90
有色金属矿采选业	Nonferrous Metals Mining and Dressing	9.09	8.18	8.21	6.64	6.17	5.08
非金属矿采选业	Nonmetal Minerals Mining and Dressing	9.16	8.74	14.00	10.76	9.27	8.46
其他矿采选业	Other Minerals Mining and Dressing	1.22	0.41	0.46	1.88	1.47	0.27
木材及竹材采运业	Logging and Transport of Wood and Bamboo	18.84	16.97	17.10	17.08	16.34	16.90
制造业	**Manufacturing**	**588.29**	**637.21**	**723.97**	**569.50**	**539.35**	**498.94**
食品加工业	Food Processing	28.29	37.56	27.47	27.62	31.85	33.59
食品制造业	Food Production	15.29	16.33	13.56	13.73	14.00	13.06
饮料制造业	Beverage Production	13.72	14.91	13.84	14.25	12.25	11.82
烟草加工业	Tobacco Processing	3.38	3.17	70.51	17.70	21.52	34.34
纺织业	Textile Industry	38.88	42.72	78.75	31.48	37.71	40.76
服装及其他纤维制品制造	Garments and Other Fiber Products	10.57	11.39	9.05	9.29	8.40	8.75
皮革毛皮羽绒及其制品业	Leather, Furs, Down and Related Products	6.28	5.38	6.08	5.38	6.15	4.63
木材加工及竹藤棕草制品业	Timber Processing,Bamboo,Cane, Palm Fiber & Straw Products	5.41	4.68	7.34	5.28	4.10	2.95
家具制造业	Furniture Manufacturing	4.25	3.71	3.43	3.60	3.10	3.29
造纸及纸制品业	Papermaking and Paper Products	10.90	14.59	11.30	11.13	14.03	11.08
印刷业记录媒介的复制	Printing and Record Medium Reproduction	4.82	6.17	5.80	4.52	6.28	6.43
文教体育用品制造业	Cultural, Educational and Sports Articles	1.80	2.66	4.31	2.74	2.72	2.55
石油加工及炼焦业	Petroleum Processing and Coking	14.17	29.23	20.49	19.57	14.83	14.29
化学原料及制品制造业	Raw Chemical Materials and Chemical Products	59.51	62.64	76.91	62.91	46.99	44.89
医药制造业	Medical and Pharmaceutical Products	8.47	8.98	11.94	11.04	11.25	10.34
化学纤维制造业	Chemical Fiber	6.03	4.56	4.66	3.43	5.61	3.73
橡胶制品业	Rubber Products	11.28	14.41	8.98	8.90	9.50	9.14
塑料制品业	Plastic Products	10.14	17.47	16.36	15.24	13.72	12.78
非金属矿物制品业	Nonmetal Mineral Products	75.64	82.14	82.34	63.05	50.25	48.65
黑色金属冶炼及压延加工业	Smelting and Pressing of Ferrous Metals	40.83	42.55	35.90	35.02	55.96	29.21
有色金属冶炼及压延加工业	Smelting and Pressing of Nonferrous Metals	11.63	12.71	13.65	13.91	11.18	11.51
金属制品业	Metal Products	21.43	18.19	21.89	17.63	18.98	17.68
普通机械制造业	Ordinary Machinery	59.49	58.65	63.34	62.53	28.34	22.61
专用设备制造业	Equipment for Special Purposes	27.22	26.69	24.54	17.47	34.80	32.11
交通运输设备制造业	Transportation Equipment	36.88	37.48	33.93	36.48	25.36	23.48
电气机械及器材制造业	Electric Equipment and Machinery	24.12	24.07	28.64	26.40	20.16	17.55
电子及通信设备制造业	Electronic and Telecommunications Equipment	8.28	9.15	8.56	8.77	9.21	9.90
仪器仪表文化办公用机械	Instruments,Meters,Cultural and Office Machinery	3.53	4.69	3.85	3.91	2.96	3.14
其他制造业	Other Manufacturing Industry	26.13	20.33	13.59	16.52	18.14	14.68
电力煤气及水生产供应业	**Electric Power, Gas and Water Production and Supply**	**28.95**	**39.32**	**27.28**	**29.29**	**26.24**	**29.93**
电力蒸汽热水生产供应业	Production and Supply of Electric Power, Steam and Hot Water	23.08	33.85	21.56	22.46	21.02	25.06
煤气的生产和供应业	Production and Supply of Gas	3.34	3.21	2.97	2.99	2.23	1.82
自来水的生产和供应业	Production and Supply of Tap Water	2.53	2.26	2.75	3.84	2.99	3.05
建筑业	**Construction**	**105.00**	**103.62**	**106.18**	**107.68**	**112.59**	**113.77**
交通运输、仓储及邮电通信业	**Transportation, Storage, Postal & Telecommunications Services**	**900.16**	**982.30**	**991.32**	**1183.16**	**1216.61**	**1265.52**
批发和零售贸易餐饮业	**Wholesale, Retail Trade and Catering Services**	**124.14**	**197.23**	**195.77**	**211.69**	**216.53**	**206.32**
其他行业	**Others**	**609.96**	**570.65**	**726.80**	**815.80**	**825.73**	**849.35**
生活消费	**Residential Consumption**	**56.49**	**63.70**	**86.42**	**94.22**	**107.07**	**121.13**

5-10 分行业煤油消费总量

CONSUMPTION OF KEROSENE AND ITS MAIN VARIETIES BY SECTOR

单位：万吨 (10 000 tn)

行　业	Sector	1994	1995	1996	1997	1998	1999
消费总量	**Total Consumption**	**452.32**	**512.11**	**555.50**	**681.71**	**671.41**	**824.21**
农、林、牧、渔业	**Farming, Forestry, Animal Husbandry, Fishery and Water Conservancy**	**2.48**	**3.57**	**1.68**	**1.38**	**1.61**	**1.43**
工业	**Industry**	**28.65**	**44.94**	**43.07**	**46.65**	**62.20**	**78.35**
采掘业	**Mining and Quarrying**	**2.37**	**2.92**	**4.77**	**4.73**	**4.21**	**6.97**
煤炭采选业	Coal Mining and Dressing	1.50	1.59	3.40	3.42	3.03	5.01
石油和天然气开采业	Petroleum and Natural Gas Extraction	0.13	0.59	0.66	0.66	0.64	0.41
黑色金属矿采选业	Ferrous Metals Mining and Dressing	0.03	0.08	0.05	0.04	0.05	0.04
有色金属矿采选业	Nonferrous Metals Mining and Dressing	0.48	0.40	0.43	0.43	0.21	1.19
非金属矿采选业	Nonmetal Minerals Mining and Dressing	0.13	0.20	0.18	0.15	0.27	0.31
其他矿采选业	Other Minerals Mining and Dressing		0.02	0.02	0.01		
木材及竹材采运业	Logging and Transport of Wood and Bamboo	0.10	0.04	0.03	0.02	0.01	0.01
制造业	**Manufacturing**	**24.12**	**40.41**	**36.92**	**41.05**	**57.62**	**70.98**
食品加工业	Food Processing	0.23	0.26	0.69	0.62	0.26	0.26
食品制造业	Food Production	0.11	0.33	0.15	0.19	0.05	0.08
饮料制造业	Beverage Production	0.06	0.23	0.14	0.16	0.04	0.09
烟草加工业	Tobacco Processing	0.01	2.07	2.13	0.09	0.04	0.09
纺织业	Textile Industry	0.73	2.91	1.91	2.01	2.95	3.52
服装及其他纤维制品制造	Garments and Other Fiber Products	0.08	0.11	0.12	0.19	0.01	0.38
皮革毛皮羽绒及其制品业	Leather, Furs, Down and Related Products	0.19	0.42	0.17	0.15	0.11	0.17
木材加工及竹藤棕草制品业	Timber Processing,Bamboo,Cane, Palm Fiber & Straw Products	0.01	1.17	1.24	0.61	0.58	0.10
家具制造业	Furniture Manufacturing		0.01	0.02	0.05	0.05	0.04
造纸及纸制品业	Papermaking and Paper Products	0.12	1.78	1.77	1.61	2.95	3.39
印刷业记录媒介的复制	Printing and Record Medium Reproduction	0.96	3.41	2.57	3.06	3.96	5.34
文教体育用品制造业	Cultural, Educational and Sports Articles	0.02	0.10	0.07	0.08	1.51	1.21
石油加工及炼焦业	Petroleum Processing and Coking	0.27	1.02	1.95	10.56	10.56	16.79
化学原料及制品制造业	Raw Chemical Materials and Chemical Products	5.90	8.10	6.85	6.59	7.24	8.12
医药制造业	Medical and Pharmaceutical Products	0.19	0.15	0.13	0.15	0.10	0.13
化学纤维制造业	Chemical Fiber	0.05	0.18	0.23	0.21	0.32	0.41
橡胶制品业	Rubber Products	0.03	0.16	0.08	0.09	0.16	0.06
塑料制品业	Plastic Products	0.40	0.39	0.29	0.36	0.40	0.43
非金属矿物制品业	Nonmetal Mineral Products	2.24	2.59	2.51	2.01	1.91	2.24
黑色金属冶炼及压延加工业	Smelting and Pressing of Ferrous Metals	0.74	0.41	0.52	0.75	3.28	5.03
有色金属冶炼及压延加工业	Smelting and Pressing of Nonferrous Metals	0.38	0.57	0.73	0.76	0.50	0.57
金属制品业	Metal Products	1.78	3.37	2.32	2.48	2.25	1.54
普通机械制造业	Ordinary Machinery	2.09	3.05	2.79	2.76	2.74	3.04
专用设备制造业	Equipment for Special Purposes	0.75	0.91	1.53	0.98	1.50	1.24
交通运输设备制造业	Transportation Equipment	4.43	4.87	4.03	3.49	4.25	5.84
电气机械及器材制造业	Electric Equipment and Machinery	0.70	0.50	0.55	0.46	0.30	0.25
电子及通信设备制造业	Electronic and Telecommunications Equipment	0.55	0.23	0.57	0.14	0.33	0.17
仪器仪表文化办公用机械	Instruments,Meters,Cultural and Office Machinery	0.07	0.12	0.17	0.13	0.74	0.13
其他制造业	Other Manufacturing Industry	1.03	0.99	0.64	0.31	8.53	10.32
电力煤气及水生产供应业	**Electric Power, Gas and Water Production and Supply**	**2.16**	**1.61**	**1.38**	**0.87**	**0.37**	**0.40**
电力蒸汽热水生产供应业	Production and Supply of Electric Power, Steam and Hot Water	2.10	1.30	1.24	0.65	0.35	0.36
煤气的生产和供应业	Production and Supply of Gas	0.03	0.11	0.06	0.06	0.01	0.01
自来水的生产和供应业	Production and Supply of Tap Water	0.03	0.20	0.08	0.16	0.01	0.03
建筑业	**Construction**	**2.00**	**3.51**	**5.01**	**4.23**	**3.45**	**3.87**
交通运输、仓储及邮电通信业	**Transportation, Storage, Postal & Telecommunications Services**	**200.01**	**250.01**	**298.86**	**420.10**	**390.48**	**505.62**
批发和零售贸易餐饮业	**Wholesale, Retail Trade and Catering Services**	**3.73**	**8.51**	**8.28**	**8.98**	**8.99**	**11.45**
其他行业	**Others**	**146.57**	**137.32**	**133.92**	**137.71**	**141.61**	**152.68**
生活消费	**Residential Consumption**	**68.88**	**64.25**	**64.68**	**62.66**	**63.07**	**70.81**

5-11 分行业柴油消费总量

CONSUMPTION OF DIESEL OIL AND ITS MAIN VARIETIES BY SECTOR

单位：万吨 (10 000 tn)

行　业	Sector	1994	1995	1996	1997	1998	1999
消费总量	**Total Consumption**	**3803.01**	**4321.44**	**4691.65**	**5291.21**	**5282.75**	**6231.63**
农、林、牧、渔业	**Farming, Forestry, Animal Husbandry, Fishery and Water Conservancy**	**934.25**	**1001.39**	**1028.36**	**1075.69**	**1120.19**	**1241.84**
工业	**Industry**	**1099.53**	**1189.87**	**1357.24**	**1730.38**	**1345.95**	**1506.84**
采掘业	**Mining and Quarrying**	**222.05**	**229.63**	**276.50**	**273.94**	**212.25**	**247.23**
煤炭采选业	Coal Mining and Dressing	32.23	31.68	31.28	34.89	39.02	45.41
石油和天然气开采业	Petroleum and Natural Gas Extraction	145.77	147.95	193.74	185.48	121.64	143.80
黑色金属矿采选业	Ferrous Metals Mining and Dressing	4.66	5.41	6.22	6.28	7.82	10.76
有色金属矿采选业	Nonferrous Metals Mining and Dressing	12.62	12.62	15.89	15.03	9.44	11.34
非金属矿采选业	Nonmetal Minerals Mining and Dressing	15.60	20.96	18.44	18.45	22.74	25.43
其他矿采选业	Other Minerals Mining and Dressing	0.21	2.70	0.87	3.25	3.22	1.16
木材及竹材采运业	Logging and Transport of Wood and Bamboo	10.96	8.31	10.06	10.56	8.37	9.33
制造业	**Manufacturing**	**583.49**	**722.25**	**777.82**	**735.95**	**901.64**	**1004.00**
食品加工业	Food Processing	16.30	33.65	35.26	35.48	42.04	31.33
食品制造业	Food Production	11.11	18.15	16.15	14.01	11.39	16.33
饮料制造业	Beverage Production	8.02	8.04	7.81	8.12	8.73	9.66
烟草加工业	Tobacco Processing	1.37	1.16	1.19	1.71	2.43	3.91
纺织业	Textile Industry	32.37	36.39	30.08	35.59	36.50	42.93
服装及其他纤维制品制造	Garments and Other Fiber Products	4.51	8.64	8.28	7.76	11.96	13.46
皮革毛皮羽绒及其制品业	Leather, Furs, Down and Related Products	4.95	5.76	6.87	6.84	11.20	19.76
木材加工及竹藤棕草制品业	Timber Processing,Bamboo,Cane, Palm Fiber & Straw Products	4.25	6.10	4.40	3.84	6.25	5.97
家具制造业	Furniture Manufacturing	3.67	1.42	1.79	2.16	2.33	2.69
造纸及纸制品业	Papermaking and Paper Products	16.64	27.59	19.21	19.04	19.78	19.98
印刷业记录媒介的复制	Printing and Record Medium Reproduction	4.01	2.66	2.96	2.06	5.82	6.69
文教体育用品制造业	Cultural, Educational and Sports Articles	1.91	2.73	7.42	5.37	9.44	13.32
石油加工及炼焦业	Petroleum Processing and Coking	31.28	48.89	47.19	36.75	34.83	61.52
化学原料及制品制造业	Raw Chemical Materials and Chemical Products	104.37	94.41	147.91	101.10	115.36	101.73
医药制造业	Medical and Pharmaceutical Products	3.90	3.86	5.89	6.54	4.98	6.19
化学纤维制造业	Chemical Fiber	6.40	5.45	5.18	5.36	6.88	9.10
橡胶制品业	Rubber Products	5.42	4.04	5.49	4.75	7.25	6.63
塑料制品业	Plastic Products	13.09	21.02	19.06	21.35	34.96	38.38
非金属矿物制品业	Nonmetal Mineral Products	99.63	149.29	167.56	165.22	237.56	271.60
黑色金属冶炼及压延加工业	Smelting and Pressing of Ferrous Metals	54.18	73.20	60.48	61.74	59.45	62.93
有色金属冶炼及压延加工业	Smelting and Pressing of Nonferrous Metals	29.56	21.66	24.44	24.53	49.07	38.29
金属制品业	Metal Products	21.16	23.40	23.20	21.44	30.85	33.66
普通机械制造业	Ordinary Machinery	33.80	31.18	30.64	37.70	29.60	32.80
专用设备制造业	Equipment for Special Purposes	18.19	14.53	15.22	16.50	16.38	15.17
交通运输设备制造业	Transportation Equipment	33.92	31.60	30.95	35.29	38.63	47.42
电气机械及器材制造业	Electric Equipment and Machinery	15.35	17.14	23.69	21.71	21.12	26.34
电子及通信设备制造业	Electronic and Telecommunications Equipment	7.18	10.73	12.43	12.48	24.71	37.48
仪器仪表文化办公用机械	Instruments,Meters,Cultural and Office Machinery	1.10	3.94	2.63	3.12	6.94	10.38
其他制造业	Other Manufacturing Industry	19.88	15.62	12.74	18.39	15.20	18.35
电力煤气及水生产供应业	**Electric Power, Gas and Water Production and Supply**	**269.96**	**237.99**	**302.92**	**720.49**	**232.06**	**255.61**
电力蒸汽热水生产供应业	Production and Supply of Electric Power, Steam and Hot Water	267.60	234.44	298.76	717.30	222.61	247.16
煤气的生产和供应业	Production and Supply of Gas	1.49	2.12	2.49	1.49	7.93	5.94
自来水的生产和供应业	Production and Supply of Tap Water	0.87	1.43	1.67	1.70	1.52	2.51
建筑业	**Construction**	**112.43**	**118.19**	**129.62**	**146.01**	**153.46**	**178.06**
交通运输、仓储及邮电通信业	**Transportation, Storage, Postal & Telecommunications Services**	**997.89**	**1246.56**	**1261.06**	**1379.53**	**1901.93**	**2221.65**
批发和零售贸易餐饮业	**Wholesale, Retail Trade and Catering Services**	**83.44**	**103.59**	**125.27**	**146.42**	**153.31**	**260.91**
其他行业	**Others**	**565.41**	**645.70**	**768.05**	**774.00**	**564.01**	**759.67**
生活消费	**Residential Consumption**	**10.06**	**16.14**	**22.05**	**39.18**	**43.90**	**62.66**

5-12 分行业燃料油消费总量

CONSUMPTION OF FUEL OIL AND ITS MAIN VARIETIES BY SECTOR

单位：万吨　　　　(10 000 tn)

行　业	Sector	1994	1995	1996	1997	1998	1999
消费总量	**Total Consumption**	**3594.89**	**3693.67**	**3565.19**	**3848.18**	**3828.59**	**3934.11**
农、林、牧、渔业	**Farming, Forestry, Animal Husbandry, Fishery and Water Conservancy**	**0.99**	**8.37**	**2.48**	**2.88**	**0.32**	**0.35**
工业	**Industry**	**3329.97**	**3406.16**	**3305.47**	**3222.97**	**3217.34**	**3047.68**
采掘业	**Mining and Quarrying**	**228.27**	**246.45**	**232.15**	**233.29**	**230.54**	**213.68**
煤炭采选业	Coal Mining and Dressing	0.05	1.16	1.62	4.92	5.13	5.51
石油和天然气开采业	Petroleum and Natural Gas Extraction	213.14	226.71	226.39	226.56	224.89	206.77
黑色金属矿采选业	Ferrous Metals Mining and Dressing	2.01	2.33			0.06	
有色金属矿采选业	Nonferrous Metals Mining and Dressing	9.57	9.46	0.32	0.67	0.35	0.21
非金属矿采选业	Nonmetal Minerals Mining and Dressing	3.48	6.79	3.66	1.14	0.11	1.19
其他矿采选业	Other Minerals Mining and Dressing	0.02					
木材及竹材采运业	Logging and Transport of Wood and Bamboo			0.16			
制造业	**Manufacturing**	**2098.61**	**2186.73**	**2187.38**	**2132.30**	**1992.17**	**1926.89**
食品加工业	Food Processing	12.64	20.68	27.95	19.57	11.10	8.36
食品制造业	Food Production	3.27	5.40	8.15	6.20	10.36	8.58
饮料制造业	Beverage Production	5.78	7.13	4.62	5.29	7.17	7.63
烟草加工业	Tobacco Processing	0.38	1.34	0.97	0.74	2.88	2.78
纺织业	Textile Industry	8.20	34.95	35.78	35.01	55.78	79.47
服装及其他纤维制品制造	Garments and Other Fiber Products	1.56	2.07	3.46	5.36	9.48	11.93
皮革毛皮羽绒及其制品业	Leather, Furs, Down and Related Products	0.46	1.49	0.41	0.84	2.48	4.18
木材加工及竹藤棕草制品业	Timber Processing,Bamboo,Cane, Palm Fiber & Straw Products	2.97	1.59	1.94	1.58	2.09	2.72
		1.10	0.83	0.23	0.01	0.56	0.67
家具制造业	Furniture Manufacturing						
造纸及纸制品业	Papermaking and Paper Products	15.97	16.62	14.56	12.84	17.01	18.90
印刷业记录媒介的复制	Printing and Record Medium Reproduction	0.20	0.23	0.38	1.06	1.24	2.86
文教体育用品制造业	Cultural, Educational and Sports Articles	0.09	0.06	0.28	1.82	1.74	1.03
石油加工及炼焦业	Petroleum Processing and Coking	610.03	611.91	581.16	609.12	587.08	509.57
化学原料及制品制造业	Raw Chemical Materials and Chemical Products	496.76	388.63	514.25	452.79	377.78	380.62
医药制造业	Medical and Pharmaceutical Products	12.80	38.86	9.86	8.26	5.86	5.81
化学纤维制造业	Chemical Fiber	124.27	90.23	91.14	86.11	82.81	89.91
橡胶制品业	Rubber Products	5.39	11.23	10.09	5.74	10.30	11.15
塑料制品业	Plastic Products	2.43	3.19	5.43	3.67	7.23	9.86
非金属矿物制品业	Nonmetal Mineral Products	322.21	324.83	301.00	299.90	312.93	312.28
黑色金属冶炼及压延加工业	Smelting and Pressing of Ferrous Metals	473.89	464.93	417.24	421.82	357.92	326.05
有色金属冶炼及压延加工业	Smelting and Pressing of Nonferrous Metals	74.04	62.13	62.80	58.51	56.83	54.72
金属制品业	Metal Products	17.33	13.24	15.64	15.71	10.69	10.04
普通机械制造业	Ordinary Machinery	15.70	9.99	15.90	14.57	9.68	8.05
专用设备制造业	Equipment for Special Purposes	18.14	22.57	14.48	13.25	8.97	12.02
交通运输设备制造业	Transportation Equipment	18.42	15.93	16.72	13.58	10.43	14.00
电气机械及器材制造业	Electric Equipment and Machinery	8.71	10.20	10.02	12.98	10.52	12.38
电子及通信设备制造业	Electronic and Telecommunications Equipment	5.22	7.96	11.70	14.42	12.75	12.13
仪器仪表文化办公用机械	Instruments,Meters,Cultural and Office Machinery	0.53	1.24	0.07	0.05	0.30	0.14
其他制造业	Other Manufacturing Industry	20.74	17.27	5.63	11.50	8.20	9.05
电力煤气及水生产供应业	**Electric Power, Gas and Water Production and Supply**	**822.47**	**972.98**	**885.94**	**857.38**	**994.63**	**907.11**
电力蒸汽热水生产供应业	Production and Supply of Electric Power, Steam and Hot Water	760.96	927.73	829.41	805.43	982.45	877.11
煤气的生产和供应业	Production and Supply of Gas	61.51	45.25	55.64	50.99	12.16	29.99
自来水的生产和供应业	Production and Supply of Tap Water			0.89	0.96	0.02	0.01
建筑业	**Construction**	**17.03**	**14.24**	**13.96**	**19.21**	**16.57**	**16.18**
交通运输、仓储及邮电通信业	**Transportation, Storage, Postal & Telecommunications Services**	**227.63**	**227.45**	**224.46**	**582.23**	**565.56**	**840.00**
批发和零售贸易餐饮业	**Wholesale, Retail Trade and Catering Services**	**3.47**	**6.62**	**4.29**	**6.24**	**7.43**	**10.54**
其他行业	**Others**	**15.80**	**30.83**	**14.53**	**14.65**	**21.37**	**19.36**
生活消费	**Residential Consumption**						

5-13 分行业天然气消费总量

CONSUMPTION OF NATURAL GAS AND ITS MAIN VARIETIES BY SECTOR

单位：亿立方米 (100 million cu.m)

行 业	Sector	1994	1995	1996	1997	1998	1999
消费总量	**Total Consumption**	**173.42**	**177.41**	**184.88**	**195.44**	**202.57**	**214.94**
农、林、牧、渔业	**Farming, Forestry, Animal Husbandry, Fishery and Water Conservancy**	**0.40**	**0.02**	**0.23**			
工业	**Industry**	**149.51**	**154.39**	**157.18**	**168.93**	**171.49**	**180.17**
采掘业	**Mining and Quarrying**	**54.68**	**51.87**	**38.91**	**59.88**	**56.81**	**62.29**
煤炭采选业	Coal Mining and Dressing				0.10	0.01	0.11
石油和天然气开采业	Petroleum and Natural Gas Extraction	53.68	50.58	38.29	59.60	56.68	62.14
黑色金属矿采选业	Ferrous Metals Mining and Dressing			0.62	0.10	0.12	
有色金属矿采选业	Nonferrous Metals Mining and Dressing		0.59				
非金属矿采选业	Nonmetal Minerals Mining and Dressing	1.00	0.70		0.08		0.04
其他矿采选业	Other Minerals Mining and Dressing						
木材及竹材采运业	Logging and Transport of Wood and Bamboo						
制造业	**Manufacturing**	**91.99**	**100.80**	**116.17**	**104.42**	**108.17**	**110.28**
食品加工业	Food Processing	0.42	1.00	1.16	0.45	0.28	0.14
食品制造业	Food Production	0.11	0.03	0.07	0.06	0.11	0.06
饮料制造业	Beverage Production	0.01	0.02	0.02	0.01	0.04	0.02
烟草加工业	Tobacco Processing	0.09			0.07	0.06	0.07
纺织业	Textile Industry	0.28	3.97	6.09	0.89	0.75	0.93
服装及其他纤维制品制造	Garments and Other Fiber Products	0.01					
皮革毛皮羽绒及其制品业	Leather, Furs, Down and Related Products						
木材加工及竹藤棕草制品业	Timber Processing,Bamboo,Cane, Palm Fiber & Straw Products						
家具制造业	Furniture Manufacturing						
造纸及纸制品业	Papermaking and Paper Products	0.35	0.06	0.12	0.09	0.08	0.26
印刷业记录媒介的复制	Printing and Record Medium Reproduction					0.04	0.07
文教体育用品制造业	Cultural, Educational and Sports Articles						
石油加工及炼焦业	Petroleum Processing and Coking	9.28	15.14	8.07	9.92	11.99	11.56
化学原料及制品制造业	Raw Chemical Materials and Chemical Products	65.86	63.36	79.21	76.69	77.65	83.91
医药制造业	Medical and Pharmaceutical Products	0.36	0.30	0.51	0.17	0.12	0.57
化学纤维制造业	Chemical Fiber	3.17	4.32	3.87	4.08	3.17	0.04
橡胶制品业	Rubber Products	0.04			0.01		
塑料制品业	Plastic Products			2.13	0.01		0.09
非金属矿物制品业	Nonmetal Mineral Products	2.16	2.27	3.05	3.06	3.52	2.21
黑色金属冶炼及压延加工业	Smelting and Pressing of Ferrous Metals	2.93	3.69	4.14	2.44	2.83	1.14
有色金属冶炼及压延加工业	Smelting and Pressing of Nonferrous Metals	0.53	0.50	0.40	0.61	0.71	0.45
金属制品业	Metal Products	0.38	0.45	0.35	0.31	0.24	0.57
普通机械制造业	Ordinary Machinery	1.97	0.14	0.22	0.21	0.22	0.19
专用设备制造业	Equipment for Special Purposes	1.37	2.25	2.35	0.88	0.84	1.22
交通运输设备制造业	Transportation Equipment	0.42	0.66	0.60	0.70	1.63	1.35
电气机械及器材制造业	Electric Equipment and Machinery	0.64	0.74	1.21	1.07	0.84	0.78
电子及通信设备制造业	Electronic and Telecommunications Equipment	1.16	1.01	1.59	1.35	1.53	2.91
仪器仪表文化办公用机械	Instruments,Meters,Cultural and Office Machinery	0.01	0.01	0.01		0.02	0.02
其他制造业	Other Manufacturing Industry	0.44	0.88	0.03	1.34	1.50	1.72
电力煤气及水生产供应业	**Electric Power, Gas and Water Production and Supply**	**2.84**	**1.72**	**2.10**	**4.63**	**6.51**	**7.60**
电力蒸汽热水生产供应业	Production and Supply of Electric Power, Steam and Hot Water	2.12	1.14	1.84	4.52	5.89	6.12
煤气的生产和供应业	Production and Supply of Gas	0.72	0.58	0.26	0.10	0.62	1.46
自来水的生产和供应业	Production and Supply of Tap Water				0.01		0.02
建筑业	**Construction**	**0.38**	**0.28**	**1.51**	**0.01**	**0.12**	**0.68**
交通运输、仓储及邮电通信业	**Transportation, Storage, Postal & Telecommunications Services**	**1.30**	**1.57**	**4.01**	**3.70**	**3.68**	**4.80**
批发和零售贸易餐饮业	**Wholesale, Retail Trade and Catering Services**	**0.34**	**0.55**	**0.95**	**0.99**	**2.53**	**2.94**
其他行业	**Others**	**1.54**	**1.19**	**1.28**	**0.59**	**0.63**	**0.63**
生活消费	**Residential Consumption**	**19.95**	**19.41**	**19.72**	**21.22**	**24.12**	**25.72**

5-14 分行业电力消费总量

CONSUMPTION OF ELECTRICITY AND ITS MAIN VARIETIES BY SECTOR

单位：亿千瓦小时 (100 million Kwh)

行业	Sector	1994	1995	1996	1997	1998	1999
消费总量	**Total Consumption**	**9260.37**	**10023.40**	**10764.29**	**11284.40**	**11598.43**	**12305.23**
农、林、牧、渔业	**Farming, Forestry, Animal Husbandry, Fishery and Water Conservancy**	**530.58**	**582.42**	**618.29**	**639.77**	**623.49**	**660.35**
工业	**Industry**	**6982.95**	**7659.81**	**8044.67**	**8395.66**	**8405.95**	**8832.74**
采掘业	**Mining and Quarrying**	**768.16**	**837.66**	**858.98**	**900.83**	**920.09**	**912.67**
煤炭采选业	Coal Mining and Dressing	347.29	392.38	376.04	380.97	423.58	395.24
石油和天然气开采业	Petroleum and Natural Gas Extraction	239.98	258.85	258.97	314.68	294.98	299.86
黑色金属矿采选业	Ferrous Metals Mining and Dressing	37.91	34.28	41.67	49.31	57.25	58.86
有色金属矿采选业	Nonferrous Metals Mining and Dressing	69.24	83.00	110.95	79.88	65.76	68.94
非金属矿采选业	Nonmetal Minerals Mining and Dressing	57.73	52.76	51.38	56.00	60.01	69.48
其他矿采选业	Other Minerals Mining and Dressing	3.48	3.38	7.66	5.36	7.39	6.20
木材及竹材采运业	Logging and Transport of Wood and Bamboo	12.53	13.01	12.31	14.63	11.12	14.11
制造业	**Manufacturing**	**4813.68**	**5156.10**	**5454.01**	**5590.74**	**5684.31**	**5875.12**
食品加工业	Food Processing	143.71	181.00	175.57	162.63	190.95	150.90
食品制造业	Food Production	60.15	72.15	62.41	68.59	86.38	96.31
饮料制造业	Beverage Production	48.17	52.62	50.07	48.53	58.36	55.42
烟草加工业	Tobacco Processing	15.18	17.16	16.58	19.09	21.97	29.72
纺织业	Textile Industry	308.26	335.22	323.60	344.05	330.69	305.94
服装及其他纤维制品制造	Garments and Other Fiber Products	42.06	41.22	39.54	35.93	40.09	43.68
皮革毛皮羽绒及其制品业	Leather, Furs, Down and Related Products	32.86	42.88	20.62	18.09	24.31	24.07
木材加工及竹藤棕草制品业	Timber Processing,Bamboo,Cane, Palm Fiber & Straw Products	25.40	25.88	25.95	28.40	24.39	27.90
家具制造业	Furniture Manufacturing	12.27	13.16	27.25	27.22	9.29	10.86
造纸及纸制品业	Papermaking and Paper Products	141.11	169.06	167.82	167.70	183.73	192.88
印刷业记录媒介的复制	Printing and Record Medium Reproduction	29.71	31.19	29.83	27.76	24.31	26.89
文教体育用品制造业	Cultural, Educational and Sports Articles	6.87	7.09	9.40	11.38	16.43	17.28
石油加工及炼焦业	Petroleum Processing and Coking	188.18	156.06	165.76	182.41	192.32	207.46
化学原料及制品制造业	Raw Chemical Materials and Chemical Products	932.95	1028.05	1250.53	1147.76	1053.29	1058.15
医药制造业	Medical and Pharmaceutical Products	98.98	107.46	85.59	79.83	76.75	76.88
化学纤维制造业	Chemical Fiber	88.67	92.78	99.70	111.38	150.11	158.75
橡胶制品业	Rubber Products	51.20	53.80	68.08	70.54	81.42	76.76
塑料制品业	Plastic Products	74.89	71.36	81.72	97.32	97.84	93.90
非金属矿物制品业	Nonmetal Mineral Products	573.96	599.61	592.51	608.08	649.10	660.71
黑色金属冶炼及压延加工业	Smelting and Pressing of Ferrous Metals	884.55	905.36	919.20	934.16	936.63	1004.72
有色金属冶炼及压延加工业	Smelting and Pressing of Nonferrous Metals	373.37	425.61	454.20	513.52	538.60	608.07
金属制品业	Metal Products	105.93	113.51	135.94	140.98	142.89	160.61
普通机械制造业	Ordinary Machinery	164.23	136.30	145.76	149.74	156.25	137.27
专用设备制造业	Equipment for Special Purposes	89.52	97.67	85.72	73.93	78.71	80.67
交通运输设备制造业	Transportation Equipment	125.80	154.63	161.21	201.23	201.55	170.74
电气机械及器材制造业	Electric Equipment and Machinery	59.30	64.96	61.61	74.55	79.07	78.10
电子及通信设备制造业	Electronic and Telecommunications Equipment	38.90	38.64	42.48	69.72	85.24	105.66
仪器仪表文化办公用机械	Instruments,Meters,Cultural and Office Machinery	20.98	17.12	21.75	16.74	18.40	21.30
其他制造业	Other Manufacturing Industry	76.52	104.55	106.80	159.48	135.24	193.44
电力煤气及水生产供应业	**Electric Power, Gas and Water Production and Supply**	**1401.11**	**1666.05**	**1731.68**	**1904.09**	**1801.55**	**2044.95**
电力蒸汽热水生产供应业	Production and Supply of Electric Power, Steam and Hot Water	1282.82	1539.76	1604.01	1760.20	1646.46	1874.58
煤气的生产和供应业	Production and Supply of Gas	10.12	10.83	10.94	13.22	26.31	28.03
自来水的生产和供应业	Production and Supply of Tap Water	108.17	115.46	116.73	130.67	128.78	142.34
建筑业	**Construction**	**149.69**	**159.62**	**181.84**	**117.41**	**188.84**	**142.34**
交通运输、仓储及邮电通信业	**Transportation, Storage, Postal & Telecommunications Services**	**164.04**	**182.30**	**197.88**	**255.88**	**255.63**	**254.78**
批发和零售贸易餐饮业	**Wholesale, Retail Trade and Catering Services**	**179.19**	**199.47**	**223.14**	**265.13**	**293.35**	**342.82**
其他行业	**Others**	**386.95**	**234.20**	**365.43**	**357.40**	**506.67**	**591.42**
生活消费	**Residential Consumption**	**866.97**	**1005.58**	**1133.04**	**1253.15**	**1324.50**	**1480.78**

5-15 分地区能源消费总量

TOTAL ENERGY CONSUMPTION BY REGION

单位：万吨标准煤 (10 000 tce)

地 区	Region	1991	1995	1996	1997	1998	1999
北 京	Beijing	2709	3518	3663	3833	3913	3986
天 津	Tianjin	2071	2569	2500	2459	2445	2553
河 北	Hebei	6124	8990	8938	9033	9151	9379
山 西	Shanxi	4710	8413	6848	6983	6626	6501
内蒙古	Inner Mongolia	2424	2632	2822	3374	3050	3803
辽 宁	Liaoning	7856	9671	9738	9474	9106	9384
吉 林	Jilin	3523	4109	4175	4333	3751	3693
黑龙江	Heilongjiang	5285	5935	5869	6435	5975	6058
上 海	Shanghai	3175	4466	4782	4759	4874	5208
江 苏	Jiangsu	5509	8047	8111	7991	8118	8164
浙 江	Zhejiang	2580	4580	4853	5069	5222	5457
安 徽	Anhui	2761	4194	4516	4405	4575	4683
福 建	Fujian	1451	2280	2452	2536	2579	2772
江 西	Jiangxi	1732	2392	2155	2132	2028	2134
山 东	Shandong	6830	8780	9163	9154	9012	9068
河 南	Henan	5206	6473	6654	6711	7244	7380
湖 北	Hubei	3997	5655	5998	6109	6046	5988
湖 南	Hunan	3821	5426	5473	4808	4894	4087
广 东	Guangdong	4065	7345	7746	7953	8376	8735
广 西	Guangxi	1309	2384	2422	2605	2438	2473
海 南	Hainan	121	303	345	390	407	431
重 庆	Chongqing				2656	3277	3689
四 川	Sichuan	6353	9525	9442	6628	6750	6370
贵 州	Guizhou	2133	3183	3690	3960	4315	4018
云 南	Yunnan	1954	2641	2768	3429	3364	3288
陕 西	Shaanxi	2239	3134	3525	3111	3022	2668
甘 肃	Gansu	2172	2738	2803	2581	2687	2917
青 海	Qinghai	507	688	698	707	739	939
宁 夏	Ningxia	707	759	801	805	827	848
新 疆	Xinjiang	2063	2830	3224	3230	3280	3215

注 1.1996年以前重庆包括在四川省内。

2. 由于折算系的不同，故各地区相加数与全国数不等，以下同。

1. Prior to 1996, the consumption for Chongqing was included in Sichuan.

2. As the conversion factors, the sum of the data by region is not equal to the total . The same as in the following tables.

5-16 分地区煤炭消费量

COAL CONSUMPTION BY REGION

单位：万吨 (10 000 tn)

地 区 Region	1991	1995	1996	1997	1998	1999
北 京 Beijing	2413	2692	2727	2581	2678	2651
天 津 Tianjin	1788	2428	2286	2324	2325	2289
河 北 Hebei	7875	10983	11383	11507	11416	11642
山 西 Shanxi	7659	15015	15402	14674	15281	13756
内蒙古 Inner Mongolia	3953	4420	4886	5800	5282	5525
辽 宁 Liaoning	8252	9363	9308	9035	8682	8462
吉 林 Jilin	4015	4816	5137	4970	4182	4243
黑龙江 Heilongjiang	6517	6188	5991	6674	5963	5687
上 海 Shanghai	2742	3944	4086	4208	4187	4225
江 苏 Jiangsu	6223	8936	8833	8491	8571	8714
浙 江 Zhejiang	2486	4231	4591	4723	4653	4774
安 徽 Anhui	3428	4965	5293	5073	5383	5513
福 建 Fujian	1307	1677	1835	1708	1790	1987
江 西 Jiangxi	2266	3039	2706	2542	2408	2435
山 东 Shandong	7256	9759	9994	9863	9922	9955
河 南 Henan	6099	7960	8205	7975	8063	8299
湖 北 Hubei	3343	5404	5664	5904	5911	5993
湖 南 Hunan	3956	5591	5805	4703	4785	3618
广 东 Guangdong	2991	4941	5079	5051	5087	5284
广 西 Guangxi	1562	2330	2345	2142	2106	2117
海 南 Hainan	68	168	149	138	169	179
重 庆 Chongqing				2735	2849	3051
四 川 Sichuan	6646	8909	9227	6064	5900	4862
贵 州 Guizhou	2709	3946	4832	5176	5522	5028
云 南 Yunnan	2194	2765	3044	3295	3162	2960
陕 西 Shaanxi	2728	3779	4098	3590	3509	2998
甘 肃 Gansu	1858	2547	2619	2374	2374	2395
青 海 Qinghai	471	462	493	550	538	637
宁 夏 Ningxia	885	1079	1111	1093	1087	1042
新 疆 Xinjiang	1835	2448	2771	2589	2604	2580

5-17 分地区焦炭消费量

COKE CONSUMPTION BY REGION

单位：万吨 (10 000 tn)

地 区	Region	1991	1995	1996	1997	1998	1999
北 京	Beijing	231.43	500.71	501.34	480.18	482.50	441.30
天 津	Tianjin	137.06	149.45	131.02	135.39	133.42	142.15
河 北	Hebei	559.47	1135.79	1011.67	1083.44	1085.49	1166.91
山 西	Shanxi	835.68	1287.03	1328.76	1312.97	1246.33	1231.53
内蒙古	Inner Mongolia	234.93	339.33	337.06	326.63	282.68	275.71
辽 宁	Liaoning	889.23	987.59	887.66	872.16	891.26	878.65
吉 林	Jilin	144.01	176.22	161.44	192.75	172.89	171.81
黑龙江	Heilongjiang	102.34	107.24	106.29	107.00	96.09	90.11
上 海	Shanghai	452.82	716.47	659.76	653.81	678.39	699.95
江 苏	Jiangsu	228.42	362.02	388.38	344.59	369.87	369.13
浙 江	Zhejiang	85.46	127.76	129.66	111.81	108.98	98.06
安 徽	Anhui	260.36	440.72	462.98	482.68	514.63	529.30
福 建	Fujian	53.84	78.54	80.07	80.80	93.57	107.90
江 西	Jiangxi	157.25	187.87	190.73	179.74	197.01	198.15
山 东	Shandong	317.53	356.92	407.02	404.06	306.34	334.36
河 南	Henan	231.86	393.19	357.84	307.93	404.39	400.47
湖 北	Hubei	381.79	491.15	528.73	557.29	550.68	557.64
湖 南	Hunan	248.75	293.03	292.19	312.05	321.38	314.46
广 东	Guangdong	104.80	131.88	139.73	159.80	162.23	165.50
广 西	Guangxi	111.38	184.16	163.85	167.95	166.51	161.82
海 南	Hainan	3.21	1.61	1.61	1.18	0.67	2.51
重 庆	Chongqing				120.42	189.92	149.78
四 川	Sichuan	506.54	754.07	763.78	575.54	541.30	447.25
贵 州	Guizhou	133.01	201.71	186.98	242.25	219.21	237.43
云 南	Yunnan	253.19	370.85	382.54	394.07	405.88	387.89
陕 西	Shaanxi	98.43	304.04	278.12	292.64	233.37	191.39
甘 肃	Gansu	88.75	133.65	137.96	152.10	144.57	168.18
青 海	Qinghai	2.57	22.73	12.90	13.11	13.00	12.81
宁 夏	Ningxia	20.88	20.92	20.55	29.36	11.96	28.91
新 疆	Xinjiang	58.90	73.81	80.06	74.55	78.77	74.00

5-18 分地区原油消费量

CRUDE OIL CONSUMPTION BY REGION

单位：万吨 (10 000 tn)

地 区	Region	1991	1995	1996	1997	1998	1999
北 京	Beijing	680.98	654.66	690.05	694.79	644.50	724.05
天 津	Tianjin	404.92	488.38	494.34	574.69	534.62	604.07
河 北	Hebei	312.97	498.50	535.60	596.04	664.60	694.50
山 西	Shanxi						
内蒙古	Inner Mongolia	0.61	87.30	100.30	113.27	115.05	126.31
辽 宁	Liaoning	2387.08	2516.42	2692.74	3054.26	2982.66	3364.49
吉 林	Jilin	470.15	493.30	532.55	659.36	671.33	708.37
黑龙江	Heilongjiang	997.15	1204.34	1288.88	1419.41	1418.56	1517.62
上 海	Shanghai	828.27	976.04	995.53	1018.50	1001.35	1150.06
江 苏	Jiangsu	823.47	1010.80	1045.96	1106.91	1126.52	1183.92
浙 江	Zhejiang	243.68	575.02	618.67	692.34	690.92	785.80
安 徽	Anhui	257.34	277.04	302.73	300.90	285.99	292.83
福 建	Fujian		225.02	250.05	285.01	279.08	291.33
江 西	Jiangxi	155.1	230.56	231.46	249.47	251.56	283.56
山 东	Shandong	1170.34	1347.92	1425.66	1528.57	1448.99	1477.60
河 南	Henan	222.79	401.96	398.06	447.82	486.66	560.52
湖 北	Hubei	508.55	511.36	562.31	594.91	500.35	578.65
湖 南	Hunan	322.11	348.87	347.01	359.20	356.98	481.58
广 东	Guangdong	912.94	1226.95	1287.18	1388.73	1377.42	1573.96
广 西	Guangxi	5.88	42.44	49.25	50.87	57.51	57.45
海 南	Hainan		0.01	0.01	0.01	1.10	6.39
重 庆	Chongqing						
四 川	Sichuan	16.68	30.60	33.48	33.94	37.31	38.89
贵 州	Guizhou						
云 南	Yunnan		32.16		42.05	49.00	50.19
陕 西	Shaanxi	60.99	153.94	197.21	291.22	342.20	446.03
甘 肃	Gansu	473.83	673.37	708.10	785.79	803.95	794.09
青 海	Qinghai	31.64	83.96	60.13	51.68	55.48	59.12
宁 夏	Ningxia	11.62	67.86	68.56	83.74	87.59	92.62
新 疆	Xinjiang	483.73	727.61	836.75	943.71	1024.03	1005.45

5-19 分地区燃料油消费量

FUEL OIL CONSUMPTION BY REGION

单位：万吨 (10 000 tn)

地区	Region	1991	1995	1996	1997	1998	1999
北京	Beijing	228.49	196.20	229.55	199.95	155.40	114.40
天津	Tianjin	227.88	155.73	112.72	97.69	101.80	102.17
河北	Hebei	46.18	54.66	50.48	52.35	41.89	52.01
山西	Shanxi	12.61	13.15	12.51	13.79	12.74	12.67
内蒙古	Inner Mongolia	25.54	15.91	12.98	17.18	17.24	19.94
辽宁	Liaoning	642.38	499.65	462.46	430.53	352.71	294.11
吉林	Jilin	101.07	75.76	84.45	63.27	79.16	64.67
黑龙江	Heilongjiang	235.48	187.51	157.96	156.35	163.49	181.74
上海	Shanghai	434.28	364.71	358.44	377.84	366.48	350.45
江苏	Jiangsu	189.98	161.95	168.86	148.62	185.03	191.85
浙江	Zhejiang	102.20	106.47	122.76	110.81	109.12	138.08
安徽	Anhui	42.37	47.02	47.16	53.06	50.08	52.37
福建	Fujian	15.53	31.80	34.21	31.55	45.11	50.95
江西	Jiangxi	23.38	26.70	27.37	38.20	36.59	39.93
山东	Shandong	248.43	309.90	322.39	292.25	258.95	281.31
河南	Henan	38.95	52.89	31.86	38.81	49.21	51.26
湖北	Hubei	132.31	125.26	158.41	168.91	142.98	162.43
湖南	Hunan	53.08	56.39	53.03	54.74	51.41	42.74
广东	Guangdong	365.54	647.19	729.97	722.29	834.06	877.40
广西	Guangxi	8.08	13.57	11.61	9.01	10.39	7.32
海南	Hainan	0.51	4.19	5.33	6.02	6.30	11.08
重庆	Chongqing					0.09	1.58
四川	Sichuan	6.92	11.41	11.78	9.56	11.63	13.32
贵州	Guizhou	4.77	5.34	5.46	6.58	6.10	8.49
云南	Yunnan	1.80	2.80	2.52	1.76	3.37	6.45
陕西	Shaanxi	22.40	28.19	30.03	31.41	56.82	60.45
甘肃	Gansu	62.59	76.48	72.07	74.80	69.02	69.22
青海	Qinghai	10.72	14.96	10.99	9.06	8.78	3.12
宁夏	Ningxia	23.70	27.67	26.71	29.90	28.38	33.13
新疆	Xinjiang	89.95	117.03	121.19	108.94	91.56	56.65

5-20 分地区汽油消费量

GASOLINE OIL CONSUMPTION BY REGION

单位：万吨 (10 000 tn)

地区	Region	1991	1995	1996	1997	1998	1999
北京	Beijing	56.56	75.41	73.85	72.60	83.19	92.70
天津	Tianjin	37.12	74.85	86.41	95.75	81.76	70.74
河北	Hebei	96.55	132.24	140.28	135.07	133.63	131.86
山西	Shanxi	70.95	97.51	93.15	90.69	90.77	89.28
内蒙古	Inner Mongolia	33.50	49.62	59.41	70.99	61.13	55.85
辽宁	Liaoning	103.06	119.75	79.85	79.14	74.67	75.11
吉林	Jilin	55.58	82.71	101.09	92.67	90.82	89.96
黑龙江	Heilongjiang	93.33	184.44	174.63	154.27	161.93	206.73
上海	Shanghai	49.96	78.84	83.04	96.92	106.07	116.06
江苏	Jiangsu	90.94	164.07	176.54	170.80	187.84	189.73
浙江	Zhejiang	58.33	123.96	133.47	146.36	160.23	178.33
安徽	Anhui	44.10	58.38	57.00	57.42	64.24	66.45
福建	Fujian	39.50	69.47	79.82	80.55	87.44	92.35
江西	Jiangxi	42.31	42.06	36.08	41.10	46.19	54.01
山东	Shandong	123.82	192.85	194.15	221.65	198.53	169.81
河南	Henan	86.93	142.55	145.07	120.42	136.53	118.94
湖北	Hubei	110.45	152.36	163.17	171.98	157.67	159.03
湖南	Hunan	55.24	104.37	108.14	103.20	106.70	104.30
广东	Guangdong	141.59	281.73	263.71	262.94	282.32	288.47
广西	Guangxi	33.19	41.32	49.52	44.54	59.44	64.59
海南	Hainan	11.98	20.88	24.35	27.22	28.69	29.34
重庆	Chongqing				32.82	59.55	62.92
四川	Sichuan	78.24	124.38	128.65	100.03	120.34	143.65
贵州	Guizhou	46.07	52.00	42.84	43.42	44.72	39.19
云南	Yunnan	53.71	64.92	69.54	72.88	76.93	81.23
陕西	Shaanxi	46.49	82.39	90.94	95.25	92.73	94.06
甘肃	Gansu	36.98	55.57	58.44	63.21	70.32	81.70
青海	Qinghai	12.49	17.98	18.88	20.84	17.72	17.61
宁夏	Ningxia	9.88	10.71	9.75	10.14	10.34	10.50
新疆	Xinjiang	69.32	101.89	104.30	97.37	99.26	86.22

5-21 分地区煤油消费量

KEROSENE OIL CONSUMPTION BY REGION

单位：万吨 (10 000 tn)

地　区	Region	1991	1995	1996	1997	1998	1999
北　京	Beijing	43.17	65.84	85.67	88.63	91.31	110.38
天　津	Tianjin	1.96	3.79	5.09	6.15	6.10	6.12
河　北	Hebei	3.69	3.50	3.41	3.49	3.86	3.36
山　西	Shanxi	2.33	2.65	6.68	6.30	6.27	6.34
内蒙古	Inner Mongolia	1.48	0.40	0.89	0.40	0.70	0.30
辽　宁	Liaoning	6.13	11.56	12.91	13.74	20.25	21.01
吉　林	Jilin	1.28	2.55	2.75	2.83	2.98	3.20
黑龙江	Heilongjiang	2.46	5.17	3.80	6.14	5.70	10.64
上　海	Shanghai	20.53	37.56	39.83	46.68	55.84	58.83
江　苏	Jiangsu	12.65	8.61	9.25	16.86	16.67	19.92
浙　江	Zhejiang	6.59	7.29	7.92	10.08	10.70	10.86
安　徽	Anhui	8.55	5.36	3.22	1.86	3.07	7.80
福　建	Fujian	3.23	4.63	6.62	5.14	6.75	7.43
江　西	Jiangxi	5.31	3.19	3.06	2.55	2.37	2.38
山　东	Shandong	11.38	23.51	30.22	37.18	52.28	48.68
河　南	Henan	7.77	16.42	16.06	18.17	17.37	15.85
湖　北	Hubei	12.15	14.93	15.89	16.74	19.79	20.38
湖　南	Hunan	7.54	9.77	8.81	8.48	7.97	7.86
广　东	Guangdong	31.62	56.04	56.11	64.75	65.69	66.94
广　西	Guangxi	6.14	5.60	5.36	3.34	3.59	3.75
海　南	Hainan	1.27	11.01	13.15	14.54	16.18	22.10
重　庆	Chongqing				7.78	8.26	8.43
四　川	Sichuan	20.55	24.17	26.82	28.75	33.48	36.04
贵　州	Guizhou	4.90	7.49	7.38	7.73	8.62	8.88
云　南	Yunnan	5.84	9.15	11.70	14.90	16.78	19.43
陕　西	Shaanxi	8.11	17.26	18.97	18.90	25.85	26.67
甘　肃	Gansu	3.10	3.17	3.25	3.96	3.99	3.34
青　海	Qinghai	1.00	0.07	0.18	0.14	0.13	0.08
宁　夏	Ningxia	0.33	0.42	0.03	0.01	0.06	0.04
新　疆	Xinjiang	4.62	16.10	18.68	18.39	19.45	18.44

5-22 分地区柴油消费量

DIESEL OIL CONSUMPTION BY REGION

单位：万吨 (10 000 tn)

地 区	Region	1991	1995	1996	1997	1998	1999
北 京	Beijing	47.99	51.29	48.57	52.69	64.85	70.69
天 津	Tianjin	73.78	65.59	90.33	113.78	135.95	175.15
河 北	Hebei	136.67	189.91	165.42	166.95	171.13	181.14
山 西	Shanxi	50.31	63.22	64.27	78.75	78.77	79.90
内蒙古	Inner Mongolia	34.55	44.05	45.05	49.79	41.99	46.46
辽 宁	Liaoning	138.48	143.49	142.39	152.43	146.35	143.09
吉 林	Jilin	51.39	67.14	65.53	75.46	99.69	88.47
黑龙江	Heilongjiang	147.00	225.79	201.84	254.03	261.88	349.24
上 海	Shanghai	99.59	122.67	187.38	198.26	217.79	252.24
江 苏	Jiangsu	179.46	223.50	253.84	242.62	265.40	291.31
浙 江	Zhejiang	130.78	283.72	308.30	334.12	369.50	401.39
安 徽	Anhui	78.27	108.06	123.08	120.45	130.09	137.66
福 建	Fujian	62.27	156.91	175.34	174.96	184.34	198.76
江 西	Jiangxi	45.43	57.83	67.46	62.60	84.54	95.47
山 东	Shandong	226.65	309.78	314.40	349.09	298.56	288.22
河 南	Henan	137.34	134.81	141.50	137.41	147.04	154.23
湖 北	Hubei	165.66	209.11	219.47	232.06	211.12	215.80
湖 南	Hunan	88.57	104.92	104.85	105.23	108.32	119.55
广 东	Guangdong	276.71	597.66	599.50	547.19	646.47	763.15
广 西	Guangxi	55.45	72.43	69.49	73.27	102.31	100.69
海 南	Hainan	9.92	38.99	45.33	41.59	43.44	44.53
重 庆	Chongqing				38.24	57.54	61.15
四 川	Sichuan	72.52	101.97	106.29	79.91	136.78	161.61
贵 州	Guizhou	27.46	29.82	32.39	33.82	37.82	52.62
云 南	Yunnan	34.61	46.89	49.79	51.08	52.50	53.96
陕 西	Shaanxi	46.29	72.52	79.62	93.86	86.73	90.41
甘 肃	Gansu	38.56	73.04	76.54	77.45	69.73	63.70
青 海	Qinghai	9.40	12.83	12.52	10.27	10.95	17.93
宁 夏	Ningxia	9.03	9.75	10.26	11.39	12.75	11.22
新 疆	Xinjiang	88.75	119.35	127.17	125.06	131.59	131.78

5-23 分地区天然气消费量

NATURAL GAS CONSUMPTION BY REGION

单位：亿立方米 (100 million cu.m)

地 区 Region	1991	1995	1996	1997	1998	1999
北 京 Beijing	0.83	1.16	1.44	1.81	3.74	7.58
天 津 Tianjin	2.45	3.93	3.85	2.92	2.94	3.09
河 北 Hebei	6.07	6.89	7.31	6.45	6.62	6.79
山 西 Shanxi	0.60	0.47	0.49	0.92	1.04	1.09
内蒙古 Inner Mongolia						
辽 宁 Liaoning	20.42	21.12	19.62	20.75	18.89	18.75
吉 林 Jilin	0.98	1.83	2.10	2.95	3.22	3.04
黑龙江 Heilongjiang	22.47	25.91	23.32	23.40	23.30	22.35
上 海 Shanghai						1.09
江 苏 Jiangsu	0.38	0.19	0.14	0.12	0.17	0.22
浙 江 Zhejiang						
安 徽 Anhui						
福 建 Fujian						
江 西 Jiangxi						
山 东 Shandong	14.44	12.85	11.47	7.53	6.56	3.52
河 南 Henan	10.73	9.37	8.96	9.50	9.27	10.54
湖 北 Hubei	0.58	0.76	0.71	0.66	0.82	0.92
湖 南 Hunan						
广 东 Guangdong		1.02	0.91	2.17	2.20	1.71
广 西 Guangxi						
海 南 Hainan			2.38	5.11	5.58	5.10
重 庆 Chongqing				25.75	23.99	29.92
四 川 Sichuan	57.51	68.92	72.81	52.14	56.84	58.67
贵 州 Guizhou	4.74	5.08	4.49	4.98	5.56	6.22
云 南 Yunnan	4.53	4.71	5.82	5.67	4.89	5.10
陕 西 Shaanxi	0.07	0.38	0.15	0.62	1.92	3.47
甘 肃 Gansu	0.26	0.62	0.60	0.64	2.14	0.14
青 海 Qinghai	0.39	0.64	1.23	2.20	2.68	3.47
宁 夏 Ningxia	0.07	0.15	0.11	0.03	0.11	0.12
新 疆 Xinjiang	5.02	11.48	14.06	19.34	20.29	22.29

5-24 分地区电力消费量

ELECTRICITY CONSUMPTION BY REGION

单位：亿千瓦小时 (100 million kwh)

地 区	Region	1991	1995	1996	1997	1998	1999
北 京	Beijing	174.13	261.74	277.40	302.97	318.18	344.13
天 津	Tianjin	124.15	178.99	187.51	194.09	182.42	211.19
河 北	Hebei	354.16	602.68	630.29	670.71	682.65	745.72
山 西	Shanxi	255.47	399.16	431.22	446.01	440.31	459.34
内蒙古	Inner Mongolia	121.82	186.83	202.15	211.61	189.56	236.77
辽 宁	Liaoning	462.19	622.81	661.12	711.41	674.55	756.11
吉 林	Jilin	190.77	267.60	274.30	287.80	270.58	295.46
黑龙江	Heilongjiang	296.38	409.38	380.22	429.83	407.93	422.58
上 海	Shanghai	264.74	403.27	430.40	454.26	482.94	501.20
江 苏	Jiangsu	411.81	684.80	748.57	777.63	786.02	848.74
浙 江	Zhejiang	230.29	439.59	479.34	511.45	547.78	611.67
安 徽	Anhui	185.67	288.97	308.10	315.65	309.19	312.96
福 建	Fujian	136.66	261.28	284.88	310.19	321.92	355.26
江 西	Jiangxi	127.65	181.21	190.22	186.08	188.00	193.91
山 东	Shandong	448.69	741.07	796.76	855.54	792.89	805.47
河 南	Henan	338.17	571.48	613.67	653.26	649.88	672.09
湖 北	Hubei	281.33	414.99	430.01	444.85	454.52	487.65
湖 南	Hunan	226.73	374.76	351.97	355.39	368.50	376.74
广 东	Guangdong	359.00	787.66	857.68	918.85	987.85	1086.24
广 西	Guangxi	125.58	220.77	241.73	266.95	273.58	289.06
海 南	Hainan	13.96	32.00	32.81	34.60	36.69	38.65
重 庆	Chongqing				177.28	285.84	303.04
四 川	Sichuan	350.23	582.85	620.14	466.25	453.19	462.26
贵 州	Guizhou	103.21	203.70	224.37	225.87	249.90	274.22
云 南	Yunnan	124.55	223.71	252.39	263.90	270.33	296.70
陕 西	Shaanxi	170.29	239.68	254.53	262.62	256.86	273.63
甘 肃	Gansu	177.84	241.06	247.81	260.72	259.59	291.58
青 海	Qinghai	42.21	69.02	72.06	87.68	94.35	107.24
宁 夏	Ningxia	55.02	92.38	100.39	102.44	106.95	115.32
新 疆	Xinjiang	69.99	119.67	136.03	150.58	157.76	169.30

5-25 分地区农村非商品能源生活消费情况（沼气）

NON COMMERCIAL ENERGY CONSUMPTION FOR RURAL RESIDENTIAL BY REGION (BIOGAS)

地 区 Region	实物（万立方米） Physical Unit (10^4cu.m)		标准煤(万吨) Coal Equivalent Unit (10^4tce)	
	1998	1999	1998	1999
全国总计 National	**167189.3**	**200370.7**	**118.9**	**143.1**
北 京 Beijing	2342.9	890.4	1.7	0.6
天 津 Tianjin	351.9	75.1	0.3	0.1
河 北 Hebei	3903.2	4537.9	2.4	3.2
山 西 Shanxi	355.0	774.2	0.3	0.6
内蒙古 Inner Mongolia	58.0	56.3		
辽 宁 Liaoning	5367.4	5610.5	3.8	4.0
吉 林 Jilin	254.9	439.7	0.2	0.3
黑龙江 Heilongjiang	1.8	2.0		
上 海 Shanghai				
江 苏 Jiangsu	7261.0	7852.1	5.2	5.6
浙 江 Zhejiang	2151.9	2116.2	1.5	1.5
安 徽 Anhui	2330.8	2816.7	1.7	2.0
福 建 Fujian		1470.2		1.1
江 西 Jiangxi	9356.0	20324.9	6.7	14.5
山 东 Shandong	8519.6	8975.8	6.1	6.4
河 南 Henan	1829.0	2302.0	1.3	1.7
湖 北 Hubei	16599.8	17324.7	11.9	12.4
湖 南 Hunan	21022.3	23375.3	15.0	16.7
广 东 Guangdong	6630.3	7126.7	4.7	5.1
广 西 Guangxi	15407.2	27589.8	11.0	19.7
海 南 Hainan	755.0	861.1	0.6	0.6
重 庆 Chongqing	7001.4	7311.6	5.0	5.2
四 川 Sichuan	39455.1	35935.3	28.2	25.7
贵 州 Guizhou	1156.2	1041.4	0.8	0.8
云 南 Yunnan	10863.6	17512.2	7.8	12.5
西 藏 Tibet				
陕 西 Shaanxi	3198.5	3087.7	2.3	2.2
甘 肃 Gansu	1002.1	925.8	0.7	0.7
青 海 Qinghai				
宁 夏 Ningxia	14.4	35.1		
新 疆 Xinjiang	0.2	0.1		

资料来源：农业部
Source: Ministry of Agriculture, P.R.China.

5-26 分地区农村非商品能源生活消费情况（秸杆）

NON COMMERCIAL ENERGY CONSUMPTION FOR RURAL RESIDENTIAL BY REGION (STALKS)

地 区 Region	实物（万吨） Physical Unit (10^4cu.m)		标准煤(万吨） Coal Equivalent Unit (10^4tce)	
	1998	1999	1998	1999
全国总计 National	**28623.9**	**29143.1**	**12279.7**	**12502.4**
北 京 Beijing	156.5	151.8	67.1	65.1
天 津 Tianjin	250.0	214.4	107.3	92.0
河 北 Hebei	1817.5	1738.5	779.7	745.8
山 西 Shanxi	631.5	307.5	270.9	131.9
内蒙古 Inner Mongolia	860.4	861.2	369.1	369.4
辽 宁 Liaoning	1279.8	1312.0	549.0	562.9
吉 林 Jilin	1082.2	1140.1	464.3	489.1
黑龙江 Heilongjiang	1781.6	2399.3	764.3	1029.3
上 海 Shanghai				
江 苏 Jiangsu	3113.4	3125.2	1335.7	1340.7
浙 江 Zhejiang	619.2	543.0	265.6	233.0
安 徽 Anhui	2026.2	2193.3	869.2	940.9
福 建 Fujian	307.0	39.1	131.7	16.8
江 西 Jiangxi	790.4	516.1	339.1	221.4
山 东 Shandong	3345.8	3377.8	1435.4	1449.1
河 南 Henan	1881.2	1831.3	807.0	785.6
湖 北 Hubei	1714.2	1697.8	735.4	728.3
湖 南 Hunan	918.4	844.2	394.0	362.2
广 东 Guangdong	638.3	746.7	273.8	320.3
广 西 Guangxi	923.9	890.5	396.4	382.0
海 南 Hainan	152.8	911.6	65.5	391.1
重 庆 Chongqing	527.0	639.7	226.1	274.4
四 川 Sichuan	1584.4	1514.5	679.7	649.7
贵 州 Guizhou	278.1	299.9	119.3	128.7
云 南 Yunnan	181.8	298.3	78.0	128.0
西 藏 Tibet				
陕 西 Shaanxi	582.5	538.2	249.9	230.9
甘 肃 Gansu	566.1	590.9	242.9	253.5
青 海 Qinghai	127.5	122.0	54.7	52.3
宁 夏 Ningxia	80.8	80.8	34.7	34.7
新 疆 Xinjiang	405.4	217.7	173.9	93.4

资料来源：农业部
Source: Ministry of Agriculture, P.R.China.

5-27 分地区农村非商品能源生活消费情况（薪柴）

NON COMMERCIAL ENERGY CONSUMPTION FOR RURAL RESIDENTIAL BY REGION (FIREWOOD)

地 区 Region	实物（万立方米） Physical Unit (10^4cu.m)		标准煤(万吨） Coal Equivalent Unit (10^4tce)	
	1998	1999	1998	1999
全国总计 National	**14712.6**	**13643.8**	**8400.9**	**7790.6**
北 京 Beijing	38.9	31.7	22.2	18.1
天 津 Tianjin	0.6	0.6	0.3	0.4
河 北 Hebei	834.1	740.5	476.3	422.9
山 西 Shanxi	194.1	75.2	110.9	43.0
内蒙古 Inner Mongolia	141.9	154.6	81.0	88.3
辽 宁 Liaoning	492.9	492.0	281.4	281.0
吉 林 Jilin	325.8	318.3	186.0	181.7
黑龙江 Heilongjiang	238.8	284.9	136.4	162.7
上 海 Shanghai				
江 苏 Jiangsu	197.6	228.0	112.8	130.2
浙 江 Zhejiang	749.5	767.0	428.0	437.9
安 徽 Anhui	607.6	657.3	346.9	375.3
福 建 Fujian	1079.0	32.6	616.1	18.6
江 西 Jiangxi	1538.8	587.9	878.6	335.7
山 东 Shandong	483.4	468.7	276.0	267.6
河 南 Henan	451.2	438.2	257.7	250.2
湖 北 Hubei	851.4	943.8	486.2	538.9
湖 南 Hunan	1253.4	1526.3	715.7	871.5
广 东 Guangdong	755.4	753.7	431.3	430.4
广 西 Guangxi	1052.9	1074.2	601.2	613.3
海 南 Hainan	11.4	274.4	6.5	156.7
重 庆 Chongqing	350.4	419.0	200.1	239.3
四 川 Sichuan	842.1	1028.7	480.9	587.4
贵 州 Guizhou	572.0	742.7	326.6	424.1
云 南 Yunnan	957.0	923.2	546.5	527.2
西 藏 Tibet				
陕 西 Shaanxi	437.8	423.3	250.0	241.7
甘 肃 Gansu	169.5	203.5	96.8	116.2
青 海 Qinghai		26.7		15.3
宁 夏 Ningxia				
新 疆 Xinjiang	85.1	27.0	48.6	15.4

资料来源：农业部

Source: Ministry of Agriculture, P.R.China.

六　地区能源平衡表

Chapter 6 Energy Balance Table by Region

6-1 北京能源平衡表(实物量)-1997

		煤合计 Coal Total 万吨 10^4 tn	原煤 Raw Coal 万吨 10^4 tn
一.可供本地区消费的能源量	**Total Primary Energy Supply**	**2604.95**	**2092.83**
1.一次能源生产量	Indigenous Production	1011.76	1011.76
2.回收能	Recovery of Energy		
3.外省(区.市)调入量	Moving In from Other Provinces	2135.73	1619.55
4.进 口 量	Import		
5.我轮.机在外国加油量	Chinese Airplanes & Ships in Refueling Abroad		
6.本省(区.市)调出量(-)	Sending Out to Other Provinces(-)	-356.22	-356.22
7.出 口 量(-)	Export(-)	-130.31	-130.31
8.外轮.机在我国加油量(-)	Foreign Airplanes & Ships in Refueling in China		
9.库存增(-)、减(+)量	Stock Change	-56.01	-51.95
二.加工转换投入(-)产出(+)量	**Input(-) & Output(+) of Transformation**	**-1310.21**	**-890.48**
1.火力发电	Thermal Power	-565.14	-562.28
2.供 热	Heating Supply	-230.08	-228.94
3.洗 选 煤	Coal Washing	11.83	-56.94
4.炼 焦	Coking	-528.49	-2.85
5.炼 油	Petroleum Refineries		
6.制 气	Gas Works	-0.26	-0.26
#焦炭再投入量(-)	Coke Input(-)		
7.煤制品加工	Briquettes	1.93	-39.21
三.损 失 量	**Loss**		
四.终端消费量	**Total Final Consumption**	**1313.03**	**1220.64**
1.农.林.牧.渔业	Farming, Forestry, Animal Husbandry, Fishery & Water Conservancy	4	4
2.工 业	Industry	657.63	605.54
#用作原料.材料	Non-Energy Use	33.43	33.43
3.建 筑 业	Construction	14.36	14.36
4.交通运输.仓储及邮电通迅业	Transportation, Storage, Postal &	11.33	11.33
5.批发和零售贸易业.餐饮业	Telecommunications Services Wholesale, Retail Trade and Catering Service	4.25	4.25
6.生活消费	Residential Consumption	345.46	305.16
城镇	Urban	151.46	111.16
乡村	Rural	194.00	194.00
7.其他	Other	24	24
五.平衡差额	**Statistical Difference**	**-18.29**	**-18.29**

ENERGY BALANCE OF BEIJING -1997 (PHYSICAL QUANTITY)

洗精煤 Cleaned Coal 万吨 10^4 tn	其他洗煤 Other Washed Coal 万吨 10^4 tn	型煤 Briquettes 万吨 10^4 tn	焦炭 Coke 万吨 10^4 tn	焦炉煤气 Coke Oven Gas 亿立方米 10^8 cu.m	其他煤气 Other Gas 亿立方米 10^8 cu.m	油品合计 Petroleum Products Total 万吨 10^4 tn	原油 Crude Oil 万吨 10^4 tn	汽油 Gasoline 万吨 10^4 tn
509.20	**1.46**		**85.89**			**676.68**	**694.50**	**-62.02**
516.18			128.41			894.64	694.76	6
						67.53		
						37.28		
			-39.32			-295.07		-121.76
						-1.65		
						-38.82		
-6.98	1.46		-3.20			12.77	-0.26	-0.26
-482.95	**11.04**	**41.14**	**392.09**	**17.18**	**3.10**	**-147.99**	**-669.30**	**127.06**
	-1.43			-0.09		-38.36	-3.43	
	-0.57			-0.96		-86.82	-8.99	
42.69	13.04							
-525.64			399.39	16.93				
						-11.64	-656.88	127.06
			-7.30	1.30	3.10	-11.17		
		41.14						
				0.52		**9.93**	**5.26**	**1.45**
26.25	**12.50**	**41.14**	**472.88**	**15.60**	**3.10**	**534.46**	**20.23**	**71.15**
						12.00		3.50
26.25	12.50	0.84	472.84	9.09	3.10	317.74	20.23	10.89
			19.05			213.00	20.23	
			0.03			12.95		4.68
			0.01			110.69		4.76
						4.69		3.59
		40.30		3.22		35.98		17.25
		40.30		3.22		35.89		17.25
						0.09		
				3.29		40.41		26.48
			5.10	**1.06**		**-15.70**	**-0.29**	**-7.56**

续表（北京－1997）

		煤油 Kerosene 万吨 10^4tn	柴油 Diesel Oil 万吨 10^4tn
一．可供本地区消费的能源量	**Total Primary Energy Supply**	**88.79**	**-61.96**
1．一次能源生产量	Indigenous Production		
2．回收能	Recovery of Energy		
3．外省(区．市)调入量	Moving In from Other Provinces	53.51	25.77
4．进 口 量	Import	67.53	
5．我轮．机在外国加油量	Chinese Airplanes & Ships in Refueling Abroad	37.28	
6．本省(区．市)调出量(－)	Sending Out to Other Provinces(-)	-40.84	-86.82
7．出 口 量(－)	Export(-)		
8．外轮．机在我国加油量(－)	Foreign Airplanes & Ships in Refueling in China	-22.16	
9．库存增(－)、减(＋)量	Stock Change	-6.53	-0.91
二．加工转换投入(－)产出(＋)量	**Input(-) & Output(+) of Transformation**	**0.64**	**108.54**
1．火力发电	Thermal Power		-0.59
2．供 热	Heating Supply		-0.06
3．洗 选 煤	Coal Washing		
4．炼 焦	Coking		
5．炼 油	Petroleum Refineries	0.64	109.19
6．制 气	Gas Works		
＃焦炭再投入量(－)	Coke Input(-)		
7．煤制品加工	Briquettes		
三．损 失 量	**Loss**		**0.33**
四．终端消费量	**Total Final Consumption**	**88.63**	**51.71**
1．农．林．牧．渔业	Farming, Forestry, Animal Husbandry, Fishery & Water Conservancy		8.50
2．工 业	Industry	0.55	9.62
＃用作原料．材料	Non-Energy Use		
3．建 筑 业	Construction	0.58	4.35
4．交通运输．仓储及邮电通迅业	Transportation, Storage, Postal &	87.27	18.07
5．批发和零售贸易业．餐饮业	Telecommunications Services Wholesale, Retail Trade and Catering Service	0.06	0.76
6．生活消费	Residential Consumption	0.17	3.32
城镇	Urban	0.08	3.32
乡村	Rural	0.09	
7．其他	Other		7.09
五．平衡差额	**Statistical Difference**	**0.80**	**-5.46**

Continued (Beijing-1997)

燃料油 Fuel Oil 万吨 10^4tn	液化石油气 PLG 万吨 10^4tn	炼厂干气 Refinery Gas 万吨 10^4tn	天然气 Natural Gas 亿立方米 10^8 cu.m	其他石油制品 Other Petroleum Products 万吨 10^4tn	其他焦化产品 Other Coking Products 万吨 10^4 tn	热力 Heat 万百万千焦 10^{10} kj	电力 Electricity 亿千瓦小时 10^8kwh	其他能源 Other Energy 万吨标煤 10^4tce
35.19	**-3.94**		**1.84**	**-13.88**	**1.24**		**167.71**	**163.54**
							9.19	
								163.54
58.00			1.84	2.60	2.09		163.86	
-25.00	-4.00			-16.65			-5.34	
				-1.65				
-16.66								
18.85	0.06			1.82	-0.85			
42.35	**32.02**	**3.61**		**207.09**	**19.85**	**8067.32**	**137.18**	**-29.44**
-34.34							137.18	-14.82
-73.85		-3.92				8067.32		-14.62
					19.85			
161.71	32.02	7.53		207.09				
-11.17								
1.81	**1.08**		**0.18**			**193.00**	**25.18**	
78.78	**26.93**	**3.61**	**1.63**	**193.42**	**21.15**	**7911.12**	**277.79**	**134.11**
							14.66	
75.19	7.57	3.61	0.27	190.08	21.15	5095.15	155.90	134.11
3.34				189.43	12.09			
				3.34		27.88	8.01	
0.59						6.71	8.85	
	0.28		0.31			2.63	20.21	
	15.24		0.81			972.50	26.47	
	15.24		0.81			972.50	19.67	
							6.80	
3.00	3.84		0.24			1806.25	43.69	
-3.05	**0.07**		**0.03**	**-0.21**	**-0.06**	**-36.80**	**1.92**	**-0.01**

6-1 北京能源平衡表(实物量)-1998

		煤合计 Coal Total 万吨 10^4 tn	原煤 Raw Coal 万吨 10^4 tn
一.可供本地区消费的能源量	**Total Primary Energy Supply**	**2639.51**	**2116.11**
1.一次能源生产量	Indigenous Production	989.46	989.46
2.回收能	Recovery of Energy		
3.外省(区.市)调入量	Moving In from Other Provinces	2062.87	1552.33
4.进 口 量	Import		
5.我轮.机在外国加油量	Chinese Airplanes & Ships in Refueling Abroad		
6.本省(区.市)调出量(-)	Sending Out to Other Provinces(-)	-281.21	-281.21
7.出 口 量(-)	Export(-)	-152.05	-152.05
8.外轮.机在我国加油量(-)	Foreign Airplanes & Ships in Refueling in China		
9.库存增(-)、减(+)量	Stock Change	20.44	7.58
二.加工转换投入(-)产出(+)量	**Input(-) & Output(+) of Transformation**	**-1328.63**	**-870.77**
1.火力发电	Thermal Power	-603.32	-597.56
2.供 热	Heating Supply	-187.14	-184.64
3.洗 选 煤	Coal Washing	7.57	-54.97
4.炼 焦	Coking	-543.72	-2.78
5.炼 油	Petroleum Refineries		
6.制 气	Gas Works	-2.99	-2.99
#焦炭再投入量(-)	Coke Input(-)		
7.煤制品加工	Briquettes	0.97	-27.83
三.损 失 量	**Loss**		
四.终端消费量	**Total Final Consumption**	**1347.54**	**1281.72**
1.农.林.牧.渔业	Farming, Forestry, Animal Husbandry, Fishery & Water Conservancy	39.80	39.80
2.工 业	Industry	723.81	686.49
#用作原料.材料	Non-Energy Use	14.85	14.85
3.建 筑 业	Construction	13.00	13.00
4.交通运输.仓储及邮电通迅业	Transportation, Storage, Postal &	25.14	25.14
5.批发和零售贸易业.餐饮业	Telecommunications Services Wholesale, Retail Trade and Catering Service		
6.生活消费	Residential Consumption	315.79	287.29
城镇	Urban	135.00	106.50
乡村	Rural	180.79	180.79
7.其他	Other	23	23
五.平衡差额	**Statistical Difference**	**-36.66**	**-36.38**

ENERGY BALANCE OF BEIJING -1998 (PHYSICAL QUANTITY)

洗精煤 Cleaned Coal 万吨 10^4 tn	其他洗煤 Other Washed Coal 万吨 10^4 tn	型煤 Briquettes 万吨 10^4 tn	焦炭 Coke 万吨 10^4 tn	焦炉煤气 Coke Oven Gas 亿立方米 10^8 cu.m	其他煤气 Other Gas 亿立方米 10^8 cu.m	油品合计 Petroleum Products Total 万吨 10^4 tn	原油 Crude Oil 万吨 10^4 tn	汽油 Gasoline 万吨 10^4 tn
526.74	**-1.67**		**76.28**			**660.16**	**645.05**	**-38.40**
518.86	-4.16		118.40			824.32	644.17	67.75
						56.50		
						35.90		
			-38.32			-239.05		-107.21
						-25.31		
7.88	2.49		-3.80			7.80	0.88	1.06
-498.14	**5.74**	**28.80**	**398.24**	**17.12**	**3.81**	**-139.65**	**-617.84**	**118.06**
	-2.88			-0.18		-34.56	-3.99	
	-1.25			-1.07		-88.56	-11.61	
42.80	9.87							
-540.94			406.22	17.78				
						-11.65	-602.24	118.06
			-7.98	0.59	3.81	-4.88		
		28.80						
				1.53		**4.69**	**1.49**	**0.94**
28.64	**4.19**	**28.80**	**474.52**	**15.38**	**2.97**	**524.81**	**25.17**	**82.25**
						13.93		3.53
28.64	4.19	0.30	474.52	9.69	2.97	288.58	25.17	11.46
			20.74			209.58	24.76	
						12.01		5.00
						113.73		4.00
						8.48		4.44
		28.50		2.76		40.11		20.70
		28.50		2.76		40.01		20.70
						0.10		
				2.93		47.97		33.12
-0.04	**-0.12**			**0.21**	**0.84**	**-8.99**	**0.55**	**-3.53**

续表（北京－1998）

		煤油 Kerosene 万吨 10^4tn	柴油 Diesel Oil 万吨 10^4tn
一. 可供本地区消费的能源量	**Total Primary Energy Supply**	**90.79**	**-54.04**
1. 一次能源生产量	Indigenous Production		
2. 回收能	Recovery of Energy		
3. 外省(区. 市)调入量	Moving In from Other Provinces	61.43	22.66
4. 进 口 量	Import	52.43	
5. 我轮. 机在外国加油量	Chinese Airplanes & Ships in Refueling Abroad	35.90	
6. 本省(区. 市)调出量(−)	Sending Out to Other Provinces(-)	-36.83	-8
7. 出 口 量(−)	Export(-)		
8. 外轮. 机在我国加油量(−)	Foreign Airplanes & Ships in Refueling in China	-25.31	
9. 库存增(−)、减(+)量	Stock Change	3.17	3.30
二. 加工转换投入(−)产出(+)量	**Input(-) & Output(+) of Transformation**		**114.70**
1. 火力发电	Thermal Power		-2.42
2. 供 热	Heating Supply		-0.01
3. 洗 选 煤	Coal Washing		
4. 炼 焦	Coking		
5. 炼 油	Petroleum Refineries		117.13
6. 制 气	Gas Works		
# 焦炭再投入量(−)	Coke Input(-)		
7. 煤制品加工	Briquettes		
三. 损 失 量	**Loss**		**0.31**
四. 终端消费量	**Total Final Consumption**	**91.31**	**62.11**
1. 农. 林. 牧. 渔业	Farming, Forestry, Animal Husbandry, Fishery & Water Conservancy		10.40
2. 工 业	Industry	0.41	11.27
# 用作原料. 材料	Non-Energy Use		
3. 建 筑 业	Construction	0.31	3.59
4. 交通运输. 仓储及邮电通迅业	Transportation, Storage, Postal &	90.39	19.30
5. 批发和零售贸易业. 餐饮业	Telecommunications Services Wholesale, Retail Trade and Catering Service	0.04	4.00
6. 生活消费	Residential Consumption	0.16	3.81
城镇	Urban	0.06	3.81
乡村	Rural	0.10	
7. 其他	Other		9.74
五. 平衡差额	**Statistical Difference**	**-0.52**	**-1.76**

Continued (Beijing-1998)

燃料油 Fuel Oil 万吨 10^4tn	液化石油气 PLG 万吨 10^4tn	炼厂干气 Refinery Gas 万吨 10^4tn	天然气 Natural Gas 亿立方米 10^8 cu.m	其他石油制品 Other Petroleum Products 万吨 10^4tn	其他焦化产品 Other Coking Products 万吨 10^4 tn	热力 Heat 万百万千焦 10^{10} kj	电力 Electricity 亿千瓦小时 10^8kwh	其他能源 Other Energy 万吨标煤 10^4tce
34.52	**-5.40**		**3.80**	**-12.36**	**1.36**		**172.38**	**184.69**
							9.23	
								184.69
28.00			3.80	0.31	1.96		167.97	
4.07								
	-4.80			-10.21			-4.82	
2.45	-0.60			-2.46				
16.10	**32.66**	**2.11**	**-0.63**	**194.56**	**19.66**	**7789.24**	**147.19**	**-40.56**
-28.15							147.19	-20.41
-71.63		-5.31	-0.63			7789.24		-20.15
					19.36			
120.76	32.66	7.42		194.56				
-4.88					0.30			
0.69	**1.26**		**0.54**			**201.00**	**26.70**	
50.05	**25.93**	**2.11**	**2.57**	**185.88**	**20.48**	**7789.24**	**291.48**	**144.13**
							14.14	
48.12	7.16	2.11	0.25	182.88	20.48	5110.30	157.68	144.13
1.98				182.84	20.39			
0.11				3.00			9.13	
0.04							9.01	
			0.61				23.71	
	15.44		1.24			1011.40	29.40	
	15.44		1.24			1011.40	22.05	
							7.35	
1.78	3.33		0.47			1667.54	48.41	
-0.12	**0.07**		**0.06**	**-3.68**	**0.54**	**-201.00**	**1.39**	

6-1 北京能源平衡表(实物量)-1999

		煤合计 Coal Total 万吨 10^4 tn	原煤 Raw Coal 万吨 10^4 tn
一.可供本地区消费的能源量	**Total Primary Energy Supply**	**2503.97**	**1991.28**
1.一次能源生产量	Indigenous Production	792.06	792.06
2.回收能	Recovery of Energy		
3.外省(区.市)调入量	Moving In from Other Provinces	2214.45	1700.00
4.进 口 量	Import		
5.我轮.机在外国加油量	Chinese Airplanes & Ships in Refueling Abroad		
6.本省(区.市)调出量(-)	Sending Out to Other Provinces(-)	-434.31	-434.31
7.出 口 量(-)	Export(-)	-92.03	-92.03
8.外轮.机在我国加油量(-)	Foreign Airplanes & Ships in Refueling in China		
9.库存增(-)、减(+)量	Stock Change	23.80	25.56
二.加工转换投入(-)产出(+)量	**Input(-) & Output(+) of Transformation**	**-1342.98**	**-875.13**
1.火力发电	Thermal Power	-614.45	-611.57
2.供 热	Heating Supply	-200.94	-199.98
3.洗 选 煤	Coal Washing	-3.75	-33.37
4.炼 焦	Coking	-522.02	-17.96
5.炼 油	Petroleum Refineries		
6.制 气	Gas Works	-2.08	-2.08
#焦炭再投入量(-)	Coke Input(-)		
7.煤制品加工	Briquettes	0.26	-10.17
三.损 失 量	**Loss**		
四.终端消费量	**Total Final Consumption**	**1307.69**	**1289.32**
1.农.林.牧.渔业	Farming, Forestry, Animal Husbandry, Fishery & Water Conservancy	29.25	29.25
2.工 业	Industry	746.40	738.04
#用作原料.材料	Non-Energy Use	13.77	11.22
3.建 筑 业	Construction	8.96	8.96
4.交通运输.仓储及邮电通迅业	Transportation, Storage, Postal &	26.08	25.87
5.批发和零售贸易业.餐饮业	Telecommunications Services Wholesale, Retail Trade and Catering Service		
6.生活消费	Residential Consumption	280.00	270.20
城镇	Urban	120.00	110.20
乡村	Rural	160.00	160.00
7.其他	Other	217.00	217.00
五.平衡差额	**Statistical Difference**	**-146.70**	**-173.17**

ENERGY BALANCE OF BEIJING -1999 (PHYSICAL QUANTITY)

洗精煤 Cleaned Coal 万吨 10^4 tn	其他洗煤 Other Washed Coal 万吨 10^4 tn	型煤 Briquettes 万吨 10^4 tn	焦炭 Coke 万吨 10^4 tn	焦炉煤气 Coke Oven Gas 亿立方米 10^8 cu.m	其他煤气 Other Gas 亿立方米 10^8 cu.m	油品合计 Petroleum Products Total 万吨 10^4 tn	原油 Crude Oil 万吨 10^4 tn	汽油 Gasoline 万吨 10^4 tn
509.70	**2.99**		**44.87**			**709.27**	**724.36**	**-18.91**
511.46	2.99		114.00			941.54	722.04	55.16
						74.95		
						35.35		
			-22.57			-310.84		-75.71
			-7.38					
						-25.43		
-1.76			-39.18			-6.30	2.32	1.64
-478.28		**10.43**	**388.12**	**15.66**	**2.96**	**-123.64**	**-672.29**	**124.27**
	-2.88			-0.41		-31.15	-2.68	
	-0.96			-1.27		-70.51	-4.26	
25.78	3.84							
-504.06			395.73	16.81				
						-17.56	-665.35	124.27
			-7.61	0.53	2.96	-4.42		
		10.43						
				1.30		**7.47**	**4.28**	**0.43**
4.95	**2.99**	**10.43**	**433.69**	**14.25**	**2.45**	**573.30**	**47.48**	**92.27**
						12.01		3.36
4.95	2.99	0.42	433.69	9.80	2.45	300.70	47.48	12.97
	2.55		15.97			224.43	47.26	0.07
						10.47		4.96
		0.21				136.93		5.93
						8.95		4.00
		9.80		2.10		47.28		23.60
		9.80		2.10		46.76		23.60
						0.52		
				2.35		56.96		37.45
26.47			**-0.70**	**0.11**	**0.51**	**4.86**	**0.31**	**12.66**

续表（北京－1999）

		煤油 Kerosene 万吨 10^4tn	柴油 Diesel Oil 万吨 10^4tn
一．可供本地区消费的能源量	**Total Primary Energy Supply**	**107.77**	**-98.80**
1．一次能源生产量	Indigenous Production		
2．回收能	Recovery of Energy		
3．外省(区．市)调入量	Moving In from Other Provinces	77.48	47.64
4．进 口 量	Import	66.82	
5．我轮．机在外国加油量	Chinese Airplanes & Ships in Refueling Abroad	35.35	
6．本省(区．市)调出量(－)	Sending Out to Other Provinces(-)	-42.08	-14
7．出 口 量(－)	Export(-)		
8．外轮．机在我国加油量(－)	Foreign Airplanes & Ships in Refueling in China	-25.43	
9．库存增(－)、减(＋)量	Stock Change	-4.37	-6.44
二．加工转换投入(－)产出(＋)量	**Input(-) & Output(+) of Transformation**		**169.83**
1．火力发电	Thermal Power		-0.24
2．供 热	Heating Supply		-0.01
3．洗 选 煤	Coal Washing		
4．炼 焦	Coking		
5．炼 油	Petroleum Refineries		170.08
6．制 气	Gas Works		
＃焦炭再投入量(－)	Coke Input(-)		
7．煤制品加工	Briquettes		
三．损 失 量	**Loss**		**0.66**
四．终端消费量	**Total Final Consumption**	**110.38**	**69.78**
1．农．林．牧．渔业	Farming, Forestry, Animal Husbandry, Fishery & Water Conservancy		8.65
2．工 业	Industry	0.27	14.48
＃用作原料．材料	Non-Energy Use		
3．建 筑 业	Construction	0.07	5.35
4．交通运输．仓储及邮电通迅业	Transportation, Storage, Postal &	109.52	19.80
5．批发和零售贸易业．餐饮业	Telecommunications Services Wholesale, Retail Trade and Catering Service		4.95
6．生活消费	Residential Consumption	0.52	4.70
城镇	Urban		4.70
乡村	Rural	0.52	
7．其他	Other		11.85
五．平衡差额	**Statistical Difference**	**-2.61**	**0.59**

Continued (Beijing-1999)

燃料油 Fuel Oil 万吨 10^4tn	液化石油气 PLG 万吨 10^4tn	炼厂干气 Refinery Gas 万吨 10^4tn	天然气 Natural Gas 亿立方米 10^8 cu.m	其他石油制品 Other Petroleum Products 万吨 10^4tn	其他焦化产品 Other Coking Products 万吨 10^4 tn	热力 Heat 万百万千焦 10^{10} kj	电力 Electricity 亿千瓦小时 10^8kwh	其他能源 Other Energy 万吨标煤 10^4tce
32.87	**-4.83**		**7.58**	**-33.19**	**-0.39**		**181.55**	**154.27**
							9.41	
								154.27
21.90			7.58	17.32	1.44		174.12	
8.13								
	-5.00			-48.05			-1.98	
2.84	0.17			-2.46	-1.83			
4.29	**36.59**	**4.93**	**-2.22**	**208.74**	**21.02**	**7885.41**	**164.88**	**-37.43**
-28.23							164.88	-18.84
-38.52		-13.14	-2.22	-14.58		7885.41		-18.59
					20.91			
75.46	36.59	18.07		223.32				
-4.42					0.11			
0.72	**1.38**		**1.10**			**215.24**	**29.42**	
42.51	**30.19**	**4.93**	**4.26**	**175.76**	**20.10**	**7670.57**	**314.71**	**116.84**
							14.92	
37.92	6.89	4.93	0.41	175.76	20.10	4843.28	155.31	116.84
1.42				175.68				
0.05	0.04		0.55				10.34	
1.67	0.01		0.22			26.42	9.85	
			0.73				26.67	
	18.46		1.79			1120.34	35.66	
	18.46		1.79			1120.34	27.67	
							7.99	
2.87	4.79		0.56			1680.53	61.96	
-6.07	**0.19**			**-0.21**	**0.53**	**-0.40**	**2.30**	

6-2 天津能源平衡表(实物量)-1997

		煤合计 Coal Total 万吨 10^4 tn	原煤 Raw Coal 万吨 10^4 tn
一.可供本地区消费的能源量	**Total Primary Energy Supply**	**2323.84**	**2102.04**
1.一次能源生产量	Indigenous Production		
2.回收能	Recovery of Energy		
3.外省(区.市)调入量	Moving In from Other Provinces	2548.45	2320.13
4.进 口 量	Import		
5.我轮.机在外国加油量	Chinese Airplanes & Ships in Refueling Abroad		
6.本省(区.市)调出量(-)	Sending Out to Other Provinces(-)	-146.92	-146.92
7.出 口 量(-)	Export(-)		
8.外轮.机在我国加油量(-)	Foreign Airplanes & Ships in Refueling in China		
9.库存增(-)、减(+)量	Stock Change	-77.69	-71.17
二.加工转换投入(-)产出(+)量	**Input(-) & Output(+) of Transformation**	**-1273.52**	**-1050.18**
1.火力发电	Thermal Power	-868.40	-868.40
2.供 热	Heating Supply	-159.04	-159.04
3.洗 选 煤	Coal Washing		
4.炼 焦	Coking	-132.48	
5.炼 油	Petroleum Refineries		
6.制 气	Gas Works	-113.60	-22.74
#焦炭再投入量(-)	Coke Input(-)		
7.煤制品加工	Briquettes		
三.损 失 量	**Loss**	**14.99**	**14.99**
四.终端消费量	**Total Final Consumption**	**1035.55**	**1035.55**
1.农.林.牧.渔业	Farming, Forestry, Animal Husbandry, Fishery & Water Conservancy	9.00	9.00
2.工 业	Industry	692.34	692.34
#用作原料.材料	Non-Energy Use		
3.建 筑 业	Construction	23.31	23.31
4.交通运输.仓储及邮电通迅业	Transportation, Storage, Postal &	18.78	18.78
5.批发和零售贸易业.餐饮业	Telecommunications Services Wholesale, Retail Trade and Catering Service	40.23	40.23
6.生活消费	Residential Consumption	168.84	168.84
城镇	Urban	108.19	108.19
乡村	Rural	60.65	60.65
7.其他	Other	83.05	83.05
五.平衡差额	**Statistical Difference**	**-0.22**	**1.32**

ENERGY BALANCE OF TIANJIN -1997 (PHYSICAL QUANTITY)

洗精煤 Cleaned Coal 万吨 10^4 tn	其他洗煤 Other Washed Coal 万吨 10^4 tn	型煤 Briquettes 万吨 10^4 tn	焦炭 Coke 万吨 10^4 tn	焦炉煤气 Coke Oven Gas 亿立方米 10^8 cu.m	其他煤气 Other Gas 亿立方米 10^8 cu.m	油品合计 Petroleum Products Total 万吨 10^4 tn	原油 Crude Oil 万吨 10^4 tn	汽油 Gasoline 万吨 10^4 tn
221.80			**-34.23**	**1.24**	**0.83**	**492.01**	**575.56**	**-22.45**
						649.21	645.90	
228.32			17.86			196.93	79.67	52.59
						86.31	83.79	
						13.25		
			-42.97	-0.51		-417.54	-212.48	-70.78
						-8.92	-8.92	
						-10.32		
-6.52			-9.12	1.75	0.83	-16.91	-12.40	-4.26
-223.34			**158.26**	**4.85**	**1.94**	**-67.86**	**-533.95**	**119.87**
				-1.20		-5.63		
			-0.22			-0.94		
-132.48			93.33	3.27				
						-60.92	-533.95	119.87
-90.86			77.05	2.78	1.94	-0.37		
			-11.90					
				0.39	**0.17**	**8.72**	**7.40**	
			123.27	**5.69**	**2.60**	**412.74**	**33.34**	**95.75**
			3.09			4.43		0.31
			120.15	4.42	1.99	217.90	33.34	21.28
						20.51		
						18.53		2.50
			0.03			87.78		29.12
				0.01		72.75		38.99
				1.17	0.57	9.47		3.55
				1.17	0.57	8.21		2.98
						1.26		0.57
				0.09	0.04	1.88		
-1.54			**0.76**	**0.01**		**2.69**	**0.87**	**1.67**

续表（天津－1997）

		煤油 Kerosene 万吨 10^4tn	柴油 Diesel Oil 万吨 10^4tn
一.可供本地区消费的能源量	**Total Primary Energy Supply**	**-5.29**	**-51.42**
1.一次能源生产量	Indigenous Production		
2.回收能	Recovery of Energy		
3.外省(区.市)调入量	Moving In from Other Provinces	2.18	58.86
4.进 口 量	Import	2.52	
5.我轮.机在外国加油量	Chinese Airplanes & Ships in Refueling Abroad		2.80
6.本省(区.市)调出量(-)	Sending Out to Other Provinces(-)	-10.58	-95.72
7.出 口 量(-)	Export(-)		
8.外轮.机在我国加油量(-)	Foreign Airplanes & Ships in Refueling in China	-2.06	-8.26
9.库存增(-)、减(+)量	Stock Change	2.65	-9.10
二.加工转换投入(-)产出(+)量	**Input(-) & Output(+) of Transformation**	**12.44**	**161.84**
1.火力发电	Thermal Power		-0.89
2.供 热	Heating Supply		
3.洗 选 煤	Coal Washing		
4.炼 焦	Coking		
5.炼 油	Petroleum Refineries	12.44	162.73
6.制 气	Gas Works		
# 焦炭再投入量(-)	Coke Input(-)		
7.煤制品加工	Briquettes		
三.损 失 量	**Loss**	**0.03**	
四.终端消费量	**Total Final Consumption**	**6.12**	**112.89**
1.农.林.牧.渔业	Farming, Forestry, Animal Husbandry, Fishery & Water Conservancy		4.12
2.工 业	Industry	0.60	31.40
# 用作原料.材料	Non-Energy Use		
3.建 筑 业	Construction	0.03	3.62
4.交通运输.仓储及邮电通迅业	Transportation, Storage, Postal &	4.75	40.91
5.批发和零售贸易业.餐饮业	Telecommunications Services Wholesale, Retail Trade and Catering Service	0.71	32.56
6.生活消费	Residential Consumption	0.02	0.28
城镇	Urban	0.02	0.28
乡村	Rural		
7.其他	Other	0.01	
五.平衡差额	**Statistical Difference**	**1.00**	**-2.47**

Continued (Tianjin-1997)

燃料油 Fuel Oil 万吨 10^4tn	液化石油气 PLG 万吨 10^4tn	炼厂干气 Refinery Gas 万吨 10^4tn	天然气 Natural Gas 亿立方米 10^8 cu.m	其他石油制品 Other Petroleum Products 万吨 10^4tn	其他焦化产品 Other Coking Products 万吨 10^4 tn	热力 Heat 万百万千焦 10^{10} kj	电力 Electricity 亿千瓦小时 10^8kwh	其他能源 Other Energy 万吨标煤 10^4tce
1.32	**-8.41**		**2.68**	**2.70**	**-1.88**		**16.02**	
	3.31		7.58					
1.62				2.01			29.11	
10.45								
-14.20	-13.45		-4.90	-0.33	-1.73		-13.09	
3.45	1.73			1.02	-0.47			
90.21	**20.27**	**6.76**		**54.70**	**10.89**	**3782.13**	**178.07**	
-4.74						1292.06	178.07	
-0.94						2490.07		
					6.70			
96.26	20.27	6.76		54.70				
-0.37					4.19			
1.29			**0.14**			**42.40**	**12.49**	
90.35	**10.93**	**6.76**	**2.78**	**56.60**	**8.99**	**3698.09**	**181.60**	
							8.69	
73.74	5.95	5.88	1.73	45.71	8.99	3089.86	129.96	
				20.51				
1.98				10.40			1.57	
13.00						9.39	5.03	
			0.17	0.49			7.18	
	4.85	0.77	0.84			509.26	18.99	
	4.16	0.77	0.84			508.69	13.91	
	0.69					0.57	5.08	
1.63	0.13	0.11	0.04			89.58	10.18	
-0.11	**0.93**		**-0.24**	**0.80**	**0.02**	**41.64**		

6-2 天津能源平衡表(实物量)-1998

		煤合计 Coal Total 万吨 10^4 tn	原煤 Raw Coal 万吨 10^4 tn
一. 可供本地区消费的能源量	**Total Primary Energy Supply**	**2320.73**	**2104.06**
1. 一次能源生产量	Indigenous Production		
2. 回收能	Recovery of Energy		
3. 外省(区. 市)调入量	Moving In from Other Provinces	2338.39	2126.40
4. 进 口 量	Import	26.58	26.58
5. 我轮. 机在外国加油量	Chinese Airplanes & Ships in Refueling Abroad		
6. 本省(区. 市)调出量(-)	Sending Out to Other Provinces(-)	-114.70	-114.70
7. 出 口 量(-)	Export(-)		
8. 外轮. 机在我国加油量(-)	Foreign Airplanes & Ships in Refueling in China		
9. 库存增(-)、减(+)量	Stock Change	70.46	65.78
二. 加工转换投入(-)产出(+)量	**Input(-) & Output(+) of Transformation**	**-1278.44**	**-1059.69**
1. 火力发电	Thermal Power	-819.05	-819.05
2. 供　热	Heating Supply	-226.65	-226.65
3. 洗 选 煤	Coal Washing		
4. 炼　焦	Coking	-129.40	
5. 炼　油	Petroleum Refineries		
6. 制　气	Gas Works	-103.34	-13.99
# 焦炭再投入量(-)	Coke Input(-)		
7. 煤制品加工	Briquettes		
三. 损 失 量	**Loss**		
四. 终端消费量	**Total Final Consumption**	**1046.54**	**1046.54**
1. 农. 林. 牧. 渔业	Farming, Forestry, Animal Husbandry, Fishery & Water Conservancy	12.00	12.00
2. 工　业	Industry	765.23	765.23
# 用作原料. 材料	Non-Energy Use		
3. 建 筑 业	Construction	18.90	18.90
4. 交通运输. 仓储及邮电通迅业	Transportation, Storage, Postal &	17.90	17.90
5. 批发和零售贸易业. 餐饮业	Telecommunications Services Wholesale, Retail Trade and Catering Service	30.89	30.89
6. 生活消费	Residential Consumption	127.45	127.45
城镇	Urban	78.55	78.55
乡村	Rural	48.90	48.90
7. 其他	Other	74.17	74.17
五. 平衡差额	**Statistical Difference**	**-4.25**	**-2.17**

ENERGY BALANCE OF TIANJIN -1998 (PHYSICAL QUANTITY)

洗精煤 Cleaned Coal 万吨 10^4 tn	其他洗煤 Other Washed Coal 万吨 10^4 tn	型煤 Briquettes 万吨 10^4 tn	焦炭 Coke 万吨 10^4 tn	焦炉煤气 Coke Oven Gas 亿立方米 10^8 cu.m	其他煤气 Other Gas 亿立方米 10^8 cu.m	油品合计 Petroleum Products Total 万吨 10^4 tn	原油 Crude Oil 万吨 10^4 tn	汽油 Gasoline 万吨 10^4 tn
216.67			**-41.68**	**-0.24**		**508.30**	**533.84**	**-31.16**
						691.28	691.28	
211.99			7.35			214.43	68.48	43.26
						46.78	40.17	
						38.23		
			-38.97	-0.24		-474.45	-260.09	-75.06
			-4.18			-5.64	-5.12	-0.50
						-6.65		
4.68			-5.88			4.32	-0.88	1.14
-218.75			**167.43**	**5.14**	**1.36**	**-85.58**	**-505.67**	**111.51**
				-1.25		-2.32		
			-0.35			-0.36		
-129.40			105.38	3.70				
						-82.61	-505.67	111.51
-89.35			69.87	2.69	1.36	-0.29		
			-7.47					
				0.29	**0.11**	**7.75**	**7.30**	
			125.60	**4.63**	**1.25**	**415.12**	**21.65**	**81.76**
			4.87			5.18		
			120.73	3.55	0.84	202.84	21.65	18.63
						7.34		
						14.31		3.15
						109.34		17.63
						70.75		35.59
				0.98	0.37	11.24		5.35
				0.98	0.37	9.81		4.75
						1.43		0.60
				0.10	0.04	1.46		1.41
-2.08			**0.15**	**-0.02**		**-0.16**	**-0.78**	**-1.41**

续表（天津－1998）

		煤油 Kerosene 万吨 10^4tn	柴油 Diesel Oil 万吨 10^4tn
一．可供本地区消费的能源量	**Total Primary Energy Supply**	**-2.96**	**-29.29**
1．一次能源生产量	Indigenous Production		
2．回收能	Recovery of Energy		
3．外省(区．市)调入量	Moving In from Other Provinces	2.68	72.68
4．进 口 量	Import		2.63
5．我轮．机在外国加油量	Chinese Airplanes & Ships in Refueling Abroad	6.99	5.53
6．本省(区．市)调出量(－)	Sending Out to Other Provinces(-)	-9.74	-109.44
7．出 口 量(－)	Export(-)		
8．外轮．机在我国加油量(－)	Foreign Airplanes & Ships in Refueling in China	-1.52	-5.07
9．库存增(－)、减(＋)量	Stock Change	-1.37	4.38
二．加工转换投入(－)产出(＋)量	**Input(-) & Output(+) of Transformation**	**9.76**	**163.81**
1．火力发电	Thermal Power		-0.84
2．供　　热	Heating Supply		-0.19
3．洗 选 煤	Coal Washing		
4．炼　　焦	Coking		
5．炼　　油	Petroleum Refineries	9.76	164.84
6．制　　气	Gas Works		
＃焦炭再投入量(－)	Coke Input(-)		
7．煤制品加工	Briquettes		
三．损 失 量	**Loss**	**0.04**	
四．终端消费量	**Total Final Consumption**	**6.06**	**134.92**
1．农．林．牧．渔业	Farming, Forestry, Animal Husbandry, Fishery & Water Conservancy		5.18
2．工　　业	Industry	0.52	35.32
＃用作原料．材料	Non-Energy Use		5.68
3．建 筑 业	Construction	0.01	3.24
4．交通运输．仓储及邮电通迅业	Transportation, Storage, Postal &	4.72	57.01
5．批发和零售贸易业．餐饮业	Telecommunications Services Wholesale, Retail Trade and Catering Service	0.78	33.87
6．生活消费	Residential Consumption	0.02	0.30
城镇	Urban	0.02	0.30
乡村	Rural		
7．其他	Other	0.01	
五．平衡差额	**Statistical Difference**	**0.70**	**-0.40**

Continued (Tianjin-1998)

燃料油 Fuel Oil 万吨 10^4tn	液化石油气 PLG 万吨 10^4tn	炼厂干气 Refinery Gas 万吨 10^4tn	天然气 Natural Gas 亿立方米 10^8 cu.m	其他石油制品 Other Petroleum Products 万吨 10^4tn	其他焦化产品 Other Coking Products 万吨 10^4 tn	热力 Heat 万百万千焦 10^{10} kj	电力 Electricity 亿千瓦小时 10^8kwh	其他能源 Other Energy 万吨标煤 10^4tce
45.05	**-8.93**		**3.04**	**1.75**	**-3.35**		**9.47**	
			7.59					
25.06	0.26		0.21	2.01			22.43	
3.98								
25.71								
-10.35	-9.37		-4.76	-0.40	-3.50		-12.96	
-0.02								
-0.06								
0.73	0.18			0.14				
54.69	**21.60**	**8.45**		**50.27**	**10.80**	**5637.07**	**173.21**	
-1.48						1241.82	173.50	
-0.17						4395.25	-0.29	
					6.84			
56.63	21.60	8.45		50.27				
-0.29					3.96			
0.41			**0.51**			**65.54**	**9.14**	
99.45	**11.67**	**8.45**	**2.43**	**51.16**	**7.45**	**5623.05**	**172.99**	
							7.27	
69.47	6.73	7.78	1.13	42.74	7.45	3011.19	120.33	
	1.66							
				7.91			1.70	
29.98						110.40	3.48	
			0.18	0.51		34.95	8.89	
	4.90	0.67	0.97			2443.19	20.51	
	4.07	0.67	0.97			2443.19	15.30	
	0.83						5.21	
	0.04		0.15			23.32	10.81	
-0.12	**0.99**		**0.10**	**0.86**		**-51.52**	**0.55**	

6-2 天津能源平衡表(实物量)-1999

		煤合计 Coal Total 万吨 10^4 tn	原煤 Raw Coal 万吨 10^4 tn
一.可供本地区消费的能源量	**Total Primary Energy Supply**	**2285.09**	**2065.50**
1.一次能源生产量	Indigenous Production		
2.回收能	Recovery of Energy		
3.外省(区.市)调入量	Moving In from Other Provinces	2332.79	2118.93
4.进 口 量	Import		
5.我轮.机在外国加油量	Chinese Airplanes & Ships in Refueling Abroad		
6.本省(区.市)调出量(-)	Sending Out to Other Provinces(-)	-152.00	-152.00
7.出 口 量(-)	Export(-)	-1.16	-1.16
8.外轮.机在我国加油量(-)	Foreign Airplanes & Ships in Refueling in China		
9.库存增(-)、减(+)量	Stock Change	105.46	99.73
二.加工转换投入(-)产出(+)量	**Input(-) & Output(+) of Transformation**	**-1345.64**	**-1126.40**
1.火力发电	Thermal Power	-870.61	-870.61
2.供 热	Heating Supply	-254.07	-254.07
3.洗 选 煤	Coal Washing		
4.炼 焦	Coking	-139.66	
5.炼 油	Petroleum Refineries		
6.制 气	Gas Works	-81.30	-1.72
# 焦炭再投入量(-)	Coke Input(-)		
7.煤制品加工	Briquettes		
三.损 失 量	**Loss**	**16.40**	**16.06**
四.终端消费量	**Total Final Consumption**	**926.94**	**926.94**
1.农.林.牧.渔业	Farming, Forestry, Animal Husbandry, Fishery & Water Conservancy	15.00	15.00
2.工 业	Industry	606.75	606.75
# 用作原料.材料	Non-Energy Use		
3.建 筑 业	Construction	19.05	19.05
4.交通运输.仓储及邮电通迅业	Transportation, Storage, Postal &	18.53	18.53
5.批发和零售贸易业.餐饮业	Telecommunications Services Wholesale, Retail Trade and Catering Service		
6.生活消费	Residential Consumption	118.63	118.63
城镇	Urban	71.78	71.78
乡村	Rural	46.85	46.85
7.其他	Other	148.98	148.98
五.平衡差额	**Statistical Difference**	**-3.89**	**-3.90**

ENERGY BALANCE OF TIANJIN -1999 (PHYSICAL QUANTITY)

洗精煤 Cleaned Coal 万吨 10⁴ tn	其他洗煤 Other Washed Coal 万吨 10⁴ tn	型煤 Briquettes 万吨 10⁴ tn	焦炭 Coke 万吨 10⁴ tn	焦炉煤气 Coke Oven Gas 亿立方米 10⁸ cu.m	其他煤气 Other Gas 亿立方米 10⁸ cu.m	油品合计 Petroleum Products Total 万吨 10⁴ tn	原油 Crude Oil 万吨 10⁴ tn	汽油 Gasoline 万吨 10⁴ tn
219.59			**-34.18**	**-0.25**		**571.05**	**603.02**	**-48.43**
						686.72	686.72	
213.86			6.09			134.42	44.98	8.82
						124.73	115.64	
						41.91		
			-36.27	-0.25		-402.64	-232.15	-46.32
			-13.49			-20.91	-7.73	-13.18
						-6.07		
5.73			9.49			12.89	-4.44	2.25
-219.24			**172.36**	**4.95**	**0.15**	**-107.18**	**-567.75**	**117.75**
				-1.33		-3.92		
			-0.39			-0.31		
-139.66			119.51	3.79				
						-102.95	-567.75	117.75
-79.58			56.69	2.49	0.15			
			-3.45					
0.34			**2.50**	**0.31**	**0.01**	**15.18**	**14.42**	
			135.81	**4.39**	**0.14**	**451.04**	**21.90**	**70.74**
			1.44			11.49		4.97
			134.37	3.47	0.09	185.68	21.90	13.76
						6.58		0.98
						106.43		14.76
						94.52		20.04
				0.85	0.04	24.35		5.60
				0.85	0.04	10.38		5.60
						13.97		
				0.07	0.01	21.99		10.63
0.01			**-0.13**			**-2.35**	**-1.05**	**-1.42**

续表（天津－1999）

		煤油 Kerosene 万吨 10^4tn	柴油 Diesel Oil 万吨 10^4tn
一．可供本地区消费的能源量	**Total Primary Energy Supply**	**-10.23**	**-36.64**
1．一次能源生产量	Indigenous Production		
2．回收能	Recovery of Energy		
3．外省(区．市)调入量	Moving In from Other Provinces	1.07	51.78
4．进 口 量	Import		1.86
5．我轮．机在外国加油量	Chinese Airplanes & Ships in Refueling Abroad	2.63	12.13
6．本省(区．市)调出量(－)	Sending Out to Other Provinces(-)	-14.00	-102.76
7．出 口 量(－)	Export(-)		
8．外轮．机在我国加油量(－)	Foreign Airplanes & Ships in Refueling in China	-0.66	-5.41
9．库存增(－)、减(＋)量	Stock Change	0.73	5.76
二．加工转换投入(－)产出(＋)量	**Input(-) & Output(+) of Transformation**	**15.36**	**210.52**
1．火力发电	Thermal Power		-1.93
2．供　　热	Heating Supply		-0.16
3．洗 选 煤	Coal Washing		
4．炼　　焦	Coking		
5．炼　　油	Petroleum Refineries	15.36	212.61
6．制　　气	Gas Works		
＃焦炭再投入量(－)	Coke Input(-)		
7．煤制品加工	Briquettes		
三．损 失 量	**Loss**	**0.19**	
四．终端消费量	**Total Final Consumption**	**5.93**	**173.06**
1．农．林．牧．渔业	Farming, Forestry, Animal Husbandry, Fishery & Water Conservancy	0.04	6.29
2．工　　业	Industry	0.48	20.56
＃用作原料．材料	Non-Energy Use		
3．建 筑 业	Construction	0.01	1.54
4．交通运输．仓储及邮电通迅业	Transportation, Storage, Postal &	4.15	60.14
5．批发和零售贸易业．餐饮业	Telecommunications Services Wholesale, Retail Trade and Catering Service	1.21	72.57
6．生活消费	Residential Consumption	0.03	1.16
城镇	Urban	0.03	1.16
乡村	Rural		
7．其他	Other	0.01	10.80
五．平衡差额	**Statistical Difference**	**-0.99**	**0.82**

Continued (Tianjin-1999)

燃料油 Fuel Oil 万吨 10^4tn	液化石油气 PLG 万吨 10^4tn	炼厂干气 Refinery Gas 万吨 10^4tn	天然气 Natural Gas 亿立方米 10^8 cu.m	其他石油制品 Other Petroleum Products 万吨 10^4tn	其他焦化产品 Other Coking Products 万吨 10^4 tn	热力 Heat 万百万千焦 10^{10} kj	电力 Electricity 亿千瓦小时 10^8kwh	其他能源 Other Energy 万吨标煤 10^4tce
66.59	**-2.25**		**3.09**	**-1.01**	**-1.45**		**20.28**	
			8.53					
25.76	2.00			0.01			35.44	
5.98	1.25							
27.15								
	-5.43		-5.44	-1.98	-1.55		-15.16	
7.70	-0.07			0.96	0.10			
33.20	**24.33**	**10.14**		**49.27**	**10.44**	**6251.24**	**190.71**	
-1.99						1225.37	190.90	
-0.15						5025.87	-0.19	
					7.12			
35.34	24.33	10.14		49.27				
					3.32			
0.42		**0.15**	**0.46**			**113.93**	**12.81**	
99.61	**22.52**	**9.99**	**2.63**	**47.29**	**9.04**	**6062.61**	**198.19**	
				0.19			7.95	
72.42	5.62	9.37	1.21	41.57	9.04	2902.44	138.28	
				4.05			1.56	
27.19				0.19		40.63	3.64	
			0.22	0.70		39.98	10.88	
	16.90	0.62	1.15	0.04		3017.95	24.03	
	2.93	0.62	1.15	0.04		3017.95	18.61	
	13.97						5.42	
			0.05	0.55		61.61	11.85	
-0.24	**-0.44**			**0.97**	**-0.05**	**74.70**		

6-3 河北能源平衡表(实物量)-1997

		煤合计 Coal Total 万吨 10^4 tn	原煤 Raw Coal 万吨 10^4 tn
一.可供本地区消费的能源量	**Total Primary Energy Supply**	**11612.39**	**12026.15**
1.一次能源生产量	Indigenous Production	7879.13	7879.13
2.回收能	Recovery of Energy		
3.外省(区.市)调入量	Moving In from Other Provinces	5057.33	4759.29
4.进 口 量	Import		
5.我轮.机在外国加油量	Chinese Airplanes & Ships in Refueling Abroad		
6.本省(区.市)调出量(-)	Sending Out to Other Provinces(-)	-1269.87	-592.85
7.出 口 量(-)	Export(-)	-39.21	-7.69
8.外轮.机在我国加油量(-)	Foreign Airplanes & Ships in Refueling in China		
9.库存增(-)、减(+)量	Stock Change	-14.99	-11.73
二.加工转换投入(-)产出(+)量	**Input(-) & Output(+) of Transformation**	**-5950.27**	**-7414.20**
1.火力发电	Thermal Power	-3710.95	-3602.95
2.供 热	Heating Supply	-376.01	-356.65
3.洗 选 煤	Coal Washing	-89.30	-2430.58
4.炼 焦	Coking	-1783.28	-930.43
5.炼 油	Petroleum Refineries		
6.制 气	Gas Works	-1.60	-1.60
#焦炭再投入量(-)	Coke Input(-)		
7.煤制品加工	Briquettes	10.87	-91.99
三.损 失 量	**Loss**	**88.07**	**77.36**
四.终端消费量	**Total Final Consumption**	**5574.05**	**4534.59**
1.农.林.牧.渔业	Farming, Forestry, Animal Husbandry, Fishery & Water Conservancy	35.98	35.98
2.工 业	Industry	3283.56	3240.94
#用作原料.材料	Non-Energy Use		
3.建 筑 业	Construction	16.94	16.94
4.交通运输.仓储及邮电通迅业	Transportation, Storage, Postal &	45.09	45.09
5.批发和零售贸易业.餐饮业	Telecommunications Services Wholesale, Retail Trade and Catering Service	50.20	50.20
6.生活消费	Residential Consumption	1967.53	971.88
城镇	Urban	706.43	352.05
乡村	Rural	1261.10	619.83
7.其他	Other	174.75	173.56
五.平衡差额	**Statistical Difference**		

ENERGY BALANCE OF HEBEI -1997 (PHYSICAL QUANTITY)

洗精煤 Cleaned Coal 万吨 10^4 tn	其他洗煤 Other Washed Coal 万吨 10^4 tn	型煤 Briquettes 万吨 10^4 tn	焦炭 Coke 万吨 10^4 tn	焦炉煤气 Coke Oven Gas 亿立方米 10^8 cu.m	其他煤气 Other Gas 亿立方米 10^8 cu.m	油品合计 Petroleum Products Total 万吨 10^4 tn	原油 Crude Oil 万吨 10^4 tn	汽油 Gasoline 万吨 10^4 tn
-419.26	**2.75**		**-155.56**		**55.03**	**548.99**	**596.04**	**-19.39**
						415.16	415.16	
					55.03			
291.56	3.24		304.01			391.51	224.20	73.66
						11.81		
						0.61		
-670.26	-3.38		-436.37			-262.22	-46.32	-91.13
-31.52			-27.41					
						-1.79		
-9.04	2.89		4.21			-6.09	3.00	-1.92
429.97	**465.55**	**102.86**	**1239.00**	**20.44**	**-8.76**	**-36.58**	**-544.53**	**154.46**
	-54.00			-0.29	-9.01	-7.79		
	-9.68			-0.04		-3.50		
1282.82	529.23							
-852.85			1239.00	20.77				
						-25.29	-544.53	154.46
					0.25			
		102.86						
0.21	**5.25**		**12.03**	**0.33**		**17.68**	**16.76**	**0.50**
10.50	**463.05**	**102.86**	**1071.41**	**20.11**	**46.27**	**494.73**	**34.75**	**134.57**
						59.90		1.20
10.50	16.06		1071.03	12.99	12.69	222.69	32.25	49.29
			0.02			60.06		2.96
						96.37	2.48	56.17
			0.15	0.02		8.88		6.73
	446.99	101.67		7.09	33.58	24.87		
	150.30	53.78		7.09	33.58	21.47		
	296.69	47.89				3.40		
		1.19	0.21	0.01		21.96	0.02	18.22

续表（河北－1997）

		煤油 Kerosene 万吨 10^4tn	柴油 Diesel Oil 万吨 10^4tn
一．可供本地区消费的能源量	**Total Primary Energy Supply**	**-9.59**	**-25.98**
1．一次能源生产量	Indigenous Production		
2．回收能	Recovery of Energy		
3．外省(区．市)调入量	Moving In from Other Provinces	1.19	53.68
4．进 口 量	Import		
5．我轮．机在外国加油量	Chinese Airplanes & Ships in Refueling Abroad		0.61
6．本省(区．市)调出量(－)	Sending Out to Other Provinces(-)	-10.74	-78.00
7．出 口 量(－)	Export(-)		
8．外轮．机在我国加油量(－)	Foreign Airplanes & Ships in Refueling in China		-0.36
9．库存增(－)、减(＋)量	Stock Change	-0.04	-1.91
二．加工转换投入(－)产出(＋)量	**Input(-) & Output(+) of Transformation**	**13.08**	**186.62**
1．火力发电	Thermal Power		-5.90
2．供 热	Heating Supply		-0.41
3．洗 选 煤	Coal Washing		
4．炼 焦	Coking		
5．炼 油	Petroleum Refineries	13.08	192.93
6．制 气	Gas Works		
＃焦炭再投入量(－)	Coke Input(-)		
7．煤制品加工	Briquettes		
三．损 失 量	**Loss**	**0.03**	**0.16**
四．终端消费量	**Total Final Consumption**	**3.46**	**160.48**
1．农．林．牧．渔业	Farming, Forestry, Animal Husbandry, Fishery & Water Conservancy		58.70
2．工 业	Industry	1.15	56.13
＃用作原料．材料	Non-Energy Use		
3．建 筑 业	Construction	0.02	3.02
4．交通运输．仓储及邮电通迅业	Transportation, Storage, Postal &		36.50
5．批发和零售贸易业．餐饮业	Telecommunications Services Wholesale, Retail Trade and Catering Service	0.08	1.92
6．生活消费	Residential Consumption	1.95	0.85
城镇	Urban	0.05	0.85
乡村	Rural	1.90	
7．其他	Other	0.26	3.36
五．平衡差额	**Statistical Difference**		

Continued(Hebei-1997)

燃料油 Fuel Oil 万吨 10^4tn	液化石油气 PLG 万吨 10^4tn	炼厂干气 Refinery Gas 万吨 10^4tn	天然气 Natural Gas 亿立方米 10^8 cu.m	其他石油制品 Other Petroleum Products 万吨 10^4tn	其他焦化产品 Other Coking Products 万吨 10^4 tn	热力 Heat 万百万千焦 10^{10} kj	电力 Electricity 亿千瓦小时 10^8kwh	其他能源 Other Energy 万吨标煤 10^4tce
9.81	**-0.15**		**6.45**	**-1.75**			**-12.79**	**163.54**
			3.75				10.62	
38.78			4.42				13.51	163.54
11.81								
-36.03			-1.72				-36.92	
-1.43								
-3.32	-0.15			-1.75				
39.41	**26.12**	**11.47**		**76.79**	**33.32**	**6139.11**	**683.50**	
-1.77		-0.12					683.50	-29.44
-1.36		-1.73				6139.11		-14.82
								-14.62
					33.32			
42.54	26.12	13.32		76.79				
0.08	**0.02**	**0.05**	**0.40**	**0.08**			**35.13**	
49.14	**25.95**	**11.42**	**6.05**	**74.96**	**33.32**	**6139.11**	**635.58**	
							47.71	
48.07	3.38	11.42	6.05	21.00	33.32	2930.35	442.23	134.11
0.07	0.03			53.96		3.88	5.62	
0.95	0.27					44.35	16.36	134.11
	0.15					47.88	7.58	134.11
	22.07					3035.75	66.85	
	20.57					3035.75	27.70	
	1.50						39.15	
0.05	0.05					76.90	49.23	
						2.63	**20.21**	

6-3 河北能源平衡表(实物量)-1998

		煤合计 Coal Total 万吨 10^4 tn	原煤 Raw Coal 万吨 10^4 tn
一．可供本地区消费的能源量	**Total Primary Energy Supply**	**11416.25**	**11803.02**
1.一次能源生产量	Indigenous Production	7736.73	7736.73
2.回收能	Recovery of Energy		
3.外省(区．市)调入量	Moving In from Other Provinces	4872.14	4592.14
4.进　口　量	Import		
5.我轮．机在外国加油量	Chinese Airplanes & Ships in Refueling Abroad		
6.本省(区．市)调出量(−)	Sending Out to Other Provinces(-)	-1230.59	-618.60
7.出　口　量(−)	Export(-)	-51.42	-0.99
8.外轮．机在我国加油量(−)	Foreign Airplanes & Ships in Refueling in China		
9.库存增(−)、减(+)量	Stock Change	89.39	93.74
二．加工转换投入(−)产出(+)量	**Input(-) & Output(+) of Transformation**	**-6136.51**	**-7142.06**
1.火力发电	Thermal Power	-3506.23	-3454.21
2.供　　热	Heating Supply	-382.36	-369.36
3.洗 选 煤	Coal Washing	-553.21	-2332.87
4.炼　　焦	Coking	-1699.49	-900.43
5.炼　　油	Petroleum Refineries		
6.制　　气	Gas Works	-6.15	-6.15
＃焦炭再投入量(−)	Coke Input(-)		
7.煤制品加工	Briquettes	10.93	-79.04
三．损 失 量	**Loss**	**81.20**	**75.68**
四．终端消费量	**Total Final Consumption**	**5198.54**	**4585.28**
1.农．林．牧．渔业	Farming, Forestry, Animal Husbandry, Fishery & Water Conservancy	34.76	34.76
2.工　　业	Industry	3343.71	3304.12
＃用作原料．材料	Non-Energy Use		
3.建 筑 业	Construction	16.47	16.47
4.交通运输．仓储及邮电通迅业	Transportation, Storage, Postal &	46.85	46.85
5.批发和零售贸易业．餐饮业	Telecommunications Services Wholesale, Retail Trade and Catering Service	46.28	45.80
6.生活消费	Residential Consumption	185.20	184.33
城镇	Urban	1525.27	952.95
乡村	Rural	554.16	345.19
7.其他	Other	971.11	607.76
五．平衡差额	**Statistical Difference**		

ENERGY BALANCE OF HEBEI-1998 (PHYSICAL QUANTITY)

洗精煤 Cleaned Coal 万吨 10^4 tn	其他洗煤 Other Washed Coal 万吨 10^4 tn	型煤 Briquettes 万吨 10^4 tn	焦炭 Coke 万吨 10^4 tn	焦炉煤气 Coke Oven Gas 亿立方米 10^8 cu.m	其他煤气 Other Gas 亿立方米 10^8 cu.m	油品合计 Petroleum Products Total 万吨 10^4 tn	原油 Crude Oil 万吨 10^4 tn	汽油 Gasoline 万吨 10^4 tn
-376.61	**-10.16**		**-74.00**		**67.57**	**598.77**	**664.60**	**-21.38**
						536.82	536.82	
					67.57			
269.77	10.23		319.76			270.88	134.03	66.54
-595.09	-16.90		-378.86			-190.74	-2.73	-80.96
-50.43			-13.53					
						-1.06		
-0.86	-3.49		-1.37			-17.13	-3.52	-6.96
390.07	**525.51**	**89.97**	**1159.49**	**21.29**	**1.36**	**-23.37**	**-603.78**	**155.01**
	-52.02					-8.12		
	-13.00			-0.01		-4.29	-0.18	
1189.13	590.53							
-799.06			1159.49	21.30				
						-10.96	-603.60	155.01
					1.36			
		89.97						
0.21	**5.31**		**12.15**	**0.33**		**17.85**	**16.85**	**0.50**
13.25	**510.04**	**89.97**	**1073.34**	**20.96**	**68.93**	**557.55**	**43.97**	**133.13**
						57.52		0.84
13.25	26.34		1073.06	15.15	30.75	229.91	40.45	50.53
			0.02			112.91		3.24
				0.02		98.26	3.45	57.19
		0.48	0.05	0.02		10.64	0.01	6.90
		0.87	0.21	0.01		17.49	0.06	14.43
	483.70	88.62		5.76	38.18	30.82		
	162.64	46.33		5.76	38.18	27.13		
	321.06	42.29				3.69		

		煤油 Kerosene 万吨 10^4tn	柴油 Diesel Oil 万吨 10^4tn
一．可供本地区消费的能源量	**Total Primary Energy Supply**	**-7.84**	**-33.10**
1．一次能源生产量	Indigenous Production		
2．回收能	Recovery of Energy		
3．外省(区．市)调入量	Moving In from Other Provinces	1.06	43.50
4．进 口 量	Import		
5．我轮．机在外国加油量	Chinese Airplanes & Ships in Refueling Abroad		
6．本省(区．市)调出量(－)	Sending Out to Other Provinces(-)	-7.39	-73.18
7．出 口 量(－)	Export(-)		
8．外轮．机在我国加油量(－)	Foreign Airplanes & Ships in Refueling in China		-0.24
9．库存增(－)、减(＋)量	Stock Change	-1.51	-3.18
二．加工转换投入(－)产出(＋)量	**Input(-) & Output(+) of Transformation**	**11.70**	**198.82**
1．火力发电	Thermal Power		-5.18
2．供 热	Heating Supply		-0.23
3．洗 选 煤	Coal Washing		
4．炼 焦	Coking		
5．炼 油	Petroleum Refineries	11.70	204.23
6．制 气	Gas Works		
＃焦炭再投入量(－)	Coke Input(-)		
7．煤制品加工	Briquettes		
三．损 失 量	**Loss**	**0.03**	**0.16**
四．终端消费量	**Total Final Consumption**	**3.83**	**165.56**
1．农．林．牧．渔业	Farming, Forestry, Animal Husbandry, Fishery & Water Conservancy	0.07	56.50
2．工 业	Industry	1.57	59.21
＃用作原料．材料	Non-Energy Use		
3．建 筑 业	Construction	0.02	6.00
4．交通运输．仓储及邮电通迅业	Transportation, Storage, Postal &	0.01	37.17
5．批发和零售贸易业．餐饮业	Telecommunications Services Wholesale, Retail Trade and Catering Service	0.03	3.13
6．生活消费	Residential Consumption	0.19	2.75
城镇	Urban	1.94	0.80
乡村	Rural	0.05	0.80
7．其他	Other	1.89	
五．平衡差额	**Statistical Difference**		

Continued(Hebei-1998)

燃料油 Fuel Oil 万吨 10^4tn	液化石油气 PLG 万吨 10^4tn	炼厂干气 Refinery Gas 万吨 10^4tn	天然气 Natural Gas 亿立方米 10^8 cu.m	其他石油制品 Other Petroleum Products 万吨 10^4tn	其他焦化产品 Other Coking Products 万吨 10^4 tn	热力 Heat 万百万千焦 10^{10} kj	电力 Electricity 亿千瓦小时 10^8kwh	其他能源 Other Energy 万吨标煤 10^4tce
-2.00	**-0.23**		**6.62**	**-1.28**			**2.22**	
			3.73				8.05	
25.75			4.65				17.96	
-26.48			-1.76				-23.79	
-0.82								
-0.45	-0.23			-1.28				
38.70	**31.47**	**14.19**		**130.52**	**24.51**	**6719.24**	**680.43**	
-2.73		-0.21					680.43	
-2.46		-1.42				6719.24		
					24.51			
43.89	31.47	15.82		130.52				
0.08	**0.03**	**0.05**	**0.48**	**0.15**			**37.08**	
36.62	**31.21**	**14.14**	**6.14**	**129.09**	**24.51**	**6719.24**	**645.57**	
0.11							47.54	
35.94	2.50	14.14	6.14	25.57	24.51	4390.17	448.41	
0.12	0.01			103.52		5.17	5.05	
0.14	0.30					9.52	15.99	
0.30	0.27					119.85	9.39	
0.01	0.05					150.74	46.51	
	28.08					2043.79	72.68	
	26.28					2043.79	31.27	
	1.80						41.41	

6-3 河北能源平衡表(实物量)-1999

		煤合计 Coal Total 万吨 10^4 tn	原煤 Raw Coal 万吨 10^4 tn
一. 可供本地区消费的能源量	**Total Primary Energy Supply**	**11641.86**	**11969.41**
1. 一次能源生产量	Indigenous Production	7691.98	7691.98
2. 回收能	Recovery of Energy		
3. 外省(区.市)调入量	Moving In from Other Provinces	4964.70	4566.46
4. 进口量	Import		
5. 我轮.机在外国加油量	Chinese Airplanes & Ships in Refueling Abroad		
6. 本省(区.市)调出量(−)	Sending Out to Other Provinces(-)	-954.79	-291.22
7. 出口量(−)	Export(-)	-51.10	
8. 外轮.机在我国加油量(−)	Foreign Airplanes & Ships in Refueling in China		
9. 库存增(−)、减(+)量	Stock Change	-8.93	2.19
二. 加工转换投入(−)产出(+)量	**Input(-) & Output(+) of Transformation**	**-6280.79**	**-7269.35**
1. 火力发电	Thermal Power	-3796.13	-3747.86
2. 供热	Heating Supply	-416.04	-406.40
3. 洗选煤	Coal Washing	-531.38	-2299.39
4. 炼焦	Coking	-1537.53	-732.13
5. 炼油	Petroleum Refineries		
6. 制气	Gas Works	-9.90	-9.90
# 焦炭再投入量(−)	Coke Input(-)		
7. 煤制品加工	Briquettes	10.19	-73.67
三. 损失量	**Loss**	**82.48**	**76.75**
四. 终端消费量	**Total Final Consumption**	**5278.59**	**4623.31**
1. 农.林.牧.渔业	Farming, Forestry, Animal Husbandry, Fishery & Water Conservancy	31.67	31.67
2. 工业	Industry	3392.26	3353.96
# 用作原料.材料	Non-Energy Use		
3. 建筑业	Construction	18.00	18.00
4. 交通运输.仓储及邮电通迅业	Transportation, Storage, Postal &	45.77	45.73
5. 批发和零售贸易业.餐饮业	Telecommunications Services Wholesale, Retail Trade and Catering Service	45.32	44.75
6. 生活消费	Residential Consumption	1551.46	936.87
城镇	Urban	556.92	339.37
乡村	Rural	994.54	597.50
7. 其他	Other	194.11	192.33
五. 平衡差额	**Statistical Difference**		

ENERGY BALANCE OF HEBEI -1999 (PHYSICAL QUANTITY)

洗精煤 Cleaned Coal 万吨 10^4 tn	其他洗煤 Other Washed Coal 万吨 10^4 tn	型煤 Briquettes 万吨 10^4 tn	焦炭 Coke 万吨 10^4 tn	焦炉煤气 Coke Oven Gas 亿立方米 10^8 cu.m	其他煤气 Other Gas 亿立方米 10^8 cu.m	油品合计 Petroleum Products Total 万吨 10^4 tn	原油 Crude Oil 万吨 10^4 tn	汽油 Gasoline 万吨 10^4 tn
-317.88	**-9.67**		**73.76**		**64.25**	**593.38**	**694.50**	**-27.13**
						531.31	531.31	
					64.25			
374.67	23.57		298.83			246.16	126.59	58.85
						35.93	35.93	
						0.91		
-632.66	-30.91		-184.66			-217.63		-82.41
-51.10			-16.53					
						-1.16		
-8.79	-2.33		-23.88			-2.14	0.67	-3.57
331.89	**572.81**	**83.86**	**1093.15**	**21.19**	**2.19**	**-45.83**	**-639.37**	**158.99**
	-48.27					-8.77		
	-9.64					-5.04	-0.02	
1137.29	630.72							
-805.40			1093.15	21.19				
						-32.02	-639.35	158.99
					2.19			
		83.86						
0.21	**5.52**		**12.25**	**0.33**		**17.87**	**16.85**	**0.50**
13.80	**557.62**	**83.86**	**1154.66**	**20.86**	**66.44**	**529.68**	**38.28**	**131.36**
						55.64		0.75
13.80	24.50		1154.33	14.72	28.02	246.62	32.86	44.92
			0.03			60.89		3.36
		0.04		0.02		102.82	5.38	58.79
		0.57	0.05	0.03		11.30	0.01	7.13
	533.12	81.47		6.08	38.42	32.49		
	175.93	41.62		6.08	38.42	28.62		
	357.19	39.85				3.87		
		1.78	0.25	0.01		19.92	0.03	16.41

续表（河北－1999）

		煤油 Kerosene 万吨 10^4tn	柴油 Diesel Oil 万吨 10^4tn
一．可供本地区消费的能源量	**Total Primary Energy Supply**	**-10.60**	**-59.35**
1．一次能源生产量	Indigenous Production		
2．回收能	Recovery of Energy		
3．外省(区．市)调入量	Moving In from Other Provinces	1.54	35.53
4．进 口 量	Import		
5．我轮．机在外国加油量	Chinese Airplanes & Ships in Refueling Abroad		
6．本省(区．市)调出量(－)	Sending Out to Other Provinces(-)	-12.47	-95.89
7．出 口 量(－)	Export(-)		
8．外轮．机在我国加油量(－)	Foreign Airplanes & Ships in Refueling in China		-0.25
9．库存增(－)、减(+)量	Stock Change	0.33	1.26
二．加工转换投入(－)产出(+)量	**Input(-) & Output(+) of Transformation**	**13.96**	**236.03**
1．火力发电	Thermal Power		-4.22
2．供　热	Heating Supply		-0.24
3．洗 选 煤	Coal Washing		
4．炼　焦	Coking		
5．炼　油	Petroleum Refineries	13.96	240.49
6．制　气	Gas Works		
# 焦炭再投入量(－)	Coke Input(-)		
7．煤制品加工	Briquettes		
三．损 失 量	**Loss**	**0.04**	**0.18**
四．终端消费量	**Total Final Consumption**	**3.32**	**176.50**
1．农．林．牧．渔业	Farming, Forestry, Animal Husbandry, Fishery & Water Conservancy	0.05	54.75
2．工　业	Industry	1.04	71.47
# 用作原料．材料	Non-Energy Use		
3．建 筑 业	Construction	0.05	4.82
4．交通运输．仓储及邮电通迅业	Transportation, Storage, Postal &	0.01	38.15
5．批发和零售贸易业．餐饮业	Telecommunications Services Wholesale, Retail Trade and Catering Service	0.04	3.52
6．生活消费	Residential Consumption	1.85	0.75
城镇	Urban	0.05	0.75
乡村	Rural	1.80	
7．其他	Other	0.28	3.04
五．平衡差额	**Statistical Difference**		

Continued(Hebei-1999)

燃料油 Fuel Oil 万吨 10^4tn	液化石油气 PLG 万吨 10^4tn	炼厂干气 Refinery Gas 万吨 10^4tn	天然气 Natural Gas 亿立方米 10^8 cu.m	其他石油制品 Other Petroleum Products 万吨 10^4tn	其他焦化产品 Other Coking Products 万吨 10^4 tn	热力 Heat 万百万千焦 10^{10} kj	电力 Electricity 亿千瓦小时 10^8kwh	其他能源 Other Energy 万吨标煤 10^4tce
-4.28	**0.01**		**6.79**	**0.23**			**-17.51**	
			4.17				8.64	
23.65			4.89				15.82	
0.91								
-26.86			-2.27				-41.97	
-0.91								
-1.07	0.01			0.23				
49.10	**33.33**	**19.03**		**83.10**	**27.30**	**6460.09**	**763.23**	
-4.20		-0.35				-344.60	763.23	
-2.99		-1.79				6804.69		
					27.30			
56.29	33.33	21.17		83.10				
0.09	**0.04**	**0.06**	**0.50**	**0.11**			**43.30**	
44.73	**33.30**	**18.97**	**6.29**	**83.22**	**27.30**	**6460.09**	**702.42**	
0.09							60.18	
43.59	2.70	18.97	6.29	31.07	27.30	4136.63	478.49	
0.50	0.01			52.15		4.34	5.06	
0.21	0.28					11.83	18.85	
0.25	0.35					124.45	11.49	
	29.89					2028.59	80.69	
	27.82					2028.59	34.40	
	2.07						46.29	
0.09	0.07					154.25	47.66	

6-4 山西能源平衡表(实物量)-1997

		煤合计 Coal Total 万吨 10^4 tn	原煤 Raw Coal 万吨 10^4 tn
一.可供本地区消费的能源量	**Total Primary Energy Supply**	**10167.66**	**12568.45**
1.一次能源生产量	Indigenous Production	33843.41	33843.41
2.回收能	Recovery of Energy		
3.外省(区.市)调入量	Moving In from Other Provinces		
4.进 口 量	Import		
5.我轮.机在外国加油量	Chinese Airplanes & Ships in Refueling Abroad		
6.本省(区.市)调出量(-)	Sending Out to Other Provinces(-)	-21963.26	-19528.69
7.出 口 量(-)	Export(-)	-1751.00	-1751.00
8.外轮.机在我国加油量(-)	Foreign Airplanes & Ships in Refueling in China		
9.库存增(-)、减(+)量	Stock Change	38.51	4.73
二.加工转换投入(-)产出(+)量	**Input(-) & Output(+) of Transformation**	**-11130.14**	**-13749.28**
1.火力发电	Thermal Power	-3002.36	-2914.36
2.供　　热	Heating Supply	-224.94	-218.26
3.洗 选 煤	Coal Washing	-846.68	-6963.26
4.炼　　焦	Coking	-6988.33	-3598.91
5.炼　　油	Petroleum Refineries		
6.制　　气	Gas Works	-67.76	-53.24
#焦炭再投入量(-)	Coke Input(-)		
7.煤制品加工	Briquettes	-0.07	-1.25
三.损 失 量	**Loss**	**1.49**	
四.终端消费量	**Total Final Consumption**	**3236.03**	**3019.17**
1.农.林.牧.渔业	Farming, Forestry, Animal Husbandry, Fishery & Water Conservancy	133.30	133.30
2.工　　业	Industry	2299.71	2139.21
#用作原料.材料	Non-Energy Use	181.30	181.30
3.建 筑 业	Construction	68.60	68.60
4.交通运输.仓储及邮电通迅业	Transportation, Storage, Postal &	53.20	53.20
5.批发和零售贸易业.餐饮业	Telecommunications Services Wholesale, Retail Trade and Catering Service	25.10	25.10
6.生活消费	Residential Consumption	549.82	493.46
城镇	Urban	87.78	66.60
乡村	Rural	462.04	426.86
7.其他	Other	106.30	106.30
五.平衡差额	**Statistical Difference**	**-4200.00**	**-4200.00**

ENERGY BALANCE OF SHANXI -1997 (PHYSICAL QUANTITY)

洗精煤 Cleaned Coal 万吨 10^4 tn	其他洗煤 Other Washed Coal 万吨 10^4 tn	型煤 Briquettes 万吨 10^4 tn	焦炭 Coke 万吨 10^4 tn	焦炉煤气 Coke Oven Gas 亿立方米 10^8 cu.m	其他煤气 Other Gas 亿立方米 10^8 cu.m	油品合计 Petroleum Products Total 万吨 10^4 tn	原油 Crude Oil 万吨 10^4 tn	汽油 Gasoline 万吨 10^4 tn
-1785.07	**-307.86**		**-2186.16**			**191.91**		**90.69**
						196.08		91.15
-1744.05	-345.26		-1969.14			-1.13		-0.32
			-264.88					
-41.02	37.40		47.86			-3.04		-0.14
1786.56	**415.70**	**1.18**	**5274.31**	**16.66**	**22.10**			
	-44.00				-0.16			
	-3.34							
5115.98	500.30							
-3329.42	-30.00		5279.13	16.66				
	-7.26				22.26			
			-4.82					
		1.18						
1.49			**18.12**			**0.12**		**0.03**
	107.84	**1.18**	**1290.03**	**16.66**	**22.10**	**191.79**		**90.66**
			106.80			33.67		10.00
	80.25		1030.69	10.17	16.84	66.33		31.52
			178.50					
			4.00			8.63		3.60
			1.90			68.78		35.84
			22.20	0.29		2.19		1.62
	27.59	1.18	122.04	6.20	5.26	3.20		0.60
	10.00	1.18	62.04	6.20	4.55	2.60		0.33
	17.59		60.00		0.71	0.60		0.27
			2.40			8.99		7.48
			1780.00					

续表（山西－1997）

		煤油 Kerosene 万吨 10^4tn	柴油 Diesel Oil 万吨 10^4tn
一.可供本地区消费的能源量	**Total Primary Energy Supply**	**6.30**	**78.75**
1.一次能源生产量	Indigenous Production		
2.回收能	Recovery of Energy		
3.外省(区.市)调入量	Moving In from Other Provinces	6.62	82.21
4.进 口 量	Import		
5.我轮.机在外国加油量	Chinese Airplanes & Ships in Refueling Abroad		
6.本省(区.市)调出量(－)	Sending Out to Other Provinces(-)	-0.41	-0.40
7.出 口 量(－)	Export(-)		
8.外轮.机在我国加油量(－)	Foreign Airplanes & Ships in Refueling in China		
9.库存增(－)、减(+)量	Stock Change	0.09	-3.06
二.加工转换投入(－)产出(+)量	**Input(-) & Output(+) of Transformation**		
1.火力发电	Thermal Power		
2.供 热	Heating Supply		
3.洗 选 煤	Coal Washing		
4.炼 焦	Coking		
5.炼 油	Petroleum Refineries		
6.制 气	Gas Works		
＃焦炭再投入量(－)	Coke Input(-)		
7.煤制品加工	Briquettes		
三.损 失 量	**Loss**	**0.01**	**0.08**
四.终端消费量	**Total Final Consumption**	**6.29**	**78.67**
1.农.林.牧.渔业	Farming, Forestry, Animal Husbandry, Fishery & Water Conservancy	0.07	23.60
2.工 业	Industry	0.80	20.10
＃用作原料.材料	Non-Energy Use		
3.建 筑 业	Construction	0.01	5.02
4.交通运输.仓储及邮电通迅业	Transportation, Storage, Postal &	4.99	27.95
5.批发和零售贸易业.餐饮业	Telecommunications Services Wholesale, Retail Trade and Catering Service	0.01	0.50
6.生活消费	Residential Consumption	0.40	
城镇	Urban	0.32	
乡村	Rural	0.08	
7.其他	Other	0.01	1.50
五.平衡差额	**Statistical Difference**		

Continued(Shanxi-1997)

燃料油 Fuel Oil 万吨 10^4tn	液化石油气 PLG 万吨 10^4tn	炼厂干气 Refinery Gas 万吨 10^4tn	天然气 Natural Gas 亿立方米 10^8 cu.m	其他石油制品 Other Petroleum Products 万吨 10^4tn	其他焦化产品 Other Coking Products 万吨 10^4 tn	热力 Heat 万百万千焦 10^{10} kj	电力 Electricity 亿千瓦小时 10^8kwh	其他能源 Other Energy 万吨标煤 10^4tce
13.79	**2.38**		**0.92**				**-94.25**	
			0.92				5.76	
13.72	2.38						22.93	
							-122.94	
0.07								
					20.88	**3922.34**	**540.26**	
							540.26	
						3922.34		
					20.88			
							36.49	
13.79	**2.38**		**0.92**		**20.88**	**3922.34**	**409.52**	
							25.41	
13.79	0.12				20.88	2965.04	331.39	
							28.33	
							3.05	
							13.69	
	0.06						3.66	
	2.20		0.92			957.30	23.64	
	1.95		0.92			957.30	13.77	
	0.25						9.87	
							8.68	
						2.63	**20.21**	

6-4 山西能源平衡表(实物量)-1998

		煤合计 Coal Total 万吨 10^4 tn	原煤 Raw Coal 万吨 10^4 tn
一.可供本地区消费的能源量	**Total Primary Energy Supply**	**10780.72**	**12647.14**
1.一次能源生产量	Indigenous Production	31481.81	31481.81
2.回收能	Recovery of Energy		
3.外省(区.市)调入量	Moving In from Other Provinces		
4.进口量	Import		
5.我轮.机在外国加油量	Chinese Airplanes & Ships in Refueling Abroad		
6.本省(区.市)调出量(-)	Sending Out to Other Provinces(-)	-19548.00	-17672.38
7.出口量(-)	Export(-)	-1603.00	-1603.00
8.外轮.机在我国加油量(-)	Foreign Airplanes & Ships in Refueling in China		
9.库存增(-)、减(+)量	Stock Change	449.91	440.71
二.加工转换投入(-)产出(+)量	**Input(-) & Output(+) of Transformation**	**-12132.64**	**-14119.54**
1.火力发电	Thermal Power	-3018.86	-2916.50
2.供热	Heating Supply	-196.41	-196.41
3.洗选煤	Coal Washing	-1199.06	-6638.36
4.炼焦	Coking	-7649.76	-4310.93
5.炼油	Petroleum Refineries		
6.制气	Gas Works	-68.51	-56.94
#焦炭再投入量(-)	Coke Input(-)		
7.煤制品加工	Briquettes	-0.04	-0.40
三.损失量	**Loss**	**0.34**	
四.终端消费量	**Total Final Consumption**	**3147.74**	**3027.60**
1.农.林.牧.渔业	Farming, Forestry, Animal Husbandry, Fishery & Water Conservancy	136.20	136.20
2.工业	Industry	2212.70	2122.70
#用作原料.材料	Non-Energy Use	182.00	182.00
3.建筑业	Construction	73.80	73.80
4.交通运输.仓储及邮电通迅业	Transportation, Storage, Postal & Telecommunications Services	56.40	56.40
5.批发和零售贸易业.餐饮业	Wholesale, Retail Trade and Catering Service	27.20	27.20
6.生活消费	Residential Consumption	525.34	495.20
城镇	Urban	72.36	64.00
乡村	Rural	452.98	431.20
7.其他	Other	116.10	116.10
五.平衡差额	**Statistical Difference**	**-4500.00**	**-4500.00**

ENERGY BALANCE OF SHANXI -1998 (PHYSICAL QUANTITY)

洗精煤 Cleaned Coal 万吨 10^4 tn	其他洗煤 Other Washed Coal 万吨 10^4 tn	型煤 Briquettes 万吨 10^4 tn	焦炭 Coke 万吨 10^4 tn	焦炉煤气 Coke Oven Gas 亿立方米 10^8 cu.m	其他煤气 Other Gas 亿立方米 10^8 cu.m	油品合计 Petroleum Products Total 万吨 10^4 tn	原油 Crude Oil 万吨 10^4 tn	汽油 Gasoline 万吨 10^4 tn
-1407.78	**-458.64**		**-2056.79**			**190.97**		**90.77**
						195.81		94.99
-1439.61	-436.01		-1793.32			-1.10		-0.30
			-306.16					
31.83	-22.63		42.69			-3.74		-3.92
1408.12	**578.42**	**0.36**	**5698.99**	**16.78**	**20.14**			
	-102.36				-0.32			
			-4.13					
4746.95	692.35							
-3338.83			5703.12	16.78				
	-11.57				20.46			
		0.36						
0.34			**12.33**			**0.17**		**0.07**
	119.78	**0.36**	**1229.87**	**16.78**	**20.14**	**190.80**		**90.70**
			113.20			33.67		10.00
	90.00		946.05	11.46	12.54	65.26		31.42
			183.70					
			5.50			8.70		3.65
			2.00			68.78		35.96
			23.80	0.32		2.23		1.63
	29.78	0.36	136.82	5.00	7.60	3.17		0.58
	8.00	0.36	68.00	5.00	6.90	2.58		0.32
	21.78		68.82		0.70	0.59		0.26
			2.50			8.99		7.46
			2400.00					

续表（山西－1998）

		煤油 Kerosene 万吨 10^4tn	柴油 Diesel Oil 万吨 10^4tn
一．可供本地区消费的能源量	**Total Primary Energy Supply**	**6.27**	**78.77**
1．一次能源生产量	Indigenous Production		
2．回收能	Recovery of Energy		
3．外省(区．市)调入量	Moving In from Other Provinces	6.71	79.01
4．进 口 量	Import		
5．我轮．机在外国加油量	Chinese Airplanes & Ships in Refueling Abroad		
6．本省(区．市)调出量(－)	Sending Out to Other Provinces(-)	-0.40	-0.40
7．出 口 量(－)	Export(-)		
8．外轮．机在我国加油量(－)	Foreign Airplanes & Ships in Refueling in China		
9．库存增(－)、减(＋)量	Stock Change	-0.04	0.16
二．加工转换投入(－)产出(＋)量	**Input(-) & Output(+) of Transformation**		
1．火力发电	Thermal Power		
2．供 热	Heating Supply		
3．洗 选 煤	Coal Washing		
4．炼 焦	Coking		
5．炼 油	Petroleum Refineries		
6．制 气	Gas Works		
＃焦炭再投入量(－)	Coke Input(-)		
7．煤制品加工	Briquettes		
三．损 失 量	**Loss**	**0.01**	**0.09**
四．终端消费量	**Total Final Consumption**	**6.26**	**78.68**
1．农．林．牧．渔业	Farming, Forestry, Animal Husbandry, Fishery & Water Conservancy	0.07	23.60
2．工 业	Industry	0.90	20.07
＃用作原料．材料	Non-Energy Use		
3．建 筑 业	Construction	0.01	5.04
4．交通运输．仓储及邮电通迅业	Transportation, Storage, Postal &	4.88	27.94
5．批发和零售贸易业．餐饮业	Telecommunications Services Wholesale, Retail Trade and Catering Service	0.01	0.51
6．生活消费	Residential Consumption	0.38	
城镇	Urban	0.31	
乡村	Rural	0.07	
7．其他	Other	0.01	1.52
五．平衡差额	**Statistical Difference**		

Continued (Shanxi-1998)

燃料油 Fuel Oil 万吨 10^4tn	液化石油气 PLG 万吨 10^4tn	炼厂干气 Refinery Gas 万吨 10^4tn	天然气 Natural Gas 亿立方米 10^8 cu.m	其他石油制品 Other Petroleum Products 万吨 10^4tn	其他焦化产品 Other Coking Products 万吨 10^4 tn	热力 Heat 万百万千焦 10^{10} kj	电力 Electricity 亿千瓦小时 10^8kwh	其他能源 Other Energy 万吨标煤 10^4tce
12.74	**2.42**		**1.04**				**-107.71**	
			1.04				6.01	
12.68	2.42						3.64	
							-117.36	
0.06								
					25.56	**3878.44**	**548.02**	
							548.02	
						3878.44		
					25.56			
							31.41	
12.74	**2.42**		**1.04**		**25.56**	**3878.44**	**408.90**	
							22.43	
12.74	0.13				25.56	2818.44	328.40	
							3.12	
							15.80	
	0.08						4.54	
	2.21		1.04			1060.00	23.77	
	1.95		1.04			1060.00	14.16	
	0.26						9.61	
							10.84	

6-4 山西能源平衡表(实物量)-1999

		煤合计 Coal Total 万吨 10^4 tn	原煤 Raw Coal 万吨 10^4 tn
一. 可供本地区消费的能源量	**Total Primary Energy Supply**	**5756.40**	**7702.78**
1. 一次能源生产量	Indigenous Production	24896.00	24896.00
2. 回收能	Recovery of Energy		
3. 外省(区. 市)调入量	Moving In from Other Provinces		
4. 进 口 量	Import		
5. 我轮. 机在外国加油量	Chinese Airplanes & Ships in Refueling Abroad		
6. 本省(区. 市)调出量(-)	Sending Out to Other Provinces(-)	-17898.14	-16019.97
7. 出 口 量(-)	Export(-)	-1993.86	-1993.86
8. 外轮. 机在我国加油量(-)	Foreign Airplanes & Ships in Refueling in China		
9. 库存增(-)、减(+)量	Stock Change	752.40	820.61
二. 加工转换投入(-)产出(+)量	**Input(-) & Output(+) of Transformation**	**-10736.99**	**-12800.78**
1. 火力发电	Thermal Power	-3021.90	-2940.47
2. 供 热	Heating Supply	-203.81	-203.81
3. 洗 选 煤	Coal Washing	-963.10	-5816.58
4. 炼 焦	Coking	-6483.63	-3783.06
5. 炼 油	Petroleum Refineries		
6. 制 气	Gas Works	-64.47	-55.96
# 焦炭再投入量(-)	Coke Input(-)		
7. 煤制品加工	Briquettes	-0.08	-0.90
三. 损 失 量	**Loss**	**0.39**	
四. 终端消费量	**Total Final Consumption**	**3019.02**	**2902.00**
1. 农. 林. 牧. 渔业	Farming, Forestry, Animal Husbandry, Fishery & Water Conservancy	118.50	118.50
2. 工 业	Industry	2107.66	2019.26
# 用作原料. 材料	Non-Energy Use	173.20	173.20
3. 建 筑 业	Construction	75.60	75.60
4. 交通运输. 仓储及邮电通迅业	Transportation, Storage, Postal &	56.04	56.04
5. 批发和零售贸易业. 餐饮业	Telecommunications Services Wholesale, Retail Trade and Catering Service	28.62	28.60
6. 生活消费	Residential Consumption	518.60	490.00
城镇	Urban	69.90	61.30
乡村	Rural	448.70	428.70
7. 其他	Other	114.00	114.00
五. 平衡差额	**Statistical Difference**	**-8000.00**	**-8000.00**

ENERGY BALANCE OF SHANXI -1999 (PHYSICAL QUANTITY)

洗精煤 Cleaned Coal 万吨 10^4 tn	其他洗煤 Other Washed Coal 万吨 10^4 tn	型煤 Briquettes 万吨 10^4 tn	焦炭 Coke 万吨 10^4 tn	焦炉煤气 Coke Oven Gas 亿立方米 10^8 cu.m	其他煤气 Other Gas 亿立方米 10^8 cu.m	油品合计 Petroleum Products Total 万吨 10^4 tn	原油 Crude Oil 万吨 10^4 tn	汽油 Gasoline 万吨 10^4 tn
-1632.52	**-313.86**		**-1928.32**			**190.65**		**89.28**
						184.96		85.48
-1582.78	-295.39		-1443.51			-1.11		-0.31
			-398.00					
-49.74	-18.47		-86.81					4.11
1632.91	**430.06**	**0.82**	**4955.10**	**16.75**	**18.67**			
	-81.43				-0.94			
			-4.75					
4297.67	555.81							
-2664.76	-35.81		4959.85	16.75				
	-8.51				19.61			
		0.82						
0.39			**4.47**			**0.15**		**0.06**
	116.20	**0.82**	**1222.31**	**16.75**	**18.67**	**190.50**		**89.22**
			106.80			31.17		9.14
	88.40		947.75	10.75	12.87	66.82		30.30
			185.20					
			6.00			8.73		3.67
						69.31		36.40
		0.02	24.20	0.36		2.26		1.64
	27.80	0.80	135.00	5.64	5.80	3.19		0.59
	7.80	0.80	67.00	5.64	5.10	2.59		0.33
	20.00		68.00		0.70	0.60		0.26
			2.56			9.02		7.48
			1800.00					

续表（山西－1999）

		煤油 Kerosene 万吨 10^4tn	柴油 Diesel Oil 万吨 10^4tn
一．可供本地区消费的能源量	**Total Primary Energy Supply**	**6.34**	**79.90**
1．一次能源生产量	Indigenous Production		
2．回收能	Recovery of Energy		
3．外省(区．市)调入量	Moving In from Other Provinces	7.21	77.35
4．进 口 量	Import		
5．我轮．机在外国加油量	Chinese Airplanes & Ships in Refueling Abroad		
6．本省(区．市)调出量(－)	Sending Out to Other Provinces(-)	-0.39	-0.41
7．出 口 量(－)	Export(-)		
8．外轮．机在我国加油量(－)	Foreign Airplanes & Ships in Refueling in China		
9．库存增(－)、减(+)量	Stock Change	-0.48	2.96
二．加工转换投入(－)产出(+)量	**Input(-) & Output(+) of Transformation**		
1．火力发电	Thermal Power		
2．供　　热	Heating Supply		
3．洗 选 煤	Coal Washing		
4．炼　　焦	Coking		
5．炼　　油	Petroleum Refineries		
6．制　　气	Gas Works		
＃焦炭再投入量(－)	Coke Input(-)		
7．煤制品加工	Briquettes		
三．损 失 量	**Loss**	**0.01**	**0.08**
四．终端消费量	**Total Final Consumption**	**6.33**	**79.82**
1．农．林．牧．渔业	Farming, Forestry, Animal Husbandry, Fishery & Water Conservancy	0.05	21.98
2．工　　业	Industry	0.87	22.84
＃用作原料．材料	Non-Energy Use		
3．建 筑 业	Construction	0.01	5.05
4．交通运输．仓储及邮电通迅业	Transportation, Storage, Postal &	5.01	27.90
5．批发和零售贸易业．餐饮业	Telecommunications Services Wholesale, Retail Trade and Catering Service	0.01	0.52
6．生活消费	Residential Consumption	0.37	
城镇	Urban	0.30	
乡村	Rural	0.07	
7．其他	Other	0.01	1.53
五．平衡差额	**Statistical Difference**		

Continued (Shanxi-1999)

燃料油 Fuel Oil 万吨 10^4tn	液化石油气 PLG 万吨 10^4tn	炼厂干气 Refinery Gas 万吨 10^4tn	天然气 Natural Gas 亿立方米 10^8 cu.m	其他石油制品 Other Petroleum Products 万吨 10^4tn	其他焦化产品 Other Coking Products 万吨 10^4 tn	热力 Heat 万百万千焦 10^{10} kj	电力 Electricity 亿千瓦小时 10^8kwh	其他能源 Other Energy 万吨标煤 10^4tce
12.67	**2.46**		**1.09**				**-99.15**	
			1.09				11.39	
12.46	2.46						0.37	
							-110.91	
0.21								
					24.97	**4047.18**	**558.49**	
							558.49	
						4047.18		
					24.97			
							31.96	
12.67	**2.46**		**1.09**		**24.97**	**4047.18**	**427.38**	
							24.68	
12.67	0.14				24.97	2447.18	342.78	
							3.52	
							13.84	
	0.09						5.56	
	2.23		1.09			1600.00	25.25	
	1.96		1.09			1600.00	15.62	
	0.27						9.63	
							11.75	

6-5 内蒙能源平衡表(实物量)-1997

		煤合计 Coal Total 万吨 10^4 tn	原煤 Raw Coal 万吨 10^4 tn
一.可供本地区消费的能源量	**Total Primary Energy Supply**	**5861.86**	**5624.89**
1.一次能源生产量	Indigenous Production	8302.58	8302.58
2.回收能	Recovery of Energy		
3.外省(区.市)调入量	Moving In from Other Provinces	508.00	238.00
4.进口量	Import		
5.我轮.机在外国加油量	Chinese Airplanes & Ships in Refueling Abroad		
6.本省(区.市)调出量(-)	Sending Out to Other Provinces(-)	-2880.00	-2850.00
7.出口量(-)	Export(-)	-39.15	-39.15
8.外轮.机在我国加油量(-)	Foreign Airplanes & Ships in Refueling in China		
9.库存增(-)、减(+)量	Stock Change	-29.57	-26.54
二.加工转换投入(-)产出(+)量	**Input(-) & Output(+) of Transformation**	**-3486.75**	**-3632.30**
1.火力发电	Thermal Power	-2171.66	-2171.66
2.供热	Heating Supply	-272.33	-266.05
3.洗选煤	Coal Washing	-109.48	-754.84
4.炼焦	Coking	-932.83	-434.75
5.炼油	Petroleum Refineries		
6.制气	Gas Works		
# 焦炭再投入量(-)	Coke Input(-)		
7.煤制品加工	Briquettes	-0.45	-5.00
三.损失量	**Loss**	**34.00**	**34.00**
四.终端消费量	**Total Final Consumption**	**2279.24**	**1873.03**
1.农.林.牧.渔业	Farming, Forestry, Animal Husbandry, Fishery & Water Conservancy	115.68	84.33
2.工业	Industry	1377.74	1149.81
# 用作原料.材料	Non-Energy Use	1.21	1.21
3.建筑业	Construction	38.11	21.65
4.交通运输.仓储及邮电通迅业	Transportation, Storage, Postal &	190.74	174.74
5.批发和零售贸易业.餐饮业	Telecommunications Services Wholesale, Retail Trade and Catering Service	104.93	88.21
6.生活消费	Residential Consumption	201.47	193.08
城镇	Urban	101.11	95.83
乡村	Rural	100.36	97.25
7.其他	Other	250.57	161.21
五.平衡差额	**Statistical Difference**	**61.87**	**85.56**

ENERGY BALANCE OF INNER MONGOLIA -1997 (PHYSICAL QUANTITY)

洗精煤 Cleaned Coal 万吨 10^4 tn	其他洗煤 Other Washed Coal 万吨 10^4 tn	型煤 Briquettes 万吨 10^4 tn	焦炭 Coke 万吨 10^4 tn	焦炉煤气 Coke Oven Gas 亿立方米 10^8 cu.m	其他煤气 Other Gas 亿立方米 10^8 cu.m	油品合计 Petroleum Products Total 万吨 10^4 tn	原油 Crude Oil 万吨 10^4 tn	汽油 Gasoline 万吨 10^4 tn
237.11	**-0.07**		**-96.91**			**172.65**	**113.27**	**40.71**
						131.51	131.51	
270.00						67.50		45.19
-30.00			-110.00			-27.32	-20.35	-3.47
-2.89	-0.07		13.09			0.96	2.11	-1.01
-129.10	**135.05**	**4.55**	**407.91**	**4.80**	**68.00**	**-8.78**	**-100.88**	**30.21**
				-5.24	-5.24	-3.71	-0.61	-0.06
-2.24	-2.02				-2.24	-0.05		-0.01
362.02	141.67							
-488.88	-4.60		423.54	9.50	75.48			
						-5.02	-100.27	30.28
			-15.63	0.54				
		4.55						
131.70	**134.98**	**4.55**	**311.00**	**4.80**	**68.00**	**163.87**	**12.39**	**70.92**
0.01	15.67					27.88		11.21
131.69	48.12		305.50	0.04	64.86	52.86	12.39	15.89
			21.00					
	8.23					19.20		2.21
	8.00					24.46		15.44
	7.36	2.00	0.27	1.23	1.12	13.85		9.28
	2.92	2.55		3.53	2.02	12.53		7.23
	1.37	2.54		3.53	2.02	8.12		4.10
	1.55	0.01				4.41		3.13
	44.68		5.23			13.09		9.66
-23.69								

续表 (内蒙-1997)

		煤油 Kerosene 万吨 10^4tn	柴油 Diesel Oil 万吨 10^4tn
一. 可供本地区消费的能源量	**Total Primary Energy Supply**	**0.40**	**20.11**
1. 一次能源生产量	Indigenous Production		
2. 回收能	Recovery of Energy		
3. 外省(区. 市)调入量	Moving In from Other Provinces	0.32	20.79
4. 进口量	Import		
5. 我轮. 机在外国加油量	Chinese Airplanes & Ships in Refueling Abroad		
6. 本省(区. 市)调出量(-)	Sending Out to Other Provinces(-)		-0.27
7. 出口量(-)	Export(-)		
8. 外轮. 机在我国加油量(-)	Foreign Airplanes & Ships in Refueling in China		
9. 库存增(-)、减(+)量	Stock Change	0.08	-0.41
二. 加工转换投入(-)产出(+)量	**Input(-) & Output(+) of Transformation**		**27.52**
1. 火力发电	Thermal Power		-2.13
2. 供热	Heating Supply		-0.03
3. 洗选煤	Coal Washing		
4. 炼焦	Coking		
5. 炼油	Petroleum Refineries		29.68
6. 制气	Gas Works		
# 焦炭再投入量(-)	Coke Input(-)		
7. 煤制品加工	Briquettes		
三. 损失量	**Loss**		
四. 终端消费量	**Total Final Consumption**	**0.40**	**47.63**
1. 农. 林. 牧. 渔业	Farming, Forestry, Animal Husbandry, Fishery & Water Conservancy		13.95
2. 工业	Industry	0.20	15.40
# 用作原料. 材料	Non-Energy Use		
3. 建筑业	Construction		2.44
4. 交通运输. 仓储及邮电通迅业	Transportation, Storage, Postal & Telecommunications Services	0.19	8.83
5. 批发和零售贸易业. 餐饮业	Wholesale, Retail Trade and Catering Service	0.01	2.11
6. 生活消费	Residential Consumption		2.40
城镇	Urban		1.12
乡村	Rural		1.28
7. 其他	Other		2.50
五. 平衡差额	**Statistical Difference**		

Continued (Inner Monglia-1997)

燃料油 Fuel Oil 万吨 10^4tn	液化石油气 PLG 万吨 10^4tn	炼厂干气 Refinery Gas 万吨 10^4tn	天然气 Natural Gas 亿立方米 10^8 cu.m	其他石油制品 Other Petroleum Products 万吨 10^4tn	其他焦化产品 Other Coking Products 万吨 10^4 tn	热力 Heat 万百万千焦 10^{10} kj	电力 Electricity 亿千瓦小时 10^8kwh	其他能源 Other Energy 万吨标煤 10^4tce
-0.52				**-1.32**			**-126.54**	**16.77**
							1.39	
				1.20			20.52	16.83
				-3.23			-148.45	
-0.52				0.71				-0.06
16.78	**3.28**	**1.95**		**12.36**	**11.29**	**4919.60**	**338.15**	**3.88**
-0.91						-13.34	338.15	-0.92
-0.01						4932.94		
								4.80
					11.29			
17.70	3.28	1.95		12.36				
16.26	**3.28**	**1.95**		**11.04**	**11.29**	**4919.60**	**211.61**	**20.65**
2.72						51.25	13.25	
6.87	0.12	1.95		0.04	5.80	2661.03	163.86	16.77
3.55				11.00	5.49	51.50	1.72	
						404.37	5.53	
2.19	0.26					528.89	3.71	
	2.90					1159.59	16.92	3.88
	2.90					1159.59	9.97	3.88
							6.95	
0.93						62.97	6.62	

6-5 内蒙能源平衡表(实物量)-1998

		煤合计 Coal Total 万吨 10^4 tn	原煤 Raw Coal 万吨 10^4 tn
一.可供本地区消费的能源量	**Total Primary Energy Supply**	**5305.98**	**5264.52**
1.一次能源生产量	Indigenous Production	7769.48	7769.48
2.回收能	Recovery of Energy		
3.外省(区.市)调入量	Moving In from Other Provinces	800.00	500.00
4.进 口 量	Import		
5.我轮.机在外国加油量	Chinese Airplanes & Ships in Refueling Abroad		
6.本省(区.市)调出量(-)	Sending Out to Other Provinces(-)	-2920.00	-2800.00
7.出 口 量(-)	Export(-)	-52.48	-52.48
8.外轮.机在我国加油量(-)	Foreign Airplanes & Ships in Refueling in China		
9.库存增(-)、减(+)量	Stock Change	-291.02	-152.48
二.加工转换投入(-)产出(+)量	**Input(-) & Output(+) of Transformation**	**-3230.02**	**-3366.72**
1.火力发电	Thermal Power	-2146.79	-2146.79
2.供 热	Heating Supply	-268.42	-265.54
3.洗 选 煤	Coal Washing	-147.46	-755.25
4.炼 焦	Coking	-667.01	-197.75
5.炼 油	Petroleum Refineries		
6.制 气	Gas Works		
# 焦炭再投入量(-)	Coke Input(-)		
7.煤制品加工	Briquettes	-0.34	-1.39
三.损 失 量	**Loss**	**35.00**	**35.00**
四.终端消费量	**Total Final Consumption**	**2017.13**	**1851.18**
1.农.林.牧.渔业	Farming, Forestry, Animal Husbandry, Fishery & Water Conservancy	99.69	79.23
2.工 业	Industry	1176.69	1126.79
# 用作原料.材料	Non-Energy Use	5.48	5.48
3.建 筑 业	Construction	35.86	26.65
4.交通运输.仓储及邮电通迅业	Transportation, Storage, Postal &	194.14	179.88
5.批发和零售贸易业.餐饮业	Telecommunications Services Wholesale, Retail Trade and Catering Service	96.40	84.35
6.生活消费	Residential Consumption	200.03	195.29
城镇	Urban	96.68	93.77
乡村	Rural	103.35	101.52
7.其他	Other	214.32	158.99
五.平衡差额	**Statistical Difference**	**23.83**	**11.62**

ENERGY BALANCE OF INNER MONGOLIA -1998 (PHYSICAL QUANTITY)

洗精煤 Cleaned Coal 万吨 10^4 tn	其他洗煤 Other Washed Coal 万吨 10^4 tn	型煤 Briquettes 万吨 10^4 tn	焦炭 Coke 万吨 10^4 tn	焦炉煤气 Coke Oven Gas 亿立方米 10^8 cu.m	其他煤气 Other Gas 亿立方米 10^8 cu.m	油品合计 Petroleum Products Total 万吨 10^4 tn	原油 Crude Oil 万吨 10^4 tn	汽油 Gasoline 万吨 10^4 tn
145.71	**-104.25**		**-163.37**		**69.06**	**153.24**	**115.05**	**32.64**
						128.43	128.43	
					69.06			
300.00						52.21		30.48
-100.00	-20.00		-120.00			-13.29		-0.02
			-1.17					
			-0.07					
-54.29	-84.25		-42.13			-14.11	-13.38	2.18
-122.37	**258.02**	**1.05**	**444.65**	**5.23**	**-10.76**	**-9.44**	**-103.00**	**28.49**
				-3.92	-5.29	-2.88		
	-2.88			-0.09	-5.47	-1.25		
338.72	269.07							
-461.09	-8.17		446.05					
						-5.31	-103.00	28.49
			-1.40	9.24				
		1.05						
11.74	**153.16**	**1.05**	**281.28**	**5.23**	**58.30**	**143.80**	**12.05**	**61.13**
0.10	20.36					23.85		11.64
11.64	38.26		276.07	0.08	58.30	45.14	12.05	12.30
	9.21					18.43		2.32
	14.26		0.33			25.73		16.89
	11.25	0.80	4.88	1.25		12.01		7.44
	4.49	0.25		3.90		10.02		4.32
	2.66	0.25		3.90		7.21		2.49
	1.83					2.81		1.83
	55.33					8.62		6.22
11.60	**0.61**							

续表（内蒙-1998）

		煤油 Kerosene 万吨 10^4tn	柴油 Diesel Oil 万吨 10^4tn
一．可供本地区消费的能源量	**Total Primary Energy Supply**	**0.70**	**10.38**
1.一次能源生产量	Indigenous Production		
2.回收能	Recovery of Energy		
3.外省(区．市)调入量	Moving In from Other Provinces	0.68	21.05
4.进 口 量	Import		
5.我轮．机在外国加油量	Chinese Airplanes & Ships in Refueling Abroad		
6.本省(区．市)调出量(－)	Sending Out to Other Provinces(-)		-10.27
7.出 口 量(－)	Export(-)		
8.外轮．机在我国加油量(－)	Foreign Airplanes & Ships in Refueling in China		
9.库存增(－)、减(+)量	Stock Change	0.02	-0.40
二．加工转换投入(－)产出(+)量	**Input(-) & Output(+) of Transformation**	**-0.13**	**29.83**
1.火力发电	Thermal Power	-0.06	-1.71
2.供 热	Heating Supply	-0.07	-0.07
3.洗 选 煤	Coal Washing		
4.炼 焦	Coking		
5.炼 油	Petroleum Refineries		31.61
6.制 气	Gas Works		
# 焦炭再投入量(－)	Coke Input(-)		
7.煤制品加工	Briquettes		
三．损 失 量	**Loss**		
四．终端消费量	**Total Final Consumption**	**0.57**	**40.21**
1.农．林．牧．渔业	Farming, Forestry, Animal Husbandry, Fishery & Water Conservancy		12.21
2.工 业	Industry	0.39	10.07
# 用作原料．材料	Non-Energy Use		
3.建 筑 业	Construction		2.55
4.交通运输．仓储及邮电通迅业	Transportation, Storage, Postal & Telecommunications Services	0.18	8.66
5.批发和零售贸易业．餐饮业	Wholesale, Retail Trade and Catering Service		2.22
6.生活消费	Residential Consumption		2.10
城镇	Urban		1.12
乡村	Rural		0.98
7.其他	Other		2.40
五．平衡差额	**Statistical Difference**		

Continued (Inner Monglia-1998)

燃料油 Fuel Oil 万吨 10^4tn	液化石油气 PLG 万吨 10^4tn	炼厂干气 Refinery Gas 万吨 10^4tn	天然气 Natural Gas 亿立方米 10^8 cu.m	其他石油制品 Other Petroleum Products 万吨 10^4tn	其他焦化产品 Other Coking Products 万吨 10^4 tn	热力 Heat 万百万千焦 10^{10} kj	电力 Electricity 亿千瓦小时 10^8kwh	其他能源 Other Energy 万吨标煤 10^4tce
-2.53				**-3.00**			**-158.38**	
							2.47	
							4.12	
				-3.00			-164.97	
-2.53								
17.55	**3.99**	**1.82**		**12.01**	**11.93**	**4014.90**	**347.94**	
-1.11							347.94	
-1.11						4014.90		
					11.93			
19.77	3.99	1.82		12.01				
15.02	**3.99**	**1.82**		**9.01**	**11.93**	**4014.90**	**189.56**	
						48.48	13.99	
8.36	0.15	1.82			5.60	2210.00	141.72	
4.55				9.01	6.33	50.08	1.75	
						350.09	5.66	
2.11	0.24					255.63	3.43	
	3.60					1100.62	17.01	
	3.60					1100.62	10.01	
							7.00	
							6.00	

6-5 内蒙能源平衡表(实物量)-1999

		煤合计 Coal Total 万吨 10^4 tn	原煤 Raw Coal 万吨 10^4 tn
一.可供本地区消费的能源量	**Total Primary Energy Supply**	**5542.03**	**5389.03**
1.一次能源生产量	Indigenous Production	7070.93	7070.93
2.回收能	Recovery of Energy		
3.外省(区.市)调入量	Moving In from Other Provinces	1170.03	1100.00
4.进 口 量	Import		
5.我轮.机在外国加油量	Chinese Airplanes & Ships in Refueling Abroad		
6.本省(区.市)调出量(-)	Sending Out to Other Provinces(-)	-2859.67	-2808.00
7.出 口 量(-)	Export(-)	-185.30	-185.30
8.外轮.机在我国加油量(-)	Foreign Airplanes & Ships in Refueling in China		
9.库存增(-)、减(+)量	Stock Change	346.04	211.40
二.加工转换投入(-)产出(+)量	**Input(-) & Output(+) of Transformation**	**-3337.43**	**-3556.71**
1.火力发电	Thermal Power	-2276.73	-2276.73
2.供 热	Heating Supply	-323.73	-320.54
3.洗 选 煤	Coal Washing	-150.88	-779.77
4.炼 焦	Coking	-583.01	-175.54
5.炼 油	Petroleum Refineries		
6.制 气	Gas Works	-2.60	-2.60
#焦炭再投入量(-)	Coke Input(-)		
7.煤制品加工	Briquettes	-0.48	-1.53
三.损 失 量	**Loss**	**40.00**	**40.00**
四.终端消费量	**Total Final Consumption**	**2147.27**	**1812.82**
1.农.林.牧.渔业	Farming, Forestry, Animal Husbandry, Fishery & Water Conservancy	99.01	75.25
2.工 业	Industry	1491.84	1288.15
#用作原料.材料	Non-Energy Use		
3.建 筑 业	Construction	44.82	30.44
4.交通运输.仓储及邮电通迅业	Transportation, Storage, Postal &	117.69	100.08
5.批发和零售贸易业.餐饮业	Telecommunications Services Wholesale, Retail Trade and Catering Service	83.37	72.33
6.生活消费	Residential Consumption	171.66	168.49
城镇	Urban	91.22	88.05
乡村	Rural	80.44	80.44
7.其他	Other	138.88	78.08
五.平衡差额	**Statistical Difference**	**17.33**	**-20.50**

ENERGY BALANCE OF INNER MONGOLIA -1999 (PHYSICAL QUANTITY)

洗精煤 Cleaned Coal 万吨 10^4 tn	其他洗煤 Other Washed Coal 万吨 10^4 tn	型煤 Briquettes 万吨 10^4 tn	焦炭 Coke 万吨 10^4 tn	焦炉煤气 Coke Oven Gas 亿立方米 10^8 cu.m	其他煤气 Other Gas 亿立方米 10^8 cu.m	油品合计 Petroleum Products Total 万吨 10^4 tn	原油 Crude Oil 万吨 10^4 tn	汽油 Gasoline 万吨 10^4 tn
61.43	**31.54**	**60.03**	**-136.87**		**67.61**	**153.92**	**126.31**	**25.53**
						114.87	114.87	
					67.61			
0.03		70.00				67.76		39.68
-0.01	-51.66		-158.00			-39.24		-13.73
			-0.09					
61.41	83.20	-9.97	21.22			10.53	11.44	-0.42
-5.08	**223.31**	**1.05**	**412.58**	**5.65**	**-10.51**	**-15.60**	**-115.91**	**30.32**
				-3.05	-5.48	-0.80	-0.04	
	-3.19			-0.07	-5.03			
400.93	227.96							
-406.01	-1.46		412.58	8.77				
						-14.80	-115.87	30.32
		1.05						
18.52	**254.85**	**61.08**	**275.71**	**5.65**	**57.10**	**138.32**	**10.40**	**55.85**
	23.76					22.08		10.10
11.06	133.72	58.91	272.28	0.10	57.10	52.14	10.40	13.33
4.23	10.15					11.81		3.44
3.23	14.38		0.28			22.84		13.70
	10.25	0.79	3.15	1.30		12.38		6.98
	1.79	1.38		4.25		9.83		4.02
	1.79	1.38		4.25		6.99		2.15
						2.84		1.87
	60.80					7.24		4.28
37.83								

续表（内蒙-1999）

		煤油 Kerosene 万吨 10^4tn	柴油 Diesel Oil 万吨 10^4tn
一．可供本地区消费的能源量	**Total Primary Energy Supply**	**0.30**	**7.92**
1.一次能源生产量	Indigenous Production		
2.回收能	Recovery of Energy		
3.外省(区．市)调入量	Moving In from Other Provinces	0.31	26.65
4.进 口 量	Import		
5.我轮．机在外国加油量	Chinese Airplanes & Ships in Refueling Abroad		
6.本省(区．市)调出量(-)	Sending Out to Other Provinces(-)		-17.29
7.出 口 量(-)	Export(-)		
8.外轮．机在我国加油量(-)	Foreign Airplanes & Ships in Refueling in China		
9.库存增(-)、减(+)量	Stock Change	-0.01	-1.44
二．加工转换投入(-)产出(+)量	**Input(-) & Output(+) of Transformation**		**38.54**
1.火力发电	Thermal Power		
2.供 热	Heating Supply		
3.洗 选 煤	Coal Washing		
4.炼 焦	Coking		
5.炼 油	Petroleum Refineries		38.54
6.制 气	Gas Works		
＃焦炭再投入量(-)	Coke Input(-)		
7.煤制品加工	Briquettes		
三．损 失 量	**Loss**		
四．终端消费量	**Total Final Consumption**	**0.30**	**46.46**
1.农．林．牧．渔业	Farming, Forestry, Animal Husbandry, Fishery & Water Conservancy		11.98
2.工 业	Industry	0.11	13.48
＃用作原料．材料	Non-Energy Use		
3.建 筑 业	Construction		3.61
4.交通运输．仓储及邮电通讯业	Transportation, Storage, Postal &	0.19	8.95
5.批发和零售贸易业．餐饮业	Telecommunications Services Wholesale, Retail Trade and Catering Service		3.53
6.生活消费	Residential Consumption		1.95
城镇	Urban		0.98
乡村	Rural		0.97
7.其他	Other		2.96
五．平衡差额	**Statistical Difference**		

Continued (Inner Monglia-1999)

燃料油 Fuel Oil 万吨 10^4tn	液化石油气 PLG 万吨 10^4tn	炼厂干气 Refinery Gas 万吨 10^4tn	天然气 Natural Gas 亿立方米 10^8 cu.m	其他石油制品 Other Petroleum Products 万吨 10^4tn	其他焦化产品 Other Coking Products 万吨 10^4 tn	热力 Heat 万百万千焦 10^{10} kj	电力 Electricity 亿千瓦小时 10^8kwh	其他能源 Other Energy 万吨标煤 10^4tce
-0.47	**-0.84**			**-4.83**			**-141.41**	**-0.93**
							2.43	
	1.12						20.13	
-1.49	-1.93			-4.80			-163.97	
1.02	-0.03			-0.03				-0.93
19.65	**4.96**	**1.96**		**4.88**	**2.87**	**4549.40**	**378.18**	**1.39**
-0.76							378.18	
						4549.40		
								1.39
					2.87			
20.41	4.96	1.96		4.88				
19.18	**4.12**	**1.96**		**0.05**	**2.87**	**4549.40**	**236.77**	**0.46**
						52.39	14.27	
12.55	0.26	1.96		0.05	2.87	2520.31	179.70	0.46
4.76						55.21	3.10	
						470.00	6.97	
1.87						331.36	4.87	
	3.86					1120.13	20.52	
	3.86					1120.13	13.04	
							7.48	
							7.34	

6-6 辽宁能源平衡表(实物量)-1997

		煤合计 Coal Total 万吨 10^4 tn	原煤 Raw Coal 万吨 10^4 tn
一.可供本地区消费的能源量	**Total Primary Energy Supply**	**9401.38**	**7703.36**
1.一次能源生产量	Indigenous Production	5883.84	5883.84
2.回收能	Recovery of Energy		
3.外省(区.市)调入量	Moving In from Other Provinces	4488.49	2661.15
4.进口量	Import		
5.我轮.机在外国加油量	Chinese Airplanes & Ships in Refueling Abroad		
6.本省(区.市)调出量(-)	Sending Out to Other Provinces(-)	-666.68	-646.71
7.出口量(-)	Export(-)	-1.00	-1.00
8.外轮.机在我国加油量(-)	Foreign Airplanes & Ships in Refueling in China		
9.库存增(-)、减(+)量	Stock Change	-303.27	-193.92
二.加工转换投入(-)产出(+)量	**Input(-) & Output(+) of Transformation**	**-5685.43**	**-5181.30**
1.火力发电	Thermal Power	-4202.73	-2538.73
2.供热	Heating Supply	-933.57	-821.59
3.洗选煤	Coal Washing	606.34	-1818.36
4.炼焦	Coking	-1139.26	
5.炼油	Petroleum Refineries		
6.制气	Gas Works	-16.21	-2.62
#焦炭再投入量(-)	Coke Input(-)		
7.煤制品加工	Briquettes		
三.损失量	**Loss**		
四.终端消费量	**Total Final Consumption**	**3715.59**	**2521.70**
1.农.林.牧.渔业	Farming, Forestry, Animal Husbandry, Fishery & Water Conservancy	33.10	33.10
2.工业	Industry	2435.78	1673.59
#用作原料.材料	Non-Energy Use		
3.建筑业	Construction	67.18	64.24
4.交通运输.仓储及邮电通迅业	Transportation, Storage, Postal &	217.77	217.77
5.批发和零售贸易业.餐饮业	Telecommunications Services Wholesale, Retail Trade and Catering Service	31.90	31.90
6.生活消费	Residential Consumption	659.99	409.43
城镇	Urban	513.00	307.10
乡村	Rural	146.99	102.33
7.其他	Other	269.87	91.67
五.平衡差额	**Statistical Difference**		

ENERGY BALANCE OF LIAONING -1997 (PHYSICAL QUANTITY)

洗精煤 Cleaned Coal 万吨 10^4 tn	其他洗煤 Other Washed Coal 万吨 10^4 tn	型煤 Briquettes 万吨 10^4 tn	焦炭 Coke 万吨 10^4 tn	焦炉煤气 Coke Oven Gas 亿立方米 10^8 cu.m	其他煤气 Other Gas 亿立方米 10^8 cu.m	油品合计 Petroleum Products Total 万吨 10^4 tn	原油 Crude Oil 万吨 10^4 tn	汽油 Gasoline 万吨 10^4 tn
965.18	**366.42**		**68.37**		**224.70**	**895.17**	**3054.26**	**-455.54**
						1504.08	1504.08	
					224.70			
1000.32	413.51		85.93			1216.18	1154.28	2.01
						435.02	430.68	
						7.22		
-19.97			-11.20			-2072.49	-29.00	-361.56
						-87.07	-0.35	-77.25
						-10.16		
-15.17	-47.09		-6.36			-97.61	-5.43	-18.74
-856.15	**176.01**		**797.16**	**31.71**	**-5.95**	**-63.75**	**-3012.92**	**534.65**
-0.72	-831.64			-1.30	-2.42	-126.22	-4.71	-0.03
	-55.99			-8.00	-7.32	-98.56	-5.29	
289.92	1067.39							
-1139.26			803.79	41.01				
						169.93	-3002.92	534.68
-6.09	-3.75		-6.63		3.79	-8.90		
						34.83	**30.71**	**0.91**
109.03	**542.43**		**865.53**	**31.70**	**218.75**	**796.59**	**10.63**	**78.20**
						71.16		22.15
109.03	326.58		863.08	30.71	218.75	538.63	9.10	22.73
	1.47		0.26			11.23	0.01	3.30
			0.39			77.89	0.13	7.04
				0.99		9.22		
	125.28					56.44		
	102.95					50.04		
	22.33					6.40		
	89.10		1.80			32.02	1.39	22.98
				0.01				

续表（辽宁－1997）

		煤油 Kerosene 万吨 10^4tn	柴油 Diesel Oil 万吨 10^4tn
一．可供本地区消费的能源量	**Total Primary Energy Supply**	**-84.53**	**-763.83**
1．一次能源生产量	Indigenous Production		
2．回收能	Recovery of Energy		
3．外省(区．市)调入量	Moving In from Other Provinces	1.39	4.27
4．进 口 量	Import		0.95
5．我轮．机在外国加油量	Chinese Airplanes & Ships in Refueling Abroad	0.24	1.63
6．本省(区．市)调出量(－)	Sending Out to Other Provinces(-)	-75.33	-702.93
7．出 口 量(－)	Export(-)	-4.56	-4.91
8．外轮．机在我国加油量(－)	Foreign Airplanes & Ships in Refueling in China	-0.27	-3.89
9．库存增(－)、减(+)量	Stock Change	-6.00	-58.95
二．加工转换投入(－)产出(+)量	**Input(-) & Output(+) of Transformation**	**98.27**	**913.91**
1．火力发电	Thermal Power		-2.21
2．供　　热	Heating Supply		-0.14
3．洗 选 煤	Coal Washing		
4．炼　　焦	Coking		
5．炼　　油	Petroleum Refineries	98.27	916.26
6．制　　气	Gas Works		
＃焦炭再投入量(－)	Coke Input(-)		
7．煤制品加工	Briquettes		
三．损 失 量	**Loss**	**0.41**	**2.10**
四．终端消费量	**Total Final Consumption**	**13.33**	**147.98**
1．农．林．牧．渔业	Farming, Forestry, Animal Husbandry, Fishery & Water Conservancy		49.01
2．工　　业	Industry	0.90	38.95
＃用作原料．材料	Non-Energy Use		
3．建 筑 业	Construction	0.05	6.42
4．交通运输．仓储及邮电通迅业	Transportation, Storage, Postal &	12.38	49.62
5．批发和零售贸易业．餐饮业	Telecommunications Services Wholesale, Retail Trade and Catering Service		3.90
6．生活消费	Residential Consumption		
城镇	Urban		
乡村	Rural		
7．其他	Other		0.08
五．平衡差额	**Statistical Difference**		

Continued (Liaoning-1997)

燃料油 Fuel Oil 万吨 10^4tn	液化石油气 PLG 万吨 10^4tn	炼厂干气 Refinery Gas 万吨 10^4tn	天然气 Natural Gas 亿立方米 10^8 cu.m	其他石油制品 Other Petroleum Products 万吨 10^4tn	其他焦化产品 Other Coking Products 万吨 10^4 tn	热力 Heat 万百万千焦 10^{10} kj	电力 Electricity 亿千瓦小时 10^8kwh	其他能源 Other Energy 万吨标煤 10^4tce
19.47	**0.13**		**20.75**	**-874.79**	**-2.87**		**100.47**	**170.82**
			20.75				28.83	
								164.89
54.23							73.40	
3.39							0.11	
5.35								
-26.97				-876.70	-3.05		-1.87	
-6.00								
-10.53	0.13			1.91				
239.98	**92.06**	**86.83**		**983.47**	**8.96**	**20150.18**	**610.94**	**-66.36**
-86.51	-0.27	-10.89		-21.60		71.14	606.40	-5.62
-76.14	-0.15	-16.84				20079.04	4.54	-3.54
					8.96			
411.06	92.95	114.56		1005.07				-57.20
-8.43	-0.47							
0.70						**45.10**	**36.11**	
258.75	**92.19**	**86.83**	**20.75**	**108.68**	**6.09**	**20105.08**	**675.30**	**104.46**
						2.01	15.20	
244.69	26.75	86.83	20.75	108.68	6.09	15941.67	514.61	104.37
0.33	1.12					7.61	5.65	
8.71	0.01					3.57	31.36	
1.01	4.31					31.21	11.01	
	56.44					3985.91	69.16	
	50.04					3985.91	38.14	
	6.40						31.02	
4.01	3.56					133.10	28.31	0.09
						2.63	**20.21**	

6-6 辽宁能源平衡表(实物量)-1998

		煤合计 Coal Total 万吨 10^4 tn	原煤 Raw Coal 万吨 10^4 tn
一.可供本地区消费的能源量	**Total Primary Energy Supply**	**8682.49**	**7513.00**
1.一次能源生产量	Indigenous Production	5785.68	5785.68
2.回收能	Recovery of Energy		
3.外省(区.市)调入量	Moving In from Other Provinces	2810.36	1613.15
4.进 口 量	Import		
5.我轮.机在外国加油量	Chinese Airplanes & Ships in Refueling Abroad		
6.本省(区.市)调出量(-)	Sending Out to Other Provinces(-)	-55.95	-32.32
7.出 口 量(-)	Export(-)		
8.外轮.机在我国加油量(-)	Foreign Airplanes & Ships in Refueling in China		
9.库存增(-)、减(+)量	Stock Change	142.40	146.49
二.加工转换投入(-)产出(+)量	**Input(-) & Output(+) of Transformation**	**-5568.31**	**-4994.50**
1.火力发电	Thermal Power	-3084.84	-2262.76
2.供 热	Heating Supply	-922.46	-875.43
3.洗 选 煤	Coal Washing	-422.41	-1853.37
4.炼 焦	Coking	-1125.94	
5.炼 油	Petroleum Refineries		
6.制 气	Gas Works	-12.66	-2.94
#焦炭再投入量(-)	Coke Input(-)		
7.煤制品加工	Briquettes		
三.损 失 量	**Loss**		
四.终端消费量	**Total Final Consumption**	**3114.18**	**2518.50**
1.农.林.牧.渔业	Farming, Forestry, Animal Husbandry, Fishery & Water Conservancy	32.89	32.89
2.工 业	Industry	2074.00	1692.61
#用作原料.材料	Non-Energy Use		
3.建 筑 业	Construction	64.63	63.56
4.交通运输.仓储及邮电通迅业	Transportation, Storage, Postal &	202.29	202.29
5.批发和零售贸易业.餐饮业	Telecommunications Services Wholesale, Retail Trade and Catering Service	32.01	32.01
6.生活消费	Residential Consumption	178.93	90.02
城镇	Urban	529.43	405.12
乡村	Rural	408.38	308.12
7.其他	Other	121.05	97.00
五.平衡差额	**Statistical Difference**		

ENERGY BALANCE OF LIAONING -1998 (PHYSICAL QUANTITY)

洗精煤 Cleaned Coal 万吨 10^4 tn	其他洗煤 Other Washed Coal 万吨 10^4 tn	型煤 Briquettes 万吨 10^4 tn	焦炭 Coke 万吨 10^4 tn	焦炉煤气 Coke Oven Gas 亿立方米 10^8 cu.m	其他煤气 Other Gas 亿立方米 10^8 cu.m	油品合计 Petroleum Products Total 万吨 10^4 tn	原油 Crude Oil 万吨 10^4 tn	汽油 Gasoline 万吨 10^4 tn
943.94	**225.55**		**96.82**		**219.17**	**843.18**	**2982.66**	**-435.19**
						1452.08	1452.08	
					219.17			
964.48	232.73		96.53			1358.06	1231.27	3.26
						283.24	283.24	
						7.23		
-23.63			-5.65			-2241.59	-2.00	-415.99
						-59.84		-21.29
						-10.06		
3.09	-7.18		5.94			54.06	18.07	-1.17
-863.16	**289.35**		**789.91**	**25.53**	**-20.53**	**-138.02**	**-2942.83**	**509.85**
-0.10	-821.98			-2.00	-3.86	-92.21	-6.48	-0.01
	-47.03			-4.60	-19.51	-99.58	-9.80	
268.58	1162.38							
-1125.94			794.44	32.13				
						58.07	-2926.55	509.86
-5.70	-4.02		-4.53		2.84	-4.30		
						32.25	**29.23**	**0.72**
80.78	**514.90**		**886.73**	**25.53**	**198.64**	**672.91**	**10.60**	**73.94**
						70.61		21.80
80.78	300.61		884.33	24.77	198.64	431.71	9.01	21.03
	1.07		0.31	0.01		9.60	0.01	2.98
			0.30			81.61	0.17	7.12
						8.03		
	88.91		1.79	0.75		29.26	1.41	21.01
	124.31					42.09		
	100.26					40.00		
	24.05					2.09		

续表（辽宁-1998）

		煤油 Kerosene 万吨 10^4tn	柴油 Diesel Oil 万吨 10^4tn
一．可供本地区消费的能源量	**Total Primary Energy Supply**	**-97.28**	**-729.73**
1．一次能源生产量	Indigenous Production		
2．回收能	Recovery of Energy		
3．外省(区．市)调入量	Moving In from Other Provinces	0.05	7.86
4．进 口 量	Import		
5．我轮．机在外国加油量	Chinese Airplanes & Ships in Refueling Abroad	0.25	1.60
6．本省(区．市)调出量(-)	Sending Out to Other Provinces(-)	-98.97	-769.43
7．出 口 量(-)	Export(-)	-1.51	-0.30
8．外轮．机在我国加油量(-)	Foreign Airplanes & Ships in Refueling in China	-0.28	-3.81
9．库存增(-)、减(+)量	Stock Change	3.18	34.35
二．加工转换投入(-)产出(+)量	**Input(-) & Output(+) of Transformation**	**117.53**	**874.95**
1．火力发电	Thermal Power		-1.01
2．供　热	Heating Supply		-0.12
3．洗 选 煤	Coal Washing		
4．炼　焦	Coking		
5．炼　油	Petroleum Refineries	117.53	876.08
6．制　气	Gas Works		
#焦炭再投入量(-)	Coke Input(-)		
7．煤制品加工	Briquettes		
三．损 失 量	**Loss**	**0.29**	**2.01**
四．终端消费量	**Total Final Consumption**	**19.96**	**143.21**
1．农．林．牧．渔业	Farming, Forestry, Animal Husbandry, Fishery & Water Conservancy		48.81
2．工　业	Industry	1.00	37.37
#用作原料．材料	Non-Energy Use		
3．建 筑 业	Construction		5.09
4．交通运输．仓储及邮电通迅业	Transportation, Storage, Postal & Telecommunications Services	18.96	47.88
5．批发和零售贸易业．餐饮业	Wholesale, Retail Trade and Catering Service		4.01
6．生活消费	Residential Consumption		0.05
城镇	Urban		
乡村	Rural		
7．其他	Other		
五．平衡差额	**Statistical Difference**		

Continued (Liaoning-1998)

燃料油 Fuel Oil 万吨 10^4tn	液化石油气 PLG 万吨 10^4tn	炼厂干气 Refinery Gas 万吨 10^4tn	天然气 Natural Gas 亿立方米 10^8 cu.m	其他石油制品 Other Petroleum Products 万吨 10^4tn	其他焦化产品 Other Coking Products 万吨 10^4 tn	热力 Heat 万百万千焦 10^{10} kj	电力 Electricity 亿千瓦小时 10^8kwh	其他能源 Other Energy 万吨标煤 10^4tce
13.38	**-22.10**		**18.89**	**-868.56**	**-2.69**		**95.31**	**164.51**
			15.55				21.56	
								168.14
45.57	1.92		3.34	68.13			75.73	1.03
							0.45	
5.38								
-31.77	-23.85			-899.58	-1.79		-2.43	-0.16
				-36.74	-0.69			
-5.97								
0.17	-0.17			-0.37	-0.21			-4.50
198.39	**93.77**	**84.16**		**926.16**	**7.41**	**20546.52**	**579.24**	**-48.29**
-70.37	-3.00	-11.34				75.31	579.24	-11.69
-67.59	-0.56	-21.51				20471.21		-2.06
					7.41			
339.33	98.65	117.01		926.16				-34.54
-2.98	-1.32							
						43.21	**43.99**	
211.77	**71.67**	**84.16**	**18.89**	**57.60**	**4.72**	**20503.31**	**630.56**	**116.22**
						2.00	15.44	
198.96	22.58	84.16	18.89	57.60	4.72	16403.71	462.74	116.14
0.21	1.31					6.80	5.54	
7.47	0.01					3.05	27.83	
0.01	4.01					33.10	13.52	
5.12	1.67					121.13	30.49	0.08
	42.09					3933.52	75.00	
	40.00					3933.52	42.50	
	2.09						32.50	

6-6 辽宁能源平衡表(实物量)-1999

		煤合计 Coal Total 万吨 10^4 tn	原煤 Raw Coal 万吨 10^4 tn
一. 可供本地区消费的能源量	**Total Primary Energy Supply**	**8461.69**	**7492.67**
1. 一次能源生产量	Indigenous Production	4779.35	4779.35
2. 回收能	Recovery of Energy		
3. 外省(区. 市)调入量	Moving In from Other Provinces	3853.79	2861.72
4. 进 口 量	Import	1.20	1.20
5. 我轮. 机在外国加油量	Chinese Airplanes & Ships in Refueling Abroad		
6. 本省(区. 市)调出量(-)	Sending Out to Other Provinces(-)	-68.81	-34.68
7. 出 口 量(-)	Export(-)	-14.47	-11.51
8. 外轮. 机在我国加油量(-)	Foreign Airplanes & Ships in Refueling in China		
9. 库存增(-)、减(+)量	Stock Change	-89.37	-103.41
二. 加工转换投入(-)产出(+)量	**Input(-) & Output(+) of Transformation**	**-5476.19**	**-4979.39**
1. 火力发电	Thermal Power	-2998.23	-2332.39
2. 供 热	Heating Supply	-990.97	-942.93
3. 洗 选 煤	Coal Washing	-430.75	-1701.48
4. 炼 焦	Coking	-1047.66	
5. 炼 油	Petroleum Refineries		
6. 制 气	Gas Works	-8.58	-2.59
# 焦炭再投入量(-)	Coke Input(-)		
7. 煤制品加工	Briquettes		
三. 损 失 量	**Loss**		
四. 终端消费量	**Total Final Consumption**	**2985.50**	**2513.28**
1. 农. 林. 牧. 渔业	Farming, Forestry, Animal Husbandry, Fishery & Water Conservancy	33.67	33.67
2. 工 业	Industry	1915.52	1688.81
# 用作原料. 材料	Non-Energy Use		
3. 建 筑 业	Construction	64.15	62.98
4. 交通运输. 仓储及邮电通迅业	Transportation, Storage, Postal &	218.39	208.39
5. 批发和零售贸易业. 餐饮业	Telecommunications Services Wholesale, Retail Trade and Catering Service	31.99	31.99
6. 生活消费	Residential Consumption	541.96	401.35
城镇	Urban	421.98	301.26
乡村	Rural	119.98	100.09
7. 其他	Other	179.82	86.09
五. 平衡差额	**Statistical Difference**		

ENERGY BALANCE OF LIAONING -1999 (PHYSICAL QUANTITY)

洗精煤 Cleaned Coal 万吨 10^4 tn	其他洗煤 Other Washed Coal 万吨 10^4 tn	型煤 Briquettes 万吨 10^4 tn	焦炭 Coke 万吨 10^4 tn	焦炉煤气 Coke Oven Gas 亿立方米 10^8 cu.m	其他煤气 Other Gas 亿立方米 10^8 cu.m	油品合计 Petroleum Products Total 万吨 10^4 tn	原油 Crude Oil 万吨 10^4 tn	汽油 Gasoline 万吨 10^4 tn
881.95	**87.07**		**138.54**		**161.15**	**1015.15**	**3364.49**	**-521.06**
						1430.35	1430.35	
900.28	91.79		140.72		161.15	1645.80	1573.06	0.16
						423.60	387.19	10.10
						7.34		
-17.89	-16.24		-5.17			-2325.32	-11.33	-443.85
-2.96			-7.16			-135.10		-89.04
						-9.77		
2.52	11.52		10.15			-21.75	-14.78	1.57
-810.29	**313.49**		**734.76**	**24.24**	**-11.05**	**-360.56**	**-3324.65**	**596.14**
-2.95	-662.89			-1.20	-2.99	-114.46	-6.47	-0.02
	-48.04			-4.90	-10.65	-92.54	-8.20	-0.01
245.04	1025.69							
-1047.66			740.11	30.34				
						-149.91	-3309.98	596.17
-4.72	-1.27		-5.35		2.59	-3.65		
						33.05	**30.10**	**0.69**
71.66	**400.56**		**873.30**	**24.24**	**150.10**	**621.55**	**9.74**	**74.39**
						71.04		22.01
71.66	155.05		870.97	23.59	150.10	372.11	8.23	17.61
	1.17		0.32			10.19	0.01	3.01
	10.00		0.29			82.08	0.16	7.89
						8.83		
	140.61					44.32		
	120.72					42.17		
	19.89					2.15		
	93.73		1.72	0.65		32.98	1.34	23.87
						-0.01		

续表（辽宁－1999）

		煤油 Kerosene 万吨 10^4tn	柴油 Diesel Oil 万吨 10^4tn
一.可供本地区消费的能源量	**Total Primary Energy Supply**	**-126.64**	**-979.98**
1.一次能源生产量	Indigenous Production		
2.回收能	Recovery of Energy		
3.外省(区.市)调入量	Moving In from Other Provinces	0.69	0.82
4.进口量	Import	9.21	8.11
5.我轮.机在外国加油量	Chinese Airplanes & Ships in Refueling Abroad	0.26	1.62
6.本省(区.市)调出量(−)	Sending Out to Other Provinces(-)	-127.63	-982.21
7.出口量(−)	Export(-)	-10.36	-14.04
8.外轮.机在我国加油量(−)	Foreign Airplanes & Ships in Refueling in China		-3.91
9.库存增(−)、减(+)量	Stock Change	1.19	9.63
二.加工转换投入(−)产出(+)量	**Input(-) & Output(+) of Transformation**	**147.65**	**1121.68**
1.火力发电	Thermal Power		-1.21
2.供热	Heating Supply		-0.18
3.洗选煤	Coal Washing		
4.炼焦	Coking		
5.炼油	Petroleum Refineries	147.65	1123.07
6.制气	Gas Works		
#焦炭再投入量(−)	Coke Input(-)		
7.煤制品加工	Briquettes		
三.损失量	**Loss**	**0.30**	**1.96**
四.终端消费量	**Total Final Consumption**	**20.71**	**139.74**
1.农.林.牧.渔业	Farming, Forestry, Animal Husbandry, Fishery & Water Conservancy		49.03
2.工业	Industry	1.74	33.72
#用作原料.材料	Non-Energy Use		
3.建筑业	Construction		4.99
4.交通运输.仓储及邮电通迅业	Transportation, Storage, Postal &	18.97	48.04
5.批发和零售贸易业.餐饮业	Telecommunications Services Wholesale, Retail Trade and Catering Service		3.90
6.生活消费	Residential Consumption		
城镇	Urban		
乡村	Rural		
7.其他	Other		0.06
五.平衡差额	**Statistical Difference**		

Continued (Liaoning-1999)

燃料油 Fuel Oil 万吨 10^4tn	液化石油气 PLG 万吨 10^4tn	炼厂干气 Refinery Gas 万吨 10^4tn	天然气 Natural Gas 亿立方米 10^8 cu.m	其他石油制品 Other Petroleum Products 万吨 10^4tn	其他焦化产品 Other Coking Products 万吨 10^4 tn	热力 Heat 万百万千焦 10^{10} kj	电力 Electricity 亿千瓦小时 10^8kwh	其他能源 Other Energy 万吨标煤 10^4tce
56.48	**-43.12**		**18.75**	**-622.06**	**-2.90**		**191.81**	**139.34**
			14.28				15.45	
								137.72
17.58	4.98		4.47	48.51			176.36	2.01
				8.99				
5.46								
-59.46	-48.05			-652.79	-2.28			
				-21.66	-0.21			
-5.86								
-14.20	-0.05			-5.11	-0.41			-0.39
227.46	**125.87**	**76.28**		**669.01**	**9.16**	**20397.81**	**564.30**	**-20.90**
-61.22	-1.86	-14.73		-28.95		-12.75	564.30	-10.47
-60.92	-1.43	-21.80				20410.56		-3.21
					9.16			
350.59	131.82	112.81		697.96				-7.22
-0.99	-2.66							
						44.20	**41.60**	
170.98	**82.75**	**76.29**	**18.75**	**46.95**	**6.26**	**20353.61**	**714.51**	**118.44**
						2.51	17.36	
158.78	28.79	76.29	18.75	46.95	6.26	16355.70	543.63	118.35
0.22	1.96					5.75	4.67	
7.01	0.01					3.12	18.40	
0.01	4.92					34.67	15.72	
	44.32					3823.37	80.83	
	42.17					3823.37	34.48	
	2.15						46.35	
4.96	2.75					128.49	33.90	0.09
		-0.01						

6-7 吉林能源平衡表(实物量)-1997

		煤合计 Coal Total 万吨 10^4 tn	原煤 Raw Coal 万吨 10^4 tn
一.可供本地区消费的能源量	**Total Primary Energy Supply**	**5002.51**	**4773.06**
1.一次能源生产量	Indigenous Production	2676.85	2676.85
2.回收能	Recovery of Energy		
3.外省(区.市)调入量	Moving In from Other Provinces	2505.28	2250.00
4.进口量	Import		
5.我轮.机在外国加油量	Chinese Airplanes & Ships in Refueling Abroad		
6.本省(区.市)调出量(-)	Sending Out to Other Provinces(-)	-76.00	-76.00
7.出口量(-)	Export(-)		
8.外轮.机在我国加油量(-)	Foreign Airplanes & Ships in Refueling in China		
9.库存增(-)、减(+)量	Stock Change	-103.62	-77.79
二.加工转换投入(-)产出(+)量	**Input(-) & Output(+) of Transformation**	**-2376.57**	**-2209.14**
1.火力发电	Thermal Power	-1616.54	-1608.42
2.供热	Heating Supply	-508.16	-508.16
3.洗选煤	Coal Washing	-29.17	-92.56
4.炼焦	Coking	-161.00	
5.炼油	Petroleum Refineries		
6.制气	Gas Works	-61.70	
#焦炭再投入量(-)	Coke Input(-)		
7.煤制品加工	Briquettes		
三.损失量	**Loss**	**5.00**	**5.00**
四.终端消费量	**Total Final Consumption**	**2603.43**	**2541.82**
1.农.林.牧.渔业	Farming, Forestry, Animal Husbandry, Fishery & Water Conservancy	42.95	42.95
2.工业	Industry	1919.35	1858.08
#用作原料.材料	Non-Energy Use	70.51	70.51
3.建筑业	Construction	27.08	27.04
4.交通运输.仓储及邮电通迅业	Transportation, Storage, Postal &	111.82	111.74
5.批发和零售贸易业.餐饮业	Telecommunications Services Wholesale, Retail Trade and Catering Service	98.56	98.56
6.生活消费	Residential Consumption	260.82	260.60
城镇	Urban	194.99	194.77
乡村	Rural	65.83	65.83
7.其他	Other	142.85	142.85
五.平衡差额	**Statistical Difference**	**17.51**	**17.10**

ENERGY BALANCE OF JILIN -1997 (PHYSICAL QUANTITY)

洗精煤 Cleaned Coal 万吨 10^4 tn	其他洗煤 Other Washed Coal 万吨 10^4 tn	型煤 Briquettes 万吨 10^4 tn	焦炭 Coke 万吨 10^4 tn	焦炉煤气 Coke Oven Gas 亿立方米 10^8 cu.m	其他煤气 Other Gas 亿立方米 10^8 cu.m	油品合计 Petroleum Products Total 万吨 10^4 tn	原油 Crude Oil 万吨 10^4 tn	汽油 Gasoline 万吨 10^4 tn
208.97	**10.13**	**0.22**	**38.73**	**2.55**	**26.92**	**483.99**	**659.36**	**-64.80**
						405.10	405.10	
				2.55	26.92			
228.00	13.64		39.21			271.85	261.04	
						-203.01		-81.11
-19.03	-3.51	0.22	-0.48			10.05	-6.78	16.31
-170.91	**1.74**		**154.02**	**6.30**	**2.30**	**-115.74**	**-617.93**	**157.43**
	-4.06				-0.01	-16.76	-0.03	-0.03
						-1.57	-0.57	-0.01
51.79	5.80							
-161.00			112.31	4.78				
						-97.41	-617.33	157.47
-61.70			41.71	1.52	2.31			
37.65	**11.87**	**0.22**	**192.75**	**8.85**	**29.22**	**368.25**	**41.43**	**92.63**
						33.05		
37.53	11.87		192.72	7.52	29.22	212.32	39.03	21.93
0.04			0.02			6.94		3.92
0.08			0.01			39.18	2.40	19.73
						9.55		5.04
		0.22		1.33		22.52		4.06
		0.22		1.33		22.41		3.95
						0.11		0.11
						44.69		37.95
0.41								

续表（吉林－1997）

		煤油 Kerosene 万吨 10^4tn	柴油 Diesel Oil 万吨 10^4tn
一．可供本地区消费的能源量	**Total Primary Energy Supply**	**2.75**	**-64.64**
1. 一次能源生产量	Indigenous Production		
2. 回收能	Recovery of Energy		
3. 外省(区．市)调入量	Moving In from Other Provinces	2.56	5.00
4. 进 口 量	Import		
5. 我轮．机在外国加油量	Chinese Airplanes & Ships in Refueling Abroad		
6. 本省(区．市)调出量(－)	Sending Out to Other Provinces(-)		-73.04
7. 出 口 量(－)	Export(-)		
8. 外轮．机在我国加油量(－)	Foreign Airplanes & Ships in Refueling in China		
9. 库存增(－)、减(＋)量	Stock Change	0.19	3.40
二．加工转换投入(－)产出(＋)量	**Input(-) & Output(+) of Transformation**	**0.08**	**139.02**
1. 火力发电	Thermal Power		-1.03
2. 供 热	Heating Supply		-0.05
3. 洗 选 煤	Coal Washing		
4. 炼 焦	Coking		
5. 炼 油	Petroleum Refineries	0.08	140.10
6. 制 气	Gas Works		
# 焦炭再投入量(－)	Coke Input(-)		
7. 煤制品加工	Briquettes		
三．损 失 量	**Loss**		
四．终端消费量	**Total Final Consumption**	**2.83**	**74.38**
1. 农．林．牧．渔业	Farming, Forestry, Animal Husbandry, Fishery & Water Conservancy		33.05
2. 工 业	Industry	0.18	15.18
# 用作原料．材料	Non-Energy Use		
3. 建 筑 业	Construction	0.01	2.95
4. 交通运输．仓储及邮电通迅业	Transportation, Storage, Postal &	2.64	14.41
5. 批发和零售贸易业．餐饮业	Telecommunications Services Wholesale, Retail Trade and Catering Service		2.05
6. 生活消费	Residential Consumption		
城镇	Urban		
乡村	Rural		
7. 其他	Other		6.74
五．平衡差额	**Statistical Difference**		

Continued (Jilin-1997)

燃料油 Fuel Oil 万吨 10^4tn	液化石油气 PLG 万吨 10^4tn	炼厂干气 Refinery Gas 万吨 10^4tn	天然气 Natural Gas 亿立方米 10^8 cu.m	其他石油制品 Other Petroleum Products 万吨 10^4tn	其他焦化产品 Other Coking Products 万吨 10^4 tn	热力 Heat 万百万千焦 10^{10} kj	电力 Electricity 亿千瓦小时 10^8kwh	其他能源 Other Energy 万吨标煤 10^4tce
-49.98	3.28		2.95	-1.98	-0.84		48.43	
			2.95				40.67	
	3.25						56.17	
-48.86							-48.41	
-1.12	0.03			-1.98	-0.98			
97.36	**22.91**	**19.50**	**-0.53**	**65.89**	**3.83**	**6877.82**	**239.37**	
-15.67			-0.25				239.37	
-0.22		-0.72				6877.82		
					3.83			
113.25	22.91	20.22		65.89				
			-0.28					
							24.95	
47.38	**26.19**	**19.50**	**2.42**	**63.91**	**2.99**	**6877.82**	**262.85**	
							4.69	
47.33	5.27	19.50	2.37	63.90	2.99	4956.68	183.10	
0.05			0.01	0.01		10.37	3.28	
						113.95	6.34	
	2.46					18.21	5.39	
	18.46		0.04			1621.29	44.84	
	18.46		0.04			1621.29	27.27	
							17.57	
						157.32	15.21	

6-7 吉林能源平衡表(实物量)-1998

		煤合计 Coal Total 万吨 10^4 tn	原煤 Raw Coal 万吨 10^4 tn
一. 可供本地区消费的能源量	**Total Primary Energy Supply**	**4173.58**	**3948.01**
1. 一次能源生产量	Indigenous Production	2130.42	2130.42
2. 回收能	Recovery of Energy		
3. 外省(区. 市)调入量	Moving In from Other Provinces	2103.68	1880.00
4. 进 口 量	Import		
5. 我轮. 机在外国加油量	Chinese Airplanes & Ships in Refueling Abroad		
6. 本省(区. 市)调出量(-)	Sending Out to Other Provinces(-)	-62.00	-55.00
7. 出 口 量(-)	Export(-)		
8. 外轮. 机在我国加油量(-)	Foreign Airplanes & Ships in Refueling in China		
9. 库存增(-)、减(+)量	Stock Change	1.48	-7.41
二. 加工转换投入(-)产出(+)量	**Input(-) & Output(+) of Transformation**	**-2330.17**	**-2152.04**
1. 火力发电	Thermal Power	-1545.96	-1529.48
2. 供 热	Heating Supply	-475.49	-446.48
3. 洗 选 煤	Coal Washing	-63.49	-176.08
4. 炼 焦	Coking	-182.81	
5. 炼 油	Petroleum Refineries		
6. 制 气	Gas Works	-62.42	
# 焦炭再投入量(-)	Coke Input(-)		
7. 煤制品加工	Briquettes		
三. 损 失 量	**Loss**	**1.00**	**1.00**
四. 终端消费量	**Total Final Consumption**	**1850.62**	**1803.18**
1. 农. 林. 牧. 渔业	Farming, Forestry, Animal Husbandry, Fishery & Water Conservancy	36.84	36.84
2. 工 业	Industry	1167.58	1125.96
# 用作原料. 材料	Non-Energy Use	50.25	50.25
3. 建 筑 业	Construction	25.54	25.47
4. 交通运输. 仓储及邮电通迅业	Transportation, Storage, Postal & Telecommunications Services	108.33	108.26
5. 批发和零售贸易业. 餐饮业	Wholesale, Retail Trade and Catering Service	112.38	112.38
6. 生活消费	Residential Consumption	243.20	237.52
城镇	Urban	197.86	196.35
乡村	Rural	45.34	41.17
7. 其他	Other	156.75	156.75
五. 平衡差额	**Statistical Difference**	**-8.21**	**-8.21**

ENERGY BALANCE OF JILIN -1998 (PHYSICAL QUANTITY)

洗精煤 Cleaned Coal 万吨 10^4 tn	其他洗煤 Other Washed Coal 万吨 10^4 tn	型煤 Briquettes 万吨 10^4 tn	焦炭 Coke 万吨 10^4 tn	焦炉煤气 Coke Oven Gas 亿立方米 10^8 cu.m	其他煤气 Other Gas 亿立方米 10^8 cu.m	油品合计 Petroleum Products Total 万吨 10^4 tn	原油 Crude Oil 万吨 10^4 tn	汽油 Gasoline 万吨 10^4 tn
225.59	**-5.70**	**5.68**	**4.48**			**553.88**	**671.33**	**-65.51**
						397.07	397.07	
218.00		5.68	5.00			283.36	270.00	
	-7.00					-127.00		-60.00
7.59	1.30		-0.52			0.45	4.26	-5.51
-189.43	**11.30**		**168.41**	**6.41**	**2.31**	**-61.73**	**-624.46**	**156.30**
	-16.48				-0.01	-7.95	0.00	-0.03
	-29.01					-50.51	-0.37	
55.80	56.79							
-182.81			128.33	4.84				
						-3.27	-624.09	156.33
-62.42			40.08	1.57	2.32			
				0.71		**1.19**		
36.16	**5.60**	**5.68**	**172.89**	**5.70**	**2.31**	**490.96**	**46.87**	**90.79**
						39.68		4.56
36.02	5.60		172.86	5.54	1.84	332.27	44.77	15.31
						80.88		
0.07			0.02			6.99		4.01
0.07			0.01			41.61	2.10	21.25
						7.72		5.54
		5.68		0.16	0.47	20.49		1.27
		1.51		0.16	0.47	20.37		1.15
		4.17				0.12		0.12
						42.20		38.85

续表（吉林－1998）

		煤油 Kerosene 万吨 10^4tn	柴油 Diesel Oil 万吨 10^4tn
一．可供本地区消费的能源量	**Total Primary Energy Supply**	**2.87**	**-40.16**
1. 一次能源生产量	Indigenous Production		
2. 回收能	Recovery of Energy		
3. 外省(区．市)调入量	Moving In from Other Provinces	3.00	4.00
4. 进 口 量	Import		
5. 我轮．机在外国加油量	Chinese Airplanes & Ships in Refueling Abroad		
6. 本省(区．市)调出量(−)	Sending Out to Other Provinces(-)		-45.00
7. 出 口 量(−)	Export(-)		
8. 外轮．机在我国加油量(−)	Foreign Airplanes & Ships in Refueling in China		
9. 库存增(−)、减(+)量	Stock Change	-0.13	0.84
二．加工转换投入(−)产出(+)量	**Input(-) & Output(+) of Transformation**	**0.11**	**139.13**
1. 火力发电	Thermal Power		-0.63
2. 供　　热	Heating Supply	-0.01	-0.09
3. 洗 选 煤	Coal Washing		
4. 炼　　焦	Coking		
5. 炼　　油	Petroleum Refineries	0.12	139.85
6. 制　　气	Gas Works		
＃焦炭再投入量(−)	Coke Input(-)		
7. 煤制品加工	Briquettes		
三．损 失 量	**Loss**		
四．终端消费量	**Total Final Consumption**	**2.98**	**98.97**
1. 农．林．牧．渔业	Farming, Forestry, Animal Husbandry, Fishery & Water Conservancy		35.12
2. 工　　业	Industry	0.23	39.93
＃用作原料．材料	Non-Energy Use		
3. 建 筑 业	Construction		2.88
4. 交通运输．仓储及邮电通迅业	Transportation, Storage, Postal &	2.75	15.51
5. 批发和零售贸易业．餐饮业	Telecommunications Services Wholesale, Retail Trade and Catering Service		2.18
6. 生活消费	Residential Consumption		
城镇	Urban		
乡村	Rural		
7. 其他	Other		3.35
五．平衡差额	**Statistical Difference**		

Continued (Jilin-1998)

燃料油 Fuel Oil 万吨 10^4tn	液化石油气 PLG 万吨 10^4tn	炼厂干气 Refinery Gas 万吨 10^4tn	天然气 Natural Gas 亿立方米 10^8 cu.m	其他石油制品 Other Petroleum Products 万吨 10^4tn	其他焦化产品 Other Coking Products 万吨 10^4 tn	热力 Heat 万百万千焦 10^{10} kj	电力 Electricity 亿千瓦小时 10^8kwh	其他能源 Other Energy 万吨标煤 10^4tce
-21.07	**6.42**		**2.84**		**-1.15**		**39.81**	
			2.84				40.21	
	6.36						49.13	
							0.02	
-22.00							-49.55	
0.93	0.06				-1.15			
56.94	**15.29**	**6.02**	**-0.41**	**188.94**	**5.47**	**7190.51**	**230.77**	
-7.29			-0.21				230.77	
-36.00	-0.01	-14.03				7190.51		
					5.47			
100.23	15.30	20.05		188.94				
			-0.20					
		1.19					**24.02**	
35.87	**21.71**	**4.83**	**2.81**	**188.94**	**4.32**	**7190.51**	**246.56**	
							4.67	
35.82	2.44	4.83	2.62	188.94	4.32	5123.15	175.39	
				80.88	3.99			
0.05	0.05					6.60	2.54	
						60.55	4.49	
						19.33	4.10	
	19.22		0.19			1812.02	44.36	
	19.22		0.19			1812.02	28.26	
							16.10	
						168.86	11.01	
			-0.38					

6-7 吉林能源平衡表(实物量)-1999

		煤合计 Coal Total 万吨 10^4 tn	原煤 Raw Coal 万吨 10^4 tn
一.可供本地区消费的能源量	**Total Primary Energy Supply**	**4242.18**	**3969.63**
1.一次能源生产量	Indigenous Production	1927.64	1927.64
2.回收能	Recovery of Energy		
3.外省(区.市)调入量	Moving In from Other Provinces	2373.39	2100.00
4.进 口 量	Import		
5.我轮.机在外国加油量	Chinese Airplanes & Ships in Refueling Abroad		
6.本省(区.市)调出量(-)	Sending Out to Other Provinces(-)	-52.00	-52.00
7.出 口 量(-)	Export(-)		
8.外轮.机在我国加油量(-)	Foreign Airplanes & Ships in Refueling in China		
9.库存增(-)、减(+)量	Stock Change	-6.85	-6.01
二.加工转换投入(-)产出(+)量	**Input(-) & Output(+) of Transformation**	**-2516.40**	**-2298.06**
1.火力发电	Thermal Power	-1729.56	-1710.41
2.供 热	Heating Supply	-516.39	-481.59
3.洗 选 煤	Coal Washing	-42.08	-106.06
4.炼 焦	Coking	-175.32	
5.炼 油	Petroleum Refineries		
6.制 气	Gas Works	-53.05	
#焦炭再投入量(-)	Coke Input(-)		
7.煤制品加工	Briquettes		
三.损 失 量	**Loss**	**0.80**	**0.80**
四.终端消费量	**Total Final Consumption**	**1726.53**	**1672.32**
1.农.林.牧.渔业	Farming, Forestry, Animal Husbandry, Fishery & Water Conservancy	37.04	37.04
2.工 业	Industry	1081.34	1031.25
#用作原料.材料	Non-Energy Use	56.00	56.00
3.建 筑 业	Construction	28.32	28.24
4.交通运输.仓储及邮电通迅业	Transportation, Storage, Postal &	100.59	100.53
5.批发和零售贸易业.餐饮业	Telecommunications Services Wholesale, Retail Trade and Catering Service	110.55	110.55
6.生活消费	Residential Consumption	225.48	221.50
城镇	Urban	178.53	176.87
乡村	Rural	46.95	44.63
7.其他	Other	143.21	143.21
五.平衡差额	**Statistical Difference**	**-1.55**	**-1.55**

ENERGY BALANCE OF JILIN -1999 (PHYSICAL QUANTITY)

洗精煤 Cleaned Coal 万吨 10^4 tn	其他洗煤 Other Washed Coal 万吨 10^4 tn	型煤 Briquettes 万吨 10^4 tn	焦炭 Coke 万吨 10^4 tn	焦炉煤气 Coke Oven Gas 亿立方米 10^8 cu.m	其他煤气 Other Gas 亿立方米 10^8 cu.m	油品合计 Petroleum Products Total 万吨 10^4 tn	原油 Crude Oil 万吨 10^4 tn	汽油 Gasoline 万吨 10^4 tn
206.48	**39.96**	**26.11**	**17.96**	**0.74**		**482.27**	**708.37**	**-65.87**
				0.74		358.02	358.02	
						3.41		
208.31	38.97	26.11	21.75			355.43	348.54	
						-205.17		-81.03
-1.83	0.99		-3.79			-29.42	1.81	15.16
-179.62	**-38.72**		**153.85**	**4.88**	**1.85**	**-80.75**	**-664.33**	**155.81**
	-19.15					-21.25		-0.02
	-34.80					-42.14	-0.40	
48.75	15.23							
-175.32			121.08	4.88		-0.04		
						-17.32	-663.93	155.83
-53.05			32.77		1.85			
26.86	**1.24**	**26.11**	**171.81**	**5.62**	**1.47**	**401.52**	**44.04**	**89.94**
						40.87		4.62
26.72	1.24	22.13	171.78	5.46	1.17	237.44	41.62	13.15
0.08			0.03			7.09		4.09
0.06						45.03	2.42	24.01
						7.55		5.43
		3.98		0.16	0.30	24.00		2.43
		1.66		0.16	0.30	21.93		1.78
		2.32				2.07		0.65
						39.54		36.21
					0.38	**34.47**		

续表（吉林－1999）

		煤油 Kerosene 万吨 10^4tn	柴油 Diesel Oil 万吨 10^4tn
一．可供本地区消费的能源量	**Total Primary Energy Supply**	**1.14**	**-84.31**
1．一次能源生产量	Indigenous Production		
2．回收能	Recovery of Energy		
3．外省(区．市)调入量	Moving In from Other Provinces	1.15	3.50
4．进 口 量	Import		
5．我轮．机在外国加油量	Chinese Airplanes & Ships in Refueling Abroad		
6．本省(区．市)调出量(－)	Sending Out to Other Provinces(-)		-89.67
7．出 口 量(－)	Export(-)		
8．外轮．机在我国加油量(－)	Foreign Airplanes & Ships in Refueling in China		
9．库存增(－)、减(+)量	Stock Change	-0.01	1.86
二．加工转换投入(－)产出(+)量	**Input(-) & Output(+) of Transformation**	**2.06**	**172.10**
1．火力发电	Thermal Power		-0.68
2．供　　热	Heating Supply		
3．洗 选 煤	Coal Washing		
4．炼　　焦	Coking		
5．炼　　油	Petroleum Refineries	2.06	172.78
6．制　　气	Gas Works		
＃焦炭再投入量(－)	Coke Input(-)		
7．煤制品加工	Briquettes		
三．损 失 量	**Loss**		
四．终端消费量	**Total Final Consumption**	**3.20**	**87.79**
1．农．林．牧．渔业	Farming, Forestry, Animal Husbandry, Fishery & Water Conservancy		36.25
2．工　　业	Industry	0.33	27.41
＃用作原料．材料	Non-Energy Use		
3．建 筑 业	Construction		2.95
4．交通运输．仓储及邮电通迅业	Transportation, Storage, Postal &	2.87	15.73
5．批发和零售贸易业．餐饮业	Telecommunications Services Wholesale, Retail Trade and Catering Service		2.12
6．生活消费	Residential Consumption		
城镇	Urban		
乡村	Rural		
7．其他	Other		3.33
五．平衡差额	**Statistical Difference**		

Continued (Jilin-1999)

燃料油 Fuel Oil 万吨 10^4tn	液化石油气 PLG 万吨 10^4tn	炼厂干气 Refinery Gas 万吨 10^4tn	天然气 Natural Gas 亿立方米 10^8 cu.m	其他石油制品 Other Petroleum Products 万吨 10^4tn	其他焦化产品 Other Coking Products 万吨 10^4 tn	热力 Heat 万百万千焦 10^{10} kj	电力 Electricity 亿千瓦小时 10^8kwh	其他能源 Other Energy 万吨标煤 10^4tce
-32.69	**2.14**	**3.41**	**3.04**	**-49.92**	**-5.22**		**40.81**	**1.21**
			3.04				44.89	
		3.41						
	2.24						47.22	1.21
							0.02	
-34.47							-51.32	
1.78	-0.10			-49.92	-5.22			
48.62	**21.86**	**2.92**	**-0.41**	**180.21**	**5.27**	**7899.42**	**254.65**	
-20.55			-0.15				254.65	
-28.15		-13.59				7899.42		
-0.04					5.27			
97.36	21.86	16.51		180.21				
			-0.26					
							29.85	
15.93	**24.00**	**6.33**	**2.63**	**130.29**	**0.05**	**7899.42**	**265.61**	**1.21**
							4.86	
15.88	2.43	6.33	2.63	130.29	0.05	5991.05	187.17	1.21
0.05						6.74	2.92	
						60.68	5.10	
						20.32	6.07	
	21.57					1644.31	44.16	
	20.15					1644.31	27.67	
	1.42						16.49	
						176.32	15.33	

6-8 黑龙江能源平衡表(实物量)-1997

		煤合计 Coal Total 万吨 10^4 tn	原煤 Raw Coal 万吨 10^4 tn
一．可供本地区消费的能源量	**Total Primary Energy Supply**	**6457.63**	**7430.79**
1．一次能源生产量	Indigenous Production	8518.31	8518.31
2．回收能	Recovery of Energy		
3．外省(区．市)调入量	Moving In from Other Provinces	925.59	925.59
4．进 口 量	Import		
5．我轮．机在外国加油量	Chinese Airplanes & Ships in Refueling Abroad		
6．本省(区．市)调出量(－)	Sending Out to Other Provinces(-)	-2869.27	-1918.77
7．出 口 量(－)	Export(-)	-77.29	-64.39
8．外轮．机在我国加油量(－)	Foreign Airplanes & Ships in Refueling in China		
9．库存增(－)、减(+)量	Stock Change	-39.71	-29.95
二．加工转换投入(－)产出(+)量	**Input(-) & Output(+) of Transformation**	**-3906.58**	**-5734.89**
1．火力发电	Thermal Power	-2761.34	-2613.87
2．供　热	Heating Supply	-549.14	-548.11
3．洗 选 煤	Coal Washing	-205.91	-2455.21
4．炼　焦	Coking	-321.24	-117.44
5．炼　油	Petroleum Refineries		
6．制　气	Gas Works	-68.83	-0.26
#焦炭再投入量(－)	Coke Input(-)		
7．煤制品加工	Briquettes	-0.12	
三．损 失 量	**Loss**		
四．终端消费量	**Total Final Consumption**	**2551.05**	**1695.90**
1．农．林．牧．渔业	Farming, Forestry, Animal Husbandry, Fishery & Water Conservancy	65.42	45.33
2．工　业	Industry	2050.03	1215.64
#用作原料．材料	Non-Energy Use		
3．建 筑 业	Construction	17.32	17.01
4．交通运输．仓储及邮电通迅业	Transportation, Storage, Postal &	23.92	23.56
5．批发和零售贸易业．餐饮业	Telecommunications Services Wholesale, Retail Trade and Catering Service	10.00	10.00
6．生活消费	Residential Consumption	384.36	384.36
城镇	Urban	343.36	343.36
乡村	Rural	41.00	41.00
7．其他	Other		
五．平衡差额	**Statistical Difference**		

ENERGY BALANCE OF HEILONGJIANG -1997 (PHYSICAL QUANTITY)

洗精煤 Cleaned Coal 万吨 10^4 tn	其他洗煤 Other Washed Coal 万吨 10^4 tn	型煤 Briquettes 万吨 10^4 tn	焦炭 Coke 万吨 10^4 tn	焦炉煤气 Coke Oven Gas 亿立方米 10^8 cu.m	其他煤气 Other Gas 亿立方米 10^8 cu.m	油品合计 Petroleum Products Total 万吨 10^4 tn	原油 Crude Oil 万吨 10^4 tn	汽油 Gasoline 万吨 10^4 tn
-540.98	**-216.04**	**-0.10**	**-68.45**			**1062.13**	**1419.41**	**-121.10**
						5609.16	5609.16	
			0.16			0.91	0.91	
-524.88	-212.81		-71.07			-3245.61	-2887.50	-118.44
-12.90						-1319.25	-1319.25	
-3.20	-3.23	-0.10	2.46			16.92	16.09	-2.66
852.85	**487.68**	**0.10**	**159.64**	**6.72**	**16.20**	**-94.93**	**-1220.79**	**275.37**
-3.43	-72.02					-24.57		
-1.03						-26.60		
1129.68	559.81							
-203.80			175.45	6.72				
						-43.76	-1220.79	275.37
-68.57			-15.81		16.20			
	-0.11	0.10						
						67.21	**67.21**	
311.87	**271.64**		**91.19**	**6.72**	**16.20**	**899.99**	**131.41**	**154.27**
20.09						133.28		
291.55	271.42		90.90	6.72	16.20	516.92	130.07	46.50
0.23	0.04		0.29			11.87	0.88	5.71
	0.18					124.51	0.46	45.79
						26.89		26.89
						57.14		
						57.14		
						29.38		29.38

续表（黑龙江－1997）

		煤油 Kerosene 万吨 10^4tn	柴油 Diesel Oil 万吨 10^4tn
一．可供本地区消费的能源量	**Total Primary Energy Supply**	**-17.82**	**-171.92**
1．一次能源生产量	Indigenous Production		
2．回收能	Recovery of Energy		
3．外省(区．市)调入量	Moving In from Other Provinces		
4．进 口 量	Import		
5．我轮．机在外国加油量	Chinese Airplanes & Ships in Refueling Abroad		
6．本省(区．市)调出量(－)	Sending Out to Other Provinces(-)	-18.09	-172.99
7．出 口 量(－)	Export(-)		
8．外轮．机在我国加油量(－)	Foreign Airplanes & Ships in Refueling in China		
9．库存增(－)、减(＋)量	Stock Change	0.27	1.07
二．加工转换投入(－)产出(＋)量	**Input(-) & Output(+) of Transformation**	**23.96**	**425.89**
1．火力发电	Thermal Power		-0.05
2．供　　热	Heating Supply		-0.01
3．洗 选 煤	Coal Washing		
4．炼　　焦	Coking		
5．炼　　油	Petroleum Refineries	23.96	425.95
6．制　　气	Gas Works		
＃焦炭再投入量(－)	Coke Input(-)		
7．煤制品加工	Briquettes		
三．损 失 量	**Loss**		
四．终端消费量	**Total Final Consumption**	**6.14**	**253.97**
1．农．林．牧．渔业	Farming, Forestry, Animal Husbandry, Fishery & Water Conservancy		133.28
2．工　　业	Industry	0.54	28.97
＃用作原料．材料	Non-Energy Use		
3．建 筑 业	Construction		4.93
4．交通运输．仓储及邮电通迅业	Transportation, Storage, Postal &	5.60	72.66
5．批发和零售贸易业．餐饮业	Telecommunications Services Wholesale, Retail Trade and Catering Service		
6．生活消费	Residential Consumption		14.13
城镇	Urban		14.13
乡村	Rural		
7．其他	Other		
五．平衡差额	**Statistical Difference**		

Continued (Heilongjiang-1997)

燃料油 Fuel Oil 万吨 10^4tn	液化石油气 PLG 万吨 10^4tn	炼厂干气 Refinery Gas 万吨 10^4tn	天然气 Natural Gas 亿立方米 10^8 cu.m	其他石油制品 Other Petroleum Products 万吨 10^4tn	其他焦化产品 Other Coking Products 万吨 10^4 tn	热力 Heat 万百万千焦 10^{10} kj	电力 Electricity 亿千瓦小时 10^8kwh	其他能源 Other Energy 万吨标煤 10^4tce
-6.24	**-4.80**		**23.40**	**-35.40**	**0.33**		**-3.07**	**13.22**
			23.40				10.85	
							0.44	
-3.00	-4.80			-40.79			-14.36	
-3.24				5.39	-0.08			-2.83
118.82	**66.28**	**39.78**	**-12.06**	**175.76**	**3.93**	**8285.00**	**432.90**	**-13.22**
-23.51		-1.01	-11.86				432.90	-2.91
-20.26		-6.33	-0.20			8285.00		-4.56
					3.93			
162.59	66.28	47.12		175.76				-15.97
								10.22
			1.60				**13.63**	
112.58	**61.48**	**39.78**	**9.74**	**140.36**	**4.26**	**8285.00**	**416.20**	
112.50	18.45	39.78	9.74	140.11	4.25	6978.01	315.81	
0.08	0.02			0.25	0.01	21.82	61.84	
						0.16	7.56	
	43.01					1285.01	30.99	
	43.01					1285.01	30.99	

6-8 黑龙江能源平衡表(实物量)-1998

		煤合计 Coal Total 万吨 10^4 tn	原煤 Raw Coal 万吨 10^4 tn
一.可供本地区消费的能源量	**Total Primary Energy Supply**	**5962.55**	**6695.81**
1.一次能源生产量	Indigenous Production	7092.42	7092.42
2.回收能	Recovery of Energy		
3.外省(区.市)调入量	Moving In from Other Provinces	958.88	958.88
4.进 口 量	Import		
5.我轮.机在外国加油量	Chinese Airplanes & Ships in Refueling Abroad		
6.本省(区.市)调出量(-)	Sending Out to Other Provinces(-)	-2064.47	-1340.54
7.出 口 量(-)	Export(-)	-50.63	-45.34
8.外轮.机在我国加油量(-)	Foreign Airplanes & Ships in Refueling in China		
9.库存增(-)、减(+)量	Stock Change	26.35	30.39
二.加工转换投入(-)产出(+)量	**Input(-) & Output(+) of Transformation**	**-3846.51**	**-5225.28**
1.火力发电	Thermal Power	-2592.10	-2539.43
2.供 热	Heating Supply	-582.06	-581.07
3.洗 选 煤	Coal Washing	-308.99	-1916.07
4.炼 焦	Coking	-242.79	-128.00
5.炼 油	Petroleum Refineries		
6.制 气	Gas Works	-120.57	-60.26
# 焦炭再投入量(-)	Coke Input(-)		
7.煤制品加工	Briquettes		-0.45
三.损 失 量	**Loss**		
四.终端消费量	**Total Final Consumption**	**2116.04**	**1470.53**
1.农.林.牧.渔业	Farming, Forestry, Animal Husbandry, Fishery & Water Conservancy	45.78	30.33
2.工 业	Industry	1673.59	1043.66
# 用作原料.材料	Non-Energy Use		
3.建 筑 业	Construction	16.49	16.46
4.交通运输.仓储及邮电通迅业	Transportation, Storage, Postal & Telecommunications Services	24.39	24.39
5.批发和零售贸易业.餐饮业	Wholesale, Retail Trade and Catering Service	15.10	15.00
6.生活消费	Residential Consumption		
城镇	Urban	340.69	340.69
乡村	Rural	310.69	310.69
7.其他	Other	30.00	30.00
五.平衡差额	**Statistical Difference**		

ENERGY BALANCE OF HEILONGJIANG -1998 (PHYSICAL QUANTITY)

洗精煤 Cleaned Coal 万吨 10^4 tn	其他洗煤 Other Washed Coal 万吨 10^4 tn	型煤 Briquettes 万吨 10^4 tn	焦炭 Coke 万吨 10^4 tn	焦炉煤气 Coke Oven Gas 亿立方米 10^8 cu.m	其他煤气 Other Gas 亿立方米 10^8 cu.m	油品合计 Petroleum Products Total 万吨 10^4 tn	原油 Crude Oil 万吨 10^4 tn	汽油 Gasoline 万吨 10^4 tn
-456.77	**-276.49**		**-57.24**			**1061.44**	**1418.56**	**-122.03**
						5571.65	5571.65	
			18.22			19.33	19.33	
-445.67	-278.26		-78.34			-3219.92	-2871.01	-115.50
-5.29						-1319.71	-1301.23	
-5.81	1.77		2.88			10.09	-0.18	-6.53
765.17	**613.15**	**0.45**	**141.61**	**1.48**	**14.77**	**-124.75**	**-1236.94**	**283.96**
	-52.67					-27.29		
-0.99						-35.87		
941.26	665.82							
-114.79			153.33	1.48				
						-61.59	-1236.94	283.96
-60.31			-11.72		14.77			
		0.45						
						66.84	**66.84**	
308.40	**336.66**	**0.45**	**84.37**	**1.48**	**14.77**	**869.85**	**114.78**	**161.93**
15.00		0.45				141.84		
293.40	336.53		84.23	1.48	14.77	476.99	114.38	47.00
	0.03		0.14			5.02		0.35
						132.62	0.40	56.38
	0.10					28.37		28.37
						29.83		29.83
						55.18		
						55.18		

续表（黑龙江－1998）

		煤油 Kerosene 万吨 10^4tn	柴油 Diesel Oil 万吨 10^4tn
一．可供本地区消费的能源量	**Total Primary Energy Supply**	**-15.56**	**-170.53**
1．一次能源生产量	Indigenous Production		
2．回收能	Recovery of Energy		
3．外省(区．市)调入量	Moving In from Other Provinces		
4．进 口 量	Import		
5．我轮．机在外国加油量	Chinese Airplanes & Ships in Refueling Abroad		
6．本省(区．市)调出量(−)	Sending Out to Other Provinces(-)	-15.95	-188.83
7．出 口 量(−)	Export(-)		
8．外轮．机在我国加油量(−)	Foreign Airplanes & Ships in Refueling in China		
9．库存增(−)、减(+)量	Stock Change	0.39	18.30
二．加工转换投入(−)产出(+)量	**Input(-) & Output(+) of Transformation**	**21.26**	**432.19**
1．火力发电	Thermal Power		-0.21
2．供　热	Heating Supply		-0.01
3．洗 选 煤	Coal Washing		
4．炼　焦	Coking		
5．炼　油	Petroleum Refineries	21.26	432.41
6．制　气	Gas Works		
# 焦炭再投入量(−)	Coke Input(-)		
7．煤制品加工	Briquettes		
三．损 失 量	**Loss**		
四．终端消费量	**Total Final Consumption**	**5.70**	**261.66**
1．农．林．牧．渔业	Farming, Forestry, Animal Husbandry, Fishery & Water Conservancy		141.84
2．工　业	Industry	0.33	28.99
# 用作原料．材料	Non-Energy Use		
3．建 筑 业	Construction		4.67
4．交通运输．仓储及邮电通迅业	Transportation, Storage, Postal &	5.37	70.47
5．批发和零售贸易业．餐饮业	Telecommunications Services Wholesale, Retail Trade and Catering Service		
6．生活消费	Residential Consumption		
城镇	Urban		15.69
乡村	Rural		15.69
7．其他	Other		
五．平衡差额	**Statistical Difference**		

Continued (Heilongjiang-1998)

燃料油 Fuel Oil 万吨 10^4tn	液化石油气 PLG 万吨 10^4tn	炼厂干气 Refinery Gas 万吨 10^4tn	天然气 Natural Gas 亿立方米 10^8 cu.m	其他石油制品 Other Petroleum Products 万吨 10^4tn	其他焦化产品 Other Coking Products 万吨 10^4 tn	热力 Heat 万百万千焦 10^{10} kj	电力 Electricity 亿千瓦小时 10^8kwh	其他能源 Other Energy 万吨标煤 10^4tce
-1.96	**-3.38**	**-9.24**	**23.30**	**-34.42**	**0.02**		**-3.75**	**30.43**
			23.30				13.28	
								17.68
							0.36	
	-3.31			-25.32			-17.39	
		-9.24		-9.24				
-1.96	-0.07			0.14	0.02			12.75
117.80	**61.37**	**32.78**	**-6.00**	**162.83**	**4.81**	**8950.63**	**411.68**	**-19.26**
-22.75		-4.33	-5.11				411.68	
-24.90		-10.96	-0.89			8950.63		
					4.81			
165.45	61.37	48.07		162.83				-19.26
			1.59				**13.83**	
115.84	**57.99**	**23.54**	**15.71**	**128.41**	**4.83**	**8950.63**	**394.10**	**11.17**
115.84	18.50	23.54	15.71	128.41	4.83	7009.58	305.80	11.17
						20.71	50.01	
							6.44	
	39.49					1920.34	31.85	
	39.49					1920.34	31.85	

6-8 黑龙江能源平衡表(实物量)-1999

		煤合计 Coal Total 万吨 10^4 tn	原煤 Raw Coal 万吨 10^4 tn
一.可供本地区消费的能源量	**Total Primary Energy Supply**	**5494.36**	**6209.36**
1.一次能源生产量	Indigenous Production	6230.00	6230.00
2.回收能	Recovery of Energy		
3.外省(区.市)调入量	Moving In from Other Provinces	998.00	998.00
4.进 口 量	Import		
5.我轮.机在外国加油量	Chinese Airplanes & Ships in Refueling Abroad		
6.本省(区.市)调出量(-)	Sending Out to Other Provinces(-)	-1782.32	-1065.23
7.出 口 量(-)	Export(-)	-37.82	-35.15
8.外轮.机在我国加油量(-)	Foreign Airplanes & Ships in Refueling in China		
9.库存增(-)、减(+)量	Stock Change	86.50	81.74
二.加工转换投入(-)产出(+)量	**Input(-) & Output(+) of Transformation**	**-3708.07**	**-5046.08**
1.火力发电	Thermal Power	-2347.12	-2275.66
2.供 热	Heating Supply	-615.47	-614.60
3.洗 选 煤	Coal Washing	-455.33	-2042.03
4.炼 焦	Coking	-181.93	-59.04
5.炼 油	Petroleum Refineries		
6.制 气	Gas Works	-108.22	-54.30
#焦炭再投入量(-)	Coke Input(-)		
7.煤制品加工	Briquettes		-0.45
三.损 失 量	**Loss**		
四.终端消费量	**Total Final Consumption**	**1981.21**	**1358.20**
1.农.林.牧.渔业	Farming, Forestry, Animal Husbandry, Fishery & Water Conservancy	20.55	20.10
2.工 业	Industry	1708.88	1086.32
#用作原料.材料	Non-Energy Use		
3.建 筑 业	Construction	9.32	9.32
4.交通运输.仓储及邮电通迅业	Transportation, Storage, Postal &	11.22	11.22
5.批发和零售贸易业.餐饮业	Telecommunications Services Wholesale, Retail Trade and Catering Service	11.22	11.22
6.生活消费	Residential Consumption	220.02	220.02
城镇	Urban	199.99	199.99
乡村	Rural	20.03	20.03
7.其他	Other		
五.平衡差额	**Statistical Difference**	**-194.92**	**-194.92**

ENERGY BALANCE OF HEILONGJIANG -1999 (PHYSICAL QUANTITY)

洗精煤 Cleaned Coal 万吨 10^4 tn	其他洗煤 Other Washed Coal 万吨 10^4 tn	型煤 Briquettes 万吨 10^4 tn	焦炭 Coke 万吨 10^4 tn	焦炉煤气 Coke Oven Gas 亿立方米 10^8 cu.m	其他煤气 Other Gas 亿立方米 10^8 cu.m	油品合计 Petroleum Products Total 万吨 10^4 tn	原油 Crude Oil 万吨 10^4 tn	汽油 Gasoline 万吨 10^4 tn
-404.71	**-310.29**		**-45.51**			**1171.79**	**1517.62**	**-99.04**
						5450.84	5450.19	
			55.00			75.00	75.00	
-407.00	-310.09		-84.00			-3190.39	-2879.37	-96.84
-2.67						-1145.77	-1128.28	
4.96	-0.20		-16.51			-17.89	0.08	-2.20
655.08	**682.48**	**0.45**	**119.11**	**2.08**	**16.02**	**-82.60**	**-1327.37**	**305.77**
	-71.46					-20.65		
-0.87						-47.35		
832.76	753.94							
-122.89			135.62					
						-14.60	-1327.37	305.77
-53.92			-16.51	2.08	16.02			
		0.45						
						65.40	**65.40**	
250.37	**372.19**	**0.45**	**73.60**	**2.08**	**16.02**	**1023.79**	**124.85**	**206.73**
		0.45				162.84		
250.37	372.19		73.60	2.08	16.02	519.38	124.85	57.47
						7.30		0.50
						161.00		68.98
						69.57		39.57
						103.70		40.21
						63.49		

续表（黑龙江－1999）

		煤油 Kerosene 万吨 10^4tn	柴油 Diesel Oil 万吨 10^4tn
一．可供本地区消费的能源量	**Total Primary Energy Supply**	**-15.74**	**-146.56**
1．一次能源生产量	Indigenous Production		
2．回收能	Recovery of Energy		
3．外省(区．市)调入量	Moving In from Other Provinces		
4．进 口 量	Import		
5．我轮．机在外国加油量	Chinese Airplanes & Ships in Refueling Abroad		
6．本省(区．市)调出量(－)	Sending Out to Other Provinces(-)	-15.97	-144.71
7．出 口 量(－)	Export(-)		
8．外轮．机在我国加油量(－)	Foreign Airplanes & Ships in Refueling in China		
9．库存增(－)、减(＋)量	Stock Change	0.23	-1.85
二．加工转换投入(－)产出(＋)量	**Input(-) & Output(+) of Transformation**	**26.38**	**495.69**
1．火力发电	Thermal Power		-0.10
2．供 热	Heating Supply		-0.01
3．洗 选 煤	Coal Washing		
4．炼 焦	Coking		
5．炼 油	Petroleum Refineries	26.38	495.80
6．制 气	Gas Works		
# 焦炭再投入量(－)	Coke Input(-)		
7．煤制品加工	Briquettes		
三．损 失 量	**Loss**		
四．终端消费量	**Total Final Consumption**	**10.64**	**349.13**
1．农．林．牧．渔业	Farming, Forestry, Animal Husbandry, Fishery & Water Conservancy		162.84
2．工 业	Industry	1.73	40.69
# 用作原料．材料	Non-Energy Use		
3．建 筑 业	Construction		6.80
4．交通运输．仓储及邮电通迅业	Transportation, Storage, Postal &	8.91	83.11
5．批发和零售贸易业．餐饮业	Telecommunications Services Wholesale, Retail Trade and Catering Service		30.00
6．生活消费	Residential Consumption		25.69
城镇	Urban		25.69
乡村	Rural		
7．其他	Other		
五．平衡差额	**Statistical Difference**		

Continued (Heilongjiang-1999)

燃料油 Fuel Oil 万吨 10^4tn	液化石油气 PLG 万吨 10^4tn	炼厂干气 Refinery Gas 万吨 10^4tn	天然气 Natural Gas 亿立方米 10^8 cu.m	其他石油制品 Other Petroleum Products 万吨 10^4tn	其他焦化产品 Other Coking Products 万吨 10^4 tn	热力 Heat 万百万千焦 10^{10} kj	电力 Electricity 亿千瓦小时 10^8kwh	其他能源 Other Energy 万吨标煤 10^4tce
-1.96	**-7.48**	**-6.47**	**22.35**	**-68.58**	**-0.14**		**20.28**	**24.10**
			22.35	0.65			9.23	
							27.50	21.52
							1.20	
	-6.72			-46.78			-17.65	
		-6.47		-11.02				
-1.96	-0.76			-11.43	-0.14			2.58
120.97	**65.52**	**45.67**	**-3.91**	**184.77**	**4.60**	**10823.40**	**402.30**	**-20.02**
-19.41		-1.14	-2.72				402.30	
-43.32		-4.02	-1.19			10823.40		
					4.60			
183.70	65.52	50.83		184.77				-20.02
			1.53				**18.57**	
119.01	**58.04**	**39.20**	**16.91**	**116.19**	**4.46**	**10823.40**	**404.01**	**4.08**
							9.80	
119.01	20.24	39.20	16.91	116.19	4.46	8818.58	292.47	4.08
							3.14	
							6.86	
							6.57	
	37.80					2004.82	69.41	
	37.80					2004.82	57.29	
							12.12	
							15.76	

6-9 上海能源平衡表(实物量)-1997

		煤合计 Coal Total 万吨 10^4 tn	原煤 Raw Coal 万吨 10^4 tn
一.可供本地区消费的能源量	**Total Primary Energy Supply**	**4210.07**	**3069.72**
1.一次能源生产量	Indigenous Production		
2.回收能	Recovery of Energy		
3.外省(区.市)调入量	Moving In from Other Provinces	4352.92	3216.20
4.进 口 量	Import		
5.我轮.机在外国加油量	Chinese Airplanes & Ships in Refueling Abroad		
6.本省(区.市)调出量(-)	Sending Out to Other Provinces(-)	-132.64	-132.64
7.出 口 量(-)	Export(-)	-0.01	-0.01
8.外轮.机在我国加油量(-)	Foreign Airplanes & Ships in Refueling in China		
9.库存增(-)、减(+)量	Stock Change	-10.20	-13.83
二.加工转换投入(-)产出(+)量	**Input(-) & Output(+) of Transformation**	**-3050.44**	**-2067.65**
1.火力发电	Thermal Power	-1819.22	-1819.22
2.供 热	Heating Supply	-216.75	-216.75
3.洗 选 煤	Coal Washing		
4.炼 焦	Coking	-902.48	
5.炼 油	Petroleum Refineries		
6.制 气	Gas Works	-111.99	-31.68
# 焦炭再投入量(-)	Coke Input(-)		
7.煤制品加工	Briquettes		
三.损 失 量	**Loss**	**59.34**	**45.74**
四.终端消费量	**Total Final Consumption**	**1097.83**	**951.07**
1.农.林.牧.渔业	Farming, Forestry, Animal Husbandry, Fishery & Water Conservancy	10.29	10.29
2.工 业	Industry	844.90	698.14
# 用作原料.材料	Non-Energy Use	65.15	65.15
3.建 筑 业	Construction	8.32	8.32
4.交通运输.仓储及邮电通迅业	Transportation, Storage, Postal &	10.74	10.74
5.批发和零售贸易业.餐饮业	Telecommunications Services Wholesale, Retail Trade and Catering Service	0.77	0.77
6.生活消费	Residential Consumption	221.84	221.84
城镇	Urban	127.28	127.28
乡村	Rural	94.56	94.56
7.其他	Other	0.97	0.97
五.平衡差额	**Statistical Difference**	**2.46**	**5.26**

ENERGY BALANCE OF SHANGHAI -1997 (PHYSICAL QUANTITY)

洗精煤 Cleaned Coal 万吨 10^4 tn	其他洗煤 Other Washed Coal 万吨 10^4 tn	型煤 Briquettes 万吨 10^4 tn	焦炭 Coke 万吨 10^4 tn	焦炉煤气 Coke Oven Gas 亿立方米 10^8 cu.m	其他煤气 Other Gas 亿立方米 10^8 cu.m	油品合计 Petroleum Products Total 万吨 10^4 tn	原油 Crude Oil 万吨 10^4 tn	汽油 Gasoline 万吨 10^4 tn
1140.35			**13.10**	**-0.92**	**41.32**	**969.88**	**1023.14**	**-57.46**
					41.32			
1136.72			45.00			1558.01	877.73	68.52
						259.43	153.31	
						2.09		
			-21.50	-0.92		-774.86		-119.01
						-36.41		-13.81
						-1.98		
3.63			-10.40			-36.40	-7.90	6.84
-982.79			**641.43**	**16.60**	**17.48**	**-154.23**	**-1018.37**	**153.90**
				-1.53		-106.16		
						-14.35		
-902.48			628.55	23.02				
						-11.86	-1018.37	153.90
-80.31			12.88	-4.89	17.48	-21.86		
13.60				**0.15**	**2.35**			
146.76			**653.81**	**15.43**	**58.23**	**811.64**	**0.13**	**96.92**
						36.31		19.13
146.76			653.75	14.85	44.38	381.46	0.13	15.71
			7.81			18.37		0.10
			0.05			24.38		6.32
				0.08	0.02	267.24		12.71
					0.03	14.41		0.66
				0.50	10.62	37.76		8.87
				0.50	10.46	22.68		5.22
					0.16	15.08		3.65
			0.01		3.18	50.08		33.52
-2.80			**0.72**	**0.10**	**-1.78**	**4.01**	**4.64**	**-0.48**

续表（上海－1997）

		煤油 Kerosene 万吨 10^4tn	柴油 Diesel Oil 万吨 10^4tn
一．可供本地区消费的能源量	**Total Primary Energy Supply**	**4.73**	**16.45**
1．一次能源生产量	Indigenous Production		
2．回收能	Recovery of Energy		
3．外省(区．市)调入量	Moving In from Other Provinces	42.20	305.12
4．进口量	Import	47.20	6.57
5．我轮．机在外国加油量	Chinese Airplanes & Ships in Refueling Abroad		2.09
6．本省(区．市)调出量(－)	Sending Out to Other Provinces(-)	-72.70	-265.87
7．出口量(－)	Export(-)	-7.03	-1.11
8．外轮．机在我国加油量(－)	Foreign Airplanes & Ships in Refueling in China		-1.98
9．库存增(－)、减(＋)量	Stock Change	-4.94	-28.37
二．加工转换投入(－)产出(＋)量	**Input(-) & Output(+) of Transformation**	**42.39**	**180.78**
1．火力发电	Thermal Power		-1.72
2．供热	Heating Supply		-0.01
3．洗选煤	Coal Washing		
4．炼焦	Coking		
5．炼油	Petroleum Refineries	42.39	182.51
6．制气	Gas Works		
＃焦炭再投入量(－)	Coke Input(-)		
7．煤制品加工	Briquettes		
三．损失量	**Loss**		
四．终端消费量	**Total Final Consumption**	**46.68**	**196.53**
1．农．林．牧．渔业	Farming, Forestry, Animal Husbandry, Fishery & Water Conservancy	0.03	16.61
2．工业	Industry	0.74	25.78
＃用作原料．材料	Non-Energy Use	0.08	0.01
3．建筑业	Construction		16.57
4．交通运输．仓储及邮电通迅业	Transportation, Storage, Postal &	44.83	116.86
5．批发和零售贸易业．餐饮业	Telecommunications Services Wholesale, Retail Trade and Catering Service	0.02	8.13
6．生活消费	Residential Consumption	0.21	5.11
城镇	Urban	0.14	1.04
乡村	Rural	0.07	4.07
7．其他	Other	0.85	7.47
五．平衡差额	**Statistical Difference**	**0.44**	**0.70**

Continued(Shanghai-1997)

燃料油 Fuel Oil 万吨 10^4tn	液化石油气 PLG 万吨 10^4tn	炼厂干气 Refinery Gas 万吨 10^4tn	天然气 Natural Gas 亿立方米 10^8 cu.m	其他石油制品 Other Petroleum Products 万吨 10^4tn	其他焦化产品 Other Coking Products 万吨 10^4 tn	热力 Heat 万百万千焦 10^{10} kj	电力 Electricity 亿千瓦小时 10^8kwh	其他能源 Other Energy 万吨标煤 10^4tce
195.70	**-4.57**	**0.09**		**-208.20**	**-0.18**		**-4.92**	**6.22**
252.00	12.22			0.22			45.40	0.83
52.35								5.39
-102.83	-16.54			-197.91			-50.32	
-6.43				-8.03				
0.61	-0.25	0.09		-2.48				
39.59	**45.57**	**46.44**		**355.47**	**52.69**	**4089.94**	**459.16**	**-6.22**
-104.44						-22.44	459.16	
-14.34						4256.54		
					38.11			
180.23	45.57	46.44		355.47				-6.22
-21.86					14.58	-144.16		
						85.00	**24.05**	
237.20	**40.25**	**46.54**		**147.39**	**51.61**	**3990.89**	**430.21**	
	0.13			0.41			9.07	
147.70	13.45	46.54		131.41	51.61	3792.28	309.74	
	2.83	0.33		15.02				
0.01	0.34			1.14		11.85	7.40	
88.46	0.14			4.24		0.50	6.63	
0.11	3.37			2.12		6.32	18.77	
	20.49			3.08		143.16	37.89	
	13.56			2.72		143.16	31.71	
	6.93			0.36			6.18	
0.92	2.33			4.99		36.78	40.71	
-1.91	**0.75**	**-0.01**		**-0.12**	**0.90**	**14.05**	**-0.02**	

6-9 上海能源平衡表(实物量)-1998

		煤合计 Coal Total 万吨 10^4 tn	原煤 Raw Coal 万吨 10^4 tn
一.可供本地区消费的能源量	**Total Primary Energy Supply**	**4219.32**	**3107.65**
1.一次能源生产量	Indigenous Production		
2.回收能	Recovery of Energy		
3.外省(区.市)调入量	Moving In from Other Provinces	4402.81	3282.81
4.进口量	Import		
5.我轮.机在外国加油量	Chinese Airplanes & Ships in Refueling Abroad		
6.本省(区.市)调出量(-)	Sending Out to Other Provinces(-)	-216.74	-216.74
7.出口量(-)	Export(-)		
8.外轮.机在我国加油量(-)	Foreign Airplanes & Ships in Refueling in China		
9.库存增(-)、减(+)量	Stock Change	33.25	41.58
二.加工转换投入(-)产出(+)量	**Input(-) & Output(+) of Transformation**	**-3007.23**	**-2057.30**
1.火力发电	Thermal Power	-1811.82	-1811.82
2.供热	Heating Supply	-195.55	-195.55
3.洗选煤	Coal Washing		
4.炼焦	Coking	-878.50	
5.炼油	Petroleum Refineries		
6.制气	Gas Works	-121.36	-49.93
#焦炭再投入量(-)	Coke Input(-)		
7.煤制品加工	Briquettes		
三.损失量	**Loss**	**72.74**	**51.00**
四.终端消费量	**Total Final Consumption**	**1107.43**	**969.98**
1.农.林.牧.渔业	Farming, Forestry, Animal Husbandry, Fishery & Water Conservancy	11.76	11.76
2.工业	Industry	860.64	723.59
#用作原料.材料	Non-Energy Use	50.92	50.92
3.建筑业	Construction	10.07	10.07
4.交通运输.仓储及邮电通迅业	Transportation, Storage, Postal &	12.00	12.00
5.批发和零售贸易业.餐饮业	Telecommunications Services Wholesale, Retail Trade and Catering Service	1.20	1.20
6.生活消费	Residential Consumption	210.76	210.36
城镇	Urban	113.80	113.40
乡村	Rural	96.96	96.96
7.其他	Other	1.00	1.00
五.平衡差额	**Statistical Difference**	**31.92**	**29.37**

ENERGY BALANCE OF SHANGHAI -1998 (PHYSICAL QUANTITY)

洗精煤 Cleaned Coal 万吨 10^4 tn	其他洗煤 Other Washed Coal 万吨 10^4 tn	型煤 Briquettes 万吨 10^4 tn	焦炭 Coke 万吨 10^4 tn	焦炉煤气 Coke Oven Gas 亿立方米 10^8 cu.m	其他煤气 Other Gas 亿立方米 10^8 cu.m	油品合计 Petroleum Products Total 万吨 10^4 tn	原油 Crude Oil 万吨 10^4 tn	汽油 Gasoline 万吨 10^4 tn
1111.67			**-24.47**	**-0.90**	**37.11**	**1025.13**	**1004.78**	**-81.79**
					37.11			
1120.00			30.00			1181.56	756.32	92.33
						350.51	240.32	
						166.40		
			-30.00	-0.90		-656.04		-139.67
			-20.00			-27.29		-27.29
						-10.14		
-8.33			-4.47			20.13	8.14	-7.16
-949.93			**682.44**	**18.63**	**-18.65**	**-141.60**	**-1001.35**	**185.03**
				-1.14	-37.11	-94.55		
						-14.50		
-878.50			651.78	24.36				
						-10.81	-1001.35	185.03
-71.43			48.14	-4.59	18.46	-21.74		
			-17.48					
21.74					**1.20**	**3.84**		**2.83**
137.45			**660.91**	**18.06**	**17.08**	**875.31**		**103.24**
						36.96		17.86
137.05			660.40	17.38	2.72	387.58		13.55
						30.25		8.70
						297.04		13.37
				0.19	1.95	18.94		2.66
0.40			0.51	0.43	10.68	40.32		11.69
0.40			0.51	0.43	10.51	24.64		7.46
					0.17	15.68		4.23
				0.06	1.73	64.22		35.41
2.55			**-2.94**	**-0.33**	**0.18**	**4.38**	**3.43**	**-2.83**

续表（上海－1998）

		煤油 Kerosene 万吨 10^4tn	柴油 Diesel Oil 万吨 10^4tn
一．可供本地区消费的能源量	**Total Primary Energy Supply**	**14.29**	**19.10**
1．一次能源生产量	Indigenous Production		
2．回收能	Recovery of Energy		
3．外省(区．市)调入量	Moving In from Other Provinces	25.64	237.45
4．进 口 量	Import	34.22	2.03
5．我轮．机在外国加油量	Chinese Airplanes & Ships in Refueling Abroad	15.11	9.53
6．本省(区．市)调出量(－)	Sending Out to Other Provinces(-)	-57.85	-236.49
7．出 口 量(－)	Export(-)		
8．外轮．机在我国加油量(－)	Foreign Airplanes & Ships in Refueling in China	-7.81	-2.14
9．库存增(－)、减(＋)量	Stock Change	4.98	8.72
二．加工转换投入(－)产出(＋)量	**Input(-) & Output(+) of Transformation**	**42.37**	**193.85**
1．火力发电	Thermal Power		-1.72
2．供　　热	Heating Supply		-0.41
3．洗 选 煤	Coal Washing		
4．炼　　焦	Coking		
5．炼　　油	Petroleum Refineries	42.37	195.98
6．制　　气	Gas Works		
＃焦炭再投入量(－)	Coke Input(-)		
7．煤制品加工	Briquettes		
三．损 失 量	**Loss**		**1.01**
四．终端消费量	**Total Final Consumption**	**55.84**	**214.65**
1．农．林．牧．渔业	Farming, Forestry, Animal Husbandry, Fishery & Water Conservancy	0.04	18.36
2．工　　业	Industry	0.89	24.16
＃用作原料．材料	Non-Energy Use		
3．建 筑 业	Construction	0.19	19.44
4．交通运输．仓储及邮电通迅业	Transportation, Storage, Postal &	53.74	128.55
5．批发和零售贸易业．餐饮业	Telecommunications Services Wholesale, Retail Trade and Catering Service	0.03	9.76
6．生活消费	Residential Consumption	0.19	5.78
城镇	Urban	0.13	1.30
乡村	Rural	0.06	4.48
7．其他	Other	0.76	8.60
五．平衡差额	**Statistical Difference**	**0.82**	**-2.71**

Continued (Shanghai-1998)

燃料油 Fuel Oil 万吨 10^4tn	液化石油气 PLG 万吨 10^4tn	炼厂干气 Refinery Gas 万吨 10^4tn	天然气 Natural Gas 亿立方米 10^8 cu.m	其他石油制品 Other Petroleum Products 万吨 10^4tn	其他焦化产品 Other Coking Products 万吨 10^4 tn	热力 Heat 万百万千焦 10^{10} kj	电力 Electricity 亿千瓦小时 10^8kwh	其他能源 Other Energy 万吨标煤 10^4tce
226.80	**0.01**	**-0.16**		**-157.90**	**-27.87**		**0.54**	**21.46**
57.36	12.46						51.62	21.43
73.94								
141.76								
-49.03	-12.97	-0.03		-160.00	-28.00		-51.08	
-0.19								
2.96	0.52	-0.13		2.10	0.13			0.03
14.44	**48.24**	**55.40**		**320.42**	**65.82**	**4008.16**	**482.40**	**-20.17**
-91.01		-1.82				-30.89	482.40	
-14.09						4167.56		
					50.54			
141.28	48.24	57.22		320.42				-20.17
-21.74					15.28	-128.51		
						112.00	**25.48**	
239.64	**48.24**	**52.48**		**161.22**	**37.43**	**3880.56**	**457.46**	**1.29**
	0.20			0.50			8.99	
132.93	21.15	52.48		142.42	37.43	3720.18	318.12	1.29
0.02	0.40			1.50			7.20	
96.42	0.16			4.80			7.39	
0.15	4.04			2.30			20.91	
	18.96			3.70		98.10	45.49	
	12.55			3.20		98.10	38.93	
	6.41			0.50			6.56	
10.12	3.33			6.00		62.28	49.36	
1.60	**0.01**	**2.76**		**1.30**	**0.52**	**15.60**		

6-9 上海能源平衡表(实物量)-1999

		煤合计 Coal Total 万吨 10^4 tn	原煤 Raw Coal 万吨 10^4 tn
一．可供本地区消费的能源量	**Total Primary Energy Supply**	**4215.27**	**3115.79**
1.一次能源生产量	Indigenous Production		
2.回收能	Recovery of Energy		
3.外省(区．市)调入量	Moving In from Other Provinces	4310.00	3230.00
4.进 口 量	Import	19.48	
5.我轮．机在外国加油量	Chinese Airplanes & Ships in Refueling Abroad		
6.本省(区．市)调出量(-)	Sending Out to Other Provinces(-)	-77.96	-77.96
7.出 口 量(-)	Export(-)		
8.外轮．机在我国加油量(-)	Foreign Airplanes & Ships in Refueling in China		
9.库存增(-)、减(+)量	Stock Change	-36.25	-36.25
二．加工转换投入(-)产出(+)量	**Input(-) & Output(+) of Transformation**	**-3057.48**	**-2081.04**
1.火力发电	Thermal Power	-1849.69	-1849.69
2.供 热	Heating Supply	-189.70	-189.70
3.洗 选 煤	Coal Washing		
4.炼 焦	Coking	-978.14	
5.炼 油	Petroleum Refineries		
6.制 气	Gas Works	-39.54	-38.63
# 焦炭再投入量(-)	Coke Input(-)		
7.煤制品加工	Briquettes	-0.41	-3.02
三．损 失 量	**Loss**	**56.50**	**40.00**
四．终端消费量	**Total Final Consumption**	**1108.34**	**996.95**
1.农．林．牧．渔业	Farming, Forestry, Animal Husbandry, Fishery & Water Conservancy	13.20	13.20
2.工 业	Industry	901.58	792.14
# 用作原料．材料	Non-Energy Use		
3.建 筑 业	Construction	10.80	10.80
4.交通运输．仓储及邮电通迅业	Transportation, Storage, Postal &	11.50	11.50
5.批发和零售贸易业．餐饮业	Telecommunications Services Wholesale, Retail Trade and Catering Service	1.50	1.50
6.生活消费	Residential Consumption	168.46	166.61
城镇	Urban	96.59	94.74
乡村	Rural	71.87	71.87
7.其他	Other	1.30	1.20
五．平衡差额	**Statistical Difference**	**-7.05**	**-2.20**

ENERGY BALANCE OF SHANGHAI -1999 (PHYSICAL QUANTITY)

洗精煤 Cleaned Coal 万吨 10^4 tn	其他洗煤 Other Washed Coal 万吨 10^4 tn	型煤 Briquettes 万吨 10^4 tn	焦炭 Coke 万吨 10^4 tn	焦炉煤气 Coke Oven Gas 亿立方米 10^8 cu.m	其他煤气 Other Gas 亿立方米 10^8 cu.m	油品合计 Petroleum Products Total 万吨 10^4 tn	原油 Crude Oil 万吨 10^4 tn	汽油 Gasoline 万吨 10^4 tn
1099.48			**-24.79**	**-0.93**	**155.34**	**1100.07**	**1150.90**	**-97.63**
						55.69	54.71	
					155.34			
1080.00			55.00			1344.61	715.92	165.30
19.48						578.46	450.23	
						176.49		
			-35.27	-0.93		-1000.28	-56.18	-253.64
			-44.52			-20.08		-14.44
						-11.16		
						-23.66	-13.78	5.15
-979.05		**2.61**	**683.25**	**18.44**	**-32.28**	**-135.63**	**-1149.67**	**217.23**
				-1.95	-52.86	-79.80		
						-13.98		
-978.14			724.92	25.45				
						-14.92	-1149.67	217.23
-0.91			-41.67	-5.06	20.58	-26.93		
		2.61						
16.50					**2.33**			
108.78		**2.61**	**658.28**	**18.11**	**121.05**	**957.57**	**0.39**	**116.06**
						41.16		20.18
108.68		0.76	658.28	17.45	105.42	413.58	0.39	18.29
						34.46		10.27
					0.20	330.48		12.70
					2.00	23.32		3.20
		1.85		0.66	12.35	46.48		15.22
		1.85		0.66	12.22	26.04		8.12
					0.13	20.44		7.10
0.10					1.08	68.09		36.20
-4.85			**0.18**	**-0.60**	**-0.32**	**6.87**	**0.84**	**3.54**

续表（上海－1999）

		煤油 Kerosene 万吨 10^4tn	柴油 Diesel Oil 万吨 10^4tn
一．可供本地区消费的能源量	**Total Primary Energy Supply**	**3.97**	**-62.52**
1．一次能源生产量	Indigenous Production		
2．回收能	Recovery of Energy		
3．外省(区．市)调入量	Moving In from Other Provinces	8.05	401.84
4．进 口 量	Import	39.84	1.66
5．我轮．机在外国加油量	Chinese Airplanes & Ships in Refueling Abroad	22.14	6.10
6．本省(区．市)调出量(－)	Sending Out to Other Provinces(-)	-54.92	-477.82
7．出 口 量(－)	Export(-)		-4.93
8．外轮．机在我国加油量(－)	Foreign Airplanes & Ships in Refueling in China	-10.71	
9．库存增(－)、减(＋)量	Stock Change	-0.43	10.63
二．加工转换投入(－)产出(＋)量	**Input(-) & Output(+) of Transformation**	**54.53**	**307.53**
1．火力发电	Thermal Power		-1.43
2．供　　热	Heating Supply		-0.38
3．洗 选 煤	Coal Washing		
4．炼　　焦	Coking		
5．炼　　油	Petroleum Refineries	54.53	315.39
6．制　　气	Gas Works		-6.05
＃焦炭再投入量(－)	Coke Input(-)		
7．煤制品加工	Briquettes		
三．损 失 量	**Loss**		
四．终端消费量	**Total Final Consumption**	**58.83**	**244.38**
1．农．林．牧．渔业	Farming, Forestry, Animal Husbandry, Fishery & Water Conservancy	0.05	20.12
2．工　　业	Industry	1.01	26.96
＃用作原料．材料	Non-Energy Use		
3．建 筑 业	Construction	0.21	21.78
4．交通运输．仓储及邮电通迅业	Transportation, Storage, Postal & Telecommunications Services	56.49	149.32
5．批发和零售贸易业．餐饮业	Wholesale, Retail Trade and Catering Service	0.05	10.20
6．生活消费	Residential Consumption	0.22	7.00
城镇	Urban	0.15	2.00
乡村	Rural	0.07	5.00
7．其他	Other	0.80	9.00
五．平衡差额	**Statistical Difference**	**-0.33**	**0.63**

Continued (Shanghai-1999)

燃料油 Fuel Oil 万吨 10⁴tn	液化石油气 PLG 万吨 10⁴tn	炼厂干气 Refinery Gas 万吨 10⁴tn	天然气 Natural Gas 亿立方米 10⁸ cu.m	其他石油制品 Other Petroleum Products 万吨 10⁴tn	其他焦化产品 Other Coking Products 万吨 10⁴ tn	热力 Heat 万百万千焦 10¹⁰ kj	电力 Electricity 亿千瓦小时 10⁸kwh	其他能源 Other Energy 万吨标煤 10⁴tce
196.77	**10.43**	**0.10**	**1.09**	**-101.95**	**1.17**		**1.35**	**16.00**
	0.98		1.09					
31.00	18.00			4.50	0.50		52.73	16.00
76.10	10.63							
148.25								
-59.24	-19.20			-79.28			-51.38	
				-0.71				
-0.45								
1.11	0.02	0.10		-26.46	0.67			
43.42	**53.23**	**73.36**		**264.74**	**58.32**	**3882.76**	**499.65**	
-77.33		-1.04				-19.56	499.65	
-12.26		-1.34				4111.25		
					51.95			
153.89	53.23	75.74		264.74				
-20.88					6.37	-208.93		
			0.08			**57.81**	**23.30**	
239.98	**63.00**	**71.68**	**1.01**	**163.25**	**58.50**	**3821.26**	**477.90**	**15.46**
	0.21			0.60			8.58	
120.21	33.09	71.68	0.91	141.95	58.50	3692.19	335.01	15.46
	0.50			1.70			6.13	
106.77	0.20		0.03	5.00			9.97	
2.00	5.37			2.50		81.50	21.27	
	19.54		0.07	4.50		15.00	45.00	
	12.27		0.07	3.50		15.00	38.72	
	7.27			1.00			6.28	
11.00	4.09			7.00		32.57	51.94	
0.21	**0.66**	**1.78**		**-0.46**	**0.99**	**3.69**	**-0.20**	**0.54**

6-10 江苏能源平衡表(实物量)-1997

		煤合计 Coal Total 万吨 10^4 tn	原煤 Raw Coal 万吨 10^4 tn
一. 可供本地区消费的能源量	**Total Primary Energy Supply**	**8584.52**	**8593.25**
1. 一次能源生产量	Indigenous Production	2506.01	2506.01
2. 回收能	Recovery of Energy		
3. 外省(区. 市)调入量	Moving In from Other Provinces	6548.10	6363.77
4. 进 口 量	Import		
5. 我轮. 机在外国加油量	Chinese Airplanes & Ships in Refueling Abroad		
6. 本省(区. 市)调出量(-)	Sending Out to Other Provinces(-)	-594.57	-381.36
7. 出 口 量(-)	Export(-)		
8. 外轮. 机在我国加油量(-)	Foreign Airplanes & Ships in Refueling in China		
9. 库存增(-)、减(+)量	Stock Change	124.98	104.83
二. 加工转换投入(-)产出(+)量	**Input(-) & Output(+) of Transformation**	**-4650.45**	**-5091.85**
1. 火力发电	Thermal Power	-3937.76	-3934.33
2. 供 热	Heating Supply	-443.98	-443.53
3. 洗 选 煤	Coal Washing	41.56	-595.32
4. 炼 焦	Coking	-320.07	-17.75
5. 炼 油	Petroleum Refineries		
6. 制 气	Gas Works	-6.19	-2.89
# 焦炭再投入量(-)	Coke Input(-)		
7. 煤制品加工	Briquettes	15.99	-98.03
三. 损 失 量	**Loss**		
四. 终端消费量	**Total Final Consumption**	**3934.07**	**3501.40**
1. 农. 林. 牧. 渔业	Farming, Forestry, Animal Husbandry, Fishery & Water Conservancy	110.73	110.73
2. 工 业	Industry	3316.17	2996.54
# 用作原料. 材料	Non-Energy Use		
3. 建 筑 业	Construction	10.76	10.70
4. 交通运输. 仓储及邮电通迅业	Transportation, Storage, Postal &	20.87	20.87
5. 批发和零售贸易业. 餐饮业	Telecommunications Services Wholesale, Retail Trade and Catering Service	16.62	16.62
6. 生活消费	Residential Consumption	363.66	250.68
城镇	Urban	212.81	150.67
乡村	Rural	150.85	100.01
7. 其他	Other	95.26	95.26
五. 平衡差额	**Statistical Difference**		

ENERGY BALANCE OF JIANGSU -1997 (PHYSICAL QUANTITY)

洗精煤 Cleaned Coal 万吨 10^4 tn	其他洗煤 Other Washed Coal 万吨 10^4 tn	型煤 Briquettes 万吨 10^4 tn	焦炭 Coke 万吨 10^4 tn	焦炉煤气 Coke Oven Gas 亿立方米 10^8 cu.m	其他煤气 Other Gas 亿立方米 10^8 cu.m	油品合计 Petroleum Products Total 万吨 10^4 tn	原油 Crude Oil 万吨 10^4 tn	汽油 Gasoline 万吨 10^4 tn
32.52	**-20.54**	**-0.17**	**128.34**	**1.08**	**22.38**	**1144.71**	**1106.91**	**48.80**
						135.23	135.23	
					22.38			
184.33			119.28	1.08		1370.92	1011.52	128.51
						5.10		
						4.00		
-160.97	-26.12					-320.83	-29.99	-67.73
			-4.28			-10.21		-5.89
						-1.46		
9.16	5.58	-0.17	13.34			-38.04	-9.85	-6.09
1.14	**163.12**	**114.02**	**213.08**	**7.74**	**-1.43**	**-35.76**	**-1081.66**	**122.00**
-3.43				-0.06	-1.15	-25.29		
-0.45				-0.38	-1.27	-11.30		
310.64	163.12							
-302.32			216.25	7.76	0.11	-13.16		
						14.60	-1081.66	122.00
-3.30			-3.17	0.42	0.88	-0.61		
		114.02						
						11.21	**7.99**	**1.45**
33.66	**142.58**	**113.85**	**341.42**	**8.82**	**20.95**	**1097.74**	**17.26**	**169.35**
			0.20			93.87		8.85
33.66	142.55	0.87	341.05	5.41	20.95	732.02	8.02	42.38
	0.03		0.03			14.25		3.04
			0.08			170.29	9.24	77.38
			0.03			10.25		7.70
		112.98		3.41		40.97		
		62.14		3.41		39.61		
		50.84				1.36		
			0.03			36.09		30.00

续表（江苏－1997）

		煤油 Kerosene 万吨 10^4tn	柴油 Diesel Oil 万吨 10^4tn
一．可供本地区消费的能源量	**Total Primary Energy Supply**	**-38.91**	**14.51**
1．一次能源生产量	Indigenous Production		
2．回收能	Recovery of Energy		
3．外省(区．市)调入量	Moving In from Other Provinces	3.83	131.53
4．进 口 量	Import		3.10
5．我轮．机在外国加油量	Chinese Airplanes & Ships in Refueling Abroad		1.00
6．本省(区．市)调出量(－)	Sending Out to Other Provinces(-)	-33.66	-107.61
7．出 口 量(－)	Export(-)	-4.32	
8．外轮．机在我国加油量(－)	Foreign Airplanes & Ships in Refueling in China		-0.73
9．库存增(－)、减(＋)量	Stock Change	-4.76	-12.78
二．加工转换投入(－)产出(＋)量	**Input(-) & Output(+) of Transformation**	**55.77**	**210.78**
1．火力发电	Thermal Power		-17.16
2．供　　热	Heating Supply		-0.17
3．洗 选 煤	Coal Washing		
4．炼　　焦	Coking		
5．炼　　油	Petroleum Refineries	55.77	228.11
6．制　　气	Gas Works		
＃焦炭再投入量(－)	Coke Input(-)		
7．煤制品加工	Briquettes		
三．损 失 量	**Loss**	**0.12**	**1.52**
四．终端消费量	**Total Final Consumption**	**16.74**	**223.77**
1．农．林．牧．渔业	Farming, Forestry, Animal Husbandry, Fishery & Water Conservancy	0.10	84.69
2．工　　业	Industry	10.61	53.43
＃用作原料．材料	Non-Energy Use		
3．建 筑 业	Construction	0.05	4.55
4．交通运输．仓储及邮电通迅业	Transportation, Storage, Postal &	4.21	73.64
5．批发和零售贸易业．餐饮业	Telecommunications Services Wholesale, Retail Trade and Catering Service	0.05	2.41
6．生活消费	Residential Consumption	1.71	
城镇	Urban	0.35	
乡村	Rural	1.36	
7．其他	Other	0.01	5.05
五．平衡差额	**Statistical Difference**		

Continued (Jiangsu-1997)

燃料油 Fuel Oil 万吨 10^4tn	液化石油气 PLG 万吨 10^4tn	炼厂干气 Refinery Gas 万吨 10^4tn	天然气 Natural Gas 亿立方米 10^8 cu.m	其他石油制品 Other Petroleum Products 万吨 10^4tn	其他焦化产品 Other Coking Products 万吨 10^4 tn	热力 Heat 万百万千焦 10^{10} kj	电力 Electricity 亿千瓦小时 10^8kwh	其他能源 Other Energy 万吨标煤 10^4tce
49.36	**-2.53**		**0.12**	**-33.43**			**0.63**	**-5.65**
			0.12				0.46	
59.39	3.64			32.50			50.48	
2.00								
3.00								
-8.99	-6.19			-66.66			-50.31	-5.61
-0.73								
-5.31	0.02			0.73	-0.02			-0.08
84.59	**68.42**	**25.11**		**479.23**	**13.02**	**8008.68**	**777.00**	**9.49**
-7.87				-0.26			777.00	
-6.27		-4.62		-0.24		8008.68		-0.03
				-13.16	13.02			9.52
99.26	68.50	29.73		492.89				
-0.53	-0.08							
0.04			**0.02**	**0.09**		**800.87**	**55.33**	
133.91	**65.89**	**25.11**	**0.10**	**445.71**	**13.02**	**7207.81**	**722.30**	**3.84**
				0.23			73.91	
129.25	26.49	25.11	0.08	436.73	13.02	7207.81	499.54	3.78
0.24	0.02			6.35			6.86	0.01
4.42				1.40			8.10	0.05
	0.09						15.43	
	39.26		0.02				92.28	
	39.26		0.02				41.49	
							50.79	
	0.03			1.00			26.18	

6-10 江苏能源平衡表(实物量)-1998

		煤合计 Coal Total 万吨 10^4 tn	原煤 Raw Coal 万吨 10^4 tn
一.可供本地区消费的能源量	**Total Primary Energy Supply**	**8571.12**	**8581.72**
1.一次能源生产量	Indigenous Production	2378.53	2378.53
2.回收能	Recovery of Energy		
3.外省(区.市)调入量	Moving In from Other Provinces	6791.02	6515.90
4.进口量	Import		
5.我轮.机在外国加油量	Chinese Airplanes & Ships in Refueling Abroad		
6.本省(区.市)调出量(-)	Sending Out to Other Provinces(-)	-641.03	-361.98
7.出口量(-)	Export(-)		
8.外轮.机在我国加油量(-)	Foreign Airplanes & Ships in Refueling in China		
9.库存增(-)、减(+)量	Stock Change	42.60	49.27
二.加工转换投入(-)产出(+)量	**Input(-) & Output(+) of Transformation**	**-4861.99**	**-5076.90**
1.火力发电	Thermal Power	-3999.98	-3999.91
2.供热	Heating Supply	-417.40	-417.40
3.洗选煤	Coal Washing	-117.93	-557.50
4.炼焦	Coking	-309.21	-18.45
5.炼油	Petroleum Refineries		
6.制气	Gas Works	-30.28	-3.03
#焦炭再投入量(-)	Coke Input(-)		
7.煤制品加工	Briquettes	12.81	-80.61
三.损失量	**Loss**		
四.终端消费量	**Total Final Consumption**	**3709.16**	**3504.85**
1.农.林.牧.渔业	Farming, Forestry, Animal Husbandry, Fishery & Water Conservancy	61.67	61.67
2.工业	Industry	3321.21	3208.92
#用作原料.材料	Non-Energy Use		
3.建筑业	Construction	3.19	3.19
4.交通运输.仓储及邮电通迅业	Transportation, Storage, Postal &	16.97	16.97
5.批发和零售贸易业.餐饮业	Telecommunications Services Wholesale, Retail Trade and Catering Service	16.00	16.00
6.生活消费	Residential Consumption	270.12	178.10
城镇	Urban	141.65	102.10
乡村	Rural	128.47	76.00
7.其他	Other	20.00	20.00
五.平衡差额	**Statistical Difference**	**-0.03**	**-0.03**

ENERGY BALANCE OF JIANGSU -1998 (PHYSICAL QUANTITY)

洗精煤 Cleaned Coal 万吨 10^4 tn	其他洗煤 Other Washed Coal 万吨 10^4 tn	型煤 Briquettes 万吨 10^4 tn	焦炭 Coke 万吨 10^4 tn	焦炉煤气 Coke Oven Gas 亿立方米 10^8 cu.m	其他煤气 Other Gas 亿立方米 10^8 cu.m	油品合计 Petroleum Products Total 万吨 10^4 tn	原油 Crude Oil 万吨 10^4 tn	汽油 Gasoline 万吨 10^4 tn
76.66	**-87.41**	**0.15**	**132.66**	**1.56**	**33.22**	**1182.00**	**1126.52**	**81.20**
						125.82	125.82	
					33.22			
275.12			140.46	1.56		1103.87	751.60	141.62
						260.00	260.00	
						0.95		
-192.81	-86.24					-299.48	-11.44	-64.46
			-1.00			-27.65		
						-3.08		
-5.65	-1.17	0.15	-6.80			21.57	0.54	4.04
-28.74	**150.23**	**93.42**	**234.06**	**8.32**	**-1.98**	**-52.86**	**-1098.72**	**106.59**
	-0.07			-0.05	-1.18	-24.81		-0.05
				-0.34	-1.99	-8.37		
289.27	150.30							
-290.76			221.85	8.68	0.10	-21.16		
						1.82	-1098.72	106.64
-27.25			15.36		1.09	-0.34		
			-3.15					
		93.42						
						11.15	**8.34**	**1.63**
47.92	**62.82**	**93.57**	**366.72**	**9.88**	**31.24**	**1117.99**	**19.46**	**186.16**
			0.20			95.76		8.21
47.92	62.82	1.55	366.35	6.40	31.24	727.00	10.26	57.98
			0.03			6.02		2.95
			0.08			197.17	9.20	78.10
			0.03			10.56		7.09
		92.02		3.48		43.61		
		39.55		3.48		43.11		
		52.47				0.50		
			0.03			37.87		31.83

续表（江苏－1998）

		煤油 Kerosene 万吨 10^4tn	柴油 Diesel Oil 万吨 10^4tn
一．可供本地区消费的能源量	**Total Primary Energy Supply**	**-36.38**	**9.27**
1．一次能源生产量	Indigenous Production		
2．回收能	Recovery of Energy		
3．外省(区．市)调入量	Moving In from Other Provinces	0.65	94.56
4．进 口 量	Import		
5．我轮．机在外国加油量	Chinese Airplanes & Ships in Refueling Abroad		0.95
6．本省(区．市)调出量(−)	Sending Out to Other Provinces(-)	-36.13	-95.93
7．出 口 量(−)	Export(-)	-4.04	
8．外轮．机在我国加油量(−)	Foreign Airplanes & Ships in Refueling in China		
9．库存增(−)、减(+)量	Stock Change	3.14	9.69
二．加工转换投入(−)产出(+)量	**Input(-) & Output(+) of Transformation**	**53.05**	**237.30**
1．火力发电	Thermal Power		-18.77
2．供　热	Heating Supply		-0.06
3．洗 选 煤	Coal Washing		
4．炼　焦	Coking		
5．炼　油	Petroleum Refineries	53.05	256.13
6．制　气	Gas Works		
#焦炭再投入量(−)	Coke Input(-)		
7．煤制品加工	Briquettes		
三．损 失 量	**Loss**	**0.06**	**1.11**
四．终端消费量	**Total Final Consumption**	**16.61**	**245.46**
1．农．林．牧．渔业	Farming, Forestry, Animal Husbandry, Fishery & Water Conservancy	0.11	87.22
2．工　业	Industry	10.47	61.90
#用作原料．材料	Non-Energy Use		
3．建 筑 业	Construction	0.04	2.86
4．交通运输．仓储及邮电通迅业	Transportation, Storage, Postal &	5.25	85.05
5．批发和零售贸易业．餐饮业	Telecommunications Services Wholesale, Retail Trade and Catering Service	0.03	2.43
6．生活消费	Residential Consumption	0.70	
城镇	Urban	0.20	
乡村	Rural	0.50	
7．其他	Other	0.01	6.00
五．平衡差额	**Statistical Difference**		

Continued (Jiangsu-1998)

燃料油 Fuel Oil 万吨 10^4tn	液化石油气 PLG 万吨 10^4tn	炼厂干气 Refinery Gas 万吨 10^4tn	天然气 Natural Gas 亿立方米 10^8 cu.m	其他石油制品 Other Petroleum Products 万吨 10^4tn	其他焦化产品 Other Coking Products 万吨 10^4 tn	热力 Heat 万百万千焦 10^{10} kj	电力 Electricity 亿千瓦小时 10^8kwh	其他能源 Other Energy 万吨标煤 10^4tce
61.30	**-2.11**		**0.17**	**-57.80**	**0.03**		**7.23**	**2.38**
			0.17				0.57	
								2.38
93.70	13.64			8.10			52.31	
-33.35	-15.77			-42.40			-45.65	
				-23.61				
-3.08								
4.03	0.02			0.11	0.03			
112.83	**68.72**	**34.60**		**432.77**	**13.29**	**8015.17**	**778.79**	
-5.83				-0.16			778.79	
-4.86		-3.32		-0.13		8015.17		
				-21.16	13.29			
123.73	68.85	37.92		454.22				
-0.21	-0.13							
	0.01		**0.04**			**400.76**	**55.76**	
174.13	**66.60**	**34.60**	**0.13**	**374.97**	**13.32**	**7614.41**	**730.26**	**2.38**
				0.22			75.57	
154.68	22.63	34.60	0.10	374.48	13.32	7614.41	491.85	2.38
0.15	0.02						7.13	
19.30				0.27			8.25	
	1.01						17.84	
	42.91		0.03				99.32	
	42.91		0.03				43.49	
							55.83	
	0.03						30.30	

6-10 江苏能源平衡表(实物量)-1999

		煤合计 Coal Total 万吨 10^4 tn	原煤 Raw Coal 万吨 10^4 tn
一.可供本地区消费的能源量	**Total Primary Energy Supply**	**8714.23**	**8687.24**
1.一次能源生产量	Indigenous Production	2291.97	2291.97
2.回收能	Recovery of Energy		
3.外省(区.市)调入量	Moving In from Other Provinces	7097.73	6836.79
4.进 口 量	Import		
5.我轮.机在外国加油量	Chinese Airplanes & Ships in Refueling Abroad		
6.本省(区.市)调出量(-)	Sending Out to Other Provinces(-)	-716.96	-484.20
7.出 口 量(-)	Export(-)		
8.外轮.机在我国加油量(-)	Foreign Airplanes & Ships in Refueling in China		
9.库存增(-)、减(+)量	Stock Change	41.49	42.68
二.加工转换投入(-)产出(+)量	**Input(-) & Output(+) of Transformation**	**-5218.47**	**-5439.90**
1.火力发电	Thermal Power	-4293.52	-4293.43
2.供 热	Heating Supply	-513.03	-511.32
3.洗 选 煤	Coal Washing	-73.95	-544.70
4.炼 焦	Coking	-321.46	-18.42
5.炼 油	Petroleum Refineries		
6.制 气	Gas Works	-27.00	-2.25
# 焦炭再投入量(-)	Coke Input(-)		
7.煤制品加工	Briquettes	10.49	-69.78
三.损 失 量	**Loss**		
四.终端消费量	**Total Final Consumption**	**3495.73**	**3247.31**
1.农.林.牧.渔业	Farming, Forestry, Animal Husbandry, Fishery & Water Conservancy	57.53	57.53
2.工 业	Industry	3126.02	2955.47
# 用作原料.材料	Non-Energy Use		
3.建 筑 业	Construction	3.19	3.19
4.交通运输.仓储及邮电通迅业	Transportation, Storage, Postal & Telecommunications Services	20.33	20.33
5.批发和零售贸易业.餐饮业	Wholesale, Retail Trade and Catering Service	10.49	10.49
6.生活消费	Residential Consumption	253.17	175.30
城镇	Urban	133.68	100.20
乡村	Rural	119.49	75.10
7.其他	Other	25.00	25.00
五.平衡差额	**Statistical Difference**	**0.03**	**0.03**

ENERGY BALANCE OF JIANGSU -1999 (PHYSICAL QUANTITY)

洗精煤 Cleaned Coal 万吨 10^4 tn	其他洗煤 Other Washed Coal 万吨 10^4 tn	型煤 Briquettes 万吨 10^4 tn	焦炭 Coke 万吨 10^4 tn	焦炉煤气 Coke Oven Gas 亿立方米 10^8 cu.m	其他煤气 Other Gas 亿立方米 10^8 cu.m	油品合计 Petroleum Products Total 万吨 10^4 tn	原油 Crude Oil 万吨 10^4 tn	汽油 Gasoline 万吨 10^4 tn
109.32	**-82.39**	**0.06**	**117.56**	**0.97**	**43.36**	**1139.84**	**1183.92**	**44.15**
						145.27	145.27	
					43.36			
260.94			125.12	0.97		1071.24	724.35	110.80
						325.74	324.09	
						5.48		
-150.57	-82.19					-347.91	-12.78	-37.11
			-6.00			-41.09		-17.68
-1.05	-0.20	0.06	-1.56			-18.89	2.99	-11.86
-76.59	**217.75**	**80.27**	**247.47**	**7.63**	**-0.23**	**-73.91**	**-1153.94**	**142.86**
	-0.09				-0.42	-19.08		
	-1.71			-0.32	-1.66	-8.73		
251.20	219.55							
-303.04			234.96	8.39	0.77	-22.07		
						-23.50	-1153.94	142.86
-24.75			16.58	-0.44	1.08	-0.53		
			-4.07					
		80.27						
						10.07	**7.82**	**1.36**
32.73	**135.36**	**80.33**	**365.06**	**8.60**	**43.13**	**1058.58**	**22.16**	**188.37**
						96.50		10.19
32.73	135.36	2.46	365.06	6.01	41.60	650.16	13.16	59.05
						5.57		2.60
						214.45	9.00	79.10
						10.16		5.43
		77.87		2.59	1.53	43.70		
		33.48		2.59	1.53	43.10		
		44.39				0.60		
						38.04		32.00
			-0.03			**-2.72**		**-2.72**

续表（江苏-1999）

		煤油 Kerosene 万吨 10^4tn	柴油 Diesel Oil 万吨 10^4tn
一．可供本地区消费的能源量	**Total Primary Energy Supply**	**-52.24**	**-57.99**
1．一次能源生产量	Indigenous Production		
2．回收能	Recovery of Energy		
3．外省(区．市)调入量	Moving In from Other Provinces	0.50	105.14
4．进 口 量	Import		
5．我轮．机在外国加油量	Chinese Airplanes & Ships in Refueling Abroad		1.15
6．本省(区．市)调出量(-)	Sending Out to Other Provinces(-)	-48.72	-159.67
7．出 口 量(-)	Export(-)	-3.90	
8．外轮．机在我国加油量(-)	Foreign Airplanes & Ships in Refueling in China		
9．库存增(-)、减(+)量	Stock Change	-0.12	-4.61
二．加工转换投入(-)产出(+)量	**Input(-) & Output(+) of Transformation**	**72.16**	**337.10**
1．火力发电	Thermal Power		-12.14
2．供 热	Heating Supply		-0.06
3．洗 选 煤	Coal Washing		
4．炼 焦	Coking		
5．炼 油	Petroleum Refineries	72.16	349.30
6．制 气	Gas Works		
# 焦炭再投入量(-)	Coke Input(-)		
7．煤制品加工	Briquettes		
三．损 失 量	**Loss**	**0.06**	**0.83**
四．终端消费量	**Total Final Consumption**	**19.86**	**278.28**
1．农．林．牧．渔业	Farming, Forestry, Animal Husbandry, Fishery & Water Conservancy		86.31
2．工 业	Industry	13.87	85.32
# 用作原料．材料	Non-Energy Use		
3．建 筑 业	Construction	0.04	2.86
4．交通运输．仓储及邮电通迅业	Transportation, Storage, Postal &	5.01	94.09
5．批发和零售贸易业．餐饮业	Telecommunications Services Wholesale, Retail Trade and Catering Service	0.03	3.70
6．生活消费	Residential Consumption	0.90	
城镇	Urban	0.30	
乡村	Rural	0.60	
7．其他	Other	0.01	6.00
五．平衡差额	**Statistical Difference**		

Continued (Jiangsu-1999)

燃料油 Fuel Oil 万吨 10^4tn	液化石油气 PLG 万吨 10^4tn	炼厂干气 Refinery Gas 万吨 10^4tn	天然气 Natural Gas 亿立方米 10^8 cu.m	其他石油制品 Other Petroleum Products 万吨 10^4tn	其他焦化产品 Other Coking Products 万吨 10^4 tn	热力 Heat 万百万千焦 10^{10} kj	电力 Electricity 亿千瓦小时 10^8kwh	其他能源 Other Energy 万吨标煤 10^4tce
55.47	**-0.76**		**0.22**	**-32.71**			**4.30**	**4.42**
			0.22				0.26	
								4.34
80.94				49.51			46.69	
1.65								
4.33								
-27.63				-62.00			-42.65	
				-19.51				
-3.82	-0.76			-0.71				0.08
126.82	**73.01**	**35.16**		**292.92**	**13.17**	**10216.67**	**844.44**	**-4.02**
-5.53				-1.41			844.44	-2.37
-3.85		-4.82				10216.67		-1.65
				-22.07	13.17			
136.38	73.36	39.98		316.40				
-0.18	-0.35							
			0.02			**510.83**	**57.85**	
182.29	**72.25**	**35.16**	**0.20**	**260.21**	**13.17**	**9705.84**	**790.89**	**0.40**
							70.69	
155.19	28.40	35.16	0.14	260.01	13.17	9705.84	548.52	0.40
0.05	0.02						7.35	
27.05				0.20			8.47	
	1.00						19.38	
	42.80		0.06				105.37	
	42.80		0.06				44.23	
							61.14	
	0.03						31.11	

6-11 浙江能源平衡表(实物量)-1997

		煤合计 Coal Total 万吨 10^4 tn	原煤 Raw Coal 万吨 10^4 tn
一.可供本地区消费的能源量	**Total Primary Energy Supply**	**4765.24**	**4689.56**
1.一次能源生产量	Indigenous Production	114.99	114.99
2.回收能	Recovery of Energy		
3.外省(区.市)调入量	Moving In from Other Provinces	4675.34	4602.88
4.进 口 量	Import	64.30	64.30
5.我轮.机在外国加油量	Chinese Airplanes & Ships in Refueling Abroad		
6.本省(区.市)调出量(-)	Sending Out to Other Provinces(-)	-128.82	-128.82
7.出 口 量(-)	Export(-)		
8.外轮.机在我国加油量(-)	Foreign Airplanes & Ships in Refueling in China		
9.库存增(-)、减(+)量	Stock Change	39.43	36.21
二.加工转换投入(-)产出(+)量	**Input(-) & Output(+) of Transformation**	**-2475.01**	**-2452.20**
1.火力发电	Thermal Power	-2210.76	-2210.76
2.供 热	Heating Supply	-196.66	-196.66
3.洗 选 煤	Coal Washing		
4.炼 焦	Coking	-66.01	
5.炼 油	Petroleum Refineries		
6.制 气	Gas Works	-6.72	-6.01
#焦炭再投入量(-)	Coke Input(-)		
7.煤制品加工	Briquettes	5.14	-38.77
三.损 失 量	**Loss**	**13.85**	**13.85**
四.终端消费量	**Total Final Consumption**	**2276.75**	**2225.64**
1.农.林.牧.渔业	Farming, Forestry, Animal Husbandry, Fishery & Water Conservancy	28.30	28.30
2.工 业	Industry	2043.98	2034.94
#用作原料.材料	Non-Energy Use		
3.建 筑 业	Construction	2.04	2.04
4.交通运输.仓储及邮电通迅业	Transportation, Storage, Postal &	27.85	27.85
5.批发和零售贸易业.餐饮业	Telecommunications Services Wholesale, Retail Trade and Catering Service	38.80	38.80
6.生活消费	Residential Consumption	3.85	3.85
城镇	Urban	131.93	89.86
乡村	Rural	33.08	14.55
7.其他	Other	98.85	75.31
五.平衡差额	**Statistical Difference**	**-0.37**	**-2.13**

ENERGY BALANCE OF ZHEJIANG -1997 (PHYSICAL QUANTITY)

洗精煤 Cleaned Coal 万吨 10^4 tn	其他洗煤 Other Washed Coal 万吨 10^4 tn	型煤 Briquettes 万吨 10^4 tn	焦炭 Coke 万吨 10^4 tn	焦炉煤气 Coke Oven Gas 亿立方米 10^8 cu.m	其他煤气 Other Gas 亿立方米 10^8 cu.m	油品合计 Petroleum Products Total 万吨 10^4 tn	原油 Crude Oil 万吨 10^4 tn	汽油 Gasoline 万吨 10^4 tn
75.53		**0.15**	**35.62**			**821.33**	**692.33**	**21.11**
72.46			54.99			782.62	213.11	148.75
						499.35	499.35	
			-2.66			-262.22		-67.42
			-14.06			-147.53		-55.70
3.07		0.15	-2.65			-50.89	-20.13	-4.52
-66.72		**43.91**	**73.71**	**1.87**	**0.29**	**-107.67**	**-690.11**	**127.56**
				-0.30		-46.44		
						-29.96		
-66.01			49.47	2.17				
			22.34			-31.27	-690.11	127.56
-0.71			4.38		0.29			
			-2.48					
		43.91						
						2.23	**2.23**	
8.05		**43.06**	**109.33**	**1.87**	**0.29**	**709.45**		
						136.60		5.40
8.05		0.99	109.33	1.87		237.09		24.85
						8.65		3.45
						171.54		69.60
						19.58		7.80
						64.81		35.26
		42.07			0.29	71.18		
		18.53			0.29	51.76		
		23.54				19.42		
0.76		**1.00**				**1.98**	**-0.01**	**2.31**

续表（浙江－1997）

		煤油 Kerosene 万吨 10^4tn	柴油 Diesel Oil 万吨 10^4tn
一．可供本地区消费的能源量	**Total Primary Energy Supply**	**-47.92**	**114.38**
1．一次能源生产量	Indigenous Production		
2．回收能	Recovery of Energy		
3．外省(区．市)调入量	Moving In from Other Provinces	5.60	309.87
4．进 口 量	Import		
5．我轮．机在外国加油量	Chinese Airplanes & Ships in Refueling Abroad		
6．本省(区．市)调出量(－)	Sending Out to Other Provinces(-)	-28.15	-113.53
7．出 口 量(－)	Export(-)	-24.28	-62.15
8．外轮．机在我国加油量(－)	Foreign Airplanes & Ships in Refueling in China		
9．库存增(－)、减(+)量	Stock Change	-1.09	-19.81
二．加工转换投入(－)产出(+)量	**Input(-) & Output(+) of Transformation**	**58.00**	**198.52**
1．火力发电	Thermal Power		-20.96
2．供　热	Heating Supply		-0.05
3．洗 选 煤	Coal Washing		
4．炼　焦	Coking		
5．炼　油	Petroleum Refineries	58.00	219.53
6．制　气	Gas Works		
# 焦炭再投入量(－)	Coke Input(-)		
7．煤制品加工	Briquettes		
三．损 失 量	**Loss**		
四．终端消费量	**Total Final Consumption**	**10.08**	**313.11**
1．农．林．牧．渔业	Farming, Forestry, Animal Husbandry, Fishery & Water Conservancy		131.20
2．工　业	Industry	3.80	49.31
# 用作原料．材料	Non-Energy Use		
3．建 筑 业	Construction		5.20
4．交通运输．仓储及邮电通迅业	Transportation, Storage, Postal &	4.11	95.08
5．批发和零售贸易业．餐饮业	Telecommunications Services Wholesale, Retail Trade and Catering Service		5.20
6．生活消费	Residential Consumption		27.12
城镇	Urban	2.17	
乡村	Rural	1.28	
7．其他	Other	0.89	
五．平衡差额	**Statistical Difference**		**-0.21**

Continued (Zhejiang-1997)

燃料油 Fuel Oil 万吨 10^4tn	液化石油气 PLG 万吨 10^4tn	炼厂干气 Refinery Gas 万吨 10^4tn	天然气 Natural Gas 亿立方米 10^8 cu.m	其他石油制品 Other Petroleum Products 万吨 10^4tn	其他焦化产品 Other Coking Products 万吨 10^4 tn	热力 Heat 万百万千焦 10^{10} kj	电力 Electricity 亿千瓦小时 10^8kwh	其他能源 Other Energy 万吨标煤 10^4tce
49.26	**52.74**			**-60.57**			**107.18**	**10.53**
							81.50	
								10.53
52.12	53.17						35.21	
	-0.20			-52.92			-9.53	
-5.40								
2.54	-0.23			-7.65				
17.06	**27.20**	**18.16**		**135.94**	**4.81**	**4750.70**	**404.27**	**-10.53**
-22.44		-3.04					404.27	-3.34
-22.02		-7.89				4750.70		-7.19
					4.57			
61.52	27.20	29.09		135.94				
					0.24			
						189.51	**39.08**	
66.35	**80.02**	**18.16**		**75.37**	**4.81**	**4561.19**	**472.37**	
							16.58	
63.60	2.00	18.16		75.37	4.81	4501.49	343.40	
							6.25	
2.75							5.13	
	6.58					59.70	12.78	
	2.43						18.53	
	69.01						69.70	
	50.48						29.17	
	18.53						40.53	
-0.03	**-0.08**							

6-11 浙江能源平衡表(实物量)-1998

		煤合计 Coal Total 万吨 10^4 tn	原煤 Raw Coal 万吨 10^4 tn
一.可供本地区消费的能源量	**Total Primary Energy Supply**	**4653.14**	**4578.78**
1.一次能源生产量	Indigenous Production	91.50	91.50
2.回收能	Recovery of Energy		
3.外省(区.市)调入量	Moving In from Other Provinces	4674.66	4600.18
4.进 口 量	Import	60.00	60.00
5.我轮.机在外国加油量	Chinese Airplanes & Ships in Refueling Abroad		
6.本省(区.市)调出量(-)	Sending Out to Other Provinces(-)	-96.00	-96.00
7.出 口 量(-)	Export(-)		
8.外轮.机在我国加油量(-)	Foreign Airplanes & Ships in Refueling in China		
9.库存增(-)、减(+)量	Stock Change	-309.00	-302.98
二.加工转换投入(-)产出(+)量	**Input(-) & Output(+) of Transformation**	**-2457.21**	**-2422.08**
1.火力发电	Thermal Power	-2095.05	-2095.05
2.供 热	Heating Supply	-292.22	-292.22
3.洗 选 煤	Coal Washing		
4.炼 焦	Coking	-68.67	
5.炼 油	Petroleum Refineries		
6.制 气	Gas Works	-6.30	-6.30
# 焦炭再投入量(-)	Coke Input(-)		
7.煤制品加工	Briquettes	5.03	-28.51
三.损 失 量	**Loss**	**14.30**	**14.30**
四.终端消费量	**Total Final Consumption**	**2181.16**	**2141.73**
1.农.林.牧.渔业	Farming, Forestry, Animal Husbandry, Fishery & Water Conservancy	23.85	23.85
2.工 业	Industry	1974.41	1968.31
# 用作原料.材料	Non-Energy Use		
3.建 筑 业	Construction	1.88	1.88
4.交通运输.仓储及邮电通迅业	Transportation, Storage, Postal &	25.56	25.56
5.批发和零售贸易业.餐饮业	Telecommunications Services Wholesale, Retail Trade and Catering Service	33.60	33.60
6.生活消费	Residential Consumption	118.81	85.48
城镇	Urban	23.95	12.68
乡村	Rural	94.86	72.80
7.其他	Other	3.05	3.05
五.平衡差额	**Statistical Difference**	**0.47**	**0.67**

ENERGY BALANCE OF ZHEJIANG -1998 (PHYSICAL QUANTITY)

洗精煤 Cleaned Coal 万吨 10^4 tn	其他洗煤 Other Washed Coal 万吨 10^4 tn	型煤 Briquettes 万吨 10^4 tn	焦炭 Coke 万吨 10^4 tn	焦炉煤气 Coke Oven Gas 亿立方米 10^8 cu.m	其他煤气 Other Gas 亿立方米 10^8 cu.m	油品合计 Petroleum Products Total 万吨 10^4 tn	原油 Crude Oil 万吨 10^4 tn	汽油 Gasoline 万吨 10^4 tn
74.27		**0.09**	**28.96**			**824.59**	**690.68**	**24.26**
74.48			40.50			711.90	251.20	123.84
						411.68	411.68	
			-2.46			-270.71		-67.36
			-11.00			-90.18		-48.45
-6.00		-0.02	-8.72			-83.53	-24.88	-18.17
-68.67		**33.54**	**77.32**	**2.24**	**0.44**	**-69.69**	**-688.80**	**136.25**
						-68.25		
						-32.26		
-68.67			52.00	2.24				
			23.49			31.41	-688.80	136.25
			4.53		0.44	-0.59		
			-2.70					
		33.54						
						2.12	**2.12**	
5.80		**33.63**	**106.28**	**2.24**	**0.44**	**753.64**		**160.23**
						138.19		4.85
5.80		0.30	106.28	2.24		243.79		26.60
						11.14		4.84
						186.96		77.80
						21.60		8.90
		33.33			0.44	84.79		
		11.27			0.44	59.14		
		22.06				25.65		
						67.17		37.24
-0.20						**-0.86**	**-0.24**	**0.28**

续表（浙江-1998）

		煤油 Kerosene 万吨 10^4tn	柴油 Diesel Oil 万吨 10^4tn
一.可供本地区消费的能源量	**Total Primary Energy Supply**	**-52.89**	**135.45**
1.一次能源生产量	Indigenous Production		
2.回收能	Recovery of Energy		
3.外省(区.市)调入量	Moving In from Other Provinces	6.70	232.28
4.进 口 量	Import		
5.我轮.机在外国加油量	Chinese Airplanes & Ships in Refueling Abroad		
6.本省(区.市)调出量(-)	Sending Out to Other Provinces(-)	-38.13	-100.96
7.出 口 量(-)	Export(-)	-23.72	-10.43
8.外轮.机在我国加油量(-)	Foreign Airplanes & Ships in Refueling in China		
9.库存增(-)、减(+)量	Stock Change	-2.88	-30.97
二.加工转换投入(-)产出(+)量	**Input(-) & Output(+) of Transformation**	**63.70**	**192.20**
1.火力发电	Thermal Power		-41.13
2.供 热	Heating Supply		
3.洗 选 煤	Coal Washing		
4.炼 焦	Coking		
5.炼 油	Petroleum Refineries	63.70	233.33
6.制 气	Gas Works		
# 焦炭再投入量(-)	Coke Input(-)		
7.煤制品加工	Briquettes		
三.损 失 量	**Loss**		
四.终端消费量	**Total Final Consumption**	**10.70**	**328.37**
1.农.林.牧.渔业	Farming, Forestry, Animal Husbandry, Fishery & Water Conservancy		133.34
2.工 业	Industry	4.93	52.91
# 用作原料.材料	Non-Energy Use		
3.建 筑 业	Construction		6.30
4.交通运输.仓储及邮电通迅业	Transportation, Storage, Postal & Telecommunications Services	3.53	103.08
5.批发和零售贸易业.餐饮业	Wholesale, Retail Trade and Catering Service		6.04
6.生活消费	Residential Consumption	2.24	
城镇	Urban	1.36	
乡村	Rural	0.88	
7.其他	Other		26.70
五.平衡差额	**Statistical Difference**	**0.11**	**-0.72**

Continued (Zhejiang-1998)

燃料油 Fuel Oil 万吨 10^4tn	液化石油气 PLG 万吨 10^4tn	炼厂干气 Refinery Gas 万吨 10^4tn	天然气 Natural Gas 亿立方米 10^8 cu.m	其他石油制品 Other Petroleum Products 万吨 10^4tn	其他焦化产品 Other Coking Products 万吨 10^4 tn	热力 Heat 万百万千焦 10^{10} kj	电力 Electricity 亿千瓦小时 10^8kwh	其他能源 Other Energy 万吨标煤 10^4tce
37.58	**59.95**			**-70.44**			**120.24**	**126.92**
							111.62	
								32.90
37.70	60.18						23.99	7.47
								86.55
-1.06	-0.30			-62.90			-15.37	
-0.30				-7.28				
-4.30	-0.19			-2.14				
18.35	**35.67**	**21.14**		**151.80**	**4.71**	**6819.08**	**427.54**	**-126.00**
-27.12							427.54	-3.67
-25.91		-6.35				6819.08		-29.23
					4.71			
71.38	36.26	27.49		151.80				-93.10
	-0.59							
						270.06	**37.01**	
56.09	**95.67**	**21.14**		**81.44**	**4.71**	**6549.02**	**510.77**	
							16.94	
53.54	3.23	21.14		81.44	4.71	6368.34	364.87	
							6.86	
2.55							5.89	
	6.66					180.68	15.91	
	82.55						79.09	
	57.78						35.29	
	24.77						43.80	
	3.23						21.21	
-0.16	**-0.05**			**-0.08**				**0.92**

6-11 浙江能源平衡表(实物量)-1999

		煤合计 Coal Total 万吨 10^4 tn	原煤 Raw Coal 万吨 10^4 tn
一．可供本地区消费的能源量	**Total Primary Energy Supply**	**4773.75**	**4688.34**
1．一次能源生产量	Indigenous Production	82.79	82.79
2．回收能	Recovery of Energy		
3．外省(区．市)调入量	Moving In from Other Provinces	4727.07	4642.07
4．进 口 量	Import		
5．我轮．机在外国加油量	Chinese Airplanes & Ships in Refueling Abroad		
6．本省(区．市)调出量(-)	Sending Out to Other Provinces(-)	-96.50	-96.50
7．出 口 量(-)	Export(-)		
8．外轮．机在我国加油量(-)	Foreign Airplanes & Ships in Refueling in China		
9．库存增(-)、减(+)量	Stock Change	60.39	59.98
二．加工转换投入(-)产出(+)量	**Input(-) & Output(+) of Transformation**	**-2647.61**	**-2610.79**
1．火力发电	Thermal Power	-2230.55	-2230.55
2．供 热	Heating Supply	-341.62	-341.62
3．洗 选 煤	Coal Washing		
4．炼 焦	Coking	-68.16	
5．炼 油	Petroleum Refineries		
6．制 气	Gas Works	-6.90	-6.90
# 焦炭再投入量(-)	Coke Input(-)		
7．煤制品加工	Briquettes	-0.38	-31.72
三．损 失 量	**Loss**		
四．终端消费量	**Total Final Consumption**	**2126.19**	**2078.00**
1．农．林．牧．渔业	Farming, Forestry, Animal Husbandry, Fishery & Water Conservancy	21.43	21.43
2．工 业	Industry	1931.69	1915.42
# 用作原料．材料	Non-Energy Use		
3．建 筑 业	Construction	2.05	2.05
4．交通运输．仓储及邮电通迅业	Transportation, Storage, Postal & Telecommunications Services	22.58	22.58
5．批发和零售贸易业．餐饮业	Wholesale, Retail Trade and Catering Service	34.27	31.69
6．生活消费	Residential Consumption	111.37	82.03
城镇	Urban	19.33	10.68
乡村	Rural	92.04	71.35
7．其他	Other	2.80	2.80
五．平衡差额	**Statistical Difference**	**-0.05**	**-0.45**

ENERGY BALANCE OF ZHEJIANG -1999 (PHYSICAL QUANTITY)

洗精煤 Cleaned Coal 万吨 10^4 tn	其他洗煤 Other Washed Coal 万吨 10^4 tn	型煤 Briquettes 万吨 10^4 tn	焦炭 Coke 万吨 10^4 tn	焦炉煤气 Coke Oven Gas 亿立方米 10^8 cu.m	其他煤气 Other Gas 亿立方米 10^8 cu.m	油品合计 Petroleum Products Total 万吨 10^4 tn	原油 Crude Oil 万吨 10^4 tn	汽油 Gasoline 万吨 10^4 tn
85.41			**15.03**			**925.49**	**785.80**	**33.70**
85.00			21.67			799.89	224.73	149.57
						560.70	559.98	
			-1.02			-333.41		-68.69
			-5.62			-109.65		-49.24
0.41						7.96	1.09	2.06
-68.16		**31.34**	**79.71**	**2.40**	**0.55**	**-126.78**	**-782.89**	**144.38**
						-96.90		
						-25.44		
-68.16			50.70	2.40				
			23.11			-3.58	-782.89	144.38
			9.22		0.55	-0.86		
			-3.32					
		31.34						
						2.91	**2.91**	
16.27		**31.92**	**94.74**	**2.40**	**0.55**	**796.27**		**178.33**
						144.33		5.12
16.27			94.74	2.14		241.15		28.03
						12.09		5.04
						209.75		89.78
		2.58				24.38		9.11
		29.34		0.26	0.55	90.94		
		8.65		0.26	0.55	60.98		
		20.69				29.96		
						73.63		41.25
0.98		**-0.58**				**-0.47**		**-0.25**

续表（浙江－1999）

		煤油 Kerosene 万吨 10^4tn	柴油 Diesel Oil 万吨 10^4tn
一．可供本地区消费的能源量	**Total Primary Energy Supply**	**-71.99**	**121.25**
1．一次能源生产量	Indigenous Production		
2．回收能	Recovery of Energy		
3．外省(区．市)调入量	Moving In from Other Provinces	10.50	264.39
4．进 口 量	Import		
5．我轮．机在外国加油量	Chinese Airplanes & Ships in Refueling Abroad		
6．本省(区．市)调出量(－)	Sending Out to Other Provinces(-)	-55.30	-124.39
7．出 口 量(－)	Export(-)	-26.30	-25.58
8．外轮．机在我国加油量(－)	Foreign Airplanes & Ships in Refueling in China		
9．库存增(－)、减(+)量	Stock Change	-0.89	6.83
二．加工转换投入(－)产出(+)量	**Input(-) & Output(+) of Transformation**	**82.93**	**238.56**
1．火力发电	Thermal Power		-41.68
2．供 热	Heating Supply		
3．洗 选 煤	Coal Washing		
4．炼 焦	Coking		
5．炼 油	Petroleum Refineries	82.93	280.24
6．制 气	Gas Works		
＃焦炭再投入量(－)	Coke Input(-)		
7．煤制品加工	Briquettes		
三．损 失 量	**Loss**		
四．终端消费量	**Total Final Consumption**	**10.86**	**359.71**
1．农．林．牧．渔业	Farming, Forestry, Animal Husbandry, Fishery & Water Conservancy		139.21
2．工 业	Industry	4.83	62.68
＃用作原料．材料	Non-Energy Use		
3．建 筑 业	Construction		7.05
4．交通运输．仓储及邮电通迅业	Transportation, Storage, Postal &	3.73	114.08
5．批发和零售贸易业．餐饮业	Telecommunications Services Wholesale, Retail Trade and Catering Service		7.84
6．生活消费	Residential Consumption	2.30	
城镇	Urban	1.10	
乡村	Rural	1.20	
7．其他	Other		28.85
五．平衡差额	**Statistical Difference**	**0.08**	**0.10**

Continued(Zhejiang-1999)

燃料油 Fuel Oil 万吨 10^4tn	液化石油气 PLG 万吨 10^4tn	炼厂干气 Refinery Gas 万吨 10^4tn	天然气 Natural Gas 亿立方米 10^8 cu.m	其他石油制品 Other Petroleum Products 万吨 10^4tn	其他焦化产品 Other Coking Products 万吨 10^4 tn	热力 Heat 万百万千焦 10^{10} kj	电力 Electricity 亿千瓦小时 10^8kwh	其他能源 Other Energy 万吨标煤 10^4tce
74.45	**71.43**			**-89.15**			**120.67**	**107.28**
							106.26	
								34.19
76.80	72.86			1.04			27.94	73.09
				0.72				
-1.86	-1.49			-81.68			-13.53	
				-8.53				
-0.49	0.06			-0.70				
-17.07	**33.70**	**27.63**		**145.98**	**3.52**	**7937.64**	**491.00**	**-94.79**
-55.22							491.00	-3.88
-25.44						7937.64		-30.31
					3.52			
63.59	34.56	27.63		145.98				-60.60
	-0.86							
						380.96	**52.65**	
57.42	**105.49**	**27.63**		**56.83**	**3.52**	**7556.68**	**559.02**	**12.49**
							17.43	
55.26	5.89	27.63		56.83	3.52	7132.02	404.43	12.49
							7.02	
2.16							6.54	
	7.43					424.66	18.08	
	88.64						81.85	
	59.88						35.89	
	28.76						45.96	
	3.53						23.67	
-0.04	**-0.36**							

6-12 安徽能源平衡表(实物量)-1997

		煤合计 Coal Total 万吨 10^4 tn	原煤 Raw Coal 万吨 10^4 tn
一.可供本地区消费的能源量	**Total Primary Energy Supply**	**5423.68**	**5445.58**
1.一次能源生产量	Indigenous Production	4896.52	4896.52
2.回收能	Recovery of Energy		
3.外省(区.市)调入量	Moving In from Other Provinces	1326.66	1326.66
4.进 口 量	Import		
5.我轮.机在外国加油量	Chinese Airplanes & Ships in Refueling Abroad		
6.本省(区.市)调出量(-)	Sending Out to Other Provinces(-)	-750.91	-731.00
7.出 口 量(-)	Export(-)	-83.19	-0.19
8.外轮.机在我国加油量(-)	Foreign Airplanes & Ships in Refueling in China		
9.库存增(-)、减(+)量	Stock Change	34.60	-46.41
二.加工转换投入(-)产出(+)量	**Input(-) & Output(+) of Transformation**	**-2087.57**	**-2984.50**
1.火力发电	Thermal Power	-1648.55	-1648.55
2.供 热	Heating Supply	-69.23	-69.23
3.洗 选 煤	Coal Washing	21.19	-1010.25
4.炼 焦	Coking	-409.78	
5.炼 油	Petroleum Refineries		
6.制 气	Gas Works	-21.69	-0.71
# 焦炭再投入量(-)	Coke Input(-)		
7.煤制品加工	Briquettes	40.49	-255.76
三.损 失 量	**Loss**		
四.终端消费量	**Total Final Consumption**	**3350.86**	**2475.78**
1.农.林.牧.渔业	Farming, Forestry, Animal Husbandry, Fishery & Water Conservancy	51.03	51.03
2.工 业	Industry	2810.73	2231.90
# 用作原料.材料	Non-Energy Use		
3.建 筑 业	Construction	32.69	32.69
4.交通运输.仓储及邮电通迅业	Transportation, Storage, Postal &	42.95	42.95
5.批发和零售贸易业.餐饮业	Telecommunications Services Wholesale, Retail Trade and Catering Service	30.08	30.08
6.生活消费	Residential Consumption	366.75	70.50
城镇	Urban	201.25	
乡村	Rural	165.50	70.50
7.其他	Other	16.63	16.63
五.平衡差额	**Statistical Difference**	**-14.75**	**-14.70**

ENERGY BALANCE OF ANHUI -1997 (PHYSICAL QUANTITY)

洗精煤 Cleaned Coal 万吨 10^4 tn	其他洗煤 Other Washed Coal 万吨 10^4 tn	型煤 Briquettes 万吨 10^4 tn	焦炭 Coke 万吨 10^4 tn	焦炉煤气 Coke Oven Gas 亿立方米 10^8 cu.m	其他煤气 Other Gas 亿立方米 10^8 cu.m	油品合计 Petroleum Products Total 万吨 10^4 tn	原油 Crude Oil 万吨 10^4 tn	汽油 Gasoline 万吨 10^4 tn
-160.09	**69.18**	**-0.17**	**178.84**		**3.60**	**308.47**	**300.92**	**-17.10**
						9.01	9.01	
					3.60			
			185.00			372.78	185.85	50.21
						115.00	115.00	
-19.91						-190.03	-9.01	-71.00
-83.00								
-57.18	69.18	-0.17	-6.16			1.71	0.07	3.69
174.54	**213.07**	**296.25**	**297.86**	**12.78**	**0.24**	**-36.68**	**-296.70**	**74.45**
						-9.96		
605.30	213.07							
-409.78			291.47	11.73	0.11			
						-26.72	-296.70	74.45
-20.98			9.07	1.05	0.13			
			-2.68					
		296.25						
14.57	**282.13**	**296.25**	**480.00**	**12.77**	**3.88**	**271.53**	**4.20**	**57.42**
						41.78		5.03
14.57	282.13		480.00	9.92	3.88	114.72	4.20	11.40
						8.63		4.67
						82.96		30.20
						6.92		6.12
		296.25		2.85		14.52		
		201.25		2.85		14.52		
		95.00						
						2.00		
-0.12	**0.12**	**-0.17**	**-3.30**	**0.01**	**-0.04**	**0.26**	**0.02**	**-0.07**

续表（安徽－1997）

		煤油 Kerosene 万吨 10^4tn	柴油 Diesel Oil 万吨 10^4tn
一．可供本地区消费的能源量	**Total Primary Energy Supply**	**1.93**	**6.38**
1．一次能源生产量	Indigenous Production		
2．回收能	Recovery of Energy		
3．外省(区．市)调入量	Moving In from Other Provinces	2.25	107.94
4．进 口 量	Import		
5．我轮．机在外国加油量	Chinese Airplanes & Ships in Refueling Abroad		
6．本省(区．市)调出量(−)	Sending Out to Other Provinces(-)		-98.02
7．出 口 量(−)	Export(-)		
8．外轮．机在我国加油量(−)	Foreign Airpalanes & Ships in Refueling in China		
9．库存增(−)、减(+)量	Stock Change	-0.32	-3.54
二．加工转换投入(−)产出(+)量	**Input(-) & Output(+) of Transformation**		**108.17**
1．火力发电	Thermal Power		-5.86
2．供　　热	Heating Supply		
3．洗 选 煤	Coal Washing		
4．炼　　焦	Coking		
5．炼　　油	Petroleum Refineries		114.03
6．制　　气	Gas Works		
＃焦炭再投入量(−)	Coke Input(-)		
7．煤制品加工	Briquettes		
三．损 失 量	**Loss**		
四．终端消费量	**Total Final Consumption**	**1.86**	**114.59**
1．农．林．牧．渔业	Farming, Forestry, Animal Husbandry, Fishery & Water Conservancy		36.75
2．工　　业	Industry	0.16	20.02
＃用作原料．材料	Non-Energy Use		
3．建 筑 业	Construction		3.96
4．交通运输．仓储及邮电通迅业	Transportation, Storage, Postal & Telecommunications Services	1.70	51.06
5．批发和零售贸易业．餐饮业	Wholesale, Retail Trade and Catering Service		0.80
6．生活消费	Residential Consumption		
城镇	Urban		
乡村	Rural		
7．其他	Other		2.00
五．平衡差额	**Statistical Difference**	**0.07**	**-0.04**

Continued (Anhui-1997)

燃料油 Fuel Oil 万吨 10^4tn	液化石油气 PLG 万吨 10^4tn	炼厂干气 Refinery Gas 万吨 10^4tn	天然气 Natural Gas 亿立方米 10^8 cu.m	其他石油制品 Other Petroleum Products 万吨 10^4tn	其他焦化产品 Other Coking Products 万吨 10^4 tn	热力 Heat 万百万千焦 10^{10} kj	电力 Electricity 亿千瓦小时 10^8kwh	其他能源 Other Energy 万吨标煤 10^4tce
15.14	**1.20**						**-3.59**	**0.12**
							9.69	
26.53							50.37	
-12.00							-63.65	
0.61	1.20							-0.43
33.78	**18.10**	**9.37**		**16.15**	**2.70**	**1566.14**	**319.63**	**0.20**
-4.10						561.17	319.63	
						1004.97		
					2.70			
37.88	18.10	9.37		16.15				0.20
48.96	**19.22**	**9.10**		**16.18**	**2.73**	**1564.37**	**315.65**	
							23.11	
48.96	4.70	9.10		16.18	2.73	1449.10	228.96	
							3.49	
							3.32	
							4.16	
	14.52					115.27	41.90	
	14.52					115.27	23.23	
							18.67	
							10.71	
-0.04	**0.08**	**0.27**		**-0.03**	**-0.03**	**1.77**	**0.32**	**0.32**

6-12 安徽能源平衡表(实物量)-1998

		煤合计 Coal Total 万吨 10^4 tn	原煤 Raw Coal 万吨 10^4 tn
一.可供本地区消费的能源量	**Total Primary Energy Supply**	**5362.05**	**5368.85**
1.一次能源生产量	Indigenous Production	4572.23	4572.23
2.回收能	Recovery of Energy		
3.外省(区.市)调入量	Moving In from Other Provinces	2411.20	2176.20
4.进 口 量	Import		
5.我轮.机在外国加油量	Chinese Airplanes & Ships in Refueling Abroad		
6.本省(区.市)调出量(-)	Sending Out to Other Provinces(-)	-1525.97	-1322.07
7.出 口 量(-)	Export(-)	-95.00	
8.外轮.机在我国加油量(-)	Foreign Airplanes & Ships in Refueling in China	-2.00	
9.库存增(-)、减(+)量	Stock Change	1.59	-57.51
二.加工转换投入(-)产出(+)量	**Input(-) & Output(+) of Transformation**	**-2146.57**	**-2665.62**
1.火力发电	Thermal Power	-1495.77	-1495.77
2.供　热	Heating Supply	-72.29	-72.29
3.洗 选 煤	Coal Washing	-162.73	-818.62
4.炼　焦	Coking	-453.12	
5.炼　油	Petroleum Refineries		
6.制　气	Gas Works	-11.86	
# 焦炭再投入量(-)	Coke Input(-)		
7.煤制品加工	Briquettes	49.20	-278.94
三.损 失 量	**Loss**		
四.终端消费量	**Total Final Consumption**	**3236.66**	**2723.21**
1.农.林.牧.渔业	Farming, Forestry, Animal Husbandry, Fishery & Water Conservancy	50.68	50.68
2.工　业	Industry	2649.24	2463.93
# 用作原料.材料	Non-Energy Use		
3.建 筑 业	Construction	35.25	35.25
4.交通运输.仓储及邮电通迅业	Transportation, Storage, Postal &	48.51	48.51
5.批发和零售贸易业.餐饮业	Telecommunications Services Wholesale, Retail Trade and Catering Service	32.53	32.53
6.生活消费	Residential Consumption	405.10	76.96
城镇	Urban	224.44	
乡村	Rural	180.66	76.96
7.其他	Other	15.35	15.35
五.平衡差额	**Statistical Difference**	**-21.18**	**-19.98**

ENERGY BALANCE OF ANHUI -1998 (PHYSICAL QUANTITY)

洗精煤 Cleaned Coal 万吨 10^4 tn	其他洗煤 Other Washed Coal 万吨 10^4 tn	型煤 Briquettes 万吨 10^4 tn	焦炭 Coke 万吨 10^4 tn	焦炉煤气 Coke Oven Gas 亿立方米 10^8 cu.m	其他煤气 Other Gas 亿立方米 10^8 cu.m	油品合计 Petroleum Products Total 万吨 10^4 tn	原油 Crude Oil 万吨 10^4 tn	汽油 Gasoline 万吨 10^4 tn
-6.87	**-0.10**	**0.17**	**221.43**			**340.92**	**286.44**	**7.82**
235.00			217.00			429.81	211.79	69.56
						76.11	76.11	
-203.90						-171.24		-64.46
-95.00								
-2.00								
59.03	-0.10	0.17	4.43			6.24	-1.46	2.72
18.26	**172.65**	**328.14**	**289.86**	**12.67**	**0.15**	**-34.00**	**-281.36**	**56.77**
						-1.81		
483.24	172.65							
-453.12			283.41	12.24	0.15			
						-32.19	-281.36	56.77
-11.86			9.03	0.43				
			-2.58					
		328.14						
13.28	**172.03**	**328.14**	**512.25**	**12.67**	**0.24**	**306.43**	**4.63**	**64.24**
						47.03		4.93
13.28	172.03		512.25	10.52	0.24	134.51	4.63	15.04
						9.23		5.03
						90.76		32.62
						7.47		6.62
		328.14		2.15		15.27		
		224.44		2.15		15.27		
		103.70						
						2.16		
-1.89	**0.52**	**0.17**	**-0.96**		**-0.09**	**0.49**	**0.45**	**0.35**

续表（安徽-1998）

		煤油 Kerosene 万吨 10^4tn	柴油 Diesel Oil 万吨 10^4tn
一.可供本地区消费的能源量	**Total Primary Energy Supply**	**3.04**	**14.52**
1.一次能源生产量	Indigenous Production		
2.回收能	Recovery of Energy		
3.外省(区.市)调入量	Moving In from Other Provinces	3.00	112.08
4.进 口 量	Import		
5.我轮.机在外国加油量	Chinese Airplanes & Ships in Refueling Abroad		
6.本省(区.市)调出量(-)	Sending Out to Other Provinces(-)		-101.74
7.出 口 量(-)	Export(-)		
8.外轮.机在我国加油量(-)	Foreign Airplanes & Ships in Refueling in China		
9.库存增(-)、减(+)量	Stock Change	0.04	4.18
二.加工转换投入(-)产出(+)量	**Input(-) & Output(+) of Transformation**		**113.81**
1.火力发电	Thermal Power		-1.81
2.供 热	Heating Supply		
3.洗 选 煤	Coal Washing		
4.炼 焦	Coking		
5.炼 油	Petroleum Refineries		115.62
6.制 气	Gas Works		
# 焦炭再投入量(-)	Coke Input(-)		
7.煤制品加工	Briquettes		
三.损 失 量	**Loss**		
四.终端消费量	**Total Final Consumption**	**3.07**	**128.28**
1.农.林.牧.渔业	Farming, Forestry, Animal Husbandry, Fishery & Water Conservancy		42.10
2.工 业	Industry	0.07	23.83
# 用作原料.材料	Non-Energy Use		
3.建 筑 业	Construction		4.20
4.交通运输.仓储及邮电通迅业	Transportation, Storage, Postal &	3.00	55.14
5.批发和零售贸易业.餐饮业	Telecommunications Services Wholesale, Retail Trade and Catering Service		0.85
6.生活消费	Residential Consumption		
城镇	Urban		
乡村	Rural		
7.其他	Other		2.16
五.平衡差额	**Statistical Difference**	**-0.03**	**0.05**

Continued (Anhui-1998)

燃料油 Fuel Oil 万吨 10^4tn	液化石油气 PLG 万吨 10^4tn	炼厂干气 Refinery Gas 万吨 10^4tn	天然气 Natural Gas 亿立方米 10^8 cu.m	其他石油制品 Other Petroleum Products 万吨 10^4tn	其他焦化产品 Other Coking Products 万吨 10^4 tn	热力 Heat 万百万千焦 10^{10} kj	电力 Electricity 亿千瓦小时 10^8kwh	其他能源 Other Energy 万吨标煤 10^4tce
27.30	**1.80**						**4.01**	**0.43**
							9.90	
33.38							49.73	
-5.04							-55.62	
-1.04	1.80							0.43
22.66	**18.01**			**36.11**	**3.35**	**1651.47**	**301.60**	**0.23**
						606.96	301.60	
						1044.51		
					3.35			0.23
22.66	18.01			36.11				
50.08	**20.31**			**35.82**	**3.35**	**1651.16**	**309.19**	
							20.79	
50.08	5.04			35.82	3.35	1410.66	220.55	
							3.58	
							3.75	
							4.50	
	15.27					240.50	46.14	
	15.27					240.50	25.76	
							20.38	
							9.88	
-0.12	**-0.50**			**0.29**		**0.31**	**-3.58**	**0.66**

6-12 安徽能源平衡表(实物量)-1999

		煤合计 Coal Total 万吨 10^4 tn	原煤 Raw Coal 万吨 10^4 tn
一. 可供本地区消费的能源量	**Total Primary Energy Supply**	**5490.93**	**5440.53**
1. 一次能源生产量	Indigenous Production	4677.68	4677.68
2. 回收能	Recovery of Energy		
3. 外省(区. 市)调入量	Moving In from Other Provinces	2677.00	2350.00
4. 进 口 量	Import		
5. 我轮. 机在外国加油量	Chinese Airplanes & Ships in Refueling Abroad		
6. 本省(区. 市)调出量(-)	Sending Out to Other Provinces(-)	-1808.11	-1579.40
7. 出 口 量(-)	Export(-)	-76.98	-17.48
8. 外轮. 机在我国加油量(-)	Foreign Airplanes & Ships in Refueling in China		
9. 库存增(-)、减(+)量	Stock Change	21.34	9.73
二. 加工转换投入(-)产出(+)量	**Input(-) & Output(+) of Transformation**	**-2215.65**	**-2686.37**
1. 火力发电	Thermal Power	-1552.51	-1552.51
2. 供 热	Heating Supply	-45.30	-45.30
3. 洗 选 煤	Coal Washing	-169.69	-788.36
4. 炼 焦	Coking	-476.70	
5. 炼 油	Petroleum Refineries		
6. 制 气	Gas Works	-24.40	
# 焦炭再投入量(-)	Coke Input(-)		
7. 煤制品加工	Briquettes	52.95	-300.20
三. 损 失 量	**Loss**		
四. 终端消费量	**Total Final Consumption**	**3297.42**	**2776.77**
1. 农. 林. 牧. 渔业	Farming, Forestry, Animal Husbandry, Fishery & Water Conservancy	53.72	53.72
2. 工 业	Industry	2788.74	2621.44
# 用作原料. 材料	Non-Energy Use		
3. 建 筑 业	Construction	35.95	35.95
4. 交通运输. 仓储及邮电通迅业	Transportation, Storage, Postal &	11.26	11.26
5. 批发和零售贸易业. 餐饮业	Telecommunications Services Wholesale, Retail Trade and Catering Service	36.75	36.75
6. 生活消费	Residential Consumption	353.35	
城镇	Urban	299.67	
乡村	Rural	53.68	
7. 其他	Other	17.65	17.65
五. 平衡差额	**Statistical Difference**	**-22.14**	**-22.61**

ENERGY BALANCE OF ANHUI -1999 (PHYSICAL QUANTITY)

洗精煤 Cleaned Coal 万吨 10^4 tn	其他洗煤 Other Washed Coal 万吨 10^4 tn	型煤 Briquettes 万吨 10^4 tn	焦炭 Coke 万吨 10^4 tn	焦炉煤气 Coke Oven Gas 亿立方米 10^8 cu.m	其他煤气 Other Gas 亿立方米 10^8 cu.m	油品合计 Petroleum Products Total 万吨 10^4 tn	原油 Crude Oil 万吨 10^4 tn	汽油 Gasoline 万吨 10^4 tn
50.40			**219.76**			**343.79**	**293.57**	**-3.41**
327.00			217.00			422.55	228.10	47.00
						61.60	61.60	
-228.71						-140.22		-48.23
-59.50								
11.61			2.76			-0.14	3.87	-2.18
-48.12	**165.69**	**353.15**	**303.70**	**10.98**	**0.20**	**-22.58**	**-288.70**	**69.82**
						-2.54		
452.98	165.69							
-476.70			295.59	10.64	0.20			
						-20.04	-288.70	69.82
-24.40			13.27	0.34				
			-5.16					
		353.15						
2.65	**164.65**	**353.35**	**524.14**	**11.58**	**0.20**	**321.05**	**4.13**	**66.45**
						37.57		4.13
2.65	164.65		524.14	9.38	0.20	140.04	4.13	15.42
						9.81		5.28
						108.13		34.52
						8.00		7.10
		353.35		2.20		15.30		
		299.67		2.20		15.30		
		53.68						
						2.20		
-0.37	**1.04**	**-0.20**	**-0.68**	**-0.60**		**0.16**	**0.74**	**-0.04**

续表（安徽－1999)

		煤油 Kerosene 万吨 10^4tn	柴油 Diesel Oil 万吨 10^4tn
一. 可供本地区消费的能源量	**Total Primary Energy Supply**	**7.80**	**7.23**
1. 一次能源生产量	Indigenous Production		
2. 回收能	Recovery of Energy		
3. 外省(区. 市)调入量	Moving In from Other Provinces	7.55	96.90
4. 进 口 量	Import		
5. 我轮. 机在外国加油量	Chinese Airplanes & Ships in Refueling Abroad		
6. 本省(区. 市)调出量(-)	Sending Out to Other Provinces(-)	-0.05	-88.27
7. 出 口 量(-)	Export(-)		
8. 外轮. 机在我国加油量(-)	Foreign Airplanes & Ships in Refueling in China		
9. 库存增(-)、减(+)量	Stock Change	0.30	-1.40
二. 加工转换投入(-)产出(+)量	**Input(-) & Output(+) of Transformation**		**127.55**
1. 火力发电	Thermal Power		-2.38
2. 供 热	Heating Supply		
3. 洗 选 煤	Coal Washing		
4. 炼 焦	Coking		
5. 炼 油	Petroleum Refineries		129.93
6. 制 气	Gas Works		
# 焦炭再投入量(-)	Coke Input(-)		
7. 煤制品加工	Briquettes		
三. 损 失 量	**Loss**		
四. 终端消费量	**Total Final Consumption**	**7.80**	**135.28**
1. 农. 林. 牧. 渔业	Farming, Forestry, Animal Husbandry, Fishery & Water Conservancy		33.44
2. 工 业	Industry	0.48	27.92
# 用作原料. 材料	Non-Energy Use		
3. 建 筑 业	Construction		4.53
4. 交通运输. 仓储及邮电通迅业	Transportation, Storage, Postal & Telecommunications Services	7.32	66.29
5. 批发和零售贸易业. 餐饮业	Wholesale, Retail Trade and Catering Service		0.90
6. 生活消费	Residential Consumption		
城镇	Urban		
乡村	Rural		
7. 其他	Other		2.20
五. 平衡差额	**Statistical Difference**		**-0.50**

Continued (Anhui-1999)

燃料油 Fuel Oil 万吨 10^4tn	液化石油气 PLG 万吨 10^4tn	炼厂干气 Refinery Gas 万吨 10^4tn	天然气 Natural Gas 亿立方米 10^8 cu.m	其他石油制品 Other Petroleum Products 万吨 10^4tn	其他焦化产品 Other Coking Products 万吨 10^4 tn	热力 Heat 万百万千焦 10^{10} kj	电力 Electricity 亿千瓦小时 10^8kwh	其他能源 Other Energy 万吨标煤 10^4tce
38.60							**3.98**	
							10.71	
43.00							50.84	
-3.67							-57.57	
-0.73								
13.44	**18.42**	**13.92**		**22.97**	**0.19**	**1524.54**	**305.66**	**1.24**
-0.16						864.23	305.66	
						660.31		
					0.19			1.10
13.60	18.42	13.92		22.97				0.14
52.21	**18.63**	**13.58**		**22.97**	**0.19**	**1525.23**	**312.96**	**1.24**
							21.47	
52.21	3.33	13.58		22.97	0.19	1275.23	220.44	1.24
							3.59	
							3.79	
							5.09	
	15.30					250.00	47.16	
	15.30					250.00	26.57	
							20.59	
							11.42	
-0.17	**-0.21**	**0.34**				**-0.69**	**-3.32**	

6-13 福建能源平衡表(实物量)-1997

		煤合计 Coal Total 万吨 10^4 tn	原煤 Raw Coal 万吨 10^4 tn
一. 可供本地区消费的能源量	**Total Primary Energy Supply**	**1706.65**	**1639.00**
1. 一次能源生产量	Indigenous Production	776.04	776.04
2. 回收能	Recovery of Energy		
3. 外省(区. 市)调入量	Moving In from Other Provinces	954.90	890.20
4. 进 口 量	Import		
5. 我轮. 机在外国加油量	Chinese Airplanes & Ships in Refueling Abroad		
6. 本省(区. 市)调出量(-)	Sending Out to Other Provinces(-)	-102.00	-102.00
7. 出 口 量(-)	Export(-)		
8. 外轮. 机在我国加油量(-)	Foreign Airplanes & Ships in Refueling in China		
9. 库存增(-)、减(+)量	Stock Change	77.71	74.76
二. 加工转换投入(-)产出(+)量	**Input(-) & Output(+) of Transformation**	**-629.74**	**-568.62**
1. 火力发电	Thermal Power	-528.42	-528.42
2. 供　　热	Heating Supply	-40.20	-40.20
3. 洗 选 煤	Coal Washing		
4. 炼　　焦	Coking	-61.12	
5. 炼　　油	Petroleum Refineries		
6. 制　　气	Gas Works		
# 焦炭再投入量(-)	Coke Input(-)		
7. 煤制品加工	Briquettes		
三. 损 失 量	**Loss**		
四. 终端消费量	**Total Final Consumption**	**1077.77**	**1071.21**
1. 农. 林. 牧. 渔业	Farming, Forestry, Animal Husbandry, Fishery & Water Conservancy	1.00	1.00
2. 工　　业	Industry	897.56	891.00
# 用作原料. 材料	Non-Energy Use	65.00	65.00
3. 建 筑 业	Construction	4.91	4.91
4. 交通运输. 仓储及邮电通迅业	Transportation, Storage, Postal &	5.80	5.80
5. 批发和零售贸易业. 餐饮业	Telecommunications Services Wholesale, Retail Trade and Catering Service	3.50	3.50
6. 生活消费	Residential Consumption	165.00	165.00
城镇	Urban	104.00	104.00
乡村	Rural	61.00	61.00
7. 其他	Other		
五. 平衡差额	**Statistical Difference**	**-0.86**	**-0.83**

ENERGY BALANCE OF FUJIAN -1997 (PHYSICAL QUANTITY)

洗精煤 Cleaned Coal 万吨 10^4 tn	其他洗煤 Other Washed Coal 万吨 10^4 tn	型煤 Briquettes 万吨 10^4 tn	焦炭 Coke 万吨 10^4 tn	焦炉煤气 Coke Oven Gas 亿立方米 10^8 cu.m	其他煤气 Other Gas 亿立方米 10^8 cu.m	油品合计 Petroleum Products Total 万吨 10^4 tn	原油 Crude Oil 万吨 10^4 tn	汽油 Gasoline 万吨 10^4 tn
67.65			**37.45**			**383.21**	**279.05**	**16.36**
						17.10		
64.70			35.41			459.94	285.01	49.00
						-82.82		-32.00
2.95			2.04			-11.01	-5.96	-0.64
-61.12			**43.35**	**0.65**	**0.13**	**-30.69**	**-285.01**	**63.71**
						-13.56		
						-0.13		
-61.12			43.35	0.65				
						-15.70	-285.01	63.71
					0.13	-1.30		
6.56			**80.80**	**0.65**	**0.13**	**360.16**		**80.55**
						26.95		1.65
6.56			80.80	0.65		102.96		6.90
						3.01		0.93
						109.67		23.07
						10.07		6.94
					0.13	31.44		
					0.13	25.81		
						5.63		
						76.06		41.06
-0.03						**-7.64**	**-5.96**	**-0.48**

续表（福建－1997）

		煤油 Kerosene 万吨 10^4tn	柴油 Diesel Oil 万吨 10^4tn
一．可供本地区消费的能源量	**Total Primary Energy Supply**	**0.53**	**52.32**
1.一次能源生产量	Indigenous Production		
2.回收能	Recovery of Energy		
3.外省(区．市)调入量	Moving In from Other Provinces	0.67	110.81
4.进 口 量	Import		
5.我轮．机在外国加油量	Chinese Airplanes & Ships in Refueling Abroad		
6.本省(区．市)调出量(−)	Sending Out to Other Provinces(-)		-50.82
7.出 口 量(−)	Export(-)		
8.外轮．机在我国加油量(−)	Foreign Airplanes & Ships in Refueling in China		
9.库存增(−)、减(+)量	Stock Change	-0.14	-7.67
二．加工转换投入(−)产出(+)量	**Input(-) & Output(+) of Transformation**	**4.61**	**121.40**
1.火力发电	Thermal Power		-1.31
2.供　　热	Heating Supply		-0.03
3.洗 选 煤	Coal Washing		
4.炼　　焦	Coking		
5.炼　　油	Petroleum Refineries	4.61	122.74
6.制　　气	Gas Works		
＃焦炭再投入量(−)	Coke Input(-)		
7.煤制品加工	Briquettes		
三．损 失 量	**Loss**		
四．终端消费量	**Total Final Consumption**	**5.14**	**173.62**
1.农．林．牧．渔业	Farming, Forestry, Animal Husbandry, Fishery & Water Conservancy	0.50	24.80
2.工　　业	Industry	0.60	22.01
＃用作原料．材料	Non-Energy Use		
3.建 筑 业	Construction		2.08
4.交通运输．仓储及邮电通迅业	Transportation, Storage, Postal &		86.60
5.批发和零售贸易业．餐饮业	Telecommunications Services Wholesale, Retail Trade and Catering Service		3.13
6.生活消费	Residential Consumption	4.04	
城镇	Urban	0.81	
乡村	Rural	3.23	
7.其他	Other		35.00
五．平衡差额	**Statistical Difference**		**0.10**

Continued (Fujian-1997)

燃料油 Fuel Oil 万吨 10^4tn	液化石油气 PLG 万吨 10^4tn	炼厂干气 Refinery Gas 万吨 10^4tn	天然气 Natural Gas 亿立方米 10^8 cu.m	其他石油制品 Other Petroleum Products 万吨 10^4tn	其他焦化产品 Other Coking Products 万吨 10^4 tn	热力 Heat 万百万千焦 10^{10} kj	电力 Electricity 亿千瓦小时 10^8kwh	其他能源 Other Energy 万吨标煤 10^4tce
17.85	**17.10**				**0.17**		**194.13**	**0.12**
	17.10						194.13	
14.45								
3.40								
1.35	**9.00**	**21.25**		**33.00**	**3.03**	**687.60**	**116.05**	**0.20**
-12.25							116.05	
-0.10						687.60		
					3.03			
13.70	10.30	21.25		33.00				0.20
	-1.30							
							20.60	
19.20	**27.40**	**21.25**		**33.00**	**3.03**	**687.60**	**289.59**	
							22.34	
19.20		21.25		33.00	3.03	687.60	179.45	
							7.70	
							8.49	
							8.02	
	27.40						49.21	
	25.00						29.05	
	2.40						20.16	
							14.38	
	-1.30				**0.17**		**-0.01**	**0.32**

6-13 福建能源平衡表(实物量)-1998

		煤合计 Coal Total 万吨 10^4 tn	原煤 Raw Coal 万吨 10^4 tn
一.可供本地区消费的能源量	**Total Primary Energy Supply**	**1787.05**	**1718.95**
1.一次能源生产量	Indigenous Production	727.00	727.00
2.回收能	Recovery of Energy		
3.外省(区.市)调入量	Moving In from Other Provinces	1154.62	1085.00
4.进 口 量	Import		
5.我轮.机在外国加油量	Chinese Airplanes & Ships in Refueling Abroad		
6.本省(区.市)调出量(-)	Sending Out to Other Provinces(-)	-104.00	-104.00
7.出 口 量(-)	Export(-)		
8.外轮.机在我国加油量(-)	Foreign Airplanes & Ships in Refueling in China		
9.库存增(-)、减(+)量	Stock Change	9.43	10.95
二.加工转换投入(-)产出(+)量	**Input(-) & Output(+) of Transformation**	**-713.30**	**-650.52**
1.火力发电	Thermal Power	-607.30	-607.30
2.供 热	Heating Supply	-43.22	-43.22
3.洗 选 煤	Coal Washing		
4.炼 焦	Coking	-62.78	
5.炼 油	Petroleum Refineries		
6.制 气	Gas Works		
# 焦炭再投入量(-)	Coke Input(-)		
7.煤制品加工	Briquettes		
三.损 失 量	**Loss**		
四.终端消费量	**Total Final Consumption**	**1076.20**	**1069.88**
1.农.林.牧.渔业	Farming, Forestry, Animal Husbandry, Fishery & Water Conservancy	0.95	0.95
2.工 业	Industry	903.42	897.10
# 用作原料.材料	Non-Energy Use	66.30	66.30
3.建 筑 业	Construction	4.70	4.70
4.交通运输.仓储及邮电通讯业	Transportation, Storage, Postal &	5.18	5.18
5.批发和零售贸易业.餐饮业	Telecommunications Services Wholesale, Retail Trade and Catering Service	0.80	0.80
6.生活消费	Residential Consumption		
城镇	Urban	161.15	161.15
乡村	Rural	100.00	100.00
7.其他	Other	61.15	61.15
五.平衡差额	**Statistical Difference**	**-2.45**	**-1.45**

ENERGY BALANCE OF FUJIAN -1998 (PHYSICAL QUANTITY)

洗精煤 Cleaned Coal 万吨 10^4 tn	其他洗煤 Other Washed Coal 万吨 10^4 tn	型煤 Briquettes 万吨 10^4 tn	焦炭 Coke 万吨 10^4 tn	焦炉煤气 Coke Oven Gas 亿立方米 10^8 cu.m	其他煤气 Other Gas 亿立方米 10^8 cu.m	油品合计 Petroleum Products Total 万吨 10^4 tn	原油 Crude Oil 万吨 10^4 tn	汽油 Gasoline 万吨 10^4 tn
68.10			**49.05**			**394.12**	**281.58**	**-15.25**
			50.67					
69.62						502.30	273.13	51.94
						-128.98		-66.36
-1.52			-1.62			20.80	8.45	-0.83
-62.78			**44.52**	**1.44**	**0.13**	**-35.15**	**-279.08**	**99.80**
						-22.50		
-62.78			44.52	1.44				
						-11.28	-279.08	99.80
					0.13	-1.37		
6.32			**93.57**	**1.44**	**0.13**	**360.11**		**87.44**
						28.02		1.73
6.32			93.57	1.44		87.40		3.30
						3.18		0.98
						115.90		24.10
						10.67		7.35
						79.48		49.98
					0.13	35.46		
					0.13	28.03		
						7.43		
-1.00						**-1.14**	**2.50**	**-2.89**

续表（福建－1998）

		煤油 Kerosene 万吨 10^4tn	柴油 Diesel Oil 万吨 10^4tn
一．可供本地区消费的能源量	**Total Primary Energy Supply**	**1.31**	**66.77**
1．一次能源生产量	Indigenous Production		
2．回收能	Recovery of Energy		
3．外省(区．市)调入量	Moving In from Other Provinces	0.71	117.45
4．进 口 量	Import		
5．我轮．机在外国加油量	Chinese Airplanes & Ships in Refueling Abroad		
6．本省(区．市)调出量(－)	Sending Out to Other Provinces(-)		-62.62
7．出 口 量(－)	Export(-)		
8．外轮．机在我国加油量(－)	Foreign Airplanes & Ships in Refueling in China		
9．库存增(－)、减(+)量	Stock Change	0.60	11.94
二．加工转换投入(－)产出(+)量	**Input(-) & Output(+) of Transformation**	**5.44**	**117.26**
1．火力发电	Thermal Power		-0.28
2．供 热	Heating Supply		
3．洗 选 煤	Coal Washing		
4．炼 焦	Coking		
5．炼 油	Petroleum Refineries	5.44	117.54
6．制 气	Gas Works		
＃焦炭再投入量(－)	Coke Input(-)		
7．煤制品加工	Briquettes		
三．损 失 量	**Loss**		
四．终端消费量	**Total Final Consumption**	**6.75**	**184.06**
1．农．林．牧．渔业	Farming, Forestry, Animal Husbandry, Fishery & Water Conservancy		26.29
2．工 业	Industry	0.46	30.95
＃用作原料．材料	Non-Energy Use		
3．建 筑 业	Construction		2.20
4．交通运输．仓储及邮电通迅业	Transportation, Storage, Postal &		91.80
5．批发和零售贸易业．餐饮业	Telecommunications Services Wholesale, Retail Trade and Catering Service		3.32
6．生活消费	Residential Consumption		29.50
城镇	Urban	6.29	
乡村	Rural	1.26	
7．其他	Other	5.03	
五．平衡差额	**Statistical Difference**		**-0.03**

Continued (Fujian-1998)

燃料油 Fuel Oil 万吨 10^4tn	液化石油气 PLG 万吨 10^4tn	炼厂干气 Refinery Gas 万吨 10^4tn	天然气 Natural Gas 亿立方米 10^8 cu.m	其他石油制品 Other Petroleum Products 万吨 10^4tn	其他焦化产品 Other Coking Products 万吨 10^4 tn	热力 Heat 万百万千焦 10^{10} kj	电力 Electricity 亿千瓦小时 10^8kwh	其他能源 Other Energy 万吨标煤 10^4tce
38.35	**20.61**			**0.75**	**0.23**		**184.81**	
							184.81	
37.65	20.65			0.77				
0.70	-0.04			-0.02	0.23			
-14.34	**12.45**	**12.77**		**10.55**	**3.18**	**748.81**	**137.11**	
-22.22							137.11	
						748.81		
					3.18			
7.88	13.82	12.77		10.55				
	-1.37							
							23.16	
22.89	**34.15**	**12.77**		**12.05**	**3.61**	**748.81**	**298.76**	
							17.77	
22.89	4.98	12.77		12.05	3.61	748.81	181.53	
							7.70	
							9.61	
							9.85	
							15.79	
	29.17						56.51	
	26.77						37.39	
	2.40						19.12	
1.12	**-1.09**			**-0.75**	**-0.20**			

6-13 福建能源平衡表(实物量)-1999

		煤合计 Coal Total 万吨 10^4 tn	原煤 Raw Coal 万吨 10^4 tn
一.可供本地区消费的能源量	**Total Primary Energy Supply**	**1982.01**	**1912.50**
1.一次能源生产量	Indigenous Production	1370.00	1370.00
2.回收能	Recovery of Energy		
3.外省(区.市)调入量	Moving In from Other Provinces	706.70	638.70
4.进 口 量	Import		
5.我轮.机在外国加油量	Chinese Airplanes & Ships in Refueling Abroad		
6.本省(区.市)调出量(-)	Sending Out to Other Provinces(-)	-195.20	-195.20
7.出 口 量(-)	Export(-)		
8.外轮.机在我国加油量(-)	Foreign Airplanes & Ships in Refueling in China		
9.库存增(-)、减(+)量	Stock Change	100.51	99.00
二.加工转换投入(-)产出(+)量	**Input(-) & Output(+) of Transformation**	**-904.24**	**-842.20**
1.火力发电	Thermal Power	-774.70	-774.70
2.供 热	Heating Supply	-65.70	-65.70
3.洗 选 煤	Coal Washing		
4.炼 焦	Coking	-63.84	-1.80
5.炼 油	Petroleum Refineries		
6.制 气	Gas Works		
# 焦炭再投入量(-)	Coke Input(-)		
7.煤制品加工	Briquettes		
三.损 失 量	**Loss**		
四.终端消费量	**Total Final Consumption**	**1083.00**	**1077.00**
1.农.林.牧.渔业	Farming, Forestry, Animal Husbandry, Fishery & Water Conservancy	1.00	1.00
2.工 业	Industry	907.00	901.00
# 用作原料.材料	Non-Energy Use		
3.建 筑 业	Construction	10.30	10.30
4.交通运输.仓储及邮电通迅业	Transportation, Storage, Postal &	3.30	3.30
5.批发和零售贸易业.餐饮业	Telecommunications Services Wholesale, Retail Trade and Catering Service	7.00	7.00
6.生活消费	Residential Consumption	160.00	160.00
城镇	Urban	102.00	102.00
乡村	Rural	58.00	58.00
7.其他	Other		
五.平衡差额	**Statistical Difference**	**-5.23**	**-6.70**

ENERGY BALANCE OF FUJIAN -1999 (PHYSICAL QUANTITY)

洗精煤 Cleaned Coal 万吨 10^4 tn	其他洗煤 Other Washed Coal 万吨 10^4 tn	型煤 Briquettes 万吨 10^4 tn	焦炭 Coke 万吨 10^4 tn	焦炉煤气 Coke Oven Gas 亿立方米 10^8 cu.m	其他煤气 Other Gas 亿立方米 10^8 cu.m	油品合计 Petroleum Products Total 万吨 10^4 tn	原油 Crude Oil 万吨 10^4 tn	汽油 Gasoline 万吨 10^4 tn
69.51			**62.85**			**436.11**	**293.26**	**3.43**
68.00			62.90			507.69	303.30	39.00
						-58.30		-34.70
1.51			-0.05			-13.28	-10.04	-0.87
-62.04			**45.00**	**1.47**	**0.15**	**-40.56**	**-291.33**	**86.69**
						-25.45		
						-0.10		
-62.04			45.00	1.47				
						-13.51	-291.33	86.69
					0.15	-1.50		
6.00			**107.90**	**1.47**	**0.15**	**396.54**		**92.35**
						29.74		1.84
6.00			107.90	1.47		108.83		3.21
						218.60		86.30
						123.00		25.50
						11.30		7.80
					0.15	36.07		
					0.15	28.31		
						7.76		
						84.30		53.00
1.47			**-0.05**			**-0.99**	**1.93**	**-2.23**

续表（福建－1999）

		煤油 Kerosene 万吨 10^4tn	柴油 Diesel Oil 万吨 10^4tn
一．可供本地区消费的能源量	**Total Primary Energy Supply**	**0.04**	**59.72**
1．一次能源生产量	Indigenous Production		
2．回收能	Recovery of Energy		
3．外省(区．市)调入量	Moving In from Other Provinces	0.60	86.90
4．进 口 量	Import		
5．我轮．机在外国加油量	Chinese Airplanes & Ships in Refueling Abroad		
6．本省(区．市)调出量(－)	Sending Out to Other Provinces(-)		-23.60
7．出 口 量(－)	Export(-)		
8．外轮．机在我国加油量(－)	Foreign Airplanes & Ships in Refueling in China		
9．库存增(－)、减(+)量	Stock Change	-0.56	-3.58
二．加工转换投入(－)产出(+)量	**Input(-) & Output(+) of Transformation**	**7.36**	**135.21**
1．火力发电	Thermal Power		-3.40
2．供 热	Heating Supply		
3．洗 选 煤	Coal Washing		
4．炼 焦	Coking		
5．炼 油	Petroleum Refineries	7.36	138.61
6．制 气	Gas Works		
# 焦炭再投入量(－)	Coke Input(-)		
7．煤制品加工	Briquettes		
三．损 失 量	**Loss**		
四．终端消费量	**Total Final Consumption**	**7.43**	**195.36**
1．农．林．牧．渔业	Farming, Forestry, Animal Husbandry, Fishery & Water Conservancy		27.90
2．工 业	Industry	0.73	32.86
# 用作原料．材料	Non-Energy Use		
3．建 筑 业	Construction		132.30
4．交通运输．仓储及邮电通迅业	Transportation, Storage, Postal &		97.50
5．批发和零售贸易业．餐饮业	Telecommunications Services Wholesale, Retail Trade and Catering Service		3.50
6．生活消费	Residential Consumption	6.70	
城镇	Urban	1.34	
乡村	Rural	5.36	
7．其他	Other		31.30
五．平衡差额	**Statistical Difference**	**-0.03**	**-0.43**

Continued (Fujian-1999)

燃料油 Fuel Oil 万吨 10^4tn	液化石油气 PLG 万吨 10^4tn	炼厂干气 Refinery Gas 万吨 10^4tn	天然气 Natural Gas 亿立方米 10^8 cu.m	其他石油制品 Other Petroleum Products 万吨 10^4tn	其他焦化产品 Other Coking Products 万吨 10^4 tn	热力 Heat 万百万千焦 10^{10} kj	电力 Electricity 亿千瓦小时 10^8kwh	其他能源 Other Energy 万吨标煤 10^4tce
45.37	**21.14**			**13.15**	**-0.32**		**183.08**	
							185.28	
43.76	21.00			13.13				
							-2.20	
1.61	0.14			0.02	-0.32			
-16.57	**13.48**	**13.41**		**11.19**	**3.20**	**1182.15**	**172.17**	
-22.05							172.17	
-0.10						1182.15		
					3.20			
5.58	14.98	13.41		11.19				
	-1.50							
							29.12	
28.80	**34.87**	**13.41**		**24.32**	**3.20**	**1182.15**	**326.14**	
							14.91	
28.80	5.50	13.41		24.32	3.20	1182.15	209.65	
							33.02	
							8.20	
							9.77	
	29.37						63.36	
	26.97						39.90	
	2.40						23.46	
							15.05	
	-0.25			**0.02**	**-0.32**		**-0.01**	

6-14 江西能源平衡表(实物量)-1997

		煤合计 Coal Total 万吨 10^4 tn	原煤 Raw Coal 万吨 10^4 tn
一．可供本地区消费的能源量	**Total Primary Energy Supply**	**2644.49**	**2528.52**
1．一次能源生产量	Indigenous Production	2064.42	2064.42
2．回收能	Recovery of Energy		
3．外省(区．市)调入量	Moving In from Other Provinces	688.14	507.94
4．进 口 量	Import		
5．我轮．机在外国加油量	Chinese Airplanes & Ships in Refueling Abroad		
6．本省(区．市)调出量(-)	Sending Out to Other Provinces(-)	-186.93	-145.73
7．出 口 量(-)	Export(-)		
8．外轮．机在我国加油量(-)	Foreign Airplanes & Ships in Refueling in China		
9．库存增(-)、减(+)量	Stock Change	78.86	101.89
二．加工转换投入(-)产出(+)量	**Input(-) & Output(+) of Transformation**	**-1056.26**	**-1143.47**
1．火力发电	Thermal Power	-747.50	-737.34
2．供 热	Heating Supply	-14.99	-14.99
3．洗 选 煤	Coal Washing	-70.82	-353.69
4．炼 焦	Coking	-157.37	-0.03
5．炼 油	Petroleum Refineries		
6．制 气	Gas Works	-73.32	-6.45
# 焦炭再投入量(-)	Coke Input(-)		
7．煤制品加工	Briquettes	7.74	-30.97
三．损 失 量	**Loss**		
四．终端消费量	**Total Final Consumption**	**1515.64**	**1312.46**
1．农．林．牧．渔业	Farming, Forestry, Animal Husbandry, Fishery & Water Conservancy	28.79	28.79
2．工 业	Industry	1161.45	996.94
# 用作原料．材料	Non-Energy Use		
3．建 筑 业	Construction	3.04	3.04
4．交通运输．仓储及邮电通迅业	Transportation, Storage, Postal &	23.19	23.19
5．批发和零售贸易业．餐饮业	Telecommunications Services Wholesale, Retail Trade and Catering Service	9.20	9.20
6．生活消费	Residential Consumption	289.97	251.30
城镇	Urban	233.64	208.12
乡村	Rural	56.33	43.18
7．其他	Other		
五．平衡差额	**Statistical Difference**	**72.59**	**72.59**

ENERGY BALANCE OF JIANGXI -1997 (PHYSICAL QUANTITY)

洗精煤 Cleaned Coal 万吨 10^4 tn	其他洗煤 Other Washed Coal 万吨 10^4 tn	型煤 Briquettes 万吨 10^4 tn	焦炭 Coke 万吨 10^4 tn	焦炉煤气 Coke Oven Gas 亿立方米 10^8 cu.m	其他煤气 Other Gas 亿立方米 10^8 cu.m	油品合计 Petroleum Products Total 万吨 10^4 tn	原油 Crude Oil 万吨 10^4 tn	汽油 Gasoline 万吨 10^4 tn
134.09	**-9.06**		**14.33**			**193.66**	**249.47**	**-15.05**
180.20			37.91			239.89	192.87	14.30
						58.07	58.07	
-41.20			-19.42			-109.66		-37.90
-4.91	-9.06		-4.16			5.36	-1.47	8.55
-79.50	**64.00**	**38.71**	**165.41**	**7.45**	**9.38**	**-19.23**	**-246.51**	**56.15**
	-5.08					-6.60		
						-6.53		
144.71	69.08							
-157.34			114.13	5.68	9.21			
						-6.10	-246.51	56.15
-66.87			51.28	1.77	0.17			
		38.71						
						3.15	**2.96**	
54.59	**54.94**	**38.71**	**179.74**	**7.45**	**9.23**	**171.28**		**41.10**
			0.19			20.67		3.52
54.59	54.94	0.04	179.32	1.50	9.23	86.77		11.05
						0.99		0.29
			0.23			41.62		16.65
						0.95		0.30
		38.67		5.95		13.49		3.60
		25.52		5.95		11.96		2.80
		13.15				1.53		0.80
						6.79		5.69
					0.15			

续表（江西−1997）

		煤油 Kerosene 万吨 10^4tn	柴油 Diesel Oil 万吨 10^4tn
一．可供本地区消费的能源量	**Total Primary Energy Supply**	**-0.63**	**-26.80**
1．一次能源生产量	Indigenous Production		
2．回收能	Recovery of Energy		
3．外省(区．市)调入量	Moving In from Other Provinces	0.48	31.69
4．进　口　量	Import		
5．我轮．机在外国加油量	Chinese Airplanes & Ships in Refueling Abroad		
6．本省(区．市)调出量(−)	Sending Out to Other Provinces(-)	-0.80	-57.57
7．出　口　量(−)	Export(-)		
8．外轮．机在我国加油量(−)	Foreign Airplanes & Ships in Refueling in China		
9．库存增(−)、减(+)量	Stock Change	-0.31	-0.92
二．加工转换投入(−)产出(+)量	**Input(-) & Output(+) of Transformation**	**3.18**	**88.30**
1．火力发电	Thermal Power		-1.10
2．供　　热	Heating Supply		
3．洗 选 煤	Coal Washing		
4．炼　　焦	Coking		
5．炼　　油	Petroleum Refineries	3.18	89.40
6．制　　气	Gas Works		
＃焦炭再投入量(−)	Coke Input(-)		
7．煤制品加工	Briquettes		
三．损 失 量	**Loss**		
四．终端消费量	**Total Final Consumption**	**2.55**	**61.50**
1．农．林．牧．渔业	Farming, Forestry, Animal Husbandry, Fishery & Water Conservancy	0.11	17.04
2．工　　业	Industry	0.32	18.48
＃用作原料．材料	Non-Energy Use		
3．建 筑 业	Construction	0.01	0.66
4．交通运输．仓储及邮电通迅业	Transportation, Storage, Postal & Telecommunications Services	1.38	23.57
5．批发和零售贸易业．餐饮业	Wholesale, Retail Trade and Catering Service		0.65
6．生活消费	Residential Consumption	0.73	
城镇	Urban		
乡村	Rural	0.73	
7．其他	Other		1.10
五．平衡差额	**Statistical Difference**		

Continued (Jiangxi-1997)

燃料油 Fuel Oil 万吨 10^4tn	液化石油气 PLG 万吨 10^4tn	炼厂干气 Refinery Gas 万吨 10^4tn	天然气 Natural Gas 亿立方米 10^8 cu.m	其他石油制品 Other Petroleum Products 万吨 10^4tn	其他焦化产品 Other Coking Products 万吨 10^4 tn	热力 Heat 万百万千焦 10^{10} kj	电力 Electricity 亿千瓦小时 10^8kwh	其他能源 Other Energy 万吨标煤 10^4tce
-13.92	**-0.15**			**0.74**			**66.78**	
							60.52	
				0.55			6.50	
-13.39							-0.24	
-0.53	-0.15			0.19				
42.54	**9.61**	**3.28**		**24.22**	**10.77**	**463.43**	**119.30**	
-4.62		-0.88					119.30	
-4.96		-1.57				463.43		
					8.06			
52.12	9.61	5.73		24.22				
					2.71			
0.19							**13.59**	
28.43	**9.46**	**3.28**		**24.96**	**10.77**	**463.43**	**172.49**	
							19.43	
28.38	0.30	3.28		24.96	10.77	463.43	124.13	
0.03							1.14	
0.02							2.83	
							2.01	
	9.16						17.57	
	9.16						11.77	
							5.80	
							5.38	

6-14 江西能源平衡表(实物量)-1998

		煤合计 Coal Total 万吨 10^4 tn	原煤 Raw Coal 万吨 10^4 tn
一.可供本地区消费的能源量	**Total Primary Energy Supply**	**2321.19**	**2216.62**
1.一次能源生产量	Indigenous Production	2107.46	2107.46
2.回收能	Recovery of Energy		
3.外省(区.市)调入量	Moving In from Other Provinces	688.61	509.51
4.进 口 量	Import		
5.我轮.机在外国加油量	Chinese Airplanes & Ships in Refueling Abroad		
6.本省(区.市)调出量(-)	Sending Out to Other Provinces(-)	-302.10	-257.02
7.出 口 量(-)	Export(-)		
8.外轮.机在我国加油量(-)	Foreign Airplanes & Ships in Refueling in China		
9.库存增(-)、减(+)量	Stock Change	-172.78	-143.33
二.加工转换投入(-)产出(+)量	**Input(-) & Output(+) of Transformation**	**-1084.43**	**-1038.40**
1.火力发电	Thermal Power	-695.74	-692.67
2.供 热	Heating Supply	-40.95	-37.85
3.洗 选 煤	Coal Washing	-111.92	-272.00
4.炼 焦	Coking	-175.20	
5.炼 油	Petroleum Refineries		
6.制 气	Gas Works	-67.72	-0.40
# 焦炭再投入量(-)	Coke Input(-)		
7.煤制品加工	Briquettes	7.10	-35.48
三.损 失 量	**Loss**		
四.终端消费量	**Total Final Consumption**	**1323.30**	**1178.22**
1.农.林.牧.渔业	Farming, Forestry, Animal Husbandry, Fishery & Water Conservancy	40.41	40.41
2.工 业	Industry	1063.18	960.68
# 用作原料.材料	Non-Energy Use		
3.建 筑 业	Construction		
4.交通运输.仓储及邮电通迅业	Transportation, Storage, Postal &	12.36	12.36
5.批发和零售贸易业.餐饮业	Telecommunications Services Wholesale, Retail Trade and Catering Service	9.20	9.20
6.生活消费	Residential Consumption	198.15	155.57
城镇	Urban	104.40	76.33
乡村	Rural	93.75	79.24
7.其他	Other		
五.平衡差额	**Statistical Difference**	**-86.54**	

ENERGY BALANCE OF JIANGXI -1998 (PHYSICAL QUANTITY)

洗精煤 Cleaned Coal 万吨 10^4 tn	其他洗煤 Other Washed Coal 万吨 10^4 tn	型煤 Briquettes 万吨 10^4 tn	焦炭 Coke 万吨 10^4 tn	焦炉煤气 Coke Oven Gas 亿立方米 10^8 cu.m	其他煤气 Other Gas 亿立方米 10^8 cu.m	油品合计 Petroleum Products Total 万吨 10^4 tn	原油 Crude Oil 万吨 10^4 tn	汽油 Gasoline 万吨 10^4 tn
95.52	**9.05**		**46.82**			**229.10**	**251.56**	**-7.99**
179.10			50.00			293.35	225.49	25.36
						24.99	24.99	
-45.08						-95.62		-31.45
-38.50	9.05		-3.18			6.38	1.08	-1.90
-138.79	**50.18**	**42.58**	**150.19**	**6.66**	**11.27**	**-17.08**	**-248.29**	**54.18**
-3.07						-7.41		
-3.02	-0.08					-5.87		
109.82	50.26							
-175.20			102.78	4.95	11.27			
						-3.80	-248.29	54.18
-67.32			47.41	1.71				
		42.58						
						3.27	**3.27**	
43.27	**59.23**	**42.58**	**197.01**	**6.66**	**11.27**	**210.31**		**46.19**
						23.62		2.69
43.27	59.23		196.91			80.40		5.39
			0.10			83.13		34.41
						0.70		
		42.58		6.66	11.27	21.86		3.70
		28.07		6.66	11.27	20.75		2.85
		14.51				1.11		0.85
						0.60		
-86.54						**-1.56**		

续表（江西－1998）

		煤油 Kerosene 万吨 10^4tn	柴油 Diesel Oil 万吨 10^4tn
一．可供本地区消费的能源量	**Total Primary Energy Supply**	**-1.71**	**-10.44**
1．一次能源生产量	Indigenous Production		
2．回收能	Recovery of Energy		
3．外省(区．市)调入量	Moving In from Other Provinces	1.06	33.75
4．进口量	Import		
5．我轮．机在外国加油量	Chinese Airplanes & Ships in Refueling Abroad		
6．本省(区．市)调出量(−)	Sending Out to Other Provinces(-)	-3.05	-49.79
7．出口量(−)	Export(-)		
8．外轮．机在我国加油量(−)	Foreign Airplanes & Ships in Refueling in China		
9．库存增(−)、减(+)量	Stock Change	0.28	5.60
二．加工转换投入(−)产出(+)量	**Input(-) & Output(+) of Transformation**	**4.08**	**93.41**
1．火力发电	Thermal Power		
2．供热	Heating Supply		-0.01
3．洗选煤	Coal Washing		
4．炼焦	Coking		
5．炼油	Petroleum Refineries	4.08	93.42
6．制气	Gas Works		
# 焦炭再投入量(−)	Coke Input(-)		
7．煤制品加工	Briquettes		
三．损失量	**Loss**		
四．终端消费量	**Total Final Consumption**	**2.37**	**84.53**
1．农．林．牧．渔业	Farming, Forestry, Animal Husbandry, Fishery & Water Conservancy	0.26	20.67
2．工业	Industry	0.45	15.24
# 用作原料．材料	Non-Energy Use		
3．建筑业	Construction		
4．交通运输．仓储及邮电通迅业	Transportation, Storage, Postal &	1.40	47.32
5．批发和零售贸易业．餐饮业	Telecommunications Services Wholesale, Retail Trade and Catering Service		0.70
6．生活消费	Residential Consumption	0.26	
城镇	Urban		
乡村	Rural	0.26	
7．其他	Other		0.60
五．平衡差额	**Statistical Difference**		**-1.56**

Continued (Jiangxi-1998)

燃料油 Fuel Oil 万吨 10^4tn	液化石油气 PLG 万吨 10^4tn	炼厂干气 Refinery Gas 万吨 10^4tn	天然气 Natural Gas 亿立方米 10^8 cu.m	其他石油制品 Other Petroleum Products 万吨 10^4tn	其他焦化产品 Other Coking Products 万吨 10^4 tn	热力 Heat 万百万千焦 10^{10} kj	电力 Electricity 亿千瓦小时 10^8kwh	其他能源 Other Energy 万吨标煤 10^4tce
-7.85	**7.69**	**-2.16**					**66.96**	
							60.40	
	7.69						6.69	
-9.17		-2.16					-0.13	
1.32								
34.79	**10.21**	**7.56**		**26.98**	**8.61**	**312.60**	**121.04**	**-7.92**
-5.62		-1.79					121.04	-7.92
-4.03	-1.83					312.60		
					6.11			
44.44	12.04	9.35		26.98				
					2.50			
							12.56	
26.94	**17.90**	**5.40**		**26.98**	**8.61**	**312.60**	**175.44**	
							21.45	
26.94		5.40		26.98	8.61	312.60	121.73	
							0.91	
							3.10	
							2.37	
	17.90						19.14	
	17.90						13.17	
							5.97	
							6.74	
								-7.92

6-14 江西能源平衡表(实物量)-1999

		煤合计 Coal Total 万吨 10^4 tn	原煤 Raw Coal 万吨 10^4 tn
一.可供本地区消费的能源量	**Total Primary Energy Supply**	**2106.18**	**1931.08**
1.一次能源生产量	Indigenous Production	1730.73	1730.73
2.回收能	Recovery of Energy		
3.外省(区.市)调入量	Moving In from Other Provinces	527.85	374.12
4.进 口 量	Import		
5.我轮.机在外国加油量	Chinese Airplanes & Ships in Refueling Abroad		
6.本省(区.市)调出量(-)	Sending Out to Other Provinces(-)	-100.52	-100.52
7.出 口 量(-)	Export(-)		
8.外轮.机在我国加油量(-)	Foreign Airplanes & Ships in Refueling in China		
9.库存增(-)、减(+)量	Stock Change	-51.88	-73.25
二.加工转换投入(-)产出(+)量	**Input(-) & Output(+) of Transformation**	**-1229.55**	**-1182.42**
1.火力发电	Thermal Power	-708.74	-708.48
2.供 热	Heating Supply	-22.05	-22.05
3.洗 选 煤	Coal Washing	-209.98	-412.78
4.炼 焦	Coking	-217.46	
5.炼 油	Petroleum Refineries		
6.制 气	Gas Works	-73.99	-0.50
# 焦炭再投入量(-)	Coke Input(-)		
7.煤制品加工	Briquettes	2.67	-38.61
三.损 失 量	**Loss**		
四.终端消费量	**Total Final Consumption**	**1205.89**	**1077.92**
1.农.林.牧.渔业	Farming, Forestry, Animal Husbandry, Fishery & Water Conservancy	14.10	14.10
2.工 业	Industry	995.40	908.71
# 用作原料.材料	Non-Energy Use		
3.建 筑 业	Construction		
4.交通运输.仓储及邮电通迅业	Transportation, Storage, Postal &	10.36	10.36
5.批发和零售贸易业.餐饮业	Telecommunications Services Wholesale, Retail Trade and Catering Service	8.20	8.20
6.生活消费	Residential Consumption	177.83	136.55
城镇	Urban	98.95	72.38
乡村	Rural	78.88	64.17
7.其他	Other		
五.平衡差额	**Statistical Difference**	**-329.26**	**-329.26**

ENERGY BALANCE OF JIANGXI -1999 (PHYSICAL QUANTITY)

洗精煤 Cleaned Coal 万吨 10^4 tn	其他洗煤 Other Washed Coal 万吨 10^4 tn	型煤 Briquettes 万吨 10^4 tn	焦炭 Coke 万吨 10^4 tn	焦炉煤气 Coke Oven Gas 亿立方米 10^8 cu.m	其他煤气 Other Gas 亿立方米 10^8 cu.m	油品合计 Petroleum Products Total 万吨 10^4 tn	原油 Crude Oil 万吨 10^4 tn	汽油 Gasoline 万吨 10^4 tn
175.24	**-0.14**		**21.62**			**262.11**	**283.56**	**-16.84**
153.73			14.04			309.15	228.55	12.38
						47.99	47.99	
						-102.54		-32.88
21.51	-0.14		7.58			7.51	7.02	3.66
-136.64	**48.23**	**41.28**	**176.53**	**7.02**	**13.87**	**-53.96**	**-280.32**	**70.85**
-0.26						-10.07		
						-40.53		
154.57	48.23							
-217.46			125.67	5.27	13.69			
						-3.36	-280.32	70.85
-73.49			50.86	1.75	0.18			
		41.28						
						3.24	**3.24**	
38.60	**48.09**	**41.28**	**198.15**	**7.02**	**13.87**	**209.49**		**54.01**
						23.39		1.69
38.60	48.09		198.03	1.73	1.02	61.50		4.94
						1.56		1.56
			0.12			92.92		37.39
						2.43		1.45
		41.28		5.29	12.85	23.78		3.97
		26.57		5.29	12.85	21.61		3.01
		14.71				2.17		0.96
						3.91		3.01
						-4.58		

续表（江西－1999）

		煤油 Kerosene 万吨 10^4tn	柴油 Diesel Oil 万吨 10^4tn
一．可供本地区消费的能源量	**Total Primary Energy Supply**	**-1.58**	**-13.42**
1．一次能源生产量	Indigenous Production		
2．回收能	Recovery of Energy		
3．外省(区．市)调入量	Moving In from Other Provinces	0.92	38.62
4．进 口 量	Import		
5．我轮．机在外国加油量	Chinese Airplanes & Ships in Refueling Abroad		
6．本省(区．市)调出量(－)	Sending Out to Other Provinces(-)	-2.69	-51.38
7．出 口 量(－)	Export(-)		
8．外轮．机在我国加油量(－)	Foreign Airplanes & Ships in Refueling in China		
9．库存增(－)、减(+)量	Stock Change	0.19	-0.66
二．加工转换投入(－)产出(+)量	**Input(-) & Output(+) of Transformation**	**3.96**	**108.42**
1．火力发电	Thermal Power		-0.47
2．供 热	Heating Supply		
3．洗 选 煤	Coal Washing		
4．炼 焦	Coking		
5．炼 油	Petroleum Refineries	3.96	108.89
6．制 气	Gas Works		
# 焦炭再投入量(－)	Coke Input(-)		
7．煤制品加工	Briquettes		
三．损 失 量	**Loss**		
四．终端消费量	**Total Final Consumption**	**2.38**	**95.00**
1．农．林．牧．渔业	Farming, Forestry, Animal Husbandry, Fishery & Water Conservancy		21.70
2．工 业	Industry	0.31	17.75
# 用作原料．材料	Non-Energy Use		
3．建 筑 业	Construction		
4．交通运输．仓储及邮电通迅业	Transportation, Storage, Postal & Telecommunications Services	1.86	53.67
5．批发和零售贸易业．餐饮业	Wholesale, Retail Trade and Catering Service		0.98
6．生活消费	Residential Consumption	0.21	
城镇	Urban		
乡村	Rural	0.21	
7．其他	Other		0.90
五．平衡差额	**Statistical Difference**		

Continued (Jiangxi-1999)

燃料油 Fuel Oil 万吨 10^4tn	液化石油气 PLG 万吨 10^4tn	炼厂干气 Refinery Gas 万吨 10^4tn	天然气 Natural Gas 亿立方米 10^8 cu.m	其他石油制品 Other Petroleum Products 万吨 10^4tn	其他焦化产品 Other Coking Products 万吨 10^4 tn	热力 Heat 万百万千焦 10^{10} kj	电力 Electricity 亿千瓦小时 10^8kwh	其他能源 Other Energy 万吨标煤 10^4tce
-15.99	**-0.04**			**26.42**			**59.19**	
							53.08	
				28.68			6.27	
-13.69				-1.90			-0.16	
-2.30	-0.04			-0.36				
37.83	**16.14**			**-10.84**	**9.59**	**878.73**	**134.72**	
-4.79		-4.81					134.72	
-12.65		-4.20		-23.68		878.73		
					7.33			
55.27	16.14	9.01		12.84				
					2.26			
							13.05	
22.49	**20.03**			**15.58**	**9.59**	**878.73**	**180.86**	**20.90**
							22.01	
22.49	0.43			15.58	9.59	482.95	124.45	20.90
							0.93	
							3.32	
							2.59	
	19.60					395.78	20.39	
	18.60					395.78	13.92	
	1.00						6.47	
							7.17	
-0.65	**-3.93**							**-20.90**

6-15 山东能源平衡表(实物量)-1997

		煤合计 Coal Total 万吨 10^4 tn	原煤 Raw Coal 万吨 10^4 tn
一.可供本地区消费的能源量	**Total Primary Energy Supply**	**9672.60**	**10994.96**
1.一次能源生产量	Indigenous Production	9094.42	9094.42
2.回收能	Recovery of Energy		
3.外省(区.市)调入量	Moving In from Other Provinces	2775.81	2599.31
4.进 口 量	Import		
5.我轮.机在外国加油量	Chinese Airplanes & Ships in Refueling Abroad		
6.本省(区.市)调出量(-)	Sending Out to Other Provinces(-)	-1327.15	-369.78
7.出 口 量(-)	Export(-)	-551.04	-5.15
8.外轮.机在我国加油量(-)	Foreign Airplanes & Ships in Refueling in China		
9.库存增(-)、减(+)量	Stock Change	-319.44	-323.84
二.加工转换投入(-)产出(+)量	**Input(-) & Output(+) of Transformation**	**-6079.36**	**-7724.86**
1.火力发电	Thermal Power	-3683.25	-3527.69
2.供　热	Heating Supply	-804.20	-490.69
3.洗 选 煤	Coal Washing	-1066.58	-3637.08
4.炼　焦	Coking	-488.68	-59.36
5.炼　油	Petroleum Refineries		
6.制　气	Gas Works	-36.61	-8.78
#焦炭再投入量(-)	Coke Input(-)		
7.煤制品加工	Briquettes	-0.04	-1.26
三.损 失 量	**Loss**	**71.21**	**71.21**
四.终端消费量	**Total Final Consumption**	**3507.40**	**3197.88**
1.农.林.牧.渔业	Farming, Forestry, Animal Husbandry, Fishery & Water Conservancy	212.86	212.86
2.工　业	Industry	2864.46	2556.16
#用作原料.材料	Non-Energy Use	18.56	
3.建 筑 业	Construction	32.07	32.07
4.交通运输.仓储及邮电通迅业	Transportation, Storage, Postal &	76.28	76.28
5.批发和零售贸易业.餐饮业	Telecommunications Services Wholesale, Retail Trade and Catering Service	100.33	100.33
6.生活消费	Residential Consumption	170.44	170.44
城镇	Urban	118.75	118.75
乡村	Rural	51.69	51.69
7.其他	Other	50.96	49.74
五.平衡差额	**Statistical Difference**	**14.63**	**1.01**

ENERGY BALANCE OF SHANDONG -1997 (PHYSICAL QUANTITY)

洗精煤 Cleaned Coal 万吨 10^4 tn	其他洗煤 Other Washed Coal 万吨 10^4 tn	型煤 Briquettes 万吨 10^4 tn	焦炭 Coke 万吨 10^4 tn	焦炉煤气 Coke Oven Gas 亿立方米 10^8 cu.m	其他煤气 Other Gas 亿立方米 10^8 cu.m	油品合计 Petroleum Products Total 万吨 10^4 tn	原油 Crude Oil 万吨 10^4 tn	汽油 Gasoline 万吨 10^4 tn
-918.94	**-201.71**		**88.46**			**1397.56**	**1523.61**	**-35.05**
						2806.36	2801.35	
111.98	32.26		92.26			43.17	23.22	1.38
						2.94		
						20.57		
-510.29	-223.54		-20.92			-1288.78	-1112.65	-43.45
-545.89						-213.13	-212.57	
						-6.45		
25.26	-10.43		17.12			32.88	24.26	7.02
1099.10	**272.59**	**1.22**	**318.26**	**7.91**	**3.62**	**-401.41**	**-1462.24**	**252.08**
-100.60	-27.48			-0.08		-133.95	-41.85	-0.62
-114.55	-99.48					-72.34		-0.48
1771.40	399.55							
-429.32				7.23				
						-193.18	-1420.39	253.19
-27.83			12.17	0.76	3.62	-1.94		-0.01
			-0.82					
		1.22						
						10.61	**5.18**	
176.58	**65.86**	**1.22**	**403.24**	**7.91**	**3.62**	**994.66**	**61.15**	**220.54**
						101.60		9.28
176.58	65.86		401.75	7.91	3.62	521.06	58.16	62.57
11.32	3.62		291.82			66.91	2.45	6.26
			1.11			24.18	2.07	5.56
			0.19			90.03	0.58	19.82
			0.19			44.41	0.34	26.81
						48.62		
						21.18		
						27.44		
		1.22				164.76		96.50
3.58	**5.02**		**3.48**			**-9.12**	**-4.96**	**-3.51**

续表（山东-1997）

		煤油 Kerosene 万吨 10^4tn	柴油 Diesel Oil 万吨 10^4tn
一.可供本地区消费的能源量	**Total Primary Energy Supply**	**-3.06**	**-73.44**
1.一次能源生产量	Indigenous Production		
2.回收能	Recovery of Energy		
3.外省(区.市)调入量	Moving In from Other Provinces	0.05	8.08
4.进 口 量	Import		1.86
5.我轮.机在外国加油量	Chinese Airplanes & Ships in Refueling Abroad		3.31
6.本省(区.市)调出量(-)	Sending Out to Other Provinces(-)	-2.58	-89.26
7.出 口 量(-)	Export(-)		
8.外轮.机在我国加油量(-)	Foreign Airplanes & Ships in Refueling in China		-1.76
9.库存增(-)、减(+)量	Stock Change	-0.53	4.33
二.加工转换投入(-)产出(+)量	**Input(-) & Output(+) of Transformation**	**42.54**	**415.96**
1.火力发电	Thermal Power		-7.29
2.供 热	Heating Supply		-0.13
3.洗 选 煤	Coal Washing		
4.炼 焦	Coking		
5.炼 油	Petroleum Refineries	42.54	423.41
6.制 气	Gas Works		-0.03
#焦炭再投入量(-)	Coke Input(-)		
7.煤制品加工	Briquettes		
三.损 失 量	**Loss**		
四.终端消费量	**Total Final Consumption**	**37.18**	**341.64**
1.农.林.牧.渔业	Farming, Forestry, Animal Husbandry, Fishery & Water Conservancy		92.32
2.工 业	Industry	8.99	105.86
#用作原料.材料	Non-Energy Use		0.58
3.建 筑 业	Construction	0.67	10.80
4.交通运输.仓储及邮电通迅业	Transportation, Storage, Postal &		48.78
5.批发和零售贸易业.餐饮业	Telecommunications Services Wholesale, Retail Trade and Catering Service	1.26	15.62
6.生活消费	Residential Consumption	26.26	
城镇	Urban		
乡村	Rural	26.26	
7.其他	Other		68.26
五.平衡差额	**Statistical Difference**	**2.30**	**0.88**

Continued (Shandong-1997)

燃料油 Fuel Oil 万吨 10^4tn	液化石油气 PLG 万吨 10^4tn	炼厂干气 Refinery Gas 万吨 10^4tn	天然气 Natural Gas 亿立方米 10^8 cu.m	其他石油制品 Other Petroleum Products 万吨 10^4tn	其他焦化产品 Other Coking Products 万吨 10^4 tn	热力 Heat 万百万千焦 10^{10} kj	电力 Electricity 亿千瓦小时 10^8kwh	其他能源 Other Energy 万吨标煤 10^4tce
-11.31	**5.20**		**7.53**	**-8.39**	**3.25**		**2.46**	**46.13**
	5.01		10.02				0.56	
								46.13
9.49				0.95	4.66		2.01	
1.08								
16.94				0.32				
-32.89			-2.49	-7.95	-1.41		-0.11	
				-0.56				
-4.69								
-1.24	0.19			-1.15				
212.50	**49.91**	**45.49**	**-0.29**	**42.35**	**12.31**	**9977.08**	**853.39**	**-12.15**
-84.19			-0.29			1468.86	848.84	-12.15
-1.42				-70.31		8508.22	4.55	
					12.16			
299.73	50.19	45.49		112.66				
-1.62	-0.28				0.15			
5.43								
199.59	**55.11**	**45.49**	**7.24**	**33.96**	**15.56**	**9977.08**	**855.54**	**33.98**
							49.11	
176.85	29.18	45.49	2.58	33.96	15.56	9908.58	634.08	33.98
7.23	5.87	16.26	1.26	28.26	15.56			
1.51	3.57					18.08	6.72	
20.85							24.43	
0.38							14.99	
	22.36		4.66				100.27	
	21.18		4.66				46.18	
	1.18						54.09	
						50.42	25.94	
-3.83							**0.31**	

6-15 山东能源平衡表(实物量)-1998

		煤合计 Coal Total 万吨 10^4 tn	原煤 Raw Coal 万吨 10^4 tn
一．可供本地区消费的能源量	**Total Primary Energy Supply**	**9931.32**	**11027.08**
1．一次能源生产量	Indigenous Production	8976.86	8976.86
2．回收能	Recovery of Energy		
3．外省(区．市)调入量	Moving In from Other Provinces	2557.33	2386.21
4．进 口 量	Import		
5．我轮．机在外国加油量	Chinese Airplanes & Ships in Refueling Abroad		
6．本省(区．市)调出量(-)	Sending Out to Other Provinces(-)	-1200.98	-472.31
7．出 口 量(-)	Export(-)	-543.14	-6.28
8．外轮．机在我国加油量(-)	Foreign Airplanes & Ships in Refueling in China		
9．库存增(-)、减(+)量	Stock Change	141.25	142.60
二．加工转换投入(-)产出(+)量	**Input(-) & Output(+) of Transformation**	**-5086.31**	**-6408.33**
1．火力发电	Thermal Power	-3702.63	-3480.43
2．供　热	Heating Supply	-648.19	-512.93
3．洗 选 煤	Coal Washing	-338.53	-2359.29
4．炼　焦	Coking	-331.81	-35.15
5．炼　油	Petroleum Refineries		
6．制　气	Gas Works	-65.13	-20.05
＃焦炭再投入量(-)	Coke Input(-)		
7．煤制品加工	Briquettes	-0.02	-0.48
三．损 失 量	**Loss**	**86.23**	**86.23**
四．终端消费量	**Total Final Consumption**	**4749.37**	**4531.47**
1．农．林．牧．渔业	Farming, Forestry, Animal Husbandry, Fishery & Water Conservancy	386.69	386.69
2．工　业	Industry	3618.70	3401.26
＃用作原料．材料	Non-Energy Use	11.48	
3．建 筑 业	Construction	130.92	130.92
4．交通运输．仓储及邮电通迅业	Transportation, Storage, Postal & Telecommunications Services	108.26	108.26
5．批发和零售贸易业．餐饮业	Wholesale, Retail Trade and Catering Service	126.87	126.87
6．生活消费	Residential Consumption	315.16	315.16
城镇	Urban	249.17	249.17
乡村	Rural	65.99	65.99
7．其他	Other	62.77	62.31
五．平衡差额	**Statistical Difference**	**9.41**	**1.05**

ENERGY BALANCE OF SHANDONG -1998 (PHYSICAL QUANTITY)

洗精煤 Cleaned Coal 万吨 10^4 tn	其他洗煤 Other Washed Coal 万吨 10^4 tn	型煤 Briquettes 万吨 10^4 tn	焦炭 Coke 万吨 10^4 tn	焦炉煤气 Coke Oven Gas 亿立方米 10^8 cu.m	其他煤气 Other Gas 亿立方米 10^8 cu.m	油品合计 Petroleum Products Total 万吨 10^4 tn	原油 Crude Oil 万吨 10^4 tn	汽油 Gasoline 万吨 10^4 tn
-944.12	**-151.64**		**59.97**			**1315.64**	**1445.18**	**-44.58**
						2737.24	2731.01	
102.81	68.31		102.81			44.81	22.86	1.22
						2.64		
						21.80		
-498.31	-230.36		-30.81			-1287.80	-1106.11	-46.56
-536.86						-221.92	-221.66	
						-6.88		
-11.76	10.41		-12.03			25.75	19.08	0.76
1092.14	**229.42**	**0.46**	**250.58**	**7.23**	**0.64**	**-167.45**	**-1363.78**	**237.98**
-177.68	-44.52			-0.06		-106.01	-33.68	-0.61
-32.78	-102.48					-56.52		-0.36
1644.34	376.42							
-296.66			224.17	6.63				
						-4.75	-1330.10	238.95
-45.08			26.52	0.66	0.64	-0.17		
			-0.11					
		0.46						
						10.57	**4.32**	
146.12	**71.32**	**0.46**	**306.23**	**7.23**	**0.64**	**1146.96**	**80.89**	**197.56**
						85.48		8.62
146.12	71.32		304.90	7.23	0.64	725.49	77.82	50.32
8.62	2.86		186.86			258.09	2.31	5.81
			1.02			25.07	2.18	5.62
			0.15			74.70	0.66	18.62
			0.16			40.53	0.23	25.86
						52.05		
						18.82		
						33.23		
		0.46				143.64		88.52
1.90	**6.46**		**4.32**			**-9.34**	**-3.81**	**-4.16**

续表（山东-1998）

		煤油 Kerosene 万吨 10^4tn	柴油 Diesel Oil 万吨 10^4tn
一．可供本地区消费的能源量	**Total Primary Energy Supply**	**-2.46**	**-77.30**
1．一次能源生产量	Indigenous Production		
2．回收能	Recovery of Energy		
3．外省(区．市)调入量	Moving In from Other Provinces	0.06	9.62
4．进 口 量	Import		1.68
5．我轮．机在外国加油量	Chinese Airplanes & Ships in Refueling Abroad		3.28
6．本省(区．市)调出量(-)	Sending Out to Other Provinces(-)	-2.62	-92.83
7．出 口 量(-)	Export(-)		
8．外轮．机在我国加油量(-)	Foreign Airplanes & Ships in Refueling in China		-1.62
9．库存增(-)、减(+)量	Stock Change	0.10	2.57
二．加工转换投入(-)产出(+)量	**Input(-) & Output(+) of Transformation**	**59.83**	**368.45**
1．火力发电	Thermal Power		-4.57
2．供　热	Heating Supply		-0.11
3．洗 选 煤	Coal Washing		
4．炼　焦	Coking		
5．炼　油	Petroleum Refineries	59.83	373.13
6．制　气	Gas Works		
# 焦炭再投入量(-)	Coke Input(-)		
7．煤制品加工	Briquettes		
三．损 失 量	**Loss**		
四．终端消费量	**Total Final Consumption**	**52.28**	**293.88**
1．农．林．牧．渔业	Farming, Forestry, Animal Husbandry, Fishery & Water Conservancy		76.86
2．工　业	Industry	19.28	102.32
# 用作原料．材料	Non-Energy Use		0.65
3．建 筑 业	Construction	0.56	9.86
4．交通运输．仓储及邮电通迅业	Transportation, Storage, Postal & Telecommunications Services		36.86
5．批发和零售贸易业．餐饮业	Wholesale, Retail Trade and Catering Service	1.16	12.86
6．生活消费	Residential Consumption	31.28	
城镇	Urban		
乡村	Rural	31.28	
7．其他	Other		55.12
五．平衡差额	**Statistical Difference**	**5.09**	**-2.73**

Continued (Shandong-1998)

燃料油 Fuel Oil 万吨 10^4tn	液化石油气 PLG 万吨 10^4tn	炼厂干气 Refinery Gas 万吨 10^4tn	天然气 Natural Gas 亿立方米 10^8 cu.m	其他石油制品 Other Petroleum Products 万吨 10^4tn	其他焦化产品 Other Coking Products 万吨 10^4 tn	热力 Heat 万百万千焦 10^{10} kj	电力 Electricity 亿千瓦小时 10^8kwh	其他能源 Other Energy 万吨标煤 10^4tce
-7.37	**6.11**		**6.56**	**-3.94**	**2.65**		**2.62**	**42.81**
	6.23		9.18				0.62	
								42.81
10.23				0.82	3.88		2.23	
0.96								
18.26				0.26				
-33.66			-2.62	-6.02	-1.23		-0.23	
				-0.26				
-5.26								
2.10	-0.12			1.26				
194.94	**46.52**	**34.48**	**-0.26**	**254.13**	**14.88**	**11691.82**	**792.84**	**-17.02**
-67.15			-0.26			1826.55	788.16	-17.02
-0.50				-55.55		9865.27	4.68	
					14.62			
262.59	46.69	34.48		309.68				
	-0.17				0.26			
6.25								
185.05	**52.63**	**34.48**	**6.30**	**250.19**	**17.53**	**11691.82**	**792.89**	**25.79**
							52.12	
162.85	28.23	34.48	2.62	250.19	17.53	11636.05	626.52	25.79
6.28	5.32	11.16	1.06	226.56	17.53			
3.22	3.63					16.52	5.26	
18.56							16.82	
0.42							6.16	
	20.77		3.68				75.78	
	18.82		3.68				30.62	
	1.95						45.16	
						39.25	10.23	
-3.73							**2.57**	

6-15 山东能源平衡表(实物量)-1999

		煤合计 Coal Total 万吨 10^4 tn	原煤 Raw Coal 万吨 10^4 tn
一.可供本地区消费的能源量	**Total Primary Energy Supply**	**9961.13**	**10893.76**
1.一次能源生产量	Indigenous Production	8994.96	8994.96
2.回收能	Recovery of Energy		
3.外省(区.市)调入量	Moving In from Other Provinces	2668.68	2502.16
4.进 口 量	Import		
5.我轮.机在外国加油量	Chinese Airplanes & Ships in Refueling Abroad		
6.本省(区.市)调出量(-)	Sending Out to Other Provinces(-)	-1140.08	-488.26
7.出 口 量(-)	Export(-)	-466.28	
8.外轮.机在我国加油量(-)	Foreign Airplanes & Ships in Refueling in China		
9.库存增(-)、减(+)量	Stock Change	-96.15	-115.10
二.加工转换投入(-)产出(+)量	**Input(-) & Output(+) of Transformation**	**-5208.24**	**-6327.29**
1.火力发电	Thermal Power	-3897.91	-3682.26
2.供 热	Heating Supply	-542.10	-388.92
3.洗 选 煤	Coal Washing	-299.86	-2189.98
4.炼 焦	Coking	-389.48	-46.62
5.炼 油	Petroleum Refineries		
6.制 气	Gas Works	-78.85	-18.89
# 焦炭再投入量(-)	Coke Input(-)		
7.煤制品加工	Briquettes	-0.04	-0.62
三.损 失 量	**Loss**	**102.36**	**102.36**
四.终端消费量	**Total Final Consumption**	**4644.04**	**4461.48**
1.农.林.牧.渔业	Farming, Forestry, Animal Husbandry, Fishery & Water Conservancy	502.86	502.86
2.工 业	Industry	3398.14	3216.16
# 用作原料.材料	Non-Energy Use	12.51	
3.建 筑 业	Construction	176.28	176.28
4.交通运输.仓储及邮电通迅业	Transportation, Storage, Postal &	98.32	98.32
5.批发和零售贸易业.餐饮业	Telecommunications Services Wholesale, Retail Trade and Catering Service	106.16	106.16
6.生活消费	Residential Consumption	303.44	303.44
城镇	Urban	226.86	226.86
乡村	Rural	76.58	76.58
7.其他	Other	58.84	58.26
五.平衡差额	**Statistical Difference**	**6.49**	**2.63**

ENERGY BALANCE OF SHANDONG -1999 (PHYSICAL QUANTITY)

洗精煤 Cleaned Coal 万吨 10^4 tn	其他洗煤 Other Washed Coal 万吨 10^4 tn	型煤 Briquettes 万吨 10^4 tn	焦炭 Coke 万吨 10^4 tn	焦炉煤气 Coke Oven Gas 亿立方米 10^8 cu.m	其他煤气 Other Gas 亿立方米 10^8 cu.m	油品合计 Petroleum Products Total 万吨 10^4 tn	原油 Crude Oil 万吨 10^4 tn	汽油 Gasoline 万吨 10^4 tn
-772.92	**-159.71**		**55.79**			**1350.82**	**1478.44**	**-34.50**
						2670.40	2665.23	
96.26	70.26		126.36			32.08	10.32	2.86
						258.92	256.83	
						24.50		
-432.86	-218.96		-56.23			-1473.37	-1283.12	-36.82
-466.28						-160.49	-160.18	
						-6.96		
29.96	-11.01		-14.34			5.74	-10.64	-0.54
882.56	**235.91**	**0.58**	**281.46**	**8.96**	**0.86**	**-198.19**	**-1397.68**	**199.22**
-168.72	-46.93			-0.12		-126.09	-36.86	-0.86
-26.86	-126.32					-62.42		-0.18
1480.96	409.16							
-342.86			262.86	8.26				
						-9.06	-1360.82	200.26
-59.96			18.86	0.82	0.86	-0.62		
			-0.26					
		0.58						
						14.51	**6.86**	
106.82	**75.16**	**0.58**	**334.10**	**8.96**	**0.86**	**1143.83**	**73.06**	**168.77**
						88.93		6.58
106.82	75.16		330.81	8.96	0.86	765.99	68.92	58.26
6.26	6.25		162.83			303.70	3.66	7.81
			2.68			24.43	3.16	3.56
			0.29			62.10	0.82	15.81
			0.32			35.44	0.16	18.25
						54.27		
						21.86		
						32.41		
		0.58				112.67		66.31
2.82	**1.04**		**3.15**			**-5.71**	**0.84**	**-4.05**

续表（山东-1999）

		煤油 Kerosene 万吨 10^4tn	柴油 Diesel Oil 万吨 10^4tn
一. 可供本地区消费的能源量	**Total Primary Energy Supply**	**-3.05**	**-85.29**
1. 一次能源生产量	Indigenous Production		
2. 回收能	Recovery of Energy		
3. 外省(区. 市)调入量	Moving In from Other Provinces		8.28
4. 进 口 量	Import		0.86
5. 我轮. 机在外国加油量	Chinese Airplanes & Ships in Refueling Abroad		4.16
6. 本省(区. 市)调出量(-)	Sending Out to Other Provinces(-)	-2.58	-106.82
7. 出 口 量(-)	Export(-)		
8. 外轮. 机在我国加油量(-)	Foreign Airplanes & Ships in Refueling in China		-0.85
9. 库存增(-)、减(+)量	Stock Change	-0.47	9.08
二. 加工转换投入(-)产出(+)量	**Input(-) & Output(+) of Transformation**	**55.25**	**362.04**
1. 火力发电	Thermal Power		-6.26
2. 供 热	Heating Supply		-0.56
3. 洗 选 煤	Coal Washing		
4. 炼 焦	Coking		
5. 炼 油	Petroleum Refineries	55.25	368.86
6. 制 气	Gas Works		
# 焦炭再投入量(-)	Coke Input(-)		
7. 煤制品加工	Briquettes		
三. 损 失 量	**Loss**		
四. 终端消费量	**Total Final Consumption**	**48.68**	**281.40**
1. 农. 林. 牧. 渔业	Farming, Forestry, Animal Husbandry, Fishery & Water Conservancy		82.35
2. 工 业	Industry	18.18	98.36
# 用作原料. 材料	Non-Energy Use		0.58
3. 建 筑 业	Construction	0.62	10.23
4. 交通运输. 仓储及邮电通迅业	Transportation, Storage, Postal &		28.95
5. 批发和零售贸易业. 餐饮业	Telecommunications Services Wholesale, Retail Trade and Catering Service	1.02	15.15
6. 生活消费	Residential Consumption	28.86	
城镇	Urban		
乡村	Rural	28.86	
7. 其他	Other		46.36
五. 平衡差额	**Statistical Difference**	**3.52**	**-4.65**

Continued (Shandong-1999)

燃料油 Fuel Oil 万吨 10^4tn	液化石油气 PLG 万吨 10^4tn	炼厂干气 Refinery Gas 万吨 10^4tn	天然气 Natural Gas 亿立方米 10^8 cu.m	其他石油制品 Other Petroleum Products 万吨 10^4tn	其他焦化产品 Other Coking Products 万吨 10^4 tn	热力 Heat 万百万千焦 10^{10} kj	电力 Electricity 亿千瓦小时 10^8kwh	其他能源 Other Energy 万吨标煤 10^4tce
-1.38	**5.13**		**3.52**	**-8.53**	**1.20**		**0.48**	**46.26**
	5.17		7.33				0.59	
								46.26
9.86				0.76	3.51			
1.23								
20.16				0.18				
-35.82			-3.81	-8.21	-2.31		-0.11	
				-0.31				
-6.11								
9.30	-0.04			-0.95				
198.85	**47.61**	**36.26**	**-0.18**	**300.26**	**17.15**	**11834.78**	**807.52**	**-16.86**
-82.11			-0.18			1908.26	802.31	-16.86
-0.36				-61.32		9926.52	5.21	
					16.82			
281.32	48.23	36.26		361.58				
	-0.62				0.33			
7.65								
191.19	**52.74**	**36.26**	**3.34**	**291.73**	**18.35**	**11834.78**	**805.47**	**29.40**
							52.01	
172.16	22.12	36.26	0.88	291.73	18.35	11786.23	573.29	29.40
5.85	6.12	10.82	0.86	268.86	18.35			
1.65	5.21					18.16	7.46	
16.52							9.82	
0.86							18.29	
	25.41		2.46				111.78	
	21.86		2.46				51.76	
	3.55						60.02	
						30.39	32.82	
-1.37							**2.53**	

6-16 河南能源平衡表(实物量)-1997

		煤合计 Coal Total 万吨 10^4 tn	原煤 Raw Coal 万吨 10^4 tn
一.可供本地区消费的能源量	**Total Primary Energy Supply**	**7665.28**	**8659.39**
1.一次能源生产量	Indigenous Production	10520.35	10520.35
2.回收能	Recovery of Energy		
3.外省(区.市)调入量	Moving In from Other Provinces	1490.31	1490.31
4.进 口 量	Import		
5.我轮.机在外国加油量	Chinese Airplanes & Ships in Refueling Abroad		
6.本省(区.市)调出量(-)	Sending Out to Other Provinces(-)	-4136.31	-3213.00
7.出 口 量(-)	Export(-)	-160.00	-160.00
8.外轮.机在我国加油量(-)	Foreign Airplanes & Ships in Refueling in China		
9.库存增(-)、减(+)量	Stock Change	-49.07	21.73
二.加工转换投入(-)产出(+)量	**Input(-) & Output(+) of Transformation**	**-4002.78**	**-5303.36**
1.火力发电	Thermal Power	-3396.52	-3354.26
2.供 热	Heating Supply	-320.99	-320.99
3.洗 选 煤	Coal Washing	199.17	-1288.22
4.炼 焦	Coking	-470.17	-180.00
5.炼 油	Petroleum Refineries		
6.制 气	Gas Works	-35.92	-34.54
# 焦炭再投入量(-)	Coke Input(-)		
7.煤制品加工	Briquettes	21.65	-125.35
三.损 失 量	**Loss**	**18.80**	**18.80**
四.终端消费量	**Total Final Consumption**	**3844.51**	**3543.36**
1.农.林.牧.渔业	Farming, Forestry, Animal Husbandry, Fishery & Water Conservancy	48.74	48.74
2.工 业	Industry	2535.28	2400.43
# 用作原料.材料	Non-Energy Use	336.84	336.84
3.建 筑 业	Construction	7.71	7.71
4.交通运输.仓储及邮电通迅业	Transportation, Storage, Postal &	64.18	64.18
5.批发和零售贸易业.餐饮业	Telecommunications Services Wholesale, Retail Trade and Catering Service	2.00	2.00
6.生活消费	Residential Consumption	1185.60	1019.30
城镇	Urban	480.02	394.00
乡村	Rural	705.58	625.30
7.其他	Other	1.00	1.00
五.平衡差额	**Statistical Difference**	**-200.81**	**-206.13**

ENERGY BALANCE OF HENAN -1997 (PHYSICAL QUANTITY)

洗精煤 Cleaned Coal 万吨 10^4 tn	其他洗煤 Other Washed Coal 万吨 10^4 tn	型煤 Briquettes 万吨 10^4 tn	焦炭 Coke 万吨 10^4 tn	焦炉煤气 Coke Oven Gas 亿立方米 10^8 cu.m	其他煤气 Other Gas 亿立方米 10^8 cu.m	油品合计 Petroleum Products Total 万吨 10^4 tn	原油 Crude Oil 万吨 10^4 tn	汽油 Gasoline 万吨 10^4 tn
-486.54	**-253.96**	**0.35**	**-37.71**		**35.28**	**453.80**	**447.80**	**-24.78**
						587.13	587.13	
					35.28			
			48.41			268.18	161.77	23.00
-468.51	-227.40		-47.94			-382.92	-301.01	-35.80
			-36.12					
-18.03	-26.56	0.35	-2.06			-18.59	-0.09	-11.98
500.64	**326.47**	**147.00**	**344.14**	**4.85**	**9.90**	**-43.97**	**-405.51**	**145.57**
	-21.13		-1.48			-4.56	-1.46	-0.04
						-5.34		
790.81	348.29							
-290.17			345.62	4.85				
						-34.07	-404.05	145.61
	-0.69				9.90			
		147.00						
				0.21	**1.10**	**15.02**	**13.98**	**0.50**
13.80	**70.00**	**147.35**	**306.45**	**4.64**	**44.08**	**394.39**	**28.33**	**119.88**
						59.45		7.30
13.80	60.00	1.05	306.22	4.31	43.99	155.57	26.98	18.92
			45.00			68.24	25.50	0.65
			0.20			9.65	0.02	4.10
			0.03			114.50	1.33	59.56
						20.35		12.00
	10.00	146.30		0.33	0.09	15.00		
		86.02		0.33	0.09	8.00		
	10.00	60.28				7.00		
						19.87		18.00
0.30	**2.51**		**-0.02**			**0.42**	**-0.02**	**0.41**

续表（河南－1997）

		煤油 Kerosene 万吨 10^4tn	柴油 Diesel Oil 万吨 10^4tn
一．可供本地区消费的能源量	**Total Primary Energy Supply**	**-12.55**	**-10.67**
1．一次能源生产量	Indigenous Production		
2．回收能	Recovery of Energy		
3．外省(区．市)调入量	Moving In from Other Provinces		20.00
4．进 口 量	Import		
5．我轮．机在外国加油量	Chinese Airplanes & Ships in Refueling Abroad		
6．本省(区．市)调出量(－)	Sending Out to Other Provinces(-)	-18.44	-23.50
7．出 口 量(－)	Export(-)		
8．外轮．机在我国加油量(－)	Foreign Airplanes & Ships in Refueling in China		
9．库存增(－)、减(+)量	Stock Change	5.89	-7.17
二．加工转换投入(－)产出(+)量	**Input(-) & Output(+) of Transformation**	**30.78**	**146.04**
1．火力发电	Thermal Power		-2.62
2．供 热	Heating Supply		-0.01
3．洗 选 煤	Coal Washing		
4．炼 焦	Coking		
5．炼 油	Petroleum Refineries	30.78	148.67
6．制 气	Gas Works		
＃焦炭再投入量(－)	Coke Input(-)		
7．煤制品加工	Briquettes		
三．损 失 量	**Loss**	**0.05**	**0.47**
四．终端消费量	**Total Final Consumption**	**18.12**	**134.31**
1．农．林．牧．渔业	Farming, Forestry, Animal Husbandry, Fishery & Water Conservancy	0.15	52.00
2．工 业	Industry	1.46	23.32
＃用作原料．材料	Non-Energy Use	0.02	0.07
3．建 筑 业	Construction	0.16	5.29
4．交通运输．仓储及邮电通迅业	Transportation, Storage, Postal & Telecommunications Services	9.35	44.25
5．批发和零售贸易业．餐饮业	Wholesale, Retail Trade and Catering Service		8.35
6．生活消费	Residential Consumption	7.00	
城镇	Urban		
乡村	Rural	7.00	
7．其他	Other		1.10
五．平衡差额	**Statistical Difference**	**0.06**	**0.59**

Continued (Henan-1997)

燃料油 Fuel Oil 万吨 10^4tn	液化石油气 PLG 万吨 10^4tn	炼厂干气 Refinery Gas 万吨 10^4tn	天然气 Natural Gas 亿立方米 10^8 cu.m	其他石油制品 Other Petroleum Products 万吨 10^4tn	其他焦化产品 Other Coking Products 万吨 10^4 tn	热力 Heat 万百万千焦 10^{10} kj	电力 Electricity 亿千瓦小时 10^8kwh	其他能源 Other Energy 万吨标煤 10^4tce
14.66	**-4.07**		**9.50**	**43.41**			**34.77**	**21.06**
			11.89				12.33	
								21.06
20.00				43.41			28.39	
	-4.17		-2.39				-5.95	
-5.34	0.10							
23.75	**15.09**	**3.72**		**-3.41**	**10.97**	**5640.48**	**618.50**	
-0.44						-9.98	618.50	
-0.48		-4.85				5650.46		
					10.97			
24.67	15.09	8.57		-3.41				
	0.02					**280.00**	**51.82**	
37.89	**11.20**	**3.72**	**9.50**	**40.94**	**10.97**	**5360.32**	**601.44**	**21.06**
							57.62	
37.67	2.56	3.72	7.31	40.94	10.97	4780.99	436.97	20.21
0.86	0.12	0.08	0.05	40.94	10.97			
0.03	0.05					34.16	6.38	0.44
	0.01					1.19	17.76	0.34
							9.15	
	8.00		2.11			450.32	56.11	
	8.00		2.11			450.32	35.44	
							20.67	
0.19	0.58		0.08			93.66	17.45	0.07
0.52	**-0.20**			**-0.94**		**0.16**	**0.01**	

6-16 河南能源平衡表(实物量)-1998

		煤合计 Coal Total 万吨 10^4 tn	原煤 Raw Coal 万吨 10^4 tn
一.可供本地区消费的能源量	**Total Primary Energy Supply**	**6892.80**	**7608.72**
1.一次能源生产量	Indigenous Production	9406.48	9406.48
2.回收能	Recovery of Energy		
3.外省(区.市)调入量	Moving In from Other Provinces	1564.35	1564.35
4.进 口 量	Import		
5.我轮.机在外国加油量	Chinese Airplanes & Ships in Refueling Abroad		
6.本省(区.市)调出量(-)	Sending Out to Other Provinces(-)	-3795.35	-3019.11
7.出 口 量(-)	Export(-)	-158.00	-158.00
8.外轮.机在我国加油量(-)	Foreign Airplanes & Ships in Refueling in China		
9.库存增(-)、减(+)量	Stock Change	-1507.77	-1489.10
二.加工转换投入(-)产出(+)量	**Input(-) & Output(+) of Transformation**	**-4363.31**	**-5301.20**
1.火力发电	Thermal Power	-3372.14	-3340.82
2.供 热	Heating Supply	-276.36	-276.36
3.洗 选 煤	Coal Washing	-186.21	-1302.56
4.炼 焦	Coking	-509.95	-220.05
5.炼 油	Petroleum Refineries		
6.制 气	Gas Works	-40.77	-37.73
# 焦炭再投入量(-)	Coke Input(-)		
7.煤制品加工	Briquettes	22.12	-123.68
三.损 失 量	**Loss**	**17.00**	**17.00**
四.终端消费量	**Total Final Consumption**	**3682.70**	**3461.12**
1.农.林.牧.渔业	Farming, Forestry, Animal Husbandry, Fishery & Water Conservancy	39.96	39.96
2.工 业	Industry	2448.54	2380.16
# 用作原料.材料	Non-Energy Use	335.45	335.45
3.建 筑 业	Construction	8.00	8.00
4.交通运输.仓储及邮电通迅业	Transportation, Storage, Postal &	65.00	65.00
5.批发和零售贸易业.餐饮业	Telecommunications Services Wholesale, Retail Trade and Catering Service	2.00	2.00
6.生活消费	Residential Consumption	1118.20	965.00
城镇	Urban	441.10	350.00
乡村	Rural	677.10	615.00
7.其他	Other	1.00	1.00
五.平衡差额	**Statistical Difference**	**-1170.21**	**-1170.60**

ENERGY BALANCE OF HENAN -1998 (PHYSICAL QUANTITY)

洗精煤 Cleaned Coal 万吨 10^4 tn	其他洗煤 Other Washed Coal 万吨 10^4 tn	型煤 Briquettes 万吨 10^4 tn	焦炭 Coke 万吨 10^4 tn	焦炉煤气 Coke Oven Gas 亿立方米 10^8 cu.m	其他煤气 Other Gas 亿立方米 10^8 cu.m	油品合计 Petroleum Products Total 万吨 10^4 tn	原油 Crude Oil 万吨 10^4 tn	汽油 Gasoline 万吨 10^4 tn
-534.53	**-181.39**		**32.81**		**41.45**	**497.97**	**487.62**	**1.88**
						587.60	587.60	
					41.45	8.00		
			140.00			315.90	195.90	51.00
-558.18	-218.06		-71.23			-390.11	-283.46	-43.26
			-15.80					
-18.13	-0.54		-65.38			-77.18	-22.97	-23.02
549.31	**242.78**	**145.80**	**370.00**	**5.47**	**9.50**	**-18.43**	**-426.28**	**134.06**
	-31.32					-3.70	-1.10	
						-5.58		
839.79	276.56							
-289.90			370.40	5.47				
						-9.15	-425.18	134.06
-0.58	-2.46		-0.40		9.50			
		145.80						
				0.11	**5.01**	**17.02**	**16.43**	**0.11**
14.68	**61.05**	**145.85**	**403.99**	**5.34**	**45.93**	**461.82**	**43.95**	**136.42**
						62.10		7.00
14.68	53.05	0.65	403.87	4.94	45.56	214.24	42.08	35.42
			50.00			87.66	40.08	0.63
			0.10			9.13	0.02	4.00
			0.02			115.86	1.85	60.00
						20.40		12.00
	8.00	145.20		0.40	0.37	20.72		
	8.00	83.10		0.40	0.37	20.72		
		62.10						
						19.37		18.00
0.10	**0.34**	**-0.05**	**-1.18**	**0.02**	**0.01**	**0.70**	**0.96**	**-0.59**

续表（河南－1998）

		煤油 Kerosene 万吨 10^4tn	柴油 Diesel Oil 万吨 10^4tn
一．可供本地区消费的能源量	**Total Primary Energy Supply**	**-12.49**	**-4.53**
1．一次能源生产量	Indigenous Production		
2．回收能	Recovery of Energy		
3．外省(区．市)调入量	Moving In from Other Provinces	7.00	26.00
4．进 口 量	Import		
5．我轮．机在外国加油量	Chinese Airplanes & Ships in Refueling Abroad		
6．本省(区．市)调出量(－)	Sending Out to Other Provinces(-)	-20.35	-32.40
7．出 口 量(－)	Export(-)		
8．外轮．机在我国加油量(－)	Foreign Airplanes & Ships in Refueling in China		
9．库存增(－)、减(+)量	Stock Change	-1.39	-14.61
二．加工转换投入(－)产出(+)量	**Input(-) & Output(+) of Transformation**	**26.82**	**149.88**
1．火力发电	Thermal Power		-2.30
2．供 热	Heating Supply		-0.05
3．洗 选 煤	Coal Washing		
4．炼 焦	Coking		
5．炼 油	Petroleum Refineries	26.82	152.23
6．制 气	Gas Works		
# 焦炭再投入量(－)	Coke Input(-)		
7．煤制品加工	Briquettes		
三．损 失 量	**Loss**	**0.03**	**0.43**
四．终端消费量	**Total Final Consumption**	**17.34**	**144.26**
1．农．林．牧．渔业	Farming, Forestry, Animal Husbandry, Fishery & Water Conservancy	0.10	55.00
2．工 业	Industry	2.86	30.26
# 用作原料．材料	Non-Energy Use	0.02	0.08
3．建 筑 业	Construction	0.01	5.00
4．交通运输．仓储及邮电通迅业	Transportation, Storage, Postal &	9.00	45.00
5．批发和零售贸易业．餐饮业	Telecommunications Services Wholesale, Retail Trade and Catering Service		8.00
6．生活消费	Residential Consumption	5.37	
城镇	Urban	5.37	
乡村	Rural		
7．其他	Other		1.00
五．平衡差额	**Statistical Difference**	**-3.04**	**0.66**

Continued (Henan-1998)

燃料油 Fuel Oil 万吨 10^4tn	液化石油气 PLG 万吨 10^4tn	炼厂干气 Refinery Gas 万吨 10^4tn	天然气 Natural Gas 亿立方米 10^8 cu.m	其他石油制品 Other Petroleum Products 万吨 10^4tn	其他焦化产品 Other Coking Products 万吨 10^4 tn	热力 Heat 万百万千焦 10^{10} kj	电力 Electricity 亿千瓦小时 10^8kwh	其他能源 Other Energy 万吨标煤 10^4tce
23.50	**3.04**		**9.85**	**-1.05**	**-0.50**		**32.53**	**4.86**
			13.19				13.69	
	8.00							
36.00							22.25	4.86
-5.75	-4.89		-3.34				-3.41	
-13.96	-0.18			-1.05	-0.50			
24.14	**17.35**	**4.62**		**50.98**	**10.45**	**4928.00**	**617.35**	
-0.30							617.35	
-0.66		-4.87				4928.00		
					10.45			
25.10	17.35	9.49		50.98				
	0.02					**212.08**	**49.94**	
48.25	**20.37**	**4.60**	**9.27**	**46.63**	**10.45**	**4717.63**	**599.94**	**4.86**
							55.65	
48.21	4.18	4.60	8.47	46.63	10.45	4141.58	428.78	4.86
0.09	0.06	0.07	8.47	46.63	10.45			
0.04	0.06					35.00	6.52	
	0.01					1.05	19.24	
	0.40						9.52	
	15.35		0.80			450.00	62.48	
	15.35		0.80			450.00	40.15	
							22.33	
	0.37					90.00	17.75	
-0.61		**0.02**	**0.58**	**3.30**	**-0.50**	**-1.71**		

6-16 河南能源平衡表(实物量)-1999

		煤合计 Coal Total 万吨 10^4 tn	原煤 Raw Coal 万吨 10^4 tn
一. 可供本地区消费的能源量	**Total Primary Energy Supply**	**5788.03**	**6486.39**
1. 一次能源生产量	Indigenous Production	8012.42	8012.42
2. 回收能	Recovery of Energy		
3. 外省(区. 市)调入量	Moving In from Other Provinces	1322.07	1322.07
4. 进 口 量	Import		
5. 我轮. 机在外国加油量	Chinese Airplanes & Ships in Refueling Abroad		
6. 本省(区. 市)调出量(-)	Sending Out to Other Provinces(-)	-3683.63	-3000.00
7. 出 口 量(-)	Export(-)	-91.89	-91.89
8. 外轮. 机在我国加油量(-)	Foreign Airplanes & Ships in Refueling in China		
9. 库存增(-)、减(+)量	Stock Change	229.06	243.79
二. 加工转换投入(-)产出(+)量	**Input(-) & Output(+) of Transformation**	**-4476.53**	**-5363.31**
1. 火力发电	Thermal Power	-3320.53	-3281.16
2. 供 热	Heating Supply	-276.36	-276.36
3. 洗 选 煤	Coal Washing	-247.15	-1372.80
4. 炼 焦	Coking	-603.36	-282.54
5. 炼 油	Petroleum Refineries		
6. 制 气	Gas Works	-43.78	-40.10
# 焦炭再投入量(-)	Coke Input(-)		
7. 煤制品加工	Briquettes	14.65	-110.35
三. 损 失 量	**Loss**	**20.00**	**20.00**
四. 终端消费量	**Total Final Consumption**	**3802.96**	**3609.77**
1. 农. 林. 牧. 渔业	Farming, Forestry, Animal Husbandry, Fishery & Water Conservancy	45.00	45.00
2. 工 业	Industry	2621.87	2560.68
# 用作原料. 材料	Non-Energy Use	345.00	345.00
3. 建 筑 业	Construction	7.50	7.50
4. 交通运输. 仓储及邮电通迅业	Transportation, Storage, Postal &	58.59	58.59
5. 批发和零售贸易业. 餐饮业	Telecommunications Services Wholesale, Retail Trade and Catering Service	2.00	2.00
6. 生活消费	Residential Consumption	1067.00	935.00
城镇	Urban	410.00	345.00
乡村	Rural	657.00	590.00
7. 其他	Other	1.00	1.00
五. 平衡差额	**Statistical Difference**	**-2511.46**	**-2506.69**

ENERGY BALANCE OF HENAN -1999 (PHYSICAL QUANTITY)

洗精煤 Cleaned Coal 万吨 10^4 tn	其他洗煤 Other Washed Coal 万吨 10^4 tn	型煤 Briquettes 万吨 10^4 tn	焦炭 Coke 万吨 10^4 tn	焦炉煤气 Coke Oven Gas 亿立方米 10^8 cu.m	其他煤气 Other Gas 亿立方米 10^8 cu.m	油品合计 Petroleum Products Total 万吨 10^4 tn	原油 Crude Oil 万吨 10^4 tn	汽油 Gasoline 万吨 10^4 tn
-515.20	**-183.16**		**3.86**			**513.61**	**559.67**	**-0.45**
						565.40	565.40	
			108.06			288.81	184.81	37.00
-500.00	-183.63		-119.17			-370.92	-203.32	-51.92
-15.20	0.47		14.97			30.32	12.78	14.47
520.54	**241.24**	**125.00**	**329.14**	**6.29**	**57.22**	**-36.41**	**-518.85**	**119.06**
	-39.37		-4.77			-2.16	-0.86	
						-5.28		
842.52	283.13							
-320.82			395.96	6.29				
						-28.97	-517.99	119.06
-1.16	-2.52		-62.05		57.22			
		125.00						
				0.35	**2.00**	**12.53**	**10.60**	**0.87**
10.54	**58.05**	**124.60**	**333.65**	**5.94**	**55.24**	**459.14**	**31.07**	**118.07**
						68.60		10.36
10.54	50.05	0.60	333.55	5.43	55.14	182.04	29.55	15.71
			40.00			67.74	28.02	0.60
			0.09			26.10	0.02	2.00
			0.01			121.68	1.50	60.00
						19.45		12.00
	8.00	124.00		0.51	0.10	22.02		
		65.00		0.51	0.10	16.94		
	8.00	59.00				5.08		
						19.25		18.00
-5.20	**0.03**	**0.40**	**-0.65**		**-0.02**	**5.53**	**-0.85**	**-0.33**

续表（河南－1999）

		煤油 Kerosene 万吨 10^4tn	柴油 Diesel Oil 万吨 10^4tn
一．可供本地区消费的能源量	**Total Primary Energy Supply**	**-9.82**	**-34.84**
1．一次能源生产量	Indigenous Production		
2．回收能	Recovery of Energy		
3．外省(区．市)调入量	Moving In from Other Provinces	5.00	28.00
4．进 口 量	Import		
5．我轮．机在外国加油量	Chinese Airplanes & Ships in Refueling Abroad		
6．本省(区．市)调出量(－)	Sending Out to Other Provinces(-)	-15.50	-65.29
7．出 口 量(－)	Export(-)		
8．外轮．机在我国加油量(－)	Foreign Airplanes & Ships in Refueling in China		
9．库存增(－)、减(＋)量	Stock Change	0.68	2.45
二．加工转换投入(－)产出(＋)量	**Input(-) & Output(+) of Transformation**	**25.57**	**187.55**
1．火力发电	Thermal Power		-1.09
2．供 热	Heating Supply		-0.01
3．洗 选 煤	Coal Washing		
4．炼 焦	Coking		
5．炼 油	Petroleum Refineries	25.57	188.65
6．制 气	Gas Works		
＃焦炭再投入量(－)	Coke Input(-)		
7．煤制品加工	Briquettes		
三．损 失 量	**Loss**	**0.07**	**0.64**
四．终端消费量	**Total Final Consumption**	**15.78**	**152.49**
1．农．林．牧．渔业	Farming, Forestry, Animal Husbandry, Fishery & Water Conservancy	0.09	58.15
2．工 业	Industry	2.14	30.73
＃用作原料．材料	Non-Energy Use	0.02	0.08
3．建 筑 业	Construction	0.01	4.00
4．交通运输．仓储及邮电通迅业	Transportation, Storage, Postal & Telecommunications Services	8.46	51.71
5．批发和零售贸易业．餐饮业	Wholesale, Retail Trade and Catering Service		7.00
6．生活消费	Residential Consumption	5.08	
城镇	Urban		
乡村	Rural	5.08	
7．其他	Other		0.90
五．平衡差额	**Statistical Difference**	**-0.10**	**-0.42**

Continued (Henan-1999)

燃料油 Fuel Oil 万吨 10^4tn	液化石油气 PLG 万吨 10^4tn	炼厂干气 Refinery Gas 万吨 10^4tn	天然气 Natural Gas 亿立方米 10^8 cu.m	其他石油制品 Other Petroleum Products 万吨 10^4tn	其他焦化产品 Other Coking Products 万吨 10^4 tn	热力 Heat 万百万千焦 10^{10} kj	电力 Electricity 亿千瓦小时 10^8kwh	其他能源 Other Energy 万吨标煤 10^4tce
28.72	**-6.76**		**10.91**	**-22.91**	**-0.42**		**28.95**	**4.86**
			14.08				15.83	
34.00							16.92	4.86
-8.31	-6.58		-3.17	-20.00			-3.80	
3.03	-0.18			-2.91	-0.42			
22.35	**30.97**	**6.33**		**90.61**	**11.88**	**5017.70**	**643.14**	
-0.21							643.14	
-0.82		-4.45				5017.70		
					11.88			
23.38	30.97	10.78		90.61				
0.14	**0.21**		**0.34**			**242.99**	**61.06**	
50.09	**23.84**	**9.02**	**10.20**	**58.78**	**10.67**	**4811.46**	**611.03**	**4.86**
							59.36	
50.07	6.04	9.02	8.85	38.78	10.67	4092.50	430.07	4.86
0.08	0.06	0.10	8.00	38.78	10.67			
0.02	0.05			20.00		33.00	3.90	
	0.01					1.00	19.97	
	0.45						9.13	
	16.94		1.35			593.96	68.77	
	16.94		1.35			593.96	43.64	
							25.13	
	0.35					91.00	19.83	
0.84	**0.16**	**-2.69**	**0.37**	**8.92**	**0.79**	**-36.75**		

6-17 湖北能源平衡表(实物量)-1997

		煤合计 Coal Total 万吨 10^4 tn	原煤 Raw Coal 万吨 10^4 tn
一.可供本地区消费的能源量	**Total Primary Energy Supply**	**5904.15**	**5324.71**
1.一次能源生产量	Indigenous Production	1517.22	1517.22
2.回收能	Recovery of Energy		
3.外省(区.市)调入量	Moving In from Other Provinces	4523.62	3950.54
4.进 口 量	Import		
5.我轮.机在外国加油量	Chinese Airplanes & Ships in Refueling Abroad		
6.本省(区.市)调出量(-)	Sending Out to Other Provinces(-)	-29.14	-29.14
7.出 口 量(-)	Export(-)		
8.外轮.机在我国加油量(-)	Foreign Airplanes & Ships in Refueling in China		
9.库存增(-)、减(+)量	Stock Change	-107.55	-113.91
二.加工转换投入(-)产出(+)量	**Input(-) & Output(+) of Transformation**	**-2311.47**	**-1756.21**
1.火力发电	Thermal Power	-1467.66	-1467.66
2.供 热	Heating Supply	-271.76	-271.76
3.洗 选 煤	Coal Washing	-0.11	-0.31
4.炼 焦	Coking	-551.79	
5.炼 油	Petroleum Refineries		
6.制 气	Gas Works	-20.15	-16.48
#焦炭再投入量(-)	Coke Input(-)		
7.煤制品加工	Briquettes		
三.损 失 量	**Loss**		
四.终端消费量	**Total Final Consumption**	**3592.68**	**3568.50**
1.农.林.牧.渔业	Farming, Forestry, Animal Husbandry, Fishery & Water Conservancy	87.90	87.90
2.工 业	Industry	2718.86	2694.68
#用作原料.材料	Non-Energy Use		
3.建 筑 业	Construction	25.74	25.74
4.交通运输.仓储及邮电通迅业	Transportation, Storage, Postal & Telecommunications Services	89.75	89.75
5.批发和零售贸易业.餐饮业	Wholesale, Retail Trade and Catering Service	27.56	27.56
6.生活消费	Residential Consumption	638.55	638.55
城镇	Urban	313.69	313.69
乡村	Rural	324.86	324.86
7.其他	Other	4.32	4.32
五.平衡差额	**Statistical Difference**		

ENERGY BALANCE OF HUBEI -1997 (PHYSICAL QUANTITY)

洗精煤 Cleaned Coal 万吨 10^4 tn	其他洗煤 Other Washed Coal 万吨 10^4 tn	型煤 Briquettes 万吨 10^4 tn	焦炭 Coke 万吨 10^4 tn	焦炉煤气 Coke Oven Gas 亿立方米 10^8 cu.m	其他煤气 Other Gas 亿立方米 10^8 cu.m	油品合计 Petroleum Products Total 万吨 10^4 tn	原油 Crude Oil 万吨 10^4 tn	汽油 Gasoline 万吨 10^4 tn
579.44			**162.85**			**755.05**	**594.91**	**14.70**
						82.06	82.06	
573.08			170.94			1012.80	527.17	146.78
						-320.78		-131.65
6.36			-8.09			-19.03	-14.32	-0.43
-555.26			**394.44**	**12.16**	**1.19**	**-64.37**	**-587.12**	**157.27**
				-2.45		-20.91	-1.04	-0.01
						-10.37	-0.01	
0.20								
-551.79			394.44	14.61		-2.50		
						-30.59	-586.07	157.28
-3.67					1.19			
						5.24	**5.24**	
24.18			**557.29**	**12.16**	**1.19**	**685.44**	**2.55**	**171.97**
			0.35			51.38		3.53
24.18			554.67	12.16		411.12	2.55	67.44
			2.13			36.72		7.22
			0.07			143.34		93.60
						15.71		
					1.19	26.18		
					1.19	16.09		
						10.09		
			0.07			0.99		0.18

续表（湖北－1997）

		煤油 Kerosene 万吨 10^4tn	柴油 Diesel Oil 万吨 10^4tn
一．可供本地区消费的能源量	**Total Primary Energy Supply**	**2.54**	**39.11**
1．一次能源生产量	Indigenous Production		
2．回收能	Recovery of Energy		
3．外省(区．市)调入量	Moving In from Other Provinces	15.68	218.37
4．进 口 量	Import		
5．我轮．机在外国加油量	Chinese Airplanes & Ships in Refueling Abroad		
6．本省(区．市)调出量(－)	Sending Out to Other Provinces(-)	-12.74	-174.35
7．出 口 量(－)	Export(-)		
8．外轮．机在我国加油量(－)	Foreign Airplanes & Ships in Refueling in China		
9．库存增(－)、减(＋)量	Stock Change	-0.40	-4.91
二．加工转换投入(－)产出(＋)量	**Input(-) & Output(+) of Transformation**	**14.20**	**188.82**
1．火力发电	Thermal Power		-3.91
2．供 热	Heating Supply		-0.22
3．洗 选 煤	Coal Washing		
4．炼 焦	Coking		
5．炼 油	Petroleum Refineries	14.20	192.95
6．制 气	Gas Works		
＃焦炭再投入量(－)	Coke Input(-)		
7．煤制品加工	Briquettes		
三．损 失 量	**Loss**		
四．终端消费量	**Total Final Consumption**	**16.74**	**227.93**
1．农．林．牧．渔业	Farming, Forestry, Animal Husbandry, Fishery & Water Conservancy	0.17	47.68
2．工 业	Industry	5.81	98.14
＃用作原料．材料	Non-Energy Use		
3．建 筑 业	Construction	2.29	21.91
4．交通运输．仓储及邮电通迅业	Transportation, Storage, Postal & Telecommunications Services	6.52	37.83
5．批发和零售贸易业．餐饮业	Wholesale, Retail Trade and Catering Service	1.28	13.00
6．生活消费	Residential Consumption	0.67	9.30
城镇	Urban		
乡村	Rural	0.67	9.30
7．其他	Other		0.07
五．平衡差额	**Statistical Difference**		

Continued (Hubei-1997)

燃料油 Fuel Oil 万吨 10^4tn	液化石油气 PLG 万吨 10^4tn	炼厂干气 Refinery Gas 万吨 10^4tn	天然气 Natural Gas 亿立方米 10^8 cu.m	其他石油制品 Other Petroleum Products 万吨 10^4tn	其他焦化产品 Other Coking Products 万吨 10^4 tn	热力 Heat 万百万千焦 10^{10} kj	电力 Electricity 亿千瓦小时 10^8kwh	其他能源 Other Energy 万吨标煤 10^4tce
105.41	**0.15**		**0.66**	**-1.77**	**-0.20**		**200.24**	**-3.80**
			0.66				245.83	
104.80							13.84	
-2.04							-59.43	
2.65	0.15			-1.77	-0.20			-3.80
37.80	**33.61**	**12.53**		**78.52**	**25.96**	**4876.64**	**244.61**	**3.80**
-15.95							244.61	
-9.75	-0.39					4876.64		
		-2.50			25.96			3.80
63.50	34.00	15.03		78.52				
							38.13	
143.21	**33.76**	**12.53**	**0.66**	**76.75**	**25.76**	**4876.64**	**406.72**	
							31.16	
132.81	15.09	12.53	0.66	76.75	25.76	4876.64	285.75	
5.27	0.03						6.07	
4.90	0.49						9.27	
	1.43						9.69	
	16.21						47.26	
	16.09						31.79	
	0.12						15.47	
0.23	0.51						17.52	

6-17 湖北能源平衡表(实物量)-1998

		煤合计 Coal Total 万吨 10^4 tn	原煤 Raw Coal 万吨 10^4 tn
一.可供本地区消费的能源量	**Total Primary Energy Supply**	**5911.34**	**5346.05**
1.一次能源生产量	Indigenous Production	1326.25	1326.25
2.回收能	Recovery of Energy		
3.外省(区.市)调入量	Moving In from Other Provinces	4530.48	3962.96
4.进 口 量	Import		
5.我轮.机在外国加油量	Chinese Airplanes & Ships in Refueling Abroad		
6.本省(区.市)调出量(-)	Sending Out to Other Provinces(-)	-27.38	-27.38
7.出 口 量(-)	Export(-)		
8.外轮.机在我国加油量(-)	Foreign Airplanes & Ships in Refueling in China		
9.库存增(-)、减(+)量	Stock Change	-381.81	-350.78
二.加工转换投入(-)产出(+)量	**Input(-) & Output(+) of Transformation**	**-2240.83**	**-1694.05**
1.火力发电	Thermal Power	-1424.95	-1424.95
2.供 热	Heating Supply	-252.15	-252.15
3.洗 选 煤	Coal Washing		
4.炼 焦	Coking	-542.74	
5.炼 油	Petroleum Refineries		
6.制 气	Gas Works	-20.99	-16.95
# 焦炭再投入量(-)	Coke Input(-)		
7.煤制品加工	Briquettes		
三.损 失 量	**Loss**		
四.终端消费量	**Total Final Consumption**	**3670.51**	**3652.00**
1.农.林.牧.渔业	Farming, Forestry, Animal Husbandry, Fishery & Water Conservancy	94.18	94.18
2.工 业	Industry	2789.88	2771.37
# 用作原料.材料	Non-Energy Use		
3.建 筑 业	Construction	25.10	25.10
4.交通运输.仓储及邮电通迅业	Transportation, Storage, Postal &	97.25	97.25
5.批发和零售贸易业.餐饮业	Telecommunications Services Wholesale, Retail Trade and Catering Service	30.58	30.58
6.生活消费	Residential Consumption	626.20	626.20
城镇	Urban	297.70	297.70
乡村	Rural	328.50	328.50
7.其他	Other	7.32	7.32
五.平衡差额	**Statistical Difference**		

ENERGY BALANCE OF HUBEI -1998 (PHYSICAL QUANTITY)

洗精煤 Cleaned Coal 万吨 10^4 tn	其他洗煤 Other Washed Coal 万吨 10^4 tn	型煤 Briquettes 万吨 10^4 tn	焦炭 Coke 万吨 10^4 tn	焦炉煤气 Coke Oven Gas 亿立方米 10^8 cu.m	其他煤气 Other Gas 亿立方米 10^8 cu.m	油品合计 Petroleum Products Total 万吨 10^4 tn	原油 Crude Oil 万吨 10^4 tn	汽油 Gasoline 万吨 10^4 tn
565.29			**165.88**			**707.59**	**500.35**	**43.19**
						75.71	75.71	
567.52			162.61			893.82	416.48	154.63
						-268.35		-112.08
-31.03			-16.40			-79.95	-32.31	-14.50
-546.78			**384.80**	**15.02**	**1.22**	**-52.12**	**-491.67**	**114.48**
				-0.98		-4.41	-0.64	
						-8.57		
-542.74			384.80	16.00		-1.68		
						-37.46	-491.03	114.48
-4.04					1.22			
						7.83	**7.83**	
18.51			**550.68**	**15.02**	**1.22**	**647.64**	**0.85**	**157.67**
			0.30			43.47		3.30
18.51			546.83	15.02		390.20	0.85	50.20
			3.50			29.93		6.82
						146.66		97.17
						9.74		
					1.22	26.52		
					1.22	18.63		
						7.89		
			0.05			1.12		0.18

续表（湖北－1998）

		煤油 Kerosene 万吨 10^4tn	柴油 Diesel Oil 万吨 10^4tn
一．可供本地区消费的能源量	**Total Primary Energy Supply**	**1.25**	**80.83**
1.一次能源生产量	Indigenous Production		
2.回收能	Recovery of Energy		
3.外省(区．市)调入量	Moving In from Other Provinces	13.52	226.21
4.进 口 量	Import		
5.我轮．机在外国加油量	Chinese Airplanes & Ships in Refueling Abroad		
6.本省(区．市)调出量(－)	Sending Out to Other Provinces(-)	-12.67	-142.10
7.出 口 量(－)	Export(-)		
8.外轮．机在我国加油量(－)	Foreign Airplanes & Ships in Refueling in China		
9.库存增(－)、减(＋)量	Stock Change	-1.90	-22.10
二．加工转换投入(－)产出(＋)量	**Input(-) & Output(+) of Transformation**	**18.54**	**128.67**
1.火力发电	Thermal Power		-1.56
2.供　　热	Heating Supply		-0.06
3.洗 选 煤	Coal Washing		
4.炼　　焦	Coking		
5.炼　　油	Petroleum Refineries	18.54	130.29
6.制　　气	Gas Works		
＃焦炭再投入量(－)	Coke Input(-)		
7.煤制品加工	Briquettes		
三．损 失 量	**Loss**		
四．终端消费量	**Total Final Consumption**	**19.79**	**209.50**
1.农．林．牧．渔业	Farming, Forestry, Animal Husbandry, Fishery & Water Conservancy	0.17	40.00
2.工　　业	Industry	7.75	96.00
＃用作原料．材料	Non-Energy Use		
3.建 筑 业	Construction	2.01	21.00
4.交通运输．仓储及邮电通迅业	Transportation, Storage, Postal &	8.29	36.60
5.批发和零售贸易业．餐饮业	Telecommunications Services Wholesale, Retail Trade and Catering Service	1.20	8.50
6.生活消费	Residential Consumption	0.37	7.40
城镇	Urban		
乡村	Rural	0.37	7.40
7.其他	Other		
五．平衡差额	**Statistical Difference**		

Continued (Hubei-1998)

燃料油 Fuel Oil 万吨 10^4tn	液化石油气 PLG 万吨 10^4tn	炼厂干气 Refinery Gas 万吨 10^4tn	天然气 Natural Gas 亿立方米 10^8 cu.m	其他石油制品 Other Petroleum Products 万吨 10^4tn	其他焦化产品 Other Coking Products 万吨 10^4 tn	热力 Heat 万百万千焦 10^{10} kj	电力 Electricity 亿千瓦小时 10^8kwh	其他能源 Other Energy 万吨标煤 10^4tce
81.27	**0.10**		**0.82**	**0.60**	**-0.43**		**210.59**	**-4.64**
			0.82				262.21	
82.98							10.82	
-1.50							-62.44	
-7.97				-1.17	-0.63			-4.64
51.30	**32.32**	**11.96**		**82.28**	**18.78**	**4946.51**	**243.93**	**4.64**
-2.21							243.93	
-8.20	-0.31					4946.51		
		-1.68			18.78			4.64
61.71	32.63	13.64		82.28				
							43.04	
132.57	**32.42**	**11.96**	**0.82**	**82.88**	**18.35**	**4946.51**	**411.48**	
							32.01	
127.85	12.71	11.96	0.82	82.88	18.35	4946.51	281.22	
	0.10						5.97	
4.60							9.66	
	0.04						10.35	
	18.75						52.58	
	18.63						35.60	
	0.12						16.98	
0.12	0.82						19.69	

6-17 湖北能源平衡表(实物量)-1999

		煤合计 Coal Total 万吨 10^4 tn	原煤 Raw Coal 万吨 10^4 tn
一.可供本地区消费的能源量	**Total Primary Energy Supply**	**5993.29**	**5422.93**
1.一次能源生产量	Indigenous Production	910.92	910.92
2.回收能	Recovery of Energy		
3.外省(区.市)调入量	Moving In from Other Provinces	4972.25	4405.83
4.进 口 量	Import		
5.我轮.机在外国加油量	Chinese Airplanes & Ships in Refueling Abroad		
6.本省(区.市)调出量(-)	Sending Out to Other Provinces(-)	-28.05	-28.05
7.出 口 量(-)	Export(-)		
8.外轮.机在我国加油量(-)	Foreign Airplanes & Ships in Refueling in China		
9.库存增(-)、减(+)量	Stock Change	138.17	134.23
二.加工转换投入(-)产出(+)量	**Input(-) & Output(+) of Transformation**	**-2149.66**	**-1611.48**
1.火力发电	Thermal Power	-1334.95	-1334.95
2.供 热	Heating Supply	-259.20	-259.20
3.洗 选 煤	Coal Washing		
4.炼 焦	Coking	-533.94	
5.炼 油	Petroleum Refineries		
6.制 气	Gas Works	-21.57	-17.33
# 焦炭再投入量(-)	Coke Input(-)		
7.煤制品加工	Briquettes		
三.损 失 量	**Loss**		
四.终端消费量	**Total Final Consumption**	**3843.63**	**3811.45**
1.农.林.牧.渔业	Farming, Forestry, Animal Husbandry, Fishery & Water Conservancy	95.28	95.28
2.工 业	Industry	2921.26	2889.08
# 用作原料.材料	Non-Energy Use		
3.建 筑 业	Construction	27.86	27.86
4.交通运输.仓储及邮电通迅业	Transportation, Storage, Postal &	104.09	104.09
5.批发和零售贸易业.餐饮业	Telecommunications Services Wholesale, Retail Trade and Catering Service	35.49	35.49
6.生活消费	Residential Consumption	647.93	647.93
城镇	Urban	308.72	308.72
乡村	Rural	339.21	339.21
7.其他	Other	11.72	11.72
五.平衡差额	**Statistical Difference**		

ENERGY BALANCE OF HUBEI -1999 (PHYSICAL QUANTITY)

洗精煤 Cleaned Coal 万吨 10^4 tn	其他洗煤 Other Washed Coal 万吨 10^4 tn	型煤 Briquettes 万吨 10^4 tn	焦炭 Coke 万吨 10^4 tn	焦炉煤气 Coke Oven Gas 亿立方米 10^8 cu.m	其他煤气 Other Gas 亿立方米 10^8 cu.m	油品合计 Petroleum Products Total 万吨 10^4 tn	原油 Crude Oil 万吨 10^4 tn	汽油 Gasoline 万吨 10^4 tn
570.36			**163.88**			**763.44**	**578.65**	**40.05**
						78.51	78.51	
566.42			163.21			929.58	492.04	143.63
						-257.68		-103.93
3.94			0.67			13.03	8.10	0.35
-538.18			**393.76**	**13.11**	**1.21**	**-57.53**	**-570.55**	**118.98**
				-0.89		-4.25	-0.51	
						-9.08		
-533.94			393.76	14.00		-3.19		
						-41.01	-570.04	118.98
-4.24					1.21			
						5.24	**5.24**	
32.18			**557.64**	**13.11**	**1.21**	**700.67**	**2.86**	**159.03**
			0.55			44.22		3.39
32.18			553.54	13.11		439.62	2.86	50.57
			3.50			30.29		6.88
						148.57		98.01
						11.42		
					1.21	25.66		
					1.21	17.64		
						8.02		
			0.05			0.89		0.18

续表（湖北－1999）

		煤油 Kerosene 万吨 10^4tn	柴油 Diesel Oil 万吨 10^4tn
一．可供本地区消费的能源量	**Total Primary Energy Supply**	**0.04**	**0.87**
1．一次能源生产量	Indigenous Production		
2．回收能	Recovery of Energy		
3．外省(区．市)调入量	Moving In from Other Provinces	10.38	137.86
4．进 口 量	Import		
5．我轮．机在外国加油量	Chinese Airplanes & Ships in Refueling Abroad		
6．本省(区．市)调出量(－)	Sending Out to Other Provinces(-)	-11.28	-140.12
7．出 口 量(－)	Export(-)		
8．外轮．机在我国加油量(－)	Foreign Airplanes & Ships in Refueling in China		
9．库存增(－)、减(+)量	Stock Change	0.94	3.13
二．加工转换投入(－)产出(+)量	**Input(-) & Output(+) of Transformation**	**20.34**	**212.14**
1．火力发电	Thermal Power		-2.75
2．供 热	Heating Supply		-0.04
3．洗 选 煤	Coal Washing		
4．炼 焦	Coking		
5．炼 油	Petroleum Refineries	20.34	214.93
6．制 气	Gas Works		
＃焦炭再投入量(－)	Coke Input(-)		
7．煤制品加工	Briquettes		
三．损 失 量	**Loss**		
四．终端消费量	**Total Final Consumption**	**20.38**	**213.01**
1．农．林．牧．渔业	Farming, Forestry, Animal Husbandry, Fishery & Water Conservancy	0.16	40.67
2．工 业	Industry	8.54	97.56
＃用作原料．材料	Non-Energy Use		
3．建 筑 业	Construction	2.02	21.35
4．交通运输．仓储及邮电通迅业	Transportation, Storage, Postal &	8.12	37.21
5．批发和零售贸易业．餐饮业	Telecommunications Services Wholesale, Retail Trade and Catering Service	1.20	8.64
6．生活消费	Residential Consumption	0.34	7.58
城镇	Urban		
乡村	Rural	0.34	7.58
7．其他	Other		
五．平衡差额	**Statistical Difference**		

Continued (Hubei-1999)

燃料油 Fuel Oil 万吨 10^4tn	液化石油气 PLG 万吨 10^4tn	炼厂干气 Refinery Gas 万吨 10^4tn	天然气 Natural Gas 亿立方米 10^8 cu.m	其他石油制品 Other Petroleum Products 万吨 10^4tn	其他焦化产品 Other Coking Products 万吨 10^4 tn	热力 Heat 万百万千焦 10^{10} kj	电力 Electricity 亿千瓦小时 10^8kwh	其他能源 Other Energy 万吨标煤 10^4tce
143.23	**0.10**		**0.92**	**0.50**	**0.13**		**195.37**	
			0.92				251.45	
145.67							7.62	
-2.35							-63.70	
-0.09	0.10			0.50	0.13			
9.57	**36.92**	**15.38**		**99.69**	**18.44**	**4889.51**	**292.28**	
-0.99							292.28	
-8.64	-0.40					4889.51		
		-3.19			18.44			
19.20	37.32	18.57		99.69				
							50.03	
152.80	**37.02**	**15.38**	**0.92**	**100.19**	**18.57**	**4889.51**	**437.62**	
							29.75	
147.37	17.15	15.38	0.92	100.19	18.57	4889.51	305.91	
	0.04						6.43	
5.23							9.93	
	1.58						10.46	
	17.74						55.01	
	17.64						37.31	
	0.10						17.70	
0.20	0.51						20.13	

6-18 湖南能源平衡表(实物量)-1997

		煤合计 Coal Total 万吨 10^4 tn	原煤 Raw Coal 万吨 10^4 tn
一．可供本地区消费的能源量	**Total Primary Energy Supply**	**4702.74**	**4529.27**
1.一次能源生产量	Indigenous Production	4409.84	4409.84
2.回收能	Recovery of Energy		
3.外省(区．市)调入量	Moving In from Other Provinces	1092.83	888.24
4.进 口 量	Import		
5.我轮．机在外国加油量	Chinese Airplanes & Ships in Refueling Abroad		
6.本省(区．市)调出量(-)	Sending Out to Other Provinces(-)	-659.65	-616.01
7.出 口 量(-)	Export(-)		
8.外轮．机在我国加油量(-)	Foreign Airplanes & Ships in Refueling in China		
9.库存增(-)、减(+)量	Stock Change	-140.28	-152.80
二．加工转换投入(-)产出(+)量	**Input(-) & Output(+) of Transformation**	**-1365.06**	**-1237.42**
1.火力发电	Thermal Power	-866.58	-866.55
2.供 热	Heating Supply	-195.78	-195.78
3.洗 选 煤	Coal Washing	26.98	-127.74
4.炼 焦	Coking	-295.06	-15.58
5.炼 油	Petroleum Refineries		
6.制 气	Gas Works	-34.62	-31.77
# 焦炭再投入量(-)	Coke Input(-)		
7.煤制品加工	Briquettes		
三．损 失 量	**Loss**	**37.62**	**37.62**
四．终端消费量	**Total Final Consumption**	**3300.06**	**3254.23**
1.农．林．牧．渔业	Farming, Forestry, Animal Husbandry, Fishery & Water Conservancy	422.26	399.24
2.工 业	Industry	2193.13	2178.28
# 用作原料．材料	Non-Energy Use		
3.建 筑 业	Construction	4.19	4.19
4.交通运输．仓储及邮电通迅业	Transportation, Storage, Postal &	28.49	28.49
5.批发和零售贸易业．餐饮业	Telecommunications Services Wholesale, Retail Trade and Catering Service	15.71	15.71
6.生活消费	Residential Consumption	615.68	615.68
城镇	Urban	121.00	121.00
乡村	Rural	494.68	494.68
7.其他	Other	20.60	12.64
五．平衡差额	**Statistical Difference**		

ENERGY BALANCE OF HUNAN -1997 (PHYSICAL QUANTITY)

洗精煤 Cleaned Coal 万吨 10^4 tn	其他洗煤 Other Washed Coal 万吨 10^4 tn	型煤 Briquettes 万吨 10^4 tn	焦炭 Coke 万吨 10^4 tn	焦炉煤气 Coke Oven Gas 亿立方米 10^8 cu.m	其他煤气 Other Gas 亿立方米 10^8 cu.m	油品合计 Petroleum Products Total 万吨 10^4 tn	原油 Crude Oil 万吨 10^4 tn	汽油 Gasoline 万吨 10^4 tn
174.35	**-0.44**		**68.21**			**362.94**	**359.20**	**8.79**
204.59			92.12			407.30	280.10	63.70
						83.37	83.37	
-34.34	-4.65		-26.58			-117.88		-52.62
4.10	4.21		2.67			-9.85	-4.27	-2.29
-166.04	**19.20**		**237.80**	**5.78**	**4.11**	**-14.25**	**-356.70**	**94.40**
-0.03						-4.74		
						-8.58		-0.01
116.32	19.20							
-279.48			243.84	5.78				
						-0.93	-356.70	94.41
-2.85			-6.04		4.11			
						2.50	**2.50**	
8.31	**18.76**		**306.01**	**5.65**	**4.11**	**346.19**		**103.19**
	11.51					24.01		6.48
8.31	3.27		305.61	5.65	2.86	184.32		16.82
			0.01			2.02		1.10
			0.39			119.26		72.42
					0.01	3.87		3.21
					1.24	8.92		
					1.24	6.61		
						2.31		
	3.98					3.79		3.16
				0.13				

续表（湖南－1997）

		煤油 Kerosene 万吨 10^4tn	柴油 Diesel Oil 万吨 10^4tn
一．可供本地区消费的能源量	**Total Primary Energy Supply**	**-0.63**	**-0.36**
1. 一次能源生产量	Indigenous Production		
2. 回收能	Recovery of Energy		
3. 外省(区．市)调入量	Moving In from Other Provinces	1.29	47.29
4. 进 口 量	Import		
5. 我轮．机在外国加油量	Chinese Airplanes & Ships in Refueling Abroad		
6. 本省(区．市)调出量(－)	Sending Out to Other Provinces(-)	-1.39	-43.87
7. 出 口 量(－)	Export(-)		
8. 外轮．机在我国加油量(－)	Foreign Airplanes & Ships in Refueling in China		
9. 库存增(－)、减(＋)量	Stock Change	-0.53	-3.78
二．加工转换投入(－)产出(＋)量	**Input(-) & Output(+) of Transformation**	**9.11**	**104.42**
1. 火力发电	Thermal Power		-1.16
2. 供 热	Heating Supply		-0.01
3. 洗 选 煤	Coal Washing		
4. 炼 焦	Coking		
5. 炼 油	Petroleum Refineries	9.11	105.59
6. 制 气	Gas Works		
# 焦炭再投入量(－)	Coke Input(-)		
7. 煤制品加工	Briquettes		
三．损 失 量	**Loss**		
四．终端消费量	**Total Final Consumption**	**8.48**	**104.06**
1. 农．林．牧．渔业	Farming, Forestry, Animal Husbandry, Fishery & Water Conservancy		17.53
2. 工 业	Industry	0.42	43.66
# 用作原料．材料	Non-Energy Use		
3. 建 筑 业	Construction	0.01	0.91
4. 交通运输．仓储及邮电通迅业	Transportation, Storage, Postal &	5.73	41.09
5. 批发和零售贸易业．餐饮业	Telecommunications Services Wholesale, Retail Trade and Catering Service	0.01	0.65
6. 生活消费	Residential Consumption	2.31	
城镇	Urban		
乡村	Rural	2.31	
7. 其他	Other		0.22
五．平衡差额	**Statistical Difference**		

Continued (Hunan-1997)

燃料油 Fuel Oil 万吨 10^4tn	液化石油气 PLG 万吨 10^4tn	炼厂干气 Refinery Gas 万吨 10^4tn	天然气 Natural Gas 亿立方米 10^8 cu.m	其他石油制品 Other Petroleum Products 万吨 10^4tn	其他焦化产品 Other Coking Products 万吨 10^4 tn	热力 Heat 万百万千焦 10^{10} kj	电力 Electricity 亿千瓦小时 10^8kwh	其他能源 Other Energy 万吨标煤 10^4tce
15.05				**-19.11**			**202.43**	**-3.80**
							194.14	
14.92							11.52	
-0.89				-19.11			-3.23	
1.02								-3.80
30.80	**14.63**	**12.44**		**76.65**	**9.16**	**3149.52**	**152.96**	**3.80**
-2.32	-0.89	-0.37					152.96	
-6.57		-1.99				3149.52		
					9.16			3.80
39.69	15.52	14.80		76.65				
							30.67	
45.85	**14.63**	**12.44**		**57.54**	**9.16**	**3149.52**	**324.72**	
							29.54	
45.83	7.96	12.09		57.54	9.16	2871.12	226.64	
							3.93	
0.02							6.87	
						12.78	5.04	
	6.61					257.60	43.63	
	6.61					257.60	29.16	
							14.47	
	0.06	0.35				8.02	9.07	

6-18 湖南能源平衡表(实物量)-1998

		煤合计 Coal Total 万吨 10^4 tn	原煤 Raw Coal 万吨 10^4 tn
一. 可供本地区消费的能源量	**Total Primary Energy Supply**	**4785.29**	**4607.86**
1. 一次能源生产量	Indigenous Production	4352.07	4352.07
2. 回收能	Recovery of Energy		
3. 外省(区. 市)调入量	Moving In from Other Provinces	904.57	708.89
4. 进 口 量	Import		
5. 我轮. 机在外国加油量	Chinese Airplanes & Ships in Refueling Abroad		
6. 本省(区. 市)调出量(−)	Sending Out to Other Provinces(-)	-565.11	-551.23
7. 出 口 量(−)	Export(-)		
8. 外轮. 机在我国加油量(−)	Foreign Airplanes & Ships in Refueling in China		
9. 库存增(−)、减(+)量	Stock Change	93.76	98.13
二. 加工转换投入(−)产出(+)量	**Input(-) & Output(+) of Transformation**	**-1380.86**	**-1221.53**
1. 火力发电	Thermal Power	-846.10	-846.10
2. 供 热	Heating Supply	-170.59	-170.59
3. 洗 选 煤	Coal Washing	-21.71	-144.74
4. 炼 焦	Coking	-330.28	-51.64
5. 炼 油	Petroleum Refineries		
6. 制 气	Gas Works	-12.18	-8.46
# 焦炭再投入量(−)	Coke Input(-)		
7. 煤制品加工	Briquettes		
三. 损 失 量	**Loss**	**36.85**	**36.85**
四. 终端消费量	**Total Final Consumption**	**3367.58**	**3349.48**
1. 农. 林. 牧. 渔业	Farming, Forestry, Animal Husbandry, Fishery & Water Conservancy	429.61	421.63
2. 工 业	Industry	2219.63	2211.98
# 用作原料. 材料	Non-Energy Use		
3. 建 筑 业	Construction	4.26	4.26
4. 交通运输. 仓储及邮电通迅业	Transportation, Storage, Postal &	28.70	28.70
5. 批发和零售贸易业. 餐饮业	Telecommunications Services Wholesale, Retail Trade and Catering Service	16.28	16.28
6. 生活消费	Residential Consumption	653.48	653.48
城镇	Urban	128.65	128.65
乡村	Rural	524.83	524.83
7. 其他	Other	15.62	13.15
五. 平衡差额	**Statistical Difference**		

ENERGY BALANCE OF HUNAN -1998 (PHYSICAL QUANTITY)

洗精煤 Cleaned Coal 万吨 10^4 tn	其他洗煤 Other Washed Coal 万吨 10^4 tn	型煤 Briquettes 万吨 10^4 tn	焦炭 Coke 万吨 10^4 tn	焦炉煤气 Coke Oven Gas 亿立方米 10^8 cu.m	其他煤气 Other Gas 亿立方米 10^8 cu.m	油品合计 Petroleum Products Total 万吨 10^4 tn	原油 Crude Oil 万吨 10^4 tn	汽油 Gasoline 万吨 10^4 tn
180.69	**-3.26**		**82.53**			**359.41**	**356.98**	**8.34**
195.68			95.79			446.84	313.61	64.90
						55.20	55.20	
-10.21	-3.67		-11.90			-122.23		-52.05
-4.78	0.41		-1.36			-20.40	-11.83	-4.51
-173.92	**14.59**		**232.75**	**6.37**	**3.67**	**-6.63**	**-353.22**	**98.36**
						-4.79		
						-8.66		
108.44	14.59							
-278.64			238.85	6.37				
						6.82	-353.22	98.36
-3.72			-6.10		3.67			
						3.76	**3.76**	
6.77	**11.33**		**315.28**	**5.60**	**3.67**	**349.02**		**106.70**
	7.98					23.07		6.92
6.77	0.88		314.85	5.60	2.90	183.08		18.14
			0.01			2.27		1.21
			0.42			124.68		73.83
						3.76		3.03
					0.77	7.96		
					0.77	7.28		
						0.68		
	2.47					4.20		3.57
				0.77				

续表（湖南－1998）

		煤油 Kerosene 万吨 10^4tn	柴油 Diesel Oil 万吨 10^4tn
一．可供本地区消费的能源量	**Total Primary Energy Supply**	**-1.51**	**6.51**
1．一次能源生产量	Indigenous Production		
2．回收能	Recovery of Energy		
3．外省(区．市)调入量	Moving In from Other Provinces	0.58	47.94
4．进 口 量	Import		
5．我轮．机在外国加油量	Chinese Airplanes & Ships in Refueling Abroad		
6．本省(区．市)调出量(－)	Sending Out to Other Provinces(-)	-2.49	-35.64
7．出 口 量(－)	Export(-)		
8．外轮．机在我国加油量(－)	Foreign Airplanes & Ships in Refueling in China		
9．库存增(－)、减(+)量	Stock Change	0.40	-5.79
二．加工转换投入(－)产出(+)量	**Input(-) & Output(+) of Transformation**	**9.48**	**100.94**
1．火力发电	Thermal Power		-0.86
2．供 热	Heating Supply		-0.01
3．洗 选 煤	Coal Washing		
4．炼 焦	Coking		
5．炼 油	Petroleum Refineries	9.48	101.81
6．制 气	Gas Works		
# 焦炭再投入量(－)	Coke Input(-)		
7．煤制品加工	Briquettes		
三．损 失 量	**Loss**		
四．终端消费量	**Total Final Consumption**	**7.97**	**107.45**
1．农．林．牧．渔业	Farming, Forestry, Animal Husbandry, Fishery & Water Conservancy		16.15
2．工 业	Industry	0.34	45.39
# 用作原料．材料	Non-Energy Use		
3．建 筑 业	Construction	0.01	1.05
4．交通运输．仓储及邮电通迅业	Transportation, Storage, Postal &	6.94	43.89
5．批发和零售贸易业．餐饮业	Telecommunications Services Wholesale, Retail Trade and Catering Service		0.73
6．生活消费	Residential Consumption	0.68	
城镇	Urban		
乡村	Rural	0.68	
7．其他	Other		0.24
五．平衡差额	**Statistical Difference**		

Continued (Hunan-1998)

燃料油 Fuel Oil 万吨 10^4tn	液化石油气 PLG 万吨 10^4tn	炼厂干气 Refinery Gas 万吨 10^4tn	天然气 Natural Gas 亿立方米 10^8 cu.m	其他石油制品 Other Petroleum Products 万吨 10^4tn	其他焦化产品 Other Coking Products 万吨 10^4 tn	热力 Heat 万百万千焦 10^{10} kj	电力 Electricity 亿千瓦小时 10^8kwh	其他能源 Other Energy 万吨标煤 10^4tce
13.20	**-10.61**			**-13.50**			**214.35**	
							195.85	
19.81							21.08	
-7.69	-10.86			-13.50			-2.58	
1.08	0.25							
28.02	**26.71**	**9.80**		**73.28**	**9.46**	**3286.11**	**154.15**	
-3.35		-0.58					154.15	
-6.84		-1.81				3286.11		
					9.46			
38.21	26.71	12.19		73.28				
							30.61	
41.22	**16.10**	**9.80**		**59.78**	**9.46**	**3286.11**	**337.89**	
							32.67	
41.20	8.75	9.48		59.78	9.46	2778.13	235.51	
							4.02	
0.02							7.60	
						13.24	5.94	
	7.28					486.16	41.90	
	7.28					486.16	29.58	
							12.32	
	0.07	0.32				8.58	10.25	

6-18 湖南能源平衡表(实物量)-1999

		煤合计 Coal Total 万吨 10^4 tn	原煤 Raw Coal 万吨 10^4 tn
一.可供本地区消费的能源量	**Total Primary Energy Supply**	**3362.40**	**3180.30**
1.一次能源生产量	Indigenous Production	2618.81	2618.81
2.回收能	Recovery of Energy		
3.外省(区.市)调入量	Moving In from Other Provinces	897.63	705.13
4.进 口 量	Import		
5.我轮.机在外国加油量	Chinese Airplanes & Ships in Refueling Abroad		
6.本省(区.市)调出量(-)	Sending Out to Other Provinces(-)	-301.78	-289.02
7.出 口 量(-)	Export(-)		
8.外轮.机在我国加油量(-)	Foreign Airplanes & Ships in Refueling in China		
9.库存增(-)、减(+)量	Stock Change	147.74	145.38
二.加工转换投入(-)产出(+)量	**Input(-) & Output(+) of Transformation**	**-1374.19**	**-1200.79**
1.火力发电	Thermal Power	-868.34	-868.34
2.供 热	Heating Supply	-166.95	-166.95
3.洗 选 煤	Coal Washing	-30.66	-141.85
4.炼 焦	Coking	-287.93	-3.66
5.炼 油	Petroleum Refineries		
6.制 气	Gas Works	-20.31	-19.99
# 焦炭再投入量(-)	Coke Input(-)		
7.煤制品加工	Briquettes		
三.损 失 量	**Loss**	**28.75**	**28.75**
四.终端消费量	**Total Final Consumption**	**2214.67**	**2205.97**
1.农.林.牧.渔业	Farming, Forestry, Animal Husbandry, Fishery & Water Conservancy	288.60	285.46
2.工 业	Industry	1474.19	1469.95
# 用作原料.材料	Non-Energy Use		
3.建 筑 业	Construction	3.85	3.85
4.交通运输.仓储及邮电通迅业	Transportation, Storage, Postal &	20.18	20.18
5.批发和零售贸易业.餐饮业	Telecommunications Services Wholesale, Retail Trade and Catering Service	7.25	7.25
6.生活消费	Residential Consumption	413.20	413.20
城镇	Urban	73.09	73.09
乡村	Rural	340.11	340.11
7.其他	Other	7.40	6.08
五.平衡差额	**Statistical Difference**	**-255.21**	**-255.21**

ENERGY BALANCE OF HUNAN -1999 (PHYSICAL QUANTITY)

洗精煤 Cleaned Coal 万吨 10^4 tn	其他洗煤 Other Washed Coal 万吨 10^4 tn	型煤 Briquettes 万吨 10^4 tn	焦炭 Coke 万吨 10^4 tn	焦炉煤气 Coke Oven Gas 亿立方米 10^8 cu.m	其他煤气 Other Gas 亿立方米 10^8 cu.m	油品合计 Petroleum Products Total 万吨 10^4 tn	原油 Crude Oil 万吨 10^4 tn	汽油 Gasoline 万吨 10^4 tn
184.36	**-2.26**		**103.03**			**410.27**	**481.58**	**-3.11**
192.50			98.91			521.80	416.71	57.62
						53.84	53.84	
-10.68	-2.08		-2.25			-177.31		-65.98
2.54	-0.18		6.37			11.94	11.03	5.25
-181.84	**8.44**		**205.21**	**6.11**	**4.97**	**-47.20**	**-476.76**	**107.41**
						-2.44		
						-8.43		
102.75	8.44							
-284.27			211.43	6.11				
						-36.22	-476.76	107.41
-0.32			-6.22		4.97	-0.11		
						4.82	**4.82**	
2.52	**6.18**		**308.24**	**6.11**	**4.97**	**358.25**		**104.30**
	3.14					24.01		7.18
2.52	1.72		307.81	5.86	3.23	167.03		10.95
			0.01			3.45		2.01
			0.42			147.16		77.20
						4.00		3.25
				0.25	1.74	8.15		
				0.25	1.74	7.65		
						0.50		
	1.32					4.45		3.71

续表（湖南－1999）

		煤油 Kerosene 万吨 10^4tn	柴油 Diesel Oil 万吨 10^4tn
一. 可供本地区消费的能源量	**Total Primary Energy Supply**	**-4.16**	**-76.66**
1. 一次能源生产量	Indigenous Production		
2. 回收能	Recovery of Energy		
3. 外省(区．市)调入量	Moving In from Other Provinces	0.47	12.34
4. 进 口 量	Import		
5. 我轮．机在外国加油量	Chinese Airplanes & Ships in Refueling Abroad		
6. 本省(区．市)调出量(-)	Sending Out to Other Provinces(-)	-4.30	-86.56
7. 出 口 量(-)	Export(-)		
8. 外轮．机在我国加油量(-)	Foreign Airplanes & Ships in Refueling in China		
9. 库存增(-)、减(+)量	Stock Change	-0.33	-2.44
二. 加工转换投入(-)产出(+)量	**Input(-) & Output(+) of Transformation**	**12.02**	**195.34**
1. 火力发电	Thermal Power		-0.86
2. 供　热	Heating Supply		-0.01
3. 洗 选 煤	Coal Washing		
4. 炼　焦	Coking		
5. 炼　油	Petroleum Refineries	12.02	196.21
6. 制　气	Gas Works		
# 焦炭再投入量(-)	Coke Input(-)		
7. 煤制品加工	Briquettes		
三. 损 失 量	**Loss**		
四. 终端消费量	**Total Final Consumption**	**7.86**	**118.68**
1. 农．林．牧．渔业	Farming, Forestry, Animal Husbandry, Fishery & Water Conservancy		16.83
2. 工　业	Industry	0.40	36.42
# 用作原料．材料	Non-Energy Use		
3. 建 筑 业	Construction	0.01	1.43
4. 交通运输．仓储及邮电通迅业	Transportation, Storage, Postal &	6.95	62.99
5. 批发和零售贸易业．餐饮业	Telecommunications Services Wholesale, Retail Trade and Catering Service		0.75
6. 生活消费	Residential Consumption	0.50	
城镇	Urban		
乡村	Rural	0.50	
7. 其他	Other		0.26
五. 平衡差额	**Statistical Difference**		

Continued (Hunan-1999)

燃料油 Fuel Oil 万吨 10^4tn	液化石油气 PLG 万吨 10^4tn	炼厂干气 Refinery Gas 万吨 10^4tn	天然气 Natural Gas 亿立方米 10^8 cu.m	其他石油制品 Other Petroleum Products 万吨 10^4tn	其他焦化产品 Other Coking Products 万吨 10^4 tn	热力 Heat 万百万千焦 10^{10} kj	电力 Electricity 亿千瓦小时 10^8kwh	其他能源 Other Energy 万吨标煤 10^4tce
13.80	**-15.37**			**14.19**			**210.63**	
							182.35	
18.15				16.51			29.24	
-5.24	-15.23						-0.96	
0.89	-0.14			-2.32				
21.05	**35.54**	**14.02**		**44.18**	**8.77**	**3132.74**	**166.11**	
-1.16		-0.42					166.11	
-6.73		-1.69				3132.74		
					8.77			
28.94	35.65	16.13		44.18				
	-0.11							
							30.72	
34.85	**20.17**	**14.02**		**58.37**	**8.77**	**3132.74**	**346.02**	
							31.70	
34.83	12.44	13.62		58.37	8.77	3023.54	236.97	
							4.04	
0.02							8.55	
							7.62	
	7.65					109.20	46.66	
	7.65					109.20	30.85	
							15.81	
	0.08	0.40					10.48	

6-19 广东能源平衡表(实物量)-1997

		煤合计 Coal Total 万吨 10^4 tn	原煤 Raw Coal 万吨 10^4 tn
一．可供本地区消费的能源量	**Total Primary Energy Supply**	**5086.58**	**4998.94**
1．一次能源生产量	Indigenous Production	839.94	839.94
2．回收能	Recovery of Energy		
3．外省(区．市)调入量	Moving In from Other Provinces	4116.54	4045.78
4．进 口 量	Import	27.23	27.23
5．我轮．机在外国加油量	Chinese Airplanes & Ships in Refueling Abroad		
6．本省(区．市)调出量(－)	Sending Out to Other Provinces(-)		
7．出 口 量(－)	Export(-)	-17.87	-17.85
8．外轮．机在我国加油量(－)	Foreign Airplanes & Ships in Refueling in China		
9．库存增(－)、减(+)量	Stock Change	120.74	103.84
二．加工转换投入(－)产出(+)量	**Input(-) & Output(+) of Transformation**	**-2581.72**	**-2531.24**
1．火力发电	Thermal Power	-2341.75	-2341.68
2．供　　热	Heating Supply	-149.91	-149.75
3．洗 选 煤	Coal Washing		
4．炼　　焦	Coking	-80.26	
5．炼　　油	Petroleum Refineries		
6．制　　气	Gas Works	-17.96	-17.96
# 焦炭再投入量(－)	Coke Input(-)		
7．煤制品加工	Briquettes	8.16	-21.85
三．损 失 量	**Loss**	**3.88**	**3.88**
四．终端消费量	**Total Final Consumption**	**2501.03**	**2463.87**
1．农．林．牧．渔业	Farming, Forestry, Animal Husbandry, Fishery & Water Conservancy	41.50	41.50
2．工　　业	Industry	2275.96	2274.10
# 用作原料．材料	Non-Energy Use	110.40	110.40
3．建 筑 业	Construction	0.47	0.47
4．交通运输．仓储及邮电通迅业	Transportation, Storage, Postal &	7.44	7.44
5．批发和零售贸易业．餐饮业	Telecommunications Services Wholesale, Retail Trade and Catering Service	16.05	16.05
6．生活消费	Residential Consumption	159.61	124.31
城镇	Urban	58.76	35.60
乡村	Rural	100.85	88.71
7．其他	Other		
五．平衡差额	**Statistical Difference**	**-0.05**	**-0.05**

ENERGY BALANCE OF GUANGDONG -1997 (PHYSICAL QUANTITY)

洗精煤 Cleaned Coal 万吨 10^4 tn	其他洗煤 Other Washed Coal 万吨 10^4 tn	型煤 Briquettes 万吨 10^4 tn	焦炭 Coke 万吨 10^4 tn	焦炉煤气 Coke Oven Gas 亿立方米 10^8 cu.m	其他煤气 Other Gas 亿立方米 10^8 cu.m	油品合计 Petroleum Products Total 万吨 10^4 tn	原油 Crude Oil 万吨 10^4 tn	汽油 Gasoline 万吨 10^4 tn
81.74	**0.13**	**5.64**	**105.08**			**2295.57**	**1388.72**	**-49.92**
						1418.07	1418.07	
70.50	0.13		131.80			349.29	139.35	99.70
			0.01			2055.28	657.85	5.89
			-17.03			-753.33	-256.62	-86.40
-0.02			-6.17			-694.13	-539.41	-42.33
						-21.73		-7.66
11.26		5.64	-3.53			-57.88	-30.52	-19.12
-80.49		**30.01**	**53.88**	**2.10**	**2.33**	**-608.08**	**-1378.54**	**312.80**
-0.07					-2.09	-576.89	-11.04	-0.02
-0.16					-2.15	-20.21		
-80.26			54.70	2.10				
						-4.57	-1367.50	312.82
			-0.82		6.57	-6.41		
		30.01						
						2.43	**0.67**	**0.43**
1.25	**0.13**	**35.65**	**158.98**	**2.10**	**2.33**	**1685.07**	**9.52**	**262.49**
						110.32		11.70
1.25	0.13	0.35	158.50	2.10		832.11	9.50	59.42
			0.68			12.19		
						13.06		3.20
			0.08			359.54	0.02	134.15
						52.33		12.00
		35.30			2.33	304.47		31.64
		23.16			2.33	235.96		21.44
		12.14				68.51		10.20
			0.40			13.24		10.38
			-0.02			**-0.01**	**-0.01**	**-0.04**

续表（广东－1997）

		煤油 Kerosene 万吨 10^4tn	柴油 Diesel Oil 万吨 10^4tn
一．可供本地区消费的能源量	**Total Primary Energy Supply**	**-37.31**	**134.65**
1．一次能源生产量	Indigenous Production		
2．回收能	Recovery of Energy		
3．外省(区．市)调入量	Moving In from Other Provinces	0.94	88.03
4．进 口 量	Import	1.58	350.79
5．我轮．机在外国加油量	Chinese Airplanes & Ships in Refueling Abroad		
6．本省(区．市)调出量(－)	Sending Out to Other Provinces(-)	-31.84	-226.59
7．出 口 量(－)	Export(-)	-8.57	-63.87
8．外轮．机在我国加油量(－)	Foreign Airplanes & Ships in Refueling in China	-1.67	-12.40
9．库存增(－)、减(＋)量	Stock Change	2.25	-1.31
二．加工转换投入(－)产出(＋)量	**Input(-) & Output(+) of Transformation**	**102.06**	**253.23**
1．火力发电	Thermal Power		-158.79
2．供　热	Heating Supply		-0.52
3．洗 选 煤	Coal Washing		
4．炼　焦	Coking		
5．炼　油	Petroleum Refineries	102.06	412.56
6．制　气	Gas Works		-0.02
＃焦炭再投入量(－)	Coke Input(-)		
7．煤制品加工	Briquettes		
三．损 失 量	**Loss**	**0.01**	**0.58**
四．终端消费量	**Total Final Consumption**	**64.74**	**387.28**
1．农．林．牧．渔业	Farming, Forestry, Animal Husbandry, Fishery & Water Conservancy		98.62
2．工　业	Industry	2.39	148.98
＃用作原料．材料	Non-Energy Use	0.19	0.43
3．建 筑 业	Construction	0.04	8.70
4．交通运输．仓储及邮电通迅业	Transportation, Storage, Postal &	57.28	99.34
5．批发和零售贸易业．餐饮业	Telecommunications Services Wholesale, Retail Trade and Catering Service		25.00
6．生活消费	Residential Consumption	5.02	3.79
城镇	Urban	0.07	0.67
乡村	Rural	4.95	3.12
7．其他	Other	0.01	2.85
五．平衡差额	**Statistical Difference**		**0.02**

Continued (Quangdong-1997)

燃料油 Fuel Oil 万吨 10^4tn	液化石油气 PLG 万吨 10^4tn	炼厂干气 Refinery Gas 万吨 10^4tn	天然气 Natural Gas 亿立方米 10^8 cu.m	其他石油制品 Other Petroleum Products 万吨 10^4tn	其他焦化产品 Other Coking Products 万吨 10^4 tn	热力 Heat 万百万千焦 10^{10} kj	电力 Electricity 亿千瓦小时 10^8kwh	其他能源 Other Energy 万吨标煤 10^4tce
615.42	**249.04**		**2.17**	**-5.03**			**215.87**	**45.36**
			36.80				278.17	
								45.36
	21.27						12.82	
764.36	274.81						5.58	
-139.26	-12.62		-5.10				-0.49	
-4.03	-35.92		-29.46				-80.21	
-5.65	1.50		-0.07	-5.03				
-317.74	**43.65**	**42.76**		**333.70**	**1.42**	**3677.64**	**702.98**	**-45.36**
-406.03		-0.97		-0.04		-12.10	702.98	-34.17
-13.43		-6.26				3689.74		-10.23
					1.42			
106.89	44.87	49.99		333.74				
-5.17	-1.22							-0.96
0.74							**71.25**	
296.92	**292.69**	**42.76**	**2.17**	**328.67**	**1.42**	**3677.64**	**847.60**	
							37.33	
225.19	15.20	42.76	2.17	328.67	1.42	3677.64	532.67	
7.96	0.81	2.80			0.54			
1.11	0.01						13.30	
68.12	0.63						13.76	
2.50	12.83						61.90	
	264.02						133.34	
	213.78						76.74	
	50.24						56.60	
							55.30	
0.02								

6-19 广东能源平衡表(实物量)-1998

		煤合计 Coal Total 万吨 10^4 tn	原煤 Raw Coal 万吨 10^4 tn
一.可供本地区消费的能源量	**Total Primary Energy Supply**	**5087.00**	**4999.27**
1.一次能源生产量	Indigenous Production	761.61	761.61
2.回收能	Recovery of Energy		
3.外省(区.市)调入量	Moving In from Other Provinces	4349.66	4256.57
4.进 口 量	Import	40.23	40.23
5.我轮.机在外国加油量	Chinese Airplanes & Ships in Refueling Abroad		
6.本省(区.市)调出量(-)	Sending Out to Other Provinces(-)		
7.出 口 量(-)	Export(-)	-17.78	-17.78
8.外轮.机在我国加油量(-)	Foreign Airplanes & Ships in Refueling in China		
9.库存增(-)、减(+)量	Stock Change	-46.72	-41.36
二.加工转换投入(-)产出(+)量	**Input(-) & Output(+) of Transformation**	**-2684.66**	**-2640.50**
1.火力发电	Thermal Power	-2441.93	-2441.71
2.供 热	Heating Supply	-161.38	-161.38
3.洗 选 煤	Coal Washing		
4.炼 焦	Coking	-75.11	
5.炼 油	Petroleum Refineries		
6.制 气	Gas Works	-15.16	-15.16
# 焦炭再投入量(-)	Coke Input(-)		
7.煤制品加工	Briquettes	8.92	-22.25
三.损 失 量	**Loss**	**3.61**	**3.61**
四.终端消费量	**Total Final Consumption**	**2398.89**	**2355.30**
1.农.林.牧.渔业	Farming, Forestry, Animal Husbandry, Fishery & Water Conservancy	70.67	70.67
2.工 业	Industry	2126.87	2113.83
# 用作原料.材料	Non-Energy Use	118.90	118.90
3.建 筑 业	Construction	0.52	0.52
4.交通运输.仓储及邮电通迅业	Transportation, Storage, Postal &	65.90	65.90
5.批发和零售贸易业.餐饮业	Telecommunications Services Wholesale, Retail Trade and Catering Service	19.11	17.11
6.生活消费	Residential Consumption		
城镇	Urban	115.82	87.27
乡村	Rural	44.91	33.41
7.其他	Other	70.91	53.86
五.平衡差额	**Statistical Difference**	**-0.16**	**-0.14**

ENERGY BALANCE OF GUANGDONG -1998 (PHYSICAL QUANTITY)

洗精煤 Cleaned Coal 万吨 10^4 tn	其他洗煤 Other Washed Coal 万吨 10^4 tn	型煤 Briquettes 万吨 10^4 tn	焦炭 Coke 万吨 10^4 tn	焦炉煤气 Coke Oven Gas 亿立方米 10^8 cu.m	其他煤气 Other Gas 亿立方米 10^8 cu.m	油品合计 Petroleum Products Total 万吨 10^4 tn	原油 Crude Oil 万吨 10^4 tn	汽油 Gasoline 万吨 10^4 tn
85.27	**2.52**	**-0.06**	**108.13**		**-0.01**	**2547.76**	**1377.42**	**-33.68**
						1361.43	1361.43	
90.05	3.04		147.03			615.31	124.44	82.14
						1965.13	662.99	1.49
			-12.61			-672.63	-233.88	-65.26
			-21.80			-707.65	-528.22	-62.78
						-20.70		-12.55
-4.78	-0.52	-0.06	-4.49		-0.01	6.87	-9.34	23.28
-75.33		**31.17**	**50.75**	**1.50**	**1.15**	**-676.40**	**-1372.54**	**315.96**
-0.22					-2.61	-625.18	-28.36	-0.02
					-2.11	-43.80		
-75.11			54.10	1.50				
						-0.67	-1344.18	315.98
			-3.35		5.87	-6.75		
		31.17						
						2.61	**0.61**	**0.52**
9.96	**2.52**	**31.11**	**158.88**	**1.50**	**1.14**	**1868.83**	**4.27**	**281.78**
						123.69		14.99
9.96	2.52	0.56	158.88	1.50	0.32	953.08	4.27	34.27
			0.70			12.18		0.23
						14.19		3.54
						406.55		169.23
		2.00				49.10		14.30
						14.65		11.45
		28.55			0.82	307.57		34.00
		11.50			0.82	237.31		22.60
		17.05				70.26		11.40
-0.02						**-0.08**		**-0.02**

续表（广东－1998）

		煤油 Kerosene 万吨 10^4tn	柴油 Diesel Oil 万吨 10^4tn
一．可供本地区消费的能源量	**Total Primary Energy Supply**	**-36.73**	**245.60**
1．一次能源生产量	Indigenous Production		
2．回收能	Recovery of Energy		
3．外省(区．市)调入量	Moving In from Other Provinces	2.00	193.92
4．进 口 量	Import	5.29	182.35
5．我轮．机在外国加油量	Chinese Airplanes & Ships in Refueling Abroad		
6．本省(区．市)调出量(－)	Sending Out to Other Provinces(-)	-29.40	-100.01
7．出 口 量(－)	Export(-)	-18.54	-36.62
8．外轮．机在我国加油量(－)	Foreign Airplanes & Ships in Refueling in China	-0.75	-7.40
9．库存增(－)、减(+)量	Stock Change	4.67	13.36
二．加工转换投入(－)产出(+)量	**Input(-) & Output(+) of Transformation**	**102.42**	**292.14**
1．火力发电	Thermal Power		-108.45
2．供　　热	Heating Supply		-0.24
3．洗 选 煤	Coal Washing		
4．炼　　焦	Coking		
5．炼　　油	Petroleum Refineries	102.42	400.84
6．制　　气	Gas Works		-0.01
＃焦炭再投入量(－)	Coke Input(-)		
7．煤制品加工	Briquettes		
三．损 失 量	**Loss**	**0.02**	**0.64**
四．终端消费量	**Total Final Consumption**	**65.67**	**537.13**
1．农．林．牧．渔业	Farming, Forestry, Animal Husbandry, Fishery & Water Conservancy		108.70
2．工　　业	Industry	3.54	257.91
＃用作原料．材料	Non-Energy Use	0.12	0.60
3．建 筑 业	Construction		9.43
4．交通运输．仓储及邮电通迅业	Transportation, Storage, Postal &	57.98	134.97
5．批发和零售贸易业．餐饮业	Telecommunications Services Wholesale, Retail Trade and Catering Service		18.50
6．生活消费	Residential Consumption		3.20
城镇	Urban	4.15	4.42
乡村	Rural	0.03	0.70
7．其他	Other	4.12	3.72
五．平衡差额	**Statistical Difference**		**-0.03**

Continued (Guangdong-1998)

燃料油 Fuel Oil 万吨 10^4tn	液化石油气 PLG 万吨 10^4tn	炼厂干气 Refinery Gas 万吨 10^4tn	天然气 Natural Gas 亿立方米 10^8 cu.m	其他石油制品 Other Petroleum Products 万吨 10^4tn	其他焦化产品 Other Coking Products 万吨 10^4 tn	热力 Heat 万百万千焦 10^{10} kj	电力 Electricity 亿千瓦小时 10^8kwh	其他能源 Other Energy 万吨标煤 10^4tce
752.92	**250.71**		**2.20**	**-8.48**			**231.57**	**54.11**
			34.59				282.26	
								54.11
212.58	0.23						23.07	
770.37	327.20			15.44			6.07	
-197.68	-34.48		-5.40	-11.92			-0.63	
-2.99	-44.09		-27.45	-14.41			-79.20	
-29.36	1.85		0.46	2.41				
-442.67	**53.40**	**40.79**	**-0.50**	**334.10**	**1.27**	**5112.11**	**756.28**	**-54.11**
-486.31		-0.70	-0.50	-1.34			756.28	-37.67
-32.16		-6.84		-4.56		5112.11		-16.44
					1.27			
81.11	54.83	48.33		340.00				
-5.31	-1.43							
0.82							**76.31**	
309.46	**304.11**	**40.79**	**1.70**	**325.62**	**1.27**	**5112.11**	**911.54**	
							32.75	
260.57	26.11	40.79	1.70	325.62	1.27	5112.11	553.38	
7.65	0.78	2.80			0.50			
1.22							14.89	
44.37							15.34	
3.30	13.00						69.22	
							62.33	
	265.00						163.63	
	213.98						93.26	
	51.02						70.37	
-0.03								

6-19 广东能源平衡表(实物量)-1999

		煤合计 Coal Total 万吨 10^4 tn	原煤 Raw Coal 万吨 10^4 tn
一.可供本地区消费的能源量	**Total Primary Energy Supply**	**5283.59**	**5201.33**
1.一次能源生产量	Indigenous Production	500.00	500.00
2.回收能	Recovery of Energy		
3.外省(区.市)调入量	Moving In from Other Provinces	4650.97	4575.06
4.进 口 量	Import	11.06	11.06
5.我轮.机在外国加油量	Chinese Airplanes & Ships in Refueling Abroad		
6.本省(区.市)调出量(-)	Sending Out to Other Provinces(-)		
7.出 口 量(-)	Export(-)	-17.86	-17.86
8.外轮.机在我国加油量(-)	Foreign Airplanes & Ships in Refueling in China		
9.库存增(-)、减(+)量	Stock Change	139.42	133.07
二.加工转换投入(-)产出(+)量	**Input(-) & Output(+) of Transformation**	**-3082.44**	**-3037.07**
1.火力发电	Thermal Power	-2843.84	-2843.84
2.供　热	Heating Supply	-152.33	-152.33
3.洗 选 煤	Coal Washing		
4.炼　焦	Coking	-74.70	
5.炼　油	Petroleum Refineries		
6.制　气	Gas Works	-15.97	-15.97
# 焦炭再投入量(-)	Coke Input(-)		
7.煤制品加工	Briquettes	4.40	-24.93
三.损 失 量	**Loss**	**3.82**	**3.82**
四.终端消费量	**Total Final Consumption**	**2197.33**	**2160.44**
1.农.林.牧.渔业	Farming, Forestry, Animal Husbandry, Fishery & Water Conservancy	44.42	44.42
2.工　业	Industry	2000.34	1992.65
# 用作原料.材料	Non-Energy Use	119.00	119.00
3.建 筑 业	Construction	0.64	0.64
4.交通运输.仓储及邮电通迅业	Transportation, Storage, Postal & Telecommunications Services	14.63	14.63
5.批发和零售贸易业.餐饮业	Wholesale, Retail Trade and Catering Service	20.40	18.00
6.生活消费	Residential Consumption	116.90	90.10
城镇	Urban	43.73	32.80
乡村	Rural	73.17	57.30
7.其他	Other		
五.平衡差额	**Statistical Difference**		

ENERGY BALANCE OF GUANGDONG -1999 (PHYSICAL QUANTITY)

洗精煤 Cleaned Coal 万吨 10^4 tn	其他洗煤 Other Washed Coal 万吨 10^4 tn	型煤 Briquettes 万吨 10^4 tn	焦炭 Coke 万吨 10^4 tn	焦炉煤气 Coke Oven Gas 亿立方米 10^8 cu.m	其他煤气 Other Gas 亿立方米 10^8 cu.m	油品合计 Petroleum Products Total 万吨 10^4 tn	原油 Crude Oil 万吨 10^4 tn	汽油 Gasoline 万吨 10^4 tn
81.56	**0.52**	**0.18**	**111.34**		**24.23**	**2740.91**	**1573.96**	**-24.46**
						1284.22	1284.22	
					24.23	16.89		
75.91			119.18			804.55		166.73
						1789.16	693.04	
			-2.40			-974.52	-414.71	-111.10
			-20.93			-151.95		-61.60
						-12.77		-12.00
5.65	0.52	0.18	15.49			-14.67	11.41	-6.49
-74.70		**29.33**	**52.66**	**1.58**	**1.90**	**-702.84**	**-1563.38**	**312.92**
					-2.42	-669.78	-30.66	-0.01
					-1.75	-45.48		
-74.70			54.16	1.58				
						19.88	-1532.72	312.93
			-1.50		6.07	-7.46		
		29.33						
						7.77	**5.49**	**0.60**
6.86	**0.52**	**29.51**	**164.00**	**1.58**	**26.13**	**2030.30**	**5.09**	**287.86**
						110.48		13.20
6.86	0.52	0.31	164.00	1.58	20.44	1001.38	5.09	33.18
			0.82			11.64		0.21
						15.10		4.10
						525.64		174.55
		2.40			0.91	53.20		15.20
		26.80			4.78	309.30		35.33
		10.93			4.78	238.11		23.23
		15.87				71.19		12.10
						15.20		12.30

续表（广东-1999）

		煤油 Kerosene 万吨 10^4tn	柴油 Diesel Oil 万吨 10^4tn
一．可供本地区消费的能源量	**Total Primary Energy Supply**	**-55.97**	**233.14**
1．一次能源生产量	Indigenous Production		
2．回收能	Recovery of Energy		
3．外省(区．市)调入量	Moving In from Other Provinces	2.43	336.46
4．进 口 量	Import	30.46	0.83
5．我轮．机在外国加油量	Chinese Airplanes & Ships in Refueling Abroad		
6．本省(区．市)调出量(-)	Sending Out to Other Provinces(-)	-34.29	-83.30
7．出 口 量(-)	Export(-)	-52.74	-14.65
8．外轮．机在我国加油量(-)	Foreign Airplanes & Ships in Refueling in China	-0.77	
9．库存增(-)、减(+)量	Stock Change	-1.06	-6.20
二．加工转换投入(-)产出(+)量	**Input(-) & Output(+) of Transformation**	**122.90**	**406.05**
1．火力发电	Thermal Power	-0.01	-123.07
2．供　　热	Heating Supply		-0.88
3．洗 选 煤	Coal Washing		
4．炼　　焦	Coking		
5．炼　　油	Petroleum Refineries	122.91	530.01
6．制　　气	Gas Works		-0.01
＃焦炭再投入量(-)	Coke Input(-)		
7．煤制品加工	Briquettes		
三．损 失 量	**Loss**	**0.02**	**0.71**
四．终端消费量	**Total Final Consumption**	**66.91**	**638.48**
1．农．林．牧．渔业	Farming, Forestry, Animal Husbandry, Fishery & Water Conservancy		91.28
2．工　　业	Industry	3.16	265.63
＃用作原料．材料	Non-Energy Use	0.11	0.72
3．建 筑 业	Construction		9.50
4．交通运输．仓储及邮电通迅业	Transportation, Storage, Postal & Telecommunications Services	60.55	244.77
5．批发和零售贸易业．餐饮业	Wholesale, Retail Trade and Catering Service		19.80
6．生活消费	Residential Consumption	3.20	4.60
城镇	Urban	0.01	0.70
乡村	Rural	3.19	3.90
7．其他	Other		2.90
五．平衡差额	**Statistical Difference**		

Continued (Guangdong-1999)

燃料油 Fuel Oil 万吨 10^4tn	液化石油气 PLG 万吨 10^4tn	炼厂干气 Refinery Gas 万吨 10^4tn	天然气 Natural Gas 亿立方米 10^8 cu.m	其他石油制品 Other Petroleum Products 万吨 10^4tn	其他焦化产品 Other Coking Products 万吨 10^4 tn	热力 Heat 万百万千焦 10^{10} kj	电力 Electricity 亿千瓦小时 10^8kwh	其他能源 Other Energy 万吨标煤 10^4tce
784.57	**264.41**		**1.71**	**-34.74**			**198.87**	**68.77**
			37.51				252.67	
	16.89							68.77
296.83	2.10						39.91	
716.77	308.46			39.60			6.23	
-230.10	-56.02		-5.08	-45.00			-1.19	
-1.12	-7.08		-30.27	-14.76			-98.75	
2.19	0.06		-0.45	-14.58				
-463.90	**48.50**	**42.98**	**-0.40**	**391.09**	**1.44**	**4969.36**	**887.37**	**-68.77**
-514.81		-1.05	-0.40	-0.17			887.37	-23.83
-35.89		-8.71				4969.36		-21.23
					1.44			
92.83	49.92	52.74		391.26				-23.71
-6.03	-1.42							
0.95							**83.37**	
319.72	**312.91**	**42.98**	**1.31**	**356.35**	**1.44**	**4969.36**	**1002.87**	
				6.00			34.16	
269.25	31.74	42.98	1.31	350.35	1.44	4969.36	612.29	
6.80	0.90	2.90			0.40			
1.50							18.06	
45.77							16.34	
3.20	15.00						75.89	
	266.17						178.42	
	214.17						95.86	
	52.00						82.56	
							67.71	

6-20 广西能源平衡表(实物量)-1997

		煤合计 Coal Total 万吨 10^4 tn	原煤 Raw Coal 万吨 10^4 tn
一. 可供本地区消费的能源量	**Total Primary Energy Supply**	**2166.82**	**2059.08**
1. 一次能源生产量	Indigenous Production	1114.33	1114.33
2. 回收能	Recovery of Energy		
3. 外省(区．市)调入量	Moving In from Other Provinces	991.84	888.71
4. 进 口 量	Import	1.52	1.52
5. 我轮．机在外国加油量	Chinese Airplanes & Ships in Refueling Abroad		
6. 本省(区．市)调出量(-)	Sending Out to Other Provinces(-)	-15.29	-15.29
7. 出 口 量(-)	Export(-)		
8. 外轮．机在我国加油量(-)	Foreign Airplanes & Ships in Refueling in China		
9. 库存增(-)、减(+)量	Stock Change	74.42	69.81
二. 加工转换投入(-)产出(+)量	**Input(-) & Output(+) of Transformation**	**-683.91**	**-608.08**
1. 火力发电	Thermal Power	-576.57	-576.57
2. 供 热	Heating Supply		
3. 洗 选 煤	Coal Washing		
4. 炼 焦	Coking	-97.37	
5. 炼 油	Petroleum Refineries		
6. 制 气	Gas Works	-10.58	-10.58
# 焦炭再投入量(-)	Coke Input(-)		
7. 煤制品加工	Briquettes	0.61	-20.93
三. 损 失 量	**Loss**		
四. 终端消费量	**Total Final Consumption**	**1482.91**	**1451.00**
1. 农．林．牧．渔业	Farming, Forestry, Animal Husbandry, Fishery & Water Conservancy	10.11	10.11
2. 工 业	Industry	1399.25	1388.88
# 用作原料．材料	Non-Energy Use		
3. 建 筑 业	Construction	1.50	1.50
4. 交通运输．仓储及邮电通迅业	Transportation, Storage, Postal &	11.24	11.24
5. 批发和零售贸易业．餐饮业	Telecommunications Services Wholesale, Retail Trade and Catering Service	9.78	9.78
6. 生活消费	Residential Consumption	47.70	26.16
城镇	Urban	35.37	22.29
乡村	Rural	12.33	3.87
7. 其他	Other	3.33	3.33
五. 平衡差额	**Statistical Difference**		

ENERGY BALANCE OF GUANGXI -1997 (PHYSICAL QUANTITY)

洗精煤 Cleaned Coal 万吨 10^4 tn	其他洗煤 Other Washed Coal 万吨 10^4 tn	型煤 Briquettes 万吨 10^4 tn	焦炭 Coke 万吨 10^4 tn	焦炉煤气 Coke Oven Gas 亿立方米 10^8 cu.m	其他煤气 Other Gas 亿立方米 10^8 cu.m	油品合计 Petroleum Products Total 万吨 10^4 tn	原油 Crude Oil 万吨 10^4 tn	汽油 Gasoline 万吨 10^4 tn
100.56	**3.59**		**98.49**			**165.35**	**50.87**	**29.61**
						3.92	3.92	
97.79	2.67		94.44			174.06	47.47	31.33
			-0.54			-5.92		-2.03
2.77	0.92		4.59			-6.71	-0.52	0.31
-97.37		**21.54**	**69.46**	**2.81**	**3.21**	**-8.14**	**-50.73**	**14.93**
						-1.60		
-97.37			69.46	2.81				
						-6.54	-50.73	14.93
					3.21			
		21.54						
3.19	**3.59**	**21.54**	**167.95**	**2.81**	**3.21**	**157.21**	**0.14**	**44.54**
						3.76		1.27
3.19	3.59		167.88	2.44	3.21	39.20	0.14	7.27
						2.31		0.79
			0.07			61.74		18.46
						6.62		2.80
		21.54		0.37		35.23		7.93
		13.08		0.37		31.05		5.55
		8.46				4.18		2.38
						8.35		6.02

续表（广西－1997）

		煤油 Kerosene 万吨 10^4tn	柴油 Diesel Oil 万吨 10^4tn
一．可供本地区消费的能源量	**Total Primary Energy Supply**	**2.86**	**55.46**
1.一次能源生产量	Indigenous Production		
2.回收能	Recovery of Energy		
3.外省(区．市)调入量	Moving In from Other Provinces	3.53	64.31
4.进　口　量	Import		
5.我轮．机在外国加油量	Chinese Airplanes & Ships in Refueling Abroad		
6.本省(区．市)调出量(－)	Sending Out to Other Provinces(-)	-0.21	-3.50
7.出　口　量(－)	Export(-)		
8.外轮．机在我国加油量(－)	Foreign Airplanes & Ships in Refueling in China		
9.库存增(－)、减(+)量	Stock Change	-0.46	-5.35
二．加工转换投入(－)产出(+)量	**Input(-) & Output(+) of Transformation**	**0.48**	**16.29**
1.火力发电	Thermal Power		-1.52
2.供　　热	Heating Supply		
3.洗　选　煤	Coal Washing		
4.炼　　焦	Coking		
5.炼　　油	Petroleum Refineries	0.48	17.81
6.制　　气	Gas Works		
#焦炭再投入量(－)	Coke Input(-)		
7.煤制品加工	Briquettes		
三．损　失　量	**Loss**		
四．终端消费量	**Total Final Consumption**	**3.34**	**71.75**
1.农．林．牧．渔业	Farming, Forestry, Animal Husbandry, Fishery & Water Conservancy	0.08	2.41
2.工　　业	Industry	0.18	20.22
#用作原料．材料	Non-Energy Use		
3.建　筑　业	Construction	0.01	1.46
4.交通运输．仓储及邮电通迅业	Transportation, Storage, Postal &	0.04	43.24
5.批发和零售贸易业．餐饮业	Telecommunications Services Wholesale, Retail Trade and Catering Service	0.07	2.25
6.生活消费	Residential Consumption	2.90	
城镇	Urban	1.50	
乡村	Rural	1.40	
7.其他	Other	0.06	2.17
五．平衡差额	**Statistical Difference**		

Continued (Guangxi-1997)

燃料油 Fuel Oil 万吨 10^4tn	液化石油气 PLG 万吨 10^4tn	炼厂干气 Refinery Gas 万吨 10^4tn	天然气 Natural Gas 亿立方米 10^8 cu.m	其他石油制品 Other Petroleum Products 万吨 10^4tn	其他焦化产品 Other Coking Products 万吨 10^4 tn	热力 Heat 万百万千焦 10^{10} kj	电力 Electricity 亿千瓦小时 10^8kwh	其他能源 Other Energy 万吨标煤 10^4tce
4.73	**21.82**						**186.27**	**147.71**
							156.58	147.48
							30.56	
5.43	21.99							
	-0.18						-0.87	
-0.70	0.01							0.23
4.20	**4.35**	**1.43**		**0.91**	**2.93**		**80.68**	**-50.59**
-0.08							80.68	-50.59
					2.93			
4.28	4.35	1.43		0.91				
							20.60	
8.93	**26.17**	**1.43**		**0.91**	**2.93**		**246.35**	**97.12**
							9.82	
8.93	0.17	1.43		0.86	2.93		184.94	97.12
				0.05			1.33	
							2.86	
	1.50						4.23	
	24.40						36.30	
	24.00						22.41	
	0.40						13.89	
	0.10						6.87	

6-20 广西能源平衡表(实物量)-1998

		煤合计 Coal Total 万吨 10^4 tn	原煤 Raw Coal 万吨 10^4 tn
一.可供本地区消费的能源量	**Total Primary Energy Supply**	**2106.33**	**1997.55**
1.一次能源生产量	Indigenous Production	1015.10	1015.10
2.回收能	Recovery of Energy		
3.外省(区.市)调入量	Moving In from Other Provinces	1027.39	914.11
4.进 口 量	Import	0.86	0.86
5.我轮.机在外国加油量	Chinese Airplanes & Ships in Refueling Abroad		
6.本省(区.市)调出量(-)	Sending Out to Other Provinces(-)	-20.40	-20.40
7.出 口 量(-)	Export(-)		
8.外轮.机在我国加油量(-)	Foreign Airplanes & Ships in Refueling in China		
9.库存增(-)、减(+)量	Stock Change	83.38	87.88
二.加工转换投入(-)产出(+)量	**Input(-) & Output(+) of Transformation**	**-711.27**	**-612.19**
1.火力发电	Thermal Power	-603.62	-603.62
2.供 热	Heating Supply		
3.洗 选 煤	Coal Washing		
4.炼 焦	Coking	-99.08	
5.炼 油	Petroleum Refineries		
6.制 气	Gas Works	-8.57	-8.57
# 焦炭再投入量(-)	Coke Input(-)		
7.煤制品加工	Briquettes		
三.损 失 量	**Loss**		
四.终端消费量	**Total Final Consumption**	**1395.06**	**1385.36**
1.农.林.牧.渔业	Farming, Forestry, Animal Husbandry, Fishery & Water Conservancy	12.10	12.10
2.工 业	Industry	1339.11	1329.41
# 用作原料.材料	Non-Energy Use		
3.建 筑 业	Construction	1.59	1.59
4.交通运输.仓储及邮电通迅业	Transportation, Storage, Postal &	14.31	14.31
5.批发和零售贸易业.餐饮业	Telecommunications Services Wholesale, Retail Trade and Catering Service	10.68	10.68
6.生活消费	Residential Consumption	12.89	12.89
城镇	Urban	12.10	12.10
乡村	Rural	0.79	0.79
7.其他	Other	4.38	4.38
五.平衡差额	**Statistical Difference**		

ENERGY BALANCE OF GUANGXI -1998 (PHYSICAL QUANTITY)

洗精煤 Cleaned Coal 万吨 10^4 tn	其他洗煤 Other Washed Coal 万吨 10^4 tn	型煤 Briquettes 万吨 10^4 tn	焦炭 Coke 万吨 10^4 tn	焦炉煤气 Coke Oven Gas 亿立方米 10^8 cu.m	其他煤气 Other Gas 亿立方米 10^8 cu.m	油品合计 Petroleum Products Total 万吨 10^4 tn	原油 Crude Oil 万吨 10^4 tn	汽油 Gasoline 万吨 10^4 tn
103.76	**5.02**		**95.64**			**215.08**	**57.51**	**43.28**
						3.15	3.15	
108.79	4.49		96.55			210.79	56.30	43.65
						3.84		
						-8.78		-3.51
						-0.71		
-5.03	0.53		-0.91			6.79	-1.94	3.14
-99.08			**70.87**	**2.80**	**3.25**	**-7.17**	**-57.32**	**16.16**
						-1.26		
-99.08			70.87	2.80				
						-5.91	-57.32	16.16
					3.25			
4.68	**5.02**		**166.51**	**2.80**	**3.25**	**207.91**	**0.19**	**59.44**
						6.25		3.70
4.68	5.02		166.51	2.46	3.25	43.63	0.19	7.71
						2.44		0.84
						91.87		21.06
						7.73		3.50
				0.34		45.49		14.58
				0.34		38.77		10.56
						6.72		4.02
						10.50		8.05

续表（广西－1998）

		煤油 Kerosene 万吨 10^4tn	柴油 Diesel Oil 万吨 10^4tn
一．可供本地区消费的能源量	**Total Primary Energy Supply**	**2.83**	**81.95**
1.一次能源生产量	Indigenous Production		
2.回收能	Recovery of Energy		
3.外省(区．市)调入量	Moving In from Other Provinces	2.44	82.22
4.进 口 量	Import		0.05
5.我轮．机在外国加油量	Chinese Airplanes & Ships in Refueling Abroad		
6.本省(区．市)调出量(－)	Sending Out to Other Provinces(-)		-5.27
7.出 口 量(－)	Export(-)		
8.外轮．机在我国加油量(－)	Foreign Airplanes & Ships in Refueling in China		
9.库存增(－)、减(+)量	Stock Change	0.39	4.95
二．加工转换投入(－)产出(+)量	**Input(-) & Output(+) of Transformation**	**0.76**	**19.10**
1.火力发电	Thermal Power		-1.26
2.供 热	Heating Supply		
3.洗 选 煤	Coal Washing		
4.炼 焦	Coking		
5.炼 油	Petroleum Refineries	0.76	20.36
6.制 气	Gas Works		
# 焦炭再投入量(－)	Coke Input(-)		
7.煤制品加工	Briquettes		
三．损 失 量	**Loss**		
四．终端消费量	**Total Final Consumption**	**3.59**	**101.05**
1.农．林．牧．渔业	Farming, Forestry, Animal Husbandry, Fishery & Water Conservancy	0.10	2.45
2.工 业	Industry	0.19	21.76
# 用作原料．材料	Non-Energy Use		
3.建 筑 业	Construction	0.01	1.54
4.交通运输．仓储及邮电通迅业	Transportation, Storage, Postal & Telecommunications Services	0.04	70.77
5.批发和零售贸易业．餐饮业	Wholesale, Retail Trade and Catering Service	0.08	2.35
6.生活消费	Residential Consumption	3.10	
城镇	Urban	1.60	
乡村	Rural	1.50	
7.其他	Other	0.07	2.18
五．平衡差额	**Statistical Difference**		

Continued (Guangxi-1998)

燃料油 Fuel Oil 万吨 10^4tn	液化石油气 PLG 万吨 10^4tn	炼厂干气 Refinery Gas 万吨 10^4tn	天然气 Natural Gas 亿立方米 10^8 cu.m	其他石油制品 Other Petroleum Products 万吨 10^4tn	其他焦化产品 Other Coking Products 万吨 10^4 tn	热力 Heat 万百万千焦 10^{10} kj	电力 Electricity 亿千瓦小时 10^8kwh	其他能源 Other Energy 万吨标煤 10^4tce
5.84	**23.67**						**175.56**	**139.34**
							146.02	138.54
5.59	20.59						30.76	
	3.79							
							-1.22	
	-0.71							
0.25								0.80
4.55	**6.29**	**1.81**		**1.48**	**3.54**		**98.02**	**-17.76**
							98.02	-17.76
					3.54			
4.55	6.29	1.81		1.48				
							21.82	
10.39	**29.96**	**1.81**		**1.48**	**3.54**		**251.76**	**121.58**
							10.49	
10.39	0.15	1.81		1.43	3.54		183.80	121.58
				0.05			1.13	
							3.13	
	1.80						5.31	
	27.81						39.50	
	26.61						24.48	
	1.20						15.02	
	0.20						8.40	

6-20 广西能源平衡表(实物量)-1999

		煤合计 Coal Total 万吨 10^4 tn	原煤 Raw Coal 万吨 10^4 tn
一.可供本地区消费的能源量	**Total Primary Energy Supply**	**2117.23**	**2025.54**
1.一次能源生产量	Indigenous Production	816.06	816.06
2.回收能	Recovery of Energy		
3.外省(区.市)调入量	Moving In from Other Provinces	1350.64	1265.66
4.进口量	Import	1.71	1.71
5.我轮.机在外国加油量	Chinese Airplanes & Ships in Refueling Abroad		
6.本省(区.市)调出量(-)	Sending Out to Other Provinces(-)	-11.65	-11.65
7.出口量(-)	Export(-)		
8.外轮.机在我国加油量(-)	Foreign Airplanes & Ships in Refueling in China		
9.库存增(-)、减(+)量	Stock Change	-39.53	-46.24
二.加工转换投入(-)产出(+)量	**Input(-) & Output(+) of Transformation**	**-660.89**	**-573.60**
1.火力发电	Thermal Power	-564.96	-564.96
2.供热	Heating Supply		
3.洗选煤	Coal Washing		
4.炼焦	Coking	-87.29	
5.炼油	Petroleum Refineries		
6.制气	Gas Works	-8.64	-8.64
#焦炭再投入量(-)	Coke Input(-)		
7.煤制品加工	Briquettes		
三.损失量	**Loss**		
四.终端消费量	**Total Final Consumption**	**1456.34**	**1451.94**
1.农.林.牧.渔业	Farming, Forestry, Animal Husbandry, Fishery & Water Conservancy	13.50	13.50
2.工业	Industry	1398.52	1394.12
#用作原料.材料	Non-Energy Use		
3.建筑业	Construction	1.68	1.68
4.交通运输.仓储及邮电通迅业	Transportation, Storage, Postal &	15.40	15.40
5.批发和零售贸易业.餐饮业	Telecommunications Services Wholesale, Retail Trade and Catering Service	11.60	11.60
6.生活消费	Residential Consumption	10.64	10.64
城镇	Urban	9.68	9.68
乡村	Rural	0.96	0.96
7.其他	Other	5.00	5.00
五.平衡差额	**Statistical Difference**		

ENERGY BALANCE OF GUANGXI -1999 (PHYSICAL QUANTITY)

洗精煤 Cleaned Coal 万吨 10^4 tn	其他洗煤 Other Washed Coal 万吨 10^4 tn	型煤 Briquettes 万吨 10^4 tn	焦炭 Coke 万吨 10^4 tn	焦炉煤气 Coke Oven Gas 亿立方米 10^8 cu.m	其他煤气 Other Gas 亿立方米 10^8 cu.m	油品合计 Petroleum Products Total 万吨 10^4 tn	原油 Crude Oil 万吨 10^4 tn	汽油 Gasoline 万吨 10^4 tn
89.58	**2.11**		**97.53**			**226.54**	**57.45**	**49.26**
						3.50	3.50	
83.23	1.75		101.58			250.40	53.20	59.38
			-0.05			-26.53		-7.67
6.35	0.36		-4.00			-0.83	0.75	-2.45
-87.29			**64.29**	**2.55**	**3.34**	**-6.07**	**-56.24**	**15.33**
						-2.59		
-87.29			64.29	2.55				
						-3.48	-56.24	15.33
					3.34			
2.29	**2.11**		**161.82**	**2.55**	**3.34**	**220.47**	**1.21**	**64.59**
						6.48		3.80
2.29	2.11		161.82	2.25	3.34	45.93	1.21	5.81
						2.53		0.92
						90.30		21.35
						7.90		3.51
				0.30		54.60		19.10
				0.30		44.96		13.50
						9.64		5.60
						12.73		10.10

续表（广西－1999）

		煤油 Kerosene 万吨 10^4tn	柴油 Diesel Oil 万吨 10^4tn
一．可供本地区消费的能源量	**Total Primary Energy Supply**	**3.65**	**77.77**
1．一次能源生产量	Indigenous Production		
2．回收能	Recovery of Energy		
3．外省(区．市)调入量	Moving In from Other Provinces	4.00	88.52
4．进 口 量	Import		
5．我轮．机在外国加油量	Chinese Airplanes & Ships in Refueling Abroad		
6．本省(区．市)调出量(－)	Sending Out to Other Provinces(-)	-0.05	-11.70
7．出 口 量(－)	Export(-)		
8．外轮．机在我国加油量(－)	Foreign Airplanes & Ships in Refueling in China		
9．库存增(－)、减(+)量	Stock Change	-0.30	0.95
二．加工转换投入(－)产出(+)量	**Input(-) & Output(+) of Transformation**	**0.10**	**20.33**
1．火力发电	Thermal Power		-2.59
2．供　　热	Heating Supply		
3．洗 选 煤	Coal Washing		
4．炼　　焦	Coking		
5．炼　　油	Petroleum Refineries	0.10	22.92
6．制　　气	Gas Works		
#焦炭再投入量(－)	Coke Input(-)		
7．煤制品加工	Briquettes		
三．损 失 量	**Loss**		
四．终端消费量	**Total Final Consumption**	**3.75**	**98.10**
1．农．林．牧．渔业	Farming, Forestry, Animal Husbandry, Fishery & Water Conservancy	0.12	2.56
2．工　　业	Industry	0.17	20.33
#用作原料．材料	Non-Energy Use		
3．建 筑 业	Construction	0.01	1.60
4．交通运输．仓储及邮电通迅业	Transportation, Storage, Postal &	0.04	68.91
5．批发和零售贸易业．餐饮业	Telecommunications Services Wholesale, Retail Trade and Catering Service	0.09	2.40
6．生活消费	Residential Consumption	3.24	
城镇	Urban	1.68	
乡村	Rural	1.56	
7．其他	Other	0.08	2.30
五．平衡差额	**Statistical Difference**		

Continued (Guangxi-1999)

燃料油 Fuel Oil 万吨 10^4tn	液化石油气 PLG 万吨 10^4tn	炼厂干气 Refinery Gas 万吨 10^4tn	天然气 Natural Gas 亿立方米 10^8 cu.m	其他石油制品 Other Petroleum Products 万吨 10^4tn	其他焦化产品 Other Coking Products 万吨 10^4 tn	热力 Heat 万百万千焦 10^{10} kj	电力 Electricity 亿千瓦小时 10^8kwh	其他能源 Other Energy 万吨标煤 10^4tce
3.39	**29.05**			**5.97**			**189.59**	**125.04**
							153.95	
								125.04
3.54	35.79			5.97			37.22	
-0.46	-6.65						-1.58	
0.31	-0.09							
3.93	**5.71**	**1.75**		**3.02**	**3.54**		**99.47**	
							99.47	
					3.54			
3.93	5.71	1.75		3.02				
							23.52	
7.32	**34.76**	**1.75**		**8.99**	**3.54**		**265.54**	**125.04**
							11.75	
7.32	0.35	1.75		8.99	3.54		191.01	125.04
							1.09	
							3.68	
	1.90						5.95	
	32.26						43.27	
	29.78						26.18	
	2.48						17.09	
	0.25						8.79	

6-21 海南能源平衡表(实物量)-1997

		煤合计 Coal Total 万吨 10^4 tn	原煤 Raw Coal 万吨 10^4 tn
一．可供本地区消费的能源量	**Total Primary Energy Supply**	**139.05**	**139.05**
1．一次能源生产量	Indigenous Production	1.50	1.50
2．回收能	Recovery of Energy		
3．外省(区．市)调入量	Moving In from Other Provinces	120.61	120.61
4．进 口 量	Import	8.58	8.58
5．我轮．机在外国加油量	Chinese Airplanes & Ships in Refueling Abroad		
6．本省(区．市)调出量(－)	Sending Out to Other Provinces(-)		
7．出 口 量(－)	Export(-)		
8．外轮．机在我国加油量(－)	Foreign Airplanes & Ships in Refueling in China		
9．库存增(－)、减(+)量	Stock Change		
二．加工转换投入(－)产出(+)量	**Input(-) & Output(+) of Transformation**	**-77.03**	**-78.02**
1．火力发电	Thermal Power	-76.86	-76.86
2．供 热	Heating Supply		
3．洗 选 煤	Coal Washing		
4．炼 焦	Coking		
5．炼 油	Petroleum Refineries		
6．制 气	Gas Works		
# 焦炭再投入量(－)	Coke Input(-)		
7．煤制品加工	Briquettes	-0.17	-1.16
三．损 失 量	**Loss**	**1.47**	**1.47**
四．终端消费量	**Total Final Consumption**	**60.55**	**59.56**
1．农．林．牧．渔业	Farming, Forestry, Animal Husbandry, Fishery & Water Conservancy	2.86	2.86
2．工 业	Industry	53.46	53.46
# 用作原料．材料	Non-Energy Use		
3．建 筑 业	Construction	0.01	0.01
4．交通运输．仓储及邮电通讯业	Transportation, Storage, Postal &	1.92	1.92
5．批发和零售贸易业．餐饮业	Telecommunications Services Wholesale, Retail Trade and Catering Service	1.66	0.79
6．生活消费	Residential Consumption	0.34	0.22
城镇	Urban	0.34	0.22
乡村	Rural		
7．其他	Other	0.30	0.30
五．平衡差额	**Statistical Difference**		

ENERGY BALANCE OF HAINAN -1997 (PHYSICAL QUANTITY)

洗精煤 Cleaned Coal 万吨 10^4 tn	其他洗煤 Other Washed Coal 万吨 10^4 tn	型煤 Briquettes 万吨 10^4 tn	焦炭 Coke 万吨 10^4 tn	焦炉煤气 Coke Oven Gas 亿立方米 10^8 cu.m	其他煤气 Other Gas 亿立方米 10^8 cu.m	油品合计 Petroleum Products Total 万吨 10^4 tn	原油 Crude Oil 万吨 10^4 tn	汽油 Gasoline 万吨 10^4 tn
			1.18			**104.77**	**0.01**	**27.22**
			0.79			59.30	0.01	26.95
						49.95		
						-3.24		
			8.36	8.36				0.39
		0.99			**0.06**	**-1.30**		
						-1.12		
					0.06	-0.18		
		0.99						
						0.13		**0.12**
		0.99	**1.18**		**0.06**	**103.34**	**0.01**	**27.10**
						16.45		3.31
			1.18			9.22	0.01	4.02
						3.45		1.38
						40.20		6.57
		0.87			0.01	6.55		2.18
		0.12			0.05	11.00		1.43
		0.12			0.05	9.74		0.83
						1.26		0.60
						16.47		8.21

续表（海南-1997）

		煤油 Kerosene 万吨 10^4tn	柴油 Diesel Oil 万吨 10^4tn
一．可供本地区消费的能源量	**Total Primary Energy Supply**	**14.54**	**41.59**
1．一次能源生产量	Indigenous Production		
2．回收能	Recovery of Energy		
3．外省(区．市)调入量	Moving In from Other Provinces	13.74	11.15
4．进 口 量	Import	0.39	34.84
5．我轮．机在外国加油量	Chinese Airplanes & Ships in Refueling Abroad		
6．本省(区．市)调出量(-)	Sending Out to Other Provinces(-)		
7．出 口 量(-)	Export(-)		-3.24
8．外轮．机在我国加油量(-)	Foreign Airplanes & Ships in Refueling in China		
9．库存增(-)、减(+)量	Stock Change		
二．加工转换投入(-)产出(+)量	**Input(-) & Output(+) of Transformation**		**-1.12**
1．火力发电	Thermal Power		-1.12
2．供 热	Heating Supply		
3．洗 选 煤	Coal Washing		
4．炼 焦	Coking		
5．炼 油	Petroleum Refineries		
6．制 气	Gas Works		
#．焦炭再投入量(-)	Coke Input(-)		
7．煤制品加工	Briquettes		
三．损 失 量	**Loss**	**0.01**	
四．终端消费量	**Total Final Consumption**	**14.53**	**40.47**
1．农．林．牧．渔业	Farming, Forestry, Animal Husbandry, Fishery & Water Conservancy	0.04	13.10
2．工 业	Industry	0.05	4.13
# 用作原料．材料	Non-Energy Use		
3．建 筑 业	Construction		1.69
4．交通运输．仓储及邮电通迅业	Transportation, Storage, Postal &	13.40	13.29
5．批发和零售贸易业．餐饮业	Telecommunications Services Wholesale, Retail Trade and Catering Service	0.03	
6．生活消费	Residential Consumption	1.01	
城镇	Urban	0.35	
乡村	Rural	0.66	
7．其他	Other		8.26
五．平衡差额	**Statistical Difference**		

Continued (Hainan-1997)

燃料油 Fuel Oil 万吨 10^4tn	液化石油气 PLG 万吨 10^4tn	炼厂干气 Refinery Gas 万吨 10^4tn	天然气 Natural Gas 亿立方米 10^8 cu.m	其他石油制品 Other Petroleum Products 万吨 10^4tn	其他焦化产品 Other Coking Products 万吨 10^4 tn	热力 Heat 万百万千焦 10^{10} kj	电力 Electricity 亿千瓦小时 10^8kwh	其他能源 Other Energy 万吨标煤 10^4tce
6.02	**13.09**			**2.30**			**14.85**	**15.22**
							14.85	
								15.29
3.55	3.90							
2.95	9.46			2.31				
-1.24		0.27	0.41	-1.16	-0.48	-0.27		
	-0.18		**-1.53**				**19.75**	
			-1.53				19.75	
	-0.18							
							3.76	
6.02	**12.91**		**3.58**	**2.30**			**30.84**	**15.22**
							1.21	
1.00			3.58	0.01			13.53	15.22
0.37							0.35	
4.65				2.29			0.76	
	4.34						3.15	
	8.56						5.19	
	8.56						3.30	
							1.89	
							6.65	
			-5.11					

6-21 海南能源平衡表(实物量)-1998

		煤合计 Coal Total 万吨 10^4 tn	原煤 Raw Coal 万吨 10^4 tn
一.可供本地区消费的能源量	**Total Primary Energy Supply**	**169.66**	**169.66**
1.一次能源生产量	Indigenous Production	1.50	1.50
2.回收能	Recovery of Energy		
3.外省(区.市)调入量	Moving In from Other Provinces	176.94	176.94
4.进 口 量	Import	0.01	0.01
5.我轮.机在外国加油量	Chinese Airplanes & Ships in Refueling Abroad		
6.本省(区.市)调出量(-)	Sending Out to Other Provinces(-)		
7.出 口 量(-)	Export(-)		
8.外轮.机在我国加油量(-)	Foreign Airplanes & Ships in Refueling in China		
9.库存增(-)、减(+)量	Stock Change	-18.33	-18.33
二.加工转换投入(-)产出(+)量	**Input(-) & Output(+) of Transformation**	**-106.43**	**-107.10**
1.火力发电	Thermal Power	-106.48	-106.48
2.供 热	Heating Supply		
3.洗 选 煤	Coal Washing		
4.炼 焦	Coking		
5.炼 油	Petroleum Refineries		
6.制 气	Gas Works		
# 焦炭再投入量(-)	Coke Input(-)		
7.煤制品加工	Briquettes	0.05	-0.62
三.损 失 量	**Loss**	**4.50**	**4.50**
四.终端消费量	**Total Final Consumption**	**58.73**	**58.06**
1.农.林.牧.渔业	Farming, Forestry, Animal Husbandry, Fishery & Water Conservancy	3.05	3.05
2.工 业	Industry	52.67	52.67
# 用作原料.材料	Non-Energy Use		
3.建 筑 业	Construction	0.01	0.01
4.交通运输.仓储及邮电通迅业	Transportation, Storage, Postal &	1.15	1.15
5.批发和零售贸易业.餐饮业	Telecommunications Services Wholesale, Retail Trade and Catering Service	1.44	0.85
6.生活消费	Residential Consumption	0.41	0.33
城镇	Urban	0.41	0.33
乡村	Rural		
7.其他	Other		
五.平衡差额	**Statistical Difference**		

ENERGY BALANCE OF HAINAN -1998 (PHYSICAL QUANTITY)

洗精煤 Cleaned Coal 万吨 10^4 tn	其他洗煤 Other Washed Coal 万吨 10^4 tn	型煤 Briquettes 万吨 10^4 tn	焦炭 Coke 万吨 10^4 tn	焦炉煤气 Coke Oven Gas 亿立方米 10^8 cu.m	其他煤气 Other Gas 亿立方米 10^8 cu.m	油品合计 Petroleum Products Total 万吨 10^4 tn	原油 Crude Oil 万吨 10^4 tn	汽油 Gasoline 万吨 10^4 tn
			0.67		**-0.01**	**169.04**	**169.66**	
						1.50	1.50	
			0.82			177.76	176.94	
			-0.41		-0.01	-24.23	-18.33	
		0.67			**0.08**	**24.17**	**-107.10**	
						-106.48	-106.48	
						130.52		
		0.67				0.05	-0.62	
						4.65	**4.50**	
		0.67	**0.67**		**0.07**	**188.56**	**58.06**	
						3.05	3.05	
			0.67			78.91	52.67	
						103.53	0.01	
						1.15	1.15	
		0.59			0.01	1.45	0.85	
		0.08			0.06	0.47	0.33	
		0.08			0.06	0.47	0.33	

续表（海南−1998）

		煤油 Kerosene 万吨 10^4tn	柴油 Diesel Oil 万吨 10^4tn
一．可供本地区消费的能源量	**Total Primary Energy Supply**		
1．一次能源生产量	Indigenous Production		
2．回收能	Recovery of Energy		
3．外省(区．市)调入量	Moving In from Other Provinces		
4．进 口 量	Import		
5．我轮．机在外国加油量	Chinese Airplanes & Ships in Refueling Abroad		
6．本省(区．市)调出量(−)	Sending Out to Other Provinces(-)		
7．出 口 量(−)	Export(-)		
8．外轮．机在我国加油量(−)	Foreign Airplanes & Ships in Refueling in China		
9．库存增(−)、减(+)量	Stock Change		
二．加工转换投入(−)产出(+)量	**Input(-) & Output(+) of Transformation**		**0.67**
1．火力发电	Thermal Power		
2．供 热	Heating Supply		
3．洗 选 煤	Coal Washing		
4．炼 焦	Coking		
5．炼 油	Petroleum Refineries		
6．制 气	Gas Works		
# 焦炭再投入量(−)	Coke Input(-)		
7．煤制品加工	Briquettes		0.67
三．损 失 量	**Loss**		
四．终端消费量	**Total Final Consumption**		**0.67**
1．农．林．牧．渔业	Farming, Forestry, Animal Husbandry, Fishery & Water Conservancy		
2．工 业	Industry		
# 用作原料．材料	Non-Energy Use		
3．建 筑 业	Construction		
4．交通运输．仓储及邮电通迅业	Transportation, Storage, Postal &		
5．批发和零售贸易业．餐饮业	Telecommunications Services Wholesale, Retail Trade and Catering Service		0.59
6．生活消费	Residential Consumption		0.08
城镇	Urban		0.08
乡村	Rural		
7．其他	Other		
五．平衡差额	**Statistical Difference**		

Continued (Hainan-1998)

燃料油 Fuel Oil 万吨 10^4tn	液化石油气 PLG 万吨 10^4tn	炼厂干气 Refinery Gas 万吨 10^4tn	天然气 Natural Gas 亿立方米 10^8 cu.m	其他石油制品 Other Petroleum Products 万吨 10^4tn	其他焦化产品 Other Coking Products 万吨 10^4 tn	热力 Heat 万百万千焦 10^{10} kj	电力 Electricity 亿千瓦小时 10^8kwh	其他能源 Other Energy 万吨标煤 10^4tce
0.67		**-0.01**	**6.62**	**-1.28**			**2.22**	
			3.73				8.05	
0.82			4.65				17.96	
			-1.76				-23.79	
-0.41		-0.01		-5.48				
		0.08		**130.52**	**24.51**	**6719.24**	**680.43**	
							680.43	
						6719.24		
					24.51			
				130.52				
		0.08						
			0.48	**0.15**			**37.08**	
0.67		**0.07**	**6.14**	**129.09**	**24.51**	**6719.24**	**645.57**	
							47.54	
0.67			6.14	25.57	24.51	4390.17	448.41	
				103.52		5.17	5.05	
						9.52	15.99	
		0.01				119.85	9.39	
		0.06				2043.79	72.68	
		0.06				2043.79	31.27	
							41.41	
						150.74	46.51	

6-21 海南能源平衡表(实物量)-1999

		煤合计 Coal Total 万吨 10^4 tn	原煤 Raw Coal 万吨 10^4 tn
一. 可供本地区消费的能源量	**Total Primary Energy Supply**	**178.57**	**178.57**
1. 一次能源生产量	Indigenous Production		
2. 回收能	Recovery of Energy		
3. 外省(区. 市)调入量	Moving In from Other Provinces	170.62	170.62
4. 进 口 量	Import	1.17	1.17
5. 我轮. 机在外国加油量	Chinese Airplanes & Ships in Refueling Abroad		
6. 本省(区. 市)调出量(-)	Sending Out to Other Provinces(-)		
7. 出 口 量(-)	Export(-)		
8. 外轮. 机在我国加油量(-)	Foreign Airplanes & Ships in Refueling in China		
9. 库存增(-)、减(+)量	Stock Change	6.78	6.78
二. 加工转换投入(-)产出(+)量	**Input(-) & Output(+) of Transformation**	**-112.90**	**-113.40**
1. 火力发电	Thermal Power	-113.00	-113.00
2. 供 热	Heating Supply		
3. 洗 选 煤	Coal Washing		
4. 炼 焦	Coking		
5. 炼 油	Petroleum Refineries		
6. 制 气	Gas Works		
# 焦炭再投入量(-)	Coke Input(-)		
7. 煤制品加工	Briquettes	0.10	-0.40
三. 损 失 量	**Loss**	**4.91**	**4.91**
四. 终端消费量	**Total Final Consumption**	**61.02**	**60.26**
1. 农. 林. 牧. 渔业	Farming, Forestry, Animal Husbandry, Fishery & Water Conservancy	3.05	3.05
2. 工 业	Industry	55.07	55.07
# 用作原料. 材料	Non-Energy Use		
3. 建 筑 业	Construction	0.01	0.01
4. 交通运输. 仓储及邮电通迅业	Transportation, Storage, Postal &	0.97	0.97
5. 批发和零售贸易业. 餐饮业	Telecommunications Services Wholesale, Retail Trade and Catering Service	1.61	0.95
6. 生活消费	Residential Consumption	0.31	0.21
城镇	Urban	0.31	0.21
乡村	Rural		
7. 其他	Other		
五. 平衡差额	**Statistical Difference**	**-0.26**	

ENERGY BALANCE OF HAINAN -1999 (PHYSICAL QUANTITY)

洗精煤 Cleaned Coal 万吨 10^4 tn	其他洗煤 Other Washed Coal 万吨 10^4 tn	型煤 Briquettes 万吨 10^4 tn	焦炭 Coke 万吨 10^4 tn	焦炉煤气 Coke Oven Gas 亿立方米 10^8 cu.m	其他煤气 Other Gas 亿立方米 10^8 cu.m	油品合计 Petroleum Products Total 万吨 10^4 tn	原油 Crude Oil 万吨 10^4 tn	汽油 Gasoline 万吨 10^4 tn
			2.51			**127.82**	**6.39**	**29.34**
			2.76			128.54	6.72	29.93
						2.97		
						-3.19		
			-0.25			-0.50	-0.33	-0.59
		0.50			**0.09**	**-4.00**	**-6.31**	
						-0.86		
						-2.84	-6.31	
					0.09	-0.30		
		0.50						
						0.14		**0.11**
		0.76	**2.51**		**0.09**	**123.68**	**0.08**	**29.23**
						17.80		3.35
			2.51			14.88	0.08	4.54
						4.63		1.86
						51.61		6.94
		0.66			0.01	6.26		2.61
		0.10			0.08	12.17		1.79
		0.10			0.08	10.96		1.09
						1.21		0.70
						16.33		8.14
		-0.26						

		煤油 Kerosene 万吨 10^4tn	柴油 Diesel Oil 万吨 10^4tn
一．可供本地区消费的能源量	**Total Primary Energy Supply**	**22.10**	**44.53**
1．一次能源生产量	Indigenous Production		
2．回收能	Recovery of Energy		
3．外省(区．市)调入量	Moving In from Other Provinces	25.76	44.02
4．进 口 量	Import	0.05	
5．我轮．机在外国加油量	Chinese Airplanes & Ships in Refueling Abroad		
6．本省(区．市)调出量(－)	Sending Out to Other Provinces(-)	-3.19	
7．出 口 量(－)	Export(-)		
8．外轮．机在我国加油量(－)	Foreign Airplanes & Ships in Refueling in China		
9．库存增(－)、减(＋)量	Stock Change	-0.52	0.51
二．加工转换投入(－)产出(＋)量	**Input(-) & Output(+) of Transformation**		**-0.86**
1．火力发电	Thermal Power		-0.86
2．供 热	Heating Supply		
3．洗 选 煤	Coal Washing		
4．炼 焦	Coking		
5．炼 油	Petroleum Refineries		
6．制 气	Gas Works		
＃焦炭再投入量(－)	Coke Input(-)		
7．煤制品加工	Briquettes		
三．损 失 量	**Loss**		**0.03**
四．终端消费量	**Total Final Consumption**	**22.10**	**43.64**
1．农．林．牧．渔业	Farming, Forestry, Animal Husbandry, Fishery & Water Conservancy	0.04	14.41
2．工 业	Industry	0.06	4.46
＃用作原料．材料	Non-Energy Use		
3．建 筑 业	Construction		2.28
4．交通运输．仓储及邮电通迅业	Transportation, Storage, Postal &	21.45	14.30
5．批发和零售贸易业．餐饮业	Telecommunications Services Wholesale, Retail Trade and Catering Service	0.04	
6．生活消费	Residential Consumption	0.51	
城镇	Urban		
乡村	Rural	0.51	
7．其他	Other		8.19
五．平衡差额	**Statistical Difference**		

Continued (Hainan-1999)

燃料油 Fuel Oil 万吨 10^4tn	液化石油气 PLG 万吨 10^4tn	炼厂干气 Refinery Gas 万吨 10^4tn	天然气 Natural Gas 亿立方米 10^8 cu.m	其他石油制品 Other Petroleum Products 万吨 10^4tn	其他焦化产品 Other Coking Products 万吨 10^4 tn	热力 Heat 万百万千焦 10^{10} kj	电力 Electricity 亿千瓦小时 10^8kwh	其他能源 Other Energy 万吨标煤 10^4tce
7.61	**13.86**			**3.99**			**10.56**	**13.09**
							10.56	
								13.31
7.23	11.85			3.03				
	1.97			0.95				
0.38	0.04			0.01				
3.47	**-0.30**		**-1.14**				**28.09**	
			-1.14				28.09	
3.47								
	-0.30							
							4.51	
11.08	**13.56**		**3.96**	**3.99**			**34.14**	**13.09**
							1.34	
5.63	0.08		3.96	0.03			15.16	13.09
			3.96					
0.49							0.35	
4.96				3.96			1.29	
	3.61						2.72	
	9.87						5.62	
	9.87						3.50	
							2.12	
							7.66	
			-5.10					

6-22 重庆能源平衡表(实物量)-1997

		煤合计 Coal Total 万吨 10^4 tn	原煤 Raw Coal 万吨 10^4 tn
一．可供本地区消费的能源量	**Total Primary Energy Supply**	**2705.03**	**2668.33**
1．一次能源生产量	Indigenous Production	2931.07	2931.07
2．回收能	Recovery of Energy		
3．外省(区．市)调入量	Moving In from Other Provinces	40.00	
4．进 口 量	Import		
5．我轮．机在外国加油量	Chinese Airplanes & Ships in Refueling Abroad		
6．本省(区．市)调出量(-)	Sending Out to Other Provinces(-)	-256.00	-256.00
7．出 口 量(-)	Export(-)		
8．外轮．机在我国加油量(-)	Foreign Airplanes & Ships in Refueling in China		
9．库存增(-)、减(+)量	Stock Change	-10.04	-6.74
二．加工转换投入(-)产出(+)量	**Input(-) & Output(+) of Transformation**	**-889.62**	**-1009.02**
1．火力发电	Thermal Power	-727.15	-584.10
2．供　　热	Heating Supply	-1.75	-0.65
3．洗 选 煤	Coal Washing	16.67	-401.80
4．炼　　焦	Coking	-177.39	-22.47
5．炼　　油	Petroleum Refineries		
6．制　　气	Gas Works		
# 焦炭再投入量(-)	Coke Input(-)		
7．煤制品加工	Briquettes		
三．损 失 量	**Loss**		
四．终端消费量	**Total Final Consumption**	**1844.77**	**1659.65**
1．农．林．牧．渔业	Farming, Forestry, Animal Husbandry, Fishery & Water Conservancy	176.28	176.28
2．工　　业	Industry	1437.27	1252.38
# 用作原料．材料	Non-Energy Use		
3．建 筑 业	Construction	6.09	6.08
4．交通运输．仓储及邮电通迅业	Transportation, Storage, Postal &	21.93	21.72
5．批发和零售贸易业．餐饮业	Telecommunications Services Wholesale, Retail Trade and Catering Service		
6．生活消费	Residential Consumption	202.44	202.44
城镇	Urban	31.06	31.06
乡村	Rural	171.38	171.38
7．其他	Other	0.76	0.75
五．平衡差额	**Statistical Difference**	**-29.36**	**-0.34**

ENERGY BALANCE OF CHONGQING -1997 (PHYSICAL QUANTITY)

洗精煤 Cleaned Coal 万吨 10^4 tn	其他洗煤 Other Washed Coal 万吨 10^4 tn	型煤 Briquettes 万吨 10^4 tn	焦炭 Coke 万吨 10^4 tn	焦炉煤气 Coke Oven Gas 亿立方米 10^8 cu.m	其他煤气 Other Gas 亿立方米 10^8 cu.m	油品合计 Petroleum Products Total 万吨 10^4 tn	原油 Crude Oil 万吨 10^4 tn	汽油 Gasoline 万吨 10^4 tn
35.74	**0.48**		**0.29**			**79.15**		**32.21**
40.00						90.00		40.00
-4.26	0.48		0.29			-10.85		-7.79
-15.32	**67.36**		**120.21**	**4.01**		**-0.29**		**-0.02**
-0.03	-71.51					-0.29		-0.02
	-0.55			-0.61				
139.63	139.42							
-154.92			120.21	4.62				
51.24	**66.94**		**120.42**	**4.01**		**79.55**		**32.80**
						5.45		2.12
51.01	66.94		120.34	4.01		19.20		10.96
0.01			0.04			3.89		2.17
0.21			0.01			43.14		11.92
						4.52		3.60
						1.32		
						1.32		
0.01			0.03			2.03		2.03
-30.82	**0.90**		**0.08**			**-0.69**		**-0.61**

续表（重庆－1997）

		煤油 Kerosene 万吨 10^4tn	柴油 Diesel Oil 万吨 10^4tn
一．可供本地区消费的能源量	**Total Primary Energy Supply**	**7.78**	**38.16**
1．一次能源生产量	Indigenous Production		
2．回收能	Recovery of Energy		
3．外省(区．市)调入量	Moving In from Other Provinces	9.00	40.00
4．进 口 量	Import		
5．我轮．机在外国加油量	Chinese Airplanes & Ships in Refueling Abroad		
6．本省(区．市)调出量(-)	Sending Out to Other Provinces(-)		
7．出 口 量(-)	Export(-)		
8．外轮．机在我国加油量(-)	Foreign Airplanes & Ships in Refueling in China		
9．库存增(-)、减(+)量	Stock Change	-1.22	-1.84
二．加工转换投入(-)产出(+)量	**Input(-) & Output(+) of Transformation**		**-0.27**
1．火力发电	Thermal Power		-0.27
2．供 热	Heating Supply		
3．洗 选 煤	Coal Washing		
4．炼 焦	Coking		
5．炼 油	Petroleum Refineries		
6．制 气	Gas Works		
# 焦炭再投入量(-)	Coke Input(-)		
7．煤制品加工	Briquettes		
三．损 失 量	**Loss**		
四．终端消费量	**Total Final Consumption**	**7.78**	**37.97**
1．农．林．牧．渔业	Farming, Forestry, Animal Husbandry, Fishery & Water Conservancy		3.33
2．工 业	Industry	0.22	7.02
# 用作原料．材料	Non-Energy Use		
3．建 筑 业	Construction	0.02	1.70
4．交通运输．仓储及邮电通迅业	Transportation, Storage, Postal & Telecommunications Services	6.22	25.00
5．批发和零售贸易业．餐饮业	Wholesale, Retail Trade and Catering Service		0.92
6．生活消费	Residential Consumption	1.32	
城镇	Urban		
乡村	Rural	1.32	
7．其他	Other		
五．平衡差额	**Statistical Difference**		**-0.08**

Continued (Chongqing-1997)

燃料油 Fuel Oil 万吨 10^4tn	液化石油气 PLG 万吨 10^4tn	炼厂干气 Refinery Gas 万吨 10^4tn	天然气 Natural Gas 亿立方米 10^8 cu.m	其他石油制品 Other Petroleum Products 万吨 10^4tn	其他焦化产品 Other Coking Products 万吨 10^4 tn	热力 Heat 万百万千焦 10^{10} kj	电力 Electricity 亿千瓦小时 10^8kwh	其他能源 Other Energy 万吨标煤 10^4tce
			25.75	**1.00**	**-0.18**		**60.51**	**3.51**
			2.44				31.38	
			28.24	1.00			45.51	3.51
			-4.59				-16.38	
			-0.34					
			-3.10		**8.17**	**534.81**	**116.77**	**-3.50**
			-3.09				116.77	-3.50
			-0.01			534.81		
					8.17			
			0.65				**11.49**	
			22.00	**1.00**	**7.99**	**534.81**	**165.79**	**0.01**
							9.75	
			16.91	1.00	7.99	534.81	120.26	0.01
							6.52	
			0.02				3.55	
			0.07				3.75	
			4.77				19.44	
			4.77				12.68	
							6.76	
			0.23				2.52	

6-22 重庆能源平衡表(实物量)-1998

		煤合计 Coal Total 万吨 10^4 tn	原煤 Raw Coal 万吨 10^4 tn
一.可供本地区消费的能源量	**Total Primary Energy Supply**	**2843.11**	**2533.68**
1.一次能源生产量	Indigenous Production	3142.12	2833.48
2.回收能	Recovery of Energy		
3.外省(区.市)调入量	Moving In from Other Provinces		
4.进 口 量	Import		
5.我轮.机在外国加油量	Chinese Airplanes & Ships in Refueling Abroad		
6.本省(区.市)调出量(-)	Sending Out to Other Provinces(-)	-279.61	-279.61
7.出 口 量(-)	Export(-)		
8.外轮.机在我国加油量(-)	Foreign Airplanes & Ships in Refueling in China		
9.库存增(-)、减(+)量	Stock Change	-19.40	-20.19
二.加工转换投入(-)产出(+)量	**Input(-) & Output(+) of Transformation**	**-828.00**	**-791.80**
1.火力发电	Thermal Power	-562.94	-427.70
2.供 热	Heating Supply	-17.40	
3.洗 选 煤	Coal Washing	-82.26	-341.27
4.炼 焦	Coking	-165.40	-22.83
5.炼 油	Petroleum Refineries		
6.制 气	Gas Works		
# 焦炭再投入量(-)	Coke Input(-)		
7.煤制品加工	Briquettes		
三.损 失 量	**Loss**		
四.终端消费量	**Total Final Consumption**	**2021.41**	**1741.88**
1.农.林.牧.渔业	Farming, Forestry, Animal Husbandry, Fishery & Water Conservancy	202.06	202.06
2.工 业	Industry	1632.15	1352.62
# 用作原料.材料	Non-Energy Use		
3.建 筑 业	Construction	9.32	9.32
4.交通运输.仓储及邮电通迅业	Transportation, Storage, Postal &	21.02	21.02
5.批发和零售贸易业.餐饮业	Telecommunications Services Wholesale, Retail Trade and Catering Service		
6.生活消费	Residential Consumption	156.54	156.54
城镇	Urban	2.90	2.90
乡村	Rural	153.64	153.64
7.其他	Other	0.32	0.32
五.平衡差额	**Statistical Difference**	**-6.30**	

ENERGY BALANCE OF CHONGQING -1998 (PHYSICAL QUANTITY)

洗精煤 Cleaned Coal 万吨 10^4 tn	其他洗煤 Other Washed Coal 万吨 10^4 tn	型煤 Briquettes 万吨 10^4 tn	焦炭 Coke 万吨 10^4 tn	焦炉煤气 Coke Oven Gas 亿立方米 10^8 cu.m	其他煤气 Other Gas 亿立方米 10^8 cu.m	油品合计 Petroleum Products Total 万吨 10^4 tn	原油 Crude Oil 万吨 10^4 tn	汽油 Gasoline 万吨 10^4 tn
171.56	**137.87**		**66.17**		**13.47**	**128.10**		**61.04**
170.80	137.84		68.39		13.47	0.04		
						127.35		61.00
0.76	0.03		-2.22			0.71		0.04
32.72	**-68.92**		**123.83**	**3.95**	**-13.47**	**-1.04**		**-0.03**
	-135.24					-1.04		-0.03
	-17.40			-0.81	-13.47			
175.29	83.72							
-142.57			123.83	4.76				
210.61	**68.92**		**189.92**	**4.64**		**125.55**		**59.52**
						10.65		3.42
210.61	68.92		189.81	4.64		33.60		19.62
			0.08			5.95		3.11
			0.03			56.47		21.76
						9.47		6.56
						5.26		1.00
						0.50		0.50
						4.76		0.50
						4.15		4.05
-6.33	**0.03**		**0.08**	**-0.69**		**1.51**		**1.49**

续表（重庆－1998）

		煤油 Kerosene 万吨 10^4tn	柴油 Diesel Oil 万吨 10^4tn
一.可供本地区消费的能源量	**Total Primary Energy Supply**	**8.28**	**57.54**
1.一次能源生产量	Indigenous Production	0.04	
2.回收能	Recovery of Energy		
3.外省(区.市)调入量	Moving In from Other Provinces	7.24	58.00
4.进 口 量	Import		
5.我轮.机在外国加油量	Chinese Airplanes & Ships in Refueling Abroad		
6.本省(区.市)调出量(-)	Sending Out to Other Provinces(-)		
7.出 口 量(-)	Export(-)		
8.外轮.机在我国加油量(-)	Foreign Airplanes & Ships in Refueling in China		
9.库存增(-)、减(+)量	Stock Change	1.00	-0.46
二.加工转换投入(-)产出(+)量	**Input(-) & Output(+) of Transformation**		**-1.01**
1.火力发电	Thermal Power		-1.01
2.供 热	Heating Supply		
3.洗 选 煤	Coal Washing		
4.炼 焦	Coking		
5.炼 油	Petroleum Refineries		
6.制 气	Gas Works		
# 焦炭再投入量(-)	Coke Input(-)		
7.煤制品加工	Briquettes		
三.损 失 量	**Loss**		
四.终端消费量	**Total Final Consumption**	**8.26**	**56.53**
1.农.林.牧.渔业	Farming, Forestry, Animal Husbandry, Fishery & Water Conservancy		7.23
2.工 业	Industry	0.79	11.95
# 用作原料.材料	Non-Energy Use		
3.建 筑 业	Construction	0.02	2.82
4.交通运输.仓储及邮电通迅业	Transportation, Storage, Postal &	5.67	29.04
5.批发和零售贸易业.餐饮业	Telecommunications Services Wholesale, Retail Trade and Catering Service		2.91
6.生活消费	Residential Consumption	1.78	2.48
城镇	Urban		
乡村	Rural	1.78	2.48
7.其他	Other		0.10
五.平衡差额	**Statistical Difference**	**0.02**	

Continued (Chongqing-1998)

燃料油 Fuel Oil 万吨 10^4tn	液化石油气 PLG 万吨 10^4tn	炼厂干气 Refinery Gas 万吨 10^4tn	天然气 Natural Gas 亿立方米 10^8 cu.m	其他石油制品 Other Petroleum Products 万吨 10^4tn	其他焦化产品 Other Coking Products 万吨 10^4 tn	热力 Heat 万百万千焦 10^{10} kj	电力 Electricity 亿千瓦小时 10^8kwh	其他能源 Other Energy 万吨标煤 10^4tce
0.09	**0.21**		**23.97**	**0.94**	**0.27**		**179.45**	
			49.47				158.67	
0.09	0.21			0.81			27.03	
			-25.50				-6.25	
				0.13	0.27			
			-0.62		**23.78**	**642.87**	**106.39**	
			-0.61				106.39	
			-0.01			642.87		
					23.78			
							11.30	
0.09	**0.21**		**23.37**	**0.94**	**24.05**	**642.87**	**274.54**	
							15.63	
0.09	0.21		17.27	0.94	24.05	642.87	188.22	
							10.45	
			0.02				5.69	
			0.10				6.01	
			5.96				44.50	
			5.96				29.82	
							14.68	
							4.04	
			-0.02					

6-22 重庆能源平衡表(实物量)-1999

		煤合计 Coal Total 万吨 10^4 tn	原煤 Raw Coal 万吨 10^4 tn
一.可供本地区消费的能源量	**Total Primary Energy Supply**	**3053.70**	**2750.00**
1.一次能源生产量	Indigenous Production	3067.49	2776.12
2.回收能	Recovery of Energy		
3.外省(区.市)调入量	Moving In from Other Provinces		
4.进口量	Import		
5.我轮.机在外国加油量	Chinese Airplanes & Ships in Refueling Abroad		
6.本省(区.市)调出量(-)	Sending Out to Other Provinces(-)	-148.95	-148.95
7.出口量(-)	Export(-)		
8.外轮.机在我国加油量(-)	Foreign Airplanes & Ships in Refueling in China		
9.库存增(-)、减(+)量	Stock Change	135.16	122.83
二.加工转换投入(-)产出(+)量	**Input(-) & Output(+) of Transformation**	**-847.04**	**-772.54**
1.火力发电	Thermal Power	-604.73	-453.00
2.供热	Heating Supply	-18.84	-1.08
3.洗选煤	Coal Washing	-51.56	-301.08
4.炼焦	Coking	-171.91	-17.38
5.炼油	Petroleum Refineries		
6.制气	Gas Works		
#焦炭再投入量(-)	Coke Input(-)		
7.煤制品加工	Briquettes		
三.损失量	**Loss**		
四.终端消费量	**Total Final Consumption**	**2204.13**	**1977.46**
1.农.林.牧.渔业	Farming, Forestry, Animal Husbandry, Fishery & Water Conservancy	207.72	207.72
2.工业	Industry	1797.04	1570.37
#用作原料.材料	Non-Energy Use		
3.建筑业	Construction	13.59	13.59
4.交通运输.仓储及邮电通迅业	Transportation, Storage, Postal &	23.35	23.35
5.批发和零售贸易业.餐饮业	Telecommunications Services Wholesale, Retail Trade and Catering Service		
6.生活消费	Residential Consumption	161.53	161.53
城镇	Urban	3.13	3.13
乡村	Rural	158.40	158.40
7.其他	Other	0.90	0.90
五.平衡差额	**Statistical Difference**	**2.53**	

ENERGY BALANCE OF CHONGQING -1999 (PHYSICAL QUANTITY)

洗精煤 Cleaned Coal 万吨 10^4 tn	其他洗煤 Other Washed Coal 万吨 10^4 tn	型煤 Briquettes 万吨 10^4 tn	焦炭 Coke 万吨 10^4 tn	焦炉煤气 Coke Oven Gas 亿立方米 10^8 cu.m	其他煤气 Other Gas 亿立方米 10^8 cu.m	油品合计 Petroleum Products Total 万吨 10^4 tn	原油 Crude Oil 万吨 10^4 tn	汽油 Gasoline 万吨 10^4 tn
195.04	**108.66**		**103.72**		**43.29**	**143.27**		**65.82**
183.66	107.71		103.88		43.29			
						141.34		65.00
11.38	0.95		-0.16			1.93		0.82
-13.35	**-61.15**		**46.06**	**-0.91**	**-14.16**	**-1.63**		
	-151.73					-1.63		
-0.01	-17.75			-0.91	-14.16			
141.19	108.33							
-154.53			46.06					
181.69	**44.98**		**149.78**	**4.20**	**29.13**	**133.19**		**62.92**
						10.95		3.52
181.69	44.98		149.64	4.20	29.13	36.21		20.72
			0.10			6.65		3.14
			0.04			59.46		23.36
						9.95		6.89
						5.42		1.04
						0.53		0.53
						4.89		0.51
						4.55		4.25
	2.53			**-5.11**		**8.45**		**2.90**

续表（重庆－1999）

		煤油 Kerosene 万吨 10^4tn	柴油 Diesel Oil 万吨 10^4tn
一．可供本地区消费的能源量	**Total Primary Energy Supply**	**7.99**	**67.14**
1. 一次能源生产量	Indigenous Production		
2. 回收能	Recovery of Energy		
3. 外省(区．市)调入量	Moving In from Other Provinces	8.00	67.00
4. 进 口 量	Import		
5. 我轮．机在外国加油量	Chinese Airplanes & Ships in Refueling Abroad		
6. 本省(区．市)调出量(－)	Sending Out to Other Provinces(-)		
7. 出 口 量(－)	Export(-)		
8. 外轮．机在我国加油量(－)	Foreign Airplanes & Ships in Refueling in China		
9. 库存增(－)、减(＋)量	Stock Change	-0.01	0.14
二．加工转换投入(－)产出(＋)量	**Input(-) & Output(+) of Transformation**		**-1.63**
1. 火力发电	Thermal Power		-1.63
2. 供 热	Heating Supply		
3. 洗 选 煤	Coal Washing		
4. 炼 焦	Coking		
5. 炼 油	Petroleum Refineries		
6. 制 气	Gas Works		
＃焦炭再投入量(－)	Coke Input(-)		
7. 煤制品加工	Briquettes		
三．损 失 量	**Loss**		
四．终端消费量	**Total Final Consumption**	**8.43**	**59.52**
1. 农．林．牧．渔业	Farming, Forestry, Animal Husbandry, Fishery & Water Conservancy		7.43
2. 工 业	Industry	0.96	12.21
＃用作原料．材料	Non-Energy Use		
3. 建 筑 业	Construction	0.03	3.48
4. 交通运输．仓储及邮电通迅业	Transportation, Storage, Postal &	5.61	30.49
5. 批发和零售贸易业．餐饮业	Telecommunications Services Wholesale, Retail Trade and Catering Service		3.06
6. 生活消费	Residential Consumption	1.83	2.55
城镇	Urban		
乡村	Rural	1.83	2.55
7. 其他	Other		0.30
五．平衡差额	**Statistical Difference**	**-0.44**	**5.99**

Continued (Chongqing-1999)

燃料油 Fuel Oil 万吨 10^4tn	液化石油气 PLG 万吨 10^4tn	炼厂干气 Refinery Gas 万吨 10^4tn	天然气 Natural Gas 亿立方米 10^8 cu.m	其他石油制品 Other Petroleum Products 万吨 10^4tn	其他焦化产品 Other Coking Products 万吨 10^4 tn	热力 Heat 万百万千焦 10^{10} kj	电力 Electricity 亿千瓦小时 10^8kwh	其他能源 Other Energy 万吨标煤 10^4tce
1.58	**0.03**		**29.92**	**0.71**	**0.14**		**185.26**	
			45.71				164.48	
0.66	0.03			0.65			27.03	
			-15.79				-6.25	
0.92				0.06	0.14			
			-0.55		**1.46**	**797.46**	**117.80**	
			-0.55				117.80	
						797.46		
					1.46			
							11.50	
1.58	**0.03**		**29.37**	**0.71**	**1.60**	**797.46**	**291.54**	
							16.07	
1.58	0.03		22.89	0.71	1.60	797.46	200.10	
			0.03				11.50	
			0.04				6.15	
			0.11				6.30	
			6.30				47.02	
			6.30				31.91	
							15.11	
							4.40	
							0.02	

6-23 四川能源平衡表(实物量)-1997

		煤合计 Coal Total 万吨 10^4 tn	原煤 Raw Coal 万吨 10^4 tn
一.可供本地区消费的能源量	**Total Primary Energy Supply**	**6113.55**	**6017.28**
1.一次能源生产量	Indigenous Production	6222.68	6222.68
2.回收能	Recovery of Energy		
3.外省(区.市)调入量	Moving In from Other Provinces	148.80	45.00
4.进 口 量	Import		
5.我轮.机在外国加油量	Chinese Airplanes & Ships in Refueling Abroad		
6.本省(区.市)调出量(-)	Sending Out to Other Provinces(-)	-298.20	-298.20
7.出 口 量(-)	Export(-)		
8.外轮.机在我国加油量(-)	Foreign Airplanes & Ships in Refueling in China		
9.库存增(-)、减(+)量	Stock Change	40.27	47.80
二.加工转换投入(-)产出(+)量	**Input(-) & Output(+) of Transformation**	**-2703.06**	**-2838.36**
1.火力发电	Thermal Power	-1981.19	-1804.79
2.供 热	Heating Supply	-71.31	-71.31
3.洗 选 煤	Coal Washing	39.20	-873.44
4.炼 焦	Coking	-687.00	-39.00
5.炼 油	Petroleum Refineries		
6.制 气	Gas Works		
#焦炭再投入量(-)	Coke Input(-)		
7.煤制品加工	Briquettes	-2.76	-49.82
三.损 失 量	**Loss**	**66.35**	**64.00**
四.终端消费量	**Total Final Consumption**	**3342.55**	**3113.09**
1.农.林.牧.渔业	Farming, Forestry, Animal Husbandry, Fishery & Water Conservancy	3.76	3.76
2.工 业	Industry	2339.20	2160.67
#用作原料.材料	Non-Energy Use	58.31	58.31
3.建 筑 业	Construction	12.07	12.06
4.交通运输.仓储及邮电通迅业	Transportation, Storage, Postal &	25.82	25.28
5.批发和零售贸易业.餐饮业	Telecommunications Services Wholesale, Retail Trade and Catering Service	47.19	41.54
6.生活消费	Residential Consumption	896.81	852.28
城镇	Urban	352.75	320.64
乡村	Rural	544.06	531.64
7.其他	Other	17.70	17.50
五.平衡差额	**Statistical Difference**	**1.59**	**1.83**

ENERGY BALANCE OF SICHUAN -1997 (PHYSICAL QUANTITY)

洗精煤 Cleaned Coal 万吨 10^4 tn	其他洗煤 Other Washed Coal 万吨 10^4 tn	型煤 Briquettes 万吨 10^4 tn	焦炭 Coke 万吨 10^4 tn	焦炉煤气 Coke Oven Gas 亿立方米 10^8 cu.m	其他煤气 Other Gas 亿立方米 10^8 cu.m	油品合计 Petroleum Products Total 万吨 10^4 tn	原油 Crude Oil 万吨 10^4 tn	汽油 Gasoline 万吨 10^4 tn
94.97	**0.65**		**12.32**		**11.31**	**234.75**	**33.94**	**93.83**
						23.25	23.25	
					11.31			
103.80			13.45			212.71	10.50	93.33
						0.03		
						-1.96		-0.87
						-0.02		
-8.83	0.65		-1.13			0.74	0.19	1.37
-68.26	**78.25**	**47.06**	**563.10**	**9.24**	**-10.44**	**-16.55**	**-32.25**	**6.20**
	-88.20				-10.44	-3.31		
579.74	166.45							
-648.00			563.10	9.24				
						-13.24	-32.25	6.20
		47.06						
2.11	**0.12**		**0.02**			**0.11**	**0.01**	**0.04**
24.84	**78.78**	**47.06**	**575.52**	**9.24**	**0.97**	**218.06**	**1.68**	**99.99**
						19.03		1.93
23.85	77.34		570.32	9.24		49.35	1.68	20.35
			0.69			15.48		6.63
0.54			0.02			106.02		49.83
0.24	1.44	2.53	4.36			7.34		3.63
		44.53	0.12		0.97	1.67		1.06
		32.11	0.05		0.97	0.64		0.62
		12.42	0.07			1.03		0.44
0.20			0.01			19.17		16.56
-0.24			**-0.12**		**-0.10**	**0.03**		

续表（四川－1997）

		煤油 Kerosene 万吨 10^4tn	柴油 Diesel Oil 万吨 10^4tn
一．可供本地区消费的能源量	**Total Primary Energy Supply**	**26.46**	**74.24**
1．一次能源生产量	Indigenous Production		
2．回收能	Recovery of Energy		
3．外省(区．市)调入量	Moving In from Other Provinces	26.60	75.87
4．进 口 量	Import		
5．我轮．机在外国加油量	Chinese Airplanes & Ships in Refueling Abroad	0.03	
6．本省(区．市)调出量(-)	Sending Out to Other Provinces(-)	-0.04	-1.05
7．出 口 量(-)	Export(-)		
8．外轮．机在我国加油量(-)	Foreign Airplanes & Ships in Refueling in China	-0.02	
9．库存增(-)、减(+)量	Stock Change	-0.11	-0.58
二．加工转换投入(-)产出(+)量	**Input(-) & Output(+) of Transformation**	**2.29**	**3.70**
1．火力发电	Thermal Power		-2.01
2．供 热	Heating Supply		
3．洗 选 煤	Coal Washing		
4．炼 焦	Coking		
5．炼 油	Petroleum Refineries	2.29	5.71
6．制 气	Gas Works		
＃焦炭再投入量(-)	Coke Input(-)		
7．煤制品加工	Briquettes		
三．损 失 量	**Loss**	**0.01**	**0.04**
四．终端消费量	**Total Final Consumption**	**28.74**	**77.86**
1．农．林．牧．渔业	Farming, Forestry, Animal Husbandry, Fishery & Water Conservancy	0.01	16.94
2．工 业	Industry	1.82	18.72
＃用作原料．材料	Non-Energy Use		
3．建 筑 业	Construction	0.02	6.02
4．交通运输．仓储及邮电通迅业	Transportation, Storage, Postal &	25.46	30.73
5．批发和零售贸易业．餐饮业	Telecommunications Services Wholesale, Retail Trade and Catering Service	0.74	2.92
6．生活消费	Residential Consumption	0.61	
城镇	Urban	0.02	
乡村	Rural	0.59	
7．其他	Other	0.08	2.53
五．平衡差额	**Statistical Difference**		**0.04**

Continued (Sichuan-1997)

燃料油 Fuel Oil 万吨 10^4tn	液化石油气 PLG 万吨 10^4tn	炼厂干气 Refinery Gas 万吨 10^4tn	天然气 Natural Gas 亿立方米 10^8 cu.m	其他石油制品 Other Petroleum Products 万吨 10^4tn	其他焦化产品 Other Coking Products 万吨 10^4 tn	热力 Heat 万百万千焦 10^{10} kj	电力 Electricity 亿千瓦小时 10^8kwh	其他能源 Other Energy 万吨标煤 10^4tce
6.28			**52.22**				**219.64**	**3.51**
			80.03				245.12	
6.41							11.00	3.51
			-27.81				-36.48	
-0.13								
1.97	**1.54**		**-0.61**			**1402.12**	**246.84**	**-3.50**
-1.30			-0.61				246.84	-3.50
						1402.12		
3.27	1.54							
0.01			**2.04**			**8.00**	**23.79**	
8.25	**1.54**		**49.49**			**1394.12**	**442.46**	**0.01**
0.15							16.63	
5.24	1.54		42.40			1394.12	320.72	0.01
			31.15					
2.81							10.51	
			0.13				7.94	
0.05			0.44				7.85	
			6.52				64.00	
			6.52				34.00	
							30.00	
							14.81	
-0.01			**0.08**				**0.23**	

6-23 四川能源平衡表(实物量)-1998

		煤合计 Coal Total 万吨 10^4 tn	原煤 Raw Coal 万吨 10^4 tn
一.可供本地区消费的能源量	**Total Primary Energy Supply**	**5902.08**	**5787.32**
1.一次能源生产量	Indigenous Production	5696.42	5696.42
2.回收能	Recovery of Energy		
3.外省(区.市)调入量	Moving In from Other Provinces	393.60	275.00
4.进 口 量	Import		
5.我轮.机在外国加油量	Chinese Airplanes & Ships in Refueling Abroad		
6.本省(区.市)调出量(-)	Sending Out to Other Provinces(-)	-240.60	-240.60
7.出 口 量(-)	Export(-)		
8.外轮.机在我国加油量(-)	Foreign Airplanes & Ships in Refueling in China		
9.库存增(-)、减(+)量	Stock Change	52.66	56.50
二.加工转换投入(-)产出(+)量	**Input(-) & Output(+) of Transformation**	**-2643.62**	**-2633.50**
1.火力发电	Thermal Power	-1769.83	-1743.20
2.供 热	Heating Supply	-75.39	-75.39
3.洗 选 煤	Coal Washing	-163.23	-787.35
4.炼 焦	Coking	-635.17	-27.56
5.炼 油	Petroleum Refineries		
6.制 气	Gas Works		
# 焦炭再投入量(-)	Coke Input(-)		
7.煤制品加工	Briquettes		
三.损 失 量	**Loss**	**51.53**	**49.50**
四.终端消费量	**Total Final Consumption**	**3204.82**	**3102.59**
1.农.林.牧.渔业	Farming, Forestry, Animal Husbandry, Fishery & Water Conservancy	3.31	3.31
2.工 业	Industry	2291.80	2191.34
# 用作原料.材料	Non-Energy Use	55.87	55.87
3.建 筑 业	Construction	15.62	15.60
4.交通运输.仓储及邮电通迅业	Transportation, Storage, Postal &	24.03	23.32
5.批发和零售贸易业.餐饮业	Telecommunications Services Wholesale, Retail Trade and Catering Service	39.25	38.22
6.生活消费	Residential Consumption	813.90	813.90
城镇	Urban	306.90	306.90
乡村	Rural	507.00	507.00
7.其他	Other	16.91	16.90
五.平衡差额	**Statistical Difference**	**2.11**	**1.73**

ENERGY BALANCE OF SICHUAN -1998 (PHYSICAL QUANTITY)

洗精煤 Cleaned Coal 万吨 10^4 tn	其他洗煤 Other Washed Coal 万吨 10^4 tn	型煤 Briquettes 万吨 10^4 tn	焦炭 Coke 万吨 10^4 tn	焦炉煤气 Coke Oven Gas 亿立方米 10^8 cu.m	其他煤气 Other Gas 亿立方米 10^8 cu.m	油品合计 Petroleum Products Total 万吨 10^4 tn	原油 Crude Oil 万吨 10^4 tn	汽油 Gasoline 万吨 10^4 tn
116.10	**-1.34**		**25.65**			**319.86**	**37.31**	**113.22**
						22.38	22.38	
118.60			19.40			302.55	15.10	115.40
						-1.96		
-2.50	-1.34		6.25			-3.11	-0.17	-2.18
-84.66	**74.54**		**516.05**	**9.12**		**-19.32**	**-36.11**	**7.13**
	-26.63					-4.33		
						-0.20		
522.95	101.17							
-607.61			516.05	9.12				
						-14.79	-36.11	7.13
1.83	**0.20**		**0.85**			**0.19**	**0.02**	**0.05**
29.24	**72.99**		**540.45**	**9.12**		**300.51**	**1.18**	**120.29**
						48.04		2.18
28.35	72.11		535.68	9.12		49.34	1.18	21.47
0.02			0.71			25.12		9.27
0.71			0.04			135.94		63.68
0.15	0.88		3.67			17.37		4.05
			0.10			2.64		1.21
			0.08			1.51		0.70
			0.02			1.13		0.51
0.01			0.25			22.06		18.43
0.37	**0.01**		**0.40**			**-0.16**		**0.01**

续表（四川－1998）

		煤油 Kerosene 万吨 10^4tn	柴油 Diesel Oil 万吨 10^4tn
一．可供本地区消费的能源量	**Total Primary Energy Supply**	**30.18**	**131.58**
1．一次能源生产量	Indigenous Production		
2．回收能	Recovery of Energy		
3．外省(区．市)调入量	Moving In from Other Provinces	29.50	134.89
4．进 口 量	Import		
5．我轮．机在外国加油量	Chinese Airplanes & Ships in Refueling Abroad		
6．本省(区．市)调出量(－)	Sending Out to Other Provinces(-)		-1.96
7．出 口 量(－)	Export(-)		
8．外轮．机在我国加油量(－)	Foreign Airplanes & Ships in Refueling in China		
9．库存增(－)、减(＋)量	Stock Change	0.68	-1.35
二．加工转换投入(－)产出(＋)量	**Input(-) & Output(+) of Transformation**	**3.31**	**2.48**
1．火力发电	Thermal Power		-2.74
2．供 热	Heating Supply		
3．洗 选 煤	Coal Washing		
4．炼 焦	Coking		
5．炼 油	Petroleum Refineries	3.31	5.22
6．制 气	Gas Works		
＃焦炭再投入量(－)	Coke Input(-)		
7．煤制品加工	Briquettes		
三．损 失 量	**Loss**	**0.01**	**0.10**
四．终端消费量	**Total Final Consumption**	**33.47**	**133.94**
1．农．林．牧．渔业	Farming, Forestry, Animal Husbandry, Fishery & Water Conservancy	0.02	45.64
2．工 业	Industry	1.32	19.69
＃用作原料．材料	Non-Energy Use		
3．建 筑 业	Construction	0.05	11.19
4．交通运输．仓储及邮电通迅业	Transportation, Storage, Postal &	30.87	41.39
5．批发和零售贸易业．餐饮业	Telecommunications Services Wholesale, Retail Trade and Catering Service	0.84	11.34
6．生活消费	Residential Consumption	0.31	1.12
城镇	Urban	0.09	0.72
乡村	Rural	0.22	0.40
7．其他	Other	0.06	3.57
五．平衡差额	**Statistical Difference**	**0.01**	**0.02**

Continued (Sichuan-1998)

	燃料油 Fuel Oil 万吨 10^4tn	液化石油气 PLG 万吨 10^4tn	炼厂干气 Refinery Gas 万吨 10^4tn	天然气 Natural Gas 亿立方米 10^8 cu.m	其他石油制品 Other Petroleum Products 万吨 10^4tn	其他焦化产品 Other Coking Products 万吨 10^4 tn	热力 Heat 万百万千焦 10^{10} kj	电力 Electricity 亿千瓦小时 10^8kwh	其他能源 Other Energy 万吨标煤 10^4tce
	7.57			**56.84**				**229.72**	
				85.66				252.88	
	7.66							7.26	
				-28.82				-30.42	
	-0.09								
	2.07	**1.80**		**-1.91**			**1346.50**	**222.87**	
	-1.59			-1.91				222.87	
	-0.20						1346.50		
	3.86	1.80							
	0.01			**1.96**			**6.00**	**22.90**	
	9.83	**1.80**		**52.97**			**1340.50**	**430.29**	
	0.20							17.55	
	3.88	1.80		41.21			1340.50	304.77	
				29.50					
	4.61			0.10				5.95	
				0.24				8.20	
	1.14			1.64				10.60	
				9.77				69.58	
				9.77				39.08	
								30.50	
				0.01				13.64	
	-0.20							**-0.60**	

6-23 四川能源平衡表(实物量)-1999

		煤合计 Coal Total 万吨 10^4 tn	原煤 Raw Coal 万吨 10^4 tn
一.可供本地区消费的能源量	**Total Primary Energy Supply**	**4862.48**	**4729.65**
1.一次能源生产量	Indigenous Production	4350.65	4350.65
2.回收能	Recovery of Energy		
3.外省(区.市)调入量	Moving In from Other Provinces	548.00	424.00
4.进 口 量	Import		
5.我轮.机在外国加油量	Chinese Airplanes & Ships in Refueling Abroad		
6.本省(区.市)调出量(-)	Sending Out to Other Provinces(-)	-180.00	-180.00
7.出 口 量(-)	Export(-)		
8.外轮.机在我国加油量(-)	Foreign Airplanes & Ships in Refueling in China		
9.库存增(-)、减(+)量	Stock Change	143.83	135.00
二.加工转换投入(-)产出(+)量	**Input(-) & Output(+) of Transformation**	**-2113.53**	**-2149.26**
1.火力发电	Thermal Power	-1444.55	-1444.55
2.供 热	Heating Supply	-92.84	-92.84
3.洗 选 煤	Coal Washing	-88.04	-600.77
4.炼 焦	Coking	-488.10	-11.10
5.炼 油	Petroleum Refineries		
6.制 气	Gas Works		
#焦炭再投入量(-)	Coke Input(-)		
7.煤制品加工	Briquettes		
三.损 失 量	**Loss**	**39.10**	**38.20**
四.终端消费量	**Total Final Consumption**	**2709.35**	**2541.69**
1.农.林.牧.渔业	Farming, Forestry, Animal Husbandry, Fishery & Water Conservancy	2.89	2.89
2.工 业	Industry	1971.03	1804.01
#用作原料.材料	Non-Energy Use	25.30	25.30
3.建 筑 业	Construction	14.49	14.47
4.交通运输.仓储及邮电通迅业	Transportation, Storage, Postal &	17.02	16.51
5.批发和零售贸易业.餐饮业	Telecommunications Services Wholesale, Retail Trade and Catering Service	30.99	30.89
6.生活消费	Residential Consumption	658.00	658.00
城镇	Urban	171.63	171.63
乡村	Rural	486.37	486.37
7.其他	Other	14.93	14.92
五.平衡差额	**Statistical Difference**	**0.50**	**0.50**

ENERGY BALANCE OF SICHUAN -1999 (PHYSICAL QUANTITY)

洗精煤 Cleaned Coal 万吨 10^4 tn	其他洗煤 Other Washed Coal 万吨 10^4 tn	型煤 Briquettes 万吨 10^4 tn	焦炭 Coke 万吨 10^4 tn	焦炉煤气 Coke Oven Gas 亿立方米 10^8 cu.m	其他煤气 Other Gas 亿立方米 10^8 cu.m	油品合计 Petroleum Products Total 万吨 10^4 tn	原油 Crude Oil 万吨 10^4 tn	汽油 Gasoline 万吨 10^4 tn
130.88	**1.95**		**73.92**			**372.29**	**38.89**	**137.30**
						20.88	20.88	
124.00			68.35			343.21	18.45	130.83
						-0.04		
6.88	1.95		5.57			8.24	-0.44	6.47
-118.14	**153.87**		**373.33**	**6.84**		**-18.63**	**-38.36**	**6.42**
						-3.54	-1.99	
358.86	153.87							
-477.00			373.33	6.84				
						-15.09	-36.37	6.42
0.89	**0.01**		**0.76**			**0.20**	**0.01**	**0.06**
11.85	**155.81**		**446.49**	**6.84**		**353.40**	**0.52**	**143.59**
						50.43		2.14
11.21	155.81		442.98	6.84		42.09	0.52	18.83
0.02			0.65			28.04		10.32
0.51			0.05			171.30		79.52
0.10			2.44			28.66		6.62
			0.11			3.28		1.44
			0.09			1.92		0.83
			0.02			1.36		0.61
0.01			0.26			29.60		24.72
						0.06		**0.07**

续表（四川－1999）

		煤油 Kerosene 万吨 10^4tn	柴油 Diesel Oil 万吨 10^4tn
一．可供本地区消费的能源量	**Total Primary Energy Supply**	**31.66**	**155.84**
1．一次能源生产量	Indigenous Production		
2．回收能	Recovery of Energy		
3．外省(区．市)调入量	Moving In from Other Provinces	32.00	153.29
4．进 口 量	Import		
5．我轮．机在外国加油量	Chinese Airplanes & Ships in Refueling Abroad		
6．本省(区．市)调出量(−)	Sending Out to Other Provinces(-)		
7．出 口 量(−)	Export(-)		
8．外轮．机在我国加油量(−)	Foreign Airplanes & Ships in Refueling in China	-0.04	
9．库存增(−)、减(+)量	Stock Change	-0.30	2.55
二．加工转换投入(−)产出(+)量	**Input(-) & Output(+) of Transformation**	**4.38**	**4.56**
1．火力发电	Thermal Power		-1.20
2．供 热	Heating Supply		
3．洗 选 煤	Coal Washing		
4．炼 焦	Coking		
5．炼 油	Petroleum Refineries	4.38	5.76
6．制 气	Gas Works		
# 焦炭再投入量(−)	Coke Input(-)		
7．煤制品加工	Briquettes		
三．损 失 量	**Loss**	**0.02**	**0.10**
四．终端消费量	**Total Final Consumption**	**36.02**	**160.31**
1．农．林．牧．渔业	Farming, Forestry, Animal Husbandry, Fishery & Water Conservancy	0.03	48.02
2．工 业	Industry	1.60	15.93
# 用作原料．材料	Non-Energy Use		
3．建 筑 业	Construction	0.05	12.55
4．交通运输．仓储及邮电通迅业	Transportation, Storage, Postal &	32.62	59.16
5．批发和零售贸易业．餐饮业	Telecommunications Services Wholesale, Retail Trade and Catering Service	1.29	18.40
6．生活消费	Residential Consumption	0.38	1.42
城镇	Urban	0.14	0.91
乡村	Rural	0.24	0.51
7．其他	Other	0.05	4.83
五．平衡差额	**Statistical Difference**		**-0.01**

Continued (Sichuan-1999)

燃料油 Fuel Oil 万吨 10^4tn	液化石油气 PLG 万吨 10^4tn	炼厂干气 Refinery Gas 万吨 10^4tn	天然气 Natural Gas 亿立方米 10^8 cu.m	其他石油制品 Other Petroleum Products 万吨 10^4tn	其他焦化产品 Other Coking Products 万吨 10^4 tn	热力 Heat 万百万千焦 10^{10} kj	电力 Electricity 亿千瓦小时 10^8kwh	其他能源 Other Energy 万吨标煤 10^4tce
8.60			**58.67**				**273.62**	
			88.16				303.53	
8.64								
			-29.49				-29.91	
-0.04								
4.37			**-2.35**			**1755.87**	**188.64**	
-0.35			-2.35				188.64	
						1755.87		
4.72								
0.01			**1.84**			**10.00**	**31.07**	
12.96			**54.48**			**1745.87**	**431.19**	
0.24							11.20	
5.21			41.73			1745.87	292.22	
			29.92					
5.12			0.10				4.45	
			0.50				9.13	
2.35			1.88				14.93	
0.04			10.25				80.05	
0.04			10.25				45.76	
							34.29	
			0.02				19.21	

6-24 贵州能源平衡表(实物量)-1997

		煤合计 Coal Total 万吨 10^4 tn	原煤 Raw Coal 万吨 10^4 tn
一.可供本地区消费的能源量	**Total Primary Energy Supply**	**5228.31**	**5389.89**
1.一次能源生产量	Indigenous Production	6596.73	6596.73
2.回收能	Recovery of Energy		
3.外省(区.市)调入量	Moving In from Other Provinces		
4.进 口 量	Import		
5.我轮.机在外国加油量	Chinese Airplanes & Ships in Refueling Abroad		
6.本省(区.市)调出量(-)	Sending Out to Other Provinces(-)	-1320.00	-1160.00
7.出 口 量(-)	Export(-)		
8.外轮.机在我国加油量(-)	Foreign Airplanes & Ships in Refueling in China		
9.库存增(-)、减(+)量	Stock Change	-48.42	-46.84
二.加工转换投入(-)产出(+)量	**Input(-) & Output(+) of Transformation**	**-2338.49**	**-2576.73**
1.火力发电	Thermal Power	-910.22	-815.00
2.供 热	Heating Supply		
3.洗 选 煤	Coal Washing	-312.11	-752.73
4.炼 焦	Coking	-1123.09	-985.00
5.炼 油	Petroleum Refineries		
6.制 气	Gas Works		
#焦炭再投入量(-)	Coke Input(-)		
7.煤制品加工	Briquettes	6.93	-24.00
三.损 失 量	**Loss**	**36.00**	**36.00**
四.终端消费量	**Total Final Consumption**	**2832.27**	**2756.10**
1.农.林.牧.渔业	Farming, Forestry, Animal Husbandry, Fishery & Water Conservancy	227.10	227.10
2.工 业	Industry	1108.72	1063.48
#用作原料.材料	Non-Energy Use	34.41	34.41
3.建 筑 业	Construction	3.52	3.52
4.交通运输.仓储及邮电通迅业	Transportation, Storage, Postal &	10.00	10.00
5.批发和零售贸易业.餐饮业	Telecommunications Services Wholesale, Retail Trade and Catering Service	124.45	122.00
6.生活消费	Residential Consumption	1178.48	1150.00
城镇	Urban	133.48	105.00
乡村	Rural	1045.00	1045.00
7.其他	Other	180.00	180.00
五.平衡差额	**Statistical Difference**	**21.55**	**21.06**

ENERGY BALANCE OF GUIZHOU -1997 (PHYSICAL QUANTITY)

洗精煤 Cleaned Coal 万吨 10^4 tn	其他洗煤 Other Washed Coal 万吨 10^4 tn	型煤 Briquettes 万吨 10^4 tn	焦炭 Coke 万吨 10^4 tn	焦炉煤气 Coke Oven Gas 亿立方米 10^8 cu.m	其他煤气 Other Gas 亿立方米 10^8 cu.m	油品合计 Petroleum Products Total 万吨 10^4 tn	原油 Crude Oil 万吨 10^4 tn	汽油 Gasoline 万吨 10^4 tn
-161.58			**-294.29**			**104.87**		**43.42**
						106.87		44.20
-160.00			-292.00					
-1.58			-2.29			-2.00		-0.78
207.31		**30.93**	**536.54**	**4.30**				
	-47.61							
345.40	47.61							
-138.09			536.54	4.30				
		30.93						
45.24		**30.93**	**242.25**	**4.30**		**104.87**		**43.42**
			32.10			3.98		1.52
45.24			191.34	3.63		15.32		4.33
			0.55					
			0.60			2.19		0.97
			0.28			56.43		32.50
		2.45	8.00			13.62		2.11
		28.48	2.57	0.67		9.68		
		28.48		0.67		9.10		
			2.57			0.58		
			7.36			3.65		1.99
0.49								

续表（贵州－1997）

		煤油 Kerosene 万吨 10^4tn	柴油 Diesel Oil 万吨 10^4tn
一．可供本地区消费的能源量	**Total Primary Energy Supply**	**7.73**	**33.82**
1．一次能源生产量	Indigenous Production		
2．回收能	Recovery of Energy		
3．外省(区．市)调入量	Moving In from Other Provinces	7.90	35.93
4．进 口 量	Import		
5．我轮．机在外国加油量	Chinese Airplanes & Ships in Refueling Abroad		
6．本省(区．市)调出量(－)	Sending Out to Other Provinces(-)		
7．出 口 量(－)	Export(-)		
8．外轮．机在我国加油量(－)	Foreign Airplanes & Ships in Refueling in China		
9．库存增(－)、减(＋)量	Stock Change	-0.17	-2.11
二．加工转换投入(－)产出(＋)量	**Input(-) & Output(+) of Transformation**		
1．火力发电	Thermal Power		
2．供 热	Heating Supply		
3．洗 选 煤	Coal Washing		
4．炼 焦	Coking		
5．炼 油	Petroleum Refineries		
6．制 气	Gas Works		
＃焦炭再投入量(－)	Coke Input(-)		
7．煤制品加工	Briquettes		
三．损 失 量	**Loss**		
四．终端消费量	**Total Final Consumption**	**7.73**	**33.82**
1．农．林．牧．渔业	Farming, Forestry, Animal Husbandry, Fishery & Water Conservancy		2.46
2．工 业	Industry	0.82	3.59
＃用作原料．材料	Non-Energy Use		
3．建 筑 业	Construction		1.22
4．交通运输．仓储及邮电通迅业	Transportation, Storage, Postal &	1.85	22.08
5．批发和零售贸易业．餐饮业	Telecommunications Services Wholesale, Retail Trade and Catering Service	4.48	2.81
6．生活消费	Residential Consumption	0.58	
城镇	Urban		
乡村	Rural	0.58	
7．其他	Other		1.66
五．平衡差额	**Statistical Difference**		

Continued (Guizhou-1997)

燃料油 Fuel Oil 万吨 10^4tn	液化石油气 PLG 万吨 10^4tn	炼厂干气 Refinery Gas 万吨 10^4tn	天然气 Natural Gas 亿立方米 10^8 cu.m	其他石油制品 Other Petroleum Products 万吨 10^4tn	其他焦化产品 Other Coking Products 万吨 10^4 tn	热力 Heat 万百万千焦 10^{10} kj	电力 Electricity 亿千瓦小时 10^8kwh	其他能源 Other Energy 万吨标煤 10^4tce
6.58	**13.32**		**4.98**				**80.96**	**3.51**
			0.95				110.84	
6.62	12.22		4.03					3.51
							-29.88	
-0.04	1.10							
							144.91	**-3.50**
							144.91	-3.50
							13.10	
6.58	**13.32**		**4.98**				**212.77**	**0.01**
							7.29	
6.58			4.98				156.05	0.01
							5.73	
							9.04	
	4.22						8.56	
	9.10						14.95	
	9.10						6.85	
							8.10	
							11.15	

6-24 贵州能源平衡表(实物量)-1998

		煤合计 Coal Total 万吨 10^4 tn	原煤 Raw Coal 万吨 10^4 tn
一．可供本地区消费的能源量	**Total Primary Energy Supply**	**5534.11**	**5675.00**
1.一次能源生产量	Indigenous Production	6561.00	6561.00
2.回收能	Recovery of Energy		
3.外省(区．市)调入量	Moving In from Other Provinces		
4.进 口 量	Import		
5.我轮．机在外国加油量	Chinese Airplanes & Ships in Refueling Abroad		
6.本省(区．市)调出量(−)	Sending Out to Other Provinces(-)	-906.00	-780.00
7.出 口 量(−)	Export(-)		
8.外轮．机在我国加油量(−)	Foreign Airplanes & Ships in Refueling in China		
9.库存增(−)、减(+)量	Stock Change	-120.89	-106.00
二．加工转换投入(−)产出(+)量	**Input(-) & Output(+) of Transformation**	**-2414.03**	**-2684.00**
1.火力发电	Thermal Power	-1074.88	-1063.00
2.供 热	Heating Supply		
3.洗 选 煤	Coal Washing	-458.98	-911.00
4.炼 焦	Coking	-892.92	-670.00
5.炼 油	Petroleum Refineries		
6.制 气	Gas Works		
＃焦炭再投入量(−)	Coke Input(-)		
7.煤制品加工	Briquettes	12.75	-40.00
三．损 失 量	**Loss**	**40.00**	**40.00**
四．终端消费量	**Total Final Consumption**	**3067.86**	**2938.78**
1.农．林．牧．渔业	Farming, Forestry, Animal Husbandry, Fishery & Water Conservancy	342.64	342.64
2.工 业	Industry	1211.73	1135.40
＃用作原料．材料	Non-Energy Use	42.68	42.68
3.建 筑 业	Construction	4.20	4.20
4.交通运输．仓储及邮电通迅业	Transportation, Storage, Postal &	9.54	9.54
5.批发和零售贸易业．餐饮业	Telecommunications Services Wholesale, Retail Trade and Catering Service	133.20	130.20
6.生活消费	Residential Consumption		
城镇	Urban	1180.15	1131.50
乡村	Rural	121.55	95.00
7.其他	Other	1058.60	1036.50
五．平衡差额	**Statistical Difference**	**12.22**	**12.22**

ENERGY BALANCE OF GUIZHOU -1998 (PHYSICAL QUANTITY)

洗精煤 Cleaned Coal 万吨 10^4 tn	其他洗煤 Other Washed Coal 万吨 10^4 tn	型煤 Briquettes 万吨 10^4 tn	焦炭 Coke 万吨 10^4 tn	焦炉煤气 Coke Oven Gas 亿立方米 10^8 cu.m	其他煤气 Other Gas 亿立方米 10^8 cu.m	油品合计 Petroleum Products Total 万吨 10^4 tn	原油 Crude Oil 万吨 10^4 tn	汽油 Gasoline 万吨 10^4 tn
-140.40	**-0.49**		**-167.10**			**107.47**		**44.72**
						107.31		45.15
-126.00			-207.00					
-14.40	-0.49		39.90			0.16		-0.43
185.08	**32.14**	**52.75**	**386.31**	**4.97**				
	-11.88							
408.00	44.02							
-222.92			386.31	4.97				
		52.75						
44.68	**31.65**	**52.75**	**219.21**	**4.97**		**107.47**		**44.72**
			31.10			4.90		1.44
44.68	31.65		171.45	4.00		15.60		4.69
			1.31					
			0.55			2.55		1.11
			0.21			59.12		33.16
		3.00	6.20			13.35		2.10
		48.65	2.60	0.97		6.59		
		26.55		0.97		5.99		
		22.10	2.60			0.60		

续表(贵州-1998)

		煤油 Kerosene 万吨 10^4tn	柴油 Diesel Oil 万吨 10^4tn
一.可供本地区消费的能源量	**Total Primary Energy Supply**	**8.62**	**37.82**
1.一次能源生产量	Indigenous Production		
2.回收能	Recovery of Energy	-8.62	-37.82
3.外省(区.市)调入量	Moving In from Other Provinces	8.50	37.46
4.进口量	Import		
5.我轮.机在外国加油量	Chinese Airplanes & Ships in Refueling Abroad		
6.本省(区.市)调出量(-)	Sending Out to Other Provinces(-)		
7.出口量(-)	Export(-)		
8.外轮.机在我国加油量(-)	Foreign Airplanes & Ships in Refueling in China		
9.库存增(-)、减(+)量	Stock Change	0.12	0.36
二.加工转换投入(-)产出(+)量	**Input(-) & Output(+) of Transformation**		
1.火力发电	Thermal Power		
2.供热	Heating Supply		
3.洗选煤	Coal Washing		
4.炼焦	Coking		
5.炼油	Petroleum Refineries		
6.制气	Gas Works		
#焦炭再投入量(-)	Coke Input(-)		
7.煤制品加工	Briquettes		
三.损失量	**Loss**		
四.终端消费量	**Total Final Consumption**	**8.62**	**37.82**
1.农.林.牧.渔业	Farming, Forestry, Animal Husbandry, Fishery & Water Conservancy	0.52	2.94
2.工业	Industry	0.89	3.92
#用作原料.材料	Non-Energy Use		
3.建筑业	Construction		1.44
4.交通运输.仓储及邮电通迅业	Transportation, Storage, Postal &	1.86	24.10
5.批发和零售贸易业.餐饮业	Telecommunications Services Wholesale, Retail Trade and Catering Service	4.61	3.22
6.生活消费	Residential Consumption		
城镇	Urban	0.60	
乡村	Rural		
7.其他	Other	0.60	
五.平衡差额	**Statistical Difference**		

Continued(Guizhou-1998)

燃料油 Fuel Oil 万吨 10^4tn	液化石油气 PLG 万吨 10^4tn	炼厂干气 Refinery Gas 万吨 10^4tn	天然气 Natural Gas 亿立方米 10^8 cu.m	其他石油制品 Other Petroleum Products 万吨 10^4tn	其他焦化产品 Other Coking Products 万吨 10^4 tn	热力 Heat 万百万千焦 10^{10} kj	电力 Electricity 亿千瓦小时 10^8kwh	其他能源 Other Energy 万吨标煤 10^4tce
6.10	**10.21**		**5.56**				**78.02**	
			0.81				119.89	
-6.10	-10.21		-3.94					
6.29	9.91		4.75					
							-41.87	
-0.19	0.30							
							171.88	
							171.88	
							20.42	
6.10	**10.21**		**5.56**				**229.48**	
							9.25	
6.10			5.56				164.20	
							7.51	
							11.64	
	3.42						10.32	
	5.99						16.40	
	5.99						7.80	
							8.60	

6-24 贵州能源平衡表(实物量)-1999

		煤合计 Coal Total 万吨 10^4 tn	原煤 Raw Coal 万吨 10^4 tn
一.可供本地区消费的能源量	**Total Primary Energy Supply**	**3191.36**	**3407.62**
1.一次能源生产量	Indigenous Production	4025.05	4025.05
2.回收能	Recovery of Energy		
3.外省(区.市)调入量	Moving In from Other Provinces		
4.进口量	Import		
5.我轮.机在外国加油量	Chinese Airplanes & Ships in Refueling Abroad		
6.本省(区.市)调出量(-)	Sending Out to Other Provinces(-)	-1046.13	-806.72
7.出口量(-)	Export(-)	-81.67	-81.67
8.外轮.机在我国加油量(-)	Foreign Airplanes & Ships in Refueling in China		
9.库存增(-)、减(+)量	Stock Change	294.11	270.96
二.加工转换投入(-)产出(+)量	**Input(-) & Output(+) of Transformation**	**-2106.40**	**-2467.37**
1.火力发电	Thermal Power	-1100.30	-1034.79
2.供热	Heating Supply		
3.洗选煤	Coal Washing	-321.30	-874.49
4.炼焦	Coking	-697.49	-518.09
5.炼油	Petroleum Refineries		
6.制气	Gas Works		
#焦炭再投入量(-)	Coke Input(-)		
7.煤制品加工	Briquettes	12.69	-40.00
三.损失量	**Loss**	**42.00**	**42.00**
四.终端消费量	**Total Final Consumption**	**2880.06**	**2735.35**
1.农.林.牧.渔业	Farming, Forestry, Animal Husbandry, Fishery & Water Conservancy	219.05	219.05
2.工业	Industry	1246.02	1154.00
#用作原料.材料	Non-Energy Use	140.85	140.85
3.建筑业	Construction	4.18	4.18
4.交通运输.仓储及邮电通迅业	Transportation, Storage, Postal &	8.80	8.80
5.批发和零售贸易业.餐饮业	Telecommunications Services Wholesale, Retail Trade and Catering Service	134.80	132.00
6.生活消费	Residential Consumption	1089.58	1040.89
城镇	Urban	93.97	68.11
乡村	Rural	995.61	972.78
7.其他	Other	177.63	176.43
五.平衡差额	**Statistical Difference**	**-1837.10**	**-1837.10**

ENERGY BALANCE OF GUIZHOU -1999 (PHYSICAL QUANTITY)

洗精煤 Cleaned Coal 万吨 10^4 tn	其他洗煤 Other Washed Coal 万吨 10^4 tn	型煤 Briquettes 万吨 10^4 tn	焦炭 Coke 万吨 10^4 tn	焦炉煤气 Coke Oven Gas 亿立方米 10^8 cu.m	其他煤气 Other Gas 亿立方米 10^8 cu.m	油品合计 Petroleum Products Total 万吨 10^4 tn	原油 Crude Oil 万吨 10^4 tn	汽油 Gasoline 万吨 10^4 tn
-135.31	**-80.95**		**-64.33**			**119.66**		**39.19**
						118.86		38.68
-132.41	-107.00		-68.64					
-2.90	26.05		4.31			0.80		0.51
182.79	**125.49**	**52.69**	**301.76**	**5.05**		**-1.03**		
	-65.51					-1.03		
362.19	191.00							
-179.40			301.76	5.05				
		52.69						
47.48	**44.54**	**52.69**	**237.43**	**5.05**		**118.63**		**39.19**
			29.22			4.25		1.51
47.48	44.54		193.95	4.37		18.10		4.33
			1.44					
			0.58			3.71		1.21
			0.12			68.93		29.60
		2.80	4.84	0.12		13.09		1.28
		48.69	2.02	0.52		6.64		
		25.86		0.52		6.24		
		22.83	2.02			0.40		
		1.20	6.70	0.04		3.91		1.26

续表（贵州－1999）

		煤油 Kerosene 万吨 10^4tn	柴油 Diesel Oil 万吨 10^4tn
一．可供本地区消费的能源量	**Total Primary Energy Supply**	**8.88**	**52.62**
1．一次能源生产量	Indigenous Production		
2．回收能	Recovery of Energy		
3．外省(区．市)调入量	Moving In from Other Provinces	8.38	52.94
4．进 口 量	Import		
5．我轮．机在外国加油量	Chinese Airplanes & Ships in Refueling Abroad		
6．本省(区．市)调出量(－)	Sending Out to Other Provinces(-)		
7．出 口 量(－)	Export(-)		
8．外轮．机在我国加油量(－)	Foreign Airplanes & Ships in Refueling in China		
9．库存增(－)、减(＋)量	Stock Change	0.50	-0.32
二．加工转换投入(－)产出(＋)量	**Input(-) & Output(+) of Transformation**		**-1.03**
1．火力发电	Thermal Power		-1.03
2．供　热	Heating Supply		
3．洗 选 煤	Coal Washing		
4．炼　焦	Coking		
5．炼　油	Petroleum Refineries		
6．制　气	Gas Works		
＃焦炭再投入量(－)	Coke Input(-)		
7．煤制品加工	Briquettes		
三．损 失 量	**Loss**		
四．终端消费量	**Total Final Consumption**	**8.88**	**51.59**
1．农．林．牧．渔业	Farming, Forestry, Animal Husbandry, Fishery & Water Conservancy	0.48	2.26
2．工　业	Industry	0.84	4.44
＃用作原料．材料	Non-Energy Use		
3．建 筑 业	Construction		2.50
4．交通运输．仓储及邮电通迅业	Transportation, Storage, Postal &	2.34	36.99
5．批发和零售贸易业．餐饮业	Telecommunications Services Wholesale, Retail Trade and Catering Service	4.73	3.45
6．生活消费	Residential Consumption	0.40	
城镇	Urban		
乡村	Rural	0.40	
7．其他	Other	0.09	1.95
五．平衡差额	**Statistical Difference**		

Continued (Guizhou-1999)

燃料油 Fuel Oil 万吨 10^4tn	液化石油气 PLG 万吨 10^4tn	炼厂干气 Refinery Gas 万吨 10^4tn	天然气 Natural Gas 亿立方米 10^8 cu.m	其他石油制品 Other Petroleum Products 万吨 10^4tn	其他焦化产品 Other Coking Products 万吨 10^4 tn	热力 Heat 万百万千焦 10^{10} kj	电力 Electricity 亿千瓦小时 10^8kwh	其他能源 Other Energy 万吨标煤 10^4tce
8.49	**10.48**		**6.22**				**65.04**	
			0.74				136.24	
8.68	10.18		5.48					
							-71.20	
-0.19	0.30							
							209.18	
							209.18	
							15.46	
8.49	**10.48**		**6.22**				**258.76**	
							11.88	
8.49			6.17				188.42	
							7.82	
							12.12	
	3.63						10.45	
	6.24		0.05				17.84	
	6.24		0.05				7.96	
							9.88	
	0.61						10.23	

6-25 云南能源平衡表(实物量)-1997

		煤合计 Coal Total 万吨 10^4 tn	原煤 Raw Coal 万吨 10^4 tn
一.可供本地区消费的能源量	**Total Primary Energy Supply**	**3300.29**	**3287.09**
1.一次能源生产量	Indigenous Production	3296.67	3296.67
2.回收能	Recovery of Energy		
3.外省(区.市)调入量	Moving In from Other Provinces	323.28	257.18
4.进口量	Import		
5.我轮.机在外国加油量	Chinese Airplanes & Ships in Refueling Abroad		
6.本省(区.市)调出量(-)	Sending Out to Other Provinces(-)	-327.05	-275.85
7.出口量(-)	Export(-)		
8.外轮.机在我国加油量(-)	Foreign Airplanes & Ships in Refueling in China		
9.库存增(-)、减(+)量	Stock Change	7.39	9.09
二.加工转换投入(-)产出(+)量	**Input(-) & Output(+) of Transformation**	**-1479.82**	**-1741.12**
1.火力发电	Thermal Power	-767.91	-727.91
2.供热	Heating Supply	-24.55	-24.55
3.洗选煤	Coal Washing	11.36	-521.87
4.炼焦	Coking	-696.14	-466.79
5.炼油	Petroleum Refineries		
6.制气	Gas Works		
#焦炭再投入量(-)	Coke Input(-)		
7.煤制品加工	Briquettes	-2.58	
三.损失量	**Loss**	**98.00**	**98.00**
四.终端消费量	**Total Final Consumption**	**1719.12**	**1446.57**
1.农.林.牧.渔业	Farming, Forestry, Animal Husbandry, Fishery & Water Conservancy	79.13	79.13
2.工业	Industry	903.27	867.10
#用作原料.材料	Non-Energy Use	38.60	38.60
3.建筑业	Construction	9.75	9.21
4.交通运输.仓储及邮电通迅业	Transportation, Storage, Postal &	16.32	15.96
5.批发和零售贸易业.餐饮业	Telecommunications Services Wholesale, Retail Trade and Catering Service	5.57	5.57
6.生活消费	Residential Consumption	683.78	448.30
城镇	Urban	301.48	66.00
乡村	Rural	382.30	382.30
7.其他	Other	21.30	21.30
五.平衡差额	**Statistical Difference**	**3.35**	**1.40**

ENERGY BALANCE OF YUNNAN -1997 (PHYSICAL QUANTITY)

洗精煤 Cleaned Coal 万吨 10^4 tn	其他洗煤 Other Washed Coal 万吨 10^4 tn	型煤 Briquettes 万吨 10^4 tn	焦炭 Coke 万吨 10^4 tn	焦炉煤气 Coke Oven Gas 亿立方米 10^8 cu.m	其他煤气 Other Gas 亿立方米 10^8 cu.m	油品合计 Petroleum Products Total 万吨 10^4 tn	原油 Crude Oil 万吨 10^4 tn	汽油 Gasoline 万吨 10^4 tn
16.02	**-1.41**		**-30.28**		**24.46**	**143.75**	**42.05**	**59.19**
						4.87	4.87	
					24.46			
66.10			9.90			184.55	42.00	73.85
-51.20			-31.18			-39.29		-13.79
1.12	-1.41		-9.00			-6.38	-4.82	-0.87
-10.46	**134.04**	**3.68**	**424.28**	**5.49**		**-2.76**	**-42.05**	**13.79**
	-20.00							
218.89	157.17							
-229.35			424.28	5.49				
						-2.76	-42.05	13.79
	-3.13	3.68						
4.75	**132.06**	**3.68**	**394.07**	**5.49**	**24.46**	**140.62**		**72.88**
			0.26			18.81		10.75
4.75	15.71		393.10	3.98	24.37	27.74		16.22
			82.55					
	0.27		0.48			7.52		2.21
	0.18		0.23			74.79		35.81
						3.70		2.79
	115.90	3.68		1.51	0.09	2.25		
	115.90	3.68		1.51	0.09			
						2.25		
						5.81		5.10
0.81	**0.57**		**-0.07**			**0.37**		**0.10**

续表（云南－1997）

		煤油 Kerosene 万吨 10^4tn	柴油 Diesel Oil 万吨 10^4tn
一．可供本地区消费的能源量	**Total Primary Energy Supply**	**15.00**	**35.01**
1．一次能源生产量	Indigenous Production		
2．回收能	Recovery of Energy		
3．外省(区．市)调入量	Moving In from Other Provinces	15.31	51.27
4．进口量	Import		
5．我轮．机在外国加油量	Chinese Airplanes & Ships in Refueling Abroad		
6．本省(区．市)调出量(－)	Sending Out to Other Provinces(-)		-16.24
7．出口量(－)	Export(-)		
8．外轮．机在我国加油量(－)	Foreign Airplanes & Ships in Refueling in China		
9．库存增(－)、减(+)量	Stock Change	-0.31	-0.02
二．加工转换投入(－)产出(+)量	**Input(-) & Output(+) of Transformation**		**16.24**
1．火力发电	Thermal Power		
2．供热	Heating Supply		
3．洗选煤	Coal Washing		
4．炼焦	Coking		
5．炼油	Petroleum Refineries		16.24
6．制气	Gas Works		
#焦炭再投入量(－)	Coke Input(-)		
7．煤制品加工	Briquettes		
三．损失量	**Loss**		
四．终端消费量	**Total Final Consumption**	**14.90**	**51.08**
1．农．林．牧．渔业	Farming, Forestry, Animal Husbandry, Fishery & Water Conservancy	0.05	8.01
2．工业	Industry	0.28	9.48
#用作原料．材料	Non-Energy Use		
3．建筑业	Construction	0.05	5.26
4．交通运输．仓储及邮电通迅业	Transportation, Storage, Postal &	12.26	26.72
5．批发和零售贸易业．餐饮业	Telecommunications Services Wholesale, Retail Trade and Catering Service		0.91
6．生活消费	Residential Consumption	2.25	
城镇	Urban		
乡村	Rural	2.25	
7．其他	Other	0.01	0.70
五．平衡差额	**Statistical Difference**	**0.10**	**0.17**

Continued (Yunnan-1997)

燃料油 Fuel Oil 万吨 10^4tn	液化石油气 PLG 万吨 10^4tn	炼厂干气 Refinery Gas 万吨 10^4tn	天然气 Natural Gas 亿立方米 10^8 cu.m	其他石油制品 Other Petroleum Products 万吨 10^4tn	其他焦化产品 Other Coking Products 万吨 10^4 tn	热力 Heat 万百万千焦 10^{10} kj	电力 Electricity 亿千瓦小时 10^8kwh	其他能源 Other Energy 万吨标煤 10^4tce
-0.45	**-3.62**	**-1.26**	**5.67**	**-2.17**			**180.34**	**3.51**
			0.99				167.63	
2.12			5.67				14.84	3.51
-2.21	-3.62	-1.26	-0.99	-2.17			-2.13	
-0.36								
2.21	**3.62**	**1.26**		**2.17**	**10.16**	**454.63**	**85.51**	**-3.50**
							85.51	-3.50
						454.63		
					10.16			
2.21	3.62	1.26		2.17				
							19.13	
1.76			**5.67**		**10.16**	**454.63**	**244.77**	**0.01**
							21.32	
1.76			5.67		10.16	454.63	177.63	0.01
			5.67					
							4.40	
							5.77	
							4.12	
							22.08	
							14.88	
							7.20	
							9.45	
							1.95	

6-25 云南能源平衡表(实物量)-1998

		煤合计 Coal Total 万吨 10^4 tn	原煤 Raw Coal 万吨 10^4 tn
一.可供本地区消费的能源量	**Total Primary Energy Supply**	**3165.45**	**3140.62**
1.一次能源生产量	Indigenous Production	3090.67	3090.67
2.回收能	Recovery of Energy		
3.外省(区.市)调入量	Moving In from Other Provinces	128.94	58.21
4.进 口 量	Import		
5.我轮.机在外国加油量	Chinese Airplanes & Ships in Refueling Abroad		
6.本省(区.市)调出量(-)	Sending Out to Other Provinces(-)	-26.24	-26.24
7.出 口 量(-)	Export(-)	-52.32	
8.外轮.机在我国加油量(-)	Foreign Airplanes & Ships in Refueling in China		
9.库存增(-)、减(+)量	Stock Change	24.40	17.98
二.加工转换投入(-)产出(+)量	**Input(-) & Output(+) of Transformation**	**-1663.14**	**-1775.23**
1.火力发电	Thermal Power	-827.77	-805.63
2.供 热	Heating Supply	-28.12	-28.12
3.洗 选 煤	Coal Washing	-134.90	-482.83
4.炼 焦	Coking	-672.96	-455.10
5.炼 油	Petroleum Refineries		
6.制 气	Gas Works		
#焦炭再投入量(-)	Coke Input(-)		
7.煤制品加工	Briquettes	0.61	-3.55
三.损 失 量	**Loss**	**92.67**	**92.67**
四.终端消费量	**Total Final Consumption**	**1406.43**	**1271.28**
1.农.林.牧.渔业	Farming, Forestry, Animal Husbandry, Fishery & Water Conservancy	80.28	80.28
2.工 业	Industry	929.24	876.40
#用作原料.材料	Non-Energy Use	39.01	39.01
3.建 筑 业	Construction	9.80	9.53
4.交通运输.仓储及邮电通迅业	Transportation, Storage, Postal &	16.52	16.34
5.批发和零售贸易业.餐饮业	Telecommunications Services Wholesale, Retail Trade and Catering Service	5.80	5.80
6.生活消费	Residential Consumption	342.68	260.82
城镇	Urban	148.86	67.00
乡村	Rural	193.82	193.82
7.其他	Other	22.11	22.11
五.平衡差额	**Statistical Difference**	**3.21**	**1.44**

ENERGY BALANCE OF YUNNAN -1998 (PHYSICAL QUANTITY)

洗精煤 Cleaned Coal 万吨 10^4 tn	其他洗煤 Other Washed Coal 万吨 10^4 tn	型煤 Briquettes 万吨 10^4 tn	焦炭 Coke 万吨 10^4 tn	焦炉煤气 Coke Oven Gas 亿立方米 10^8 cu.m	其他煤气 Other Gas 亿立方米 10^8 cu.m	油品合计 Petroleum Products Total 万吨 10^4 tn	原油 Crude Oil 万吨 10^4 tn	汽油 Gasoline 万吨 10^4 tn
23.21	**1.62**		**0.20**		**20.93**	**157.67**	**49.00**	**62.45**
						5.04	5.04	
					20.93			
70.73			45.47			192.59	41.16	77.93
			-40.98			-41.46		-14.60
-52.32								
4.80	1.62		-4.29			1.50	2.80	-0.88
3.27	**104.66**	**4.16**	**405.84**	**5.46**		**-7.54**	**-49.00**	**14.60**
	-22.14							
221.13	126.80							
-217.86			405.84	5.46				
						-7.54	-49.00	14.60
		4.16						
25.59	**105.40**	**4.16**	**405.88**	**5.46**	**20.93**	**149.58**		**76.93**
			0.27			19.45		11.07
25.59	27.25		404.80	4.01	20.86	30.87		17.40
			85.01					
	0.27		0.56			7.76		2.33
	0.18		0.25			79.63		37.95
						3.81		2.87
	77.70	4.16		1.45	0.07	2.03		
	77.70	4.16		1.45	0.07			
						2.03		
						6.03		5.31
0.89	**0.88**		**0.16**			**0.55**		**0.12**

续表（云南－1998）

		煤油 Kerosene 万吨 10^4tn	柴油 Diesel Oil 万吨 10^4tn
一．可供本地区消费的能源量	**Total Primary Energy Supply**	**16.32**	**34.55**
1．一次能源生产量	Indigenous Production		
2．回收能	Recovery of Energy		
3．外省(区．市)调入量	Moving In from Other Provinces	17.20	53.18
4．进　口　量	Import		
5．我轮．机在外国加油量	Chinese Airplanes & Ships in Refueling Abroad		
6．本省(区．市)调出量(－)	Sending Out to Other Provinces(-)	-0.69	-18.15
7．出　口　量(－)	Export(-)		
8．外轮．机在我国加油量(－)	Foreign Airplanes & Ships in Refueling in China		
9．库存增(－)、减(+)量	Stock Change	-0.19	-0.48
二．加工转换投入(－)产出(+)量	**Input(-) & Output(+) of Transformation**	**0.69**	**18.15**
1．火力发电	Thermal Power		
2．供　　热	Heating Supply		
3．洗 选 煤	Coal Washing		
4．炼　　焦	Coking		
5．炼　　油	Petroleum Refineries	0.69	18.15
6．制　　气	Gas Works		
＃焦炭再投入量(－)	Coke Input(-)		
7．煤制品加工	Briquettes		
三．损 失 量	**Loss**		
四．终端消费量	**Total Final Consumption**	**16.78**	**52.50**
1．农．林．牧．渔业	Farming, Forestry, Animal Husbandry, Fishery & Water Conservancy	0.05	8.33
2．工　　业	Industry	0.23	9.87
＃用作原料．材料	Non-Energy Use		
3．建 筑 业	Construction	0.06	5.37
4．交通运输．仓储及邮电通迅业	Transportation, Storage, Postal &	14.40	27.28
5．批发和零售贸易业．餐饮业	Telecommunications Services Wholesale, Retail Trade and Catering Service		0.94
6．生活消费	Residential Consumption	2.03	
城镇	Urban		
乡村	Rural	2.03	
7．其他	Other	0.01	0.71
五．平衡差额	**Statistical Difference**	**0.23**	**0.20**

Continued (Yunnan-1998)

燃料油 Fuel Oil 万吨 10^4tn	液化石油气 PLG 万吨 10^4tn	炼厂干气 Refinery Gas 万吨 10^4tn	天然气 Natural Gas 亿立方米 10^8 cu.m	其他石油制品 Other Petroleum Products 万吨 10^4tn	其他焦化产品 Other Coking Products 万吨 10^4 tn	热力 Heat 万百万千焦 10^{10} kj	电力 Electricity 亿千瓦小时 10^8kwh	其他能源 Other Energy 万吨标煤 10^4tce
1.09	**-5.62**		**4.89**	**-0.12**			**175.88**	
			0.89				169.98	
3.12			4.89				12.68	
-2.28	-5.62		-0.89	-0.12			-6.78	
0.25								
2.28	**5.62**			**0.12**	**8.14**	**510.37**	**94.64**	
							94.64	
						510.37		
					8.14			
2.28	5.62			0.12				
							21.92	
3.37			**4.89**		**8.14**	**510.37**	**248.41**	
							9.11	
3.37			4.89		8.14	510.37	193.59	
			4.89					
							4.61	
							4.04	
							3.67	
							23.53	
							16.15	
							7.38	
							9.86	
							0.19	

6-25 云南能源平衡表(实物量)-1999

		煤合计 Coal Total 万吨 10^4 tn	原煤 Raw Coal 万吨 10^4 tn
一.可供本地区消费的能源量	**Total Primary Energy Supply**	**2963.28**	**2938.12**
1.一次能源生产量	Indigenous Production	2663.63	2663.63
2.回收能	Recovery of Energy		
3.外省(区.市)调入量	Moving In from Other Provinces	377.77	254.02
4.进 口 量	Import		
5.我轮.机在外国加油量	Chinese Airplanes & Ships in Refueling Abroad		
6.本省(区.市)调出量(-)	Sending Out to Other Provinces(-)	-137.45	-45.91
7.出 口 量(-)	Export(-)		
8.外轮.机在我国加油量(-)	Foreign Airplanes & Ships in Refueling in China		
9.库存增(-)、减(+)量	Stock Change	59.33	66.38
二.加工转换投入(-)产出(+)量	**Input(-) & Output(+) of Transformation**	**-1749.42**	**-1834.73**
1.火力发电	Thermal Power	-959.01	-926.56
2.供 热	Heating Supply	-29.68	-29.68
3.洗 选 煤	Coal Washing	-125.90	-451.38
4.炼 焦	Coking	-635.59	-422.66
5.炼 油	Petroleum Refineries		
6.制 气	Gas Works		
# 焦炭再投入量(-)	Coke Input(-)		
7.煤制品加工	Briquettes	0.76	-4.45
三.损 失 量	**Loss**	**80.52**	**80.52**
四.终端消费量	**Total Final Consumption**	**1130.26**	**1021.41**
1.农.林.牧.渔业	Farming, Forestry, Animal Husbandry, Fishery & Water Conservancy	81.45	81.45
2.工 业	Industry	688.33	637.23
# 用作原料.材料	Non-Energy Use	28.36	28.36
3.建 筑 业	Construction	10.13	9.86
4.交通运输.仓储及邮电通迅业	Transportation, Storage, Postal &	16.91	16.73
5.批发和零售贸易业.餐饮业	Telecommunications Services Wholesale, Retail Trade and Catering Service	6.04	6.04
6.生活消费	Residential Consumption	304.45	247.15
城镇	Urban	125.30	68.00
乡村	Rural	179.15	179.15
7.其他	Other	22.95	22.95
五.平衡差额	**Statistical Difference**	**3.08**	**1.46**

ENERGY BALANCE OF YUNNAN -1999 (PHYSICAL QUANTITY)

洗精煤 Cleaned Coal 万吨 10^4 tn	其他洗煤 Other Washed Coal 万吨 10^4 tn	型煤 Briquettes 万吨 10^4 tn	焦炭 Coke 万吨 10^4 tn	焦炉煤气 Coke Oven Gas 亿立方米 10^8 cu.m	其他煤气 Other Gas 亿立方米 10^8 cu.m	油品合计 Petroleum Products Total 万吨 10^4 tn	原油 Crude Oil 万吨 10^4 tn	汽油 Gasoline 万吨 10^4 tn
27.99	**-2.83**		**0.58**		**20.99**	**167.85**	**50.19**	**67.56**
						3.44	3.44	
					20.99			
123.75			47.42			207.97	46.07	81.27
-91.54			-40.03			-44.14		-13.87
-4.22	-2.83		-6.81			0.58	0.68	0.16
-4.64	**84.74**	**5.21**	**387.76**	**5.46**		**-6.05**	**-50.19**	**13.87**
	-32.45							
208.29	117.19							
-212.93			387.76	5.46				
						-6.05	-50.19	13.87
		5.21						
22.75	**80.89**	**5.21**	**387.89**	**5.46**	**20.99**	**161.07**		**81.23**
			0.28			20.11		11.40
22.75	28.35		386.77	4.07	20.92	35.59		18.67
			81.21					
	0.27		0.58			8.01		2.46
	0.18		0.26			85.10		40.22
						3.92		2.95
	52.09	5.21		1.39	0.07	2.08		
	52.09	5.21		1.39	0.07			
						2.08		
						6.26		5.53
0.60	**1.02**		**0.45**			**0.73**		**0.20**

续表（云南－1999）

		煤油 Kerosene 万吨 10^4tn	柴油 Diesel Oil 万吨 10^4tn
一．可供本地区消费的能源量	**Total Primary Energy Supply**	**19.80**	**33.28**
1．一次能源生产量	Indigenous Production		
2．回收能	Recovery of Energy		
3．外省(区．市)调入量	Moving In from Other Provinces	19.91	54.27
4．进 口 量	Import		
5．我轮．机在外国加油量	Chinese Airplanes & Ships in Refueling Abroad		
6．本省(区．市)调出量(－)	Sending Out to Other Provinces(-)		-20.84
7．出 口 量(－)	Export(-)		
8．外轮．机在我国加油量(－)	Foreign Airplanes & Ships in Refueling in China		
9．库存增(－)、减(+)量	Stock Change	-0.11	-0.15
二．加工转换投入(－)产出(+)量	**Input(-) & Output(+) of Transformation**		**20.84**
1．火力发电	Thermal Power		
2．供 热	Heating Supply		
3．洗 选 煤	Coal Washing		
4．炼 焦	Coking		
5．炼 油	Petroleum Refineries		20.84
6．制 气	Gas Works		
# 焦炭再投入量(－)	Coke Input(-)		
7．煤制品加工	Briquettes		
三．损 失 量	**Loss**		
四．终端消费量	**Total Final Consumption**	**19.43**	**53.96**
1．农．林．牧．渔业	Farming, Forestry, Animal Husbandry, Fishery & Water Conservancy	0.05	8.66
2．工 业	Industry	0.19	10.28
# 用作原料．材料	Non-Energy Use		
3．建 筑 业	Construction	0.07	5.48
4．交通运输．仓储及邮电通迅业	Transportation, Storage, Postal &	17.03	27.85
5．批发和零售贸易业．餐饮业	Telecommunications Services Wholesale, Retail Trade and Catering Service		0.97
6．生活消费	Residential Consumption	2.08	
城镇	Urban		
乡村	Rural	2.08	
7．其他	Other	0.01	0.72
五．平衡差额	**Statistical Difference**	**0.37**	**0.16**

Continued (Yunnan-1999)

燃料油 Fuel Oil 万吨 10^4tn	液化石油气 PLG 万吨 10^4tn	炼厂干气 Refinery Gas 万吨 10^4tn	天然气 Natural Gas 亿立方米 10^8 cu.m	其他石油制品 Other Petroleum Products 万吨 10^4tn	其他焦化产品 Other Coking Products 万吨 10^4 tn	热力 Heat 万百万千焦 10^{10} kj	电力 Electricity 亿千瓦小时 10^8kwh	其他能源 Other Energy 万吨标煤 10^4tce
3.84	**-5.10**	**-1.59**	**5.10**	**-0.13**			**184.86**	
			0.88				184.91	
6.45			5.10				9.15	
-2.61	-5.10	-1.59	-0.88	-0.13			-9.20	
2.61	**5.10**	**1.59**		**0.13**	**7.68**	**537.94**	**113.29**	
							113.29	
						537.94		
					7.68			
2.61	5.10	1.59		0.13				
							25.00	
6.45			**5.10**		**7.68**	**537.94**	**271.70**	
							10.74	
6.45			5.10		7.68	537.94	210.98	
			5.10					
							4.83	
							5.91	
							3.86	
							25.09	
							17.53	
							7.56	
							10.29	
							1.45	

6-26 陕西能源平衡表(实物量)-1997

		煤合计 Coal Total 万吨 10^4 tn	原煤 Raw Coal 万吨 10^4 tn
一.可供本地区消费的能源量	**Total Primary Energy Supply**	**3649.08**	**3786.69**
1.一次能源生产量	Indigenous Production	4949.20	4949.20
2.回收能	Recovery of Energy		
3.外省(区.市)调入量	Moving In from Other Provinces	473.16	399.18
4.进口量	Import		
5.我轮.机在外国加油量	Chinese Airplanes & Ships in Refueling Abroad		
6.本省(区.市)调出量(-)	Sending Out to Other Provinces(-)	-1349.61	-1222.05
7.出口量(-)	Export(-)	-166.16	-55.73
8.外轮.机在我国加油量(-)	Foreign Airplanes & Ships in Refueling in China		
9.库存增(-)、减(+)量	Stock Change	-257.51	-283.91
二.加工转换投入(-)产出(+)量	**Input(-) & Output(+) of Transformation**	**-1904.16**	**-2156.47**
1.火力发电	Thermal Power	-1366.57	-1366.57
2.供热	Heating Supply	-78.70	-78.70
3.洗选煤	Coal Washing	-18.42	-450.61
4.炼焦	Coking	-407.00	-208.38
5.炼油	Petroleum Refineries		
6.制气	Gas Works	-7.19	-7.19
# 焦炭再投入量(-)	Coke Input(-)		
7.煤制品加工	Briquettes	-26.28	-45.02
三.损失量	**Loss**		
四.终端消费量	**Total Final Consumption**	**1744.92**	**1630.22**
1.农.林.牧.渔业	Farming, Forestry, Animal Husbandry, Fishery & Water Conservancy	15.11	15.11
2.工业	Industry	1092.82	1050.28
# 用作原料.材料	Non-Energy Use	183.55	183.55
3.建筑业	Construction	30.61	30.61
4.交通运输.仓储及邮电通迅业	Transportation, Storage, Postal &	44.59	44.59
5.批发和零售贸易业.餐饮业	Telecommunications Services Wholesale, Retail Trade and Catering Service	15.11	15.11
6.生活消费	Residential Consumption	469.18	397.02
城镇	Urban	165.91	145.21
乡村	Rural	303.27	251.81
7.其他	Other	77.50	77.50
五.平衡差额	**Statistical Difference**		

ENERGY BALANCE OF SHAANXI -1997 (PHYSICAL QUANTITY)

洗精煤 Cleaned Coal 万吨 10^4 tn	其他洗煤 Other Washed Coal 万吨 10^4 tn	型煤 Briquettes 万吨 10^4 tn	焦炭 Coke 万吨 10^4 tn	焦炉煤气 Coke Oven Gas 亿立方米 10^8 cu.m	其他煤气 Other Gas 亿立方米 10^8 cu.m	油品合计 Petroleum Products Total 万吨 10^4 tn	原油 Crude Oil 万吨 10^4 tn	汽油 Gasoline 万吨 10^4 tn
-111.47	**-13.07**		**-11.45**			**314.00**	**290.22**	**22.11**
						242.77	242.77	
73.98			24.78			168.99	64.08	35.70
-86.32	-20.62		-35.15			-91.02	-8.18	-9.59
-110.43			-4.00					
11.30	7.55		2.92			-6.74	-8.45	-4.00
119.17	**30.49**	**72.16**	**304.09**	**3.11**	**1.76**	**-50.13**	**-289.57**	**73.14**
				-0.03	-0.33	-4.33		
						-1.08		
317.79	57.20							
-198.62			304.09	3.14				
						-44.72	-289.57	73.14
					2.09			
	-26.71	72.16						
7.70	**17.42**	**72.16**	**292.64**	**3.11**	**1.76**	**264.87**	**1.65**	**95.25**
			1.24			23.98		6.26
7.70	17.42		286.64	1.20	0.76	112.82	1.65	36.24
			171.31			7.16		
			1.76			13.68		6.41
			2.10			76.02		31.10
						12.00		8.74
		72.16		1.91	1.00	13.39		
		20.70		1.91	1.00	13.29		
		51.46				0.10		
			0.90			12.98		6.50
						-1.00	**-1.00**	

续表（陕西－1997）

		煤油 Kerosene 万吨 10^4tn	柴油 Diesel Oil 万吨 10^4tn
一．可供本地区消费的能源量	**Total Primary Energy Supply**	**17.82**	**-2.36**
1．一次能源生产量	Indigenous Production		
2．回收能	Recovery of Energy		
3．外省(区．市)调入量	Moving In from Other Provinces	18.88	26.84
4．进 口 量	Import		
5．我轮．机在外国加油量	Chinese Airplanes & Ships in Refueling Abroad		
6．本省(区．市)调出量(－)	Sending Out to Other Provinces(-)	-0.19	-32.18
7．出 口 量(－)	Export(-)		
8．外轮．机在我国加油量(－)	Foreign Airplanes & Ships in Refueling in China		
9．库存增(－)、减(＋)量	Stock Change	-0.87	2.98
二．加工转换投入(－)产出(＋)量	**Input(-) & Output(+) of Transformation**	**1.08**	**90.81**
1．火力发电	Thermal Power		-4.33
2．供　热	Heating Supply		-1.08
3．洗 选 煤	Coal Washing		
4．炼　焦	Coking		
5．炼　油	Petroleum Refineries	1.08	96.22
6．制　气	Gas Works		
＃焦炭再投入量(－)	Coke Input(-)		
7．煤制品加工	Briquettes		
三．损 失 量	**Loss**		
四．终端消费量	**Total Final Consumption**	**18.90**	**88.45**
1．农．林．牧．渔业	Farming, Forestry, Animal Husbandry, Fishery & Water Conservancy		17.71
2．工　业	Industry	1.50	34.90
＃用作原料．材料	Non-Energy Use		
3．建 筑 业	Construction	0.02	3.90
4．交通运输．仓储及邮电通迅业	Transportation, Storage, Postal &	16.89	23.41
5．批发和零售贸易业．餐饮业	Telecommunications Services Wholesale, Retail Trade and Catering Service		3.26
6．生活消费	Residential Consumption	0.10	
城镇	Urban		
乡村	Rural	0.10	
7．其他	Other	0.39	5.27
五．平衡差额	**Statistical Difference**		

Continued (Shaanxi-1997)

燃料油 Fuel Oil 万吨 10⁴tn	液化石油气 PLG 万吨 10⁴tn	炼厂干气 Refinery Gas 万吨 10⁴tn	天然气 Natural Gas 亿立方米 10⁸ cu.m	其他石油制品 Other Petroleum Products 万吨 10⁴tn	其他焦化产品 Other Coking Products 万吨 10⁴ tn	热力 Heat 万百万千焦 10¹⁰ kj	电力 Electricity 亿千瓦小时 10⁸kwh	其他能源 Other Energy 万吨标煤 10⁴tce
-16.97	**3.18**		**0.62**				**15.31**	**0.05**
			0.96				22.47	
								0.05
19.40	4.09						12.99	
-39.88	-1.00		-0.34				-20.15	
3.51	0.09							
48.38	**11.16**	**0.49**		**14.38**	**1.85**	**1379.37**	**247.31**	
							247.11	
						1379.37	0.20	
					1.85			
48.38	11.16	0.49		14.38				
							24.46	
31.41	**14.34**	**0.49**	**0.62**	**14.38**	**1.85**	**1379.37**	**238.16**	**0.05**
0.01							20.86	
29.38	0.45	0.49	0.60	8.21	1.85	1119.94	156.30	0.05
4.60				2.56				
0.70				2.65			2.46	
1.10				3.52			12.40	
							6.81	
	13.29		0.02			122.01	24.99	
	13.29		0.02			122.01	16.12	
							8.87	
0.22	0.60					137.42	14.34	

6-26 陕西能源平衡表(实物量)-1998

		煤合计 Coal Total 万吨 10^4 tn	原煤 Raw Coal 万吨 10^4 tn
一.可供本地区消费的能源量	**Total Primary Energy Supply**	**3508.51**	**3712.51**
1.一次能源生产量	Indigenous Production	4446.64	4446.64
2.回收能	Recovery of Energy		
3.外省(区.市)调入量	Moving In from Other Provinces	441.12	363.62
4.进 口 量	Import		
5.我轮.机在外国加油量	Chinese Airplanes & Ships in Refueling Abroad		
6.本省(区.市)调出量(-)	Sending Out to Other Provinces(-)	-1306.79	-1168.58
7.出 口 量(-)	Export(-)	-178.16	-38.80
8.外轮.机在我国加油量(-)	Foreign Airplanes & Ships in Refueling in China		
9.库存增(-)、减(+)量	Stock Change	105.70	109.63
二.加工转换投入(-)产出(+)量	**Input(-) & Output(+) of Transformation**	**-1817.00**	**-2119.09**
1.火力发电	Thermal Power	-1212.46	-1210.72
2.供 热	Heating Supply	-79.00	-79.00
3.洗 选 煤	Coal Washing	-103.59	-528.38
4.炼 焦	Coking	-420.37	-249.37
5.炼 油	Petroleum Refineries		
6.制 气	Gas Works	-8.12	-8.12
# 焦炭再投入量(-)	Coke Input(-)		
7.煤制品加工	Briquettes	6.54	-43.50
三.损 失 量	**Loss**		
四.终端消费量	**Total Final Consumption**	**1691.51**	**1593.42**
1.农.林.牧.渔业	Farming, Forestry, Animal Husbandry, Fishery & Water Conservancy	15.00	15.00
2.工 业	Industry	1126.05	1097.44
# 用作原料.材料	Non-Energy Use	194.79	194.79
3.建 筑 业	Construction	31.40	31.40
4.交通运输.仓储及邮电通迅业	Transportation, Storage, Postal &	40.27	40.27
5.批发和零售贸易业.餐饮业	Telecommunications Services Wholesale, Retail Trade and Catering Service	15.00	15.00
6.生活消费	Residential Consumption	388.58	319.10
城镇	Urban	154.72	135.81
乡村	Rural	233.86	183.29
7.其他	Other	75.21	75.21
五.平衡差额	**Statistical Difference**		

ENERGY BALANCE OF SHAANXI -1998 (PHYSICAL QUANTITY)

洗精煤 Cleaned Coal 万吨 10^4 tn	其他洗煤 Other Washed Coal 万吨 10^4 tn	型煤 Briquettes 万吨 10^4 tn	焦炭 Coke 万吨 10^4 tn	焦炉煤气 Coke Oven Gas 亿立方米 10^8 cu.m	其他煤气 Other Gas 亿立方米 10^8 cu.m	油品合计 Petroleum Products Total 万吨 10^4 tn	原油 Crude Oil 万吨 10^4 tn	汽油 Gasoline 万吨 10^4 tn
-185.40	**-18.60**		**-87.14**			**323.88**	**342.20**	**-6.37**
						321.45	321.45	
77.50			10.11			121.88	20.43	38.06
-120.81	-17.40		-87.92			-121.65	-5.11	-40.66
-139.36								
-2.73	-1.20		-9.33			2.20	5.43	-3.77
193.50	**38.45**	**70.14**	**320.51**	**2.47**	**2.36**	**-21.23**	**-340.79**	**99.10**
	-1.74					-2.85		
						-1.10		
364.50	60.29							
-171.00			320.51	2.47				
						-17.28	-340.79	99.10
					2.36			
	-20.10	70.14						
8.10	**19.85**	**70.14**	**233.37**	**2.47**	**2.36**	**302.65**	**1.41**	**92.73**
			1.00			11.55		1.94
8.10	19.85	0.66	230.00	0.46	1.12	154.94	1.41	37.36
			136.56			18.75		
			1.50			14.49		6.90
						85.11		32.40
						10.52		7.25
		69.48		2.01	1.24	12.73		
		18.91		2.01	1.24	12.72		
		50.57				0.01		
			0.87			13.31		6.88

续表（陕西－1998）

		煤油 Kerosene 万吨 10^4tn	柴油 Diesel Oil 万吨 10^4tn
一．可供本地区消费的能源量	**Total Primary Energy Supply**	**24.89**	**-22.00**
1．一次能源生产量	Indigenous Production		
2．回收能	Recovery of Energy		
3．外省(区．市)调入量	Moving In from Other Provinces	24.78	13.63
4．进 口 量	Import		
5．我轮．机在外国加油量	Chinese Airplanes & Ships in Refueling Abroad		
6．本省(区．市)调出量(－)	Sending Out to Other Provinces(-)	-1.29	-36.67
7．出 口 量(－)	Export(-)		
8．外轮．机在我国加油量(－)	Foreign Airplanes & Ships in Refueling in China		
9．库存增(－)、减(＋)量	Stock Change	1.40	1.04
二．加工转换投入(－)产出(＋)量	**Input(-) & Output(+) of Transformation**	**0.96**	**104.78**
1．火力发电	Thermal Power		-2.85
2．供　　热	Heating Supply		-1.10
3．洗 选 煤	Coal Washing		
4．炼　　焦	Coking		
5．炼　　油	Petroleum Refineries	0.96	108.73
6．制　　气	Gas Works		
＃焦炭再投入量(－)	Coke Input(-)		
7．煤制品加工	Briquettes		
三．损 失 量	**Loss**		
四．终端消费量	**Total Final Consumption**	**25.85**	**82.78**
1．农．林．牧．渔业	Farming, Forestry, Animal Husbandry, Fishery & Water Conservancy		9.60
2．工　　业	Industry	1.55	37.66
＃用作原料．材料	Non-Energy Use		
3．建 筑 业	Construction	0.01	3.90
4．交通运输．仓储及邮电通迅业	Transportation, Storage, Postal &	23.98	23.07
5．批发和零售贸易业．餐饮业	Telecommunications Services Wholesale, Retail Trade and Catering Service		3.25
6．生活消费	Residential Consumption	0.01	
城镇	Urban		
乡村	Rural	0.01	
7．其他	Other	0.30	5.30
五．平衡差额	**Statistical Difference**		

Continued (Shaanxi-1998)

燃料油 Fuel Oil 万吨 10^4tn	液化石油气 PLG 万吨 10^4tn	炼厂干气 Refinery Gas 万吨 10^4tn	天然气 Natural Gas 亿立方米 10^8 cu.m	其他石油制品 Other Petroleum Products 万吨 10^4tn	其他焦化产品 Other Coking Products 万吨 10^4 tn	热力 Heat 万百万千焦 10^{10} kj	电力 Electricity 亿千瓦小时 10^8kwh	其他能源 Other Energy 万吨标煤 10^4tce
-13.22	**-1.62**		**1.92**				**35.82**	**0.07**
			4.32				31.19	
								0.07
23.97	1.01						16.19	
-35.30	-2.62		-2.40				-11.56	
-1.89	**-0.01**							**0.07**
70.04	17.00	2.95		24.73	0.99	1384.17	221.04	
							221.04	
						1384.17		
					0.99			
70.04	17.00	2.95		24.73				
							22.95	
56.82	15.38	2.95	1.92	24.73	0.99	1384.17	233.91	0.07
0.01							16.12	
54.77	2.03	2.95	1.59	17.21	0.99	1126.55	154.15	0.07
4.98				13.77	0.99			
0.71				2.97			3.01	
1.11				4.55			12.63	
	0.02						6.46	
	12.72		0.33			125.98	26.31	
	12.72		0.33			125.98	16.65	
							9.66	
0.22	0.61					131.64	15.23	

6-26 陕西能源平衡表(实物量)-1999

		煤合计 Coal Total 万吨 10^4 tn	原煤 Raw Coal 万吨 10^4 tn
一.可供本地区消费的能源量	**Total Primary Energy Supply**	**2997.88**	**3207.95**
1.一次能源生产量	Indigenous Production	3689.95	3689.95
2.回收能	Recovery of Energy		
3.外省(区.市)调入量	Moving In from Other Provinces	428.75	353.51
4.进口量	Import		
5.我轮.机在外国加油量	Chinese Airplanes & Ships in Refueling Abroad		
6.本省(区.市)调出量(-)	Sending Out to Other Provinces(-)	-1200.07	-1020.00
7.出口量(-)	Export(-)	-125.64	-23.47
8.外轮.机在我国加油量(-)	Foreign Airplanes & Ships in Refueling in China		
9.库存增(-)、减(+)量	Stock Change	204.89	207.96
二.加工转换投入(-)产出(+)量	**Input(-) & Output(+) of Transformation**	**-1748.88**	**-2058.60**
1.火力发电	Thermal Power	-1288.19	-1288.19
2.供热	Heating Supply	-74.75	-74.75
3.洗选煤	Coal Washing	-53.11	-454.38
4.炼焦	Coking	-339.45	-194.40
5.炼油	Petroleum Refineries		
6.制气	Gas Works	-9.84	-9.84
#焦炭再投入量(-)	Coke Input(-)		
7.煤制品加工	Briquettes	16.46	-37.04
三.损失量	**Loss**		
四.终端消费量	**Total Final Consumption**	**1249.00**	**1149.35**
1.农.林.牧.渔业	Farming, Forestry, Animal Husbandry, Fishery & Water Conservancy	12.00	12.00
2.工业	Industry	755.53	723.73
#用作原料.材料	Non-Energy Use	126.48	126.48
3.建筑业	Construction	24.70	24.70
4.交通运输.仓储及邮电通迅业	Transportation, Storage, Postal &	34.48	34.48
5.批发和零售贸易业.餐饮业	Telecommunications Services Wholesale, Retail Trade and Catering Service	14.27	14.27
6.生活消费	Residential Consumption	344.63	276.78
城镇	Urban	130.96	112.36
乡村	Rural	213.67	164.42
7.其他	Other	63.39	63.39
五.平衡差额	**Statistical Difference**		

ENERGY BALANCE OF SHAANXI -1999 (PHYSICAL QUANTITY)

洗精煤 Cleaned Coal 万吨 10^4 tn	其他洗煤 Other Washed Coal 万吨 10^4 tn	型煤 Briquettes 万吨 10^4 tn	焦炭 Coke 万吨 10^4 tn	焦炉煤气 Coke Oven Gas 亿立方米 10^8 cu.m	其他煤气 Other Gas 亿立方米 10^8 cu.m	油品合计 Petroleum Products Total 万吨 10^4 tn	原油 Crude Oil 万吨 10^4 tn	汽油 Gasoline 万吨 10^4 tn
-194.25	**-15.82**		**-68.32**			**327.92**	**446.03**	**-70.16**
						496.75	496.75	
75.24			9.77			176.46	13.72	34.80
-163.35	-16.72		-66.03			-348.84	-59.28	-111.80
-102.17								
-3.97	0.90		-12.06			3.55	-5.16	6.84
205.97	**34.25**	**69.50**	**259.71**	**2.55**	**1.07**	**-35.89**	**-445.86**	**164.22**
					-0.52	-3.40		
					-0.47	-0.04		
340.97	60.30							
-135.00	-10.05		259.71	2.55				
						-32.45	-445.86	164.22
					2.06			
	-16.00	69.50						
11.72	**18.43**	**69.50**	**191.39**	**2.55**	**1.07**	**292.03**	**0.17**	**94.06**
			1.00			11.73		2.01
11.72	18.43	1.65	188.17	0.91	0.01	145.34	0.17	36.96
			111.45			8.39	0.17	
			1.32			11.71		6.99
						86.63		34.73
						9.74		6.22
		67.85		1.64	1.06	13.08		
		18.60		1.64	1.06	13.06		
		49.25				0.02		
			0.90			13.80		7.15

续表（陕西－1999）

		煤油 Kerosene 万吨 10^4tn	柴油 Diesel Oil 万吨 10^4tn
一．可供本地区消费的能源量	**Total Primary Energy Supply**	**25.35**	**-101.68**
1.一次能源生产量	Indigenous Production		
2.回收能	Recovery of Energy		
3.外省(区．市)调入量	Moving In from Other Provinces	25.35	32.80
4.进 口 量	Import		
5.我轮．机在外国加油量	Chinese Airplanes & Ships in Refueling Abroad		
6.本省(区．市)调出量(－)	Sending Out to Other Provinces(-)	-0.14	-136.86
7.出 口 量(－)	Export(-)		
8.外轮．机在我国加油量(－)	Foreign Airplanes & Ships in Refueling in China		
9.库存增(－)、减(+)量	Stock Change	0.14	2.38
二．加工转换投入(－)产出(+)量	**Input(-) & Output(+) of Transformation**	**1.32**	**188.65**
1.火力发电	Thermal Power		-3.40
2.供　　热	Heating Supply		-0.04
3.洗 选 煤	Coal Washing		
4.炼　　焦	Coking		
5.炼　　油	Petroleum Refineries	1.32	192.09
6.制　　气	Gas Works		
＃焦炭再投入量(－)	Coke Input(-)		
7.煤制品加工	Briquettes		
三．损 失 量	**Loss**		
四．终端消费量	**Total Final Consumption**	**26.67**	**86.97**
1.农．林．牧．渔业	Farming, Forestry, Animal Husbandry, Fishery & Water Conservancy		9.70
2.工　　业	Industry	2.23	38.20
＃用作原料．材料	Non-Energy Use		
3.建 筑 业	Construction		4.00
4.交通运输．仓储及邮电通迅业	Transportation, Storage, Postal &	24.13	26.36
5.批发和零售贸易业．餐饮业	Telecommunications Services Wholesale, Retail Trade and Catering Service		3.20
6.生活消费	Residential Consumption	0.01	
城镇	Urban		
乡村	Rural	0.01	
7.其他	Other	0.30	5.51
五．平衡差额	**Statistical Difference**		

Continued (Shaanxi-1999)

燃料油 Fuel Oil 万吨 10^4tn	液化石油气 PLG 万吨 10^4tn	炼厂干气 Refinery Gas 万吨 10^4tn	天然气 Natural Gas 亿立方米 10^8 cu.m	其他石油制品 Other Petroleum Products 万吨 10^4tn	其他焦化产品 Other Coking Products 万吨 10^4 tn	热力 Heat 万百万千焦 10^{10} kj	电力 Electricity 亿千瓦小时 10^8kwh	其他能源 Other Energy 万吨标煤 10^4tce
39.71	**-11.33**		**3.47**				**32.10**	**0.24**
			12.38				22.59	0.24
67.79	2.00						13.74	
-27.50	-13.26		-8.91				-4.23	
-0.58	-0.07							
20.74	**28.87**	**4.36**		**1.81**	**2.55**	**1402.40**	**241.53**	
							241.53	
						1402.40		
					2.55			
20.74	28.87	4.36		1.81				
							23.40	
60.45	**17.54**	**4.36**	**3.47**	**1.81**	**2.55**	**1402.40**	**250.23**	**0.24**
0.02							17.61	
58.06	3.55	4.36	2.43	1.81	2.55	1130.56	161.16	0.24
6.41				1.81	1.70			
0.72							2.54	
1.41							13.51	
	0.32						6.90	
	13.07		1.04			136.37	29.24	
	13.06		1.04			136.37	18.07	
	0.01						11.17	
0.24	0.60					135.47	19.27	

6-27 甘肃能源平衡表(实物量)-1997

		煤合计 Coal Total 万吨 10^4 tn	原煤 Raw Coal 万吨 10^4 tn
一.可供本地区消费的能源量	**Total Primary Energy Supply**	**2373.11**	**2246.85**
1.一次能源生产量	Indigenous Production	2293.47	2293.47
2.回收能	Recovery of Energy		
3.外省(区.市)调入量	Moving In from Other Provinces	414.47	288.97
4.进 口 量	Import		
5.我轮.机在外国加油量	Chinese Airplanes & Ships in Refueling Abroad		
6.本省(区.市)调出量(-)	Sending Out to Other Provinces(-)	-178.46	-178.46
7.出 口 量(-)	Export(-)	-8.12	-8.12
8.外轮.机在我国加油量(-)	Foreign Airplanes & Ships in Refueling in China		
9.库存增(-)、减(+)量	Stock Change	-148.25	-149.01
二.加工转换投入(-)产出(+)量	**Input(-) & Output(+) of Transformation**	**-1065.98**	**-944.78**
1.火力发电	Thermal Power	-783.24	-783.24
2.供 热	Heating Supply	-145.68	-145.68
3.洗 选 煤	Coal Washing		
4.炼 焦	Coking	-126.30	-5.10
5.炼 油	Petroleum Refineries		
6.制 气	Gas Works	-10.76	-10.76
#焦炭再投入量(-)	Coke Input(-)		
7.煤制品加工	Briquettes		
三.损 失 量	**Loss**	**4.57**	
四.终端消费量	**Total Final Consumption**	**1303.36**	**1302.07**
1.农.林.牧.渔业	Farming, Forestry, Animal Husbandry, Fishery & Water Conservancy	19.12	19.12
2.工 业	Industry	772.66	771.63
#用作原料.材料	Non-Energy Use	61.73	61.73
3.建 筑 业	Construction	18.90	18.64
4.交通运输.仓储及邮电通迅业	Transportation, Storage, Postal &	35.78	35.78
5.批发和零售贸易业.餐饮业	Telecommunications Services Wholesale, Retail Trade and Catering Service	43.50	43.50
6.生活消费	Residential Consumption	402.80	402.80
城镇	Urban	112.30	112.30
乡村	Rural	290.50	290.50
7.其他	Other	10.60	10.60
五.平衡差额	**Statistical Difference**	**0.60**	

ENERGY BALANCE OF GANSU -1997 (PHYSICAL QUANTITY)

洗精煤 Cleaned Coal 万吨 10^4 tn	其他洗煤 Other Washed Coal 万吨 10^4 tn	型煤 Briquettes 万吨 10^4 tn	焦炭 Coke 万吨 10^4 tn	焦炉煤气 Coke Oven Gas 亿立方米 10^8 cu.m	其他煤气 Other Gas 亿立方米 10^8 cu.m	油品合计 Petroleum Products Total 万吨 10^4 tn	原油 Crude Oil 万吨 10^4 tn	汽油 Gasoline 万吨 10^4 tn
126.68	**0.05**	**-0.52**	**49.83**			**293.50**	**750.50**	**-132.31**
						185.86	185.86	
125.50			47.97			584.28	584.28	
						-449.08		-126.33
1.18	0.05	-0.52	1.86			-27.56	-19.64	-5.98
-121.20			**102.27**	**1.67**	**1.77**	**-22.87**	**-780.12**	**195.52**
						-3.07		
						-6.08		
-121.20			102.27	1.67				
						-13.72	-780.12	195.52
					1.77			
4.57			**0.92**		**0.65**	**2.40**	**0.88**	**0.20**
0.91	**0.19**		**151.18**	**1.67**	**1.12**	**303.04**	**4.79**	**63.01**
						20.95		1.50
0.65	0.19		150.78	1.67	0.77	192.04	4.79	16.98
			9.05			120.14		
0.26			0.36			12.93		7.26
			0.04			66.91		32.87
						1.31		0.90
					0.35	5.03		
					0.35	4.30		
						0.73		
						3.87		3.50
	0.56	**-0.52**				**-34.21**	**-35.29**	

续表（甘肃－1997）

		煤油 Kerosene 万吨 10^4tn	柴油 Diesel Oil 万吨 10^4tn
一．可供本地区消费的能源量	**Total Primary Energy Supply**	**-38.76**	**-153.99**
1.一次能源生产量	Indigenous Production		
2.回收能	Recovery of Energy		
3.外省(区．市)调入量	Moving In from Other Provinces		
4.进 口 量	Import		
5.我轮．机在外国加油量	Chinese Airplanes & Ships in Refueling Abroad		
6.本省(区．市)调出量(−)	Sending Out to Other Provinces(-)	-40.57	-152.48
7.出 口 量(−)	Export(-)		
8.外轮．机在我国加油量(−)	Foreign Airplanes & Ships in Refueling in China		
9.库存增(−)、减(+)量	Stock Change	1.81	-1.51
二．加工转换投入(−)产出(+)量	**Input(-) & Output(+) of Transformation**	**43.80**	**231.44**
1.火力发电	Thermal Power		
2.供　　热	Heating Supply		
3.洗 选 煤	Coal Washing		
4.炼　　焦	Coking		
5.炼　　油	Petroleum Refineries	43.80	231.44
6.制　　气	Gas Works		
＃焦炭再投入量(−)	Coke Input(-)		
7.煤制品加工	Briquettes		
三．损 失 量	**Loss**	**0.08**	**0.24**
四．终端消费量	**Total Final Consumption**	**3.88**	**77.21**
1.农．林．牧．渔业	Farming, Forestry, Animal Husbandry, Fishery & Water Conservancy	0.02	18.58
2.工　　业	Industry	0.57	21.97
＃用作原料．材料	Non-Energy Use		
3.建 筑 业	Construction	0.04	5.52
4.交通运输．仓储及邮电通迅业	Transportation, Storage, Postal &	2.40	30.52
5.批发和零售贸易业．餐饮业	Telecommunications Services Wholesale, Retail Trade and Catering Service	0.07	0.32
6.生活消费	Residential Consumption	0.73	
城镇	Urban		
乡村	Rural	0.73	
7.其他	Other	0.05	0.30
五．平衡差额	**Statistical Difference**	**1.08**	

Continued (Gansu-1997)

燃料油 Fuel Oil 万吨 10^4tn	液化石油气 PLG 万吨 10^4tn	炼厂干气 Refinery Gas 万吨 10^4tn	天然气 Natural Gas 亿立方米 10^8 cu.m	其他石油制品 Other Petroleum Products 万吨 10^4tn	其他焦化产品 Other Coking Products 万吨 10^4 tn	热力 Heat 万百万千焦 10^{10} kj	电力 Electricity 亿千瓦小时 10^8kwh	其他能源 Other Energy 万吨标煤 10^4tce
-24.30	**-3.66**		**0.64**	**-103.98**			**96.79**	
			1.77				82.50	
							42.87	
-23.08	-3.47		-1.13	-103.15			-28.58	
-1.22	-0.19			-0.83				
89.95	**12.05**	**19.87**		**164.62**		**2628.76**	**163.91**	
-3.07							163.91	
-6.08						2628.76		
99.10	12.05	19.87		164.62				
0.40	**0.60**		**0.52**				**17.15**	
65.25	**8.39**	**19.87**	**0.12**	**60.64**		**2628.76**	**243.57**	
				0.85			23.50	
64.13	4.09	19.87	0.12	59.64		2011.15	185.75	
43.61		19.87	0.12	56.66				
0.03				0.08		3.48	2.40	
1.09				0.03		11.23	6.68	
				0.02		9.50	1.83	
	4.30					583.40	18.04	
	4.30					583.40	11.37	
							6.67	
				0.02		10.00	5.37	

6-27 甘肃能源平衡表(实物量)-1998

		煤合计 Coal Total 万吨 10^4 tn	原煤 Raw Coal 万吨 10^4 tn
一. 可供本地区消费的能源量	**Total Primary Energy Supply**	**2373.81**	**2245.34**
1. 一次能源生产量	Indigenous Production	2322.70	2316.00
2. 回收能	Recovery of Energy		
3. 外省(区. 市)调入量	Moving In from Other Provinces	312.07	189.25
4. 进 口 量	Import		
5. 我轮. 机在外国加油量	Chinese Airplanes & Ships in Refueling Abroad		
6. 本省(区. 市)调出量(−)	Sending Out to Other Provinces(-)	-422.00	-422.00
7. 出 口 量(−)	Export(-)	-7.90	-7.90
8. 外轮. 机在我国加油量(−)	Foreign Airplanes & Ships in Refueling in China		
9. 库存增(−)、减(+)量	Stock Change	168.94	169.99
二. 加工转换投入(−)产出(+)量	**Input(-) & Output(+) of Transformation**	**-1088.04**	**-966.59**
1. 火力发电	Thermal Power	-787.56	-787.56
2. 供 热	Heating Supply	-151.27	-151.27
3. 洗 选 煤	Coal Washing	-1.84	-5.90
4. 炼 焦	Coking	-125.91	-0.40
5. 炼 油	Petroleum Refineries		
6. 制 气	Gas Works	-21.46	-21.46
# 焦炭再投入量(−)	Coke Input(-)		
7. 煤制品加工	Briquettes		
三. 损 失 量	**Loss**	**4.10**	
四. 终端消费量	**Total Final Consumption**	**1281.67**	**1278.75**
1. 农. 林. 牧. 渔业	Farming, Forestry, Animal Husbandry, Fishery & Water Conservancy	28.67	28.67
2. 工 业	Industry	734.02	731.10
# 用作原料. 材料	Non-Energy Use	57.03	57.03
3. 建 筑 业	Construction	20.48	20.48
4. 交通运输. 仓储及邮电通迅业	Transportation, Storage, Postal &	29.80	29.80
5. 批发和零售贸易业. 餐饮业	Telecommunications Services Wholesale, Retail Trade and Catering Service	41.80	41.80
6. 生活消费	Residential Consumption	411.70	411.70
城镇	Urban	110.50	110.50
乡村	Rural	301.20	301.20
7. 其他	Other	15.20	15.20
五. 平衡差额	**Statistical Difference**		

ENERGY BALANCE OF GANSU -1998 (PHYSICAL QUANTITY)

洗精煤 Cleaned Coal 万吨 10^4 tn	其他洗煤 Other Washed Coal 万吨 10^4 tn	型煤 Briquettes 万吨 10^4 tn	焦炭 Coke 万吨 10^4 tn	焦炉煤气 Coke Oven Gas 亿立方米 10^8 cu.m	其他煤气 Other Gas 亿立方米 10^8 cu.m	油品合计 Petroleum Products Total 万吨 10^4 tn	原油 Crude Oil 万吨 10^4 tn	汽油 Gasoline 万吨 10^4 tn
128.14	**0.28**	**0.05**	**40.24**			**381.26**	**803.95**	**-115.33**
6.70						442.64	442.64	
122.64	0.18		41.71			564.82	522.32	22.50
						-633.98	-164.88	-137.32
-1.20	0.10	0.05	-1.47			7.78	3.87	-0.51
-121.45			**102.69**	**3.66**	**2.99**	**-63.80**	**-784.21**	**185.65**
						-2.49		
			-0.52	-0.08		-5.09		
4.06								
-125.51			104.33	3.74				
						-56.22	-784.21	185.65
			-1.12		2.99			
4.10			**0.65**	**0.33**	**0.21**	**1.83**	**1.20**	**0.30**
2.59	**0.28**	**0.05**	**142.28**	**3.33**	**2.78**	**315.63**	**18.54**	**70.02**
						22.99		3.80
2.59	0.28	0.05	141.85	3.33	2.39	196.67	18.54	14.31
			8.51			123.04		
			0.40			12.93		7.55
			0.03			73.59		40.16
						1.22		0.85
					0.39	4.40		
					0.39	4.35		
						0.05		
						3.83		3.35

续表（甘肃－1998）

		煤油 Kerosene 万吨 10^4tn	柴油 Diesel Oil 万吨 10^4tn
一．可供本地区消费的能源量	**Total Primary Energy Supply**	**-36.81**	**-155.28**
1．一次能源生产量	Indigenous Production		
2．回收能	Recovery of Energy		
3．外省(区．市)调入量	Moving In from Other Provinces		20.00
4．进 口 量	Import		
5．我轮．机在外国加油量	Chinese Airplanes & Ships in Refueling Abroad		
6．本省(区．市)调出量(－)	Sending Out to Other Provinces(-)	-35.42	-175.96
7．出 口 量(－)	Export(-)		
8．外轮．机在我国加油量(－)	Foreign Airplanes & Ships in Refueling in China		
9．库存增(－)、减(＋)量	Stock Change	-1.39	0.68
二．加工转换投入(－)产出(＋)量	**Input(-) & Output(+) of Transformation**	**40.80**	**225.01**
1．火力发电	Thermal Power		
2．供 热	Heating Supply		
3．洗 选 煤	Coal Washing		
4．炼 焦	Coking		
5．炼 油	Petroleum Refineries	40.80	225.01
6．制 气	Gas Works		
＃焦炭再投入量(－)	Coke Input(-)		
7．煤制品加工	Briquettes		
三．损 失 量	**Loss**	**0.03**	**0.20**
四．终端消费量	**Total Final Consumption**	**3.96**	**69.53**
1．农．林．牧．渔业	Farming, Forestry, Animal Husbandry, Fishery & Water Conservancy	0.01	18.38
2．工 业	Industry	0.65	15.89
＃用作原料．材料	Non-Energy Use		
3．建 筑 业	Construction	0.03	5.27
4．交通运输．仓储及邮电通迅业	Transportation, Storage, Postal &	3.12	29.29
5．批发和零售贸易业．餐饮业	Telecommunications Services Wholesale, Retail Trade and Catering Service	0.05	0.30
6．生活消费	Residential Consumption	0.05	
城镇	Urban		
乡村	Rural	0.05	
7．其他	Other	0.05	0.40
五．平衡差额	**Statistical Difference**		

Continued (Gansu-1998)

燃料油 Fuel Oil 万吨 10^4tn	液化石油气 PLG 万吨 10^4tn	炼厂干气 Refinery Gas 万吨 10^4tn	天然气 Natural Gas 亿立方米 10^8 cu.m	其他石油制品 Other Petroleum Products 万吨 10^4tn	其他焦化产品 Other Coking Products 万吨 10^4 tn	热力 Heat 万百万千焦 10^{10} kj	电力 Electricity 亿千瓦小时 10^8kwh	其他能源 Other Energy 万吨标煤 10^4tce
-17.50	**-1.24**		**2.14**	**-96.53**	**7.12**		**94.54**	**15.90**
			4.71				88.55	
					6.73		36.55	15.17
-22.27	-1.37		-2.57	-96.76			-30.56	
								-0.75
4.77	0.13			0.23	0.39			1.48
80.51	**11.25**	**20.22**	**-0.86**	**156.97**	**0.15**	**2887.48**	**165.05**	
-2.49			-0.86				165.05	
-3.52		-0.87		-0.70		2887.48		
					0.15			
86.52	11.25	21.09		157.67				
0.10			**0.30**				**16.70**	
62.91	**10.01**	**20.22**	**0.98**	**60.44**	**7.27**	**2887.48**	**242.89**	**15.90**
				0.80			20.93	
61.93	5.66	20.22	0.98	59.47	7.27	2168.52	184.81	15.90
43.35		20.22	0.98	59.47	7.27			
				0.08		4.02	2.53	
0.98				0.04		12.11	7.45	
				0.02		11.50	1.96	
	4.35					679.33	19.36	
	4.35					679.33	12.24	
							7.12	
				0.03		12.00	5.85	

6-27 甘肃能源平衡表(实物量)-1999

		煤合计 Coal Total 万吨 10^4 tn	原煤 Raw Coal 万吨 10^4 tn
一. 可供本地区消费的能源量	**Total Primary Energy Supply**	**2395.46**	**2249.59**
1. 一次能源生产量	Indigenous Production	1891.80	1891.80
2. 回收能	Recovery of Energy		
3. 外省(区. 市)调入量	Moving In from Other Provinces	746.40	603.54
4. 进 口 量	Import		
5. 我轮. 机在外国加油量	Chinese Airplanes & Ships in Refueling Abroad		
6. 本省(区. 市)调出量(-)	Sending Out to Other Provinces(-)	-162.91	-162.91
7. 出 口 量(-)	Export(-)	-6.63	-6.63
8. 外轮. 机在我国加油量(-)	Foreign Airplanes & Ships in Refueling in China		
9. 库存增(-)、减(+)量	Stock Change	-73.20	-76.21
二. 加工转换投入(-)产出(+)量	**Input(-) & Output(+) of Transformation**	**-1165.55**	**-1026.99**
1. 火力发电	Thermal Power	-771.89	-771.89
2. 供 热	Heating Supply	-211.08	-211.08
3. 洗 选 煤	Coal Washing	-0.31	-1.56
4. 炼 焦	Coking	-161.14	-21.53
5. 炼 油	Petroleum Refineries		
6. 制 气	Gas Works	-21.13	-20.93
# 焦炭再投入量(-)	Coke Input(-)		
7. 煤制品加工	Briquettes		
三. 损 失 量	**Loss**	**3.50**	
四. 终端消费量	**Total Final Consumption**	**1226.41**	**1222.60**
1. 农. 林. 牧. 渔业	Farming, Forestry, Animal Husbandry, Fishery & Water Conservancy	37.69	37.69
2. 工 业	Industry	676.97	673.16
# 用作原料. 材料	Non-Energy Use	51.20	51.20
3. 建 筑 业	Construction	21.23	21.23
4. 交通运输. 仓储及邮电通迅业	Transportation, Storage, Postal &	34.42	34.42
5. 批发和零售贸易业. 餐饮业	Telecommunications Services Wholesale, Retail Trade and Catering Service	39.60	39.60
6. 生活消费	Residential Consumption	402.00	402.00
城镇	Urban	98.40	98.40
乡村	Rural	303.60	303.60
7. 其他	Other	14.50	14.50
五. 平衡差额	**Statistical Difference**		

ENERGY BALANCE OF GANSU -1999 (PHYSICAL QUANTITY)

洗精煤 Cleaned Coal 万吨 10^4 tn	其他洗煤 Other Washed Coal 万吨 10^4 tn	型煤 Briquettes 万吨 10^4 tn	焦炭 Coke 万吨 10^4 tn	焦炉煤气 Coke Oven Gas 亿立方米 10^8 cu.m	其他煤气 Other Gas 亿立方米 10^8 cu.m	油品合计 Petroleum Products Total 万吨 10^4 tn	原油 Crude Oil 万吨 10^4 tn	汽油 Gasoline 万吨 10^4 tn
145.46	**-0.08**	**0.49**	**49.12**			**383.00**	**794.09**	**-49.47**
						42.75	42.75	
142.61		0.25	49.26			834.32	753.45	42.46
						-512.12		-103.64
2.85	-0.08	0.24	-0.14			18.05	-2.11	11.71
-138.67	**0.31**	**-0.20**	**118.19**	**4.05**	**5.15**	**-56.66**	**-785.42**	**131.17**
				-0.33		-3.86		
			-0.21	-0.15		-3.60		
0.94	0.31							
-139.61			119.06	4.53				
						-49.20	-785.42	131.17
		-0.20	-0.66		5.15			
3.50			**0.58**	**0.26**		**1.71**	**0.20**	**0.32**
3.29	**0.23**	**0.29**	**166.73**	**3.79**	**5.15**	**324.63**	**8.47**	**81.38**
						23.73		3.60
3.29	0.23	0.29	166.21	3.79	4.74	190.86	8.47	12.10
			13.29			140.81		
			0.50			13.51		7.91
			0.02			85.58		53.41
						1.58		0.96
					0.41	5.28		
					0.41	5.24		
						0.04		
						4.09		3.40

续表（甘肃－1999）

		煤油 Kerosene 万吨 10^4tn	柴油 Diesel Oil 万吨 10^4tn
一．可供本地区消费的能源量	**Total Primary Energy Supply**	**-43.37**	**-181.82**
1．一次能源生产量	Indigenous Production		
2．回收能	Recovery of Energy		
3．外省(区．市)调入量	Moving In from Other Provinces		38.41
4．进 口 量	Import		
5．我轮．机在外国加油量	Chinese Airplanes & Ships in Refueling Abroad		
6．本省(区．市)调出量(－)	Sending Out to Other Provinces(-)	-44.03	-223.88
7．出 口 量(－)	Export(-)		
8．外轮．机在我国加油量(－)	Foreign Airplanes & Ships in Refueling in China		
9．库存增(－)、减(＋)量	Stock Change	0.66	3.65
二．加工转换投入(－)产出(＋)量	**Input(-) & Output(+) of Transformation**	**46.71**	**245.49**
1．火力发电	Thermal Power		
2．供　　热	Heating Supply		-0.03
3．洗 选 煤	Coal Washing		
4．炼　　焦	Coking		
5．炼　　油	Petroleum Refineries	46.71	245.52
6．制　　气	Gas Works		
＃焦炭再投入量(－)	Coke Input(-)		
7．煤制品加工	Briquettes		
三．损 失 量	**Loss**	**0.02**	**0.20**
四．终端消费量	**Total Final Consumption**	**3.32**	**63.47**
1．农．林．牧．渔业	Farming, Forestry, Animal Husbandry, Fishery & Water Conservancy	0.01	19.17
2．工　　业	Industry	0.35	9.44
＃用作原料．材料	Non-Energy Use		
3．建 筑 业	Construction	0.03	5.46
4．交通运输．仓储及邮电通迅业	Transportation, Storage, Postal &	2.81	28.25
5．批发和零售贸易业．餐饮业	Telecommunications Services Wholesale, Retail Trade and Catering Service	0.04	0.55
6．生活消费	Residential Consumption	0.04	
城镇	Urban		
乡村	Rural	0.04	
7．其他	Other	0.04	0.60
五．平衡差额	**Statistical Difference**		

Continued(Gansu-1999)

燃料油 Fuel Oil 万吨 10^4tn	液化石油气 PLG 万吨 10^4tn	炼厂干气 Refinery Gas 万吨 10^4tn	天然气 Natural Gas 亿立方米 10^8 cu.m	其他石油制品 Other Petroleum Products 万吨 10^4tn	其他焦化产品 Other Coking Products 万吨 10^4 tn	热力 Heat 万百万千焦 10^{10} kj	电力 Electricity 亿千瓦小时 10^8kwh	其他能源 Other Energy 万吨标煤 10^4tce
-26.44	**-1.20**		**0.14**	**-108.79**	**-3.42**		**146.70**	**12.94**
			0.14				117.47	
							40.29	12.47
-30.62	-1.14			-108.81	-2.76		-11.06	
4.18	-0.06			0.02	-0.66			0.47
88.23	**12.00**	**22.75**		**182.41**	**10.90**	**4610.11**	**144.88**	
-3.86							144.88	
-3.57						4610.11		
					10.90			
95.66	12.00	22.75		182.41				
0.10		**0.87**				**102.85**	**16.24**	
61.69	**10.80**	**21.88**	**0.14**	**73.62**	**7.48**	**4507.26**	**275.34**	**12.94**
				0.95			37.74	
60.64	5.56	21.88	0.14	72.42	7.48	3448.74	198.55	12.94
46.51		21.88	0.14	72.42	7.48			
				0.11		8.50	2.52	
1.05				0.06		19.71	9.28	
				0.03		17.80	2.16	
	5.24					994.51	18.50	
	5.24					994.51	12.84	
							5.66	
				0.05		18.00	6.59	

6-28 青海能源平衡表(实物量)-1997

		煤合计 Coal Total 万吨 10^4 tn	原煤 Raw Coal 万吨 10^4 tn
一.可供本地区消费的能源量	**Total Primary Energy Supply**	**549.71**	**549.71**
1.一次能源生产量	Indigenous Production	328.58	328.58
2.回收能	Recovery of Energy		
3.外省(区.市)调入量	Moving In from Other Provinces	226.00	226.00
4.进 口 量	Import		
5.我轮.机在外国加油量	Chinese Airplanes & Ships in Refueling Abroad		
6.本省(区.市)调出量(-)	Sending Out to Other Provinces(-)		
7.出 口 量(-)	Export(-)		
8.外轮.机在我国加油量(-)	Foreign Airplanes & Ships in Refueling in China		
9.库存增(-)、减(+)量	Stock Change	-4.87	-4.87
二.加工转换投入(-)产出(+)量	**Input(-) & Output(+) of Transformation**	**-250.43**	**-250.43**
1.火力发电	Thermal Power	-212.30	-212.30
2.供 热	Heating Supply	-10.79	-10.79
3.洗 选 煤	Coal Washing		
4.炼 焦	Coking	-7.68	-7.68
5.炼 油	Petroleum Refineries		
6.制 气	Gas Works	-19.66	-19.66
#焦炭再投入量(-)	Coke Input(-)		
7.煤制品加工	Briquettes		
三.损 失 量	**Loss**	**2.30**	**2.30**
四.终端消费量	**Total Final Consumption**	**297.44**	**297.44**
1.农.林.牧.渔业	Farming, Forestry, Animal Husbandry, Fishery & Water Conservancy	3.91	3.91
2.工 业	Industry	144.24	144.24
#用作原料.材料	Non-Energy Use		
3.建 筑 业	Construction	2.17	2.17
4.交通运输.仓储及邮电通讯业	Transportation, Storage, Postal &	4.06	4.06
5.批发和零售贸易业.餐饮业	Telecommunications Services Wholesale, Retail Trade and Catering Service	4.00	4.00
6.生活消费	Residential Consumption	119.00	119.00
城镇	Urban	43.00	43.00
乡村	Rural	76.00	76.00
7.其他	Other	20.06	20.06
五.平衡差额	**Statistical Difference**	**-0.46**	**-0.46**

ENERGY BALANCE OF QINGHAI -1997 (PHYSICAL QUANTITY)

洗精煤 Cleaned Coal 万吨 10^4 tn	其他洗煤 Other Washed Coal 万吨 10^4 tn	型煤 Briquettes 万吨 10^4 tn	焦炭 Coke 万吨 10^4 tn	焦炉煤气 Coke Oven Gas 亿立方米 10^8 cu.m	其他煤气 Other Gas 亿立方米 10^8 cu.m	油品合计 Petroleum Products Total 万吨 10^4 tn	原油 Crude Oil 万吨 10^4 tn	汽油 Gasoline 万吨 10^4 tn
			8.67			**56.35**	**52.09**	**-0.84**
						160.24	160.24	
			7.90			18.64		8.17
						-121.63	-107.00	-9.13
			0.77			-0.90	-1.15	0.12
			4.27		**6.12**	**-4.21**	**-51.68**	**21.54**
			4.27					
						-4.21	-51.68	21.54
					6.12			
						0.38		**0.35**
			13.11		**6.12**	**50.89**		**20.49**
						2.68		1.48
			12.93		6.12	19.84		6.84
			0.18			5.42		2.46
						7.72		4.96
						1.55		1.26
						8.89		
						8.89		
						4.79		3.49
			-0.17			**0.87**	**0.41**	**-0.14**

续表（青海−1997）

		煤油 Kerosene 万吨 10^4tn	柴油 Diesel Oil 万吨 10^4tn
一. 可供本地区消费的能源量	**Total Primary Energy Supply**	**0.15**	**-3.27**
1. 一次能源生产量	Indigenous Production		
2. 回收能	Recovery of Energy		
3. 外省(区. 市)调入量	Moving In from Other Provinces	0.10	4.37
4. 进 口 量	Import		
5. 我轮. 机在外国加油量	Chinese Airplanes & Ships in Refueling Abroad		
6. 本省(区. 市)调出量(−)	Sending Out to Other Provinces(-)		-5.50
7. 出 口 量(−)	Export(-)		
8. 外轮. 机在我国加油量(−)	Foreign Airplanes & Ships in Refueling in China		
9. 库存增(−)、减(+)量	Stock Change	0.05	-2.14
二. 加工转换投入(−)产出(+)量	**Input(-) & Output(+) of Transformation**		**13.54**
1. 火力发电	Thermal Power		
2. 供　　热	Heating Supply		
3. 洗 选 煤	Coal Washing		
4. 炼　　焦	Coking		
5. 炼　　油	Petroleum Refineries		13.54
6. 制　　气	Gas Works		
# 焦炭再投入量(−)	Coke Input(-)		
7. 煤制品加工	Briquettes		
三. 损 失 量	**Loss**		**0.03**
四. 终端消费量	**Total Final Consumption**	**0.14**	**10.24**
1. 农. 林. 牧. 渔业	Farming, Forestry, Animal Husbandry, Fishery & Water Conservancy		1.20
2. 工　　业	Industry	0.01	2.89
# 用作原料. 材料	Non-Energy Use		
3. 建 筑 业	Construction	0.11	1.82
4. 交通运输. 仓储及邮电通迅业	Transportation, Storage, Postal &	0.02	2.74
5. 批发和零售贸易业. 餐饮业	Telecommunications Services Wholesale, Retail Trade and Catering Service		0.29
6. 生活消费	Residential Consumption		
城镇	Urban		
乡村	Rural		
7. 其他	Other		1.30
五. 平衡差额	**Statistical Difference**	**0.01**	

Continued (Qinghai-1997)

燃料油 Fuel Oil 万吨 10^4tn	液化石油气 PLG 万吨 10^4tn	炼厂干气 Refinery Gas 万吨 10^4tn	天然气 Natural Gas 亿立方米 10^8 cu.m	其他石油制品 Other Petroleum Products 万吨 10^4tn	其他焦化产品 Other Coking Products 万吨 10^4 tn	热力 Heat 万百万千焦 10^{10} kj	电力 Electricity 亿千瓦小时 10^8kwh	其他能源 Other Energy 万吨标煤 10^4tce
2.13	**6.09**		**2.20**				**53.91**	
			2.20				50.20	
	6.00						10.44	
							-6.73	
2.13	0.09							
7.13	**3.44**	**1.82**				**63.57**	**34.06**	
							34.06	
						56.02		
7.13	3.44	1.82						
						7.55		
							4.49	
9.06	**9.14**	**1.82**	**2.20**			**63.57**	**83.19**	
							1.48	
8.03	0.25	1.82	2.20			7.55	73.73	
1.03							1.28	
							0.56	
							0.75	
	8.89					56.02	2.52	
	8.89					56.02	1.91	
							0.61	
							2.87	
0.20	**0.39**						**0.29**	

6-28 青海能源平衡表(实物量)-1998

		煤合计 Coal Total 万吨 10^4 tn	原煤 Raw Coal 万吨 10^4 tn
一．可供本地区消费的能源量	**Total Primary Energy Supply**	**537.55**	**537.55**
1.一次能源生产量	Indigenous Production	320.43	320.43
2.回收能	Recovery of Energy		
3.外省(区．市)调入量	Moving In from Other Provinces	232.12	232.12
4.进 口 量	Import		
5.我轮．机在外国加油量	Chinese Airplanes & Ships in Refueling Abroad		
6.本省(区．市)调出量(-)	Sending Out to Other Provinces(-)		
7.出 口 量(-)	Export(-)		
8.外轮．机在我国加油量(-)	Foreign Airplanes & Ships in Refueling in China		
9.库存增(-)、减(+)量	Stock Change	-15.00	-15.00
二．加工转换投入(-)产出(+)量	**Input(-) & Output(+) of Transformation**	**-251.33**	**-251.33**
1.火力发电	Thermal Power	-212.65	-212.65
2.供 热	Heating Supply	-13.91	-13.91
3.洗 选 煤	Coal Washing		
4.炼 焦	Coking	-7.79	-7.79
5.炼 油	Petroleum Refineries		
6.制 气	Gas Works	-16.98	-16.98
# 焦炭再投入量(-)	Coke Input(-)		
7.煤制品加工	Briquettes		
三．损 失 量	**Loss**	**2.10**	**2.10**
四．终端消费量	**Total Final Consumption**	**284.57**	**284.57**
1.农．林．牧．渔业	Farming, Forestry, Animal Husbandry, Fishery & Water Conservancy	4.01	4.01
2.工 业	Industry	127.74	127.74
# 用作原料．材料	Non-Energy Use		
3.建 筑 业	Construction	2.18	2.18
4.交通运输．仓储及邮电通迅业	Transportation, Storage, Postal &	4.17	4.17
5.批发和零售贸易业．餐饮业	Telecommunications Services Wholesale, Retail Trade and Catering Service	3.99	3.99
6.生活消费	Residential Consumption	122.00	122.00
城镇	Urban	44.00	44.00
乡村	Rural	78.00	78.00
7.其他	Other	20.48	20.48
五．平衡差额	**Statistical Difference**	**-0.45**	**-0.45**

ENERGY BALANCE OF QINGHAI -1998 (PHYSICAL QUANTITY)

洗精煤 Cleaned Coal 万吨 10^4 tn	其他洗煤 Other Washed Coal 万吨 10^4 tn	型煤 Briquettes 万吨 10^4 tn	焦炭 Coke 万吨 10^4 tn	焦炉煤气 Coke Oven Gas 亿立方米 10^8 cu.m	其他煤气 Other Gas 亿立方米 10^8 cu.m	油品合计 Petroleum Products Total 万吨 10^4 tn	原油 Crude Oil 万吨 10^4 tn	汽油 Gasoline 万吨 10^4 tn
			8.50			**57.65**	**55.94**	**-3.32**
						176.11	176.11	
			7.50			18.28		8.20
						-137.75	-120.00	-9.15
			1.00			1.01	-0.17	-2.37
			4.64		**6.65**	**-3.74**	**-51.37**	**20.71**
			4.64					
						-3.74	-51.37	20.71
					6.65			
						4.15	**4.11**	
			13.00		**6.65**	**49.43**		**17.72**
						2.81		1.48
			12.85		6.65	17.46		3.98
			0.15			5.43		2.46
						8.15		5.00
						1.69		1.30
						9.05		
						9.05		
						4.84		3.50
			0.14			**0.33**	**0.46**	**-0.33**

续表（青海-1998）

		煤油 Kerosene 万吨 10^4tn	柴油 Diesel Oil 万吨 10^4tn
一. 可供本地区消费的能源量	**Total Primary Energy Supply**	**0.11**	**-5.76**
1. 一次能源生产量	Indigenous Production		
2. 回收能	Recovery of Energy		
3. 外省(区. 市)调入量	Moving In from Other Provinces	0.11	3.47
4. 进 口 量	Import		
5. 我轮. 机在外国加油量	Chinese Airplanes & Ships in Refueling Abroad		
6. 本省(区. 市)调出量(-)	Sending Out to Other Provinces(-)		-8.60
7. 出 口 量(-)	Export(-)		
8. 外轮. 机在我国加油量(-)	Foreign Airplanes & Ships in Refueling in China		
9. 库存增(-)、减(+)量	Stock Change		-0.63
二. 加工转换投入(-)产出(+)量	**Input(-) & Output(+) of Transformation**		**16.87**
1. 火力发电	Thermal Power		
2. 供 热	Heating Supply		
3. 洗 选 煤	Coal Washing		
4. 炼 焦	Coking		
5. 炼 油	Petroleum Refineries		16.87
6. 制 气	Gas Works		
# 焦炭再投入量(-)	Coke Input(-)		
7. 煤制品加工	Briquettes		
三. 损 失 量	**Loss**		**0.04**
四. 终端消费量	**Total Final Consumption**	**0.13**	**10.91**
1. 农. 林. 牧. 渔业	Farming, Forestry, Animal Husbandry, Fishery & Water Conservancy		1.33
2. 工 业	Industry	0.02	2.88
# 用作原料. 材料	Non-Energy Use		
3. 建 筑 业	Construction	0.09	1.84
4. 交通运输. 仓储及邮电通迅业	Transportation, Storage, Postal &	0.02	3.13
5. 批发和零售贸易业. 餐饮业	Telecommunications Services Wholesale, Retail Trade and Catering Service		0.39
6. 生活消费	Residential Consumption		
城镇	Urban		
乡村	Rural		
7. 其他	Other		1.34
五. 平衡差额	**Statistical Difference**	**-0.02**	**0.16**

Continued (Qinghai-1998)

燃料油 Fuel Oil 万吨 10^4tn	液化石油气 PLG 万吨 10^4tn	炼厂干气 Refinery Gas 万吨 10^4tn	天然气 Natural Gas 亿立方米 10^8 cu.m	其他石油制品 Other Petroleum Products 万吨 10^4tn	其他焦化产品 Other Coking Products 万吨 10^4 tn	热力 Heat 万百万千焦 10^{10} kj	电力 Electricity 亿千瓦小时 10^8kwh	其他能源 Other Energy 万吨标煤 10^4tce
4.04	**6.64**		**2.68**				**60.86**	
			2.68				66.55	
	6.50						6.98	
							-12.67	
4.04	0.14							
4.53	**2.78**	**2.74**				**88.07**	**33.93**	
							33.93	
						79.87		
4.53	2.78	2.74						
						8.20		
							5.85	
8.78	**9.15**	**2.74**	**2.68**			**88.07**	**88.50**	
							1.45	
7.74	0.10	2.74	2.68			8.20	78.99	
1.04							1.29	
							0.54	
							0.74	
	9.05					79.87	2.44	
	9.05					79.87	1.85	
							0.59	
							3.05	
-0.21	**0.27**						**0.44**	

6-28 青海能源平衡表(实物量)-1999

		煤合计 Coal Total 万吨 10^4 tn	原煤 Raw Coal 万吨 10^4 tn
一. 可供本地区消费的能源量	**Total Primary Energy Supply**	**637.90**	**637.90**
1. 一次能源生产量	Indigenous Production	285.27	285.27
2. 回收能	Recovery of Energy		
3. 外省(区. 市)调入量	Moving In from Other Provinces	320.00	320.00
4. 进 口 量	Import		
5. 我轮. 机在外国加油量	Chinese Airplanes & Ships in Refueling Abroad		
6. 本省(区. 市)调出量(-)	Sending Out to Other Provinces(-)		
7. 出 口 量(-)	Export(-)		
8. 外轮. 机在我国加油量(-)	Foreign Airplanes & Ships in Refueling in China		
9. 库存增(-)、减(+)量	Stock Change	32.63	32.63
二. 加工转换投入(-)产出(+)量	**Input(-) & Output(+) of Transformation**	**-200.12**	**-200.12**
1. 火力发电	Thermal Power	-158.81	-158.81
2. 供 热	Heating Supply	-25.68	-25.68
3. 洗 选 煤	Coal Washing		
4. 炼 焦	Coking		
5. 炼 油	Petroleum Refineries		
6. 制 气	Gas Works	-15.63	-15.63
# 焦炭再投入量(-)	Coke Input(-)		
7. 煤制品加工	Briquettes		
三. 损 失 量	**Loss**	**1.95**	**1.95**
四. 终端消费量	**Total Final Consumption**	**435.30**	**435.30**
1. 农. 林. 牧. 渔业	Farming, Forestry, Animal Husbandry, Fishery & Water Conservancy	4.00	4.00
2. 工 业	Industry	273.94	273.94
# 用作原料. 材料	Non-Energy Use		
3. 建 筑 业	Construction	2.20	2.20
4. 交通运输. 仓储及邮电通迅业	Transportation, Storage, Postal &	10.64	10.64
5. 批发和零售贸易业. 餐饮业	Telecommunications Services Wholesale, Retail Trade and Catering Service	3.95	3.95
6. 生活消费	Residential Consumption	119.00	119.00
城镇	Urban	40.00	40.00
乡村	Rural	79.00	79.00
7. 其他	Other	21.57	21.57
五. 平衡差额	**Statistical Difference**	**0.53**	**0.53**

ENERGY BALANCE OF QINGHAI -1999 (PHYSICAL QUANTITY)

洗精煤 Cleaned Coal 万吨 10^4 tn	其他洗煤 Other Washed Coal 万吨 10^4 tn	型煤 Briquettes 万吨 10^4 tn	焦炭 Coke 万吨 10^4 tn	焦炉煤气 Coke Oven Gas 亿立方米 10^8 cu.m	其他煤气 Other Gas 亿立方米 10^8 cu.m	油品合计 Petroleum Products Total 万吨 10^4 tn	原油 Crude Oil 万吨 10^4 tn	汽油 Gasoline 万吨 10^4 tn
			12.77			**62.60**	**59.62**	**-2.81**
						189.59	189.59	
			12.50			23.38		8.77
						-155.30	-131.00	-13.00
			0.27			4.93	1.03	1.42
					6.68	**-5.51**	**-55.28**	**20.75**
						-5.51	-55.28	20.75
					6.68			
						4.09	**3.84**	**0.18**
			12.81		**6.68**	**51.98**		**17.43**
						2.90		1.50
			12.81		6.68	13.07		2.86
						5.52		2.51
						10.67		4.86
						2.10		1.70
						11.59		
						11.59		
						6.13		4.00
			-0.04			**1.02**	**0.50**	**0.33**

续表（青海−1999）

		煤油 Kerosene 万吨 10^4tn	柴油 Diesel Oil 万吨 10^4tn
一．可供本地区消费的能源量	**Total Primary Energy Supply**	**0.09**	**-2.81**
1．一次能源生产量	Indigenous Production		
2．回收能	Recovery of Energy		
3．外省(区．市)调入量	Moving In from Other Provinces	0.09	7.32
4．进口量	Import		
5．我轮．机在外国加油量	Chinese Airplanes & Ships in Refueling Abroad		
6．本省(区．市)调出量(−)	Sending Out to Other Provinces(-)		-11.30
7．出口量(−)	Export(-)		
8．外轮．机在我国加油量(−)	Foreign Airplanes & Ships in Refueling in China		
9．库存增(−)、减(+)量	Stock Change		1.17
二．加工转换投入(−)产出(+)量	**Input(-) & Output(+) of Transformation**		**20.87**
1．火力发电	Thermal Power		
2．供热	Heating Supply		
3．洗选煤	Coal Washing		
4．炼焦	Coking		
5．炼油	Petroleum Refineries		20.87
6．制气	Gas Works		
# 焦炭再投入量(−)	Coke Input(-)		
7．煤制品加工	Briquettes		
三．损失量	**Loss**		**0.07**
四．终端消费量	**Total Final Consumption**	**0.08**	**17.86**
1．农．林．牧．渔业	Farming, Forestry, Animal Husbandry, Fishery & Water Conservancy		1.40
2．工业	Industry	0.02	6.22
# 用作原料．材料	Non-Energy Use		
3．建筑业	Construction	0.05	1.91
4．交通运输．仓储及邮电通迅业	Transportation, Storage, Postal &	0.01	5.80
5．批发和零售贸易业．餐饮业	Telecommunications Services Wholesale, Retail Trade and Catering Service		0.40
6．生活消费	Residential Consumption		
城镇	Urban		
乡村	Rural		
7．其他	Other		2.13
五．平衡差额	**Statistical Difference**	**0.01**	**0.13**

Continued (Qinghai-1999)

燃料油 Fuel Oil 万吨 10^4tn	液化石油气 PLG 万吨 10^4tn	炼厂干气 Refinery Gas 万吨 10^4tn	天然气 Natural Gas 亿立方米 10^8 cu.m	其他石油制品 Other Petroleum Products 万吨 10^4tn	其他焦化产品 Other Coking Products 万吨 10^4 tn	热力 Heat 万百万千焦 10^{10} kj	电力 Electricity 亿千瓦小时 10^8kwh	其他能源 Other Energy 万吨标煤 10^4tce
1.31	**7.20**		**3.47**				**79.67**	
			3.47				87.48	
	7.20						6.29	
							-14.10	
1.31								
1.61	**4.76**	**1.78**				**85.18**	**26.88**	
							26.88	
						85.18		
1.61	4.76	1.78						
							6.19	
3.12	**11.71**	**1.78**	**3.47**			**85.18**	**101.05**	
							1.66	
2.07	0.12	1.78	3.47				89.92	
1.05							1.35	
							1.33	
							0.89	
	11.59					85.18	2.49	
	11.59					85.18	1.87	
							0.62	
							3.41	
-0.20	**0.25**						**-0.69**	

6-29 宁夏能源平衡表(实物量)-1997

		煤合计 Coal Total 万吨 10^4 tn	原煤 Raw Coal 万吨 10^4 tn
一.可供本地区消费的能源量	**Total Primary Energy Supply**	**1064.51**	**1433.46**
1.一次能源生产量	Indigenous Production	1669.65	1669.65
2.回收能	Recovery of Energy		
3.外省(区.市)调入量	Moving In from Other Provinces	70.00	70.00
4.进 口 量	Import		
5.我轮.机在外国加油量	Chinese Airplanes & Ships in Refueling Abroad		
6.本省(区.市)调出量(-)	Sending Out to Other Provinces(-)	-583.08	-259.63
7.出 口 量(-)	Export(-)	-40.58	
8.外轮.机在我国加油量(-)	Foreign Airplanes & Ships in Refueling in China		
9.库存增(-)、减(+)量	Stock Change	-272.53	-243.46
二.加工转换投入(-)产出(+)量	**Input(-) & Output(+) of Transformation**	**-679.17**	**-1065.90**
1.火力发电	Thermal Power	-589.93	-502.31
2.供 热	Heating Supply	-13.58	-13.58
3.洗 选 煤	Coal Washing	-18.22	-526.01
4.炼 焦	Coking	-52.79	-15.00
5.炼 油	Petroleum Refineries		
6.制 气	Gas Works	-1.00	-1.00
#焦炭再投入量(-)	Coke Input(-)		
7.煤制品加工	Briquettes	-3.65	-8.00
三.损 失 量	**Loss**		
四.终端消费量	**Total Final Consumption**	**385.34**	**367.56**
1.农.林.牧.渔业	Farming, Forestry, Animal Husbandry, Fishery & Water Conservancy	0.86	0.86
2.工 业	Industry	264.39	251.11
#用作原料.材料	Non-Energy Use	37.00	37.00
3.建 筑 业	Construction	3.07	2.92
4.交通运输.仓储及邮电通迅业	Transportation, Storage, Postal &	27.62	27.62
5.批发和零售贸易业.餐饮业	Telecommunications Services Wholesale, Retail Trade and Catering Service		
6.生活消费	Residential Consumption	84.40	80.05
城镇	Urban	39.16	35.00
乡村	Rural	45.24	45.05
7.其他	Other	5.00	5.00
五.平衡差额	**Statistical Difference**		

ENERGY BALANCE OF NINGXIA -1997 (PHYSICAL QUANTITY)

洗精煤 Cleaned Coal 万吨 10^4 tn	其他洗煤 Other Washed Coal 万吨 10^4 tn	型煤 Briquettes 万吨 10^4 tn	焦炭 Coke 万吨 10^4 tn	焦炉煤气 Coke Oven Gas 亿立方米 10^8 cu.m	其他煤气 Other Gas 亿立方米 10^8 cu.m	油品合计 Petroleum Products Total 万吨 10^4 tn	原油 Crude Oil 万吨 10^4 tn	汽油 Gasoline 万吨 10^4 tn
-303.27	**-32.84**		**-3.91**			**63.64**	**83.74**	**-18.37**
						80.18	80.18	
			0.85			33.34	3.07	4.67
-259.77	-31.84					-44.57		-23.07
-40.58								
-24.62	-2.20	-0.05	-14.76			-20.06	-11.00	-1.77
309.18	**36.60**	**4.35**	**33.27**	**0.26**	**0.18**	**-5.13**	**-80.53**	**28.51**
	-43.81							
				-0.21				
346.41	80.69							
-37.23	-0.28		33.27	0.47				
						-5.13	-80.53	28.51
					0.18			
		4.35						
						0.98	**0.98**	
5.91	**3.76**	**4.35**	**29.36**	**0.26**	**0.18**	**57.53**	**2.23**	**10.14**
						6.20		
5.76	3.76		28.65	0.21	0.18	37.68	2.23	2.11
			25.00			27.67		
0.15			0.01			0.43		0.19
						10.12		7.68
		4.35		0.05		2.78		
		4.16		0.05		2.78		
		0.19						
			0.70			0.32		0.16

续表（宁夏-1997）

		煤油 Kerosene 万吨 10^4tn	柴油 Diesel Oil 万吨 10^4tn
一．可供本地区消费的能源量	**Total Primary Energy Supply**	**-0.01**	**-17.81**
1．一次能源生产量	Indigenous Production		
2．回收能	Recovery of Energy		
3．外省(区．市)调入量	Moving In from Other Provinces	0.02	4.79
4．进 口 量	Import		
5．我轮．机在外国加油量	Chinese Airplanes & Ships in Refueling Abroad		
6．本省(区．市)调出量(-)	Sending Out to Other Provinces(-)		-21.15
7．出 口 量(-)	Export(-)		
8．外轮．机在我国加油量(-)	Foreign Airplanes & Ships in Refueling in China		
9．库存增(-)、减(+)量	Stock Change	-0.06	-1.54
二．加工转换投入(-)产出(+)量	**Input(-) & Output(+) of Transformation**	**0.11**	**29.20**
1．火力发电	Thermal Power		
2．供　　热	Heating Supply		
3．洗 选 煤	Coal Washing		
4．炼　　焦	Coking		
5．炼　　油	Petroleum Refineries	0.11	29.20
6．制　　气	Gas Works		
＃焦炭再投入量(-)	Coke Input(-)		
7．煤制品加工	Briquettes		
三．损 失 量	**Loss**		
四．终端消费量	**Total Final Consumption**	**0.10**	**11.39**
1．农．林．牧．渔业	Farming, Forestry, Animal Husbandry, Fishery & Water Conservancy		6.20
2．工　　业	Industry	0.09	2.41
＃用作原料．材料	Non-Energy Use		
3．建 筑 业	Construction	0.01	0.23
4．交通运输．仓储及邮电通迅业	Transportation, Storage, Postal &		2.44
5．批发和零售贸易业．餐饮业	Telecommunications Services Wholesale, Retail Trade and Catering Service		
6．生活消费	Residential Consumption		
城镇	Urban		
乡村	Rural		
7．其他	Other		0.11
五．平衡差额	**Statistical Difference**		

Continued (Ningxia-1997)

燃料油 Fuel Oil 万吨 10^4tn	液化石油气 PLG 万吨 10^4tn	炼厂干气 Refinery Gas 万吨 10^4tn	天然气 Natural Gas 亿立方米 10^8 cu.m	其他石油制品 Other Petroleum Products 万吨 10^4tn	其他焦化产品 Other Coking Products 万吨 10^4 tn	热力 Heat 万百万千焦 10^{10} kj	电力 Electricity 亿千瓦小时 10^8kwh	其他能源 Other Energy 万吨标煤 10^4tce
16.19	**0.42**		**0.03**	**-0.52**	**-1.12**		**-3.97**	
			0.26				7.01	
							6.63	
20.32	0.47							
			-0.23	-0.35	-1.12		-17.61	
-5.42	-0.10			-0.17				
13.71	**2.55**	**0.78**		**0.54**	**1.26**	**279.34**	**106.41**	
							106.41	
						279.34		
					1.26			
13.71	2.55	0.78		0.54				
							6.64	
29.90	**2.97**	**0.78**	**0.03**	**0.02**	**0.14**	**279.34**	**95.80**	
							9.36	
29.90	0.14	0.78	0.03	0.02	0.14	91.75	77.75	
27.65				0.02	0.14			
							0.36	
							1.90	
							0.29	
	2.78					177.76	4.56	
	2.78					177.76	3.62	
							0.94	
	0.05					9.83	1.58	

6-29 宁夏能源平衡表(实物量)-1998

		煤合计 Coal Total 万吨 10^4 tn	原煤 Raw Coal 万吨 10^4 tn
一.可供本地区消费的能源量	**Total Primary Energy Supply**	**1087.39**	**1455.69**
1.一次能源生产量	Indigenous Production	1583.02	1583.02
2.回收能	Recovery of Energy		
3.外省(区.市)调入量	Moving In from Other Provinces		
4.进口量	Import		
5.我轮.机在外国加油量	Chinese Airplanes & Ships in Refueling Abroad		
6.本省(区.市)调出量(-)	Sending Out to Other Provinces(-)	-512.57	-190.79
7.出口量(-)	Export(-)	-46.14	
8.外轮.机在我国加油量(-)	Foreign Airplanes & Ships in Refueling in China		
9.库存增(-)、减(+)量	Stock Change	63.08	63.46
二.加工转换投入(-)产出(+)量	**Input(-) & Output(+) of Transformation**	**-675.16**	**-1060.72**
1.火力发电	Thermal Power	-545.01	-496.37
2.供热	Heating Supply	-20.00	-20.00
3.洗选煤	Coal Washing	-61.10	-529.23
4.炼焦	Coking	-47.48	-13.55
5.炼油	Petroleum Refineries		
6.制气	Gas Works	-1.57	-1.57
#焦炭再投入量(-)	Coke Input(-)		
7.煤制品加工	Briquettes		
三.损失量	**Loss**		
四.终端消费量	**Total Final Consumption**	**412.23**	**394.97**
1.农.林.牧.渔业	Farming, Forestry, Animal Husbandry, Fishery & Water Conservancy	0.80	0.80
2.工业	Industry	293.90	281.64
#用作原料.材料	Non-Energy Use	38.74	35.00
3.建筑业	Construction	2.90	2.90
4.交通运输.仓储及邮电通迅业	Transportation, Storage, Postal &	21.55	21.55
5.批发和零售贸易业.餐饮业	Telecommunications Services Wholesale, Retail Trade and Catering Service	8.00	8.00
6.生活消费	Residential Consumption	85.00	80.00
城镇	Urban	40.00	35.00
乡村	Rural	45.00	45.00
7.其他	Other	0.08	0.08
五.平衡差额	**Statistical Difference**		

ENERGY BALANCE OF NINGXIA -1998 (PHYSICAL QUANTITY)

洗精煤 Cleaned Coal 万吨 10^4 tn	其他洗煤 Other Washed Coal 万吨 10^4 tn	型煤 Briquettes 万吨 10^4 tn	焦炭 Coke 万吨 10^4 tn	焦炉煤气 Coke Oven Gas 亿立方米 10^8 cu.m	其他煤气 Other Gas 亿立方米 10^8 cu.m	油品合计 Petroleum Products Total 万吨 10^4 tn	原油 Crude Oil 万吨 10^4 tn	汽油 Gasoline 万吨 10^4 tn
-329.11	**-39.19**		**-16.77**			**74.97**	**87.59**	**-17.60**
						111.00	111.00	
						24.07		
-282.59	-39.19		-16.53			-60.27	-23.41	-17.67
-46.14								
-0.38			-0.24			0.17		0.07
340.02	**45.54**		**28.73**	**0.43**	**0.06**	**-8.28**	**-81.80**	**27.94**
	-48.64							
				-0.05				
373.95	94.18							
-33.93			28.73	0.48				
						-8.28	-81.80	27.94
					0.06			
						2.26	**2.26**	
10.91	**6.35**		**11.96**	**0.43**	**0.06**	**64.43**	**3.53**	**10.34**
						6.25		
10.91	1.35		11.96	0.15	0.06	43.14	2.03	2.30
3.74			8.45			27.06		
						0.21		
						11.78	1.50	7.74
						0.05		
	5.00			0.28		2.60		
	5.00			0.28		2.60		
						0.40		0.30

续表（宁夏-1998）

		煤油 Kerosene 万吨 10^4tn	柴油 Diesel Oil 万吨 10^4tn
一.可供本地区消费的能源量	**Total Primary Energy Supply**	**-0.42**	**-18.42**
1.一次能源生产量	Indigenous Production		
2.回收能	Recovery of Energy		
3.外省(区.市)调入量	Moving In from Other Provinces		
4.进 口 量	Import		
5.我轮.机在外国加油量	Chinese Airplanes & Ships in Refueling Abroad		
6.本省(区.市)调出量(-)	Sending Out to Other Provinces(-)	-0.43	-18.76
7.出 口 量(-)	Export(-)		
8.外轮.机在我国加油量(-)	Foreign Airplanes & Ships in Refueling in China		
9.库存增(-)、减(+)量	Stock Change	0.01	0.34
二.加工转换投入(-)产出(+)量	**Input(-) & Output(+) of Transformation**	**0.48**	**31.17**
1.火力发电	Thermal Power		
2.供 热	Heating Supply		
3.洗 选 煤	Coal Washing		
4.炼 焦	Coking		
5.炼 油	Petroleum Refineries	0.48	31.17
6.制 气	Gas Works		
#焦炭再投入量(-)	Coke Input(-)		
7.煤制品加工	Briquettes		
三.损 失 量	**Loss**		
四.终端消费量	**Total Final Consumption**	**0.06**	**12.75**
1.农.林.牧.渔业	Farming, Forestry, Animal Husbandry, Fishery & Water Conservancy		6.25
2.工 业	Industry	0.05	3.66
#用作原料.材料	Non-Energy Use		
3.建 筑 业	Construction	0.01	0.20
4.交通运输.仓储及邮电通迅业	Transportation, Storage, Postal &		2.54
5.批发和零售贸易业.餐饮业	Telecommunications Services Wholesale, Retail Trade and Catering Service		
6.生活消费	Residential Consumption		
城镇	Urban		
乡村	Rural		
7.其他	Other		0.10
五.平衡差额	**Statistical Difference**		

Continued (Ningxia-1998)

燃料油 Fuel Oil 万吨 10^4tn	液化石油气 PLG 万吨 10^4tn	炼厂干气 Refinery Gas 万吨 10^4tn	天然气 Natural Gas 亿立方米 10^8 cu.m	其他石油制品 Other Petroleum Products 万吨 10^4tn	其他焦化产品 Other Coking Products 万吨 10^4 tn	热力 Heat 万百万千焦 10^{10} kj	电力 Electricity 亿千瓦小时 10^8kwh	其他能源 Other Energy 万吨标煤 10^4tce
17.20	**0.49**		**0.11**	**6.13**	**-1.27**		**4.35**	
			0.11				8.03	
17.27	0.48			6.32			8.36	
					-1.27		-12.04	
-0.07	0.01			-0.19				
11.18	**2.20**	**0.49**		**0.06**	**1.42**	**389.95**	**102.60**	
							102.60	
						389.95		
					1.42			
11.18	2.20	0.49		0.06				
							6.55	
28.38	**2.69**	**0.49**	**0.11**	**6.19**	**0.15**	**389.95**	**100.40**	
							8.41	
28.38	0.04	0.49	0.05	6.19	0.15	163.67	82.66	
27.06								
							0.47	
							2.25	
	0.05						0.29	
	2.60		0.06			226.28	4.88	
	2.60		0.06			226.28	4.02	
							0.86	
							1.44	

6-29 宁夏能源平衡表(实物量)-1999

		煤合计 Coal Total 万吨 10^4 tn	原煤 Raw Coal 万吨 10^4 tn
一. 可供本地区消费的能源量	**Total Primary Energy Supply**	**1041.89**	**1400.54**
1. 一次能源生产量	Indigenous Production	1531.06	1531.06
2. 回收能	Recovery of Energy		
3. 外省(区. 市)调入量	Moving In from Other Provinces	35.00	35.00
4. 进 口 量	Import		
5. 我轮. 机在外国加油量	Chinese Airplanes & Ships in Refueling Abroad		
6. 本省(区. 市)调出量(-)	Sending Out to Other Provinces(-)	-459.29	-161.88
7. 出 口 量(-)	Export(-)	-52.79	
8. 外轮. 机在我国加油量(-)	Foreign Airplanes & Ships in Refueling in China		
9. 库存增(-)、减(+)量	Stock Change	-12.09	-3.64
二. 加工转换投入(-)产出(+)量	**Input(-) & Output(+) of Transformation**	**-598.30**	**-974.49**
1. 火力发电	Thermal Power	-480.94	-423.00
2. 供　　热	Heating Supply	-25.00	-25.00
3. 洗 选 煤	Coal Washing	-60.24	-526.49
4. 炼　　焦	Coking	-32.12	
5. 炼　　油	Petroleum Refineries		
6. 制　　气	Gas Works		
# 焦炭再投入量(-)	Coke Input(-)		
7. 煤制品加工	Briquettes		
三. 损 失 量	**Loss**		
四. 终端消费量	**Total Final Consumption**	**443.59**	**426.05**
1. 农. 林. 牧. 渔业	Farming, Forestry, Animal Husbandry, Fishery & Water Conservancy	0.50	0.50
2. 工　　业	Industry	319.16	301.62
# 用作原料. 材料	Non-Energy Use	42.28	38.00
3. 建 筑 业	Construction	3.00	3.00
4. 交通运输. 仓储及邮电通迅业	Transportation, Storage, Postal &	12.93	12.93
5. 批发和零售贸易业. 餐饮业	Telecommunications Services Wholesale, Retail Trade and Catering Service	18.00	18.00
6. 生活消费	Residential Consumption	85.00	85.00
城镇	Urban	35.00	35.00
乡村	Rural	50.00	50.00
7. 其他	Other	5.00	5.00
五. 平衡差额	**Statistical Difference**		

ENERGY BALANCE OF NINGXIA -1999 (PHYSICAL QUANTITY)

洗精煤 Cleaned Coal 万吨 10^4 tn	其他洗煤 Other Washed Coal 万吨 10^4 tn	型煤 Briquettes 万吨 10^4 tn	焦炭 Coke 万吨 10^4 tn	焦炉煤气 Coke Oven Gas 亿立方米 10^8 cu.m	其他煤气 Other Gas 亿立方米 10^8 cu.m	油品合计 Petroleum Products Total 万吨 10^4 tn	原油 Crude Oil 万吨 10^4 tn	汽油 Gasoline 万吨 10^4 tn
-337.63	**-21.02**		**5.15**			**83.34**	**92.62**	**-16.32**
						128.29	128.29	
			4.15			25.13		
-277.41	-20.00					-73.76	-35.67	-16.27
-52.79								
-7.43	-1.02		1.00			3.68		-0.05
349.24	**26.95**		**23.76**	**0.38**		**-9.20**	**-84.63**	**26.82**
	-57.94							
				-0.09				
381.36	84.89							
-32.12			23.76	0.47				
						-9.20	-84.63	26.82
						2.30	**2.30**	
11.61	**5.93**		**28.91**	**0.38**		**71.84**	**5.69**	**10.50**
						6.50		
11.61	5.93		28.91			50.90	5.69	1.55
4.28			14.71			31.09		
						0.36		0.15
						10.50		8.50
				0.38		3.18		
				0.38		3.18		
						0.40		0.30

续表（宁夏-1999）

		煤油 Kerosene 万吨 10^4tn	柴油 Diesel Oil 万吨 10^4tn
一．可供本地区消费的能源量	**Total Primary Energy Supply**	**-0.02**	**-22.15**
1.一次能源生产量	Indigenous Production		
2.回收能	Recovery of Energy		
3.外省(区．市)调入量	Moving In from Other Provinces		
4.进 口 量	Import		
5.我轮．机在外国加油量	Chinese Airplanes & Ships in Refueling Abroad		
6.本省(区．市)调出量(-)	Sending Out to Other Provinces(-)	-0.02	-21.80
7.出 口 量(-)	Export(-)		
8.外轮．机在我国加油量(-)	Foreign Airplanes & Ships in Refueling in China		
9.库存增(-)、减(+)量	Stock Change		-0.35
二．加工转换投入(-)产出(+)量	**Input(-) & Output(+) of Transformation**	**0.06**	**33.37**
1.火力发电	Thermal Power		
2.供　　热	Heating Supply		
3.洗 选 煤	Coal Washing		
4.炼　　焦	Coking		
5.炼　　油	Petroleum Refineries	0.06	33.37
6.制　　气	Gas Works		
# 焦炭再投入量(-)	Coke Input(-)		
7.煤制品加工	Briquettes		
三．损 失 量	**Loss**		
四．终端消费量	**Total Final Consumption**	**0.04**	**11.22**
1.农．林．牧．渔业	Farming, Forestry, Animal Husbandry, Fishery & Water Conservancy		6.50
2.工　　业	Industry	0.03	2.42
# 用作原料．材料	Non-Energy Use		
3.建 筑 业	Construction	0.01	0.20
4.交通运输．仓储及邮电通迅业	Transportation, Storage, Postal & Telecommunications Services		2.00
5.批发和零售贸易业．餐饮业	Wholesale, Retail Trade and Catering Service		
6.生活消费	Residential Consumption		
城镇	Urban		
乡村	Rural		
7.其他	Other		0.10
五．平衡差额	**Statistical Difference**		

Continued (Ningxia-1999)

燃料油 Fuel Oil 万吨 10^4tn	液化石油气 PLG 万吨 10^4tn	炼厂干气 Refinery Gas 万吨 10^4tn	天然气 Natural Gas 亿立方米 10^8 cu.m	其他石油制品 Other Petroleum Products 万吨 10^4tn	其他焦化产品 Other Coking Products 万吨 10^4 tn	热力 Heat 万百万千焦 10^{10} kj	电力 Electricity 亿千瓦小时 10^8kwh	其他能源 Other Energy 万吨标煤 10^4tce
23.38	**-0.01**		**0.12**	**5.84**	**-1.28**		**12.86**	
			0.12				9.82	
19.39				5.74			13.23	
					-1.28		-10.19	
3.99	-0.01			0.10				
9.75	**3.36**	**0.43**		**1.64**	**1.38**	**436.98**	**102.46**	
							102.46	
						436.98		
					1.38			
9.75	3.36	0.43		1.64				
							7.40	
33.13	**3.35**	**0.43**	**0.12**	**7.48**	**0.10**	**436.98**	**107.92**	
							9.16	
33.13	0.17	0.43	0.12	7.48	0.10	113.65	87.85	
31.09								
							0.41	
							3.06	
							0.32	
	3.18					323.33	5.59	
	3.18					323.33	4.77	
							0.82	
							1.53	

6-30 新疆能源平衡表(实物量)-1997

		煤合计 Coal Total 万吨 10^4 tn	原煤 Raw Coal 万吨 10^4 tn
一.可供本地区消费的能源量	**Total Primary Energy Supply**	**2708.73**	**2700.32**
1.一次能源生产量	Indigenous Production	3021.37	3021.37
2.回收能	Recovery of Energy		
3.外省(区.市)调入量	Moving In from Other Provinces	9.60	3.11
4.进 口 量	Import		
5.我轮.机在外国加油量	Chinese Airplanes & Ships in Refueling Abroad		
6.本省(区.市)调出量(-)	Sending Out to Other Provinces(-)	-224.00	-224.00
7.出 口 量(-)	Export(-)	-1.89	-1.89
8.外轮.机在我国加油量(-)	Foreign Airplanes & Ships in Refueling in China		
9.库存增(-)、减(+)量	Stock Change	-96.35	-98.27
二.加工转换投入(-)产出(+)量	**Input(-) & Output(+) of Transformation**	**-1039.04**	**-1030.63**
1.火力发电	Thermal Power	-772.14	-772.14
2.供 热	Heating Supply	-92.23	-92.23
3.洗 选 煤	Coal Washing	-7.32	-34.55
4.炼 焦	Coking	-167.35	-131.71
5.炼 油	Petroleum Refineries		
6.制 气	Gas Works		
#焦炭再投入量(-)	Coke Input(-)		
7.煤制品加工	Briquettes		
三.损 失 量	**Loss**		
四.终端消费量	**Total Final Consumption**	**1549.80**	**1549.80**
1.农.林.牧.渔业	Farming, Forestry, Animal Husbandry, Fishery & Water Conservancy	101.82	101.82
2.工 业	Industry	604.20	604.20
#用作原料.材料	Non-Energy Use		
3.建 筑 业	Construction	25.35	25.35
4.交通运输.仓储及邮电通迅业	Transportation, Storage, Postal &	49.43	49.43
5.批发和零售贸易业.餐饮业	Telecommunications Services Wholesale, Retail Trade and Catering Service	40.00	40.00
6.生活消费	Residential Consumption	569.00	569.00
城镇	Urban	279.00	279.00
乡村	Rural	290.00	290.00
7.其他	Other	160.00	160.00
五.平衡差额	**Statistical Difference**	**119.89**	**119.89**

ENERGY BALANCE OF XINJIANG -1997 (PHYSICAL QUANTITY)

洗精煤 Cleaned Coal 万吨 10^4 tn	其他洗煤 Other Washed Coal 万吨 10^4 tn	型煤 Briquettes 万吨 10^4 tn	焦炭 Coke 万吨 10^4 tn	焦炉煤气 Coke Oven Gas 亿立方米 10^8 cu.m	其他煤气 Other Gas 亿立方米 10^8 cu.m	油品合计 Petroleum Products Total 万吨 10^4 tn	原油 Crude Oil 万吨 10^4 tn	汽油 Gasoline 万吨 10^4 tn
8.41			**-31.44**		**16.57**	**543.88**	**947.28**	**-110.70**
						1629.25	1629.25	
					16.57			
6.49			1.62			6.86		0.10
						7.14	7.14	
						0.46		
						-1042.13	-658.23	-101.53
			-28.89			-2.17		-1.88
						-0.31		
1.92			-4.17			-55.22	-30.88	-7.39
-8.41			**105.99**	**2.46**		**-73.52**	**-850.73**	**208.43**
						-4.06	-0.13	
						-23.76		
27.23								
-35.64			105.99	2.46				
						-45.70	-850.60	208.43
						18.40	**18.40**	
			74.55	**2.43**	**16.30**	**447.67**	**74.58**	**97.37**
			0.43			48.41		5.98
			73.59	2.43	16.30	248.27	74.55	17.53
			0.22			12.30		8.45
			0.31			78.83	0.03	28.41
						15.10		8.00
						16.16		7.00
						15.66		7.00
						0.50		
						28.60		22.00
				0.03	**0.27**	**4.29**	**3.57**	**0.36**

续表（新疆－1997）

		煤油 Kerosene 万吨 10^4tn	柴油 Diesel Oil 万吨 10^4tn
一．可供本地区消费的能源量	**Total Primary Energy Supply**	**0.66**	**-179.35**
1．一次能源生产量	Indigenous Production		
2．回收能	Recovery of Energy		
3．外省(区．市)调入量	Moving In from Other Provinces	6.61	0.15
4．进 口 量	Import		
5．我轮．机在外国加油量	Chinese Airplanes & Ships in Refueling Abroad	0.46	
6．本省(区．市)调出量(−)	Sending Out to Other Provinces(-)	-6.58	-166.23
7．出 口 量(−)	Export(-)		-0.29
8．外轮．机在我国加油量(−)	Foreign Airplanes & Ships in Refueling in China	-0.31	
9．库存增(−)、减(+)量	Stock Change	0.48	-12.98
二．加工转换投入(−)产出(+)量	**Input(-) & Output(+) of Transformation**	**18.02**	**303.41**
1．火力发电	Thermal Power		-1.00
2．供　　热	Heating Supply		-0.01
3．洗 选 煤	Coal Washing		
4．炼　　焦	Coking		
5．炼　　油	Petroleum Refineries	18.02	304.42
6．制　　气	Gas Works		
＃焦炭再投入量(−)	Coke Input(-)		
7．煤制品加工	Briquettes		
三．损 失 量	**Loss**		
四．终端消费量	**Total Final Consumption**	**18.39**	**124.05**
1．农．林．牧．渔业	Farming, Forestry, Animal Husbandry, Fishery & Water Conservancy	0.05	42.30
2．工　　业	Industry	0.13	32.76
＃用作原料．材料	Non-Energy Use		
3．建 筑 业	Construction	0.02	3.81
4．交通运输．仓储及邮电通迅业	Transportation, Storage, Postal &	17.59	32.78
5．批发和零售贸易业．餐饮业	Telecommunications Services Wholesale, Retail Trade and Catering Service	0.10	6.00
6．生活消费	Residential Consumption	0.50	
城镇	Urban		
乡村	Rural	0.50	
7．其他	Other		6.40
五．平衡差额	**Statistical Difference**	**0.29**	**0.01**

Continued (Xinjiang-1997)

燃料油 Fuel Oil 万吨 10^4tn	液化石油气 PLG 万吨 10^4tn	炼厂干气 Refinery Gas 万吨 10^4tn	天然气 Natural Gas 亿立方米 10^8 cu.m	其他石油制品 Other Petroleum Products 万吨 10^4tn	其他焦化产品 Other Coking Products 万吨 10^4 tn	热力 Heat 万百万千焦 10^{10} kj	电力 Electricity 亿千瓦小时 10^8kwh	其他能源 Other Energy 万吨标煤 10^4tce
-0.65	**-1.58**		**21.30**	**-111.78**	**-2.16**		**27.56**	
			21.30				27.56	
	-1.53			-108.03	-2.16			
-0.65	-0.05			-3.75				
83.29	**20.90**	**30.82**	**-4.07**	**112.34**	**2.16**	**1795.56**	**123.02**	
-2.60		-0.33	-3.65				123.02	
-23.75			-0.42			1795.56		
					2.16			
109.64	20.90	31.15		112.34				
							7.87	
82.59	**19.31**	**30.82**	**15.27**	**0.56**		**1795.56**	**142.71**	
							19.74	
82.58	9.34	30.82	14.76	0.56		307.71	92.43	
0.01	0.01					16.50	2.09	
	0.02					20.41	3.11	
	1.00					150.94	3.11	
	8.66		0.51			1000.00	14.06	
	8.66		0.51			1000.00	10.06	
							4.00	
	0.20					300.00	8.17	
0.05	**0.01**		**1.96**					

6-30 新疆能源平衡表(实物量)-1998

		煤合计 Coal Total 万吨 10^4 tn	原煤 Raw Coal 万吨 10^4 tn
一.可供本地区消费的能源量	**Total Primary Energy Supply**	**2778.96**	**2763.47**
1.一次能源生产量	Indigenous Production	2926.91	2926.91
2.回收能	Recovery of Energy		
3.外省(区.市)调入量	Moving In from Other Provinces	15.30	
4.进 口 量	Import		
5.我轮.机在外国加油量	Chinese Airplanes & Ships in Refueling Abroad		
6.本省(区.市)调出量(-)	Sending Out to Other Provinces(-)	-213.58	-213.58
7.出 口 量(-)	Export(-)	-7.67	-7.67
8.外轮.机在我国加油量(-)	Foreign Airplanes & Ships in Refueling in China		
9.库存增(-)、减(+)量	Stock Change	58.00	57.81
二.加工转换投入(-)产出(+)量	**Input(-) & Output(+) of Transformation**	**-1019.71**	**-1004.45**
1.火力发电	Thermal Power	-760.21	-760.21
2.供 热	Heating Supply	-124.78	-124.78
3.洗 选 煤	Coal Washing	-3.36	-24.62
4.炼 焦	Coking	-131.36	-94.84
5.炼 油	Petroleum Refineries		
6.制 气	Gas Works		
#焦炭再投入量(-)	Coke Input(-)		
7.煤制品加工	Briquettes		
三.损 失 量	**Loss**		
四.终端消费量	**Total Final Consumption**	**1583.95**	**1583.95**
1.农.林.牧.渔业	Farming, Forestry, Animal Husbandry, Fishery & Water Conservancy	100.00	100.00
2.工 业	Industry	641.29	641.29
#用作原料.材料	Non-Energy Use		
3.建 筑 业	Construction	25.55	25.55
4.交通运输.仓储及邮电通迅业	Transportation, Storage, Postal &	47.11	47.11
5.批发和零售贸易业.餐饮业	Telecommunications Services Wholesale, Retail Trade and Catering Service	40.00	40.00
6.生活消费	Residential Consumption	570.00	570.00
城镇	Urban	270.00	270.00
乡村	Rural	300.00	300.00
7.其他	Other	160.00	160.00
五.平衡差额	**Statistical Difference**	**175.30**	**175.07**

ENERGY BALANCE OF XINJIANG -1998 (PHYSICAL QUANTITY)

洗精煤 Cleaned Coal 万吨 10^4 tn	其他洗煤 Other Washed Coal 万吨 10^4 tn	型煤 Briquettes 万吨 10^4 tn	焦炭 Coke 万吨 10^4 tn	焦炉煤气 Coke Oven Gas 亿立方米 10^8 cu.m	其他煤气 Other Gas 亿立方米 10^8 cu.m	油品合计 Petroleum Products Total 万吨 10^4 tn	原油 Crude Oil 万吨 10^4 tn	汽油 Gasoline 万吨 10^4 tn
15.49			**-8.65**			**651.38**	**1044.55**	**-126.53**
						1628.38	1628.38	
15.30			0.30			10.52		
			0.20			42.40	42.40	
						0.71		
						-1018.98	-617.78	-125.11
			-8.06			-0.49	-0.10	-0.33
						-0.25		
0.19			-1.09			-10.91	-8.35	-1.09
-15.26			**87.42**	**2.28**		**-87.97**	**-939.49**	**226.02**
						-2.87	-0.12	
						-41.48	-2.53	
21.26								
-36.52			87.42	2.28				
						-43.62	-936.84	226.02
						20.00	**20.00**	
			78.77	**2.28**		**460.22**	**64.54**	**99.26**
			0.45			52.33		6.50
			78.12	2.28		220.32	64.54	17.98
						37.35		8.91
			0.20			87.21		28.87
						16.34		8.00
						17.47		7.00
						17.07		7.00
						0.40		
						29.20		22.00
0.23						**83.19**	**20.52**	**0.23**

续表（新疆－1998）

		煤油 Kerosene 万吨 10^4tn	柴油 Diesel Oil 万吨 10^4tn
一.可供本地区消费的能源量	**Total Primary Energy Supply**	**-3.23**	**-203.84**
1.一次能源生产量	Indigenous Production		
2.回收能	Recovery of Energy		
3.外省(区.市)调入量	Moving In from Other Provinces	10.34	0.18
4.进 口 量	Import		
5.我轮.机在外国加油量	Chinese Airplanes & Ships in Refueling Abroad	0.71	
6.本省(区.市)调出量(−)	Sending Out to Other Provinces(-)	-13.83	-198.19
7.出 口 量(−)	Export(-)		-0.03
8.外轮.机在我国加油量(−)	Foreign Airplanes & Ships in Refueling in China	-0.25	
9.库存增(−)、减(+)量	Stock Change	-0.20	-5.80
二.加工转换投入(−)产出(+)量	**Input(-) & Output(+) of Transformation**	**23.04**	**334.45**
1.火力发电	Thermal Power		-1.20
2.供　　热	Heating Supply		-0.03
3.洗 选 煤	Coal Washing		
4.炼　　焦	Coking		
5.炼　　油	Petroleum Refineries	23.04	335.68
6.制　　气	Gas Works		
#焦炭再投入量(−)	Coke Input(-)		
7.煤制品加工	Briquettes		
三.损 失 量	**Loss**		
四.终端消费量	**Total Final Consumption**	**19.45**	**130.36**
1.农.林.牧.渔业	Farming, Forestry, Animal Husbandry, Fishery & Water Conservancy	0.05	45.70
2.工　　业	Industry	0.10	27.64
#用作原料.材料	Non-Energy Use		
3.建 筑 业	Construction		3.28
4.交通运输.仓储及邮电通讯业	Transportation, Storage, Postal & Telecommunications Services	18.55	39.74
5.批发和零售贸易业.餐饮业	Wholesale, Retail Trade and Catering Service	0.10	7.00
6.生活消费	Residential Consumption	0.65	
城镇	Urban	0.25	
乡村	Rural	0.40	
7.其他	Other		7.00
五.平衡差额	**Statistical Difference**	**0.36**	**0.25**

Continued (Xinjiang-1998)

燃料油 Fuel Oil 万吨 10^4tn	液化石油气 PLG 万吨 10^4tn	炼厂干气 Refinery Gas 万吨 10^4tn	天然气 Natural Gas 亿立方米 10^8 cu.m	其他石油制品 Other Petroleum Products 万吨 10^4tn	其他焦化产品 Other Coking Products 万吨 10^4 tn	热力 Heat 万百万千焦 10^{10} kj	电力 Electricity 亿千瓦小时 10^8kwh	其他能源 Other Energy 万吨标煤 10^4tce
0.67	**-4.27**		**23.78**	**-55.97**			**29.73**	
			23.78				29.73	
	-4.26			-59.81				
				-0.03				
0.67	-0.01			3.87				
51.77	**24.71**	**33.42**	**-8.76**	**158.11**	**2.48**	**3571.93**	**128.03**	
-1.35		-0.20	-5.00				128.03	
-38.18		-0.74	-3.76			3571.93		
					2.48			
91.30	24.71	34.36		158.11				
							7.39	
52.03	**20.44**	**33.42**	**11.53**	**40.72**	**2.48**	**3571.93**	**150.37**	
	0.08					2.80	21.06	
51.97	8.95	33.42	11.48	15.72	2.48	2310.13	92.66	
0.06	0.10			25.00		16.00	2.65	
	0.05					20.00	3.62	
	1.24					123.00	4.66	
	9.82		0.05			1000.00	15.98	
	9.82		0.05			1000.00	12.03	
							3.95	
	0.20					100.00	9.74	
0.41			**3.49**	**61.42**				

6-30 新疆能源平衡表(实物量)-1999

		煤合计 Coal Total 万吨 10^4 tn	原煤 Raw Coal 万吨 10^4 tn
一.可供本地区消费的能源量	**Total Primary Energy Supply**	**2590.22**	**2576.31**
1.一次能源生产量	Indigenous Production	2778.15	2778.15
2.回收能	Recovery of Energy		
3.外省(区.市)调入量	Moving In from Other Provinces	13.50	
4.进 口 量	Import		
5.我轮.机在外国加油量	Chinese Airplanes & Ships in Refueling Abroad		
6.本省(区.市)调出量(−)	Sending Out to Other Provinces(-)	-196.10	-196.10
7.出 口 量(−)	Export(-)	-3.23	-3.23
8.外轮.机在我国加油量(−)	Foreign Airplanes & Ships in Refueling in China		
9.库存增(−)、减(+)量	Stock Change	-2.10	-2.51
二.加工转换投入(−)产出(+)量	**Input(-) & Output(+) of Transformation**	**-1027.09**	**-1013.70**
1.火力发电	Thermal Power	-739.13	-739.13
2.供　热	Heating Supply	-143.93	-143.93
3.洗 选 煤	Coal Washing	-2.24	-24.53
4.炼　焦	Coking	-141.79	-106.11
5.炼　油	Petroleum Refineries		
6.制　气	Gas Works		
#焦炭再投入量(−)	Coke Input(-)		
7.煤制品加工	Briquettes		
三.损 失 量	**Loss**		
四.终端消费量	**Total Final Consumption**	**1552.55**	**1552.55**
1.农.林.牧.渔业	Farming, Forestry, Animal Husbandry, Fishery & Water Conservancy	100.00	100.00
2.工　业	Industry	666.77	666.77
#用作原料.材料	Non-Energy Use		
3.建 筑 业	Construction	25.00	25.00
4.交通运输.仓储及邮电通迅业	Transportation, Storage, Postal &	50.78	50.78
5.批发和零售贸易业.餐饮业	Telecommunications Services Wholesale, Retail Trade and Catering Service	40.00	40.00
6.生活消费	Residential Consumption	580.00	580.00
城镇	Urban	270.00	270.00
乡村	Rural	310.00	310.00
7.其他	Other	90.00	90.00
五.平衡差额	**Statistical Difference**	**10.58**	**10.06**

ENERGY BALANCE OF XINJIAN -1999 (PHYSICAL QUANTITY)

洗精煤 Cleaned Coal 万吨 10^4 tn	其他洗煤 Other Washed Coal 万吨 10^4 tn	型煤 Briquettes 万吨 10^4 tn	焦炭 Coke 万吨 10^4 tn	焦炉煤气 Coke Oven Gas 亿立方米 10^8 cu.m	其他煤气 Other Gas 亿立方米 10^8 cu.m	油品合计 Petroleum Products Total 万吨 10^4 tn	原油 Crude Oil 万吨 10^4 tn	汽油 Gasoline 万吨 10^4 tn
13.91			**-16.79**			**648.27**	**1007.13**	**-120.26**
						1739.65	1739.65	
13.50						9.59		
						48.90	48.90	
						0.66		
			-14.00			-1158.33	-768.67	-130.88
			-6.80			-1.61		-1.31
						-0.22		
0.41			4.01			9.63	-12.75	11.93
-13.39			**92.52**	**2.23**		**-242.70**	**-937.63**	**206.99**
						-2.63	-0.09	
						-17.60		
22.29								
-35.68			92.52	2.23				
						-222.47	-937.54	206.99
			74.00	**2.15**		**402.24**	**67.82**	**86.22**
			0.50			54.35		6.50
			73.34	2.15		198.84	67.82	12.72
						11.60		8.00
			0.16			78.20		28.00
						15.20		6.00
						17.85		7.00
						17.35		7.00
						0.50		
						26.20		18.00
0.52			**1.73**	**0.08**		**3.33**	**1.68**	**0.51**

续表（新疆-1999）

		煤油 Kerosene 万吨 10^4tn	柴油 Diesel Oil 万吨 10^4tn
一.可供本地区消费的能源量	**Total Primary Energy Supply**	**-10.15**	**-224.45**
1.一次能源生产量	Indigenous Production		
2.回收能	Recovery of Energy		
3.外省(区.市)调入量	Moving In from Other Provinces	9.59	
4.进 口 量	Import		
5.我轮.机在外国加油量	Chinese Airplanes & Ships in Refueling Abroad	0.66	
6.本省(区.市)调出量(-)	Sending Out to Other Provinces(-)	-19.63	-235.48
7.出 口 量(-)	Export(-)		
8.外轮.机在我国加油量(-)	Foreign Airplanes & Ships in Refueling in China	-0.22	
9.库存增(-)、减(+)量	Stock Change	-0.55	11.03
二.加工转换投入(-)产出(+)量	**Input(-) & Output(+) of Transformation**	**28.74**	**355.97**
1.火力发电	Thermal Power		-0.86
2.供 热	Heating Supply		-0.01
3.洗选煤	Coal Washing		
4.炼 焦	Coking		
5.炼 油	Petroleum Refineries	28.74	356.84
6.制 气	Gas Works		
#焦炭再投入量(-)	Coke Input(-)		
7.煤制品加工	Briquettes		
三.损失量	**Loss**		
四.终端消费量	**Total Final Consumption**	**18.44**	**130.91**
1.农.林.牧.渔业	Farming, Forestry, Animal Husbandry, Fishery & Water Conservancy	0.05	47.70
2.工 业	Industry	0.10	32.15
#用作原料.材料	Non-Energy Use		
3.建筑业	Construction		3.50
4.交通运输.仓储及邮电通迅业	Transportation, Storage, Postal & Telecommunications Services	16.54	33.56
5.批发和零售贸易业.餐饮业	Wholesale, Retail Trade and Catering Service		7.00
6.生活消费	Residential Consumption	0.75	
城镇	Urban	0.25	
乡村	Rural	0.50	
7.其他	Other	1.00	7.00
五.平衡差额	**Statistical Difference**	**0.15**	**0.61**

Continued (Xinjiang-1999)

燃料油 Fuel Oil 万吨 10^4tn	液化石油气 PLG 万吨 10^4tn	炼厂干气 Refinery Gas 万吨 10^4tn	天然气 Natural Gas 亿立方米 10^8 cu.m	其他石油制品 Other Petroleum Products 万吨 10^4tn	其他焦化产品 Other Coking Products 万吨 10^4 tn	热力 Heat 万百万千焦 10^{10} kj	电力 Electricity 亿千瓦小时 10^8kwh	其他能源 Other Energy 万吨标煤 10^4tce
-0.08	**-3.92**		**29.06**	**-57.41**			**31.98**	**12.41**
			31.06				31.98	12.41
	-3.67		-2.00	-59.28				
	-0.30							
-0.08	0.05			1.87				
38.79	**25.64**	**38.80**	**-11.15**	**160.40**	**2.44**	**4451.88**	**137.32**	**-12.41**
-1.41		-0.27	-5.19				137.32	-12.41
-16.91		-0.68	-5.96			4451.88		
					2.44			
57.11	25.64	39.75		160.40				
							11.22	
38.33	**21.72**	**38.80**	**11.14**	**30.40**	**2.44**	**4451.88**	**158.08**	
	0.10						21.83	
38.33	8.92	38.80	11.03	10.40	2.44	3543.93	97.79	
				20.00		0.95	2.51	
	0.10					10.00	3.51	
	2.20					23.00	6.43	
	10.10		0.11			864.00	16.83	
	10.10		0.11			864.00	12.60	
							4.23	
	0.20					10.00	9.18	
0.38			**6.77**	**72.59**				

七、香港、澳门特别行政区能源数据

Chapter 7 Energy Data for Hong Kong and Macao Special Administrative Region

7-1 香港主要能源及相关指标

MAJOR ENERGY AND RELATED INDICATORS OF HONG KONG

项 目 Item	1990	1995	1996	1997	1998	1999
一次能源需求总量（百万吨标准油） Total Primary Energy Supply (Mtoe)	10.66	13.79	13.65	14.2	16.59	18.29
净进口量（百万吨标准油） Net Imports (Mtoe)	11.93	15.71	16.05	16.31	19.22	22.00
油净进口量（百万吨标准油） Net Oil Imports (Mtoe)	6.58	9.55	9.78	9.85	12.07	14.72
油可供量（百万吨标准油） Oil Supply (Mtoe)	5.27	7.59	7.33	7.70	9.39	11.53
电消费量（十亿千瓦小时） Electricity Consumption (Twh)	23.83	29.86	31.64	32.25	34.85	34.80
一次能源消费总量（百万吨标准油） Total Primary Energy Consumption (Mtoe)	10.5	13.6	13.88	13.19	15.82	17.2
年中人口数（万 人） Mid-year Population (10^4 persons)	570.0	615.6	648.4	656.4	664.6	672.1
国内生产总值（亿美元，1990 年价） GDP (10^8 US$,1990 price)	1018	1321	1381	1453	1379	1415
人均国内生产总值（美元，1990 年价） Per Capita GDP (US$,1990 price)	17860	21459	21299	22136	20749	21053
人均能源消费量（吨标准油／人） Per Capita Energy Consumption (toe/capita)	1.87	2.21	2.14	2.01	2.38	2.56
人均电力消费量（千瓦小时／人） Per Capita Electricity Consumption (kwh/capita)	4178	4850	4880	4913	5244	5179

资料来源：IEA《非OECD国家能源统计和平衡》，《香港能源统计》。
Source: IEA《Energy Statistics and Balances of NON-OECD Countries》，《Hong Kong Energy Statistics》.

7-2 香港电力和煤气消费量

CONSUMPTION OF ELECTRICITY AND GAS OF HONG KONG

单位：百万千瓦小时 (million kwh)

年份 Year	电力（太焦耳） Electricity (terajoule)				煤气（太焦耳） Gas (terajoule)			
	住 宅 Residential	商 业 Commercial	工 业 Industrial	总计 Total	住 宅 Residential	商 业 Commercial	工 业 Industrial	总计 Total
1990	19037	41830	24934	85801	7596	6877	583	15056
1995	27063	60191	20222	107477	11408	9586	978	21972
1996	29194	64751	19934	113879	11986	10085	918	22989
1997	28937	68172	18965	116074	12465	10529	911	23906
1998	32793	74164	18489	125447	12519	10536	888	23943
1999	31400	76329	17547	125276	13064	10709	914	24687

资料来源：《香港能源统计》1999 年。
Source: 《Hong Kong Energy Statistics》1999.

7-3 香港油产品进口留用量

HONG KONG RETAINED IMPORTS OF OIL PRODUCTS

年份 Year	航空汽油与煤油（千公升）Aviation Gasoline and Kerosene (kilolitre)	车用汽油（千公升）Motor Gasoline (kilolitre)		轻质柴油、重质柴油与石脑油(千公升) Gas Oil, Diesel Oil and Naphtha (kilolitre)	燃料油（千公升）Fuel Oil (kilolitre)	液化石油气（公 吨）LPG (tonne)
1990	2303262	390577		2690712	1347198	169224
		含铅 Leaded Petrol	不含铅 Unleaded etrol			
1995	3318386	171456	323351	4691324	1561524	123705
1996	3672482	118080	376800	4407189	1740940	159802
1997	3081903	46944	271758	2541144	953904	162657
1998	3133593	38024	244522	5776828	1251579	130210
1999	3657977	5291	479222	10836718	1585946	114995

7-4 香港煤产品进口留用量

HONG KONG RETAINED IMPORTS OF COAL PRODUCTS

公吨 (tonne)

年份 Year	蒸馏煤与其他煤产品 Steam Coal and Other Coal	木炭 Wood Charcoal	无烟煤 Anthracite	焦煤与半焦煤 Coke and Semi-coke
1990	8928614	16252	2053	1404
1995	9108994	13920		1063
1996	6769196	13450	585	1454
1997	5711456	11028	930	
1998	7101777	9244	40	
1999	6393018	9447		

7-5 香港电力生产、消费及进出口

HONG KONG ELECTRICITY PRODUCTION, CONSUMPTION, IMPORTS AND EXPORTS

单位：太焦耳 (Terajoule)

年份 Year	本地发电厂产电 Electricity Generated at Local Plant	由大陆进口 Imports to Mainland of China	系统损耗 System Loss	出口往大路 Exports of Mainland of China	由电表量度的本地电力耗用 Local Electricity Consumption as Measured at Meter Point
1990	104256		11985	6470	85801
1995	100496	27164	14843	5340	107477
1996	102384	27999	14594	1910	113879
1997	104195	28353	14460	2014	116074
1998	113092	27936	13384	2197	125447
1999	106185	34925	13555	2279	125276

资料来源：《香港能源统计》1999 年。

Source: 《Hong Kong Energy Statistics》1999.

7-6 澳门主要能源及相关指标

MAJOR ENERGY AND RELATED INDICATORS OF MACAO

项 目　　Item	1990	1995	1996	1997	1998	1999E
净进口量（太焦耳） Net Imports (1012 joules)	13955	17487	20620	20754	22096	21561
可供电量（百万千瓦小时） Electricity Supply (Gwh)		1335.1	1439.3	1475.0	1604.0	1616.0
电力消费量（百万千瓦小时） Electricity Consumption (Gwh)		1265.4	1345.9	1410.3	1520.6	1526.1
能源消费量（太焦耳） Energy Consumption (1012 joules)	8953	12120	14858	12098	12354	12253
年中人口数（万 人） Mid-year Population (104 persons)	33.50	40.93	41.54	41.89	42.63	43.4
国内生产总值（万澳门元，现价） GDP (104 MOP, Current Market Prices)	2617500	5533300	5529400	5589400	5190200	4921000
人均国内生产总值（澳门元，现价） Per Capita GDP (MOP,Current Market Prices)	78144	135190	133096	133416	121750	113044
人均能源消费量（百万焦耳） Per Capita Energy Consumption (108 joules)	26725	29612	35768	28880	28980	28233
人均电力消费量（千瓦小时／人） Per Capita Electricity Consumption (kwh/capita)		3092	3240	3367	3567	3516

7-7 澳门能源平衡表

MACAO ENERGY BALANCE TABLE

单位：太焦耳　　(terajoules)

项 目	Item	1990	1995	1996	1997	1998	1999E
进口	Import						
总计	Total Energy	13975	17499	20624	20757	22277	21563
＃轻柴油	#Gas Oil and Diesel	3564	3257	3335	3479	3528	3115
＃重油	#Fuel Oil	8274	10325	10807	10673	12737	12100
＃电力	#Electricity	327	650	629	633	623	701
＃汽油	#Gasoline	752	1128	1300	1339	1390	1365
出口	Export						
总计	Total Energy	20	12	4	3	181	2
＃电力	#Electricity	9	11	2	2	2	1
＃液化石油气	#LPG		1	2	1		
库存变化	Change in Stocks	252	-43	114	495	416	113
内部总消费	Gross Internal Consumption	13704	17670	20677	18137	19300	18905
能源转化	Energy Transformation	-4461	-5124	-5287	-5560	-6403	-6084
电厂自耗和输电损失	Distribution and Transmission Loss	149	240	328	225	293	314
总消费量	Final Consumption	8953	12120	14858	12098	12354	12253

资料来源：《澳门统计年鉴》。
Source: 《Macao Statistical Yearbook》.

附录一　台湾省能源数据

Appendix I Energy Data for Taiwan Province

附录 1-1 台湾省主要能源及相关指标

MAJOR ENERGY AND RELATED INDICATORS OF TAIWAN

项 目 Item	1990	1995	1996	1997	1998	1999
能源生产量 (百万吨标准油) Energy Production (Mtoe)	10.81	10.94	11.51	11.09	11.25	
净进口量（百万吨标准油） Net Imports (Mtoe)	41.78	59.27	61.56	65.54	70.14	
一次能源需求总量（百万吨标准油） Total Primary Energy Supply (Mtoe)	48.26	65.29	68.76	72.75	76.86	
油净进口量（百万吨标准油） Net Oil Imports (Mtoe)	28.92	37.49	38.11	38.05	41.32	
油可供量（百万吨标准油） Oil Supply (Mtoe)	26.00	34.47	34.88	35.96	37.05	
电消费量（十亿千瓦小时） Electricity Consumption (Twh)	85.12	128.20	137.27	146.40	155.72	164.65
一次能源消费总量（百万吨标准油） Total Primary Energy Consumption (Mtoe)	48.35	65.18	68.80	72.91	76.87	84.81
年中人口数（百万人） Mid-year Population (106 persons)	20.40	21.30	21.50	21.70	21.90	22.09
国内生产总值（亿美元，1990年价） GDP (108 US$,1986 price)	244.10	336.70	355.70	379.80	398.10	413.7
人均国内生产总值（美元，1986年价） Per Capita GDP (US$£¬1986 price)	11966	15808	16544	17502	18178	18729
人均能源消费量（吨标准油／人） Per Capita Energy Consumption (toe/capita)	2.37	3.06	3.20	3.36	3.51	3.84
人均电力消费量（千瓦小时／人） Per Capita Electricity Consumption (kwh/capita)	4173	6018	6385	6747	7111	7454

资料来源：IEA《非OECD国家能源统计和平衡》。

Source: IEA《Energy Statistics and Balances of NON-OECD Countries》.

附录 1-2 台湾省分行业电力消费量

TAIWAN ELECTRICITY CONSUMPTION BY SECTOR

单位：百万千瓦小时 (million kwh)

项 目 Item	1990	1995	1996	1997	1998	1999
总计 Total	**51841**	**68931**	**72114**	**78237**	**83049**	**86844**
农、林、牧、渔业 Farming,Forestry,Animal Husbandry,Fishery	1611	2042	2223	2264	2064	2144
采掘业 Mining and Quarrying	171	209	184	190	353	334
制造业 Manufacturing	40698	50792	52558	57073	59090	61982
建筑业 Construction	265	564	494	491	496	483
水电煤气卫生服务业 Electricity , Gas and Water Services	804	1037	1091	1143	1428	1469
商业 Commerce	1987	3650	3908	4281	4949	5326
运输仓储及通信业 Transportation, Storage, Post.&Tele. Services	1081	1571	1693	1847	2334	2543
服务业 Services	4252	6763	7294	7843	9318	9708
其他不能归类行业 Others	973	2299	2666	3104	3017	2857

资料来源：中国台湾省编辑的《统计年鉴》。

Source:《Statistical Yearbook》, Taiwan Province of China.

附录 1-3 台湾省能源供给总量及构成

TAIWAN ENERGY SUPPLY AND COMPOSITION

年份 Year	供给量总计（千公升油当量） Total Supply (10^3 kl oil equivalent)	占供给总量的比重(%) As Percentage of Total Supply (%)				
		煤炭 Coal	石油 Petroleum	天然气 Natural Gas	水力发电 Hydropower	核能发电 Nuclear Power
1990	58198	23.45	55.17	3.86	3.49	14.03
1995	79620	26.20	54.30	5.80	2.80	11.00
1996	83250	27.00	53.40	5.60	2.80	11.30
1997	88250	29.60	51.30	6.20	2.70	10.20
1998	92350	28.91	51.40	7.02	2.90	9.80
1999	98876	29.92	51.50	6.68	2.25	9.65

附录 1-4 台湾省能源消费总量及分部门消费构成

TAIWAN ENERGY CONSUMPTION AND COMPOSITION BY SECTOR

年份 Year	消费总计（千公升油当量） Total Energy Consumption (10^3 kl oil equivalent)	占消费总量比重 (%) As Percentage of Total Energy Consumption(%)						
		工业 Industry	运输 Transportation	农业 Agriculture	住宅 Residence	商业 Commerce	其他 Other	非能源消费 Non-energy Use
1990	52007	58.6	15.5	2.8	11.4	3.8	6.4	1.5
1995	68910	55.1	17.8	3.2	12.0	5.0	6.0	1.8
1996	72220	54.3	17.7	2.1	12.3	5.0	6.4	2.0
1997	76810	55.9	17.0	1.9	11.9	5.1	6.2	1.9
1998	81120	54.8	17.0	1.5	12.5	5.7	6.0	2.5
1999	84815	54.6	17.1	1.5	12.2	5.8	6.2	2.7

附录 1-5 台湾省电力生产量和消费量

TAIWAN EIECTRICITY PRODUCTION AND CONSUMPTION

单位：百万千瓦小时 (million kwh)

年份 Year	发电量 Electricity Generation				耗电量 Electricity Consumption			
	总计 Total	水力发电 Hydropower	火力发电 Thermal Power	核能发电 Nuclear Power	总计 Total	电力用电 Own Consumption	住户及商业用电 Residence and Commerce	损失 Loss
1990	82350	8166	42629	31554	74345	51841	22504	5355
1995	117859	8858	75071	33931	105368	68931	36437	6848
1996	124973	9022	79618	36333	111139	72114	39026	7670
1997	132248	9543	87859	34846	118299	78238	40061	7820
1998	142964	10584	96973	35408	128130	83049	45081	8658
1999	145761	8917	99937	36907	131726	86844	44882	8622

资料来源：中国台湾省编辑的《统计年鉴》。

Source: 《Statistical Yearbook》, Taiwan Province of China.

附录二　国外能源数据

Appendix II　Energy Data for Other Countries

附录 2-1 年中人口数

MID-YEAR POPULATION

单位：万人 (10 000 persons)

国 别	Country or Territory	1990	1995	1996	1997	1998
世界总计	**World**	**525454**	**565616**	**573598**	**581719**	**589713**
中 国*	China	114333	121121	122389	123626	124810
印 度	India	84952	92936	94561	96238	97967
印度尼西亚	Indonesia	17823	19398	19716	20039	20368
日 本	Japan	12354	12544	12576	12609	12641
泰 国	Thailand	5560	5940	6000	6060	6120
法 国	France	5674	5814	5838	5861	5885
德 国	Germany	7943	8164	8191	8207	8205
意大利	Italy	5672	5720	5738	5752	5759
俄罗斯	Russian Fed.	14829	14814	14774	14730	14691
波 兰	Poland	3812	3859	3862	3865	3867
罗马尼亚	Romania	2321	2268	2261	2255	2250
英 国	United Kingdom	5756	5861	5880	5901	5906
伊 朗	Iran	5440	5895	5993	6093	6195
伊拉克	Iraq	1808	2078	2131	2185	2233
沙特阿拉伯	Saudi Arabia	1580	1898	1941	2007	2074
阿联酋	United Arab Emirates	184	234	246	258	272
乌兹别克斯坦	Uzbekstan	2052	2279	2323	2367	2405
加拿大	Canada	2779	2935	2967	3001	3030
墨西哥	Mexico	8323	9115	9272	9428	9585
美 国	United States	24944	26276	26519	26774	27030
巴 西	Brazil	14794	15935	16151	16369	16587
委内瑞拉	Venezuela	1950	2184	2231	2278	2324
荷 兰	Netherlands	1495	1546	1552	1561	1570
挪 威	Norway	424	436	438	440	443
西班牙	Spain	3884	3921	3927	3932	3937
瑞 士	Switzerland	671	704	707	709	711
乌克兰	Ukraine	5189	5153	5111	5070	5030
澳大利亚	Australia	1707	1806	1831	1853	1875

注：* 为年末人口数 (Year-end figure)。

附录 2-2 国内生产总值

GROSS DOMESTIC PRODUCTS

单位：百万美元　　　　　　　　　　　　　　　　　　　　(million US$)

国　别	Country or Territory	1990	1995	1996	1997	1998
世界总计	**World**	**21418190**	**28668101**	**29344097**	**29069637**	**28736978**
印　度	India	22737	363981	397132	420782	430024
印度尼西亚	Indonesia	114426	202132	227370	215747	94156
日　本	Japan	2970043	5137382	4599321	4197440	3782964
泰　国	Thailand	85345	168129	181445	149071	111327
法　国	France	1195438	1535093	1538793	1394127	1426967
德　国	Germany		2402289	2341548	2089898	2134205
意大利	Italy	1093947	1087982	1213677	1145372	1171865
波　兰	Poland	61197	126318	142965	143132	158574
罗马尼亚	Romania	38299	32841	31179	34843	38158
英　国	United Kingdom	975512	1107040	1153367	1282865	1357197
伊　朗	Iran	120404	71485	88395	108070	113140
沙特阿拉伯	Saudi Arabia	104670	127824	141335	146489	128892
阿联酋	United Arab Emirates	34132	42807	47884	49309	47234
乌兹别克斯坦	Uzbekstan	22615	22258	23304	24622	20384
加拿大	Canada	572673	573437	592295	607694	580623
墨西哥	Mexico	262710	363280	352862	359870	393508
美　国	United States	5554100	7038400	7418700	7844000	8230397
巴　西	Brazil	464989	703912	774946	820381	778209
委内瑞拉	Venezuela	48593	77261	70292	88434	95023
荷　兰	Netherlands	283672	398368	397029	363348	381819
挪　威	Norway	115453	146602	158152	153362	145892
俄罗斯	Russian Fed.	579068	337903	419000	435953	276611
西班牙	Spain	491938	559633	582207	532031	553230
瑞　士	Switzerland	228415	307399	295113	255264	263630
乌克兰	Ukraine	91327	49061	62761	53459	43615
澳大利亚	Australia	297204	364981	404098	404252	361722

附录 2-3 能源生产总量

TOTAL ENERGY PRODUCTION

单位：百万吨标准油 (million toe)

国 别	Country or Territory	1990	1995	1996	1997	1998
世 界	**World**	**8810.92**	**9306.82**	**9563.27**	**9699.63**	**9741.06**
中 国	China	894.04	1072.93	1101.46	1097.16	1020.27
美 国	United States	1648.76	1663.56	1688.54	1685.99	1695.43
日 本	Japan	75.59	99.06	102.45	107.02	109.96
德 国	Germany	185.69	142.49	140.74	139.73	131.46
法 国	France	110.75	126.93	130.1	127.84	125.53
英 国	United Kingdom	208.94	258.3	268.82	168.78	274.23
意大利	Italy	24.76	28.5	29.25	29.33	29.05
加拿大	Canada	273.68	348.99	358.46	364.74	365.67
澳大利亚	Australia	157.16	186.69	189.55	200.94	212.01
俄罗斯	Russian Fed.		949.66	941.49	923.25	928.99
波 兰	Poland	99.6	99.51	102.59	100.14	87.45
罗马尼亚	Romania	39.72	31.62	34.46	30.77	28.24
乌克兰	Ukraine		82.99	80.67	81.2	80.42
保加利亚	Bulgaria	9.8	10.05	10.37	10.11	10.12
南斯拉夫	Yugoslavia,FR		11.52	10.99	11.48	12.19
印 度	India	335.34	387.79	397.37	408.23	413.06
西班牙	Spain	34.06	33.96	33.67	32.87	32.2
土耳其	Turkey	25.68	26.14	26.77	27.56	28.65
南 非	South Africa	114.53	133.66	133.91	141.97	144.41
巴 西	Brazil	96.56	104.16	110.29	117.53	126.06
墨西哥	Mexico	194.61	201.92	201.61	204.69	205.16
委内瑞拉	Venezuela	146.96	196.11	221.21	233.65	230.56
伊 朗	Iran	180.62	222.82	226.28	227.95	232.48
哈萨克斯坦	Kazakhstan		63.05	63.71	65.24	64.09

资料来源： 国际能源机构统计年鉴。

Source: 《IEA STATISTICS》.

附录 2-4 硬煤生产量

HARD COAL PRODUCTION

单位：百万吨 (million tn)

国别	Country or Territory	1990	1995	1996	1997	1998	1999E
世界总计	**World**	**3596.0**	**3747.5**	**3805.7**	**3835.2**	**3672.9**	**3466.0**
加拿大	Canada	37.7	38.6	40.0	41.2	38.3	36.5
英国	United Kingdom	94.4	54.6	50.2	48.5	41.4	37.4
美国	United States	853.6	858.6	885.2	910.8	934.8	914.2
中国	China	1079.9	1360.7	1396.7	1372.8	1213.3	1029.1
俄罗斯	Russian Fed.	260.2	176.9	166.5	159.8	153.1	162.9
澳大利亚	Australia	158.8	191.1	193.4	206.8	219.0	225.0
德国	Germany	76.6	58.9	53.2	51.2	45.3	43.8
罗马尼亚	Romania	4.4	1.1	1.3	1.8	1.4	1.4
印度	India	211.7	270.1	285.6	295.8	297.9	290.4
南斯拉夫	Yugoslavia, FR	0.3	0.1	0.1	0.1	0.2	0.1
捷克斯洛伐克	Czechoslovakia	22.4	17.7	17.5	16.6	16.1	14.2
波兰	Poland	147.7	137.2	137.9	137.8	115.7	111.5

附录 2-5 原油生产量

CRUDE OIL PRODUCTION

单位：千吨 (1000 tn)

国别	Country or Territory	1990	1995	1996	1997	1998	1999
世界总计	**World**	**3135046**	**3277341**	**3365608**	**3462997**	**3529317**	
加拿大	Canada	68490	78064	77877	82294	83946	77723
俄罗斯	Russian Fed.		305107	299498	303868	301406	
英国	United Kingdom	87990	121794	121930	120117	124220	128123
美国	United States	362796	323550	319732	318220	311846	290100
中国	China	138306	150044	157334	160741	161000	
印度尼西亚	Indonesia	73387	75517	77043	68165	67201	
沙特阿拉伯	Saudi Arabia	337950	430844	432231	442383	457208	
委内瑞拉	Venezuela	113372	154664	175316	185212	179793	
科威特	Kuwait	44462	102406	102633	102427	104694	
伊朗	Iran	155900	183018	183812	181116	182755	
阿联酋	United Arab Emirates	90736	107213	107970	109700	113214	
墨西哥	Mexico	138656	141319	148454	157846	160634	
尼日利亚	Nigeria	88322	97541	108031	114878	106471	

资料来源：国际能源机构统计年鉴。
Source: 《IEA STATISTICS》

附录 2-6 天然气生产量
NATURAL GAS PRODUCTION

单位：百万立方米 (million cu.m)

国 别	Country or Territory	1990	1995	1996	1997	1998	1999E
世界总计	**World**	**2132504**	**2213334**	**2312124**	**2321641**	**2364254**	**2420708**
加拿大	Canada	110069	159532	165487	168374	173258	176797
英 国	United Kingdom	51096	75539	90000	91558	95503	104958
美 国	United States	523540	529779	535247	538175	532638	531054
中 国	China	15298	17947	20114	22703	23279	25376
俄罗斯	Russian Fed.		589510	594466	570537	590684	589484
德 国	Germany	16895	21069	22775	22436	21867	23315
沙特阿拉伯	Saudi Arabia	31669	40340	43840	48081	49651	49014
委内瑞拉	Venezuela	23648	26184	29483	30079	31028	30697
伊 朗	Iran	23610	40495	43618	48892	52205	54815
墨西哥	Mexico	31579	27094	30130	33018	35852	36442
荷 兰	Netherland	68186	84406	95419	84595	80436	75002

附录 2-7 发电量
ELECTRICITY GENERATION

单位：百万千瓦小时 (million kwh)

国 别	Country or Territory	1990	1995	1996	1997	1998	1999E
世界总计	**World**	**11870481**	**13325314**	**13751434**	**14048656**	**14403646**	
加拿大	Canada	482054	559981	572910	573573	561805	576608
英 国	United Kingdom	319023	334045	347386	345377	358246	358421
美 国	United States	3193757	3582114	3677022	3698168	3832582	3882678
中 国	China	650138	1035642	1108460	1163416	1197617	
日 本	Japan	857283	989880	1009350	1037893	1046294	1062010
德 国	Germany	549987	537045	555325	551536	556400	557100
法 国	France	420783	493900	513118	504497	510892	523557
印 度	India	289439	417836	435075	463401	493968	
俄罗斯	Russia	1082150	860027	847183	834132	827138	
巴 西	Brazil	223002	275601	291224	307980	321588	

附录 2-8 核发电量
NUCLEAR POWER GENERATION

单位：百万千瓦小时 (million kwh)

国 别	Country or Territory	1990	1995	1996	1997	1998	1999E
世界总计	**World**	**2012883**	**2331597**	**2416589**	**2392807**	**2443632**	
加拿大	Canada	72967	97844	92767	82528	71511	73491
英 国	United Kingdom	65747	88964	94671	98146	100140	96281
美 国	United States	611589	713806	715212	666363	714124	771890
中 国	China		12833	14339	14418	14100	
法 国	France	314081	377231	397340	395483	387990	394800
德 国	Germany	152468	153091	160016	170328	161644	169500
日 本	Japan	202272	291254	302200	319177	332343	324909
瑞 典	Sweden	68185	69935	74274	69928	73583	70100
巴基斯坦	Pakistan	293	511	483	346	375	
俄罗斯	Russian Fed.	118305	99532	109026	108499	103719	
乌克兰	Ukraine	76179	70523	79577	79433	75239	

资料来源：国际能源机构统计年鉴。
Source:《IEA STATISTICS》

附录2-9 能源消费总量
TOTAL FINAL CONSUMPTION OF ENERGY

单位：百万吨标准油 (million toe)

国 别	Country or Territory	1990	1995	1996	1997	1998
世 界	**World**	**5325.29**	**5597.9**	**5703.35**	**5735.13**	**5703.22**
中 国	China	484.03	570.13	574.69	557.9	536.58
美 国	United States	1306.27	1390.48	1433.78	1438.18	1429.66
日 本	Japan	294.48	330.06	336.76	340.14	336.54
德 国	Germany	246.56	239.03	247.3	243.29	243.19
法 国	France	146.3	157.08	162.58	162.42	166.86
英 国	United Kingdom	145.3	152.38	161.29	157.28	158.97
意大利	Italy	117.61	123.21	124.29	125.62	128.89
加拿大	Canada	161.32	176.1	182.83	185.08	182.54
澳大利亚	Australia	58.07	64.17	66.27	67.75	69.14
俄罗斯	Russian Fed.		462.69	411.49	412.28	395.22
波 兰	Poland	62.43	65.24	69.11	67.86	63.5
罗马尼亚	Romania	42.61	25.56	27.7	26.19	23.84
乌克兰	Ukraine		104.18	94.25	90.81	88.98
保加利亚	Bulgaria	17.51	12.06	12.32	10.45	10.05
南斯拉夫	Yugoslavia,FR		6.47	8.63	9.88	9.46
印 度	India	114.02	156.11	158.89	163.64	165
西班牙	Spain	61.36	71.13	71.65	75.79	80.51
土耳其	Turkey	40.19	47.74	51.77	53.62	53.74
南 非	South Africa	42.58	49.54	53.07	56.03	59.64
巴 西	Brazil	77.35	94.92	101.59	108.91	112.79
墨西哥	Mexico	88.62	95.92	94.06	94.89	97.47
委内瑞拉	Venezuela	27.26	33.52	35.32	34.77	36.17
伊 朗	Iran	52.25	66.1	71.58	76.35	79.15
哈萨克斯坦	Kazakhstan		30.46	26.02	22.33	22.14

资料来源：国际能源机构统计年鉴。
Source:《IEA STATISTICS》.

附录 2-10 硬煤消费量

CONSUMPTION OF HARD COAL

单位：千吨　　　　(1000 tn)

国　别	Country or Territory	1990	1995	1996	1997	1998	1999
世界总计	**World**	**3538348**	**3748575**	**3838255**	**3824263**	**3654639**	**3464623**
美　国	United States	732522	773108	812758	864819	846813	861637
英　国	United Kingdom	108403	78343	70833	63129	62941	58619
德　国	Germany	86965	74224	75362	72236	71384	66210
法　国	France	28791	22611	23758	20675	23912	22146
西班牙	Spain	26317	27643	23335	28295	27298	31426
比利时	Beigium	16153	12394	12116	11682	11401	9967
中　国	China	1055230	1334617	1372119	1326097	1191414	1002226
日　本	Japan	113084	129245	132582	134858	132819	137587
印　度	India	211270	298220	301600	313830	314000	308996
俄罗斯	Russian Fed.	262750	177773	179120	161962	153329	155387
波　兰	Poland	119926	107823	110131	104964	93407	90345

附录 2-11 石油消费量

PETROLEUM CONSUMPTION

单位：千吨　　　　(1000 tn)

国　别	Country or Territory	1990	1995	1996	1997	1998	1999E
世界总计	**World**	**3111500**	**3237500**	**3313600**	**3386300**	**3389000**	
加拿大	Canada	78375	80288	83180	86417	88329	89130
墨西哥	Mexico	78843	80559	80013	83121	87776	86419
美　国	United States	745467	772286	797806	813728	831061	845054
英　国	United Kingdom	81025	81774	83395	80218	80044	79441
法　国	France	85082	89762	91213	91853	94391	94231
德　国	Germany	128479	136491	138887	138325	138943	134915
意大利	Italy	93543	97083	95794	96137	96166	92469
西班牙	Spain	45122	54274	53203	55617	59590	61881
日　本	Japan	245848	265112	268909	265449	254861	257875
巴　西	Brazil	58400	69200	74100	79900	83200	
伊　朗	Iran	47100	59400	62200	60800	58000	
沙特阿拉伯	Saudi Arabia	51200	53500	51400	53700	55700	
中　国	China	110300	160700	174400	185600	190300	
韩　国	Korea,Rep.	48582	91968	95979	105672	88340	94487

资料来源：国际能源机构《2000 年煤信息 》、《2000 年油信息 》。
Source: IEA《 Oil Information 》2000, 《 Coal Information 》2000.

附录 2-12 天然气消费量

NATURAL GAS CONSUMPTION

单位：百万立方米 (million cu.m)

国别	Country or Territory	1990	1995	1996	1997	1998	1999
世界总计	**World**	**2097851**	**2187981**	**2103200**	**2132189**	**2127952**	**2196046**
美国	United States	530150	609314	622036	621800	602073	605358
加拿大	Canada	67050	80197	84007	84594	81772	83541
墨西哥	Mexico	26100	29524	31224	33363	36350	35741
英国	United Kingdom	58320	75180	87628	88188	91612	97292
法国	France	28330	33491	37217	36813	37177	38116
日本	Japan	52410	62498	67679	69078	71775	74915
德国	Germany	74840	83378	89558	85286	85773	85941
意大利	Italy	47410	54385	56184	57980	62425	67844
荷兰	Netherland	43470	48165	53060	49918	49607	48240
中国	China	15256	17793	18738	20359	21173	22840
印度尼西亚	Indonesia	24590	27355	28128	29571	28863	28942
沙特阿拉伯	Saudi Arabia	30463	40339	43839	48081	49651	49014
伊朗	Iran	17813	42517	47193	51199	55849	58760
俄罗斯	Russian Fed.		385727	384368	385697	384952	365334
乌兹别克	Uzbekistan		40202	41672	41805	46417	53264
乌克兰	Ukraine		81647	88811	79083	70927	82572

附录 2-13 电力消费量

ELECTRICITY CONSUMPTION

单位：百万千瓦小时 (million kwh)

国别	Country or Territory	1990	1995	1996	1997	1998	1999
世界总计	**World**	**10893689**	**12187329**	**12570726**	**12887590**	**13158000**	
澳大利亚	Australia	144294	161854	166124	171556	182239	200175
加拿大	Canada	447595	484303	491616	497910	495365	548057
法国	France	348151	393963	412613	409715	422219	459857
英国	United Kingdom	306623	322280	334383	336260	343581	372665
美国	United States	2922569	3370975	3462871	3514527	3602634	3911601
德国	Germany	527415	516892	524606	527318	531639	558100
意大利	Italy	235185	261363	264894	272576	282010	307708
日本	Japan	824075	952686	975410	1001085	1012941	1062010
瑞典	Sweden	135532	136597	136427	136471	137116	141575
西班牙	Spain	137465	155611	159910	173228	180170	214131
巴西	Brazil	217839	264805	277665	294689	306989	
中国	China	603413	957744	1031120	1079763	1114799	
波兰	Poland	124710	118135	122016	123920	123958	137178
印度	India	238238	344723	358893	382176	407302	
乌克兰	Ukraine	172235	155973	149441	142137		
俄罗斯	Russian Fed.	756947	743237	730054	715908		

资料来源：国际能源机构《2000年能源统计》、《2000年气信息》。

Source: IEA《 Gas Information 》2000,《 Energy Statistics of OECD and No-OECD Countries 》2000.

附录2-14 硬煤进口量

IMPORT OF HARD COAL

单位：千吨 (1000 tn)

国 别	Country or Territory	1990	1995	1996	1997	1998	1999
世界总计	**World**	**391288**	**184718**	**502718**	**524169**	**533224**	**535346**
美 国	United States	2449	6533	6464	6792	7914	8204
英 国	United Kingdom	14783	15895	17799	19756	21231	20740
德 国	Germany	13580	15052	16348	20031	22189	22281
法 国	France	19389	13190	15758	13604	17724	17491
西班牙	Spain	10455	13408	11994	11340	14554	20098
比利时	Belgium	14761	14099	12814	12796	12634	10836
中 国	China	2003	1635	3217	2013	1586	1680
日 本	Japan	103579	122658	126281	129475	128979	133254
印 度	India	5100	12510	14310	17210	15640	18100
俄罗斯	Russian Fed.	53210	22734	20081	20715	21800	16775
波 兰	Poland	560	1497	1976	3244	4198	2361

附录2-15 原油、液化天然气进口量

IMPORT OF CRUDE OIL AND NGL

单位：千吨 (1000 tn)

国 别	Country or Territory	1990	1995	1996	1997	1998	1999
世界总计	**World**	**1404920**	**1737726**	**1819013**	**1916316**	**1941290**	
加拿大	Canada	26547	30041	34599	38849	39375	43383
美 国	United States	320373	409782	432517	469473	490416	484207
英 国	United Kingdom	41734	50025	50971	50176	47957	40940
德 国	Germany	88060	100876	103605	100544	109379	103933
荷 兰	Netherlands	49012	59824	61590	60639	62053	59102
法 国	France	69566	78685	84277	88284	90443	82228
意大利	Italy	74725	82314	81731	87671	91594	87891
比利时	Belgium	25091	28949	34583	35913	37131	35272
西班牙	Spain	50630	55666	64938	56636	60679	58911
巴 西	Brazil	28427	25237	28594	29207	27973	
日 本	Japan	194623	228435	225355	232117	217561	213753
中 国	China	2923	17090	22617	35470	27320	
印 度	India	20793	26901	32812	33573	38686	
新加坡	Singapore	42680	51503	55192	55507	51908	
韩 国	Korea, Rep.	42242	87374	100089	121259	113736	120265

资料来源：国际能源机构年鉴《油信息》、《煤信息》2000年。

Source: IEA《Oil Information》,《Coal Information》2000.

附录 2–16 天然气进口量

IMPORT OF NATURAL GAS

单位：百万立方米 (million cu.m)

国 别	Country or Territory	1990	1995	1996	1997	1998	1999
世界总计	**World**	**307671**	**489150**	**539712**	**538788**	**545260**	**600795**
美 国	United States	43910	80450	83178	84785	89256	100463
法 国	France	30799	32439	35218	35333	35192	40010
比利时	Belgium	10259	12212	13924	13222	14572	15659
德 国	Germany	53296	70208	79555	76594	74247	76761
意大利	Italy	31620	34314	37086	39085	42646	49484
日 本	Japan	52035	59861	64973	66220	68996	72151
韩 国	Korea	3633	9221	12532	15186	13842	16941
罗马尼亚	Romania	7231	5958	7026	5007	4660	4169
波 兰	Poland	8372	7143	7762	8104	7951	7654
西班牙	Spain	4607	8235	9104	12635	13202	15222
土耳其	Turkey	3348	6881	8039	9584	9894	12036
哈萨克斯坦	Kazakstan	9126	5495	3004	3052	3434	
俄罗斯	Russian Fed.	2735	3466	4482	3003	3500	
白俄罗斯	Belarus	13531	14345	16241	16297	17149	
乌克兰	Ukraine	63486	71200	62356	53549	65086	

附录 2–17 电力进口量

IMPORT OF ELECTRICITY

单位：百万千瓦小时 (million kwh)

国 别	Country or Territory	1990	1995	1996	1997	1998	1999
世界总计	**World**	**311033**	**320861**	**349228**	**418643**	**416123**	
加拿大	Canada	17781	7422	6183	9499	17299	14828
美 国	United States	22506	45323	46543	43032	39513	42923
比利时	Belgium	4785	9398	9637	9975	7828	9059
英 国	United Kingdom	11990	16336	16714	16615	12630	14507
德 国	Germany	31831	39735	37404	38012	38315	40500
意大利	Italy	35577	38662	38149	39827	41633	42539
奥地利	Austria	6838	7287	8428	9007	10304	11608
瑞 士	Switzerland	20754	19419	23241	20748	23607	21723
荷 兰	Netherlands	9679	11979	11288	13107	12234	22407
瑞 典	Sweden	12909	7720	15885	10253	6102	8400
巴 西	Brazil	26545	35352	36566	40478	39412	
俄罗斯	Russian Fed.	35038	18377	12356	7151	8261	
白俄罗斯	Belarus	14166	10066	11144	10308	10009	
乌兹别克	Uzbelkistan	16472	14500	13918	12418	6000	
乌克兰	Ukraine	15553	9726	11200	9717	10056	

资料来源：国际能源机构《2000年能源统计 》、《2000年气信息 》。
Source: IEA《 Gas Information 》2000, 《Energy Statistics of OECD and No-OECD Countries》2000.

附录 2-18 硬煤出口量

EXPORT OF HARD COAL

单位：千吨 (1000 tn)

国别	Country or Territory	1990	1995	1996	1997	1998	1999
世界总计	World	**400616**	**493374**	**513191**	**532153**	**547825**	**549212**
加拿大	Canada	31000	33993	34448	36530	34143	33743
美国	United States	95912	80329	82076	75788	70802	26763
英国	United Kingdom	2307	859	988	1147	942	761
德国	Germany	5512	1850	1037	516	213	201
法国	France	585	392	290	219	65	78
比利时	Belgium	724	818	1177	1454	1294	1156
波兰	Poland	28065	31868	28920	29466	28055	24102
俄罗斯	Russian Fed.	56051	26263	25341	23493	24042	26263
澳大利亚	Australia	104014	136402	138615	146425	162298	169926
中国	China	17280	28617	36484	35331	32297	37407
印度	India	100	90	130	60	40	40
越南	Vietnam	745	2821	3647	3454	2900	3520
印度尼西亚	Indonesia	4860	31319	36443	41727	46933	54099
朝鲜	Korea D.P.Rep.	500	400	385	359	341	341
哥伦比亚	Colombia	13505	31319	36443	41727	46933	54099

附录 2-19 原油、液化天然气出口量

EXPORT OF CRUDE OIL AND NGL

单位：千吨 (1000 tn)

国别	Country or Territory	1990	1995	1996	1997	1998	1999
世界总计	**World**	**1418809**	**1692983**	**1757344**	**1839361**	**1922519**	
加拿大	Canada	36626	58666	62413	67121	74051	66246
墨西哥	Mexico	67056	70781	80191	89880	90888	84064
英国	United Kingdom	55219	84577	81563	79399	94613	91190
挪威	Norway	68066	125736	141957	143361	137093	136818
委内瑞拉	Venezuela	55227	99538	113812	128822	122920	
阿尔及利亚	Algeria	31456	30827	34269	33108	34635	
利比亚	Libya	55130	53138	53909	52223	54386	
尼日利亚	Nigeria	75556	85521	93766	100713	98156	
伊朗	Iran	110000	121021	119631	105185	102410	
阿曼	Oman	30506	40244	41791	42780	42292	
沙特阿拉伯	Saudi Arabia	248703	336766	327049	338812	352833	
阿联酋	United Arab Emirates	101775	91147	91893	93558	96085	
中国	China	23990	18227	20402	19829	15600	
印度尼西亚	Indonesia	39171	40455	28061	35597	33593	

资料来源：国际能源机构《油信息》、《煤信息》2000 年。
Source: IEA《Oil Information》、《Coal Information》2000.

附录 2-20 天然气出口量

EXPORT OF NATURAL GAS

单位：百万立方米 (million cu.m)

国 别	Country or Territory	1990	1995	1996	1997	1998	1999
世界总计	**World**	**305341**	**494219**	**539244**	**543842**	**550899**	**606107**
加拿大	Canada	41257	79114	80117	81795	88589	94687
荷 兰	Netherlands	32251	40672	48823	42471	38887	38106
挪 威	Norway	27682	27598	37922	42300	42645	45509
美 国	United States	2467	4364	4344	4446	4503	4733
澳大利亚	Australia	2933	9164	9783	9577	9770	9636
阿联酋	United Arab Emirates	3264	6893	7020	7658	7030	7030
阿尔及利亚	Algeria	37015	39665	43459	51477	55781	63354
文 莱	Brunei	7701	7926	7876	7827	7484	7667
印度尼西亚	Indonesia	30155	33444	35724	36059	36277	38669
马来西亚	Malaysia	10857	13074	17829	18907	19053	19676
土库曼斯坦	Turkmenistan		22054	24000	5906	3020	15000
哈萨克斯坦	Kazakstan		2566	2342	2432	2306	2500
俄罗斯	Russia		190664	196453	200858	203408	221006
乌兹别克	Uzbelkistan		5624	9076	9897	8000	2483
玻利维亚	Bolivia	2560	2387	2208	2395	1854	1348

附录 2-21 电力出口量

EXPORT OF ELECTRICITY

单位：百万千瓦小时 (million kwh)

国 别	Country or Territory	1990	1995	1996	1997	1998	1999
世界总计	**World**	**308854**	**324030**	**347962**	**424194**	**422032**	
加拿大	Canada	18236	43444	43839	45230	44665	43379
美 国	United States	20526	9146	9021	8974	12730	14000
奥地利	Austria	7298	9757	8476	9775	10467	13507
法 国	France	52112	72701	72428	69634	62152	68700
德 国	Germany	31115	34911	42670	40361	38953	39500
挪 威	Norway	16241	8966	4236	4874	4412	8277
瑞 典	Sweden	14677	9401	9747	12960	16799	15900
瑞 士	Switzerland	22862	26690	24187	27502	29561	31952
巴拉圭	Paraguay	25018	37828	40262	45673	45357	
中 国	China	90	6025	3712	7204	7174	
波 兰	Poland	11478	7157	7925	7542	8082	8426
塔吉克斯坦	Kyrgyzstan	7200	8355	9196	7665	7125	
俄罗斯	Russian Fed.	39551	37982	31800	26840	26275	
乌兹别克	Uzbelkistan	18629	14199	12826	11489	5100	
乌克兰	Ukraine	43881	12678	13200	9873	10728	

资料来源： 国际能源机构《2000年能源统计 》、《2000年气信息》。

Source: IEA《 Gas Information 》2000,《Energy Statistics of OECD and No-OECD Countries》2000.

附录 2-22 主要高耗能产品单位能耗中外比较
ENERGY CONSUMPTION FOR MAIN ENERGY INTENSIVE PRODUCTS BY COMPARING CHINA WITH SELECTED COUNTRIES

1. 原煤耗电 Electricity Consumption for Coal

单位：千瓦小时／吨 (Kwh/tn)

国家	Country	1980	1991	1994
中国①	China	24.27	29.82	31.19
英国②	United Kingdom	61.43	61.13	30.07
美国②	United States	20.26	17.45	16.99

资料来源(Source)：1. UN.Annual Bulletin of Electric Energy Statistics 1994.
2.〔USA〕Coal Data 1996, The National Mining Association, June,1996

①国有重点煤矿 (key state-owned coal mines).

②商品煤，占原煤比例美国 86%，英国 72%(commercial coal, as % of raw coal: USA 86%, UK 72%).

2. 发电厂自用电率 Rate of Electricity Used by Power Plant

单位：% (%)

国家	Country	1990	1995	1997	1998
中国（6MW 及以上机组）	China(over 6MW)	6.90	6.78	6.80	6.66
欧盟平均	Average European	5.29	5.26	5.11	5.07

资料来源 (Source): 1. European Commission, 1999 Annual Energy Review, Jan.2000.

3. 乙烯综合能耗 Fully Energy Consumption for Ethylene

单位：千克标准煤／吨 (kgce/tn)

国家	Country	1980	1990	1995	1997
中国	China	2013	1580	1277	1210
日本	Japan	1100	857	870	

资料来源 (Source)：〔日〕节能总览 1994, 1997, 通产资料调查会
(Japan) Energy Conservation 1994,1997.

4. 火电厂供电标准煤耗 Coal Consumption for Power Supply(Thermalpower Plant)

单位：克／千瓦小时 (gce/Kwh)

国家	Country	1980	1985	1990	1995	1996	1997	1998	1999
中国（6MW 及以上机组）	China(over 6MW)	448	431	427	412	410	408	404	399
美国	United States	378	376	373	370				
日本③	Japan	339	338	332	331	328	325	322	

资料来源 (Source):
1. 日本电气事业手册 (Japan Electricity Handbook, 1999)。
③ 九大电力公司平均 (average level of 9 large electricity company)。

续表 continued

5. 吨钢可比能耗　　Energy Consumption for Steel Production

单位：千克标煤／吨　　(kgce/tn)

国家	Country	1980	1985	1990	1995	1999
中国　（重点企业）	China(key enterprises)	1201	1062		976	833
日本	Japan	705	640		656	680
美国	United States	880	761	757		
英国	United Kingdom	794	721		721 (1994)	
法国	France	826	764		735 (1994)	

资料来源(Source)：1．日本能源学会志，2000, No.7.
2.〔日〕铁钢界，1995, No.5.
3．World Energy Council ,Energy Efficiency Improvement Utilising High Technology, Sep.1995.

6. 合成氨综合能耗（大型装置）　　Fully Energy Consumption for Sythetic Ammonia

单位：千克标准煤／吨　　(kgce/tn)

国家	Country	1980	1990	1995	1997	1998
中国	China	1431	1343	1284	1399	1352
美国	United States	1320	1000	970	970	

资料来源 (Source)： 1.〔USA〕Hydrocarbon Processing.
2.〔USA〕Chemical Engineering, Progress.

7. 水泥综合能耗　　Fully Energy Consumption for Cement

单位：千克标准煤／吨　　(kgce/tn)

国家	Country	1980	1990	1995	1997	1999
中国（大中型企业）	China(large,medium)	218.8	201	194.2	181.3	
日本	Japan	135.7	122.6	124.4	124.6	124.4

资料来源 (Source)： 1．日本能源学会志，2000, No.7.

8. 铁路货运综合能耗　　Fully Energy Consumption for Railway Freight Traffic

单位：千克标准煤／万吨公里　　(kgce/10 000 tn-km)

国家	Country	1980	1985	1990	1995	1997
中国	China	147.4	118.7	84.2	74.0	52.1
日本	Japan	122.9	125.7	85.7	87.1	87.1

资料来源 (Source)：日本能源经济统计手册。
Handbook of energy and economic statistics in Japan, 1999.

9. 载货汽车运输耗油　　Oil Consumption for Trucks

单位：升／百吨公里　　(l/100 tn-km)

国家	Country	1980	1985	1990	1995
中国	China				
汽油车	Gasoline Trucks	8.70	7.70	7.10	7.06
柴油车	Diesel Oil Trucks	6.20	5.80	4.80	4.82
美国	United States	3.43	3.36	3.50	3.54

资料来源 (Source)：〔USA〕DOE/EIA, Annual Energy Outlook 1997, Nov.1996

附录三　主要指标解释

Appendix Ⅲ Explanatory Notes of Main Statistical Indicators

主要统计指标解释

国内生产总值 是按市场价格计算的国内生产总值的简称。国内生产总值及其产业构成的资料，是由国家统计局国民经济核算司根据不同产业部门的特点和资料来源情况而采用不同的方法计算的，有的部门以生产法计算增加值为准，有的部门以收入法计算的增加值为准，最后将各产业部门增加值求和得到国内生产总值的标准数据。按支出法计算的国内生产总值等于总消费、总投资、货物和服务净出口之和，它与按上述方法计算的国内生产总值不相等，两者的差率一般在±3%以内。

三次产业 根据社会生产活动历史发展的顺序对产业结构的划分，产品直接取自自然界的部门称为第一产业。对初级产品进行再加工的部门称为第二产业。为生产和消费提供各种服务的部门称为第三产业。它是世界上通用的产业结构分类，但各国的划分不尽一致。我国的三次产业划分是：

第一产业： 农业（包括种植业、林业、牧业、副业和渔业）

第二产业： 工业（包括采掘业、制造业、自来水、电力、蒸汽、热水、煤气）和建筑业。

第三产业： 除第一、第二产业以外的其他行业。

能源生产总量 指一定时期内全国（地区）一次能源生产量的总和，是观察全国（地区）能源生产水平、规模、过程构成和发展速度的总量指标。一次能源生产量包括原煤、原油、天然气、水电及其他动力能（如风能、地热能等）发电量。不包括低热值燃料生产量、生物质能、太阳能等的利用和由一次能源加工转换而成的二次能源产量。

能源消费总量 指一定时期内全国（地区）各行业和居民生活消费的各种能源的总观察能源消费水平、构成和增长速度的总量指标。能源消费总量包括原煤、原油及其制品、天然气、电力。不包括低热值燃料、生物质能和太阳能等的利用。能源消费总量分为三部分，即终端能源消费量、能源加工转换损失量和损失量。

（1）终端能源消费量 指一定时期内全国（地区）各行业和居民生活消费的各种能源在扣除了用于加工转换二次能源消费量和损失量以后的数量。

（2）能源加工转换损失量 指一定时期内全国（地区）投入加工转换的各种能源数量之和与产出各种能源产品之和的差额。它是观察能源在加工转换过程中损失量变化的指标。

（3）能源损失量 指一定时期内能源在输送、分配、储存过程中发生的损失和由客观原因造成的各种损失量。不包括各种气体能源放空、放散量。

能源生产弹性系数 是研究能源生产量的增长与国民经济增长之间关系的指标。计算公式：

$$能源生产弹性系数 = \frac{能源生产总量年平均增长速度}{国民经济年平均增长速度}$$

本资料采用国内生产总值指标计算国民经济年平均增长速度。

电力生产弹性系数 是研究电力生产量的增长与国民经济增长之间关系的指标。计算公式：

$$电力生产弹性系数 = \frac{电力生产量年平均增长速度}{国民经济年平均增长速度}$$

能源消费弹性系数 是反映能源消费增长速度与国民经济增长速度之间比例关系的指标。计算公式：

$$能源消费弹性系数 = \frac{能源消费总量年平均增长速度}{国民经济年平均增长速度}$$

电力消费弹性系数　是反映电力消费增长速度与国民经济增长速度之间比例关系的指标。计算公式：

$$电力消费弹性系数 = \frac{电力消费量年平均增长速度}{国民经济年平均增长速度}$$

能源加工转换效率　指一定时期内能源经过加工转换后，产出的各种能源产品的数量与投入加工转换的各种能源数量的比率。它是观察能源加工转换装置和生产工艺先进与落后、管理水平高低等的重要指标。计算公式：

$$能源加工转换效率 = \frac{加工转换产出量}{加工转换投入量} \times 100\ \%$$

Explannatory Notes on Main Statistical Indicators

Gross Domestic Products(GDP) refers to gross domestic products calculated at market price. The data on GDP and its industrial composition in the are calculated by the Department of National Economic Accounting, State Statistical Bureau (SSB) with various approaches in the light of the features of various sectors and the data sources. The value added in some sectors is calculated with the production approach. The value added in other sectors is calculated with the income approach. Finally, the GDP is the result of the sum of the value added of various sectors. This is the standard data of GDP. The GDP calculated with the expenditure approach equals to the sum of total consumption, total investment and the net export of goods and services. However, it is not equal to the GDP calculated with the method mentioned above. The difference between the two figures is generally within $\pm 3\%$.

Three Industries Industry structure has been classified according to the sequence of historical development of social production activities. Primary industry refers to extraction of natural resources; secondary industry involves processing of primary products; and tertiary industry provides services of various kinds for production and consumption. The above classification is universal although it to some extent from country to country. Industry classification in China comprises:

Primary Industry: agriculture (including farming, forestry, animal husbandry, sideline production and fishery).

Secondary Industry: industry (including mining and quarrying, manufacturing, water supply, electricity generation and supply, steam, hot water, gas) and construction.

Tertiary Industry: all other industries not included in primary and secondary industry.

Total Energy Production refers to the total production of primary energy by all energy producing enterprises in the country (region) in a given period of time. It is a comprehensive indicator to show the capacity, scale, composition and development of energy production of the country (region). The production of primary energy includes that of coal, crude oil, natural gas, hydro power and electricity generated by other means such as wind power and geothermal power. However, it excludes the production of fuels of low calorific value, bioenergy, solar energy and the secondary energy converted from the primary energy.

Total Energy Consumption refer to the total consumption of energy of various kinds by industry and residential in the country (region) in a given period of time. The total energy consumption includes that of coal, crude oil and their products, natural gas and electricity. However, it excludes the consumption of fuel of low calorific value, bioenergy and other non-commercial energy. Total energy consumption can be divided into three parts:

(1) Final Energy Consumption: refers to the total energy consumption by industry and residential in the country (region) in a given period of time, but excludes the consumption in conversion of the primary energy into the secondary energy and the loss in the process of energy transformation.

(2) Loss During Energy Transformation: refers to the total input of various kinds of energy for transformation, minus the total output of various kinds of energy in the country in a given period of time. It is an indicator to show the loss that occurs during the process of energy transformation.

(3) Loss: refers to the total of the loss of energy during the course of energy transport, distribution and storage and the loss caused by any objective reason in a given period of time. The loss of various kinds of gas due to gas discharges and stocktaking is excluded.

Elasticity of Energy Production is an indicator to show the relationship between the growth rate of energy production and the growth rate of the national economy. The formula is:

$$\text{Elasticity of Energy Production} = \frac{\text{average annual growth rate of energy production}}{\text{average annual growth rate of national economy}}$$

The gross domestic products (GDP) is used to calculate the growth rate of national economy in this book.

Elasticity of Electricity Production is an indicator to show the relationship between the growth rate of electricity production and the growth rate of the national economy. The formula is:

$$\text{Elasticity of Electricity Production} = \frac{\text{average annual growth rate of electricity production}}{\text{average annual growth rate of national economy}}$$

Elasticity of Energy Consumption is an indicator to show the relationship between the growth rate of energy consumption and the growth rate of the national economy. The formula is:

$$\text{Elasticity of Energy Consumption} = \frac{\text{average annual growth rate of energy consumption}}{\text{average annual growth rate of national economy}}$$

Elasticity of Electricity Consumption is an indicator to show the relationship between the growth rate of electricity consumption and the growth rate of the national economy. The formula is:

$$\text{Elasticity of Electricity Consumption} = \frac{\text{average annual growth rate of electricity consumption}}{\text{average annual growth rate of national economy}}$$

Efficiency of Energy Transformation refers to the ratio of the total output of energy products after transformation and the total input of energy for transformation in the same reference period. It is an indicator to show the current conditions of energy processing and conversion equipment, production technique and management. The formula is:

$$\text{Efficiency of Energy Transformation} = \frac{\text{output of energy from transformation}}{\text{input of energy for transformation}} \times 100\ \%$$

附录四　各种能源折标准煤参考系数

Appendix IV Conversion Factors From Physical Units to coal Equivalent

各种能源折标准煤参考系数

能源名称	平均低位发热量	折标准煤系数
原煤	20 908 千焦 /（5 000 千卡）/ 千克	0.7143 千克标准煤 / 千克
洗精煤	26 344 千焦 /（6 300 千卡）/ 千克	0.9000 千克标准煤 / 千克
其它洗煤		
洗中煤	8 363 千焦 /（2 000 千卡）/ 千克	0.2857 千克标准煤 / 千克
煤泥	8 363～12 545 千焦 /（2 000～3 000千卡）/ 千克	0.2857～0.4286 克标准煤 / 千克
焦炭	28 435 千焦 /（6 800 千卡）/ 千克	0.9714 千克标准煤 / 千克
原油	41 816 千焦 /（10 000 千卡）/ 千克	1.4286 千克标准煤 / 千克
燃料油	41 816 千焦 /（10 000 千卡）/ 千克	1.4286 千克标准煤 / 千克
汽油	43 070 千焦 /（10 300 千卡）/ 千克	1.4714 千克标准煤 / 千克
煤油	43 070 千焦 /（10 300 千卡）/ 千克	1.4714 千克标准煤 / 千克
柴油	42 652 千焦 /（10 200 千卡）/ 千克	1.4571 千克标准煤 / 千克
液化石油气	50 179 千焦 /（12 000 千卡）/ 千克	1.7143 千克标准煤 / 千克
炼厂干气	46055 千焦 /（11 000 千卡）/ 千克	1.5714 千克标准煤 / 千克
天然气	38 931千焦 /（9 310 千卡）/ 立方米	1.3300 千克标准煤 / 立方米
焦炉煤气	16 726～17 981千焦 /（4 000～4 300千卡）/ 立方米	0.5714～0.6143 千克标准煤 / 立方米
其它煤气		
发生炉煤气	5 227 千焦 /（1 250 千卡）/ 立方米	0.1786 千克标准煤 / 立方米
重油催化裂解煤气	19 235 千焦 /（4 600 千卡）/ 立方米	0.6571 千克标准煤 / 立方米
重油热裂解煤气	35 544 千焦 /（8 500 千卡）/ 立方米	1.2143 千克标准煤 / 立方米
焦炭制气	16 308 千焦 /（3 900 千卡）/ 立方米	0.5571 千克标准煤 / 立方米
压力气化煤气	15 054 千焦 /（3 600 千卡）/ 立方米	0.5143 千克标准煤 / 立方米
水煤气	10 454 千焦 /（2 500 千卡）/ 立方米	0.3571 千克标准煤 / 立方米
煤焦油	33 453 千焦 /（8 000 千卡）/ 千克	1.1429 千克标准煤 / 千克
粗苯	41 816 千焦 /（10 000 千卡）/ 千克	1.4286 千克标准煤 / 千克
热力（当量）		0.03412 千克标准煤 / 百万焦耳 (0.14286 千克标准煤 / 1000 千卡)
电力（当量）	3 596 千焦 /（860 千卡）/ 千瓦小时	0.1229 千克标准煤 / 千瓦小时
（等价）	按当年火电发电标准煤耗计算	
生物质能		
人粪	18 817 千焦 /（4 500 千卡）/ 千克	0.643 千克标准煤 / 千克
牛粪	13 799 千焦 /（3 300 千卡）/ 千克	0.471 千克标准煤 / 千克
猪粪	12 545 千焦 /（3 000 千卡）/ 千克	0.429 千克标准煤 / 千克
羊、驴、马、骡粪	15 472 千焦 /（3 700 千卡）/ 千克	0.529 千克标准煤 / 千克
鸡粪	18 817 千焦 /（4 500 千卡）/ 千克	0.643 千克标准煤 / 千克
大豆秆、棉花秆	15 890 千焦 /（3 800 千卡）/ 千克	0.543 千克标准煤 / 千克
稻秆	12 545 千焦 /（3 000 千卡）/ 千克	0.429 千克标准煤 / 千克
麦秆	14 635 千焦 /（3 500 千卡）/ 千克	0.500 千克标准煤 / 千克
玉米秆	15 472 千焦 /（3 700 千卡）/ 千克	0.529 千克标准煤 / 千克
杂草	13 799 千焦 /（3 300 千卡）/ 千克	0.471 千克标准煤 / 千克
树叶	14 635 千焦 /（3 500 千卡）/ 千克	0.500 千克标准煤 / 千克
薪柴	16 726 千焦 /（4 000 千卡）/ 千克	0.571 千克标准煤 / 千克
沼气	20 908 千焦 /（5 000 千卡）/ 立方米	0.714 千克标准煤 / 立方米

Conversion Factors from Physical Unit to Coal Equivalent

Energy	Average Low Calorific Value	Conversion Factor
Raw Coal	20 908 Kjoule / (5 000 Kcal) / Kg	0.7143 Kgce / Kg
Cleaned Coal	26 344 Kjoule / (6 300 Kcal) / Kg	0.9000 Kgce / Kg
Other Washed Coal		
Middlings	8 363 Kjoule / (2 000 Kcal) / Kg	0.2857 Kgce / Kg
Slimes	8 363～12 545 Kjoule / (2 000～3 000Kcal)/ Kg	0.2857～0.4286 克ce / Kg
	28 435 Kjoule / (6 800 Kcal) / Kg	
Coke	41 816 Kjoule / (10 000 Kcal) / Kg	0.9714 Kgce / Kg
Crude Oil	41 816 Kjoule / (10 000 Kcal) / Kg	1.4286 Kgce / Kg
Fuel Oil	43 070 Kjoule / (10 300 Kcal) / Kg	1.4286 Kgce / Kg
Gasoline	43 070 Kjoule / (10 300 Kcal) / Kg	1.4714 Kgce / Kg
Kerosene	42 652 Kjoule / (10 200 Kcal) / Kg	1.4714 Kgce / Kg
Diesel	50 179 Kjoule / (12 000 Kcal) / Kg	1.4571 Kgce / Kg
Liquefied Petroleum Gas	46055 Kjoule / (11 000 Kcal) / Kg	1.7143 Kgce / Kg
Refinery Gas	38 931Kjoule / (9 310 Kcal) / cu.m	1.5714 Kgce / Kg
Natural Gas	16 726～17 981Kjoule/ (4 000～4 300Kcal)/ cu.m	1.3300 Kgce / cu.m
Coke Oven Gas		0.5714～0.6143 Kgce / cu.m
Other Coal Gas		
By Gas Furnace	5 227 Kjoule / (1 250 Kcal) / cu.m	0.1786 Kgce / cu.m
By Heavy Oil Catalytic Cracking	19 235 Kjoule / (4 600 Kcal) / cu.m	0.6571 Kgce / cu.m
By Heavy Oil Thermal Cracking	35 544 Kjoule / (8 500 Kcal) / cu.m	1.2143 Kgce / cu.m
Coke Gas	16 308 Kjoule / (3 900 Kcal) / cu.m	0.5571 Kgce / cu.m
By Pressure Gasification	15 054 Kjoule / (3 600 Kcal) / cu.m	0.5143 Kgce / cu.m
Water Coal Gas	10 454 Kjoule / (2 500 Kcal) / cu.m	0.3571 Kgce / cu.m
Coal Tar	33 453 Kjoule / (8 000 Kcal) / Kg	1.1429 Kgce / Kg
Benzene	41 816 Kjoule / (10 000 Kcal) / Kg	1.4286 Kgce / Kg
Heat (in calorific value)		0.03412 Kgce / Mjoule (0.14286 Kgce / 1000 Kcal)
Electricity (in calorific value)	3 596 Kjoule / (860 Kcal) / Kwh	0.1229 Kgce / Kwh
(in coal equivalent)	calculated by average coal input for thermal power generation in the year	
Biomass Energy		
Night Soil	18 817 Kjoule / (4 500 Kcal) / Kg	0.643 Kgce / Kg
Cow Dung	13 799 Kjoule / (3 300 Kcal) / Kg	0.471 Kgce / Kg
Pig Dung	12 545 Kjoule / (3 000 Kcal) / Kg	0.429 Kgce / Kg
Sheep/Donkey/Horse/Mule Dung	15 472 Kjoule / (3 700 Kcal) / Kg	0.529 Kgce / Kg
Poultry Manure	18 817 Kjoule / (4 500 Kcal) / Kg	0.643 Kgce / Kg
Soybean Stalk, Cotton Stalk	15 890 Kjoule / (3 800 Kcal) / Kg	0.543 Kgce / Kg
Paddy Stalk	12 545 Kjoule / (3 000 Kcal) / Kg	0.429 Kgce / Kg
Wheat stalk	14 635 Kjoule / (3 500 Kcal) / Kg	0.500 Kgce / Kg
Maize Stalk	15 472 Kjoule / (3 700 Kcal) / Kg	0.529 Kgce / Kg
Fireweed	13 799 Kjoule / (3 300 Kcal) / Kg	0.471 Kgce / Kg
Leaves	14 635 Kjoule / (3 500 Kcal) / Kg	0.500 Kgce / Kg
Firewood	16 726 Kjoule / (4 000 Kcal) / Kg	0.571 Kgce / Kg
Biogas	20 908 Kjoule / (5 000 Kcal) / cu.m	0.714 Kgce / cu.m